马克思主义平等论

Marxist Theory on Equality

李纪才 ◎ 著

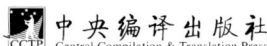

图书在版编目（CIP）数据

马克思主义平等论／李纪才著． —北京：中央编译出版社，2022.9
ISBN 978-7-5117-4168-4

Ⅰ.①马… Ⅱ.①李… Ⅲ.①马克思主义－平等观－研究 Ⅳ.①A811.64

中国版本图书馆 CIP 数据核字（2022）第 073551 号

马克思主义平等论

责任编辑	郑永杰
责任印制	刘　慧
出版发行	中央编译出版社
地　　址	北京市海淀区北四环西路 69 号（100080）
电　　话	（010）55627391（总编室）　（010）55627312（编辑室）
	（010）55627320（发行部）　（010）55627377（新技术部）
经　　销	全国新华书店
印　　刷	北京中兴印刷有限公司
开　　本	710 毫米×1000 毫米　1/16
字　　数	594 千字
印　　张	37
版　　次	2022 年 9 月第 1 版
印　　次	2022 年 9 月第 1 次印刷
定　　价	188.00 元

新浪微博：@中央编译出版社　　微　　信：中央编译出版社（ID: cctphome）
淘宝店铺：中央编译出版社直销店（http://shop108367160.taobao.com）　（010）55627331

本社常年法律顾问：北京市吴栾赵阎律师事务所律师　　闫军　　梁勤
凡有印装质量问题，本社负责调换，电话：（010）55626985

国家社科基金后期资助项目
出版说明

　　后期资助项目是国家社科基金设立的一类重要项目，旨在鼓励广大社科研究者潜心治学，支持基础研究多出优秀成果。它是经过严格评审，从接近完成的科研成果中遴选立项的。为扩大后期资助项目的影响，更好地推动学术发展，促进成果转化，全国哲学社会科学工作办公室按照"统一设计、统一标识、统一版式、形成系列"的总体要求，组织出版国家社科基金后期资助项目成果。

全国哲学社会科学工作办公室

目 录

导论 平等研究：迷惘的理论与理论的迷惘 ················· 1
 一、"平等"的迷梦 ··· 1
 二、"平等"研究的迷雾 ··································· 4
 三、对马克思主义平等观研究的迷失 ··············· 21

第一部分　平等理论一般

第一章　"平等"概念解析 ·· 41
 第一节　"平等"范畴的含义 ······························ 41
  一、"平等"即以同一尺度衡量 ······················· 41
  二、"平等"是人与人的平等 ·························· 44
  三、"平等"是人与人社会关系的平等 ············· 50
 第二节　"平等"诉求的实质 ······························ 57
  一、"平等"要求是对不平等的反抗 ················ 57
  二、"平等"诉求是生产方式变革要求的反映 ··· 64
 第三节　"平等"与相关范畴辨析 ······················· 66
  一、相关范畴的含义 ···································· 66
  二、相关范畴与"平等"的关系 ······················ 91

第二章　"平等"的尺度 ·· 106
 第一节　"平等"的横向尺度 ······························ 106
  一、起点平等 ·· 107

二、过程平等 ………………………………………………… 115
　　三、结果平等 ………………………………………………… 125
第二节　"平等"的纵向尺度 …………………………………… 130
　　一、精神平等 ………………………………………………… 131
　　二、宗教平等 ………………………………………………… 132
　　三、自然平等 ………………………………………………… 134
　　四、权利平等 ………………………………………………… 137
　　五、社会平等 ………………………………………………… 139
第三节　"平等"的实现程度与人的解放程度 ………………… 142
　　一、生物人平等 ……………………………………………… 142
　　二、道德人平等 ……………………………………………… 144
　　三、经济人平等 ……………………………………………… 147
　　四、社会人平等 ……………………………………………… 149
　　五、自由人平等 ……………………………………………… 152

第三章　平等观念的历史 ……………………………………… 154
第一节　道义平等观 ……………………………………………… 156
　　一、奴隶社会的道义平等观 ………………………………… 157
　　二、封建社会的道义平等观 ………………………………… 161
第二节　法权平等观 ……………………………………………… 164
　　一、资本主义以前的法权平等观 …………………………… 165
　　二、启蒙思想家的资产阶级法权平等观 …………………… 167
第三节　社会平等观 ……………………………………………… 171
　　一、早期无产阶级的社会平等观 …………………………… 172
　　二、空想社会主义的社会平等观 …………………………… 175
　　三、保守社会主义的社会平等观 …………………………… 179

第二部分　马克思恩格斯的平等理论

第四章　马克思恩格斯的平等观 ……………………………… 185
第一节　马克思恩格斯在平等命题上的立场 …………………… 186
　　一、从平等观念上理解社会机理的历史惯性 ……………… 186

二、马克思恩格斯坚持从生产方式而不是从平等
　　　　　观念上理解社会形态 ……………………………… 194
　第二节　马克思恩格斯平等观的主要内容 ……………………… 198
　　　一、平等观念是历史地形成的而不是永恒真理 …………… 198
　　　二、平等要求是商品经济等价交换原则在政治上的表现 … 203
　　　三、平等的科学内容就是阶级的消灭 ……………………… 210
　　　四、平等的实现要求生产方式的彻底变革 ………………… 215
　　　五、平等权利不能超出经济结构及社会文化的发展阶段 … 220

第五章　马克思恩格斯的社会主义平等观 …………………… 226
　第一节　社会主义与"平等社会"辨析 ………………………… 226
　　　一、把社会主义归结为"平等社会"的历史渊源 ………… 226
　　　二、把社会主义归结为"平等社会"的历史原因 ………… 230
　　　三、把社会主义归结为"平等社会"的理论误区 ………… 235
　第二节　社会主义平等的内容与特征 …………………………… 240
　　　一、社会主义是资本主义基本矛盾运动的必然逻辑
　　　　　而不是平等追求的自然结果 …………………………… 240
　　　二、社会主义平等是生产资料社会所有的社会地位平等 … 244
　　　三、社会主义平等是按劳分配的经济地位平等 …………… 250
　　　四、社会主义平等是消灭了阶级对立的政治地位平等 …… 255
　　　五、社会主义平等在过渡时期具有二重性 ………………… 261

第六章　马克思恩格斯研究平等命题的方法 ………………… 265
　第一节　历史分析法 ……………………………………………… 265
　　　一、对"平等"概念在不同时代的内涵要作历史分析 …… 265
　　　二、对同一社会形态不同历史阶段的平等尺度要作历史
　　　　　考量 ……………………………………………………… 269
　第二节　生产方式分析法 ………………………………………… 272
　　　一、通过对生产方式结构中经济关系的分析来考察平等
　　　　　状况 ……………………………………………………… 272
　　　二、从生产方式的矛盾运动中把握平等实现的可能性和
　　　　　现实性 …………………………………………………… 275
　　　三、把平等诉求看作生产方式变革的征象 ………………… 277

四、从生产方式而不是分配方式上研究平等的实现路径 … 280
第三节　社会关系分析法 ………………………………………… 282
　　一、从人的现实社会性而不是抽象的"人性"出发研究
　　　　平等 ……………………………………………………… 283
　　二、从人的现实社会经济关系出发而不是用抽象的社会
　　　　模型研究平等 …………………………………………… 284
第四节　阶级分析法 ……………………………………………… 287
　　一、从"阶级的人"而不是"一般的人"出发研究平等 … 287
　　二、对不同阶级的平等观作具体分析 …………………… 290
第五节　政治经济学分析法 ……………………………………… 293
　　一、平等研究不能陷入伦理学教条的推导 ……………… 293
　　二、平等研究不能限于法学原则的求证 ………………… 297
　　三、平等研究必须坚持政治经济学方法 ………………… 299

第三部分　平等命题的马克思主义审视

第七章　马克思恩格斯对"资本主义平等"的理论分析 …… 307
第一节　历史分析 ………………………………………………… 308
　　一、资本主义平等诉求的产生 …………………………… 308
　　二、资本主义不平等关系的形成 ………………………… 310
第二节　法权分析 ………………………………………………… 316
　　一、法权平等观的形成 …………………………………… 316
　　二、法权平等观的性质 …………………………………… 320
　　三、"法权平等"的悖论 ………………………………… 322
第三节　经济分析 ………………………………………………… 325
　　一、以"等价交换"为内容的资本主义经济平等的
　　　　形成 ……………………………………………………… 325
　　二、"等价交换"原则确立了资本主义经济平等的外观 … 327
　　三、"等价交换"的平等在资本生产中异化为经济关系
　　　　的不平等 ………………………………………………… 329
　　四、工人依靠勤劳、节约不可能达到与资产阶级平等的经济
　　　　地位 ……………………………………………………… 336

五、资本主义国家是保护私有制和不平等关系的政治
　　　　　制度 ………………………………………………… 338
第四节　哲学分析 ………………………………………… 340
　　　一、私有制造成了人的异化 ……………………………… 341
　　　二、资本主义造成了工人社会关系的全面异化 ………… 349

第八章　平等观念的马克思主义批判（一） ………………… 363
　　　一、"人身平等观"辨析 ……………………………………… 364
　　　二、"法权平等观"辨析 ……………………………………… 379
　　　三、"机会平等观"辨析 ……………………………………… 389

第九章　平等观念的马克思主义批判（二） ………………… 410
　　　一、"事实平等观"辨析 ……………………………………… 410
　　　二、"阶级平等观"辨析 ……………………………………… 418
　　　三、"平等永恒真理论"批判 ………………………………… 426
　　　四、"平等普世价值论"批判 ………………………………… 436

第十章　"平等"研究方法的马克思主义辨正 ……………… 459
　　　一、"人性抽象法"辨正 ……………………………………… 459
　　　二、"伦理推定法"辨正 ……………………………………… 464
　　　三、"原则推导法"辨正 ……………………………………… 470
　　　四、"社会模型法"辨正 ……………………………………… 478
　　　五、"分配矫正法"辨正 ……………………………………… 484
　　　六、"历史附会法"辨正 ……………………………………… 489

结语　平等理论：倒退的理论与理论的倒退 ……………… 508
　　　一、平等观念、立场的倒退 ………………………………… 508
　　　二、研究方法的倒退 ………………………………………… 535

主要参考文献 …………………………………………………… 565

导 论
平等研究：迷惘的理论与理论的迷惘

"平等"，是对写满历史、充斥社会的不平等的反抗，是处于不平等地位的人们的呻吟，是有良知的思想家对社会的箴言，是这个世界尚未泯灭的良心。古往今来，关于平等的理论不可谓不多，但正如美国著名政治思想家乔万尼·萨托利（Giovanni Sartori）所指出，平等问题的研究仍然是个"迷宫"。

一、"平等"的迷梦

自原始公有制解体以来，与私有制带来的不平等相伴随的，是人们对"平等"的魂牵梦萦和孜孜以求。不同时代，都有思想家对"平等"奉若神明，给予无以复加的赞誉。18 世纪法国空想社会主义者、启蒙思想家马布利（Cabriel Bonnot De Mably）认为，"自然界规定人人都是平等的"；"平等是最大福利的源泉"。① 小资产阶级空想社会主义者、哲学家皮埃尔·勒鲁（Plerre Leroux）认为，"平等是一种神圣的法律，一种先于所有法律的法律，一种派生出各种法律的法律"；"平等，这是今天我们唯一的合理原则和唯一的正义标准"。② 无政府主义者蒲鲁东（Pierre Joseph Proudhon）认为，"平等是社会的最高规律"；"平等是我们唯一的准则，也是我们的理想"。③ 美国思想家托马斯·潘恩（Thomas Paine）更强调，"所有的人都处于同一地位，因此，所有的人

---

① 〔法〕马布利. 马布利选集［M］. 何清新，译. 北京：商务印书馆，1960：40、48.
② 〔法〕皮埃尔·勒鲁. 论平等［M］. 王允道，译. 北京：商务印书馆，1988：20、59.
③ 〔法〕蒲鲁东. 贫困的哲学：下卷［M］. 余叔通，王雪华，译. 北京：商务印书馆，2010：917；贫困的哲学：上卷［M］. 余叔通，王雪华，译. 北京：商务印书馆，2010：127 - 128.

生来就是平等的，并具有平等的天赋权利"；"人权平等的光辉神圣原则（因为它是从造物主那里得来的）不但同活着的人有关，而且同世代相继的人有关。根据每个人生下来在权利方面就和他同时代人平等的同样原则，每一代人同它前代的人在权利上都是平等的"。① 这些都说明思想家们对"平等"热切追求，把"平等"看作引领人类社会的"最高法则"。

尽管不同时代的思想家对"平等"推崇备至，但在不同的时代，"平等"的含义和内容并不相同。早在古希腊早期的公元前7世纪末到前6世纪中叶，来库古（Λυκοῦργος）就创建了"平等者公社"的斯巴达政治制度。公社的特点是公民平等和集体主义。当然，这种"平等"仅限于"公民"的平等，它是和不平等制度的极端形态——奴隶制——并行不悖的。后来的"智者学派"以"人性"（人的自然属性）为依据，要求把"平等"推广到所有人，而且不仅是政治法律的平等，还要求所有人在教育、财产、种族上的平等。也就是说，智者主张"平等"不能仅限于自由民和公民内部，而是把政治权力的平等扩大到所有人，甚至包括主人与奴隶间的平等。斯多葛派继承了智者派的激进平等观，从人的"类"概念出发，从精神上论证了所有人的平等，认为人人都具有"精神上的自由"，所以所有的人，无论其出身、种族、财富以及实际社会地位如何悬殊，在内在精神特征上都是平等的。也就是说，斯多葛派依据"精神平等"理念，把人看作一个统一的"类"，确立了"类平等"的观念。该观念强调人类是一个情同手足的整体，一个"世界国家"，也就是"人类平等"的概念。

古罗马时期的政治哲学家、法学家马尔库斯·图利乌斯·西塞罗（Marcus Tullius Cicero）继承了斯多葛学派的"精神平等"思想，以"自然法"概念为基础推导出人类"自然平等"的结论。他认为，从自然法的精神来看，所有的人都具有共同的心理素质和"理性"，因而所有人都应该是"平等"的。既然"人类不存在任何差异"，所以整个人类是由自然法联结成的一个整体，所有的人都是"世界国家"的平等成员。这就超越了城邦政治学设置的主人与奴隶、公民与自由民、本邦人与外邦人之间的坚森界限，以一种平等的、没有根本差别的眼光看待所有人，

---

① 〔美〕潘恩. 潘恩选集 [M]. 马清槐，等，译. 北京：商务印书馆，1981：142.

把"平等"拓展到全人类的层面。这实现了对古希腊平等观的彻底变革,是平等思想在西方政治思想史上的一个重要转折,政治哲学由此开始成为所有人的政治哲学。所以,"在政治理论中,就其完整性而言,任何变化都不像从亚里士多德的学说到西塞罗和塞涅卡①关于人的自然平等思想的转变那样彻底"②。

甚至在以平等的对立面——专制——著称、被称为"黑暗的一千年"的中世纪,在基督教教义中也衍生出了"上帝选民平等"的理念。在这里,与世俗政治社会的严格的等级身份和公开的不平等并存的,是基督徒基于共同信仰而互为兄弟姐妹、相互平等、亲如一家的整体观念。也就是说,无论是权贵还是平民,无论是富翁还是乞丐,作为基督徒,大家在上帝面前具有平等的人格。这样,斯多葛派"人类一家""人人平等"的思想,以基督教神学的形式得到了继承和发扬。

然而,不管是"精神平等""自然平等"还是"上帝选民的平等",都是一些抽象的原则,并没有实质的内容,真正具有实质意义的平等还是"权利平等"。古希腊政治学、法学中没有形成"权利"的概念,而罗马法中不仅首次形成了"权利"概念,而且确立了"人人权利平等"的理念。它继承和发展了斯多葛派的自然法思想,把其"精神平等"的空洞伦理要求发展为"自然平等"的法律权利要求,使罗马法走向平等化和人道化的改革方向,以至到罗马帝国末期,人人权利平等在私法领域已接近实现。尽管如此,所谓"权利平等"也不过是一种法律原则,离人们真正的平等地位还相去甚远。真正把"平等权利"作为现实社会制度要求的,还是从启蒙思想家开始的资产阶级平等观。如18世纪法国著名启蒙思想家、哲学家卢梭(Jean-Jacques Rousseau)认为,"人们尽可以在力量上和才智上不平等,但是由于约定并且根据权利,他们却是人人平等的"。③ 英国思想家、哲学家约翰·洛克(John Locke)也认为,"一切具有同样的共同天性、能力和力量的人从本性上说都是生而平等的,都应当享受共同的权利和特权……"。④ 法国大革命的《人权宣言》

---

① 塞涅卡,即吕齐乌斯·安涅·塞涅卡(Lucius Annaeus Seneca),约公元前4年—公元65年,古罗马政治家、斯多葛派哲学家。
② 徐大同,主编. 西方政治思想史 [M]. 天津:天津教育出版社,2000:59.
③ 〔法〕卢梭. 社会契约论 [M]. 何兆武,译. 北京:商务印书馆,2003:30.
④ 〔英〕洛克. 政府论:上篇 [M]. 瞿菊农,叶启芳,译. 北京:商务印书馆,1982:57.

明确宣告,"在权利方面,人生来是而且始终是自由平等的"。① 今天,《世界人权宣言》也规定,"人人生而自由,在尊严和权利上一律平等"。② 可见,"平等"早已成为人们一般成见和理想追求,甚至被一些理论家奉为"普世价值"。

然而,尽管几千年来人们孜孜不倦地追求平等,并以"精神平等""自然平等""权利平等"等不断变换"平等"诉求的内容,但"平等"的诉求总是一次次落空。如法国空想共产主义者巴贝夫(Francois Noël Babeyf)所指出,"平等!这是自然的最高意愿,人的第一需要,一切立法团体的主要准绳。……自古以来人们就伪善地向我们喋喋不休地说:人是平等的。然而,从古时候起,最屈辱、最畸形的不平等已经强加给人类。从出现公民社会的时候起,人的福分毫无意义地得到承认,但却没有一次获得实现:平等只不过是法律的一种华而不实的虚构而已"。③ 皮埃尔·勒鲁也认为,"现在人们无论转向哪一边,似乎总能感觉到或接触到平等。这完全是虚假的外表;骗人的幻景!人们得到的只是不平等。平等,平等!我只听到这个声音在我的周围回荡。然而,我到处看见的是刺眼的不平等现象,野蛮的专制主义和可耻的奴隶制度"。④ 这究竟是为什么呢?为什么千年的追求变成了千年的迷梦?这是理论的迷惘,也是世人的怅惘。

二、"平等"研究的迷雾

在探讨平等问题前,我们不得不回望一下思想史,看一下关于平等研究的一座座理论高峰。这些成果是我们研究的起点,是垫起我们研究高度的巨人肩膀。而且,也应对这些思想拓荒者和理论先行者,致以我们应有的敬意。

平等理论当然包括对不平等问题的研究。卢梭的《论人类不平等的起源和基础》在平等理论研究中具有里程碑意义。人类不平等的起源和基础是私有制,这是该作的基本结论。卢梭认为,"人与人之间本来都是

---

① 法国人权宣言 [C]. 王德禄,等,编. 人权宣言. 北京:求实出版社,1989:14.
② 世界人权宣言 [J]. 人权,2008(05):17.
③ 〔法〕菲·邦纳罗蒂. 为平等而密谋——又称巴贝夫密谋:下卷 [M]. 陈叔平,等,译. 北京:商务印书馆,1990(2014年印刷):86-87.
④ 〔法〕皮埃尔·勒鲁. 论平等 [M]. 王允道,译. 北京:商务印书馆,1988:59-60.

平等的",在人类智慧发展中,"有一些人完善化了或者变坏了,他们获得了一些不属于原来天性的,好的或坏的性质,而另一些人则比较长期地停留在他们的原始状态。这就是人与人之间不平等的起源。"于是,"最善于歌舞的人、最美的人、最有力的人、最灵巧的人或最有口才的人,变成了最受尊重的人。这就是走向不平等的第一步;同时也是走向邪恶的第一步"。但是,这种"不平等在自然状态中几乎是人们感觉不到的,它的影响也几乎是等于零的"。① 而"自从人们觉察到一个人据有两个人食粮的好处的时候起;平等就消失了、私有制就出现了、劳动就成为必要的了、广大的森林就变成了须用人的血汗来灌溉的欣欣向荣的田野;不久便看到奴役和贫困伴随着农作物在田野中萌芽和滋长"②。于是,"一方面是竞争和倾轧,另一方面是利害冲突,人人都时时隐藏着损人利己之心。这一切灾祸,都是私有财产的第一个后果,同时也是新产生的不平等的必然产物"。所以,"在人类中有两种不平等:一种,我把它叫作自然的或生理上的不平等,因为它是基于自然,由年龄、健康、体力以及智慧或心灵的性质的不同而产生的;另一种可以称为精神上的或政治上的不平等……第二种不平等包括某一些人由于损害别人而得以享受的各种特权……"而"在自然状态中,不平等几乎是不存在的。由于人类能力的发展和人类智慧的进步,不平等才获得了它的力量并成长起来;由于私有制和法律的建立,不平等终于变得根深蒂固而成为合法的了"。③ 总之,"从这些各种不同的变革中观察不平等的进展,我们便会发现法律和私有财产权的设定是不平等的第一阶段;官职的设置是第二阶段;而第三阶段,也就是最末一个阶段,是合法的权力变成专制的权力"。所以,"社会和国家产生的最终原因,同时也是不平等产生的直接根源,是完全尘世的和极其现实的:私有财产的占有"。④ 卢梭揭示了私有制是不平等的根源,这在当时历史条件下是非常具有革命性的。

---

① 〔法〕卢梭. 论人类不平等的起源和基础 [M]. 李常山,译. 北京:商务印书馆,1962:63、63、118、109.
② 〔法〕卢梭. 论人类不平等的起源和基础 [M]. 李常山,译. 北京:商务印书馆,1962:121.
③ 〔法〕卢梭. 论人类不平等的起源和基础 [M]. 李常山,译. 北京:商务印书馆,1962:125、70、149.
④ 〔法〕卢梭. 论人类不平等的起源和基础 [M]. 李常山,译. 北京:商务印书馆,1962:141、194.

平等理论的核心还是对"平等"的研究。对待"平等",思想家们态度不一,有的视若神明,有的斥为灾祸。以最后一批空想社会主义者载入社会主义思想史史册的 19 世纪法国著名哲学家皮埃尔·勒鲁,在《论平等》中对"平等"给予了高度肯定。他把法国大革命提出的"自由、平等、博爱"概括为"三位一体的完整公式",并特别强调"平等"在其中的主导地位。勒鲁认为,平等是社会的基础,"现在的社会,无论从哪一方面看,除了平等的信条外,再没有别的基础"。他强调,"就迄今人们的智慧所能揭示的大自然范畴而言,人与人是平等的","我们今天所确认的正义和理智的唯一原则乃是平等"。所以,"平等是一项原则,一种信仰,一个观念,这是关于社会和人类问题的并在今天人类思想上已经形成的唯一真实、正确、合理的原则";"是一项神圣的法律,一项先于其他一切法律的法律,一项派生其他法律的法律";"是灵魂的法则,各种法律的法律,它是一项法权,一项唯一的法权"①。可以说,对"平等"给予了无以复加的赞誉。与此不同,19 世纪英国法学家詹姆斯·菲茨詹姆斯·斯蒂芬(James Fitziames Stephen)却对"平等"持否定态度。他在《自由·平等·博爱》中,对"自由、平等、博爱"信条进行了全面批驳,指出了三者背后隐藏的种种弊端和矛盾。斯蒂芬尤其强调"平等"与"自由"是相悖的:"如果人类的经验证明了什么,它所证明的就是,把限制最小化,把最大程度的自由赋予所有人,结果不会是平等,而是以几何级数扩大的不平等"。所以,"人类事实上是不平等的;他们在相互交往中应该承认存在着真正的不平等……"②与勒鲁和斯蒂芬相比,英国政治思想家、哲学家里奥纳德·特里劳尼·霍布豪斯(Hobhouse Leonard Trelawney)在平等问题上坚持一种折中的态度,他只赞成"基本权利的平等"。霍布豪斯认为:"'公道'(justice)二字人人对之而屈膝。'平等'(equality)二字许多人对之怖憎。"③ 因此,"一切人们在权利方面是天然自由与平等的","此说之主旨是建立在权利平等,而非在天赋平等之上……而吾人之应探究者亦为此种平等",

---

① 〔法〕皮埃尔·勒鲁. 论平等 [M]. 王允道,译. 北京:商务印书馆,1988:5、66、60、68、244.
② 〔英〕詹姆斯·斯蒂芬. 自由·平等·博爱 [M]. 冯克利,杨日鹏,译. 南昌:江西人民出版社,2016:127、177.
③ 〔英〕霍布豪斯. 社会正义论 [M]. 胡泽,译. 上海:上海社会科学院出版社,2016:113.

"谓一切人们都有平等权利,果如此说,则将使一切社会关系立成齑粉"。"因此之故,我们摒弃'天赋平等'与赤裸的权利平等,而采取一些基本权利的平等……"。① 类似地,英国经济学家、历史学家、基督教社会主义的倡导者理查德·H. 托尼(R. H. Tawney)也坚持一种英国式的温和的平等观念。他在《平等》中推翻了"人天赋平等"的信条,认为法国大革命所宣称的"平等"激言,"并不是宣告所有人具有相同的智力与美德水平,正如并不是宣告每个人具有相同的身高和体重,只是表示每个国民不再受到过时的财产权限和荒谬的法律歧视的摧残"。② 托尼坚持一种新的"天赋平等"观,认为"平等"表示"所有人生来在体力和智力上的资质都是近似的",但"可以断言,作为个人来说,人们深切感受到他们相互之间在才能和特点方面的差异,只是在作为人而受到重视和尊重方面,他们才是平等的"。③ 他认为,"尊重平等的社会在贯彻其政策及构建社会组织方面将努力抵销不同社会群体所表现出来的经济和社会地位的差别"。④ 可见,霍布豪斯和托尼都持一种比较温和的平等观。而且自托尼开始,平等观实现了由法权思维向伦理学思维的转向。

当代平等理论对平等问题进行了更深入的探讨,对平等的内容和类别进行了细化研究。美国教育家摩狄曼·J. 阿德勒(Mortimer J. Adler)在《六大观念》中,对"我们用于判断的观念:真、善、美"和"我们作为行为准则的观念:自由、平等、正义"进行了深入分析,特别是对"各方面的平等""我们有权拥有的平等"和"正义要求的不平等"等进行了甄别。阿德勒把"平等"和"不平等"区分为"人类的平等和不平等"(human equality and inequality)与"个人的平等和不平等"(personal equality and inequality),以及"环境平等和不平等"(circumstantial equality and inequality)。"人类的平等和不平等"又分为"天资方面的平等和不平等"和"造诣(或才能)的平等和不平等";"环境平等和不平等"又分为"条件平等或不平等"(equality or inequality of condition)和"机

---

① 〔英〕霍布豪斯. 社会正义论 [M]. 胡泽,译. 上海:上海社会科学院出版社,2016:113、114、115、117.
② 转引自:余意. 托尼政治哲学研究 [D]. 湖南师范大学博士论文,2003:12.
③ 转引自:余意. 托尼政治哲学研究 [D]. 湖南师范大学博士论文,2003:11.
④ 转引自:余意. 托尼政治哲学研究 [D]. 湖南师范大学博士论文,2003:16.

会平等或不平等"（equality or inequality of opportunity）。而"条件平等或不平等"又可再分为"结果条件的平等或不平等"（equality or inequality of resulting conditions）和"起始条件的平等或不平等"（equality or inequality of initial conditions）。他还把各种条件的平等或不平等区分为三大类，即政治的、经济的和社会的平等或不平等。① 此外，阿德勒把存在于拥有者之间的平等称为"种类平等"（equality in kind）；把存在于拥有者和不拥有者之间的不平等称作"种类不平等"（equality in kind）；把拥有者之间存在的不平等称作"程度不平等"（equality in degree）。② 在这些"平等"中，阿德勒认为"我们作为人而有权拥有的平等是环境平等，而不是个人平等。它们是条件平等——地位、待遇和机会的平等"。而"正义要求的平等"，是"政治平等和经济平等必须是伴有程度差异的种类平等"，也就是"种类平等"下的"程度不平等"。③ 这些细分，对平等内容的精确化是有理论意义的。

当代思想家中也有人明确赞成不平等。美国当代著名哲学家、伦理学家约翰·罗尔斯（John Rawls）在其《正义论》中提出的"作为公平的正义"，就坚持"地位和职务向所有人开放"的"社会的和经济的不平等"。尽管罗尔斯承认，"正义是社会制度的首要价值"④，而他在"无知之幕"下确定的作为社会制度安排的"社会正义原则"是："第一个正义原则：每个人对与其他人所拥有的最广泛的基本自由体系相容的类似自由体系都应有一种平等的权利。""第二个正义原则：社会的和经济的不平等应这样安排，使它们被合理地期望适合于每一个人的利益；并且，依系于地位和职务向所有人开放。"⑤ 可见，这是一个承认经济社会的不平等的"自由"优先的原则。尽管罗尔斯强调"利益分配应该向处于不利地位的人们倾斜"，但最多承认与"自由体系"相适应的"权利

---

① 参见〔美〕摩狄曼·J. 阿德勒. 六大观念 [M]. 陈珠泉, 杨建国, 译. 北京: 团结出版社, 1989: 160 - 163.
② 〔美〕摩狄曼·J. 阿德勒. 六大观念 [M]. 陈珠泉, 杨建国, 译. 北京: 团结出版社, 1989: 168.
③ 〔美〕摩狄曼·J. 阿德勒. 六大观念 [M]. 陈珠泉, 杨建国, 译. 北京: 团结出版社, 1989: 170、181.
④ 〔美〕约翰·罗尔斯. 正义论 [M]. 何怀宏, 何包钢, 廖申白, 译. 北京: 中国社会科学出版社, 1988: 3.
⑤ 〔美〕约翰·罗尔斯. 正义论 [M]. 何怀宏, 何包钢, 廖申白, 译. 北京: 中国社会科学出版社, 1988: 60 - 61.

平等"或"有差别"的"机会平等";尽管罗尔斯明确"正义原则要求每个人都有其平等的基本权利",但"基本平等被认为是在受尊重方面的平等"。① 而"受尊重"无非是一种虚置的抽象原则。为了把"正义与平等"从罗尔斯的理论中"拯救"出来,英国分析马克思主义哲学家G. A. 科恩(Gerald Allan Cohen)② 在《拯救正义与平等》中明确提出了"作为平等的正义",对罗尔斯的"作为公平的正义"原则进行了理论批判,强调分配正义不能容纳"深层的不平等"。科恩"尝试拯救这样的一个平等主义主题,即在一个分配正义占据主导地位的社会中,民众期望能够在物质方面大体上平等:分配正义不能容忍由为处境好的人提供经济激励而产生的严重不平等,而罗尔斯及其追随者认为这样的严重不平等是一个公正社会的表现"③。类似地,加拿大马克思主义哲学家凯·尼尔森(Kai Nielsen)更是努力"捍卫激进平等主义"。他在《平等与自由捍卫激进平等主义》中对罗尔斯"公平正义论"进行了有力批判,并考察了不平等对人们的影响,梳理了流行的"反平等主义"理论,努力证明"自由与平等绝不是相互矛盾的",然后提出了自己的激进平等的正义观念与原则,阐明了自己的社会主义正义观。尼尔森认为,"平等应当被视为一种目标——一种基本的人类善……平等是一种基本的目标;对于正义来讲,平等是一个完全正义的社会应当实现的基本目标。"④ 为了批判罗尔斯的观点,与其"作为公平的正义的原则"相对应,尼尔森提出了他的"激进平等主义正义观",即"作为平等的正义"的两条"平等主义正义原则":(1)"每个人都应有平等权利享有由平等的基本自由和平等的机会(包括有意义的工作、自我决定和参与政治与经济的平等机会)所构成的最广泛的整体体系,这一体系与人人受到同等对待相容。"(2)"在为社会(共同体)的公共价值作出预留,为维持正常的社会生产能力预留出所需的资本,兼顾有差别的非人为控制的需要和偏

---

① 〔美〕约翰·罗尔斯. 正义论 [M]. 何怀宏, 何包钢, 廖申白, 译. 北京: 中国社会科学出版社, 1988: 507、509.
② 注: 有的学者译作"柯亨"。
③ 〔英〕G. A. 科恩. 拯救正义与平等 [M]. 陈伟, 译. 上海: 复旦大学出版社, 2014: 2.
④ 〔加拿大〕凯·尼尔森. 平等与自由捍卫激进平等主义 [M]. 傅强, 译. 北京: 中国人民大学出版社, 2016: 3.

好,并且适当权衡个人的正当权利之后,收入和财富(财富的公共积累)应这样分配:每个人都有平等分享的权利。"① 尼尔森认为,他的原则比罗尔斯的原则的优点在于,"平等的自由"和"平等的自尊"能够得以实现,而罗尔斯的原则下则不能。尼尔森强调,他"寻求的目标是每个人基本条件的平等"。而且认为,"资本主义社会(即使是资本主义的福利国家,例如瑞典)不是公正的社会";他希望其"激进平等主义的正义原则""得到或支持一个贯彻平等主义承诺的社会主义者来构建社会"。② 可见,尼尔森坚持"平等"至上,并认识到了"平等"与资本主义制度是不相容的。

作为"经济学良心的肩负者"的印度经济学家阿玛蒂亚·森也努力为"平等"一辩。森认为,社会将越来越不能容忍不平等导致的阶层分化,而解决问题要从怎样测度不平等开始,因此他对不平等的"评估域"、测度技术工具进行了详细分析。森坚持一种"弱平等公理"(Weak Equity Axiom):即"设在任一收入水平下,个体 i 的福利水平都比个体 j 的低。则在将一定的总收入在包括个体 i 与 j 的若干个体中进行分配时,最优方案必定是:分配给个体 i 的收入要多于个体 j"③。该公理只是说应该给处境不利者更多的收入作为补偿,却没有明确说明应补偿多少。这样,哪怕是极少的一点补偿也将满足公理。从这个意义讲,这种要求是相当温和、相等"弱"的,即"弱平等"要求。在《再论不平等》中,森对平等的核心问题——"什么要平等"——进行了集中阐发,实际上还是平等的"评估域"问题。森指出,收入平等主义者要求平等的收入;福利平等主义者要求平等的福利水平;古典功利主义者坚决主张对所有人的效用赋予平等的权重;纯粹的自由至上主义者则要求所有的权利和自由(liberty)都平等分配。这些,都是不同的平等要求,也就是不同的"评估域"。具体说来,罗尔斯主张对自由权和"基本善"的平等分配;德沃金(Ronald Dworkin)主张的是"平等待遇""资源平等";托马斯·内格尔(Thomas Nagel)主张的是"经

---

① 〔加〕凯·尼尔森. 平等与自由捍卫激进平等主义 [M]. 傅强, 译. 北京: 中国人民大学出版社, 2016: 51-52.
② 〔加〕凯·尼尔森. 平等与自由捍卫激进平等主义 [M]. 傅强, 译. 北京: 中国人民大学出版社, 2016: 287、294、313.
③ 〔印〕阿玛蒂亚·森. 论经济不平等(增订版)[M]. 王利文, 于占杰, 译. 北京: 中国人民大学出版社, 2015: 19.

济平等"；托马斯·斯坎伦要求的则是"平等权"等。森认为，即使是反对平等的观点中，也仍有对平等的诉求。如诺齐克坚决主张自由权的平等，而不是主张"效用"或"基本善"的平等；詹姆斯·布坎南（James M. Buchanan, Jr.）则主张所有人都应平等地受到政治待遇和法律待遇。可见，每一种理论在某个"评估域"内都能找到平等思想的影子。因此，要分析和评价"平等"，其核心问题是"什么要平等"，即平等的"评估域"问题。① 而第一个"问题族"围绕着对平等主义者经常发问的"为什么要平等"和"什么要平等"这两个问题的相关性及问题所及范围而来……据以评估平等的评估域是多样性的，这些变量包括：收入、财富、效用、自由、基本善、能力等，都可对平等程度进行比较。而在这些平等的评估域中，森主张"有价值生活内容的能力的平等"。"'能力分析方法'总是建立在对可获得成就（包括实现相应生活内容的能力）的自由的关注上的。"② 也就是说，森所主张的是所谓的"能力平等"。

美国著名哲学家、法学家罗纳德·德沃金甚至把"平等"奉为"至上的美德"。他在《至上的美德：平等的理论与实践》中强调，"平等的关切是政治社会至上的美德——没有这种美德的政府，只能是专制的政府……"③ 德沃金首先确立了伦理学个人主义的"两个原则"，即"重要性平等的原则"和"具体责任原则"，既强调"每个人的人生同等重要"、应该受到平等尊重，又强调个人在人生成功的客观平等重要性上的具体和最终责任。为此，他把"分配平等"区分为"福利平等"和"资源平等"。而所谓"平等的社会"，"这种平等被理解为要求资源平等而不是终生的财富平等或福利平等"。也就是说，"平等的关切要求政府致力于某种形式的物质平等，我把它称为资源平等（equality of resources）"，因为"只有把平等理解为资源平等，自由与平等的统一性才

---

① 〔印〕阿玛蒂亚·森. 再论不平等［M］. 王利文，于占杰，译. 北京：中国人民大学出版社，2016：序言1、14.
② 〔印〕阿玛蒂亚·森. 再论不平等［M］. 王利文，于占杰，译. 北京：中国人民大学出版社，2016：149、150.
③ 〔美〕罗纳德·德沃金. 至上的美德：平等的理论与实践［M］. 冯克利，译. 南京：江苏人民出版社，2008：导论1.

能成立。……资源平等是内在于自由主义的平等观"①。所以，尽管德沃金把"平等"归结为"美德"这一伦理学范畴，但他也要求"平等"的物质内容——"资源平等"。

在平等理论中，也有对当今世界的不平等问题进行实证研究的。法国经济学家托马斯·皮凯蒂（Thomas Piketty）在《不平等经济学》中聚焦于当今世界的不平等现象，对什么是不平等、不平等的原因、怎样解决不平等等问题进行了深入分析，对"纯粹再分配"和"有效再分配"进行了比较，对"收入不平等"和"时空不平等"的历史演变进行了跟踪研究，得出来的基本结论是："无论是以就业不平等的形式还是以工资不平等的形式呈现出来，自20世纪70年代以来，劳动收入的实际不平等程度在所有的西方国家都加大了。"② 在被称为"经济思想史上具有分水岭意义的著作"③ 的《21世纪资本论》中，皮凯蒂对自18世纪工业革命至今300年来的财富分配数据进行了跟踪研究和详尽分析。他用确凿的数据表明："在劳动收入分配最平等的国家，比如1970—1990年的斯堪的纳维亚国家，收入最高10%的人拿到总工资的约20%，收入最低的50%拿到约35%。在工资不平等处于平均水平的国家，包括当今的多数欧洲国家（如法国和德国），收入最高10%的人占有总工资的25%—30%，收入最低50%的人约占30%。在最不平等的国家，如21世纪头10年之初的美国（其劳动收入分配比任何国家都不平等），收入最高10%的人拿到工资总额的35%，最低50%的人只拿到25%。……如果过去几十年在美国出现的劳动收入日益集中还要继续下去，那么到2030年收入最底层50%拿到的总报酬只是最上层10%的一半。"④ 特别是"2010以来，在大多数欧洲国家，尤其是在法国、德国、英国和意大利，最富裕的10%人群占有国民财富的约60%"。"最令人惊讶的事实是，在所有这些社会里，半数人口几乎一无所有：最贫穷的50%人群占有的国民财富一律低于10%，一般不超过5%。在法国，根据最新数据（2010—2011年）显示，最富裕的

---

① 〔美〕罗纳德·德沃金. 至上的美德：平等的理论与实践 [M]. 冯克利，译. 南京：江苏人民出版社，2008：217，导论3、188.
② 〔法〕托马斯·皮凯蒂. 不平等经济学 [M]. 赵永升，译. 北京：中国人民大学出版社，2016年：29.
③ 曾任世界银行经济学家的布兰科·米兰诺维奇（Branko Milanovic）语。
④ 〔法〕托马斯·皮凯蒂. 21世纪资本论 [M]. 巴曙松，陈剑，余江，等译. 北京：中信出版社，2014：259-260.

10%占有总财富的62%,而最贫穷的50%只占有4%。在美国,美联储最近所做的调查表明,最上层的10%占有美国财富的72%,而最底层的半数人口仅占2%。""如果这种演变趋势无限制发展下去,那么到21世纪末,全球财富中的很大一部分将集中在超级富豪手中。"① 皮凯蒂得出的结论是:自由市场经济并不能完全解决财富分配的不平等问题,资本主义加剧了财富的不平等。因此,只有通过民主制度制约资本主义,才能降低财富不平等现象。类似地,美国经济学家约瑟夫·E. 斯蒂格利茨(Joseph E. Stiglitz)在《不平等的代价》中,就美国的不平等状况作了更细的研究:"截至2007年,也就是金融危机爆发的前一年,美国社会最上层的0.1%的家庭所拥有的收入是社会底层90%家庭平均收入的220倍。财富分配甚至比收入分配更为不平等,最富有的1%人群拥有的财富超过国家财富的1/3。""自经济衰退以来所谓的'复苏'的收益绝大部分都进入了最富有的美国人的口袋:与2009年相比,2010年美国所创造的额外收入中的93%都为最上层的1%美国人所得。"而"在过去30年里,低工资人群(底层的90%群体)的工资只涨了大约15%,而上层的1%群体的工资却涨了差不多150%,最上层的0.1%群体的工资涨了300%还要多"。由于"财富的不平等,因此上层群体攫取了资本收入中最大的一份也就不足为奇了——在危机爆发前的2007年,大约有57%的资本收入为上层1%群体所获得。同样不足为奇的是,上层1%群体得到了从1979年以来资本收入增长部分中更大的一份,大约有7/8,而底层95%群体仅得到了增长部分的不足3%"。② 斯蒂格利茨强调,其研究的"一个主题就是政治力量和经济力量同时强有力地造成了不平等","美国政治体制的运行方式正越来越增加结果的不平等并减少机会的平等"。因此,"已为公众所知的市场经济最黑暗的一面就是大量的并且日益加剧的不平等,它使得美国的社会结构和经济的可持续性都受到了挑战:富人变得愈富,而其他人却面临着与美国梦不相称的困苦"③。斯蒂格利茨还

---

① 〔法〕托马斯·皮凯蒂. 21世纪资本论 [M]. 巴曙松,陈剑,余江,等译. 北京:中信出版社,2014:261-262、449.

② 〔美〕斯蒂格利茨. 不平等的代价 [M]. 张子源,译. 北京:机械工业出版社,2017:3、4、8.

③ 〔美〕斯蒂格利茨. 不平等的代价 [M]. 张子源,译. 北京:机械工业出版社,2017:28、29、3.

警告指出,"尽管大家已清楚地看到,这种日益加剧的不平等不利于我们的政治(……),但我要解释的是,这种不平等也非常不利于我们的经济"。① 这就是资本主义世界冷冰冰的现实。

面对这些充斥世界的不平等,理论家们进行了深刻反思,并试图找到破解不平等难题的路径。美国经济学家安格斯·迪顿(Angus Deaton)的《逃离不平等:健康财富及不平等的起源》一书聚焦世界贫富分化与不平等问题,特别关注人类发展与不平等之间的复杂关联,试图找到人类不平等的原因,破解人类向前发展同时制造的新的不平等难题。迪顿指出,人类历史上最伟大的逃亡,是挣脱贫困与死亡的逃亡。现在,人类的生活水平大幅提高,尤其是在健康与财富方面,获得了前所未有的成就。但与 300 年前相比,这个世界变得更加不平等了。② 但迪顿又认为,"尽管不平等仍然存在,尽管仍有千百万人未能逃离死亡与贫困之苦,但这个世界已经是有史以来最好的一个世界。"③ 而美国著名左翼政治哲学家、马克思主义政论家亚历克斯·卡利尼克斯(Alex Callinicos)则借用托尼·布莱尔的话提出:"阶级战争已经结束。但是,争取平等的战斗才刚刚打响。"④ 他的研究表明:"世界进入 21 世纪,充斥着贫穷与不平等,这是再富有想象力的前人也无法想象到的。"而"任何试图增进社会平等的严肃尝试,最终都会与资本主义经济体系相冲突",因此,"要实现平等主义的公正,只有走反对资本主义的道路"⑤。所以,随着对"平等"问题研究的深入,对"不平等"根源的分析最终都指向了资本主义制度本身。

近些年来,国内对平等问题的研究逐渐多了起来,特别是对平等观念史的研究和各种平等观的评介方面成果较多。周仲秋的著作《平等观念的历程》对从古代到近代、现代平等观念的发展和演进历史作了系统

---

① 〔美〕斯蒂格利茨. 不平等的代价 [M]. 张子源,译. 北京:机械工业出版社,2017:序言 XVIII.
② 〔美〕安格斯·迪顿. 逃离不平等:健康财富及不平等的起源 [M]. 崔传刚,译. 北京:中信出版社,2014:3.
③ 〔美〕安格斯·迪顿. 逃离不平等:健康财富及不平等的起源 [M]. 崔传刚,译. 北京:中信出版社,2014:277.
④ 〔美〕亚历克斯·卡利尼克斯. 平等 [M]. 徐朝友,译. 南京:江苏人民出版社,2003:20.
⑤ 〔美〕亚历克斯·卡利尼克斯. 平等 [M]. 徐朝友,译. 南京:江苏人民出版社,2003:1、封底、158.

梳理，勾画出人类在平等问题上的思想足迹。其内容涉及平等观念的产生、古代仁人志士的平等观念和近代平等观念的确立、冲突、演进及现代平等理论，甚至对包括佛教、基督教、伊斯兰教等的宗教平等观都作了全景式展现。高瑞泉的《平等观念史论略》一书采取观念史的进路，围绕平等观念的古今之变和中西之异，探讨了"平等"的理想与困境、平等观念的古典遗产和变革时代的内涵流变、平等主义的纲领和衍绎等问题，并对平等价值进行了再思考和再审视。何怀宏的《平等》对从古希腊柏拉图到罗尔斯等当代西方著名思想家的平等理论进行了系统考证，在深刻反映平等观念流变的同时，力图探索和解决平等研究的困境。何怀宏强调："'平等'的观念是现代社会的一个基本标志。"[1] 他认为，参照人类平等观念和实践的历史，最优先的是生命权的平等，其次是人格的平等，再次是获得基本自由的权利的平等，第四是政治的平等，第五是机会平等，第六是精神和文化能力的平等。[2] 同时，他还认为，"差别"和"平等"是人类一个永恒的课题，两大欲望或许就构成了人类历史的两大基本动力。也就是说，人们既追求"平等"又追求"差别"，即追求成功、出众、优秀和卓越。"这就是平等的难题、平等的困境，而这一观念的困境自然也就是我们的困境、人类的困境。"[3] 冯亚东在《平等、自由与中西文明》和《平等、自由与中西文明：兼谈自然法》中，围绕平等观念与中国社会、求索自由与西方民族、价值冲突中蕴构的自然法、制度的抉择和文明的走向等问题，既从理论上探讨了"平等三法则"，又从历史和实证的视角分析了平等和自由的近代实践、平等生活方式与不平等的悖论、平等的实体与程序的不同解读等实践难题。高景柱则在《当代政治哲学视域中的平等理论》中，对当代西方平等理论研究中的平等主体之争（谁与谁之间的平等）、平等的对象之辩（什么的平等）、平等的原则探究（平等何以可能）等理论纷争进行了评介，不仅对道德平等、机会平等、福利平等、机遇平等、资源平等、利益平等、能力平等、社会平等、复合平等等概念进行了辨析，对平等研究中的功利主义原则、差别原则、自由至上主义原则、需要原则、应得原则等进行了推理，而且对罗纳德·德沃金、理查德·阿内逊、阿玛蒂亚·森等

---

[1] 何怀宏. 平等 [M]. 北京：生活·读书·新知三联书店，2017：1.
[2] 何怀宏. 平等 [M]. 北京：生活·读书·新知三联书店，2017：4–5.
[3] 何怀宏. 平等 [M]. 北京：生活·读书·新知三联书店，2017：6.

理论家的平等理论进行了评析。这些研究，对吸收、借鉴国外平等研究的积极成果，起了重要推动作用。

在吸收借鉴国外平等研究成果的基础上，为了回答我国经济社会发展实践面临的时代课题，一些学者也提出了自己的平等观。曹锦清的《平等论》在梳理西方平等观念的历史演变和对中国平等观进行历史探源基础上，阐释了社会主义与"平等"的关系和改革的双重目标。他认为，传统社会主义国家"该实现尚未实现"的平等是"权利平等"，而改革的双重目标是"权利平等和机会平等"："我以为改革的最高目标应该是人人在政治、法律上的平等权利和造成一个机会均等的竞争环境。"① 王海明在《平等新论》中提出并论证了"平等总原则"及其"两个分原则"。具体说来就是："每个人因其最基本的贡献完全平等——同样是缔结社会的一个股东——而应完全平等地享有基本权利、完全平等地享有人权。这就是基本权利平等原则，也就是'人权原则'"；"人们所享有的权利虽是不平等的，但每个人所享有的权利的多少之比例与每个人所做出的贡献的大小之比例却是完全平等的。这就是非基本权利比例平等原则。"综合起来，"一方面，每个人因其最基本的贡献（缔结社会）完全平等而应该完全平等地享有基本权利、享有人权；另一方面，每个人因其具体贡献的不平等而享有相应不平等的非基本权利的比例应该完全平等。这就是平等总原则，它由完全平等与比例平等两个分原则构成"②。王海明还认为，"这两个平等分原则大致相当于罗尔斯的'两个正义原则'。""具体的平等问题便可以归结为三大平等：政治平等、经济平等、机会平等。相应地，平等的具体原则也就分为：政治平等原则、经济平等原则、机会平等原则。"③ 具体说来，就是：其一，"一方面，每个人不论具体政治贡献如何，都应该完全平等地享有政治自由，亦即完全平等地共同执掌国家最高权力从而共同决定国家的政治命运；另一方面，每个人因其具体政治贡献或预期政治贡献的不平等而担任相应不平等的政治职务的比例应该完全平等。这就是政治平等总原则。"④ 其二，"一方面，每个人不论劳动多少、贡献如何，都

---

① 曹锦清. 平等论 [M]. 上海：华东化工学院出版社，1988：121.
② 王海明. 平等新论 [J]. 中国社会科学，1998 (5)：56、57 - 58.
③ 王海明. 平等新论 [J]. 中国社会科学，1998 (5)：58、59.
④ 王海明. 平等新论 [J]. 中国社会科学，1998 (5)：60 - 61.

应该按人类基本物质需要完全平等地分配基本经济权利（即按需分配）；另一方面，则应按每个人所贡献的社会必要劳动时间，而分配给他含有同量社会必要劳动时间的非基本经济权利，以便使享有权利的不平等与自己贡献的不平等的比例完全平等（即按劳分配）。这就是经济平等总原则。"① 其三，"社会所提供的发展才德、做出贡献、竞争职务和地位以及权力和财富等非基本权利的机会，是全社会每个人的基本权利，应该人人完全平等。家庭、天赋、运气等非社会所提供的机会，则是幸运者的个人权利，无论如何不平等，他人都无权干涉；但幸运者利用较多机会所创获的较多权利，却因较多地利用了共同资源'社会合作'而应补偿给机会较少者以相应权利。这就是机会平等原则。"② 应该说，这种概括和划分，是对当今世界平等主义与反平等主义争论的一个总结和回答，较好地回答了平等难题，有很高的自洽性。姚大志在《平等》中对"什么的平等""平等与正义""平等的规范性"这些学界颇有争议的论题进行了归纳，并提出了自己的观点。关于"什么的平等"，姚大志认为当代各种不同的平等主义理论中最重要的有五个，即"福利平等""基本善的平等""福利机会的平等""资源平等以及能力平等"。所谓"平等的规范性"，各种讨论和争论的平等观念可以分为三类，即"积极平等主义""反平等主义"和"消极平等主义"。其中，"积极的平等主义认为平等本身就具有内在的价值，是我们应该追求的最重要目标。而消极的平等主义者则认为最重要的事情是帮助社会上处境最差的人们，是改善他们的处境，提高他们的福利，而平等是改善他们处境所导致的一种后果。这种理论也被称为'优先论'。"姚大志的结论是，"消极平等主义""是一种更合理的平等主义"。③ 张正海的《平等论》认为，平等是人类的终极理想之一。由于人们之间的差异，没有绝对的平等，只有相对的平等。因此，人和人之间的平等，不是指人们的"相等"或"平均"，而是在精神上互相理解、互相尊重的不区别对待的平等。"平等"可以区分为人格平等、机会平等、权利平等。社会的进步就是平等逐渐实现的过程，即从人和人之间不平等走向平等的过程。毛德操的《论平等——观察与思辨》一书的基本观点是，"自由、平等、博爱这三

---

① 王海明. 平等新论 [J]. 中国社会科学, 1998 (5): 62.
② 王海明. 平等新论 [J]. 中国社会科学, 1998 (5): 66.
③ 姚大志. 平等 [M]. 北京：中国社会科学出版社, 2017: 6、9、380、381.

项基本的观念和要求既是民主革命的基础,也是普世价值的核心",而"自由、平等、博爱这三者的核心在于平等……"① 其论证逻辑是:"在人的各项本能中,有一项是至关重要的,那就是模仿","从模仿中萌生对于平等的要求",所以,"人类出于模仿本能而有了人人平等的意识和要求","平等是人类的一项基本的要求,也是人类的一种基本的价值和原则,许多别的价值和原则都是由此派生出来的"。② 毛德操还认为,"'自由、平等、博爱'属于人性",而"人性不仅是放诸四海而皆准,甚至还是质之世代而皆准"。③ 也就是说属于"普世价值"。"那么普世价值有些什么内容呢?其中最重要的还是自由、平等、博爱,以及由此派生出来的民主、人权、法制和宽容等。""总之,普世价值的内容是十分丰富的,其中最重要的,可以认为是'硬核'的东西就是自由、平等、博爱。"④ 此外,对平等理论的研究还包括对"平等"本身的认识。如杨海蛟认为,"平等"是"人类对理想社会的诉求";⑤ 李绍猛认为,"平等"是"历史的动力"⑥ 等。

作为对平等研究的延伸,一些学者还作了更远的挖掘和延伸。如台湾学者傅武光对孔子、孟子、老子、庄子的思想进行了现代平等观的解读。他指出,"中国古代,没有'平等'的名词,但经过本文的论述,却肯定孔孟老庄的思想有平等的意识。虽然社会现象有诸多的不平等;但思想家们,却自觉的要使它平等,这便是平等精神。"⑦ 具体说来,傅武光认为,从孔孟的"心性"思想来看,孔子所说的"仁",孟子所说的"四端"⑧,都是人人生而具有的,人人可据此而完成人格,即"人格平等"。从教育思想来看,孔孟都主张全民教育、"有教无类",这是基于"人格平等"而要求的"教育机会平等"。从政治思想来看,孔孟最基本的理念是"公天下"。这是要求"参政机会平等"。孔孟还站在人民

---

① 毛德操. 论平等——观察与思辨 [M]. 杭州:浙江大学出版社,2012:1、2.
② 毛德操. 论平等——观察与思辨 [M]. 杭州:浙江大学出版社,2012:7、8、11、17.
③ 毛德操. 论平等——观察与思辨 [M]. 杭州:浙江大学出版社,2012:252、255.
④ 毛德操. 论平等——观察与思辨 [M]. 杭州:浙江大学出版社,2012:256、257.
⑤ 参见:杨海蛟. 平等:人类对理想社会的诉求 [M]. 长春:吉林人民出版社出版,2004.
⑥ 参见:李绍猛. 平等:历史的动力 [M]. 广州:广东教育出版社,2012.
⑦ 傅武光. 孔孟老庄思想的平等精神 [M]. 台北:文津出版社,1968:序3.
⑧ 即人天生具有"仁""义""礼""智"等"四端"。

立场，以民心支持的程度来判断政权的合法性，这是要求"政治平等"。君臣关系方面，孔孟都主张君臣应该互相尊重，维持"契约"形态的关系，这也属于"人格平等"。从经济方面来看，孔孟各种主张，都符合保障"人权"的要求。保护私有财产，便保障了"生存权"和"工作权"，这是要求"经济平等"。至于"藏富于民""均平分配"，是主张"比例平等"。在分配上，比例的平等才是真平等。从法律思想来看，主张以"自然法"为主，"实证法"为辅，这是基于"人格平等"和"教育平等"的理念。至于实证法方面，孟子已有了"司法独立""法律之前人人平等"的现代法治思想。从社会思想来看，在社会行为方面，"仁""敬""礼"都一致表现为对别人人格的尊重，这是要求"人格平等"。在社会理想方面，则基于"人格平等"而要求每个人的一切"人权"都受到平等的保障。而所谓"大同"，就是平等的极致。类似地，老子、庄子都以"道"为宇宙万物的根源，每个人都从"道"那里禀受了"道"之一体，也就是"德"。每个人都可以凭自己的"德"而上通于"道"，以体现完美的人生境界。这是承认"人格平等"，由"人格平等"而肯定"机会平等"——有机会成为"至人""神人""圣人"。在所有的平等类别中，"人格平等"和"机会平等"是一切平等的基础，因此老庄思想可说已具备了这基础。总之，孔孟从"人"之所以为人的特质——"仁"、老庄从人之主体——"德"，殊途同归地肯定每个人都有生存的意义，人人都有不容侵犯的人格尊严，进而肯定"人类生而平等"，又以此为基础肯定"机会平等"。同时，孔、孟、老、庄共同之处在于以"人格平等"为基础，透过人为的努力，以弥补天生不平等的缺憾。[①] 傅武光这种用现代平等理念解读、挖掘古典圣贤思想的做法，在理论勇气上值得肯定。但其缺乏历史维度的附会研究法，值得商榷。

平等问题研究的延伸，还表现在从"人权"向"物权"的拓展。高懿德在《人类中心主义批判与物种平等主义导论》一书中坚持用"物种平等主义"来批判"人类中心主义"，意在"摧毁传统人类中心主义的人种尺度价值观，确立和建构起物种价值平等观念"，"从而为物种文明哲学理论及其世界观基础——物种平等主义世界观——的最终确立彻底

---

① 傅武光. 孔孟老庄思想的平等精神 [M]. 台北：文津出版社，1968：248–251.

扫清道路"。① 高懿德的"物种平等主义世界观认为，所有物种的存在权利是平等的，没有也不可能有大小之分"。"物种平等主义世界观的基本观念就是认定世界上所有物种的存在都是平等的，它表现在物种存在目的与存在形态的平等性、物种存在价值的平等性、物种存在权利的平等性、物种存在尺度的平等性四大方面，它们分别属于物种平等主义的存在论（即本体论）、价值论、权利论和尺度论四大层面。物种平等主义世界观在存在论、价值论、权利伦和尺度论四大层面从而在总体上彻底颠覆和消解了人类中心主义世界观。"② 总之，他认为，从"人类中心"到"物种平等"是文明世界观的革命。这种研究，对提倡生态文明和环境保护有重要意义，但从"平等"本质上是人与人关系的层面看，有些提法显然是站不住脚的。

此外，还有关于宗教平等思想的研究③，不再赘述。

透过这些纷繁复杂的平等理论，我们对平等问题的认识不是更清楚了，而是更糊涂了。到底平等是什么——"平等"是一种理想、追求、原则、价值、真理、伦理、美德、善行，还是一种现实的社会制度、社会基础、社会动力？到底什么是平等——是人的自然属性的一致、精神的同样自由、理性能力的均衡，还是财富的平均、机会的均等、权利的等同？到底是什么的平等——是起点的平等、过程的平等、结果的平等，还是政治的平等、经济的平等、文化的平等？是生命的平等、人性的平等、人格的平等、尊严的平等、思想的平等、精神的平等、才能的平等，还是条件的平等、地位的平等、资源的平等、环境的平等、福利的平等、财产的平等、收入的平等？是机会的平等、程序的平等、运气的平等，还是权利的平等、教育的平等、劳动的平等？是绝对的平等，还是比例的平等？是积极的平等，还是消极的平等？是物质的平等，还是精神的平等？是事实的平等，还是原则的平等？到底怎样实现平等——是通过分配矫正、就业保护、教育提升、道德训诫，还是通过社会保障、社会

---

① 高懿德. 人类中心主义批判与物种平等主义导论 [M]. 呼和浩特：内蒙古人民出版社，2009：总序 11 - 12、绪论 2.
② 高懿德. 人类中心主义批判与物种平等主义导论 [M]. 呼和浩特：内蒙古人民出版社，2009：97、28.
③ 参见：王利耀，余秉颐，主编. 宗教平等思想及其社会功能研究 [M]. 合肥：安徽大学出版社，2006；欧顺军，编. 伦理视阈下的佛教平等观 [M]. 长沙：湖南师范大学出版社，2012.

保险、社会福利、社会变革？甚至，连到底要"平等"还是不要"平等"，也众说纷纭，无所适从。这些迷茫的平等理论所呈现的，恰恰是平等研究自身的迷茫，也是我们的困惑和迷惘。

三、对马克思主义平等观研究的迷失

马克思主义经典作家的理论是至今仍未跨越的学术高峰，因此，研究平等问题，不能不研究马克思主义的平等观。对马克思主义平等观的现有研究中，有一些积极成果，但也有不少误解、误读。

1. 马克思、恩格斯平等观研究的积极成果

在《平等观念和平均主义》（1960年再版时更名为《树立马克思主义的平等观克服平均主义》）一书中，为了批判平均主义，作者安哲对马克思、恩格斯的平等理论进行了深入研究和系统总结，把马克思主义的平等观概括为4个方面：其一，"平等"观念不是永恒的真理。不同的历史时代有不同的平等观念；不同的阶级有不同的平等要求。其二，"平等"不是绝对不变的观念。它是一个相对的、社会的、历史的概念，在社会发展的过程中产生和发展，随着经济关系的变化而变化的。没有任何抽象的、适合于一切时代的平等。因此，研究平等观念，必须进行具体的、历史的分析，不能空洞地、抽象地侈谈平等。其三，"无产阶级的平等观念，就是消灭阶级""这就是马克思主义的平等观念"。因此，平等的要求只限于消灭阶级特权是不够的，也是办不到的，必须消灭阶级本身，才能使平等得到保障。其四，无产阶级的平等，是劳动权利的平等和分配权利的平等。在社会主义制度下，无产阶级的平等，就是"各尽所能，按劳取酬"的平等。① 可以说，前三条概括是符合马克思、恩格斯本意的，但第四条泛泛地讲"劳动权利"和"分配权利"是不准确的，因为"法权"概念是资产阶级平等观的内容。马克思在《哥达纲领批判》中所说的在共产主义第一阶段实行"按劳分配"，"劳动"残留了"资产阶级法权"的权利性质，只是一种形象的说法，是说形式上具有"资产阶级法权"的特点（等量劳动，获得等量报酬），但实质上已经不再是资产阶级的法权，因为已经实现了生产资料的社会所有。而在共产

---

① 安哲，编. 平等观念和平均主义[M]. 合肥：安徽人民出版社，1960：11、2、9、10、40、53.

主义高级阶段实行"按需分配","劳动"甚至在形式上也内有了"权利"性质。因此,不是"权利平等"而是"消灭阶级"才是无产阶级的平等观,也是完全意义上的马克思主义平等观。

李步楼等在《社会主义与"自由平等博爱"》一书中把马克思主义平等观概括为三个方面:(1)"平等不是永恒的,也不是天生的,而是随着历史条件的变化而变化的,每个时代人们的平等观念都是当时社会生活和社会关系的一种反映。"(2)"马克思主义否认有所谓绝对的平等。"(3)"马克思主义所了解的平等,并不是个人需要和日常生活方面的平均,而是阶级的消灭。"① 总之,"无产阶级所讲的平等,既不同于资产阶级的形式上的平等,又不同于农民小资产阶级的绝对平均主义的平等,也不同于空想社会主义者的空想的平等,而是以科学社会主义为指导,从社会历史发展的实际出发的切切实实的平等。"② 应该说,这些概括还是中肯的,也代表了当时对马克思主义平等观研究的应有水平。

周仲秋在《马克思恩格斯平等思想研究》一文中对马克思主义经典作家平等观的来源和对"平等"命题的态度作了深入分析。他认为,马克思和恩格斯有关平等问题的论述主要从以下几种角度展开:(1)理论批判的角度,如对杜林、拉萨尔和蒲鲁东抽象平等观的批判;(2)现实批判的角度,即对资产阶级平等原则之虚伪性、欺骗性和反动性的无情揭露与批判;(3)历史研究的角度,主要是研究从原始社会一直到近代空想家和启蒙思想家各种平等观念的历史合理性;(4)经济研究的角度,集中体现在对资本主义经济关系,尤其是对交换价值关系中平等权利和地位的经济学剖析之中。③ 关于"对旧平等观进行唯物史观的根本改造",周仲秋概括为三个"提升":一是把对平等的认识提升到与社会生产力相联系的高度予以观察与分析;二是把对平等的认识提升到与生产关系相联系的高度予以观察和分析;三是把对平等的认识提升到与社会生产方式相联系的高度予以观察与分析。④ 关于"从资产阶级社会的经济条件中导出科学的平等观",他概括为:商品的价值尺度是"天生

---

① 李步楼,王凤鹤,张厚玖.社会主义与"自由平等博爱"[M].武汉:湖北人民出版社,1987:113-114.
② 李步楼,王凤鹤,张厚玖.社会主义与"自由平等博爱"[M].武汉:湖北人民出版社,1987:115.
③ 周仲秋.马克思恩格斯平等思想研究[J].政治学研究,2004(1):1.
④ 周仲秋.马克思恩格斯平等思想研究[J].政治学研究,2004(1):2-3.

平等的"；等价交换的主体是"天生平等的"；等价交换的手段也是"天生平等的"。周仲秋认为，马克思通过资本主义经济关系的解剖，直接从交换过程的分析中导出相对的平等观，即交换过程是平等与不平等的统一；交换过程的延续，也是平等与不平等的统一。① 关于马克思、恩格斯"拒绝将'平等'作为理论范畴来使用"的原因，周仲秋认为，平等在当时已经是一个旧口号，是一个具有严重片面性的口号，是一个不精确的政治口号。② 这些分析是符合马克思主义经典作家观点的，对马克思主义平等观研究提供了较为科学的方法论指导。

万军在《马克思恩格斯的平等观》一文中对马克思、恩格斯的平等观概括为六个方面，即"平等是一个历史的范畴"；"平等是有阶级属性的"；"平等决不是平均"；"不平等的根源是异化劳动"；"无产阶级肩负着实现平等的历史使命"；"只有到了共产主义社会才能真正实现平等"。③ 这种概括，作为理论探讨是值得肯定的。但个别说法不够准确，如"只有到了共产主义社会才能真正实现平等"就不是马克思、恩格斯的平等观。首先，马克思、恩格斯用生产方式而不用"平等"理念作为分析未来社会的理论框架，也就无所谓"共产主义是平等社会"的说法。其次，实质上不同的社会形态有不同的平等尺度，如资本主义是法权的平等，社会主义是"按劳分配"的平等，共产主义社会是"按需分配"的平等。因此，不能说，只有到了共产主义社会才有平等。最后，即使共产主义社会，也会有各种"不平等"，如能力、偏好、职业的不同等，而所谓"不同"，就是"不平等"。所以，"平等"范式并不是马克思、恩格斯分析社会形态的理论工具。

2. 对马克思、恩格斯平等观的误读、误解

(1) 对马克思恩格斯平等观的不当解读。吴韵曦在《平等的理想与现实社会主义五百年平等问题研究》一书中，将马克思和恩格斯平等观概括为4条：平等是全部人的平等；平等是全方面的平等；平等是有差异的平等；平等是有义务的平等。应该说，这些似是而非的观点是不精确的，甚至是值得商榷的。首先，关于"平等是全部人的平等"的概括并不符合马克思、恩格斯本意。马克思、恩格斯不赞成用"平等观念"

---

① 周仲秋. 马克思恩格斯平等思想研究 [J]. 政治学研究, 2004 (1): 5-6.
② 周仲秋. 马克思恩格斯平等思想研究 [J]. 政治学研究, 2004 (1): 7-8.
③ 参见：万军. 马克思恩格斯的平等观 [J]. 科学社会主义, 2006 (2) 16-17.

的演进来理解历史和社会,而是主张把生产方式的矛盾运动作为理解社会发展的根本动因。而且在不同的生产关系下,人们的社会地位是不同的,根本谈不上"全部人的平等"。在共产主义第一阶段(社会主义)按劳分配的情况下,还会有因劳动能力和家庭负担的不同带来的不平等。即使是共产主义高级阶段的"自由而全面的发展",也不是"所有人的自由平等发展"。也就是马克思所说的,"要避免所有这些弊病,权利就不应当是平等的,而应当是不平等的"。① 作者引用了恩格斯的一句话来印证他的"全部人的平等"的观点:"一切人,或至少是一个国家的一切公民,或一个社会的一切成员,都应当有平等的政治地位和社会地位。"② 这是掐头去尾地引自恩格斯《反杜林论》的一句话,原话是这样的:

> 一切人,作为人来说,都有某些共同点,在这些共同点所及的范围内,他们是平等的,这样的观念自然是非常古老的。但是现代的平等要求与此完全不同;这种平等要求更应当是从人的这种共同特性中,从人就他们是人而言的这种平等中引申出这样的要求:**一切人,或至少是一个国家的一切公民,或一个社会的一切成员,都应当有平等的政治地位和社会地位**。要从这种相对平等的原始观念中得出国家和社会中的平等权利的结论,要使这个结论甚至能够成为某种自然而然的、不言而喻的东西,必然要经过而且确实已经经过几千年。③

可见,这里的"一切人,或至少是一个国家的一切公民,或一个社会的一切成员,都应当有平等的政治地位和社会地位",是"现代的平等要求",而不是"平等的原始观念"。而"现代的平等要求"恰恰是资产阶级大革命时的平等要求,而不是无产阶级的平等要求。所以,"一切人,或至少是一个国家的一切公民,或一个社会的一切成员,都应当有

---

① 马克思. 哥达纲领批判 [M]. 马克思,恩格斯. 马克思恩格斯文集:第3卷. 北京:人民出版社,2009:435.
② 恩格斯. 反杜林论 [M]. 马克思,恩格斯. 马克思恩格斯文集:第9卷. 北京:人民出版社,2009:109.
③ 恩格斯. 反杜林论 [M]. 马克思,恩格斯. 马克思恩格斯文集:第9卷. 北京:人民出版社,2009:109.

平等的政治地位和社会地位"的"现代的平等要求"(即资产阶级的平等要求)并不是无产阶级的平等要求,更不是马克思、恩格斯的平等观。何况恩格斯在后面的论述中明确指出,"没有一个社会主义的无产者或理论家想到要承认自己同布须曼人或火地岛人之间、哪怕同农民或半封建农业短工之间的抽象平等"①。其次,"平等是全方面的平等"也是对马克思、恩格斯平等观的误解。作者引用了恩格斯的这一句话作为论据:"平等应当不仅仅是表面的,不仅仅在国家的领域中实行,它还应当是实际的,还应当在社会的、经济的领域中实行。"② 实际上,完整的原话是这样的:

> 从消灭阶级特权的资产阶级要求提出的时候起,同时就出现了消灭阶级本身的无产阶级要求——起初采取宗教的形式,借助于原始基督教,以后就以资产阶级的平等理论本身为依据了。无产阶级抓住了资产阶级所说的话,指出:**平等应当不仅仅是表面的,不仅仅在国家的领域中实行,它还应当是实际的,还应当在社会的、经济的领域中实行**。尤其是从法国资产阶级自大革命开始把公民的平等提到重要地位以来,法国无产阶级就针锋相对地提出社会的、经济的平等的要求,这种平等成了法国无产阶级所特有的战斗口号。③

可见,根据恩格斯的分析,无产阶级提出的"还应当在社会的、经济的领域中实行"的平等要求,是针对资产阶级提出的"在国家的领域中实行"的平等要求而提出来的。它是早期无产阶级从"原始基督教"那里借用的口号,是资产阶级平等要求的影子,是"法国无产阶级所特有的战斗口号"。他不是"消灭阶级"的无产阶级平等要求的全部内容,更不是马克思、恩格斯的平等观。况且,即使是实行了"国家领域""社会的、经济的领域"的平等,也不能说是"全方面的平等"。最后,

---

① 恩格斯.《反杜林论》的准备材料 [M]. 马克思,恩格斯. 马克思恩格斯文集:第9卷. 北京:人民出版社,2009:354.
② 恩格斯. 反杜林论 [M]. 马克思,恩格斯. 马克思恩格斯文集:第9卷. 北京:人民出版社,2009:112.
③ 恩格斯. 反杜林论 [M]. 马克思,恩格斯. 马克思恩格斯文集:第9卷. 北京:人民出版社,2009:112.

"平等是有义务的平等"也是对马克思、恩格斯平等观的误读。作者是把恩格斯在《1891年社会民主党纲领草案批判》中的一段话作为论据的:"我建议把'为了所有人的平等权利'改成'为了所有人的平等权利和平等义务'等等。平等义务,对我们来说,是对资产阶级民主的平等权利的一个特别重要的补充,而且使平等权利失去道地资产阶级的含义。"① 事实上,马克思、恩格斯是不主张用"平等观念"来理解社会的。"平等"被资产阶级作为一项法权来要求,马克思、恩格斯称之为"法权的世界观"。所以,"权利"概念是资产阶级理论的话语体系,马克思主义的话语体系则是经济关系、生产方式。然而,马克思去世后,德国社会民主党内修正主义日渐抬头,受资产阶级理论影响越来越深。因此,恩格斯在对德国社会民主党纲领修改时,用完全的马克思主义理论来匡正工人党的观点已经没有了现实基础,只能因势利导,尽量清除掉纲领"陈腐传统(无论是道地拉萨尔派的还是庸俗社会主义的)的浓厚残渣"②,尽量消除掉资产阶级理论的影子。所以,恩格斯说加上"平等义务",只"是对资产阶级民主的平等权利的一个补充",不过是"使平等权利失去道地资产阶级的含义"。所谓"道地",即"纯粹"的意思。也就是说,恩格斯这里的修改只不过尽力匡正,不至于使纲领变成"纯粹"的资产阶级纲领。因此,所谓"权利""义务"概念绝不是完全意义上的无产阶级权利概念,所谓"平等权利""平等义务"也不是马克思、恩格斯的平等观。

(2)把马克思、恩格斯对资本主义的批判解读为道义谴责。在对马克思、恩格斯的平等思想研究中,不少学者把马克思对资本主义不平等现象的分析,看作是道义的批判,即马克思是想证明资本主义"不公平""不公正""不正义"。

亚历克斯·卡利尼克斯在《平等》一书中就认为,马克思在《资本论》中对资本主义社会现实与法国大革命的"平等"承诺不相符进行了"最严厉"的批判分析:"劳动力的买卖是在流通领域或商品交换领域的范围内进行。这个领域,实际是天赋人权的真正乐园……他们(资本家

---

① 恩格斯.1891年社会民主党纲领草案批判[M].马克思,恩格斯.马克思恩格斯文集:第4卷.北京:人民出版社,2009:411.
② 恩格斯.1891年社会民主党纲领草案批判[M].马克思,恩格斯.马克思恩格斯文集:第4卷.北京:人民出版社,2009:407.

同工人）是以自由人，权利平等的人的资格订结契约的……平等！因为他们彼此都只以商品所有者的资格发生关系，以等价物交换等价物。""但是，一旦我们随着资本家和工人进入'幕后的生产基地'，整幅画面的景色就改变了。他们之间的平等只是表面上的；实际情况是，他们不平等。……一旦被资本家雇用，工人就在资本家的控制下，为资本家生产商品，以换取仅占他们所创造的劳动价值的一小部分的报酬。在工人的自由以及与资本家平等的外表下，隐藏的是服从和不平等，其结果是，工人受到资本家剥削。"① 在卡利尼克斯看来，"马克思对资本主义剥削的阐述，尤其是他描述工人阶级状况时的义愤填膺的态度，自然使人们做出这样的反应，即他是在道义上谴责资本主义违背了某种普遍适用的正义原则"。"马克思自己就把资本主义剥削描述成'窃取异化劳动时间的盗窃行为'——既然他也清楚地指出，这种剥削不违反资产阶级财产法，那么，这就意味着运用了某种跨历史的正义原则。"② 也就是说，卡利尼克斯认为，马克思对资本主义的批判是因为它的平等的虚假性违背了"正义原则"，因此这种批判是道义的谴责。类似地，科恩（即柯亨③）也认为，"对于马克思主义者来说，资本家的占有是由于对于外部物质的不公平的分配权。这种占有的根源就是不平等的生产资源的分配，只要认识到剥削是从这种最初的不公正和不平等中产生的，这就足够了。"④ 也就是说，在科恩看来，马克思主义也是认为资本主义生产资料的不平等分配是"不公平""不公正"的，换句话说，也是道义批判。同样，国内不少学者也持类似观点。如有的学者认为，"马克思对资本主义的批判，不管是早期的人本主义批判，还是后来的历史唯物主义批判，都是基于不公平的资本主义经济制度，批判的目的在于消灭这一经济制度。从经济伦理的角度看，资本主义经济制度的不道德性就在于，经济制度的不公平成了每个人得以充分发展的最大障碍；而在'自由人的联

---

① 〔美〕亚历克斯·卡利尼克斯. 平等 [M]. 徐朝友，译. 南京：江苏人民出版社，2003：33、33 – 34.
② 〔美〕亚历克斯·卡利尼克斯. 平等 [M]. 徐朝友，译. 南京：江苏人民出版社，2003：34、35.
③ 有的译作"科恩"。
④ 〔英〕G. A. 柯亨. 自我所有、自由和平等 [M]. 李朝晖，译. 东方出版社，2008：138 – 139.

合体'中,这一障碍将不复存在。"① 这里,用"不公平""经济伦理""不道德性"等伦理学范畴概括马克思对资本主义的批判,实际上也是当作了一种道义批判。

事实上,马克思对资本主义的批判从来不是道义的谴责或良知的谩骂,而是立足于生产方式矛盾运动基础上的冷静的历史唯物主义分析,是建立在对资本主义生产关系透彻把握前提下的精确的政治经济学解析。正如上文提到的,马克思在《资本论》中对经济关系的分析是:资本家和工人在流通领域或商品交换领域是完全"平等"的契约人关系,但是一旦进入生产领域,一旦成为资本家所占有的生产资料的附庸,资本主义用"自由""平等""博爱"编织的温情脉脉的面纱掩盖下的赤裸裸的剥削与被剥削、奴役与被奴役关系就彻底暴露无遗了。在这里,劳动过程即"劳动力的消费过程,同时就是商品和剩余价值的生产过程"②。在生产过程中,工人只得到维持劳动力再生产的最低限度的工资,而不断创造出来的剩余价值不断变为资本,成为资本家手中进一步剥削工人、奴役工人的经济强力。这样,工人和资本家之间的所谓"平等"关系也就化为泡影了。在这一经济关系下,资本主义再生产不仅是剩余价值的再生产,而且是资本主义生产关系的再生产。"资本主义生产不仅是这种关系的再生产,而且是这种关系在日益增长的规模上的再生产","这种关系是在对于资本家这一方越来越有利而对雇佣工人那一方越来越不利的情况下再生产出来的。""与此同时,这种关系在表面上所具有的一种假象也消失了,这种假象就是:在流通中,在商品市场上互相对立的是平等的商品所有者。"③ 所以,资本主义的生产方式和经济规律,"把工人钉在资本上,比赫斐斯塔司的楔子把普罗米修斯钉在岩石上钉得还要牢。这一规律制约着同资本积累相适应的贫困积累。因此,在一极是财富的积累,同时在另一极,即在把自己的产品作为资本来生产的阶级方

---

① 姜迎春. 公平:马克思主义经济伦理的核心价值及其实现 [J]. 南京大学学报(哲学人文科学社会科学版),2003(3):15.
② 马克思. 资本论(第1卷)[M]. 马克思,恩格斯. 马克思恩格斯文集:第5卷. 北京:人民出版社,2009:204.
③ 马克思. 资本论(第1册)[M]. 马克思,恩格斯. 马克思恩格斯全集:第49卷. 北京:人民出版社,1982:123、124.

面，是贫困、劳动折磨、受奴役、无知、粗野和道德堕落的积累。"①"这样一来，有产阶级胡说现代社会制度盛行公道、正义、权利平等、义务平等和利益普遍和谐这一类虚伪的空话，就失去了最后的立足之地，而现代资产阶级社会就像以前的各种社会一样真相大白：它也是人数不多并且仍在不断缩减的少数人剥削绝大多数人的庞大机构。"② 可见，这种分析是严格的经济关系分析，没有丝毫的道德谴责；是严谨的生产方式批判，没有丝毫的道义鞭挞。所以，马克思、恩格斯对资本主义的分析，完全是严密的政治经济学分析，绝不是什么"不公平""不公正""不正义"之类的道德的谩骂或伦理的诅咒。正如恩格斯所指出，分析社会制度（包括资本主义制度），"我们不应当应用道德学或法学，也不应当诉诸任何人道、正义甚至慈悲之类的温情。在道德上是公平的甚至在法律上是公平的，而从社会上来看很可能是很不公平的。社会的公平或不公平，只能用一种科学来断定，那就是研究生产和交换的物质事实的科学——政治经济学"。③ "诉诸道德和法的做法，在科学上丝毫不能把我们推向前进；道义上的愤怒，无论多么入情入理，经济科学总不能把它看做证据，而只能看做象征。相反，经济科学的任务在于：证明现在开始显露出来的社会弊病是现存生产方式的必然结果，同时也是这一生产方式快要瓦解的征兆，并且从正在瓦解的经济运动形式内部发现未来的、能够消除这些弊病的、新的生产组织和交换组织的因素。"④ 既然马克思、恩格斯反对从道义上"审判"资本主义，而是要做严格的政治经济学科学分析，就不能把马克思、恩格斯对资本主义平等的批判归结为道义谴责。

（3）认为马克思、恩格斯把"平等"作为未来社会的价值目标来追求。有的学者从价值形态来理解社会主义、共产主义，也把"平等"作为价值追求附会到马克思、恩格斯的平等观中。如袁银传等在《社会主

---

① 马克思. 资本论（第1卷）[M]. 马克思, 恩格斯. 马克思恩格斯文集：第5卷. 北京：人民出版社，2009：743-744.
② 恩格斯. 卡尔·马克思 [M]. 马克思, 恩格斯. 马克思恩格斯文集：第3卷. 北京：人民出版社，2009：461.
③ 恩格斯. 做一天公平的工作，得一天公平的工资 [M]. 马克思, 恩格斯. 马克思恩格斯全集：第19卷. 北京：人民出版社，1963：273.
④ 恩格斯. 反杜林论 [M]. 马克思, 恩格斯. 马克思恩格斯文集：第9卷. 北京：人民出版社，2009：156.

义核心价值观：平等》一书中认为，"唯有社会主义，作为一种理想、一种理论、一种运动、一种社会制度，始终把大多数人的而非少数人的、具体的而非抽象的平等视为其价值目标和价值诉求。平等是社会主义的内在诉求和本质规定。没有对平等的价值追求，就没有社会主义，或者就不是社会主义。""而社会主义的继续发展，也因为以平等为其核心价值，以平等作为自己的价值目标和价值追求，凝聚了绝大多数人民群众的力量，反过来又推动社会主义的继续发展。"① 秦宣也认为，"平等与效率"是"社会主义的两大价值目标"；"不同的社会主义流派存在着一种共同追求的价值目标，即平等和效率"；"马克思主义之所以是科学，是因为马克思主义既注重平等，又注重效率。"② 在他们看来，"平等"既是社会主义的价值追求，也是马克思主义平等观的价值目标。他们往往把恩格斯的一句话作为他们的论据，即"真正的自由和真正的平等只有在共产主义制度下才可能实现；而这样的制度是正义所要求的"③。

怎样理解这句话呢？事实上，恩格斯是1843年在为英国"欧文社会主义者"办的周刊《新道德世界·合理社会报》撰写的《大陆上社会改革的进展》一文中说这句话的。在文章开头，恩格斯指出，资本主义"民主制和任何其他一种政体一样，最终总要破产，因为伪善是不能持久的，其中隐藏的矛盾必然要暴露出来；要末是真正的奴隶制，即赤裸裸的专制制度，要末是真正的自由和平等，即共产主义。这二者在法国革命以后都出现过；前者以拿破仑为代表，后者以巴贝夫为代表。关于巴贝夫主义……共产主义者的密谋未能实现，因为当时的共产主义自身还是非常幼稚非常肤浅的，同时社会舆论也还不够开展"。④ 可见，所谓"真正的自由和平等"的"共产主义"，实际上是指巴贝夫（Francois Noël Babeyf）的共产主义。而且恩格斯对它的评价是"非常幼稚非常肤浅"。恩格斯的这段话，实际上是在向英国欧文社会主义者提出的建议。

---

① 袁银传，董朝霞，王喜. 社会主义核心价值观：平等 [M]. 北京：社会科学文献出版社，2014：129、138.
② 秦宣. 平等与效率：社会主义的两大价值目标 [J]. 文史哲，2006（1）：152.
③ 恩格斯. 大陆上社会改革的进展 [M]. 马克思，恩格斯. 马克思恩格斯全集：第1卷. 北京：人民出版社，1956：582.
④ 恩格斯. 大陆上社会改革的进展 [M]. 马克思，恩格斯. 马克思恩格斯全集：第1卷. 北京：人民出版社，1956：576–577.

因为在恩格斯看来，法国的情况与英国不一样：由于会遭到军队的镇压，法国人不愿意向英国社会主义者那样，去冒险建立"共产主义移民区"。那么怎么办呢？恩格斯给英国社会主义者指了一条路："你们要向他们证明，真正的自由和真正的平等只有在共产主义制度下才可能实现；而这样的制度是正义所要求的；——这样，他们就都会站到你们方面来。"① 也就是实现法国共产主义者和英国社会主义者的团结。为什么只能这样呢？"因为共产主义学说在这三个国家的产生情况各不相同。英国人由于国内贫困和道德败坏的现象的迅速加剧，他们通过实践达到这个学说。法国人是通过政治达到的，他们起初只是要求政治自由和平等，但当他们意识到这还不够的时候，除政治要求而外，他们又提出了社会自由和社会平等的要求；德国人则是通过哲学，通过对基本原理的思考而成为共产主义者的。"② 这样就明白了：由于法国共产主义者受巴贝夫等的影响，把"真正的自由和真正的平等"看作"共产主义"的特征来追求。英国"社会主义者"只能用法国"共产主义者"能够接受的语言来影响他们，使他们"站到自己的方面来"。可见，恩格斯让英国社会主义者这样做只是一种策略，而所谓"真正的自由和平等即共产主义"只是法国"共产主义者"的观点，根本不是恩格斯的观点，而且是马克思和他在其他论著中反复批评的观点。正如恩格斯所指出，"'正义'、'人道'、'自由'、'平等'、'博爱'、'独立'——直到现在除了这些或多或少属于道德范畴的字眼外……这些字眼固然很好听，但在历史和政治问题上却什么也证明不了。'正义'、'人道'、'自由'等等可以一千次地提出这种或那种要求，但是，如果某种事情无法实现，那它实际上就不会发生，因此无论如何它只能是一种'虚无缥缈的幻想'。"③ 既然如此，马克思、恩格斯又怎么会把"平等""公平""正义"作为未来社会的"理论基石"或"价值目标"呢？他们关于未来社会的描述是用历史唯物主义对整个人类社会的一般发展进程，特别是对资本主义基本矛盾运动变化规律科学把握的基础上，对社会发展一般趋势和基本方向所做的

---

① 恩格斯. 大陆上社会改革的进展 [M]. 马克思, 恩格斯. 马克思恩格斯全集：第1卷. 北京：人民出版社，1956：582.
② 恩格斯. 大陆上社会改革的进展 [M]. 马克思, 恩格斯. 马克思恩格斯全集：第1卷. 北京：人民出版社，1956：575-576.
③ 恩格斯. 民主的泛拉斯夫主义 [M]. 马克思, 恩格斯. 马克思恩格斯全集：第6卷. 北京：人民出版社，1961：325.

科学预测，而不是把"平等"当作社会主义、共产主义的"价值目标"来追求的。在马克思、恩格斯看来，社会主义、共产主义是建立在"生产资料社会所有"这一坚实的经济基础上的，而不是建立在所谓的"平等"价值基础上的。

（4）认为马克思、恩格斯的平等观是"劳动平等"。尽管马克思、恩格斯特别重视"劳动"在社会发展进步中的重大作用，强调"第一个历史活动就是生产满足这些需要的资料，即生产物质生活本身"①。但这并不意味着马克思、恩格斯把劳动平等作为价值目标来追求，也不是说他们的平等观就是"劳动平等"，更没有把"劳动平等"作为社会主义本质来界定。然而一些学者却坚持这一观点。如有人认为，"马克思所追求的平等是劳动的平等"。②荣兆梓在《劳动平等论：完善社会主义基本经济制度研究》中也认为，"马克思劳动平等思想的核心是公有制基础上的按劳分配，这在《哥达纲领批判》中有明确的阐述。马克思指出，未来社会的最终产品在扣除了各项社会需要之后，在劳动者之间按个人贡献给社会的劳动份额进行分配。"又说，"社会主义是以劳动平等为核心价值观念的社会系统，社会主义又是以劳动平等为基本经济关系的社会制度。"甚至明确提出"作为社会主义制度本质特征的劳动平等"。③总之，其两个基本观点就是："劳动平等"是马克思主义的平等观；"劳动平等"是社会主义的本质特征。他还把马克思在《哥达纲领批判》中的一句话作为论据，即"生产者的权利是和他们提供的劳动成比例的；平等就在于以同一的尺度——劳动——来计量"④。

马克思的原话是这样说的：

> 我们这里所说的是这样的共产主义社会，它不是在它自身基础上已经发展了的，恰好相反，是刚刚从资本主义社会中产生出来的，因此它在各方面，在经济、道德和精神方面都还带着它脱胎出来的

---

① 马克思，恩格斯. 德意志意识形态［M］. 马克思，恩格斯. 马克思恩格斯文集：第1卷. 北京：人民出版社，2009：531.
② 姜涌. 马克思劳动平等是人类平等理性的诉求［J］. 山东社会科学，2009（6）：33.
③ 荣兆梓等. 劳动平等论：完善社会主义基本经济制度研究［M］. 北京：社会科学文献出版社，2013：405、403、自序5.
④ 马克思. 哥达纲领批判［M］. 马克思，恩格斯. 马克思恩格斯文集：第3卷. 北京：人民出版社，2009：435.

那个旧社会的痕迹。所以，每一个生产者，在作了各项扣除以后，从社会领回的，正好是他给予社会的。他给予社会的，就是他个人的劳动量。……

显然，这里通行的是调节商品交换（就它是等价的交换而言）的同一原则。内容和形式都改变了，因为在改变了的情况下，除了自己的劳动，谁都不能提供其他任何东西，另一方面，除了个人的消费资料，没有任何东西可以转为个人的财产。至于消费资料在各个生产者中间的分配，那么这里通行的是商品等价物的交换中通行的同一原则，即一种形式的一定量劳动同另一种形式的同量劳动相交换。

所以，在这里平等的权利按照原则仍然是资产阶级权利……

虽然有这种进步，但这个平等的权利总还是被限制在一个资产阶级的框框里。生产者的权利是同他们提供的劳动成比例的；平等就在于以同一尺度——劳动——来计量。但是，一个人在体力或智力上胜过另一个人，因此在同一时间内提供较多的劳动，或者能够劳动较长的时间；而劳动，要当作尺度来用，就必须按照它的时间或强度来确定，不然它就不成其为尺度了。这种平等的权利，对不同等的劳动来说是不平等的权利。它不承认任何阶级差别，因为每个人都像其他人一样只是劳动者；但是它默认，劳动者的不同等的个人天赋，从而不同等的工作能力，是天然特权。所以就它的内容来讲，它像一切权利一样是一种不平等的权利。……要避免所有这些弊病，权利就不应当是平等的，而应当是不平等的。

但是这些弊病，在经过长久阵痛刚刚从资本主义社会产生出来的共产主义社会第一阶段，是不可避免的。权利决不能超出社会的经济结构以及由经济结构制约的社会的文化发展。

在共产主义社会高级阶段，在迫使个人奴隶般地服从分工的情形已经消失，从而脑力劳动和体力劳动的对立也随之消失之后；在劳动已经不仅仅是谋生的手段，而且本身成了生活的第一需要之后；在随着个人的全面发展，他们的生产力也增长起来，而集体财富的一切源泉都充分涌流之后，——只有在那个时候，才能完全超出资产阶级权利的狭隘眼界，社会才能在自己的旗帜上写上：各尽所能，按需分配!①

可见，马克思在这里把"劳动平等"看作"带着它脱胎出来的那个旧社会的痕迹"，因为它"通行的是调节商品交换的同一原则"。马克思还认为，"劳动平等"的权利是"仍然是资产阶级权利"，"这个平等的权利总还是被限制在一个资产阶级的框框里。"而且"劳动平等"的所谓"平等的权利，对不同等的劳动来说是不平等的权利"，"像一切权利一样是一种不平等的权利"。马克思还把"劳动平等"看作"弊病"，认为，"这些弊病，在经过长久阵痛刚刚从资本主义社会产生出来的共产主义社会第一阶段，是不可避免的。"结论是，只有"在共产主义社会高级阶段……才能完全超出资产阶级权利的狭隘眼界，社会才能在自己的旗帜上写上：各尽所能，按需分配!"既然马克思认为"劳动平等"是"旧社会的痕迹"，是"资产阶级权利"，对劳动者来说是"不平等的权利"，是"弊病"，又怎么会把它作为自己平等观呢？它不过是共产主义社会第一阶段（社会主义）的"社会的经济结构以及由经济结构制约的社会的文化发展"的阶段性经济特征罢了。前面说过，马克思、恩格斯从不把"平等"作为理解社会形态的分析工具，当然也不会把"劳动平等"看作"社会主义的本质特征"。即使社会主义社会实行"按劳分配"，按劳分配的"劳动平等"也不是社会主义的本质，而只是一个经济特征。社会主义的本质是生产资料社会所有。

为什么说"劳动平等"不是马克思的平等观，或者说为什么马克思、恩格斯反对把"劳动平等"看作社会制度的本质呢？马克思在《哥达纲领批判》一开始，就对拉萨尔的"劳动是一切财富和一切文化的源泉"论断进行了批判，指出，"劳动不是一切财富的源泉。自然界和劳动一样也是使用价值（而物质财富就是由使用价值构成的!）的源泉，劳动本身不过是一种自然力的表现，即人的劳动力的表现。……只有一个人事先就以所有者的身分来对待自然界这个一切劳动资料和劳动对象的第一源泉，把自然界当作隶属于他的东西来处置，他的劳动才成为使

---

① 马克思. 哥达纲领批判 [M]. 马克思, 恩格斯. 马克思恩格斯文集：第3卷. 北京：人民出版社，2009：434-436.

用价值的源泉，因而也成为财富的源泉。"① 也就是说，只有劳动者以生产资料的所有者身份出现时，他的劳动才能成为财富的源泉。否则他的劳动只能为别人创造财富，对他自己则没有实质意义。为什么马克思反对"劳动是财富的源泉"这一说法呢？因为这是资产阶级故意模糊所有制关系的论调。他们避而不谈劳动受所有制关系的这种"自然制约性"，却"给劳动加上一种超自然的创造力"，愚弄工人只要劳动就能创造财富。但事实是，"一个除自己的劳动力外没有任何其他财产的人，在任何社会的和文化的状态中，都不得不为占有劳动的物质条件的他人做奴隶。他只有得到他人的允许才能劳动，因而只有得到他人的允许才能生存"。② 这样，所谓"劳动创造财富"的说法对没有财产的工人来说就失去了任何意义。马克思这里批判"哥达纲领"故意回避掉"变革所有制要求"这一工人运动的核心问题，而用资产阶级的模糊概念来钝化工人思想意识。既然如此，怎么能说"马克思所追求的平等是劳动的平等"呢？只有得到他人的允许才能劳动、只有得到他人的允许才能生存，难道能谈得上"劳动平等"吗？

马克思、恩格斯还指出，"共产主义的最重要的不同于一切反动的社会主义的原则之一就是下面这个以研究人的本性为基础的实际信念，即人们的头脑和智力的差别，根本不应引起胃和肉体需要的差别；由此可见，'按能力计报酬'这个以我们目前的制度为基础的不正确的原理应当——因为这个原理是仅就狭义的消费而言——变为'按需分配'这样一个原理，换句话说：活动上，劳动上的差别不会引起在占有和消费方面的任何不平等，任何特权。"③ 可见，马克思、恩格斯反对把不平等的劳动能力当作获取不平等消费资料的权利的借口，而是把人的需要的满足作为历史进步的尺度。这样，如果从"平等"的角度看，他们所"追求"的就不是"劳动的平等"，而是"需要的平等"。即使是在社会主义阶段承认"按劳分配"这种"资产阶级法权"的合理性，也是把它看作"弊病"，看作受"社会经济结构和社会文化发展水平"所造成的历史局

---

① 马克思. 哥达纲领批判 [M]. 马克思, 恩格斯. 马克思恩格斯文集：第3卷. 北京：人民出版社，2009：428.
② 马克思. 哥达纲领批判 [M]. 马克思, 恩格斯. 马克思恩格斯文集：第3卷. 北京：人民出版社，2009：428.
③ 马克思, 恩格斯. 德意志意识形态 [M]. 马克思, 恩格斯. 马克思恩格斯全集：第3卷. 北京：人民出版社，1960：637-638.

限的一种表现。既然把"劳动平等"看作"弊病"、看作历史局限,就显然不是所追求的目标。

而且"劳动平等"的要害是把"分配"而不是把"生产资料的所有制"变革当成了工人运动的目标,当成了未来社会制度的本质,当成了问题的实质。正如马克思在后文中所批判指出的:

> 我较为详细地一方面谈到'不折不扣的劳动所得',另一方面谈到'平等的权利'和'公平的分配',是为了指出这些人犯了多么大的罪,他们一方面企图把那些在某个时期曾经有一些意义,而现在已变成陈词滥调的见解作为教条重新强加于我们党,另一方面又用民主主义者和法国社会主义者所惯用的、凭空想象的关于权利等等的废话,来歪曲那些花费了很大力量才灌输给党而现在已在党内扎了根的现实主义观点。
>
> 除了上述一切之外,在所谓分配问题上大做文章并把重点放在它上面,那也是根本错误的。
>
> 消费资料的任何一种分配,都不过是生产条件本身分配的结果;而生产条件的分配,则表现生产方式本身的性质。……庸俗的社会主义仿效资产阶级经济学家(一部分民主派又仿效庸俗社会主义)把分配看成并解释成一种不依赖于生产方式的东西,从而把社会主义描写为主要是围绕着分配兜圈子。既然真实的关系早已弄清楚了,为什么又要开倒车呢?①

所以,所谓"劳动平等"实质上是把"劳动"作为了分配的"权利"来要求的。在马克思看来,消费资料的分配是生产条件分配——生产资料所有制——的结果,是"依赖于生产方式的东西"。所谓的"社会主义者"不提出"生产资料社会所有"这一工人运动和未来社会本质的核心问题,而在"围绕着分配兜圈子",就是开历史的倒车。而"劳动平等",就是"分配"这一第二性的东西和"权利"这一资产阶级的"陈词滥调"、庸俗社会主义者"凭空想象的废话"的混合物。既然马克思反对在"分配"上做文章,反对"权利"这一资产阶级"陈词滥调",

---

① 马克思. 哥达纲领批判 [M]. 马克思,恩格斯. 马克思恩格斯文集:第3卷. 北京:人民出版社,2009:436.

又怎能接受作为二者混合物的"劳动权利平等"的概念呢？又怎么把"劳动平等"作为自己的平等观呢？

以上是对马克思、恩格斯平等观误读的几个例子，当然，现实中的误解、误读、误导远不止这些。有的学者没有全面、整体地领悟马克思主义经典作家的平等观，而是断章取义地选取个别句子、个别论断剪裁马克思、恩格斯的理论，甚至把他们批判的某些观点，说成是他们本人的观点；有的学者根据现实需要对马克思、恩格斯的观点作实用主义的解读，甚至把一些现在的说法附会给经典作家，说成是他们理论中本来的观点或题中应有之义；有的学者以历史和时代已经发展为由，直接宣布马克思、恩格斯的理论"过时了""错了"；有的学者不顾现实社会主义还处于初级阶段的实际，盲目照搬马克思、恩格斯关于完全社会主义的一些观点，提出超越社会发展阶段的平等要求。总之，经过这些"阐释"，马克思主义和马克思主义经典作家的平等观，已经变得面目全非了。因此我们不得不像科恩从罗尔斯笔下"拯救""平等"和"正义"一样，"拯救"马克思主义和马克思主义平等观。

总之，尽管几千年来人们对平等孜孜以求，对平等问题的研究也倾注了理论家们的无限才思，但平等理论在今天依然是一个"迷宫"。纷繁复杂又正误杂糅的平等理论，带给人们的不是理论的清醒，而是理论的迷茫。究其原因，就在于没有确立唯物主义历史观的指导。要让平等理论走出理论的迷惘，必须置于科学的基础上，这就要坚持马克思主义平等观的科学指导。

第一部分　平等理论一般

第一章 "平等"概念解析

研究平等理论必须把"平等"概念的内涵外延、平等范畴的含义、平等问题的本质、平等诉求的实质等界定清楚,避免在理论的旷野里天马行空,在哲学的太空中随意驰骋,以至于各说各话,彼此无法对话。

第一节 "平等"范畴的含义

"平等",在不同的历史时代有不同的内涵,在不同的阶级那里有不同的诉求,在不同的理论视角下有不同的内容。因此,探讨平等命题前,必须首先明确"平等"概念的内涵。

一、"平等"即以同一尺度衡量

当谈到"平等",我们首先要问,是谁和谁的平等(人与人的平等还是阶级与阶级的平等,哪个阶级和哪个阶级的平等)?是哪方面的平等(能力的平等还是关系的平等,精神的平等还是物质的平等,机会的平等还是财产的平等)?是怎样的平等(绝对的平等还是相对的平等,完全的平等还是比例的平等)?这就是平等的尺度问题。"平等"的实质,就是以同一尺度衡量,即在某一关系方面人与人的比较和评价。

美国教育家摩狄曼·J. 阿德勒指出,"当一个事物和另一个事物相互平等时,它在某一方面不比另一事物多,也不比另一事物少。当它们不平等时,它们之间的不平等性就在于在某一方面,一个事物多而另一个事物却少,或者,一个事物高级而另一个事物却低级。"[①] 这里说的"平等"就是至少两个事物的比较结果,即既不多也不少。而比较的内

---

① 〔美〕摩狄曼·J. 阿德勒. 六大观念 [M]. 陈珠泉,杨建国,译. 北京:团结出版社,1989:160.

容，就是尺度。就是说，只要谈"平等"，一定是两个以上的事物某一方面的平等。否则，没有具体方面的限定，或者说没有"尺度"，就成了抽象的平等。而抽象的平等是毫无意义的。因为，这样就可以把任何毫不相干的事物说成"平等"或"不平等"。

因此，马克思指出，平等就在于以同一尺度来计量。他在《哥达纲领批判》中分析"按劳分配"时指出，这里"平等就在于以同一尺度——劳动——来计量。……而劳动，要当做尺度来用，就必须按照它的时间或强度来确定，不然它就不成其为尺度了"。"权利，就它的本性来讲，只在于使用同一尺度……用同一尺度去计量，就只有从同一个角度去看待他们，从一个特定的方面去对待他们……"① 也就是说，按劳分配的所谓"劳动平等"，就是把"劳动"作为尺度来衡量不同的劳动者，付出同等的劳动量，获得同等的劳动报酬。这里，"劳动"成了"平等"——劳动平等——的衡量尺度。而所谓"尺度"，就是马克思说的"从一个角度去看待""从一个特定的方面去对待"。因此，谈论"平等"时，首先要明确所谈论"平等"的尺度，即是哪方面的平等。

关于"平等"的尺度，不同的学者有不同的看法，但实质都是一样的。如印度经济学家阿玛蒂亚·森所说的"什么要平等"的"核心变量""评估域"，实际上就是平等的尺度问题。森指出，"所谓'平等'往往是通过对比两个人在某个方面是否具备相同特征（如收入、财富、幸福、自由（liberty）、机会、权利或需求的实现程度等）来判定的。这样，对不平等的判定和评估就完全取决于对据以进行对比的评估变量（如收入、财富、幸福等）的选择。我将这些评估变量称为'核心变量'，即在比较不同的人时，据以比较的'标准'所在。"② 这里的"核心变量""标准"就是平等的尺度，而"收入、财富、幸福、自由、机会、权利、需求"等都可以作为平等的尺度。也就是说，论及"平等"，一定要明确是收入的平等、财富的平等、幸福的平等，还是什么的平等。讨论某一方面的平等，这一方面就是作为比较的"尺度"。这种尺度，森有时候也称为"评估域"。他指出，"据以评估平等的评估域的多样性

---

① 马克思. 哥达纲领批判 [M]. 马克思, 恩格斯. 马克思恩格斯文集：第3卷. 北京：人民出版社，2009：435.
② 〔印〕阿玛蒂亚·森. 再论不平等 [M]. 王利文, 于占杰, 译. 北京：中国人民大学出版社，2016：2.

(指的是这些变量——收入、财富、效用、自由（liberty）、基本善、能力——的多样性，依这些变量，都可对平等程度进行比较）。"① 他说的"评估域"即评估的范围，"变量"就是进行平等程度比较的尺度。森还结合当今世界平等理论中对平等"核心变量"的争论，分析了关于"平等尺度"的不同观点。如罗尔斯主张自由权和"基本善"的平等分配；德沃金主张"平等待遇""资源平等"；托马斯·内格尔主张"经济平等"；托马斯·斯坎伦主张"平等权"等。甚至一些反对平等的理论家，也赞成某一"尺度"的平等，如诺齐克虽然不主张"效用"或"基本善"的平等，但却主张自由权平等；布坎南主张平等的法律待遇和政治待遇等。也就是说，"在每一种理论里，在某个评估域内（该评估域在其理论中居中心地位）都能找到平等思想的影子。"② 这里所列举的"自由权""基本善""待遇""资源""权利""法律待遇""政治待遇"等"评估域"，实际上都是"平等"的尺度。

姚大志在探讨平等"规范性"时所说的"什么的平等"，实际上也是平等的尺度问题。"尽管平等主义者都在谈论平等，但他们实际上可能在说不同的东西。正是在这种情况下，所有平等主义者都需要回答一个关键问题：什么的平等？对此的回答就形成了当代各种不同的平等主义理论，它们当中最重要的有五个，即福利平等、基本善的平等、福利机会的平等、资源平等以及能力平等。"③ 这里所讲的"福利""基本善""福利机会""资源""能力"等，也都是平等的尺度。高懿德在《人类中心主义批判与物种平等主义导论》一书中也提出了平等的尺度问题，即"物种尺度平等观"。他认为，"物种主义的物种存在尺度平等观念彻底否定和颠覆了这种极端片面的人种存在尺度绝对优先至上的观念，使人类和物种存在的尺度均回归其客观的本来面目，从而确立起客观的物种存在尺度平等这一新世界观，由此为物种主义世界观奠定了可靠的尺度观念基础。"④ 当然，他说的"物种平等尺度"和这里的"平等尺度"

---

① 〔印〕阿玛蒂亚·森. 再论不平等［M］. 王利文，于占杰，译. 北京：中国人民大学出版社，2016：149.
② 〔印〕阿玛蒂亚·森. 再论不平等［M］. 王利文，于占杰，译. 北京：中国人民大学出版社，2016：14.
③ 姚大志. 平等［M］. 北京：中国社会科学出版社，2017：6.
④ 高懿德. 人类中心主义批判与物种平等主义导论［M］. 呼和浩特：内蒙古人民出版社，2009：112.

含义略有不同。前者主要是与"人种存在尺度"相对应的"物种平等尺度",是"平等"范畴主体的区别;本文所说的"平等尺度"是平等比较的内容,即"平等"范畴客体的区分。

总之,正如英国学者克里斯托弗·伍达德(Christopher Woodard)所指出,"平等主义政治哲学的一个基本目标就是明确平等的恰当对象。"① 所谓"平等的恰当对象",就是"平等"的尺度问题,也就是"平等"客体比较涉及的内容和"平等"适用的范围问题。

二、"平等"是人与人的平等

当我们探讨"平等"的时候,当然是指人与人之间的平等,不是人与物的关系比较。然而,有的平等理论并不是这样的观点,而是坚持"万物平等"或"齐物平等"。这种观点有着久远的历史传统。

2000多年前的思想家、哲学家庄子在《齐物论》中就坚持"万物平等论",主张"物我平等"。庄子认为,人生的最高境界在于挣脱"世纲"与"形骸",以获心灵世界的"绝对自由",从而完成"逍遥无待"的人生之旅。而挣脱"世纲"与"形骸"的工夫,则在于"心齐"与"坐忘"。"心齐""坐忘"的极致,是"同于大通而泯灭虚妄分别"。这样,从"道"的境界来看万物,"万物一体平平",没有差别。这就是庄子的"万物平等论"。② 庄子由此批判人类自诩为万物之灵,往往把人类的标准强加在其他生物上,从而破坏了生态。在庄子看来,这是人类的主观成见在作祟。而庄子的"万物平等论"要求以"道"为基础。"道"是"浑然一体而无分别"的,所以是"一";万物是由"道"分化而来的,所以是"多"。"一"在一切方面是平等的,因而由"一"分化而来的"多"当然也是平等的。③ 所以,庄子"万物平等论"的核心观点就是"物我平等"。毫无疑问,庄子的"万物平等论"和"物我平等观"是一种主观唯心主义的观点,即通过内心参悟——"心齐"与"坐忘",在自我意识上实现"人"与"万物"的平等,而不是人与万物现实关系的平等。

世界上主张"万物平等论"的人不在少数。如法国博物学家乔治·

---

① Christopher Woodard, "Egalitarianism", *Philosophical Books*, Vol. 46, Issue. 2, 2005, p. 98.
② 傅武光. 孔孟老庄思想的平等精神 [M]. 台北:文津出版社,1968:230.
③ 傅武光. 孔孟老庄思想的平等精神 [M]. 台北:文津出版社,1968:238、243.

布封（Buffon. G. L. L）的《自然史（人类和自然万物平等共存的演绎）》一书，就是以平等眼光看待自然万物（包括动植物、矿物、人类）、歌颂造物的尊严与灵性的典型著作。其他也有不少理论家反思工业文明，反对"人类中心主义"，主张"万物平等论"。如美国超验主义哲学家、自然主义者亨利·大卫·梭罗（Henry David Thoreau）就明确指出，天下万物都是有机之物，人不过是"一团解冻的泥土"，寄生在活生生的地球之上；"动物和他（人）一样，具有同样的生命权利"。① 因此，人不应该凌驾于万物之上，人与自然万物具有平等的生命权利。再如，被称作美国"新保护活动的先知""美国新环境理论的创始者"、环境保护主义者奥尔多·利奥波德（Aldo Leopold）也提出"大地共同体"概念。他认为，人是"这个共同体中的平等的一员和公民"②，而包括"人"和其他动植物在内的"共同体"的每一个成员都有继续存在的权利，人类应该尊重共同体的每个成员。因为，"在人类历史上，我们已经知道（我希望我们已经知道），征服者最终都将祸及自身"。③

国内也有不少学者坚持"物种平等"或"齐物平等"，反对人类中心主义。如高懿德的《人类中心主义批判与物种平等主义导论》一书就致力于"摧毁传统人类中心主义的人种尺度价值观，确立和建构起物种价值平等观念"。他的"物种平等存在主义世界观"认为，"世界上万物之存在，尽管各有其特殊存在形态和活动方式，但没有高低贵贱之分，都是一种平等的存在者，没有哪一个物种更没有哪一个具体的物种存在者有充足和必要的理由或根据能够和应该成为整个世界的环绕中心和统治者。世界上所有物种存在者，各有其自己存在的价值、权利、地位和尊严，应当平等相待而不应有彼此间的物种歧视，自然也不应从人的角度低视、歧视甚至敌视其他物种。"④ 而其论著目的，就是"借助于物种尺度平等观对人种尺度优先逻辑的颠覆，彻底摧毁传统人种文明的基本

---

① 〔美〕亨利·大卫·梭罗. 瓦尔登湖 [M]. 王家湘，译. 北京：北京出版集团公司、北京十月文艺出版社，2009：309-310、311、216.
② 〔美〕奥尔多·利奥波德. 沙乡年鉴 [M]. 侯文蕙，译. 长春：吉林人民出版社，1997：194.
③ 〔美〕奥尔多·利奥波德. 沙乡年鉴 [M]. 侯文蕙，译. 长春：吉林人民出版社，1997：194.
④ 高懿德. 人类中心主义批判与物种平等主义导论 [M]. 呼和浩特：内蒙古人民出版社，2009：总序11.

观念并确立和建构起物种文明观念及相应的物种文明形态理论"。①

类似地,汪晖也坚持"齐物平等"。他认为,"'齐物平等'提出的恰恰是中国古典思想中的'物观'——即'物'作为能动的主体——的问题,从而不能单纯地从人类中心论的角度——亦即单纯的效用和满足欲望的角度——加以阐释。"它"涉及宇宙间一切事物,(它)要求以主体的平等位置来对待这些事物——包括人类与整个自然界的各种事物"。因此,"齐物平等"是一种非人类中心论,"从而将人与物的关系从单向的控制逻辑中解放出来。""人作为自然之一部分与自然的其他部分同为'物',人不仅是社会关系的总和,而且也是自然关系的凝聚,人的社会活动及其对自然的影响也应该在自然范畴内部进行解释。在'齐物平等'的范畴内,'物'的独特性也就是其平等性"。"'齐物'概念将人纳入万物的范畴,不是取消人与物、物与物之间的差异,而是将事物的差异视为平等的前提。"② 也就是说,"'齐物平等'是一种通过'物观'而产生的普遍平等概念:与人类中心主义根据物的功能或价值来界定、命名、利用和转化'物'不同,'齐物平等'之'物'要求按照'物'自身——即从物的角度,或将物从人的效用、命名体系中解放出来——来理解物"③。所以,"齐物平等"概念可以具体地展开为两个不同的层面:一是"将自然界与人类的关系引入平等关系,从而克服平等概念中的人类中心主义的内涵";二是"将差异作为平等的前提","以差异为平等","除了在每一个体的平等的层面展开之外",还可以"在与生态多样性相互配合的文化多样性的层面展开"。④ 当代世界的平等危机不仅表现为经济和社会权利的不平等,而且也表现为由于文化与生态环境的差异而产生的不平等。而"以不齐为齐"理念"表达了一种个体间的、文化间的和自然世界中一切事物之间的平等观"。因此,"差异平等"的第三个层面是在"国际间平等的方向上展开的,

---

① 高懿德. 人类中心主义批判与物种平等主义导论 [M]. 呼和浩特:内蒙古人民出版社, 2009:总序10.
② 汪晖. 再问"什么的平等"?——齐物平等与"跨体系社会"(下)[J]. 文化纵横, 2011(6):98、99.
③ 汪晖. 再问"什么的平等"?——齐物平等与"跨体系社会"(下)[J]. 文化纵横, 2011(6):100.
④ 汪晖. 再问"什么的平等"?——齐物平等与"跨体系社会"(下)[J]. 文化纵横, 2011(6):101、102、103.

即一种具有国际面向的平等。这是差异平等在超越民族国家层面的扩展"①。

马克思、恩格斯是如何看待"万物平等""齐物平等"之类的平等观的呢？马克思时代的德国"真正的社会主义者"也是以自然界一切生物的"权利"和"单个生命"与"普遍生命"的关系为根据，来论证"平等"的，并把这种理念当作"真正的社会主义"的"理论基石"。例如，它认为，单个的生命同"总合的生命"联合成宇宙的有机统一体。人只能在"总合生命"的范围内，并通过"总合的生命"才能发展起来。而且，任何"单个的生命"都只能依靠自己的对立面才能存在和"发展"，"作为社会的一个有意识的成员，我在其他每个社会成员中认识到和我不同的、和我对立的、但同时依赖于共同的存在基原并且来自同一存在的和我相等的本质。我认识到每一个人都是由于本身的特殊性而同我对立、又由于本身的普遍性而同我相等的人。因此，承认人类平等，承认每个人生存的权利，是以一切人所共有的对人的本性的意识为基础的"。② 可见，"真正的社会主义"也是从人与自然界万物的平等推导出人与人的平等的。从人与自然物，从而人与人彼此"对立""不同"，但由于存在"共同的基原"，因而人与自然、人与人又是平等的。这实际上也是"以不齐为齐"的"齐物平等"或"万物平等"论。

马克思对这一平等观进行批判指出，把"自觉的生命"同"不自觉的单个的生命"相对立，把人类社会同自然界的"普遍的生命"相对立，"真正的社会主义者"把某些思想强加于自然界，想在人类社会中看到这些思想的实现。由于作者满足于这种空洞的类比，没有深入去考察社会历史的发展，所以不清楚为什么在任何时代社会都不是自然界的正确的反映。同时，"真正的社会主义者"所谈到的那种"单个人"对社会的要求，是由形而上学的"两面"即"个别性"和"普通性"的虚构的相互关系引申出来的。于是，"普遍性"按次序表现为："自然界"—"无意识的总合生命"—"有意识的总合生命"—"普遍生命"—"世界的机体"—"包罗万象的统一"—"人类社会"—"共

---

① 汪晖. 再问"什么的平等"？——齐物平等与"跨体系社会"（下）[J]. 文化纵横, 2011（6）：103、108.
② 马克思、恩格斯. 德意志意识形态 [M]. 马克思，恩格斯. 马克思恩格斯全集：第3卷. 北京：人民出版社，1960：561、566.

同性"—"宇宙的有机统一体"—"普遍幸福"—"总合福利",等等。从"特殊的本性"和"普遍的本性"的"差别""对立"出发,"然后,从普遍的本性引伸出'人类平等'和共同性。因此,一切人所共有的关系在这里成了'人的本质'的产物、人的本性的产物,而实际上,这些关系像对于平等的意识一样是历史的产物。"① 但作者却认为"平等"是完全奠定在"共同的存在基原"上的。他认为,"自然界是'一切生命的基础',因而是'共同的存在基原'。"所以,他"不但证明了人们彼此之间的平等,而且证明了他们对任何一个跳蚤、任何一个墩布、任何一块石头的平等"。② 但是作者不知道,这种"人类自然联系"是每天都在被人们改造着的历史产物,"不管是人们的'内在本性',或者是人们的对这种本性的'意识','即'他们的'理性',向来都是历史的产物"③。因此,从"特殊本性"与"普遍本性"这种抽象的、静止的、凝固的、永恒的概念来论证人的"平等",分析变动不居、流动鲜活,由于社会基本矛盾的运动而按照自己的规律不断发展变化的历史,显然是机械的和形而上学的。而且这种观念,抽象掉了人类的现存物质关系和变动不居的生产方式,变成了纯粹的"人"的抽象概念和从抽象概念到抽象概念的推导,因而是一种唯心主义的世界观和方法论。

  类比可知,上面的"万物平等"或"齐物平等"的观念,遵循的也是类似于德国"真正的社会主义者"的世界观和方法论。事实上,现实经济社会中出现的人与人的不平等以及人与自然关系的对抗,完全是实实在在存在的私有制关系造成的。由于私有制的存在,生产资料不仅成为少数人手中的财富,而且成为支配他人的经济力量,由此造成了人与人之间的依附、剥削、奴役关系,即不平等的社会关系。而且,私有制下资本的逐利本性,不仅把别人变为自身增殖的工具,而且在资本同样逐利本性的驱使下,不惜破坏环境、枯竭资源、透支未来以壮大自己,由此造成了所谓"人类中心主义"的种种劣行。所以,只要这种实实在

---

  ① 马克思、恩格斯. 德意志意识形态 [M]. 马克思,恩格斯. 马克思恩格斯全集:第3卷. 北京:人民出版社,1960:566.
  ② 马克思、恩格斯. 德意志意识形态 [M]. 马克思,恩格斯. 马克思恩格斯全集:第3卷. 北京:人民出版社,1960:567.
  ③ 马克思、恩格斯. 德意志意识形态 [M]. 马克思,恩格斯. 马克思恩格斯全集:第3卷. 北京:人民出版社,1960:567.

在的经济关系和生产方式不改变，理论家们所分析的上面所有危机，都将继续大行于世。这绝不是靠什么树立"万物平等""齐物平等"的平等观念的确立就能改变的。而且，现代社会之所以出现人与人之间、民族与民族之间、国家与国家之间的对立，出现所谓的"代表性的断裂"，正是资本主义生产方式、资本主义私有制不仅在民族国家，而且在全球范围内的推行。民族对抗和国家间的对立，正是民族国家范围内的阶级对抗的必然性的扩展和延伸，而根本不是什么现存的"平等观念""平等尺度"不够科学造成的。而在不彻底变革以资本主义私有制为核心的生产方式条件下，试图通过平等观念和平等尺度的改进，譬如说试图通过"齐物平等"观念的确立，来"突破人的异化、劳动的异化、物的异化"，形成"在跨区域和跨国性的流动中的平等的复合型社会关系"① 等目的，是根本不能达到的。因此，应该像马克思、恩格斯说的那样，按照历史的观点，用历史唯物主义的方法，用政治经济学的分析，而不是用这种抽象"人性"与抽象"物性"的差异性所呈现的所谓"以不齐为齐"的观念，来研究平等问题。总之，在现实的以私有制为内容的经济关系面前，所谓的"万物平等""齐物平等"的平等观只具有宗教意义，最多具有生态学意义，与以研究人与人经济关系为内容的"平等"问题毫无关系。

而且，即使宣布以"万物平等""齐物平等"为信条，甚至制定为法律，也不能改变生物链中一个物种以另一个物种为食的现象。譬如说，宣布羊与狼是"平等"的，狼不准再吃羊，甚至还可能"爱上羊"。如果是那样，狼就只能活活饿死。如果所有的狼都不再吃羊而饿死，最终就导致狼这一物种的灭绝。一旦狼灭绝，以狼为食的食狼鹰也就会灭绝……以此类推。而如果狼灭绝了，羊没有了天敌而恣意繁衍甚至泛滥，就会超过草原的承载能力，从而导致土地沙漠化，最后就会不知有多少物种在沙漠化这一生态灾难中灭绝。所以，所谓"万物平等""齐物平等"的理念，最终的结果可能是"万物灭亡"或"齐物毁灭"。因此这一平等观不仅是纯意象的，而且是荒唐的。

一句话，所谓平等问题，研究的是人与人的关系比较，而不是人与物的关系问题。

---

① 汪晖. 再问"什么的平等"？——齐物平等与"跨体系社会"（下）[J]. 文化纵横, 2011（6）：111.

三、"平等"是人与人社会关系的平等

"平等"即以同一尺度衡量,所谓"尺度"就是衡量的内容或者说"核心变量"。"平等"是人与人的平等,不是人与物的平等。因此,用作"平等"的尺度的内容是人与人的性质或关系,不是人与物的性质或关系,也就是人与人某一方面的衡量与比较。那么,"平等"就其本质来讲,所衡量和比较的内容是什么呢?是人的自然属性,还是人与人之间的关系?当然是人与人之间的关系。因为自然属性是先天或后天的个人特征、性质,归个人所有,在很大程度上不涉及与别人的比较。即使做这样的比较,也没有什么社会意义。因此,"平等"不是身高、体重、肤色、才能等自然属性的比较,而是人与人关系的比较。然而,人与人之间的关系有很多种,如男女关系、婚姻关系、宗族关系、民族关系、伦理关系、教育关系,等等。那么,"平等"衡量和比较是什么关系呢?当然是社会关系。个人之间的血缘关系、伦理关系、亲情关系等不在此列。因为这些关系多数情况下不构成人对人经济利益或人身权利关系。人与人的社会关系也表现在多个方面,如家庭关系、宗法关系、宗教关系、法权关系、分配关系、所有制关系、阶级关系等等,那么"平等"的核心问题是哪种社会关系呢?当然是由所有制决定的人与人的经济关系以及由此派生出的法权关系、政治关系等。因为,正是由经济关系构成的生产关系,决定了人与人的经济地位、社会地位、政治地位以及社会运转中逐步展开的经济关系、社会关系、政治关系。这些关系在社会矛盾运动中交织成纵横交错的画面,呈现出人间百态。人间的喜怒哀乐、悲欢离合、是非成败、荣辱浮沉,无不系于此。所以,"平等"问题的实质是以生产关系为内容的人与人之间社会关系的比较,其核心是人与人在生产中的经济关系的权衡。

"平等"是与"不平等"相对应而存在的,如果没有不平等现象也无所谓"平等"命题。因此,之所以说"平等"问题的实质是人与人之间的生产关系,这要从"不平等"产生的根源说起。卢梭在《论人类不平等的起源和基础》中对人类不平等的起源作了深刻揭示。他认为,"人与人之间本来都是平等的,正如各种不同的生理上的原因使某些种类动物产生我们现在还能观察到的种种变型之前,凡属同一种类的动物都是平等的一样。"然而,在人的进化和社会发展过程中,"有一些人完善

化了或者变坏了,他们获得了一些不属于原来天性的,好的或坏的性质,而另一些人则比较长期地停留在他们的原始状态。"① 这就是人与人之间不平等的起源。随着人们联系的日益增多,关系也就日益紧密,"于是公众的重视具有了一种价值。最善于歌舞的人、最美的人、最有力的人、最灵巧的人或最有口才的人,变成了最受尊重的人。这就是走向不平等的第一步,同时也是走向邪恶的第一步"。但是,"不平等在自然状态中几乎是人们感觉不到的,它的影响也几乎是等于零的"。也就是说,"完善化能力、社会美德,以及自然人所能禀受的其他各种潜在能力,绝不能自己发展起来,而必须借助于许多外部原因的偶然会合。"② 在这些"外部原因"中,最根本的是私有制的出现。"自从一个人需要另一个人的帮助的时候起;自从人们觉察到一个人据有两个人食粮的好处的时候起;平等就消失了、私有制就出现了、劳动就成为必要的了、广大的森林就变成了须用人的血汗来灌溉的欣欣向荣的田野;不久便看到奴役和贫困伴随着农作物在田野中萌芽和滋长。"而"文明向前进一步,不平等也就向前进一步"③。一方面,社会和法律"给弱者以新的桎梏,给富者以新的力量;它们永远消灭了天赋的自由,使自由再也不能恢复;它们把保障私有财产和承认不平等的法律永远确定下来,把巧取豪夺变成不可取消的权利","从这些各种不同的变革中观察不平等的进展,我们便会发现法律和私有财产权的设定是不平等的第一阶段;官职的设置是第二阶段;而第三阶段,也就是最末一个阶段,是合法的权力变成专制的权力。"④ 因此,在人类中有两种不平等:一种是"自然的或生理上的不平等,因为它是基于自然,由年龄、健康、体力以及智慧或心灵的性质的不同而产生的;另一种是精神上的或政治上的不平等。……第二种不平等包括某一些人由于损害别人而得以享受的各种特权,譬如:比别人

---

① 〔法〕卢梭. 论人类不平等的起源和基础 [M]. 李常山,译. 北京:商务印书馆,1962:63、63.
② 〔法〕卢梭. 论人类不平等的起源和基础 [M]. 李常山,译. 北京:商务印书馆,1962:118、109、109.
③ 〔法〕卢梭. 论人类不平等的起源和基础 [M]. 李常山,译. 北京:商务印书馆,1962:121、41.
④ 〔法〕卢梭. 论人类不平等的起源和基础 [M]. 李常山,译. 北京:商务印书馆,1962:128-129、141.

更富足、更光荣、更有权势，或者甚至叫别人服从他们"①。概括起来讲，"在自然状态中，不平等几乎是不存在的。由于人类能力的发展和人类智慧的进步，不平等才获得了它的力量并成长起来；由于私有制和法律的建立，不平等终于变得根深蒂固而成为合法的了。"② 也就是说，人们的"自然不平等"是通过私有制、法律等造成的"社会不平等"所确定、固定并不断强化起来的。

可见，不平等的产生完全是自然的历史过程，而不平等的内容则完全是私有制所确立的经济关系和在此基础上形成的法律关系、政治关系。正如卢梭所分析，尽管人们具有年龄、健康、体力、智慧、心灵等个人能力、个人特质的差异，但这些差异在"在自然状态中几乎是人们感觉不到的，它的影响也几乎是等于零的"，如果不是"借助于许多外部原因的会合"，是"绝不能自己发展起来"的。而最根本的"外部原因"，就是私有制的产生。也就是说，如果没有私有制，根本不存在人的能力和自然特质的平等、不平等问题，正是私有制的存在和由此建立起来的法律制度、政治制度，才造成了人与人的不平等关系。而所有制关系恰恰是生产关系的核心。正因如此，"平等"问题的实质，就是以生产关系为尺度的人的社会关系的比较与衡量。

所以，人与人的平等是以生产关系为内容的社会关系的衡量，不是长相、能力、品性等自然因素的衡量，也不是精神、尊严、人格等主观意识的比较。

首先，"平等"不是人与人的"精神平等"。从古到今，从精神上论证人的平等的理论家不在少数。古希腊时期的斯多葛派继承了智者派的激进平等观，主张人的"精神平等"。他们认为，人作为宇宙的一部分与上帝具有共同的"理性"，作为"理性的人"具有内在的"精神自由"。因此，一位权力无限的皇帝可能是个"奴隶"，而一个带枷锁的人可能是自由的。既然人人都具有"精神上的自由"，所以所有人在内在精神特征上都是"平等"的，即使奴隶与主人在精神上也是"平等"的。斯多葛派依据"精神平等"理念，推导出了"人类平等"结论。认

---

① 〔法〕卢梭. 论人类不平等的起源和基础 [M]. 李常山，译. 北京：商务印书馆，1962：70.
② 〔法〕卢梭. 论人类不平等的起源和基础 [M]. 李常山，译. 北京：商务印书馆，1962：149.

为，所有的人是一个统一的"类"、一个情同手足的整体，构成一个"世界国家"。在这个"世界国家"里，所有人作为同类，都是平等的，即"类平等"。又如，19世纪法国政论家、小资产阶级社会主义者、"无政府主义之父"蒲鲁东也认为，"就如我们已经用价值理论证明了的，贫困的平等应该逐步变成福利的平等，最初因为只是代表虚无而属于消极的精神平等，在人类教育发展到最后一个阶段时，也应该以积极方式重新出现。"① 也就是说，蒲鲁东主张通过发展教育，实现人的"精神平等"。再如，当代美国经济学家罗伯特·威廉·福格尔（Robert William Fogel）在《第四次大觉醒及平等主义的未来》一书中也认为，"目前，精神（或非物质）上的不平等相当于甚至可以说是大于物质上的不平等。""经济学家和其他一些关注平等问题的人们倾向于以吃、穿、住等实际物质（在过去，这方面的支出占到家庭消费支出的80%以上）来思考社会分配方面的问题。"② 而在20世纪最后60年左右的时间里，占据社会总产出主要地位的物质产品的比重开始迅速下降，非物质产品地位上升。"无论是对个人还是对企业来讲，决定市场竞争是否成功及普通人生活条件的因素都取决于那些非物质资产的数量和质量。"③ 而在像美国这样的富裕国家里，最难处理的分配不均问题，主要表现在精神或非物质资产领域。因此，尽管物质上的帮助是战胜精神疏远的一种重要手段，但是，当人们认为物质条件的改善会自然而然地导致精神状况的改善时，那么这种帮助就将偏离目标。因此，"对精神平等的追求与其说是与货币收入有关，倒不如说是与精神资产的获取有关。大多数精神资产的转移和发展都是通过个人努力而不是通过市场来完成的。""追求精神平等的改革与追求物质平等的改革是一致的，但两者并不能完全等同。"④ 也就是说，福格尔要求对平等问题的关注更应在"精神平等"方面着力。

事实上，无论是斯多葛派、蒲鲁东还是福格尔，都是脱离现实经济

---

① 〔法〕蒲鲁东. 贫困的哲学：上卷 [M]. 余叔通，王雪华，译. 北京：商务印书馆，2010：128.
② 〔美〕罗伯特·威廉·福格尔. 第四次大觉醒及平等主义的未来 [M]. 王中华，刘红，译. 北京：首都经济贸易大学出版社，2003：1.
③ 〔美〕罗伯特·威廉·福格尔. 第四次大觉醒及平等主义的未来 [M]. 王中华，刘红，译. 北京：首都经济贸易大学出版社，2003：2.
④ 〔美〕罗伯特·威廉·福格尔. 第四次大觉醒及平等主义的未来 [M]. 王中华，刘红，译. 北京：首都经济贸易大学出版社，2003：4.

关系探讨人的"精神平等"的。斯多葛派无视现实的奴隶制关系而从精神上宣布奴隶和奴隶主的精神平等和精神自由，只不过是意念上的主观臆想。即使奴隶真的在自我意识里认为与奴隶主平等，但现实中他还是不得不遭受奴隶主的奴役和压迫。所以这种"阿Q精神"式的"精神平等"于现实社会毫无改观。只要奴隶制的生产关系存在一天，奴隶与奴隶主的赤裸裸的不平等关系就会存续一天，即使你宣布他们精神上的平等，或者奴隶在精神上认为自己与奴隶主是平等的，都毫无实际意义。蒲鲁东认为，"消极"的"精神平等"经过人类教育的发展，会"以积极的方式重新出现"，也就是说，"精神平等"会变为"实质平等"。一方面，正如上面论证，离开现实生产关系从精神上宣布人的平等毫无现实意义。另一方面，抛开生产方式的变革，试图通过"教育"让人们良心发现来实现"实质平等"也是十足的空想。正如马克思批判资产阶级时所指出，"你们的教育不也是由社会决定的吗？不也是由你们进行教育时所处的那种社会关系决定的吗？"① 也就是说，任何时代的教育作为那个时代经济关系的派生，都是为维护当时的生产方式服务的。因此，企望通过教育教化人们"从善"而实现所谓"平等"，无异于缘木求鱼。同样，福格尔认为当今社会精神上的不平等已经大于物质上的不平等，所以"认为物质条件的改善会自然而然地导致精神状况的改善"这是"偏离目标"。但是他不知道，所谓的"精神不平等"，譬如说受教育水平、职业地位、在国家思想理论中的话语权地位等，都是由现实经济关系决定的。譬如说，富人的孩子可以上最好的学校，而穷人的孩子只能接受一般的教育，这从一开始就输在了起跑线上。所以离开现实的经济关系、经济地位抽象地谈所谓"精神平等"，实质上是颠倒因果，本末倒置。

其次，"平等"不是人与人的"人格平等"或"尊严平等"。一些理论家不赞成实实在在的实质平等，而是坚持抽象的观念方面的平等。所谓"人格平等"或"尊严平等"就是这种主张。《世界人权宣言》就明确宣告，"各联合国国家的人民已在联合国宪章中重申他们对基本人权、人格尊严和价值以及男女平等权利的信念"；"人人生而自由，在尊严和

---

① 马克思，恩格斯. 共产党宣言 [M]. 马克思，恩格斯. 马克思恩格斯文集：第2卷. 北京：人民出版社，2009：49.

权利上一律平等"。① 可见,《世界人权宣言》是把"人人尊严平等"作为自己的根本原则的。国内学者方面,早在20世纪30年代,郭步陶在《人格平等论》一书中就明确提出,"凡为人类,皆必有其天然平等之人格。"认为,"在当今世界上,人格平等较任何事情都更重要,尤在人们不可须臾离之日光空气之上。人格不完整,则生而为人所贱视,死而遗臭于千古。"② 而欲求人格平等,"首先必须铲除奴隶劣根性,一为奴隶则平等之人格已自丧失。其次,求人格平等须具有不受侵略之精神。第三还须具有独立自主之决定,不仰求于人。第四欲求人格平等当彻底明了牺牲的意义,以一死证明其人格的完整。第五欲求人格平等还必须对共通原则有所研究"③。所以,郭步陶极力主张"人格平等",就像须臾不可缺的日光和空气一样。又如,台湾学者傅武光在论及孔子、孟子、老子、庄子平等思想时也认为,从孔孟的心性思想来看,孔子所说的"仁"、孟子所说的"四端",都是人人生而具有的,人人可据此而完成人格,合于"人格平等";从教育思想来看,孔孟主张全民教育、有教无类,这是基于"人格平等"而要求教育机会平等;在社会理想方面,则基于"人格平等"而要求每个人的一切人权都受到平等的保障。而老子、庄子强调每个人都凭自己从"道"中禀受的"德",达到完美的人生境界。这也是承认"人格平等",由"人格平等"而肯定成为"至人""圣人"的机会平等。④ 可见,这是从"人格平等"的视角来解读孔子、孟子思想的。再有,当代学者何怀宏也认为,"最优先的是一种生命权的平等。任何人生下来都应有生存的平等权利。其次是一种人格的平等,或得到基本尊重的平等权利,即应当'人其人',不蓄意或恶意地侮辱和压制人和人。"⑤ 张正海也认为,平等包括人格平等、机会平等、权利平等。所谓"人格平等",是"人们之间尽管存在性别、民族、职业、经济状况、生活等方面的差别,但应当具有相同的价值和尊严,处于相同的社会地位"⑥。而毛德操则强调,在种种方面的"平等"中,最重要的就是"尊严平等"。他认为,"尊严就是具体个人或群体的基本权利受

---

① 世界人权宣言 [J]. 人权, 2008 (05): 17.
② 参见: 郭步陶. 人格平等论 [M]. 出版社不详, 1935.
③ 参见: 郭步陶. 人格平等论 [M]. 出版社不详, 1935.
④ 傅武光. 孔孟老庄思想的平等精神 [M]. 台北: 文津出版社, 1968: 248-251.
⑤ 何怀宏. 平等 [M]. 北京: 三联书店, 2017: 4.
⑥ 参见: 张正海. 平等论 [M]. 北京: 五洲传播出版社, 2012.

尊重的程度，特别表现在对于身份、地位、人格的尊重。……尊严应被视作人的一种基本权利，人的基本权利都应该是平等的。"① 可见，毛德操所说的"尊严平等"，实质就是"人格平等"。其他主张"人格平等"的学者不在少数，不再一一例举。

那么，如何认识"尊严平等""人格平等"呢？应该说，"人"之所以为人，的确是应该有尊严的。但是，在经济社会中，尊严是要有经济基础的。难道奴隶在奴隶主面前有尊严吗？农奴在地主面前有尊严吗？无产者在资本家面前有尊严吗？雇工在雇主面前有尊严吗？穷光蛋在富豪面前有尊严吗？所以，离开现实的经济关系，不顾人们的经济地位，抽象地从道义原则甚至宗教伦理上谈论所谓"人格平等""尊严平等"的做法，不是道德的无力，就是宗教的哄骗。《世界人权宣言》鼓吹"人类成员固有的尊严"，事实上有的人一出生就尊贵、富裕，而另一些人一出生则卑微、贫贱，难道他们都一样有平等的尊严吗？而之所以如此，不是因为有的人生来就是天才，有的人天生愚钝；仅仅是因为有的人生在豪门，有的人生在寒门。所以，离开现实经济关系、经济地位的所谓"固有尊严""尊严一律平等"说法，都是些糊弄人的空话。而所谓"平等的人格"也会在现实不平等的经济社会关系中被打得粉碎。人可以在贫困潦倒面前选择"高贵"地死去，但红尘滚滚的喧嚣社会对此毫不理会。它依然一如既往地在自己的狂奔中把少数人推到万众敬仰的位置，而把大多数人碾压到"人间地狱"。所谓"平等的人格"在经济强力面前变得如此廉价，甚至一文不值。所谓孔、孟、老、庄都有"人格平等"的思想更是牵强附会，在春秋、战国时期的奴隶社会制度下，人生来就具有等级贵贱，"不平等"比"平等"更重要。而所谓"人格平等"就是"不蓄意或恶意地侮辱和压制人和人"？事实上，经济地位不平等的人之间，自然而然地就存在"压制"，即使没有"蓄意或恶意侮辱"，也谈不上人格的平等。"尽管存在性别、民族、职业、经济状况、生活等方面的差别，但应当具有相同的价值和尊严，处于相同的社会地位"？恰恰相反，正是由于人们的"经济状况"和"生活差别"，"人"才没有"相同的社会地位"，更谈不上"相同的价值和尊严"了。"尊严表现为对身份、地位、人格的尊重，作为基本权利一律平等"？没

---

① 毛德操. 论平等——观察与思辨 [M]. 杭州：浙江大学出版社，2012：16.

有"身份"、没有"地位"的人有"尊严"吗？受人"尊重"吗？能够"基本权利一律平等"吗？所以，离开生产关系的分析，离开处在经济关系和经济地位中的活生生的、现实的人的分析，从抽象的人性论上讨论仅剩个空壳的、作为概念的"人"的所谓"平等""人格""尊严"，只具有词汇学意义，没有现实意义。

总之，所谓"平等"，就是以生产关系为核心尺度的人与人社会关系的衡量。也就是说，作为社会科学的研究课题，"平等"主要是指"社会平等"而不是"自然平等"（自然因素的平等，如身高、体重、年龄、相貌等）；作为政治哲学、法哲学或政治经济学的范畴而不是作为伦理学的范畴，"平等"主要是指"权利平等"而不是"人性平等"（精神平等、人格平等、尊严平等）。因此，"平等"就其内涵来讲，主要是指人的社会关系的性质，而人的社会关系则是指人们在社会中的地位比较，也就是生产关系的性质问题。决定生产关系性质的是生产资料的占有形式。所以，"平等"本质上是人的社会关系的比较而不是人的自然属性或抽象人性的等同；是人的经济关系和经济地位的平等；最根本的是生产资料占有关系上的平等。一句话，"平等"是以生产资料占有为核心的经济地位、经济关系、社会地位、社会关系的等同，及由其决定的经济权利、政治权利、社会权利、文化权利的均等。

第二节 "平等"诉求的实质

平等要求是对现实社会不平等的反抗，因此只要有不平等就必然有平等诉求和各种平等观。反之，一旦没有了社会不平等，也就无所谓"平等"要求，"平等"命题也就失去了现实意义。也就是说，"平等"命题的存在、平等诉求本身就说明社会是不平等的。所以，"平等"是变革社会不平等的要求，"平等观"是这种变革要求在人们观念上的反映。

一、"平等"要求是对不平等的反抗

"平等"从来不是一个抽象的概念，而是有具体内容的现实诉求。平等诉求在不同时代、不同阶级那里有不同内容：古希腊斯多葛派要求的是精神的平等；中世纪基督教认同的是上帝选民的平等；法国大革命

时期资产阶级要求的是法权平等；反抗资本主义压迫的无产阶级的平等要求是经济平等和社会平等。从这些不同的平等诉求可以看出"平等"问题的实质：平等是对不平等的反抗；不同的平等诉求，是对不同时代不同不平等经济社会关系反抗的具体表现。

恩格斯指出，"平等的命题是说不应该存在任何特权，因而它在本质上是否定的"，"平等仅仅存在于同不平等的对立中，正义仅仅存在于同非正义的对立中"。① 也就是说，任何时代的平等要求，都是对现实不平等经济社会关系的否定，都是对现实不平等事实的反抗。尽管"平等"要求差不多是从私有制建立以来就一直存在的，而且平等观念本身还有着历史继承和发展关系，但是剥开"平等"概念的外表就会发现，一直以来存在的"平等"概念在不同时代其实有着完全不同的含义，在不同阶级那里也表现为不同的诉求和内容。这种不同，恰恰是不同时代的不同经济社会关系的不同不平等事实的反映，恰恰是不同阶级力求达到的理想社会的变革目标。印度经济学家阿玛蒂亚·森的一段话，也从反面印证了恩格斯的论断。他指出，"不平等和社会反抗之间的联系确实十分紧密，它们之间的关系是双向的。当一个社会发生叛乱或反叛时，其中必然存在普遍的可觉察的不平等感，这一点显而易见；但是意识到下面这一点同样很重要，即对不平等这个概念本身及其晦暗不明的内容的理解，在很大程度上取决于实际发生反叛的可能性。"② 可见，任何平等诉求都有具体的内容，都是由现实的不平等经济关系的性质所决定的。

古希腊时期，斯多葛派之所以提出平等要求，是对普遍存在的奴隶制这种极端不平等的反抗。在奴隶制度下，奴隶主对待奴隶非常残酷。奴隶主阶级认为奴隶不是人，只是一种"会说话的工具和财产"，对奴隶"鞭打、绞死、杀害、倒吊、烧死、剥皮、拆关节骨、从鼻子里灌醋，在肚子上压砖——一切都可以"。③ 所谓哪里有压迫，哪里就有反抗。为了反对这种极端的不平等，广大奴隶发起了平等运动。公元前370年，

---

① 恩格斯.《反杜林论》的准备材料[M].马克思,恩格斯.马克思恩格斯文集：第9卷.北京：人民出版社,2009：353、354.

② [印]阿玛蒂亚·森.论经济不平等（增订版）[M].王利文,于占杰,译.北京：中国人民大学出版社,2015：3.

③ 周仲秋.平等观念的历程[M].海口：海南出版社,2002：24.

愤怒的亚各斯的奴隶和穷人起义者杀死了1400多个富有者，并以"公平的方式"在起义者中间平分了他们无数的财宝和土地。这大概是人类历史上有文字可查的最早而且是最残酷的平等运动。这正是古希腊奴隶制度不平等经济社会关系的受害者——奴隶、破产和陷入贫困的自由平民——"在绝望和愤怒中对现实的不平等表示出（的）本能的反抗。在消除不平等的强烈愿望中，自然包含了平等的观念。"因此，"最初的平等观念直接表现为奴隶对奴隶主的仇视和反抗，表现为自由民对特权阶级的不满和敌视，表现为穷人对富人的凶猛攻击和残杀"①。古希腊的平等思想就是在这种经济社会基础上产生的。而斯多葛派的平等观之所以是"精神平等"，是因为，当时的平等运动只是处于平分富有者财富和杀死富有者的水平，还没有发展到推翻奴隶制度的阶段。相反，奴隶制度在相当长的历史时期，还被思想家、奴隶主甚至包括奴隶自己在内的希腊人认为是天经地义的。所以，作为对不平等现实反抗的斯多葛派的平等观，最多从当时盛行的神学视角，最多从精神上论证人的平等，强调奴隶和其他人一样都是"神"的儿女。著名的斯多葛学者爱比克泰德（Epictetus，Ἐπίκτητος）就出身于奴隶，他以"同是神的儿女"观念来论证奴隶与奴隶主的平等，强调"我们都来自于神；……神是人类之父，也是众神之父"②。所以，一方面，作为对奴隶制不平等现实的反抗，其平等观提出了奴隶与奴隶主平等的主张；另一方面，作为当时经济社会条件的反映，其平等观又只能提供精神层面的平等，不可能提出推翻奴隶制的内容。"主人与奴隶都是自然产生的，行走在同一天空下，呼吸着同样的空气，主人应对奴隶和善，奴隶应为主人服务。"③ 这就是当时精神平等观所能提出的反抗奴隶制不平等的平等要求所具有的也只能具有的内容。

恩格斯指出，"基督教只承认一切人的一种平等，即原罪的平等，这同它曾经作为奴隶和被压迫者的宗教的性质是完全适合的。此外，基督教至多还承认上帝的选民的平等，但是这种平等只是在开始时才被强调过。在新宗教的最初阶段同样可以发现财产共有的痕迹，这与其说是来

---

① 周仲秋. 平等观念的历程 [M]. 海口：海南出版社，2002：25、27、28.
② 〔古罗马〕爱比克泰德. 爱比克泰德论说集 [M]. 王文华，译. 北京：商务印书馆，2009：28.
③ 《欧洲哲学发展史》编写组. 欧洲哲学发展史 [M]. 重庆：重庆出版社，1984：121.

源于真正的平等观念,不如说是来源于被迫害者的团结。僧侣和俗人对立的确立,很快就使这种基督教平等的萌芽也归于消失。"① 所以,基督教承认"原罪的平等""同它曾经作为奴隶和被压迫者的宗教的性质是完全适合的""上帝选民的平等只是在开始时才被强调过""财产共有是来源于被迫害者的团结"等,这都说明基督教的平等观正是农奴和被迫害者对中世纪宗教的和世俗的不平等的反抗。中世纪西欧是一个与平等精神根本对立的封建等级社会、身份社会和奴役社会。在相当长的时间里,这个社会的少数自由人和多数不自由人之间有着天堂与地狱般的奴役与被奴役的差异。在自由人群体内部,有着封君和封臣之间的封建等级,城市显贵阶层和非显贵阶层之间的等级,行会师傅、帮工和徒弟之间的等级,本地人同外地人之间的等级,如此等等。就城乡关系而言,许多城市周围的农村人受城市人治理。② 教皇英诺森三世(Innocent III)说,"农奴不属于他自己。"③ 修道院长也说,一个农奴"从头到脚都属于我"④。那时,奴农可以像牲畜一样被主人买来卖去。这种极端不平等的社会现实,当然会激起下层人们的反抗。但正如恩格斯所分析指出,"被奴役、受压迫、沦为赤贫的人们的出路在哪里?他们怎样才能得救?所有这些彼此利益各不相同甚至互相冲突的不同的人群的共同出路在哪里?""这样的出路找到了。但不是在现世。在当时的情况下,出路只能是在宗教领域内。"⑤ 对于屡遭失败的被压迫阶级和被压迫民族来说,"他们既然对物质上的解放感到绝望,就去追寻精神上的解放来代替,就去追寻思想上的安慰,以摆脱完全的绝望处境"。⑥ 于是,被压迫阶级反抗阶级压迫就采取了宗教形式,其平等要求则体现在基督教教义里。无论"原罪的平等"还是"上帝选民的平等"观念里,都体现了对不平等现实的反抗,但都体现为宗教上的精神慰藉。耶稣说,"财主升天比骆驼

---

① 恩格斯. 反杜林论 [M]. 马克思,恩格斯. 马克思恩格斯文集:第9卷. 北京:人民出版社, 2009:109.
② 赵文洪. 浅析中世纪西欧不平等与奴役的观念 [J]. 史学理论研究, 2004(4):60.
③ [英] 阿·莱·莫尔顿. 人民的英国史 [M]. 李稼年,译. 北京:生活·读书·新知三联书店, 1992:49.
④ [法] M. 布洛赫. 封建社会 [M]. 张绪山,译. 北京:商务印书馆, 2012:418.
⑤ 恩格斯. 论原始基督教的历史 [M]. 马克思,恩格斯. 马克思恩格斯文集:第4卷. 北京:人民出版社, 2009:493.
⑥ 恩格斯. 布鲁诺·鲍威尔和早期基督教 [M]. 马克思,恩格斯. 马克思恩格斯全集:第19卷. 北京:人民出版社, 1963:334.

穿过针眼还要难",就是通过宗教教义表达的对尘世间被统治阶级与统治阶级、穷人与富人之间极为残酷的不平等现实的反抗和抗议。即使在后期,基督教成为统治阶级手中的工具,依然保留了"上帝面前人人平等"的"神学平等原则"。① 尽管"上帝面前人人平等"的平等观比早期平等要求更加抽象和虚化,一方面可以被统治者用来愚弄下层人们把希望寄托于来世,另一方面被被统治者用来自我疗伤、自我安慰、甚至自我欺骗,但在任何一种意义上,都是对现实不平等的回应和反抗。

资产阶级的法权平等观即政治上权利平等、经济交往中的等价交换原则等,也是资产阶级作为"第三等级"在大革命时期对以封建专制、封建特权、封建等级为内容的不平等经济社会关系的反抗。封建社会是以"等级""专制"和"特权"载入历史的,换句话说,是以绝对的不平等写入历史的。在封建制度下,"各种类型的商业和工业是各种特殊的同业公会的私有财产。宫廷官职和审判权等等是各个特殊等级的私有财产。各个省是个别的诸侯等等的私有财产。掌管国家大事的权利是统治者的私有财产。精神是僧侣的私有财产。我履行自己义务的活动是别人的私有财产,同样,我的权利也是特殊的私有财产。主权——这里指民族——是皇帝的私有财产。"② 在这里,"权利、自由和社会存在的每一种形式都表现为特权",而且"这些特权都以私有财产的形式表现出来"。③ 因此,在这里,君权至上,它支配一切、干预一切,政治强制、等级关系、人身依附关系无所不在。而所谓"特权"就是不平等。封建社会后期,在封建制度的胎胞里,最初的资产阶级在国内市场和国内贸易中已经实现了力量的巨大增长。大规模的贸易要求有自由通行的权利、商品占有的平等权利和自由、平等交换商品的权利。也就是一切劳动作为无差别的人类劳动凝结,具有同等的价值,必须进行平等的交换。但是,这种经济关系的自由、平等要求,是和现存的宗法制度、政治特权、地方特权、行会特权不相容的。对资产阶级来说机会是不平等的、权利是不平等的、行动是不自由的。于是新兴资产阶级反抗封建桎梏和封建

---

① 周仲秋. 平等观念的历程 [M]. 海口:海南出版社,2002:80,82.
② 马克思. 黑格尔法哲学批判 [M]. 马克思,恩格斯. 马克思恩格斯全集:第1卷. 北京:人民出版社,1956:381.
③ 马克思. 黑格尔法哲学批判 [M]. 马克思,恩格斯. 马克思恩格斯全集:第1卷. 北京:人民出版社,1956:381.

不平等、确立权利平等的要求被提上日程，"自由"和"平等"也很自然地被宣布为"人权"，作为反抗封建主义不平等和专制制度的战斗口号。也就是说，一方面，由于作为"第三等级"的新兴资产阶级在当时和新兴工人阶级、农民一样是被压迫阶级，所以资产阶级的平等要求也在一定程度上代表了工人、农民的诉求，即争取与封建特权等级的平等权利，所以就有了"人人平等"的平等理念和平等要求，并且宣布为"人与生俱来""不可剥夺"的"人权"；另一方面，资产阶级为了反对封建制度下商品交换的垄断和特权，争取贸易自由，作为自由贸易核心的"等价交换"原则也被作为平等权利要求获得了"普世"的含义。总之，资产阶级平等观念完全是在反抗封建不平等关系中形成的，尽管在资产阶级取得统治地位后平等要求的内容和含义出现了历史性倒退，但"平等"是对不平等关系的反抗这一问题的实质始终没变。

关于无产阶级的平等观，恩格斯指出：

> 从资产阶级由封建时代的市民等级破茧而出的时候起，从中世纪的等级转变为现代的阶级的时候起，资产阶级就由它的影子即无产阶级不可避免地一直伴随着。同样地，资产阶级的平等要求也由无产阶级的平等要求伴随着。从消灭阶级特权的资产阶级要求提出的时候起，同时就出现了消灭阶级本身的无产阶级要求——起初采取宗教的形式，借助于原始基督教，以后就以资产阶级的平等理论本身为依据了。无产阶级抓住了资产阶级所说的话，指出：平等应当不仅仅是表面的，不仅仅在国家的领域中实行，它还应当是实际的，还应当在社会的、经济的领域中实行。尤其是从法国资产阶级自大革命开始把公民的平等提到重要地位以来，法国无产阶级就针锋相对地提出社会的、经济的平等的要求，这种平等成了法国无产阶级所特有的战斗口号。
>
> 因此，无产阶级所提出的平等要求有双重意义。或者它是对明显的社会不平等，对富人和穷人之间、主人和奴隶之间、骄奢淫逸者和饥饿者之间的对立的自发反应——特别是在初期，例如在农民战争中，情况就是这样；它作为这种自发反应，只是革命本能的表现，它在这里，而且仅仅在这里找到自己被提出的理由。或者它是从对资产阶级平等要求的反应中产生的，它从这种平等要求中吸取

了或多或少正当的、可以进一步发展的要求,成了用资本家本身的主张发动工人起来反对资本家的鼓动手段;在这种情况下,它是和资产阶级平等本身共存亡的。在上述两种情况下,无产阶级平等要求的实际内容都是消灭阶级的要求。任何超出这个范围的平等要求,都必然要流于荒谬。①

可见,无产阶级平等观尽管是与资产阶级平等观相伴而生的,但却与资产阶级的平等观具有完全不同的内容。与资产阶级仅仅要求消灭阶级特权——封建专制特权——不同,无产阶级的平等观是要求消灭阶级本身。这种平等要求在无产阶级运动的早期也是对封建等级制度造成的不平等现实的反抗,是"对明显的社会不平等,对富人和穷人之间、主人和奴隶之间、骄奢淫逸者和饥饿者之间的对立的自发反应"。但是随着资产阶级革命胜利而取得统治权后,它便用金钱的特权取代了阶级特权,把工人、农民排斥于权利之外。原来的"人人平等"的平等要求变成了"法律面前人人平等"的抽象原则,原来对全体劳动者许下的无数美妙的"平等诺言",变成了一幅幅讽刺画。正如亲身参加过法国大革命又亲眼看到资产阶级革命胜利后蜕变的法国革命家、空想共产主义者巴贝夫对广大无产阶级道出的实情,"'自由'和'平等'这些人们曾一再对你们说的并曾使你们的耳朵震聋的词,在革命开头的日子里,曾鼓舞你们的心灵,因为你们相信,这两个词多少具有对于人民有利的意义。现在这些词对你们已经没有什么意义了,因为你们看到,它们不过是空话,花言巧语的装饰。"② 因此,当无产阶级意识到仅仅要求政治自由和平等还不够的时候,他们又提出了社会自由和社会平等的要求——"平等应当不仅仅是表面的,不仅仅在国家的领域中实行,它还应当是实际的,还应当在社会的、经济的领域中实行。"因此,无产阶级"消灭阶级"的平等要求,在后期就成了直接针对资产阶级统治所造成的不平等的现实运动,成为"用资本家本身的主张发动工人起来反对资本家的鼓动手段",是对资本主义不平等的直接反抗。

---

① 恩格斯. 反杜林论 [M]. 马克思, 恩格斯. 马克思恩格斯文集:第9卷. 北京:人民出版社, 2009:112-113.
② [法] G. 韦耶德, C. 韦耶德, 编. 巴贝夫文选 [M]. 梅溪, 译. 北京:商务印书馆, 1962:56-57.

总之，不同历史时代争取"平等"的斗争史充分说明，"平等"仅仅在同不平等的对立中而存在，平等要求是对现实不平等的反抗。一旦随着生产力的发展和生产方式的彻底改造，实现了全体成员在生产方式社会所有基础上的平等地位，不平等现象消除了，平等诉求也就不存在了。

二、"平等"诉求是生产方式变革要求的反映

"平等"是对不平等的反抗，所以，平等诉求往往是观念的东西，是主观的要求；而不平等却是社会事实，是客观的存在。所谓不平等的社会事实，最重要的是生产关系的不平等。不平等的生产关系造成了人们在经济社会中的不平等经济地位，不平等经济地位又造成不平等的社会地位、政治地位等。现实不平等地位、不平等关系在观念中的反映和改变这种不平等现象的要求，就是平等诉求。这就是历史唯物主义关于平等问题的观点，也是平等诉求的实质。

正如恩格斯所指出："对现存社会制度的不合理性和不公平、对'理性化为无稽，幸福变成苦痛'的日益觉醒的认识，只是一种征兆，表示在生产方法和交换形式中已经不知不觉地发生了变化，适合于早先的经济条件的社会制度已经不再同这些变化相适应了。同时这还说明，用来消除已经发现的弊病的手段，也必然以或多或少发展了的形式存在于已经发生变化的生产关系本身中。这些手段不应当从头脑中发明出来，而应当通过头脑从生产的现成物质事实中发现出来。"[①] 广义地说，这里所说的"永恒的真理""正义""合理""公平"等与"平等"诉求是一回事，都是对现实社会不平等、不公平事实的主观反映。因为，一方面，"平等"本身就通常被认为是"永恒真理""永恒的正义原则"；另一方面，"平等""公平"和"正义"等一样都是变革现存生产方式的要求，都是未来"合理社会"的代名词。因此，从唯物史观看待"平等"应该是这样的：第一，所谓"平等"要求，不过是对现存生产方式"不合理"的认识，是已经失去历史进步性的生产方式的不合理性在人们观念上的反映；第二，"平等"作为这种反映，只是一种"征象"，它表明生产方式已经发生了变化，已经不再适应生产力的发展要求了；而现存社

---

① 恩格斯. 反杜林论 [M]. 马克思, 恩格斯. 马克思恩格斯文集：第9卷. 北京：人民出版社, 2009：284.

会制度也已经不再适应变化了的生产方式了。第三，同时它还表明，消除已经发现的"不合理""不平等"的弊端的手段，也已经存在于已经变化了的生产方式中；特别是生产力的发展已经为生产方式和社会制度的变革准备了物质条件；生产关系的变化则表现在，随着被压迫阶级的革命化，为生产方式的变革准备了人的条件——变革"不平等""不合理"的生产关系，实现平等社会关系的美好社会，就是引领人去奋争的内在驱动力。

当然，说"平等"是生产方式变革的要求和"征象"，并不是说它是随着生产力的发展亦步亦趋地表现出来的，而是有着很大的滞后性。所以，恩格斯指出，"当一种生产方式处在自身发展的上升阶段的时候，甚至在和这种生产方式相适应的分配方式下吃了亏的那些人也会欢迎这种生产方式。……不仅如此，当这种生产方式对于社会还是正常的时候，满意于这种分配的情绪，总的来说，会占支配的地位；那时即使发出了抗议，也只是从统治阶级自身中发出来（圣西门、傅立叶、欧文），而在被剥削的群众中恰恰得不到任何响应。只有当这种生产方式已经走完自身的没落阶段的颇大一段行程时，当它多半已经过时的时候，当它的存在条件大部分已经消失而它的后继者已经在敲门的时候——只有在这个时候，这种越来越不平等的分配，才被认为是非正义的，只有在这个时候，人们才开始从已经过时的事实出发诉诸所谓永恒正义。"① 可见，"平等"是生产方式变革的"征象"，但这种"征象"并不能准确反映生产方式变革的进程和特点。当人们认识到某种生产方式"不平等""不公平""不合理"时，生产方式内在矛盾的不可调和性事实上已经老早发生了。因此，要认识、分析社会发展机制和进程，就不能借助于"平等""正义"之类的道德概念，进行伦理学的论证，而必须借助政治经济学，对生产方式进行科学分析。经济科学的任务，就是从人们的"平等"诉求中，找到变革失去历史合理性的现存社会的端倪和线索，找到社会发展的一般趋势和基本方向，引导社会走向所谓"平等""合理"的道路（事实上，关于"平等""合理"的认识，一个人一个看法。但总的说来，它揭示了社会变革的未来方向）。这就是唯物史观对"平等"的基本看法。而马克思、恩格斯的平等观，正是建立在他们创立的这一

---

① 恩格斯. 反杜林论 [M]. 马克思, 恩格斯. 马克思恩格斯文集：第9卷. 北京：人民出版社，2009：155 – 156.

唯物史观的基础上的。

第三节 "平等"与相关范畴辨析

"平等"诉求与"正义""公平""合理"等要求广义上讲是一回事，都是对现实社会不平等、不正义、不公平、不合理的反映和反抗，都是变革现存生产方式、实现"合理"社会的要求。这就涉及与"平等"相关的一些基本范畴。作为变革现存生产方式的要求，这些范畴在本质上是一致的，但这并不妨碍它们在概念的内涵、外延上仍有一些差别。

一、相关范畴的含义

宽泛地讲，作为对现存社会合理性的评价和不合理性的反抗，与"平等"相关的范畴很多，本章仅就相关性最强、语义最易混淆的"公平""公正""正义""善""自由""人权"等范畴进行辨析。而且对它们的辨析不是从概念到概念的语义精微区别的思辨，而是结合它们在思想史中的流变作出区分。这种流变当然不只是这些范畴在语言学上的演化，而是经济关系、生产方式、社会形态等变迁的反映。

1. 正义、善

古希腊时期，原始平等已经飘逝，私有制已经确立，阶级和等级分化已经形成，剥削和压迫已经出现，奴隶制度已经建立。面对变化了的社会制度，思想家们必须对什么是正义、什么是美德等作出价值判断，以维护政治秩序，调节社会关系。所以，"善"（Good）和"正义"（Justice）等伦理概念成为古希腊学术范式的基本范畴。在古希腊语中，"正义"（δικη）一词源于正义女神狄刻的名字，拉丁语中的"正义"（Justice）一词源于古罗马正义女神禹斯提提亚（Justitia）的名字，二者都有"公平""公道""无私""正直"的含义。早在荷马时代，希腊人就极其重视"正义"，认为"正义"不仅是人间的秩序，也是圣洁的秩序。英雄们依据"正义"原则去追求和捍卫自己的"荣誉"或权力。所谓"圣洁的秩序"，就是包括"神"在内的整个"天上—人间"的秩序。在当时正义观的发展过程中，"正义"被认为是统治世间万物至高无上天神宙斯的最高法则，是其为人类立的法。因此，"正义"是人类幸福的源泉。在古希腊政治哲学家那里,"正义"与"善"的概念密切相关。如柏拉图（Plato，Πλατών）认为,"每个立法者制定每项法律的目的是获得最大的善";① "善的理念是最大的知识问题,关于正义等等的知识只有从它演绎出来的才是有用和有益的";"失手杀人其罪尚小,混淆美丑、善恶、正义与不正义,欺世惑众,其罪大矣";② "我宁要灵魂中的正义,也不要口袋中的钱财"。③ 亚里士多德也认为,"世上一切学问（知识）和技术,其终极（目的）各有一善；政治学术本来是一切学术中最重要的学术,其终极（目的）正是为大家所最重视的善德,也就是人间的至善。政治学上的善就是'正义'"。④ 可见,"正义"与"善"是古希腊政治哲学、伦理学中密不可分的基本范畴。

古罗马基本上沿袭了古希腊的理论范式、理论范畴,也主要用"正义""善"等伦理学范畴来评价政治制度和社会关系。如西塞罗认为,"正义出自大自然",又强调"正义只有一个；它对所有的人类社会都有约束力,并且它是基于一个大写的法,这个法是运用于指令和禁令的正确理性"。⑤ 而中世纪的神学家们则用神学和宗教的方式来阐释从古希腊传承下来的"正义""美德""善"等伦理观念。神学家阿奎那（托马斯·阿奎纳,Thomas Aquinas）认为"神是正义的体现","统治者是正义的保管人"。⑥

封建社会后期,随着资本主义的发展,资产阶级思想家们主要从法权上论证"人"与生俱来的权利,以此证明新生的资产阶级与封建特权阶级具有同等的权利、平等的地位,并把这种权利和地位的保障作为"正义"的标准。为了证明所有人权利等同、地位平等的正义性,思想家们往往借助"自然法"。如霍布斯（托马斯·霍布斯,Thomas Hobbes）

---

① 〔古希腊〕柏拉图. 法律篇[M]. 张智仁,何勤华,译. 北京：商务印书馆,2001：6.
② 〔古希腊〕柏拉图. 理想国[M]. 郭斌和,张竹明,译. 北京：商务印书馆,1986：260、179.
③ 〔古希腊〕柏拉图. 法律篇[M]. 张智仁,何勤华,译. 北京：商务印书馆,2001：356.
④ 〔古希腊〕亚里士多德. 政治学[M]. 吴寿彭,译. 北京：商务印书馆,1965：148.
⑤ 〔古罗马〕西塞罗. 国家篇法律篇[M]. 沈叔平,苏力,译. 北京：商务印书馆,1999：160、163.
⑥ 〔意〕阿奎那. 阿奎那政治著作选[M]. 马清槐,译. 北京：商务印书馆,1963：139.

认为，"自然法就是公道、正义、感恩以及根据它们所产生的其他道德"。① 这样，就确立了正义的准则："实现了自然法的人就是正义的"②。因此，尽管启蒙思想家完成了从原来的伦理学世界观向法学世界观（恩格斯语）的转变，但仍然在一定程度上继承了原来的理论范式，并使崇尚"正义"、以"正义"范畴构建政治社会哲学成为一种理论传统，备受理论家们重视。如启蒙运动时期最后重要哲学家、德国古典哲学创始人康德（伊曼努尔·康德，Immanuel Kant）就认为，"如果公正和正义沉沦，那么人类就再也不值得在这个世界上生活了。……如果正义竟然可以和某种代价交换，那么正义就不成为正义了。"③ 法国小资产阶级社会主义者、无政府主义者蒲鲁东也认为，"正义是位居中央的支配着一切社会的明星，是政治世界绕着它旋转的中枢，是一切事务的原则和标准。人与人之间的一切行动，无一不是以公理的名义发生的，无一不是依赖于正义的。"④ 被称为"20世纪英语世界最著名的政治哲学家之一"的当代美国政治哲学家、伦理学家罗尔斯更是强调，"正义是社会制度的首要价值，正像真理是思想体系的首要价值一样"；"作为人类活动的首要价值，真理和正义是决不妥协的。"因此，"一个组织良好的社会……是由一个公开的正义观念有效地调节着的社会"⑤。可见，"正义"作为美好社会的标识，备受理论家们推崇。

既然理论家们这么崇信"正义"，那么，什么是"正义"呢？这在不同思想家那里有不同的含义，但概括起来讲，主要有以下3个方面：

其一，正义是"给人以应得"或"待人如己"。"正义"作为一种道德判断，首先是对人处世行为的评价，以及国家、社会对待个人的政治伦理的考量。古希腊神时期，梭伦（Solon）最早阐释了"正义"的内涵："正义是给人以应得"。所谓"给人以应得"，就是给善者以"善"，给恶者以"恶"。这里的"应得"，既包括对个人的行为进行相应的赏或罚，也包括根据个人禀赋、才德、贡献、财富等授予相应职务。于是，

---

① ［英］霍布斯. 利维坦［M］. 黎思复等，译. 北京：商务印书馆，1985：207.
② ［英］霍布斯. 利维坦［M］. 黎思复等，译. 北京：商务印书馆，1985：121.
③ ［德］康德. 法的形而上学原理——权利的科学［M］. 沈叔平，译. 北京：商务印书馆，1991：165.
④ ［法］蒲鲁东. 什么是所有权［M］. 孙署冰，译. 北京：商务印书馆，1963：54-55.
⑤ ［美］约翰·罗尔斯. 正义论［M］. 何怀宏，何包钢，廖申白，译. 北京：中国社会科学出版社，1988：3、4、455.

在西方理论发展中，"应得"概念成为"正义"范畴的基本含义。如柏拉图认为，"正义就是给每个人以适如其份的报答"。① 这当然也是"应得"之义。只不过，柏拉图特别强调"正义"的德性原则，即给善者某种"善"，而不是增加"恶"，因为增加"恶"是"不义"的。② 基于"应得"核心理念，于是形成了"正义"的经典定义："正义是给予每个人他应得的部分的这种坚定而恒久的愿望。"③ 而作为政府、社会对待个人的原则，"正义"的内涵是"给人以应得"或"一视同仁"。如英国政治学家葛德文（威廉·葛德文，William Godwin）认为，"正义"是"在同每一个人的幸福有关的事情上，公平地对待他，衡量这种对待的唯一标准是考虑受者的特性和施者的能力。所以，正义的原则，引用一句名言来说，就是：'一视同仁'"。④ 可见，"一视同仁"是"应得"的题中应有之义。当然，这种"应得"不仅限于国家、社会给个人以应有报偿，也包括人与人交往中应当给人以应有的对待。从这个层面上讲，"正义"主要是对人与人交往、处世行为的评价，即阿奎那所说的："正义的目的在于调整人们彼此的关系"。⑤ 就人与人关系而言，"正义"的含义主要是"待人如己"。这是"一视同仁"道义原则的必然要求。葛德文指出，"正义是从一个有知觉的人和另一个有知觉的人的联系中产生的一种行为准则。关于这个问题，有一句含义广泛的格言：'我们应该爱人如己'。"⑥ 蒲鲁东也认为，"人与人之间的一切行动，无一不是以公理的名义发生的，无一不是依赖于正义的。"而"所有人类智慧关于正义所作的最合理的解释包含在这句有名的格言中：应当对别人做你愿意别人对你做的事情；不要对别人做你不愿别人对你做的事情"⑦。显然，这种

---

① 〔古希腊〕柏拉图. 理想国［M］. 郭斌和，张竹明，译. 北京：商务印书馆，1986：7.
② 这与老子说的"善者，吾善之；不善者，吾亦善之，德善"相通（老子《道德经》第四十九章）。
③ 〔古罗马〕查士丁尼. 法学总论［M］. 张企泰，译. 北京：商务印书馆，1989：5.
④ 〔意〕威廉·葛德文. 政治正义论：第一卷［M］. 何慕李，译. 北京：商务印书馆，1980：84-85.
⑤ 〔意〕阿奎那. 阿奎那政治著作选［M］. 马清槐，译. 北京：商务印书馆，1963：139.
⑥ 〔意〕威廉·葛德文. 政治正义论：第一卷［M］. 何慕李，译. 北京：商务印书馆，1980：85.
⑦ 〔法〕蒲鲁东. 什么是所有权［M］. 孙署冰，译. 北京：商务印书馆，1963：55、54.

"己所不欲勿施于人,己所欲者亦施于人"的观点,实质上就是"待人如己"。可见,"给人以应得""待人如己"是"正义"的基本含义。

其二,正义即"以公共利益为依归"或"公共幸福"的增益。"正义"不仅涉及社会对个人、个人对个人的公正对待,而且包括个人对社会的行为担当。人们常说"正义的事业",就是立足于公共利益和公共幸福的价值判断。古希腊思想家苏格拉底(Socrates, Σωκράτης)、柏拉图等认为,"正义"意味着增益城邦生活的总体"善"。亚里士多德也认为,"政治学上的善就是'正义',正义以公共利益为依归。"① 因此,根据"正义"的原则,政治权利的分配要以人们对构成城邦各要素的贡献的大小为依据。也就是说,只有门望(优良血统)、自由身份或财富、正义的品德、军人的习性(勇敢)等要素才可以作为要求官职和荣誉的理由,谁拥有这些要素多就对城邦贡献大,就该在城邦中享受到较大的一份,这就是"正义即公平"的精神。类似地,阿奎那也认为,"只要正义能够导使人们致力于公共幸福,一切德行都可以归入正义的范围。"② "公共幸福"也被英国自由主义思想家霍布豪斯称为"公善原则"(principle of common good)。这种以"公共利益""公共幸福"作为"正义"评判标准的传统在今天仍然为一些理论家所坚守。如罗尔斯也坚持"公善原则",其"作为公平的正义"的基本观点是:当且仅当不平等对所有人有利时,它才是正义的。他基于此设定的"两个正义原则"是:"处在原初状态中的人们将选择原则:第一个原则要求平等地分配基本的权利和义务;第二个原则则认为社会和经济的不平等(例如财富和权力的不平等)只要其结果能给每一个人,尤其是那些最少受惠的社会成员带来补偿利益,它们就是正义的。"③ 所谓"给每个人带来补偿利益",实际上就是立足于公共利益和公共幸福。所以,"公共利益"和"公共幸福"是"正义"的又一基本含义。

其三,"正义"是法律原则及法律实施的公正无私。"正义"作为法政治学、法哲学的重要范畴,从一开始就与法律密切相关。在希腊神话

---

① 〔古希腊〕亚里士多德.政治学[M].吴寿彭,译.北京:商务印书馆,1965:148.
② 〔意〕阿奎那.阿奎那政治著作选[M].马清槐,译.北京:商务印书馆,1963:139.
③ 〔美〕约翰·罗尔斯.正义论[M].何怀宏,何包钢,廖申白,译.北京:中国社会科学出版社,1988:14.

中，正义女神狄刻就是宙斯同法律女神忒弥斯的女儿，意即"正义"是法律之女。作为"正义"的化身，狄刻主管对人间是非、善恶的评判，评判的标准自然要有法可依。荷马时代的希腊人把"正义"看作习惯法的绝对基础和准则，习惯法则是"正义"的具体体现。古希腊时期，特别是智者学派已经有了"自然法"思想。根据自然法理论，尽管法律对"恶"进行惩罚本身也是一种"恶"，但却是"正义"所要求的必要的"恶"，其正义性根源于"自然的正义"。也就是说，法律的正义性体现在对自然法的遵循。换句话说，自然法是"正义"的尺度，人为法只有体现自然法才是正义的。这就要求法律必须体现正义原则，也就是说法律本身必须正义。另一方面，亚里士多德又认为，"正义"意味着守法，违法便是"不正义"。也就是说，遵守法律即为"正义"，否则就是"不义"。古罗马时期的政治家、法学家西塞罗继承了古希腊时期的自然法思想和正义观，认为自然法先于成文法或国家颁布的法而存在，它是"正义"的根源，是人类法律的基础，是"正确的规则"或"最高的理性"。即是说，自然法是判断"正义"与"非正义"的标准，是衡量人类法的准绳。这种自然法是"正义"的标准的观念也为后来的启蒙思想家所继承。如霍布斯就认为，"自然法就是公道、正义、感恩以及根据它们所产生的其他道德"。所以，"实现了自然法的人就是正义的"。① 这实际上涵盖了法律与"正义"关系的两层含义：其一，自然法是"正义"的标准，法律必须忠于自然法，体现正义原则；其二，遵守源于自然法的法律就是正义的。用蒲鲁东的话来说就是："正义决不是法律的产物；相反地，在人们容易发生接触的一切情况中，法律永远不过是正义的表示和应用。"② 概括起来讲即，一是法律必须体现"正义"，因此"正义"即法律原则的公正；二是遵守法律即为"正义"，因此"正义"即法律实施的无私。

一言以蔽之，"正义"即道德上的"应当"、政治上的"应得"、法律上的"公正"、对人的"仁爱"、对社会的"公益"等。

2. 公正

"公正"和"正义"英语对应词汇都是"justice"，因此，二者语义相似度比较高，可以说，关于"正义"内涵的阐释基本上也适用于"公

---

① 〔英〕霍布斯. 利维坦 [M]. 黎思复等，译. 北京：商务印书馆，1985：207、121.
② 〔法〕蒲鲁东. 什么是所有权 [M]. 孙署冰，译. 北京：商务印书馆，1963：55.

正"。一方面，一些学者对二者并没作严格区分，常作为通用的范畴；另一方面，在从英文到汉语的翻译时，有的译为"正义"，有的译为"公正"，因此，不应仅根据汉语的译文就望文生义地推定外文原文范畴。

"公正"和"正义"含义相通，都是"应得"的含义。但这并不否定二者在精确语义上的细微区别。这种区别主要表现在："正义"是道德、伦理、精神层面的道义价值；"公正"是政治、法律、社会制度的理性原则。同时，"正义"是制度本身所具有的性质，"公正"则是制度对不同群体、不同个人的平正适用、平等对待的要求。可见，从一般意义上讲，如果说"正义"是政治、社会、法律的一般价值和最高精神要求，"公正"则是正义价值、正义精神在政治、社会、法律等基本制度及基本政策（基本制度的运行）中的具体体现和现实应用。正因如此，"正义"是价值追求、精神要求，"公正"是制度原则、社会规范；"正义"向虚，"公正"务实；"正义"指向"应然"，"公正"要求"实然"；"正义"属于道德哲学、伦理哲学范畴，"公正"属于政治哲学、法哲学范畴；正义的最基本内涵是"给人以应得"，"公正"最基本的内涵是"一视同仁"。

首先，"公正"主要是指"社会公正"。所谓"社会公正"是指社会制度、社会结构、社会关系的平正性质，以及对个人权利保障、义务履行、利益分配等的平正适用，即对不同阶级、阶层、社会成员一视同仁，平正均衡地分配权利和义务、资源和利益。可见，"社会公正"既涉及对政治制度、法律制度、社会制度、经济制度本身的评价，又涉及国家、社会与群体、个人关系的评价。作为对制度本身的评价，"社会公正"又可细分为政治公正、法律公正、经济公正、分配公正等具体制度、政策及其评价，以"一视同仁""不偏不倚"为价值原则。作为国家、社会与个人关系的评价，"社会公正"主要是不同社会群体、社会成员所享有权利和承担义务、资源享有和利益分享的横向对比、比较，以"平正适用""均衡合理"为价值准则。所谓"一视同仁""不偏不倚"，即基于所有人"生而为人"的种属的基本权利和基本尊严的同等肯定和平正保障。这一原则的真义即亚里士多德所说的"按照均衡平等的原则将这个世界的万事万物公平地分配给社会的全体成员"。[①] 美国政治哲学家

---

① 转引自：〔美〕E. 博登海默. 法理学——法哲学及其方法 [M]. 邓正来，译. 北京：中国政法大学出版社，2004：263、277.

范伯格（乔尔·范伯格，Joel Feinberg）所说的"完全平等的原则""需要的原则"，① 美伦理学家彼彻姆（汤姆·L.彼彻姆，Tom. L. Beauchamp）所说的"分配给每个人相等的份额""按照个人需要分配""根据个人权利分配"等原则②，我国学者王海明所说的"需要原则""平等原则"③ 等，在其本意上都属于"公正"所要求的"一视同仁""不偏不倚"原则。"公正"所要求的"一视同仁""不偏不倚"原则的价值依归是"让全体社会成员能够共享社会经济发展成果"。这就要求国家的"客观中立性"，即"国家对于社会各个群体的基本态度应该是，应当站在社会整体的立场上，以维护每一个社会成员和社会群体的合理利益和基本权利为基本出发点，不管这个人是穷人还是富人，只要属于基本权利范围内的事情，都应当得到一视同仁的保护，而不能厚此薄彼"④。"公正"所要求的"一视同仁""不偏不倚"原则是"公正"的"形式原则"。尽管"形式原则"作为"公正"的立论基础非常重要，但它"并未告诉我们，在这些事情上如何确定平等性或比例性，所以它作为行为的具体指导仍然缺少实用性"。⑤ 这就要求国家、社会对全体成员的"平正适用""均衡合理"原则。所谓"公正"的"平正适用""均衡合理"原则也即与"公正"的"形式原则"相对应的"事实原则"，是指对个体差异的尊重和保护及对个人才德、贡献的对等报偿。"公正"的"平正适用""均衡合理"原则的价值依归是"使每一个社会成员都能够拥有充分的自由发展空间"并使"社会成员各自对于社会的具体贡献的差别"得到体现。⑥ 范伯格所说的"品行和成就的原则""贡献的原则（或应得报酬的原则）""努力的原则（或劳绩的原则）"，⑦ 彼彻姆所说的"按照每个人的成果进行分配""根据每个人对社会的贡献进行分

---

① 〔美〕J.范伯格.自由、权利和社会正义［M］.王守昌等，译.贵阳：贵州人民出版社，1998：158.
② 〔美〕汤姆·L.彼彻姆.哲学的伦理学——道德哲学引论［M］.雷克勒等，译.北京：中国社会科学出版社，1990：340.
③ 王海明，孙英.社会公正论［J］.中国人民大学学报，2000（1）：70、72.
④ 吴忠民.关于社会公正的理解［J］.基础教育，2015（3）：19.
⑤ 〔美〕汤姆·L.彼彻姆.哲学的伦理学——道德哲学引论［M］.雷克勒等，译.北京：中国社会科学出版社，1990：334.
⑥ 吴忠民.关于社会公正的理解［J］.基础教育，2015（3）：19、18.
⑦ 〔美〕J.范伯格.自由、权利和社会正义［M］.王守昌等，译.贵阳：贵州人民出版社，1998：158.

配""按照其劳绩进行分配"等原则①，王海明所说的"贡献原则""品德原则""才能原则"②等，在其本意上都属于"公正"所要求的"平正适用""均衡合理"原则。

在"社会公正"中，特别要强调"法律公正"，因为社会制度根本上是由法律（特别是宪法）规定的。法律不仅规定一个国家、社会的根本制度架构，而且规定社会成员在国家中的权利、义务及社会规范。因此，法律的性质直接决定了社会制度的性质，法律公正与否直接决定了社会制度是否公正。"法律公正"包括"立法公正""司法公正"的法制原则，同时还内含了"守法即公正"的价值意蕴。所谓"立法公正"就是制定法律时要切实遵循"一视同仁""不偏不倚"原则，切实做到权利、义务、资源配置、利益分配的平正性。所谓"司法公正"就是在执法过程中要严格按照法律规定，"一视同仁""不偏不倚"地保护法律客体的权利，追究涉法人的法律责任和罪行。"王子犯法与庶民同罪"是对司法公正的最好解读。所谓"守法即公正"，就是说，既然法律本身体现了公正原则，那么对个人来讲，守法就是"公正"，不守法就是"不公正"。如亚里士多德所指出，"公正是一种由之而做出公正事情来的品质。""守法和均等的人是公正的，违法和不均等的人是不公正的。"③ 康德也认为，"凡是在法律的含义上与外在法律相符合的事情，称为合乎正义（或公正），凡是在法律的含义上与外在法律不相符合的事情，称为非正义（不公正）。"④ 可见，法律本身不仅要体现"公正"原则，是否遵守法律同时又是是否"公正"的尺度。

总之，不论是"法律公正"还是"政治公正""社会公正""经济公正""分配公正"等，"一视同仁""不偏不倚"是"公正"命题的通则。

3. 公平

"公平"是与"正义""公正"密切相关、语义相近的范畴。三者在

---

① 〔美〕汤姆·L. 彼彻姆. 哲学的伦理学——道德哲学引论 [M]. 雷克勒等，译. 北京：中国社会科学出版社，1990：340.
② 王海明，孙英. 社会公正论 [J]. 中国人民大学学报，2000（1）：68、69.
③ 〔古希腊〕亚里士多德. 尼各马科伦理学 [M]. 苗力田，译. 北京：中国社会科学出版社，1990：88.
④ 〔德〕康德. 法的形而上学原理——权利的科学 [M]. 沈叔平，译. 北京：商务印书馆，1991：27.

多数情况下可以通用，因此一些理论家、学者也对它们不加区分地使用。但如果做严格区分，三者的区别在于："正义"是价值追求，"公正"是制度原则，"公平"是政策实施规范；"正义"更多地属于道德哲学、伦理学范畴（尽管它主要是对政治、法律制度的评价，但一般是从"价值应当"的道义层面所做的评价），"公正"更多地属于政治哲学、法哲学范畴，"公平"更多地属于经济伦理范畴（虽然"公平"常用来评价社会制度，甚至评价政治、法律制度，但作为一个专业范畴，它更多地用来评价经济利益的分配）；"正义"评价的内容主要是公共利益的维护、按德才授职等，"公正"主要是对权利和义务的分配和保障，"公平"主要是经济资源的享有、经济利益的分配、经济贡献的报偿；"正义"的评价原则主要是"应得"或"公善"原则，"公正"的评价原则主要是"一视同仁""不偏不倚"原则，"公平"的评价原则是"对等"原则或"同一标准"原则。

"公平"英文为"fair""fairness"，也是一个历史久远的范畴。早在公元前30世纪的古埃及，人们就把管理稼穑的俄赛里斯神称作"公平神"。"公平神"比法老更万知万能，专司对死人的审判，以是否勤于稼穑来判断人们生前的罪恶。这样，"公平"就以"劳动"为内在依据上升为评判社会生活和人类德行的最高准则。在西方最早的"道德手册"中，古希腊诗人赫西俄德（Hesiod，Ἡσίοδος）把"劳动致富"称为"公平"，坚持用"公平"来处理人际关系。这样，"公平"不仅是个人的品德，而且已开始表现为社会关系的评价。随着原始公社制度的瓦解，人类分裂成为利益不同且对立的阶层和阶级，最初那种反映社会整体利益的"劳动公平观"变得模糊了，"公平"的重心从"劳动"转向"利益"，转向对剥削、奴役、暴力、掠夺、欺诈等不公平社会现象的批判。① 可见，"公平"从一开始就与经济利益密切相关（"劳动"也是经济关系）。

从最抽象的哲学层面讲，"公平"是指在政治、经济、社会生活中人与人之间的一种"相称"或平衡关系。但在不同层面，"公平"含义又有所不同侧重。

---

① 参见：万斌，陈业欣. 公平概念的历史发展及当代意义 [J]. 浙江社会科学，2000（4）：87-88.

广义上讲，"公平"和"公正"都是"正义"价值在制度、政策中的适用，二者在很多情况下可以通用，有重叠关系。在这个层面上，"公平"和"公正"基本相似，也指政治、法律、社会、经济政策的平正性，即社会成员在社会地位、政治权利、公民义务、法权关系、经济利益等方面的均衡授予与享有。由此，可区分为"政治公平""法律公平""社会公平""经济公平"等。所谓"政治公平"是指国家政治制度、政治政策的平正性，即体制构建和制度、政策制定、实施中，对不同社会群体、社会成员进行权利和义务的均衡赋予。"政治公平"的基本要求是每个社会成员（被剥夺政治权利者除外）具有平等的政治地位和平等地参与国家和社会公共事务的权利。所谓"法律公平"就是在立法和司法中平正保障不同社会群体和社会成员的应有法权，并按照"同罪同罚"原则而不是"援情定罪"原则追究任何违法人的法律责任。"法律公平"的最基本要求是"法理面前人人平等"。所谓"社会公平"即社会政策制定和实施中人们社会地位及生存权、发展权、发展机会的平等。"社会公平"的基本要求是"前程对所有人开放"。所谓"经济公平"即指人们经济地位和劳动权利的平等、收入分配规则的平正、劳动贡献与劳动报酬的对等等。"经济公平"的基本要求是"等价交换"和"同工同酬"。

从中观层面看，尽管"公平"和"公正"都是"正义"价值在制度、政策中的适用，但"公正"主要侧重于政治、法律制度，"公平"主要侧重于经济制度，二者是并列关系。"公平"在经济制度及其具体实施中，表现为遵循经济利益分享、分配的"对等"原则，通俗地讲就是，有多少付出就有多少收获。"公平"的原意本来就与经济利益息息相关，如古埃及人把管理稼穑的俄赛里斯神称作"公平神"，与"劳动"这一经济活动密不可分；古希腊诗人赫西俄德把"劳动致富"称为"公平"。"劳动"当然是经济关系，涉及经济利益。随着原始公有制的瓦解和私有制的建立，"公平"内涵的重心从"劳动"转向"利益"（主要是经济利益），"劳动公平观"转变为"经济公平观"，更是对经济关系的评价。所以，恩格斯说："这个公平则始终只是现存经济关系的或者反映其保守方面，或者反映其革命方面的观念化的神圣化的表现。"① 《辞

---

① 恩格斯. 论住宅问题［M］. 马克思, 恩格斯. 马克思恩格斯文集：第3卷. 北京：人民出版社，2009：323.

海》关于"公平"的解释也是"人与人之间、人与社会之间平等的价值交换。"可见,"公平"主要是对人们经济关系的衡量,合理地划分经济利益和财富分配是"公平"问题最本质的内容。具体说来,"公平"一方面意味着个人所得、报偿与其拥有的生产要素量、禀赋条件、勤奋努力和劳动贡献相称;另一方面意味着在与他人比较中,关系双方的条件差距、努力程度、劳动贡献之比与所得、报偿的差距之比均衡。由于生产要素的占有在很大程度上是继承而来的,与本人的付出无关,而后天挣得的生产要素是通过劳动贡献等报偿得到的,因此,经济关系和经济利益的"公平"最核心的是"分配公平"。所谓"分配公平"是指由向市场提供的生产要素(资本、土地、设备、原料、技术、管理才能)而获得相应报偿,按劳动贡献(包括管理)获得相应的报酬。"分配公平"的基本要求是:等量资本获得等量利润,等量劳动获得等量报酬。此外,作为"分配公平"的延伸,"经济公平"还包括社会保障,也就是在市场经济体制下的"补偿性原则"。这主要是指政府通过转移支付等形式从财政收入中划拨一定资金,用于对没有劳动能力的人和低收入者提供必要的社会保障。这也就是"二次分配公平"。当然,广义上的分配还包括商品交换,即"交换公平"。所谓"交换公平"是指商品交换中按照不同商品所含的劳动量进行比较和交换,其基本原则是"等价交换"原则。

从狭义层面上看,"公平"是政治、法律、社会、经济制度的"公正"原则在政策实施、执行中的具体体现,是现实社会生活的行为规范。这表现为在执行制度、政策时按"同一标准""同一尺度"对所有人平正适用,不能"照人下菜碟",不能有双重或多重标准。在这个层面上,"公平"与"公正"不是并列的关系,而是"公正"之下的一个层次的概念:"公正"是制度本身的原则和性质;"公平"是制度、政策实施时对人的原则要求,即用同一标准对待不同的人。因此,"公平"带有明显的"工具性"(吴忠民观点),是操作层面的行为规范和行为准则。在这里,制度、政策是"公平"的衡量尺度,"公平"要求用制度、政策的同一个尺度衡量所有的人或所有的事,至于尺度(制度、政策)本身是否合理、正当则不在"公平"考虑的范围内(属于"公正"的内容),具有"价值中立"性。这样,"公平"更多的是一种"程序公平",即把制度、政策具体化为游戏规则,并坚持游戏规则操作的一视同仁、不偏不倚。具体说来,"公平"要求制度、政策设计和实施中切实做到同等的人享有同等的权利,同等条件、同等努力、同等贡献的人获得同等收入。用格式化的格言表达就是"同样情况同样对待"(Treat like cases alike),即"同一标准""同一尺度"原则。"同样情况同样对待"格言同时包含了另一层含义,即"不同情况不同对待"(Treat different cases differently)①,即"对等原则"和"平衡原则",尤其是在收入分配中更应如此——按贡献分配。"同样情况同样对待"和"不同情况不同对待"是同一问题的两面,都是"公平"的本义,即"同一标准原则"和"对等原则"。

此外,与"正义""公正""公平"相近的范畴还有"公道"。在中国传统文化中,"道"即"理",是指"道理""规律""真理",因此"公道"即公正的道理、合规、合理。西方政治学、伦理学意义上的"公道"是指社会与社会成员之间及社会成员相互间按照规章、制度、社会规范、社会伦理、行为准则、文化传统、约定俗成的习惯等均衡协调相处的方式和情势。其特点是"合法""合理""合情"及"均衡""平正""对等"。宏观层面的"公道"类似于"公正""公平",主要是指社会与社会成员构成的人与社会关系的均衡、合理,包括政治、法律、经济、社会等各个领域、各个层面关系的公平性。这个层面的"公道"即"社会公道"。"社会公道"不仅指合法、合制度、合规矩,而且指不徇私、不枉法、不偏袒、一视同仁。其内容包括基本权利的平等保护和基本尊严的平等尊重、机会均等、按贡献分配以及社会调剂等。从微观层面上讲,"公道"主要是"个人公道",即个人为人处事中能以"同理心"待人,以法律、规章、规约、惯例、习俗等为准绳规范自己行为,并以此平正对待他人、对待不同的人。"个人公道"的基本要求是"合乎规范""合乎习惯""合乎传统","待人如己""平正待人""公允办事"等。

集中起来讲,如果抛开这些范畴的相通性,仅从狭义上对"正义""公正""公平""公道"进行细微比较,可以做如下区分:

"正义"即道德上的"应当"、政治上的"应得"、法律上的"公正"、对人的"仁爱"、对社会的"公益"等。它属于道德哲学、伦理学

---

① 参见:[英]H. L. A. 哈特. 法律的概念[M]. 张文显等,译. 北京:中国大百科全书出版社,1996:157.

范畴，是政治、社会、法律制度在道德、伦理、精神层面的道义价值追求和精神要求，表现为"价值应当"。其基本原则是"应得""公善"和"待人如己"。

"公正"是制度对不同群体、不同个人的平正适用、平等对待的要求，是正义价值、正义精神在政治、社会、法律等基本制度及基本政策上的具体体现和现实应用。它属于政治哲学、法哲学范畴，是制度原则、社会规范，其核心内容是对权利和义务的分配和保障，对个体差异的尊重和保护，对个人才德、贡献的对等报偿。其基本评价原则是"一视同仁""不偏不倚"。

"公平"是指在政治、经济、社会生活中人与人之间的一种"相称"或平衡关系，主要涉及对经济资源的享有、经济利益的分配、经济贡献的报偿等。它是政治、法律、社会、经济制度的"公正"原则在政策实施、执行中的具体体现，表现为在执行制度、政策时对所有人平正适用和经济利益分配时的按贡献报偿。因此，"公平"是现实政策实施的操作规范和社会行为规范，它更多地属于经济伦理范畴。其基本原则是"同一标准"和"对等原则"。

"公道"是指社会行为的合法、合制度、合规矩，不徇私、不枉法、不偏袒，以制度、规范、伦理、惯例束己，以"同理心"待人，"一视同仁"对人。它是社会伦理范畴，是公正、公平原则在人际关系、个人处事上的具体操作运用，核心是平正对待不同人。其基本原则是"合规""合理""合惯例"，有"同理心"。

当然，正如上文所分析，"正义""公正""公平""公道"这些范畴在多数情况下语义是相通的，而且不同的理论家虽然使用的范畴不同，但所表达的理念大致相似，因此这种区分只有相对意义，只是为了甄别其细微语义差别。

况且，不同时代、不同经济社会条件下、不同阶级立场的思想家对这些范畴的内涵和内容的认识有时是完全不同的。如"善""正义"虽然在古希腊、中世纪都有符合"理性"的意思，但在古希腊主要归结为符合城邦的公共利益、大众福利、全体的幸福，而在中世纪则主要是指对上帝的虔诚、对王权和教权的恭顺。又如，在古希腊，奴隶主对奴隶人身及其劳动成果的完全占有被认为是"公平"的。在中世纪农民对封建主的人身依附、经济依赖和宗教势力对农民的精神控制则成为"公平"的基本内容。在资本主义社会里,资本与劳动力的"公平交易"、商品的"等价交换"和私人财产的"正当占有"成为"公平"的要求。"公平"在小资产阶级社会主义公平理论中是合理的分配、"没有折扣"的劳动所得等。再如,"平等"在古希腊只是"公民"的平等,绝没有奴隶主和奴隶平等的意思;在中世纪是上帝选民在天国里的虚无平等。到了资产阶级革命时期,"平等"是第三等级与封建贵族、宗教权威的平等要求以及私人占有财产的平等。在无产阶级的社会主义理论中,"平等"是下层劳动人民,特别是工人阶级与资产阶级的平等;而在科学社会主义理论中,"平等"是消灭了阶级对立和阶级差别的完全平等。因此,正如恩格斯所指出,"希腊人和罗马人的公平认为奴隶制度是公平的;1789 年资产者的公平要求废除封建制度,因为据说它不公平。在普鲁士的容克①看来,甚至可怜的专区法②也是对永恒公平的破坏。所以,关于永恒公平的观念不仅因时因地而变,甚至也因人而异,这种东西正如米尔柏格③正确说过的那样,'一个人有一个人的理解'。"④ 而所谓"正义""公正""公道"等范畴,也差不多"一个人一个理解"。所以,应在相对意义上理解这些范畴的含义及其相互间的区别与关系,不能绝对化。

4. 自由

"自由"是与"正义""公正""公平"有明显区别但又密切相关的范畴。自由,是人们的不懈追求,也是思想家们长期探究的命题。英国启蒙思想家洛克认为,"人类天生是自由的"⑤;黑格尔提出,"人作为精神是一种自由的本质,他具有不受自然冲动所规定的地位"⑥;马克思强

---

① 容克(德语:Junker)是指以普鲁士为代表的德意志东部地区的贵族地主。
② "专区法"指普鲁士政府于 1872 年 12 月 13 日为实施"行政改革"而颁布的《普鲁士、勃兰登堡、波美拉尼亚、波森、西里西亚和萨克森省专区法》。这项法令宣布废除地主在农村中的世袭警察权力,允许各地在一定程度上实行自治。可是,这场"改革"的最终目的仍然是巩固国家机构、强化中央集权,以维护容克的利益。经过"改革",容克及其代理人占据了专区和省的大部分行政职位,因此,那些地区的权力实际上依然掌握在他们手中。
③ 即法国蒲鲁东主义者、医学博士阿·米尔柏格。
④ 恩格斯. 论住宅问题 [M]. 马克思, 恩格斯. 马克思恩格斯文集:第 3 卷. 北京:人民出版社,2009:323.
⑤ 〔英〕洛克. 政府论:下篇 [M]. 叶启芳,瞿菊农,译. 北京:商务印书馆,1964:64.
⑥ 〔德〕黑格尔. 法哲学原理 [M]. 范扬,张企泰,译. 北京:商务印书馆,1961:29.

调,"自由确实是人的本质";① 美国近代政治家帕特里克·亨利(Patrick Henry)甚至喊出"不自由,毋宁死"(Give me liberty or give me death)的政治誓言。

尽管思想家们极力推崇"自由",但对究竟什么是"自由"的认识却大相径庭。古希腊思想家苏格拉底认为,"自由"即遵从"理智"、自制、从善,"能够做最好的事情就是自由"②。近代理性主义者斯宾诺莎(巴鲁赫·德·斯宾诺莎,Baruch de Spinoza)认为,"凡是仅仅由自身本性的必然性而存在、其行为仅仅由它自身决定的东西叫做自由(libera)"③。启蒙思想家霍布斯认为,"自由一词就其本义说来,指的是没有阻碍的状况"④;孟德斯鸠(夏尔-路易·德·瑟贡达,拉布列德及孟德斯鸠 Charles-Louis de Secondat, baron de La Brède et de Montesquieu)认为,"自由是做法律所许可的一切事情的权利"⑤。康德认为,"意志"是有理性的生命存在者的一种因果性,而"自由就是这种因果性所固有的性质,它不受外来原因的限制,而独立地起作用"⑥。黑格尔认为,"自由的真义在于没有绝对的外物与我对立"⑦。英国古典自由主义思想家密尔(又译作约翰·穆勒,John Stuart Mill)对"自由"的界定是:"任何人的行为,只有涉及他人的那部分才须对社会负责。在仅只涉及本人的那部分,它的独立性在权力上则是绝对的。对于本人自己,对于他自己的身和心,个人乃是最高主权者。"⑧ 马克思认为,"自由"即"人以一种全面的方式,也就是说,作为一个完整的人,占有自己的全部的本质"⑨。恩格斯认为,"自由就在于根据对自然界的必然性的认识来支配

---

① 马克思.第六届莱茵省议会的辩论[M].马克思,恩格斯.马克思恩格斯全集:第1卷.北京:人民出版社,1995:167.
② [德]色诺芬.回忆苏格拉底[M].吴永泉,译.北京:商务印书馆,1984:170.
③ [荷兰]斯宾诺莎.伦理学[M].贺麟,译.北京:商务印书馆,1983:4.
④ [英]霍布斯.利维坦[M].黎思复等,译.北京:商务印书馆,1985:162.
⑤ [法]孟德斯鸠.论法的精神:上册[M].张雁深,译.北京:商务印书馆,1961:154.
⑥ [德]康德.道德形而上学原理[M].苗力田,译.上海:上海人民出版社,1986:100.
⑦ [德]黑格尔.小逻辑[M].贺麟,译.北京:商务印书馆,1980:115.
⑧ [英]约翰·密尔.论自由[M].许宝骙,译.北京:商务印书馆,1959:11.
⑨ 马克思.1844年经济学哲学手稿[M].马克思,恩格斯.马克思恩格斯文集:第1卷.北京:人民出版社,2009:189.

我们自己和外部自然。"① 存在主义哲学家海德格尔（马丁·海德格尔 Martin Heidegger）认为，"自由仅在于选择一种可能性，这就是说，在于承担未选择其他可能性并且也不可能选择它们这回事"；② 法国哲学家萨特（让-保罗·萨特，Jean-Paul Sartre）认为，"自由之为自由（却）仅仅是因为选择是无条件的。""自由是选择的自由，而不是不选择的自由。不选择，实际上就是选择了不选择。"③ 美国法哲学家范伯格认为，"自由即无约束。"④ 英国自由主义哲学家伯林（以赛亚·伯林，Isaiah Berlin）认为，"自由的根本含义，是免于桎梏、免于监禁、免于被他人奴役"，或者，"自由就是自主，就是实行自我意志的障碍之消除；而不论这些障碍是什么——自然的对抗、自己的不能驾驭的感情、不合理的制度、他人与我相反的意志和行为。"⑤ 罗尔斯对"自由"的描述是："这个或那个人（或一些人）自由地（或不自由地）免除这种或那种强制（或一组限制）而这样做（或不这样做）。"⑥ 可见，理论家们对"自由"的内涵和外延的认识并不一致，正如孟德斯鸠所指出，"没有一个词比自由有更多的含义，并在人们的意识中留下更多不同的印象的了。"⑦ 因此，"自由"被伯林认为是一个"变化万千的词"，"思想史学家们记下的有关这个词有 200 多种含义"⑧。

虽然"自由"是一个"变化万千的词"，思想家们赋予了多重含义，但概括起来讲，其内涵无非涉及两个方面：一是"能力"的提升，二是"障碍"的减少。所谓"能力的提升"，即人的认识能力和实践能力的提

---

① 恩格斯. 反杜林论 [M]. 马克思, 恩格斯. 马克思恩格斯文集：第 9 卷. 北京：人民出版社, 2009：120.

② 〔德〕海德格尔. 存在与时间 [M]. 陈映嘉等, 译. 北京：生活·读书·新知三联书店, 1987：340.

③ 〔法〕萨特. 存在与虚无 [M]. 陈宣良等, 译. 北京：生活·读书·新知三联书店, 1987：614－615、617.

④ 〔美〕J. 范伯格. 自由、权利和社会正义 [M]. 王守昌等, 译. 贵阳：贵州人民出版社, 1998：3.

⑤ Isaiah Berlin. *Four Essay on Liberty* [M]. Oxford：Oxford University Press Oxford New York. 1969：121、146.

⑥ 〔美〕约翰·罗尔斯. 正义论 [M]. 何怀宏, 何包钢, 廖申白, 译. 北京：中国社会科学出版社, 1988：200.

⑦ 〔法〕孟德斯鸠. 论法的精神：上册 [M]. 张雁深, 译. 北京：商务印书馆, 1961：153.

⑧ 〔英〕伯林. 两种自由概念 [J]. 郑永年, 译. 现代外国哲学社会科学文摘, 1987（07）：19.

高，从而能更多地从自然中获取物质财富或实现社会制度的更加合理、社会的更快发展。所谓"障碍的减少"，即随着人对自然规律和社会发展规律的掌握和利用，自然逐步从与人对立的存在变为满足人的需要的条件，及人免于社会限制、控制、压迫、奴役的社会状态，以达到人的尊严的肯定、价值的实现和自由全面发展。"能力的提升"当然是以自然、社会规律的掌握为前提的；而"障碍的减少"以生产力的发展和私有制的消除为条件。当然，"能力的提升"和"障碍的减少"是相辅相成的：在人与自然关系中，能力的提升往往意味着障碍的减少；在社会关系中，由于私有制的存在，能力的提升尽管并不必然意味着障碍的减少，但至少为这种减少创造了前提条件。于是，所谓"自由"，无非是人对自然和社会规律的掌握以及自然制约的减少和社会奴役的消除。对自然和社会规律的掌握以及自然制约的减少和社会奴役状态的消除都是一个自然的历史进程，因此"自由"的实现也是一个渐进的历史过程。可见，"自由"范畴涉及的关键词，一是"能力"，二是"制约"。"能力"和"制约"既是指个人，也是指社会。社会的"能力"即社会生产力，"制约"则来自生产关系的掣肘。

以此观之，尽管思想史上理论家们给出了林林总总的"自由"定义，但总起来讲不外乎"能力"和"制约"两个方面的解读。古希腊时期，苏格拉底认为，"自由"就是遵从"理智"行事，"凡不能自制的人，的确就是没有自由的"。[①] 柏拉图、亚里士多德等也主张以"理性"来抑制、驾驭情感，才能获得"自由"。这显然是从"制约"视角认识"自由"的。与此相对应，斯多葛派主张"精神自由"，认为整个宇宙受"必然性"支配。这个"必然性"就是"普遍理性"，或称"自然法"。人作为宇宙的一部分，也分享了"宇宙理性"。人拥有"理性"，因而获得了"精神自由"。对"必然性"掌握越多，对"自然法"越服从，人的"理性"就越强，就有更大的自由。而所谓"宇宙理性"就是自然规律，所谓人的"理性"就是人的认识能力。因此，"理性"增强也就是认识能力的提高，就是对自然规律（"必然性"）认识更深、更广。可见，斯多葛派的"精神自由"是与人的认识能力、理性思维能力同向变化的。这是从"能力"视角对"自由"的界定。近代西方哲学史上的

---

① ［德］色诺芬. 回忆苏格拉底［M］. 吴永泉，译. 北京：商务印书馆，1984：170.

"意识自由"论,实际上也是人的"能力"提高问题。如笛卡尔(勒内·笛卡尔,René Descartes)的"我思故我在论"坚持人的主体性,强调"主体"对"真理"的认识;培根(弗朗西斯·培根,Francis Bacon)强调通过观察和实验获得经验,也是对客观必然性的认识;斯宾诺莎将"自由"与"必然性"知识(因果关系)联系起来,从"心灵的知识"推出"心灵的自由"。这些,都是说人的认知"能力"越高,获得的"自由"就越多,因此是"能力"视角的自由观。康德从"能力"和"制约"两个方面界定了"自由"。一方面,康德的"意志自由观"认为"自由"是与"必然"相对立的范畴,"现象界"服从于因果必然性,而人的行为却不受"因果必然性"支配而是出自"意志",即自由抉择。他将"理性的自由原则"引入实践领域,在"实践必然性"意义上将"自由"理解为"实践理性能力",强调"与理性的内在立法相关的自由本来只是一种能力"①。这是"自由"的"能力"方面。另一方面,康德又强调"自律",即"自由"意味着服从实践理性的绝对命令,按照行为必然性行事。也就是说,尽管"人为自然立法",但人的意志行为要由"实践理性"来规定,即按法则行事的"道德自律原则"。即只有通过"道德自律",按照"法则"行事,个人的"自由意志"才能提升为"普遍意志"的自由。这是"自由"的"制约"方面。与康德认为"自由"是一切有理性的人所固有的性质、是对"必然"的反叛而独立于"必然"之外的观点不同,黑格尔则认为"自由"是对"必然"的认识,强调只有建立在对"必然"认识基础之上的"理性自由"才是真正的自由,所以,"自由"与"必然"是统一的。在强调"理性自由"的同时,黑格尔还强调"意志自由",认为"意志自由"即人的意志不受任何限制,是"任性的自由"。"意志而没有自由,只是一句空话;同时,自由只有作为意志,作为主体,才是现实的。"② 就是说,"自由"作为主动的、能动的精神,自己规定自己、自己反思自己、自己扬弃自己,贯穿于"绝对精神"运动过程始终。而"人作为精神是一种自由的本质,他具有不受自然冲动所规定的地位"③。"自由"作为一种主动的、

---

① 〔德〕康德. 道德形而上学[M]. 李秋零,主编. 康德著作全集(第6卷). 北京:中国人民大学出版社,2007:234.
② 〔德〕黑格尔. 法哲学原理[M]. 范扬,张企泰,译. 北京:商务印书馆,1961:12.
③ 〔德〕黑格尔. 法哲学原理[M]. 范扬,张企泰,译. 北京:商务印书馆,1961:29.

能动的精神，不仅表现为自我的"定在"，而且作为一种现实性力量实现于法、道德、伦理之中。所以，黑格尔认为，"法的基地一般说来是精神的东西，它的确定的地位和出发点是意志。意志是自由的，所以自由就构成法的实体和规定性。至于法的体系是实现了的自由的王国，是从精神自身产生出来的、作为第二天性的那精神的世界。"① 也就是说，黑格尔认为，法律是"意志自由"的具体体现。因此，人要遵从法律，遵从法律也就是对"意志自由"的遵从。所以，在黑格尔的自由观里，实现了"能力"与"自由"的辩证统一：一方面，"自由"是主动的精神，"意志自由"是不受限制的"任性的自由"，但"自由"又有赖于对"必然性"的认识，也就是说，认识多少"必然性"就有多少"自由"。这既是"自由"的"能力"方面，又是"自由"的"制约"方面，二者统一于对"必然性"的认识。另一方面，法律是"意志自由"的体现，遵守法律就是对"意志自由"的遵从，也体现了"自由"的"能力"张扬与"制约"限定的辩证统一。

宽泛地讲，"自由"范畴可以从"能力"和"制约"两个方面来界定，但仅就法政治领域，"自由"的内涵可以从"能力"和"权利"两个方面来理解。其中"权利"是"制约"的转换，是"制约"留下的、能够享有"自由"的空间。所谓"自由"的"能力"视角，是指随着"能力"的提升，"自由"的范围必将扩大；所谓"自由"的"权利"视角，是指人们能够享有的、法律和制度设定的"自由"空间、范围。古希腊时期，思想家们把城邦"民主制度"视为"自由"的体现，如德谟克利特（Demokritos/Democritus, Δημόκριτος）认为，"在民主制度下贫穷也比在专制制度下享受所谓的幸福好，正像自由比受奴役好"②；伯利克里（Pericles, Περικλῆς）宣称："我们的政治生活是自由而公开的，我们彼此间的日常生活也是这样的。"③ 苏格拉底、柏拉图、亚里士多德等也都坚持"自由"命题上的"城邦本位"。然而，从伊壁鸠鲁（Epicurus, Ἐπίκουρος）起，开始了"自由"价值的"个体本位"转化。哲学

---

① 〔德〕黑格尔. 法哲学原理［M］. 范扬，张企泰，译. 北京：商务印书馆，1961：10.
② 姚介厚. 古希腊罗马哲学（上卷）［C］. 叶秀山、王树人总主编. 西方哲学史（第2卷）［M］. 南京：凤凰出版社，江苏人民出版社，2005：371.
③ 〔古希腊〕修昔底德. 伯罗奔尼撒战争史［M］. 谢德风，译. 北京：商务印书馆，1960：130.

家们开始关注个人生命权、人身安全权、个人行为自主选择权、不受侵扰的心灵自由权等与个体生活相关的现实问题，也催生了个人主体意识。如斯多葛学派虽然还没有以自我为中心的现代个人权利概念，但已把"个人"视为"整体"（城邦）的一个独立部分，强调个人的"心灵自由"。晚期斯多葛学派更强调个人的"意志自由"的权利意识，强调个人的生命保全权、社会生活自主权、选择权等。爱比克泰德（Epictetus, Ἐπίκτητος）还提出了"权能"理论，即个人能掌控的存在物就是"自由"的，不能掌控的就是"不自由"的。近代理性主义者斯宾诺莎以"自然法"和"社会契约论"为基础论证了现代政治权利意义上的"自由"概念，第一次比较完整地提出了创建国家的目的是保障人民的"安全"和"自由"的思想。而现代政治权利意义上的"自由"概念由启蒙思想家做了系统而完备的阐发。如洛克提出，"人类是生而自由的"，①"自由""平等""财产占有"是人天生享有的"自然权力"。可见，在洛克看来，"自由"是一种与生俱来的、不可剥夺的权力。同时，洛克又认为，"自由"权力是要受法律保障的，无法律就无自由，个人自由要依靠政治法律制度而不是依赖对真理的认识而实现。"自由……是在他所受约束的法律许可范围内，随其所欲地处置或安排他的人身、行动、财富及其全部财产的那种自由"②。所以，"自由"作为一种"权力"或"权利"，是由法律设定和保障的，因此又称为"法权"。类似地，卢梭也认为，"唯有服从人们自己为自己规定的法律，才是自由"；③孟德斯鸠认为，"自由是做法律所许可的一切事情的权利，如果一个公民能够做法律所禁止的事情，他就不再有自由了，因为其他人也同样会有这种权利。"④可见，这是从"权利"视角对"自由"的界定。

"自由"不论是作为"能力"与"制约"的对立统一，还是作为"能力"与"权利"的辩证一体，在马克思之前的思想家那里，都是作为抽象的概念、作为哲学思辨或道德教条的逻辑推论而存在的，没有真

---

① 〔英〕洛克. 政府论：上篇 [M]. 瞿菊农，叶启芳，译. 北京：商务印书馆，1982：14.
② 〔英〕洛克. 政府论：下篇 [M]. 叶启芳，瞿菊农，译. 北京：商务印书馆，1964：36.
③ 〔法〕卢梭. 社会契约论 [M]. 何兆武，译. 北京：商务印书馆，2003：26.
④ 〔法〕孟德斯鸠. 论法的精神：上册 [M]. 张雁深，译. 北京：商务印书馆，1961：154.

正走进现实社会，没有引入社会实践。不论是古希腊时期的"精神自由""道德自由"还是启蒙思想家的"权利自由""法权自由"，都是从概念到概念、从理论假设到理论假设的形而上学的逻辑思辨。在康德那里，无论是受"因果必然性"支配、与"必然"相对立的"自由"范畴，还是不受因果必然性支配的"道德自由"，都是哲学与道德的纯粹主观形式的抽象逻辑论证。黑格尔的自由理论尽管已从康德的纯粹主观领域走进家庭、市民社会和国家等构成的社会、政治领域，但一切都笼罩在所谓的"绝对精神"这一高度抽象的唯心主义迷雾中，须借助"上帝之手"才能在精神里实现"自由"。所以，这些概念中的"自由"代替不了现实的"自由"，"彼岸的自由"代替不了"此岸的自由"，在思辨理论里的"自由"实现代替不了现实中的"自由"实现。与此相反，马克思、恩格斯则立足于实践，旨在探讨现实社会中的"自由"及其实现。马克思认为，"自由确实是人的本质"，①"自由的有意识的活动恰恰就是人的类特性"。② 但"人的本质不是单个人所固有的抽象物，在其现实性上，它是一切社会关系的总和"③。因此，"我们不是从人们所说的、所设想的、所想象的东西出发，也不是从口头说的、思考出来的、设想出来的、想象出来的人出发，去理解有血有肉的人。我们的出发点是从事实际活动的人"④。而因为"全部社会生活在本质上是实践的"，⑤ "全部人的活动迄今都是劳动"，⑥ 因此必须立足于"劳动"这一根本的实践来认识"自由"。"劳动"作为人类最根本的实践活动，不仅涉及人与自然的关系，而且涉及人与人的关系。因此，"自由"也应该从人与自然的关系、人与人的关系两个维度上来理解。首先，从人与自然的关系上

---

① 马克思. 第六届莱茵省议会的辩论 [M]. 马克思, 恩格斯. 马克思恩格斯全集：第 1 卷. 北京：人民出版社，1995：167.
② 马克思. 1844 年经济学哲学手稿 [M]. 马克思, 恩格斯. 马克思恩格斯文集：第 1 卷. 北京：人民出版社，2009：162.
③ 马克思. 关于费尔巴哈的提纲 [M]. 马克思, 恩格斯. 马克思恩格斯文集：第 1 卷. 北京：人民出版社，2009：501.
④ 马克思, 恩格斯. 德意志意识形态 [M]. 马克思, 恩格斯. 马克思恩格斯文集：第 1 卷. 北京：人民出版社，2009：525.
⑤ 马克思. 关于费尔巴哈的提纲 [M]. 马克思, 恩格斯. 马克思恩格斯文集：第 1 卷. 北京：人民出版社，2009：501.
⑥ 马克思. 1844 年经济学哲学手稿 [M]. 马克思, 恩格斯. 马克思恩格斯文集：第 1 卷. 北京：人民出版社，2009：193.

看,"自由"体现为人对客观必然性的认识和对自然规律的掌握。也就是恩格斯说的:"自由是在于根据对自然界的必然性的认识来支配我们自己和外部自然"①。进一步讲,"自由只能是:社会化的人,联合起来的生产者,将合理地调节他们和自然之间的物质变换,把它置于他们的共同控制之下,而不让它作为一种盲目的力量来统治自己;靠消耗最小的力量,在最无愧于和最适合于他们的人类本性的条件下来进行这种物质变换。但是,这个领域始终是一个必然王国。在这个必然王国的彼岸,作为目的本身的人类能力的发挥,真正的自由王国,就开始了。但是,这个自由王国只有建立在必然王国的基础上,才能繁荣起来。"② 也就是说,"必然王国"是受自然规律支配的领域,在人没有掌握自然规律的时候,它是作为一种盲目的力量与人相对立,甚至统治人的。这时,人就没有"自由"可言。而随着人对自然规律的认识的增进,也就是人的能力的提升,这些规律就不再是统治人的盲目力量,而成为人与自然物质交换中成就人、实现人的可以控制的力量。于是,人就在自然规律面前变成了"自由"的,进入了"自由王国"。当然,由于人对自然规律的认识是一个由浅入深的过程,由此人的能力是一个逐步提高的过程,所以人的"自由"程度和范围从而"自由王国"也是一个逐步扩大的过程。而且这种扩大还是以人的社会化、生产者的联合为条件的。其次,从人与人的关系上看,"自由"表现为人对人奴役关系的消除、平等关系的建立和所有人的全面发展。马克思、恩格斯认为,由于私有制的存在,一些人占有生产资料,而另一些没有生产资料,为了生存,只能受雇于生产资料所有者,在其控制下劳动。这样,"他在自己的劳动中不是肯定自己,而是否定自己,不是感到幸福,而是感到不幸,不是自由地发挥自己的体力和智力,而是使自己的肉体受折磨、精神遭摧残。……因此,他的劳动不是自愿的劳动,而是被迫的强制劳动"③。"不是自愿的""被迫的",当然毫无"自由"而言。所以,在私有制条件下,劳动作为满足劳动者物质财富的活动变成了奴役他、剥夺他、使其失去人的

---

① 恩格斯. 反杜林论 [M]. 马克思, 恩格斯. 马克思恩格斯文集:第9卷. 北京:人民出版社, 2009:120.

② 马克思. 资本论(第3卷)[M]. 马克思, 恩格斯. 马克思恩格斯文集:第7卷. 北京:人民出版社, 2009:928-929.

③ 马克思. 1844年经济学哲学手稿 [M]. 马克思, 恩格斯. 马克思恩格斯文集:第1卷. 北京:人民出版社, 2009:159.

价值和尊严的活动,这就是劳动的"异化"。"异化劳动把自主活动、自由活动贬低为手段,也就把人的类生活变成维持人的肉体生存的手段。"① 所以,也就根本谈不上作为"人的类生活""类本质"的"自由"。而"代替那存在着阶级和阶级对立的资产阶级旧社会的,将是这样一个联合体,在那里,每个人的自由发展是一切人的自由发展的条件。"② 也就是说,要实现"自由"特别是"社会自由",必须消灭阶级。而阶级的消灭是以私有制的消除为前提的,代之以生产资料的社会所有。"一旦社会占有了生产资料……个体生存斗争停止了。于是,人在一定意义上才最终地脱离了动物界,从动物的生存条件进入真正人的生存条件。人们周围的、至今统治着人们的生活条件,现在受人们的支配和控制,人们第一次成为自然界的自觉的和真正的主人,因为他们已经成为自身的社会结合的主人了。人们自己的社会行动的规律,这些一直作为异己的、支配着人们的自然规律而同人们相对立的规律,那时就将被人们熟练地运用,因而将听从人们的支配。人们自身的社会结合一直是作为自然界和历史强加于他们的东西而同他们相对立的,现在则变成他们自己的自由行动了。至今一直统治着历史的客观的异己的力量,现在处于人们自己的控制之下了。只是从这时起,人们才完全自觉地自己创造自己的历史;只是从这时起,由人们使之起作用的社会原因才大部分并且越来越多地达到他们所预期的结果。这是人类从必然王国进入自由王国的飞跃。"③ 可见,作为"社会自由"实现条件的"生产资料社会所有"和人们自身社会结合的"真正共同体"实质上是一回事。只有在这种社会状态,才能真正谈得上人的"自由",人类才真正迈入"自由王国"。

集中起来讲,尽管各个时代、不同理论家从不同视角对"自由"的内涵进行了界定,对"自由"的内容作了不同分类,但概括起来可以区分为四大类,即"精神自由""道德自由""法制自由""社会自由"。所谓"精神自由"是指人在精神上对制约的跨越,其核心概念是"人的

---

① 马克思.1844年经济学哲学手稿[M].马克思,恩格斯.马克思恩格斯文集:第1卷.北京:人民出版社,2009:163.
② 马克思,恩格斯.共产党宣言[M].马克思,恩格斯.马克思恩格斯文集:第2卷.北京:人民出版社,2009:53.
③ 恩格斯.反杜林论[M].马克思,恩格斯.马克思恩格斯文集:第9卷.北京:人民出版社,2009:300.

心灵"。因此从内容上讲"精神自由"也即"心灵自由"。"意识自由""思想自由""意志自由"都属于"精神自由"(或"心灵自由")。斯多葛学派的"精神自由观"强调个人的"心灵自由",斯宾诺莎立足于"必然性"知识从"心灵的知识"推导出"心灵的自由"等,都属于"精神自由"的范畴。康德所说的不受"因果必然性"支配的"意志自由"和作为"实践必然性"基础上的"实践理性能力"的"自由",以及黑格尔所说的作为对"必然"认识的"理性自由"的"自由"和不受任何限制的"意志自由",也都属于"精神自由"。所谓"道德自由"是指在道德上对人的价值和尊严的肯定与尊重,其核心概念是"人的价值"。因此从内容上讲"道德自由"也即"价值自由"。"宗教自由"属于"道德自由"。因为尽管个人宗教信仰属于"精神自由",但宗教作为一种系统的社会控制力量,其对人与人关系的定位、对人的价值的认可度、对人"原罪"的"救赎"以及宗教宽容等,都属于"道德自由"范畴。所谓"法制自由"是指法律、制度对人的权力、权利的确定和保障,其核心概念是"权利""权力""法权"。因此从内容上讲"法制自由"也即"法权自由"或"权利自由""权力自由"。"政治自由""制度自由""法律自由""人身自由""财产自由"等都属于"法制自由"("法权自由")。晚期斯多葛学派的自由观已经有了"权利"的意蕴,但只停留在抽象概念上,还没有成为法律、制度的要求。启蒙思想家的自由观要求把"自由"作为一种"权利"确立为法律原则、制度内容。如洛克认为,"自由"要靠政治法律制度来实现,卢梭、孟德斯鸠也认为,"自由"就是做法律所许可的事情的权利。黑格尔更是认为,"自由"构成法的实体和规定性,也就是说法律、制度体现了"自由"精神。尽管密尔认为"自由"的基础不是天赋权力和公意,而是"大多数人的福利",但他对"个人自由"的界定仍然是"任何人的行为……在仅只涉及本人的那部分,他的独立性在权利上是绝对的"。[1] 也就是说,其"个人自由"观的核心概念仍然是"权利"。而他所说的"社会自由"或"公民自由",也是指"社会所能合法施用于个人的权力的性质和限度",[2] 所以其核心概念也是"权力"或"权利"。尽管他有时把这种权利归结为"道德权利",事实上属于"法权自由"的范畴。至于伯林所

---

[1] 〔英〕约翰·密尔. 论自由 [M]. 许宝骙,译. 北京:商务印书馆,1959:11.
[2] 〔英〕约翰·密尔. 论自由 [M]. 许宝骙,译. 北京:商务印书馆,1959:1.

说的作为"免于……的自由"（be free from）的"消极自由"（"一个人能够不被别人阻碍地行动的领域"①），或者作为"去做（成为）……的自由"（be free to）的"积极自由"（"控制或干涉的根源"），都是个人"权利"的范围和限定问题，因此也是"法权"问题。所谓"社会自由"是指在人们社会结合基础上的人对自然的支配和人对人支配关系的消除，其核心概念是"人的自由全面发展"。马克思、恩格斯所说的作为"自由人的联合体"的"自由"，属于"社会自由"范畴。

事实上，从"精神自由""道德自由"到"法制自由"再到"社会自由"反映的是人类社会历史发展的一般进路。在奴隶制社会里，奴隶根本谈不上"自由"，他们最多只谈得上"精神自由"。斯多葛学派认为一个奴隶可能在精神上是"自由"的，而一个主人可能是精神上的奴隶，这尽管是对奴隶制度的批判，但也只能停留在精神层面。古希腊时期的城邦伦理从"善""正义"等概念界定公民的自由范围，是一种"道德自由"。封建社会里基督教伦理在不改变专制关系的前提下论证了穷人、富人在上帝救赎上的同等"自由"，只能是一种道德的安慰。在封建社会后期，资产阶级为了取得与封建统治阶级同等的地位，通过斗争把人身自由、平等地位、财产安全要求通过法律予以确认和保障，并确立为政治、经济、社会制度的根本原则，因此挣得了作为"法权自由"的"法制自由"。然而，在资本主义社会里，私有制的存在决定了一部分人对另一部分人的支配，被支配者是不可能有完全的自由的。只有在生产资料社会所有的基础上，建立"自由人的联合体"，才能实现"对人的全部类本质占有"的"社会自由"。可见，从"精神自由""道德自由"到"法制自由"再到"社会自由"理念的形成，不是思想家们通过简单逻辑论证就能实现的，必须经过而且也确实经过了几千年的经济社会发展历程。

二、相关范畴与"平等"的关系

"平等"与"正义""公正""公平""自由"等范畴密切相关，由于"正义""公正""公平"等语义相通，因此可以集中起来一起比较。"自由"范畴相对独立，宜放到"自由、平等、博爱"的"三位一体"

---

① 〔英〕以赛亚·伯林. 自由论［M］. 胡传胜，译. 南京：译林出版社，2003：189.

逻辑体系中分析。

1. 正义、公正、公平与平等的关系

要探讨相关范畴与"平等"的关系，单纯从概念的内涵、外延进行比较或进行纯粹的逻辑推导是没有意义的，必须放到思想史中、放到历史进程中进行分析。因为，不同时代的不同经济社会关系，决定了这些范畴含义的不同，也决定了其相互关系的不同。

古希腊尽管以"城邦民主"著称，但由于奴隶制是其基本制度底色，因此"民主"仅限于公民之间，就整个社会来讲不可能有真正的"平等"。正如苏联学者涅尔谢相茨（Нерсесянц, В. С.）所指出，那个时代，"不仅没有权利平等的思想，而且也没有把权利看作是横平的基础（和标准）的观点。相反，那个时代的权利的意思恰恰在于要求不平等，但不是要求专横的不平等，而只是要求一种在当时被理解为与正义（дике）和惯例（темис）相符合的不平等。"① 因此，尽管思想家们极力推崇"正义""至善"，但其对"正义"的理解不仅不是"平等"，而恰恰是"不平等"，最多是"合乎比例的不平等"。如柏拉图认为，"正义就是给每个人以适如其份的报答"。② 但"正义"所要求的"适如其份"恰恰是"不平等"。按照柏拉图的观点，追求"平等"，使儿子和父亲、女人和男人、外来依附者和本国公民、奴隶和主人一样"平等"和"自由"，这是不应该的。"对一切人的不加区别的平等就等于不平等"③。而"善"表现在社会关系上就是，从事手工技艺的人应当成为优秀人物的奴隶。因为，"即使宣布主人和他的奴隶身份应是平等的，但他们之间的友谊天生不可能有的"。因此，"真正的平等，并且是最好的平等"，是"给大人物多些，给小人物少些"，即"合乎比例的不平等"。所以，"对公民的评价或授职，要尽可能完全平等地根据'合乎比例的不平等。'"④ 也就是说，所谓"公正"，就是"给予那些不平等的人以应得的'平等'"。所谓"应得的平等"对"不平等的人"来说，就是

---

① 〔苏〕涅尔谢相茨. 古希腊政治学说 [M]. 蔡拓，译. 北京：商务印书馆，1991：12.
② 〔古希腊〕柏拉图：理想国 [M]. 郭斌和，张竹明，译. 北京：商务印书馆，1986：7.
③ 〔古希腊〕柏拉图：法律篇 [M]. 张智仁，何勤华，译. 北京：商务印书馆，2001：168.
④ 〔古希腊〕柏拉图：法律篇 [M]. 张智仁，何勤华，译. 北京：商务印书馆，2001：168、169、156.

"不平等"。亚里士多德继承并发展了柏拉图的公平观,认为,所谓"平等"有两类,一类为"数量相等",另一类为"比值相等"。"数量相等"是指所得相同事物在数目和容量上与他人所得的相等;"比值相等"是指按照各人的真价值,按比例分配与之相衡称的事物。而"公正"主要是"比值相等"而不是"数量相等"。因此所谓"正义"是指,政治权利的分配必须以人们对构成城邦各要素的贡献的大小为依据。谁对这种团体贡献得最多,按"正义即公平"的精神,他就该在这个城邦中享受到较大的一份。"正义的分配"不仅体现在以才德或功绩分配政治权利上,还体现在财产分配上。此外,亚里士多德还强调,"平等"只限于自由人之间,不存在主人和奴隶之间。所以,作为"良法",要消除奴隶与主人平等的企图,否则就是"恶法"。可见,不论是柏拉图所主张的"合乎比例的不平等",还是亚里士多德所主张的"比值相等",其对"善""正义""公正"的理解都包含着必然的"不平等"而不是"平等"。尽管古希腊时期的智者基于"自然"和"人性"提出了所有人(包括主人与奴隶)不仅限于政治法律,而且在教育、财产、种族等方面一律平等的"激进平等观",但在根深蒂固的与"平等"恰恰相对立的奴隶制度下,这只能成为一种哲学玄想,最后只能流于斯多葛学派聊以自慰的"精神平等"而已。虽然斯多葛派的"精神平等"思想为古罗马思想家西塞罗等所继承,但根深蒂固的奴隶制是刨平一切所谓"平等"设想和诉求的强力机器,所以,古罗马时期的"正义""公正"观也事实上是以"不平等"为基本内容的。正如恩格斯所指出,"在希腊人和罗马人那里,人们的不平等的作用比任何平等要大得多。如果认为希腊人和野蛮人、自由民和奴隶、公民和被保护民、罗马的公民和罗马的臣民(该词是在广义上使用的),都可以要求平等的政治地位,那么这在古代人看来必定是发了疯。"[1]

古罗马的正义观及"人人平等"的抽象原则为基督教所吸收,形成了从宗教神学上论证"正义""平等"的程式,这种程式贯穿了整个中世纪。宗教神学尽管强调"上帝选民的平等",但作为为封建专制制度服务的宗教伦理,其正义观包含着根深蒂固的"不平等"。如阿奎纳认为,"正义"即"公共幸福",而判定"正义"的标准是"神的理性",

---

[1] 恩格斯. 反杜林论 [M]. 马克思, 恩格斯. 马克思恩格斯文集:第9卷. 北京:人民出版社, 2009:109.

"神是正义的体现","统治者是正义的保管人"。从"公共幸福"出发,为了被管理者幸福的不平等和服从并不违反"正义","因为才智杰出的人自然享有支配权,而智力较差但体力较强的人则看来是天使其充当奴仆……"① 所以,所谓"正义"必然包含着"不平等"。阿奎那还把"正义"分为"自然正义"和"实在正义",认为"公理或正义全在于某一内在活动与另一内在活动之间按照某种平等关系能有适当的比例"。因此,"当一个人拿出这么多东西的时候,他可以得到同样多的东西作为交换。这就叫做自然的正义(ius naturale)";"一件东西可以通过协议或共同的同意,与另一件东西相比较或比拟","这就叫做实在的正义(ius positivum)"。② 总之,"正义""公平"就是"凯撒之物应归凯撒"。这里的"正义""公平"虽然强调"某种平等关系",但更强调"适当的比例",也就是一定程度上的不平等。所以阿奎那一方面认为,"所有的人在天地间都是平等的",另一方面又承认"人们之间的天然不平等"。③ 所以,恩格斯指出,"基督教只承认一切人的一种平等,即原罪的平等,这同它曾经作为奴隶和被压迫者的宗教的性质是完全适合的。此外,基督教至多还承认上帝的选民的平等,但是这种平等只是在开始时才被强调过。……僧侣和俗人对立的确立,很快就使这种基督教平等的萌芽也归于消失"④。可见,基督教的正义、公平、公正观也是以"不平等"为基本内容的。

封建社会后期孕育起来的资产阶级的经济实力不断增强,但并不享有相应的政治地位,依然受封建特权阶级的统治,因此享有与特权等级的平等地位和平等政治权利就成为其最迫切的要求。所以,"平等"就成了启蒙思想家及其后来资产阶级理论家的核心理论范畴。为了论证"平等"要求的必然性,启蒙思想家往往借助"自然法",而"自然法"往往被看作"正义"的象征和尺度。这样,"平等"成了基于"自然正

---

① 〔意〕阿奎那. 阿奎那政治著作选[M]. 马清槐,译. 北京:商务印书馆,1963:139、98.
② 〔意〕阿奎那. 阿奎那政治著作选[M]. 马清槐,译. 北京:商务印书馆,1963:138.
③ 〔意〕阿奎那. 阿奎那政治著作选[M]. 马清槐,译. 北京:商务印书馆,1963:153、147、100.
④ 恩格斯. 反杜林论[M]. 马克思,恩格斯. 马克思恩格斯文集:第9卷. 北京:人民出版社,2009:109.

义"的必然要求和基本结论。如霍布斯所确定的"自然律"是:"自然法中,就包含着正义的泉源";"实现了自然法的人就是正义的";"每一个人都应当承认他人与自己生而平等,违反这一准则的就是自傲。"① 也就是说,既然"自然法"是"正义"的源泉,而"自然法"证明了"人生而平等",那么"平等"就是"自然正义"的根本内容。霍布斯还认为,"自然法就是公道、正义、感恩以及根据它们所产生的其他道德……国家一旦成立之后,它们就成了实际的法律"②。因此,实际法律以"自然法"为依据,"自然法"的"公道""正义"标准也规定了实际法的内容。换句话说,实际法的"公道""正义"也以"平等"为基本内容。霍布斯还区分"分配正义"和"交换正义",主张"公平分配"和"公平税收"。他认为,"交换的正义是立约者的正义,也就是在买卖、雇佣、借贷、交换、物物交易以及其他契约行为中履行契约";"分配的正义则是公断人的正义,也就是确定'什么合乎正义'的行为。……将各人的本分额分配给了每一个人。这的确是一种合乎正义的分配,可以称之为分配的正义,更确切的说法是公道。这也是一种自然法。"③ "公平分配是一条自然法","公平征税也属于平等正义的范围"。④ "交换正义"的"立约者"显然是"平等"的个人,而"分配的正义""公平分配""公平征税""公道"等也都是以人的"平等"为立论根据的。可见,在霍布斯的理论里,"正义""公道""公平"概念都要求"平等"。其他启蒙思想家也基本持相似的观点,如洛克认为,"人类天生都是自由、平等和独立的";"Salus populi suprema lex(人民的福利是最高的法律),的确是公正的和根本的准则"⑤。孟德斯鸠认为,"真正的平等是国家的灵魂"。⑥ 卢梭认为,人们尽可以在力量上和才智上不

---

① 〔英〕霍布斯. 利维坦〔M〕. 黎思复等,译. 北京:商务印书馆,1985:108、121、117.
② 〔英〕霍布斯. 利维坦〔M〕. 黎思复等,译. 北京:商务印书馆,1985:207.
③ 〔英〕霍布斯. 利维坦〔M〕. 黎思复等,译. 北京:商务印书馆,1985:114、114-115.
④ 〔英〕霍布斯. 利维坦〔M〕. 黎思复等,译. 北京:商务印书馆,1985:118、269.
⑤ 〔英〕洛克. 政府论(下篇)〔M〕. 叶启芳,瞿菊农,译. 北京:商务印书馆,1964:59、97.
⑥ 〔法〕孟德斯鸠. 论法的精神:上册〔M〕. 张雁深,译. 北京:商务印书馆,1961:45.

平等，但是由于约定并且根据权利，他们却是人人平等的。① 所以，"平等"是"自然法"所要求的，因此也是"正义""公正""公道""公平"的核心理念和基本内容。

近代以来，随着资本主义制度的确立，"平等"成了社会的"牢固成见"②，成了思想家们的"共识"，也成了"正义""公正""公平""公道"等范畴的核心内容。如作为启蒙运动时期最后一位主要哲学家的康德就提出，"公共的正义可以作为它的原则和标准的惩罚方式与尺度是什么？这只能是平等的原则。"③ 可见，康德认为，"平等"是"正义"的原则和尺度。葛德文也认为，"……正义原则，是从人类平等的假定出发的，这种平等或者是肉体上的或者是精神上的"。"我所理解的精神上的平等是：把一个不变的正义法则应用到一切情况的正当作法"。④ 同时，葛德文也承认，"的确有一种同我们所描述过的肉体上的不平等并存的精神上的不平等。……但是，事实上，这种差别待遇对于平等在任何可以接受的意义上，不但无害，而且有益，因此人们把它叫作公道，这个词和平等乃是同源词。虽然在某种意义上这是一种例外但

---

① 〔法〕卢梭. 社会契约论［M］. 何兆武，译. 北京：商务印书馆，2003：30.
② 马克思语。马克思在《资本论》中指出，"亚里士多德没有能从价值形式本身看出，在商品价值形式中，一切劳动都表现为等同的人类劳动，因而是同等意义的劳动，这是因为希腊社会是建立在奴隶劳动的基础上的，因而是以人们之间以及他们的劳动力之间的不平等为自然基础的。价值表现的秘密，即一切劳动由于而且只是由于都是一般人类劳动而具有的等同性和同等意义，只有在人类平等概念已经成为**国民的牢固的成见**的时候，才能揭示出来。而这只有在这样的社会里才有可能，在那里，商品形式成为劳动产品的一般形式，从而人们彼此作为商品占有者的关系成为占统治地位的社会关系。"（马克思. 资本论（第1卷）［M］. 马克思，恩格斯. 马克思恩格斯文集：第5卷. 北京：人民出版社，2009：75.）马克思在这里所说的，显然是资本主义社会。也就是说，只有在资本主义社会里，"人类平等概念"才成了"国民的牢固的成见"。恩格斯在《反杜林论》中也指出，"平等的观念，无论以资产阶级的形式出现，还是以无产阶级的形式出现，本身都是一种历史的产物，这一观念的形成，需要一定的历史条件，而这种历史条件本身又以长期的以往的历史为前提。所以，这样的平等观念说它是什么都行，就不能说它是永恒的真理。如果它现在对广大公众来说——在这种或那种意义上——是不言而喻的，如果它像马克思所说的，'已经成为**国民的牢固的成见**'，那么这不是由于它具有公理式的真理性，而是由于18世纪的思想得到普遍传播和仍然合乎时宜。"（恩格斯. 反杜林论［M］. 马克思，恩格斯. 马克思恩格斯文集：第9卷. 北京：人民出版社，2009：113.）也就是说，恩格斯认为，"平等"的观念并不是"永恒真理"，也不是历来就有的，只是由于18世纪启蒙思想家的传播，由于资本主义制度的确立，才成了"国民的牢固的成见"。
③ 〔德〕康德. 法的形而上学原理——权利的科学［M］. 沈叔平，译. 北京：商务印书馆，1991：165.
④ 〔英〕威廉·葛德文. 政治正义论：第一卷［M］. 何慕李，译. 北京：商务印书馆，1980：97、98.

它能达到的目的和使平等原则本身之所以有价值的目的是同样的"①。又说,"平等的条件,换句话说,也就是取得进步和快乐手段的平等机会,乃是正义对人类的严格指示"②。所以,在葛德文那里,"平等"和"正义""公道"是相通的。空想社会主义者欧文(罗伯特·欧文,Robert Owen)强调,"应该作为一项基本的正义原则这样规定:'任何一个人不曾为别人服务,也就没有权利要求别人为他服务',换句话说,就是'一切人生下来就有平等的权利'。"③ 也就是说,在欧文看来,"人生而平等"是"一项基本的正义原则"。同样,空想社会主义者皮埃尔·勒鲁也声称:"什么都不能战胜你们对正义的感情,这种感情并非其他,而是对人类平等的信仰"。④ 可见,勒鲁认为,"平等"即"正义"。蒲鲁东更是认为,"正义在古代的定义是:正义是平等,非正义就是不平等(Justumæqualeest, injustuminæquale)。"因此,"社会、正义和平等是三个相等的名词,三个可以互相解释的用语,它们的互相代替使用是永远合理的。"⑤ 总之,近代以来,"平等"是"正义""公平""公正"的基本要求与核心内容,成为思想家们的一般结论。

必须指出,尽管启蒙思想家启蒙以来"平等"成为人们的"牢固成见",但随着资本主义制度的建立,随着资产阶级成为统治阶级,其思想家对"平等"的界定却逐步掏空了其实质内容,使之变成了抽象的原则。道理很简单:封建社会末期毫无权利而言的资产阶级是真切希望与封建特权阶级取得平等地位的,因此宣称"人人生而平等"。但随着资产阶级成为统治阶级,它并不希望与下层劳动阶级真正平等,因此也就"零打碎敲"地抽掉了"平等"的实质内容,只以抽象的"平等"原则来搪塞。如黑格尔就认为,"人们(Mensoh)当然是平等的,但他们仅仅作为人(Person),即在他们的占有来源上,是平等的。从这意义说,每个人必须拥有财产。所以我们如果要谈平等,所谈的应该就是这种平

---

① 〔英〕威廉·葛德文.政治正义论:第一卷[M].何慕李,译.北京:商务印书馆,1980:99.

② 〔英〕威廉·葛德文.政治正义论:第二卷[M].何慕李,译.北京:商务印书馆,1980:620.

③ 〔英〕罗伯特·欧文.欧文选集:第二卷[M].柯象峰等,译.北京:商务印书馆,1981:33.

④ 〔法〕皮埃尔·勒鲁.论平等[M].王允道,译.北京:商务印书馆,1988:24.

⑤ 〔法〕蒲鲁东.什么是所有权[M].孙署冰,译.北京:商务印书馆,1963:271、268.

等。但是特殊性的规定，即我占有多少的问题，却不属于这个范围。由此可见，正义要求各人的财产一律平等这种主张是错误的，因为正义所要求的仅仅是各人都应该有财产而已。其实特殊性就是不平等所在之处，在这里，平等倒反是不法了。"① 可见，在黑格尔看来，"正义"只承认人的抽象"平等"，至于实质"平等"，"反倒是不法了"。这已经在消解启蒙思想家所主张的"人人生而平等"的边界。自由主义思想家霍布豪斯尽管也承认"人类根诸'自然'，是生而自由与平等的"，但又认为"平等不过是社会便利的大概规律，而较高的公道是需要差别的"②。他进一步强调，"人世间容有发展的大不平等在……这个即是说，合理之善者，乃一切人们按其社会人格的能量大小，而比例分享之善也。此义是公善中比例平等的原则，是社会正义的宰制概念。"因此，"所谓公道的平等是比例的平等。"③ 可见，霍布豪斯的"公道""善""公善""社会正义"概念允许"大不平等"存在，是有"差别"（差别就是不平等）的，至多是"比例平等"。这与启蒙思想家的"平等"内涵及其对"平等"与"正义"关系的界定相比，更是大大地后退了。当代自由主义思想家的观点则更进一步（实质是更退一步）。美国哲学家诺齐克的"持有正义"理论就认为，"持有正义的权利观念不以任何赞成平等或任何别的全面结果或模式的命题为前提。人们不能够径直认定必须把平等放进任何正义理论。"④ 而"持有正义原则"只容许一种"平等"，那就是"机会平等"。可见，在诺齐克看来，不能把"平等"放进任何"正义"理念，也就是否认"平等"是"正义"的内容。他只承认"机会平等"，而由于在现实经济社会中，机会从来就不是平等的，所以所谓"机会平等"实质就是"机会不平等"。因此诺齐克的"正义"概念没有给"平等"留下任何立足之地。与此相类似，英国新自由主义经济学家哈耶克（Friedrich August von Hayek）也认为，"不平等随时都存在"⑤，"不平等

---

① 〔德〕黑格尔. 法哲学原理 [M]. 范扬，张企泰，译. 北京：商务印书馆，1961：58.
② 〔英〕霍布豪斯. 社会正义论 [M]. 胡泽，译. 上海：上海社会科学院出版社，2016：28、128.
③ 〔英〕霍布豪斯. 社会正义论 [M]. 胡泽，译. 上海：上海社会科学院出版社，2016：144-145、187.
④ 〔美〕罗伯特·诺齐克. 无政府、国家与乌托邦 [M]. 何怀宏等，译. 北京：中国社会科学出版社，1991：235-236.
⑤ 〔英〕弗雷德里希·奥古斯特·哈耶克. 通往奴役之路 [M]. 王明毅等，译. 北京：中国社会科学出版社，1997：103.

现象，在我们看来乃是一可欲的现象"。因此，"最大的非正义莫过于对事实上不平等的现象做平等的对待!"① 基于此，哈耶克也一概反对"社会公正""社会正义"等要求，认为，人们对什么是"社会公正"根本就不存在共识，"正义"概念本身是空洞无物的，使用"社会正义"这个术语是不诚实的。所以，"社会正义""只是一种诱惑"，"一种不诚实的暗示"，"在大社会中是一种破坏性力量"。② 可见，哈耶克不仅不承认"平等"，而且不承认"正义""公正"，更谈不上把"平等"作为"正义"原则来要求了。

通过上面的历史分析可以看出，"正义"并不必然包含着"平等"。反过来也是一样，"平等"并不始终是、必然是"正义"的尺度。在不同时代、不同阶级立场的思想家那里，观点会完全不同甚至相反。正如恩格斯所指出，"平等是正义的表现，是完善的政治制度或社会制度的原则，这一观念完全是历史地产生的"。"为了得出平等＝正义的命题，几乎用了以往的全部历史，而这只有在有了资产阶级和无产阶级的时候才能做到"，"这就已经使得它们不能成为永恒的正义和真理"。"平等观念本身是一种历史的产物，这个观念的形成，需要全部以往的历史，因此它不是自古以来就作为真理而存在的。现在，在大多数人看来，它在原则上是不言而喻的，这不是由于它具有公理的性质，而是由于18世纪的思想的传播。"③ 历史事实正是这样，在封建社会以前的社会里，"正义"的内涵并不包含"平等"；从启蒙思想家开始，"平等"成了"正义"的根本原则，成了人们的"牢固成见"，甚至被看成"永恒真理"；但随着资产阶级成为统治阶级，一些理论家又开始否认"平等"是"正义"的要求了。"平等"与"正义"的关系如此，与"公正""公平""公道"等的关系亦是如此，因为这些范畴在很大程度上是相通的。因此，对"平等"与"正义""公正""公平""公道"等范畴的关系要作历史的分析、具体的分析、阶级的分析，抛开历史事实和经济社会现实而进行抽象的论证和推导，不可能得出正确的结论。

---

① 〔英〕弗雷德里希·冯·哈耶克. 自由秩序原理：上 [M]. 邓正来，译. 北京：生活·读书·新知三联书店，1997：51、296.

② 〔英〕冯·哈耶克. 法律、立法与自由：第二、三卷 [M]. 邓正来等，译. 北京：中国大百科全书出版社，2000：123、164、236.

③ 恩格斯.《反杜林论》的准备材料 [M]. 马克思，恩格斯. 马克思恩格斯文集：第9卷. 北京：人民出版社，2009：352、353、354、355.

2. 自由、博爱、人权与平等的关系

在封建社会胎胞里形成的、作为"第三等级"的资产阶级虽然经济实力有了巨大提高，但无论在经济上还是在政治上都依然受封建制度的束缚和特权阶级的统治，因此不能进行自由贸易和享有平等的社会地位、政治权利。所以，新兴资产阶级在封建社会后期争取"平等"的运动，同时也是争取"自由"的斗争，"自由"和"平等"一样被宣布为与生俱来、不可剥夺的"人权"。而争取"平等""自由"这些所谓"人权"的斗争，又是在"博爱"的口号下进行的。所谓"自由"，即人身安全得到保障，行动不受限制，从事商业活动、政治活动、精神活动不受干预。其实质是摆脱封建束缚，获得人身自由，特别是贸易自由、经营自由。所谓"平等"，即人人生来没有高低贵贱之分，具有同等的政治、经济、社会地位，享有同样的政治、经济、文化权利。其实质是为了给已经取得经济主导地位的资产阶级争得与封建特权阶级以平等的政治地位。所谓"博爱"（Fraternity），本是基督教教义宣扬的对一切人的普遍之爱，即"爱人如己"，在资产阶级革命中被加以利用和发挥，并从"人人平等"理念中引申出的"爱无差等"概念。其实质是资产阶级希望争得封建特权阶级对其"爱"、认可和平等对待。可见，构成"三位一体"的"人权"模式的"自由""平等""博爱"等范畴密不可分、彼此相通、互相推定。

"自由""平等""博爱""人权"范畴之间的关系，可以从启蒙思想家的论述中得到阐释。如洛克立足"自然法"认为，自然状态是"自然自由"的状态，人不处在别人意志或立法权之下，只以"自然法"作为准绳。同时，自然状态也是"平等"的状态，同种和同等的人们毫无差别地生来就享有自然的一切同样有利条件，运用相同的身心能力，一切权力和管辖权都是相互的，没有一个人享有多于别人的权力。因此，"人类确实具有一种'天赋的自由'。这是由于一切具有同样的共同天性、能力和力量的人从本性上说都是生而平等的，都应当享受共同的权利和特权"①。但在自然状态下，人的自由、平等和独立是不安全、不稳定的，这就需要人们以平等的身份订立契约进入社会状态，但要彼此让

---

① 〔英〕洛克. 政府论：上篇 [M]. 瞿菊农，叶启芳，译. 北京：商务印书馆，1982：57.

渡一些自由和权利。人们自愿放弃一些自然自由而加入社会，是为了互相保护他们的生命、安全和财产，防止共同体以外任何人的侵犯。订立契约时必须明确，"人类天生都是自由、平等和独立的"。① 这种保护要靠法律来实现。所以，"法律的目的并不是废除或限制自由，而是保护和扩大自由。……哪里没有法律，哪里就没有自由"。因此，"每个人生来就有双重的权利：第一，他的人身自由的权利，别人没有权力加以支配，只能由他自己自由处理；第二，首先是和他的弟兄继承他父亲的财物的权利。"② 也就是"自由权"和"财产权"。可见，在洛克的人权理论中，"自由"和"平等"是不可分割的。类似地，卢梭也认为，从"自然状态"进入社会状态的"收支平衡表"是：人类由于社会契约而丧失的，乃是他的"天然的自由"，而他所获得的，乃是"社会的自由"以及对于他所享有的一切东西的所有权。因此，基本公约并没有摧毁"自然的平等"，反而是以"道德的与法律的平等"来代替了自然所造成的人与人之间的身体上的不平等；从而，人们尽可以在力量上和才智上不平等，但是由于约定并且根据权利，他们却是人人平等的。所以，"成为一切立法体系最终目的的全体最大的幸福"，是"两大主要的目标：即自由与平等。自由，是因为一切个人的依附都要削弱国家共同体中同样大的一部分力量；平等，是因为没有它，自由便不能存在"③。所以，在卢梭看来，"自由"和"平等"也是互为彼此存在条件的。同样，康德也认为，"根据权利，公民有三种不可分离的法律的属性，它们是：(1) 宪法规定的自由，这是指每一个公民，除了必须服从他表示同意或认可的法律外，不服从任何其他法律；(2) 公民的平等，这是指一个公民有权不承认在人民当中还有在他之上的人，除非是这样一个人，出于服从他自己的道德权力所加于他的义务，好象别人有权力把义务加于他；(3) 政治上的独立（自主），这个权利使一个公民生活在社会中并继续生活下去，并不是由于别人的专横意志，而是由于他本人的权利以及作为这个共同体成员的权利。因此，一个公民的人格的所有权，除他自己

---

① 〔英〕洛克. 政府论：下篇 [M]. 叶启芳，瞿菊农，译. 北京：商务印书馆，1964：59.
② 〔英〕洛克. 政府论：下篇 [M]. 叶启芳，瞿菊农，译. 北京：商务印书馆，1964：36、116 – 117.
③ 〔法〕卢梭. 社会契约论 [M]. 何兆武，译. 北京：商务印书馆，2003：26、30、66.

而外，别人是不能代表的。"① 所谓"人格的所有权"就是"人权"。"人格"当然不是抽象的，其具体内容就是"个人自由""公民平等""政治自主"等。可见，在启蒙思想家看来，人生来就有"自由的权利""平等的权利"。这两种基本权利具体又包括了"生命权""安全权""财产权"等权利。这些权利在社会中需要法律来保护，因此又被称为"法权"。由于这些权利是人作为"人"与生俱有的、不可剥夺的，因此又称为"人权"。

启蒙思想家的"权利"理念在资产阶级革命檄文、法律中得到了体现和确认。如美国《独立宣言》宣称，"我们认为这些真理是不言而喻的：人人生而平等，他们都从他们的'造物主'那边被赋予了某些不可转让的权利，其中包括生命权、自由权和追求幸福的权利。为了保障这些权利，所以才在人们中间成立政府。而政府的正当权力，系得自被统治者的同意。"② 法国《人权宣言》也标榜"庄严宣言公布这些天赋的、不可侵犯和不可剥夺的权利"："在权利方面，人生来是而且始终是自由平等的"；"一切政治结合的目的都在于保护人的天赋的和不可侵犯的权利；这些权利就是：自由、财产、安全以及反抗压迫。""政治上的自由在于不做任何危害他人之事"，"在法律面前，人人平等，公民可按他们各自的能力相应地获得一切荣誉、地位和工作，除非他们的品德与才能造成的差别外，不得有任何其他差别"，"无拘束地交流思想和意见是人类最宝贵的权利之一，每个公民都有言论、著述和出版的自由"，"财产是神圣不可侵犯的权利……不得剥夺"。③ 可见，根据其逻辑，"自由"是基本"人权"，而"人权"是"平等"的。因此，"自由"和"平等"互为因果，不可分割。

通过上面的分析可以看出，在资产阶级思想家那里，"自由""平等""博爱"构成了"三位一体"的"人权"概念。"自由"包括人身自由、财产自由、思想自由、言论自由、政治自由，具体表现为生命权、安全权、财产权、政治权利等。"平等"则包括人的尊严平等、权利平等、发展机会平等等。所以，"自由"和"平等"是互为前提的：没有

---

① 〔德〕康德. 法的形而上学原理——权利的科学 [M]. 沈叔平，译. 北京：商务印书馆，1991：140 – 141.
② 美国独立宣言 [C]. 王德禄，编. 人权宣言. 北京：求实出版社，1989：9.
③ 法国人权宣言 [C]. 王德禄，编. 人权宣言. 北京：求实出版社，1989：14、15、16.

人的平等,就不可能有所有人的同样自由;同样,没有所有人的同样自由,也不可能有真正意义上的平等。而"博爱"则是"平等"的必然要求,是平等待人的具体体现,也必然以对人的"自由"的尊重为前提。因此,"自由""平等""博爱"是彼此不可分割的"人权"。

那么,如何认识"自由""平等""人权"等概念的本质呢?正如马克思所指出:所谓的"人权",不同于 droits du citoyen(公民权)的 droits de l'homme(人权),无非是市民社会的成员的权利,就是说,无非是利己的人的权利、同其他人并同共同体分离开来的人的权利。根据法国宪法和《人权和公民权宣言》,"这些权利等等〈自然的和不可剥夺的权利〉是:平等、自由、安全、财产。"① 而"自由是做任何不损害他人权利的事情的权利"。但每个人能够不损害他人而进行活动的界限是由法律规定的,因此这里所说的是人作为孤立的、自我封闭的单子的"自由"。因此,"自由"这一"人权"不是建立在人与人相结合的基础上,而是相反,建立在人与人相分隔的基础上。这一权利就是这种分隔的权利,是狭隘的、局限于自身的个人的权利。"自由"这一"人权"的实际应用就是"私有财产"这一"人权"。而"财产权是每个公民任意地享用和处理自己的财产、自己的收入即自己的劳动和勤奋所得的果实的权利"。可见,这一权利也是自私自利的权利。因为,这种"自由"使每个人不是把他人看作自己自由的实现,而是看作自己自由的限制。那么,什么是"平等"权呢?平等是法律对一切人一视同仁,不论是予以保护还是予以惩罚。所以,所谓"平等",无非是上述自由的平等,就是说,每个人都同样被看成那种独立自在的单子。"安全"呢?"安全是社会为了维护自己每个成员的人身、权利和财产而给予他的保障。"按照这个概念,整个社会的存在只是为了保证维护自己每个成员的人身、权利和财产。也就是说,"安全"是它的利己主义的保障。可见,任何一种所谓的"人权"都没有超出利己的人,没有超出作为市民社会成员的人,即没有超出封闭于自身、封闭于自己的私人利益和自己的私人任意行为、脱离共同体的个体。② 换句话说,资本主义的"自由""平等"

---

① 马克思. 论犹太人问题 [M]. 马克思,恩格斯. 马克思恩格斯文集:第 1 卷. 北京:人民出版社,2009:40.

② 本部分参见:马克思. 论犹太人问题 [M]. 马克思,恩格斯. 马克思恩格斯文集:第 1 卷. 北京:人民出版社,2009:40-42.

"人权"等概念是"个人主义""利己主义"价值观的理性表达。

如果把启蒙思想家和后来的资产阶级思想家的理论进行对比就会发现，启蒙思想家是真正要求"自由""平等"等"人权"的，而且在"自由"和"平等"关系上，更加强调"平等"。因为，争得与封建特权阶级的"平等"身份，是真正实现"自由""安全""财产"等"人权"的前提条件。然而，随着资本主义社会的建立和资产阶级取得统治地位，不愿与下层劳动人民真正平等的资产阶级逐步把"自由"置于"平等"之上，只把"平等"变成了如"法律面前的平等"或"机会平等"这样的抽象原则。而之所以强调"自由"，实际上是为了保证资产阶级可以自由地占有财产，自由地剥削劳动阶级，而且是在"平等"的口号下自由地剥削劳动者。如哈耶克认为，"自由不仅是一特殊价值，而且还是大多数道德价值的渊源和条件"。① 可见，哈耶克把"自由"视为"大多数道德价值的渊源和条件"，也就把"自由"置于"平等"前面，强调"自由"的至上性。不仅如此，他还把资产阶级革命时期高举的"人人生而平等"旗帜进行了置换，变成了"法律面前的平等"，认为"争取自由的斗争的伟大目标，始终是法律面前人人平等（equality before the law）"。所以，"一般性法律规则和一般性行为规则的平等，乃是有助于自由的唯一一种平等，也是我们能够在不摧毁自由的同时所确保的唯一一种平等"②。哈耶克甚至直接否定启蒙思想家的理论，把"人人生而平等"变成了"人人生而不平等"。他认为，"个人生来就极为不同，或者说，人人生而不同。……'人人生而平等'的说法就显然与事实相悖。"所以"不平等现象，在我们看来乃是一可欲的现象"。③ 类似地，美国经济学家弗里德曼（Milton Friedman）也把"自由"置于"平等"之上。他认为，在美国独立战争和共和国建立时期，"平等指的是在上帝面前的平等；自由指的是决定个人命运的自由"。而在南北战争后，"平等越来越被解释为'机会均等'，即每个人应该凭自己的能力追

---

① 〔英〕弗雷德里希·冯·哈耶克. 自由秩序原理：上 [M]. 邓正来，译. 北京：生活·读书·新知三联书店，1997：导论8.
② 〔英〕弗雷德里希·冯·哈耶克. 自由秩序原理：上 [M]. 邓正来，译. 北京：生活·读书·新知三联书店，1997：102.
③ 〔英〕弗雷德里希·冯·哈耶克. 自由秩序原理：上 [M]. 邓正来，译. 北京：生活·读书·新知三联书店，1997：104、51.

求自己的目标"①。这和"前程为人才开放""人身平等""法律面前平等"等理念的内涵是基本一致的。而"无论是上帝面前的平等还是机会均等,都同自己决定自己命运的自由不存在任何冲突。恰恰相反,平等和自由是同一个基本价值概念——即应该把每个人看作是目的本身——的两个方面"②。然而,从20世纪开始,"平等"的含义变成了"结果均等"。而"结果均等显然是与自由相抵触的"③。由此,他得出结论是:"'公平分配'或其前身'按需分配'的理想与人身自由的理想之间有着根本的冲突。"一句话,"生活就是不公平的。"④ 毫无疑问,强调"自由"弱化"平等",甚至公开否定启蒙思想家、资产阶级革命时期的理论,否定"人人生而平等",强调"人人生而不平等",显然是为当代资本主义造成的深刻不平等现象辩护。这也说明资产阶级理论家始终是跟随其利益转换而随意解释其价值观的,显示了其理论的矛盾性和虚伪性。而正如霍布豪斯所指出,"经验明白地告诉人们:自由而无平等,名义上好听,结果却悲惨可怜。"⑤ 马克思也一针见血地指出,"平等地剥削劳动力,是资本的首要人权。"⑥ 这正是现实资本主义世界的真实写照。所以,要深刻把握"平等"与"自由""博爱""人权"等范畴的关系,必须放到资本主义的历史和现实中来认识,离开现实经济社会关系的分析,抽象地谈论各种价值范畴、"形而上"地推导它们之间的关系,是没有任何现实意义的。

---

① 〔美〕米尔顿·弗里德曼,罗斯·弗里德曼. 自由选择——个人声明 [M]. 胡骑等,译. 北京:商务印书馆,1982:131.
② 〔美〕米尔顿·弗里德曼,罗斯·弗里德曼. 自由选择——个人声明 [M]. 胡骑等,译. 北京:商务印书馆,1982:131.
③ 〔美〕米尔顿·弗里德曼,罗斯·弗里德曼. 自由选择——个人声明 [M]. 胡骑等,译. 北京:商务印书馆,1982:131.
④ 〔美〕米尔顿·弗里德曼,罗斯·弗里德曼. 自由选择——个人声明 [M]. 胡骑等,译. 北京:商务印书馆,1982:138、140.
⑤ 〔英〕霍布豪斯. 自由主义 [M]. 朱曾汶,译. 北京:商务印书馆,1996:42.
⑥ 马克思. 资本论(第1卷)[M]. 马克思,恩格斯. 马克思恩格斯文集:第5卷. 北京:人民出版社,2009:338.

第二章 "平等"的尺度

当论及人与人的平等问题时,事实上是把人在某一方面进行比较,以确定他们的等同性、一致性。这就好似用一把尺子,丈量人与人之间在某种社会属性上是否相等、社会关系上是否平齐。所以,"平等"问题,说到底就是把人的某一社会属性、社会关系作为一种尺度,来比较一定历史条件下的人在此方面的等同关系。正是从这个意义上讲,平等即用同一尺度来衡量,也就是人和人之间在某个(或某些)方面实现了平等的问题。人和人的比较,既可以是同代人之间不同社会属性的比较,也可以是不同时代的人的历史属性的比较。因此,平等有"横向尺度"和"纵向尺度"之分。所谓"平等的横向尺度",是指人与人的多方面的社会属性或多种社会关系中的某种属性或某种关系的比较与衡量,也是人的某种社会需要的满足情况。如机会平等、收入平等、能力平等、政治权利平等、经济关系平等、社会地位平等,等等,都是平等的横向尺度。所谓"平等的纵向尺度",是指在历史发展进程中,由社会发展水平决定的不同时代的人在某些方面需要的满足程度或人的解放程度,即在一定历史条件下,可以在什么层面上、在什么程度上谈人的平等。如生存权平等(原始社会的平等)、道德或精神平等(奴隶、封建社会的平等)、政治权利平等(资产阶级革命时期的平等)、交换价值平等(资本主义社会的平等)、劳动平等(社会主义社会的平等)、需要平等(共产主义社会的平等),等等,构成了平等的纵向尺度。

第一节 "平等"的横向尺度

平等的横向尺度,即同代人社会关系、社会属性的比较项。这涉及政治、经济、文化等诸多领域的很多方面,但归纳起来不外乎起点平等、过程平等、结果平等 3 个方面。所谓"起点平等",即人进入社会领域与人发生社会关系时正常社会生活所需要的个人能力和社会提供的条件、资源等的平齐。所谓"过程平等",即在政治、经济、社会、文化生活中,国家、社会为实现人的发展和权利保障所提供的制度架构和机会保障的无歧视性。所谓"结果平等",即人为社会尽力提供价值创造后,个人在社会生产、分配、消费环节中的物质、精神所得,及国家、社会为个人价值实现所提供物质保障的人的尊严的无差别性。

一、起点平等

决定人进入社会的起点的因素有很多,每种因素都可以作为平等的尺度来衡量和比较。由此就有不同的起点平等观,如生命平等、性别平等、能力平等、才能平等、影响力平等、地位平等、条件平等、环境平等、资源平等、物质平等、生产资料占有平等、基本善的平等,等等。但总的来说,可以划分为三类,即能力平等、条件平等和资源平等。所谓"能力平等"即个人先天具有的和后天获得的能力方面的衡量和比较,包括"才能平等"。所谓"条件平等"即社会生活中社会地位和所能利用的社会条件的衡量和比较,包括"地位平等""环境平等"等。所谓"资源平等"即社会为个人提供的制度保障、物质手段等方面的衡量和比较,包括"物质平等"。

1. 能力平等

尽管人的能力、才能的差异,历来都成为一些人为不平等辩护的依据,但也有一些理论家坚持能力平等论。

如 18 世纪法国杰出空想社会主义者、启蒙思想家马布利认为:

> 自然界把平等规定为我们祖先的法律,并把自己的意图申明得极为清楚,人们不可能不知道这种意图。事实上,谁能否认我们来自大自然的怀抱时是完全平等的呢?难道自然界不是给所有的人以同样的器官、同样的需要和同样的理性吗?难道自然界赐予大地的一切财富不是属于所有的人的吗?您在什么地方可以找到不平等的基础呢?难道自然界给予每一个人以特殊的世袭领地了吗?难道它在田地上划了田界吗?它并没有创造富人和穷人。难道也像它为了确立人对动物的统治而给我们许多高级的品质一样,而给某些种族

以特别的恩赐以使它们处于特权地位吗？它既没有创造伟人，也没有创造小人，它并没有预先给定某一些人是另一些人的主人。

我认为，您从人们的嗜好、力量和才能的差别中找不出任何有力的论据来证明人们的天生的平等是不可能存在的。

我说才能也是这样。自然界决没有把才能分配得这样不平等，以至能够在人们的地位上造成极大差别。我们所受的那种能够使一部分人愚蠢和发展另一部分人的精神能力的教育，叫我们相信上天创造了人们的各种阶级。

我也很难理解力量的不平等是怎样促成平等的消灭的。难道自然界创造了百手人来征服自己的同类吗？没有创造这种人！您怎么会想象我没有武装，没有狮子般的爪和牙，就能迫使与我相同的人承认我本来没有的优势呢？可是，如果我滥用力量，难道人们就不会团结起来惩治我吗？难道我能抵得住八个或十个比我弱的人吗？您认为力量的不平等已经消灭我们所说的社会形成以前的平等了吗？……力量可以博得粗鲁而野蛮的人民的尊重和信任，但它不能消灭发展到可以组成社会的人民的平等。由法律联合起来的人们为自己规定的目的，是成立公共的政权，以防止和消除个别人的专权和不公正。一个人怎么能够依靠自己的力量来使他人承认他的统治和暴政呢？阁下，人们失去了平等，决不是自然界的过失；人们完全没有滥用他们所具有的不平等的力量；应当到别的地方去寻找原因。这是非常不明智和十分轻率的政治和法律的过失，它们让长期管理行政的公务人员养成喜欢发号施令的习惯，把公共的政权变为有利于自己的东西，最后成为统治者。①

可见，在马布利看来，自然界给了"所有人以同样的器官、同样的需要和同样的理性"，没有给任何人以"高级的品质"，没有创造"伟人"和"小人"，"从人们的嗜好、力量和才能的差别"找不出人与人的不平等，"自然界决没有把才能分配得这样不平等，以致能够在人们的地位上造成极大差别"，自然界也没有"创造百手人来征服自己的同类"。马布利认为，造成人的能力差别的，是"我们所受的那种能够使一部分

---

① ［法］马布利. 马布利选集［M］. 何清新，译. 北京：商务印书馆，1960：43-44、46-47.

人愚蠢和发展另一部分人的精神能力的教育";使人们失去平等的,"是非常不明智和十分轻率的政治和法律的过失"。也就是说,马布利认识到了造成人们不平等的原因是教育、政治制度和法律,而不是人的能力。人的生理特征的等同性,反而证明人是平等的,即"能力平等"。

  法国政论家、经济学家蒲鲁东也强调,"才能的不平等是财富平等的必要条件"。① 他认为,表面看来,"艺术家、学者、诗人、政治家之所以受到尊重,只是由于他们的卓越性;这个卓越性摧毁了他们与其他的人们之间的一切等同性;在这些科学和天才的卓越的人材面前,平等定律就消失了",但事实上,"天然的不平等是财富平等的条件!……才能的不平等是财富平等的必不可少的条件"②。因为,虽然"我承认人们所要说的一切才干上的不平等",但"每种技能在数目上是和社会的需要相称的,并且这个社会只要求每个生产者拿出他的特殊的职务需要他生产的东西;那么一方面既可尊重各种职务之间的级位关系,一方面我也可以由此得出财富平等的结论"。换句话说,"既然所有的人都具有完成一种社会任务的能力,各人体力不均就不能被用来作为任何不平等待遇的理由"③。因此,"各种职务彼此是平等的,犹如做同样工作的劳动者是互相平等的一样"。同样,"在物质报酬与才干之间没有共同的衡量方法;在这方面,所有的生产者的地位是平等的;因而在他们之间的比较和一切财富上的不平等是不可能的。"④ 可见,蒲鲁东认为,尽管人的能力和才干不平等,但由于社会事业需要各种才能,每一种才能都承担一种社会任务。而社会任务和各种职务都是平等的,所有具有不同才能的劳动者也就是平等的,在财富获取上也应是平等的。蒲鲁东在《贫困的哲学》中更进一步强调,"不同人的智能只是在构成每个人的特点和专长的质的确定性方面有所区别,至于作为智能本质的判断力,则每个人在数量上是完全相等的。由此可以得出结论:按照环境的有利程度,普遍的进步总是或迟或早地引导所有的人从原始的消极平等进入才能与知

---

  ① 〔法〕蒲鲁东. 什么是所有权 [M]. 孙署冰,译. 北京:商务印书馆,1963:162.
  ② 〔法〕蒲鲁东. 什么是所有权 [M]. 孙署冰,译. 北京:商务印书馆,1963:162、164.
  ③ 〔法〕蒲鲁东. 什么是所有权 [M]. 孙署冰,译. 北京:商务印书馆,1963:165、166、166.
  ④ 〔法〕蒲鲁东. 什么是所有权 [M]. 孙署冰,译. 北京:商务印书馆,1963:166、174.

识上的积极平等。"① 也就是说,蒲鲁东承认人的才能平等。

当然,也有一些思想家承认人的能力的差别或不平等,但认为能力不平等并不否定人与人的社会平等。如卢梭就认为,人类有两种不平等:一种是"自然的或生理上的不平等","因为它是基于自然,由年龄、健康、体力以及智慧或心灵的性质的不同而产生的";另一种是"精神上的或政治上的不平等",它起因于协议或大家的认可,形成了各种特权,"譬如:比别人更富足、更光荣、更有权势,或者甚至叫别人服从他们"。然而,"不平等在自然状态中几乎是人们感觉不到的,它的影响也几乎是等于零的。……这些偶然事件曾经使人的理性趋于完善,同时却使整个人类败坏下去。在使人成为社会的人的同时,却使人变成了邪恶的生物,并把人和世界从那末遥远的一个时代,终于引到了今天这个地步"②。所谓"这些偶然事件",卢梭认为主要是私有制的产生和法律制度的建立。可见,尽管卢梭认为人的能力不平等是天然存在的,但他同时认为这种不平等的影响"几乎等于零",而是由于私有制和法律才使不平等变得根深蒂固了。所以,尽管人们在能力上不平等,但在权利上应该人人平等。

当代印度经济学家阿马蒂亚·森也特别强调"可行能力"的平等。他在《以自由看待发展》一书中认为,"自由"的"实质的"(substantive)意义,是一个人能够过自己愿意过的那种生活的"可行能力"(capability)。

总之,"能力"作为衡量平等的一种尺度,尽管存在广泛的争议:有的人以人的能力平等论证平等的合理性;有的人以人的能力不平等论证不平等的必然性。但正如前一章所论证,"平等"是人的社会关系的衡量与比较。先天"能力"作为人的个人禀赋属于自然因素,不构成社会关系,所以不应作为论证人的平等的尺度。而且,人的能力又不是一成不变的,后天的能力是通过教育和训练习得的;能力只有在社会生活中施展才能称其为"能力"。这两个方面就涉及到了社会关系。首先,能不能上得起好的学校,能不能通过良好的教育获得较强的能力,这本身就是人的经济地位、经济条件所决定的:富人的孩子可以上贵族学校,

---

① 〔法〕蒲鲁东. 贫困的哲学:上卷[M]. 余叔通,王雪华,译. 北京:商务印书馆,2010:127.

② 〔法〕卢梭. 论人类不平等的起源和基础[M]. 李常山,译. 北京:商务印书馆,1962:70、109.

穷人的孩子上不起学。所以，从这方面来说，"能力"不是造成人与人不平等的原因，恰恰相反，能力不平等正是社会不平等的结果。其次，进入社会的门槛、谋取社会职位也不是完全由人的个人能力决定的，而是由人的"经济能力"即经济实力、经济关系、经济地位决定的：富人孩子岗位等人，穷人孩子多少人竞争一个岗位。所以，从这方面来说，"能力"也不是造成人与人不平等的原因，正是经济地位的不平等造成了人的社会职位的不平等，从而进一步强化了经济地位的不平等。从这两方面来说，所谓能力不平等造成了社会不平等都是站不住脚的。这是在"能力平等"作为平等研究的一个重要尺度上应持有的态度。

2. 条件平等

所谓"条件平等"，就是在一定经济社会制度下，社会为实现个人发展和个人价值实现所提供的基本条件的等同性。它和"环境平等""基本善的平等"在内涵上是大体一致的。

加拿大马克思主义哲学家凯·尼尔森正义观的核心内容是"条件平等"（equality of condition）。通过"条件平等"概念，他试图论证彻底的平等观与"自由"既相容又不可分割。尼尔森认为，"当平等主义者讨论平等时，他们应该被理解为主张每个人应当在某些方面被平等对待，即人们应该拥有某些生活条件。"所以，"平等""作为一种目标，作为一种应当实现的理想状态，一个平等主义者致力于试图为所有人的条件平等提供社会基础。作为最低限度的第一步，这一理想是要为平等的生活前景提供社会基础，以便不会像现在这样在现实中存在总体生活前景方面的巨大的不平等"①。因为，"如果没有大体上平等的条件，人们之间的道德条件平等就不可能被稳定维持。在不坚持这种平等条件的地方，一个人很可能在各个方面比另一个人或多或少有着更大的权利。因此，至少在某些方式下，一些人将控制另一些人，或者至少处于实施控制或局部控制的地位，并转而限制了一些人的自治，伤害了他们的自尊。如果我们想要一个道德平等的世界，那么我们也需要一个这样的世界，在其中人们彼此坚持大体上的条件平等。……如果想要确保平等作为一种权利，也就是说，如果人们在现实中能够切实行使平等的权利，那么我

---

① 〔加〕凯·尼尔森. 平等与自由：捍卫激进平等主义 [M]. 傅强，译. 北京：中国人民大学出版社，2016：50、7.

们就必须实现平等条件的目标。"① 总之,"在实现社会正义的过程中,重点是为每一个人实现一些重要的条件平等"②。也就是说,尼尔森认为"条件平等"是"道德平等"进而"权利平等"的前提。

美国教育家摩狄曼·J. 阿德勒在《六大观念》一书中结合"条件平等",探讨了"环境平等"。他首先把平等问题区分为"人类的平等和不平等"(human equality and inequality)和"环境平等和不平等"(circumstantial equality and inequality)。所谓"人类的平等和不平等"(也称谓"个人的平等或不平等")即人生来就具有的天资方面的平等和不平等和后天获得的造诣(或才能)的平等和不平等。所谓"环境平等或不平等"分为"条件平等或不平等"(equality or inequality of condition)和"机会平等或不平等"(equality or inequality of opportunity)。③ 可见,在这里,阿德勒认为"环境平等"包含"条件平等"。而在其他地方,"环境平等"和"条件平等"又是通用的。如他认为,"我们作为人而有权拥有的平等是环境平等,而不是个人平等。它们是条件平等——地位、待遇和机会的平等。"④ 所谓"条件平等","可以是个人地位的平等和他们享有待遇的平等,也可以是个人对这种或那种的基本的人类之善事物(如政治自由、财富、一个健康的环境或教育)的拥有方面的平等。"⑤ 而阿德勒所要求的"是环境平等,而不是个人平等"。因为,"适度的条件平等或者受正义限制的条件平等,不论在政治性善事物方面还是在经济性善事物方面,都是一种种的平等,但它伴随有正义同样要求的程度不平等。……对于每一个人按正义有权拥有的善事物,有的人有权拥有得多,有的人则有权拥有得少一些。"⑥ 可见,阿德勒要求的"环境平

---

① 〔加〕凯·尼尔森. 平等与自由:捍卫激进平等主义 [M]. 傅强,译. 北京:中国人民大学出版社,2016:10.
② 〔加〕凯·尼尔森. 平等与自由:捍卫激进平等主义 [M]. 傅强,译. 北京:中国人民大学出版社,2016:50.
③ 〔美〕摩狄曼·J. 阿德勒. 六大观念 [M]. 陈珠泉,杨建国,译. 北京:团结出版社,1989:160-161、162.
④ 〔美〕摩狄曼·J. 阿德勒. 六大观念 [M]. 陈珠泉,杨建国,译. 北京:团结出版社,1989:170.
⑤ 〔美〕摩狄曼·J. 阿德勒. 六大观念 [M]. 陈珠泉,杨建国,译. 北京:团结出版社,1989:163.
⑥ 〔美〕摩狄曼·J. 阿德勒. 六大观念 [M]. 陈珠泉,杨建国,译. 北京:团结出版社,1989:177.

等"实际上就是"条件平等",而且是以"程度不平等"为补充的。

阿德勒在上面所说的"善事物",实际上就是"条件平等"所包含的内容,如地位、待遇、机会、自由、财富、环境、教育等。罗尔斯在《正义论》中把它们称为"基本善"。而所谓"基本善"(primary goods),是"被假定为一个理性的人无论他想要别的什么都需要的东西。……如果这类善较多,人们一般都能在实行他们的意图和接近他们的目的时确保更大的成功。这些基本的社会善在广义上说就是权利和自由、机会和权力、收入和财富(另一种很重要的主要善是一个人的自我价值感……)"①。罗尔斯认为,"作为公平的正义的一般观念要求平等地分配所有的基本善,除非一种不平等的分配将有利于每一个人。"② 他的"作为公平的正义原则"的一般观念则是:"所有的社会基本善——自由和机会、收入和财富及自尊的基础——都应被平等地分配,除非对一些或所有社会基本善的一种不平等分配有利于最不利者"③。也就是说,在分配"社会基本善"时,不平等是允许的,只是要使这种不平等分配对"最不利者"最有利。可见,这里所说的"基本善"和上面的"条件""环境"内涵基本一致。因此所谓"基本善的平等"同"条件平等""环境平等"在内涵上基本相同。

3. 资源平等

如果说"条件平等"还属于可能性的平等,那么"资源平等"则更多属于可获得的实质性平等,因此更多情况下是一种"物质平等"。

美国哲学家、法学家罗纳德·德沃金在《至上的美德:平等的理论与实践》一书中坚持的平等观是,"平等指的是这样一种环境:人们不是在福利方面平等,而是在他们支配的资源方面平等。""平等的关切要求政府致力于某种形式的物质平等……称为资源平等"④(equality of resources)。德沃金认为,"一个人的资源可以被理解为只包括其财产,或

---

① 〔美〕约翰·罗尔斯. 正义论[M]. 何怀宏,何包钢,廖申白,译. 北京:中国社会科学出版社,1988:92-93.
② 〔美〕约翰·罗尔斯. 正义论[M]. 何怀宏,何包钢,廖申白,译. 北京:中国社会科学出版社,1988:149.
③ 〔美〕约翰·罗尔斯. 正义论[M]. 何怀宏,何包钢,廖申白,译. 北京:中国社会科学出版社,1988:303.
④ 〔美〕罗纳德·德沃金. 至上的美德:平等的理论与实践[M]. 冯克利,译. 南京:江苏人民出版社,2008:119、导论3.

者其财产加上其体格、技能、性格和抱负等人格特征,或除此之外还有他的合法机会和其他一些机会。"他又把"资源"细分为"非人格资源"和"人格资源",把"非人格资源和人格资源作为平等的尺度,把他人付出的机会成本作为衡量任何人占有非人格资源的尺度"。而所谓"资源平等","就是在个人私有的无论什么资源方面的平等。……包括支配公共资源的权利平等在内的政治权力的平等"①。而"资源平等分配"的检验标准是:"一旦分配完成,如果有任何居民宁愿选择别人分到的那份资源而不要自己那份,则资源的分配就是不平等的";反之,"他不想要其他任何人的那一份来换走自己这一份——他宁愿得到在最初较公平的资源分配中自己能够得到的东西",②那么资源的分配就是平等的。德沃金强调,"政治共同体应致力于消除或降低人与人之间在人格资源上的差异——比如,应致力于改善身体残疾或无力获得满意收入的人们的境况,但不应当致力于减小或弥补人格差异"③。可见,德沃金的"资源平等"与上面的"条件平等"在内涵上大致相同,都是社会为实现个人发展和个人价值实现所提供的基本条件的等同性,只不过"资源平等"更强调物质条件。

凯·尼尔森所"捍卫的激进的平等主义"虽然"寻求的目标是每个人基本条件的平等",但他的"条件平等"的内容实质上是"资源平等"。因为尼尔森的"条件平等"的内涵是:"每一个人,只要没有遗传操纵之类的东西,没有任何形式的家庭扶助以及没有基本自由的削弱,都应该尽可能地拥有平等的生活前景。在可能的地方,每个人的整个一生都应该平等地获得均等的资源。……平等地获得资源是这样的:它阻止人们之间存在这样一种差别,即允许一些人控制或者剥削其他人;一个成年人不依靠其他成年人自主的同意而统治他们。因为在一个产品极为丰富的社会中仍然会有某些方面的缺乏,在我们不能合理地做到均等分配资源的地方,我们应该首先……根据需求的紧迫程度来进行分配,其次是根据不可操作或改变的个人偏好来进行分配,最后是通过抽签决

---

① 〔美〕罗纳德·德沃金. 至上的美德:平等的理论与实践 [M]. 冯克利,译. 南京:江苏人民出版社,2008:300、导论7、61.
② 〔美〕罗纳德·德沃金. 至上的美德:平等的理论与实践 [M]. 冯克利,译. 南京:江苏人民出版社,2008:63、64.
③ 〔美〕罗纳德·德沃金. 至上的美德:平等的理论与实践 [M]. 冯克利,译. 南京:江苏人民出版社,2008:300.

定。为了获得平等的条件,我们应该把目标定为提供给每个人自主决定的条件(越充分越合理化越好)和提供出条件来使每一个相同的人的需求和愿望最大可能得到满足。"① 尼尔森还认为,"只有在这种无阶级、无地位差别的社会中,平等的最终理想……才能实现。在争取达到无地位差别的社会时,我们也就是在争取达到一个这样的社会:尽管它在物质方面很丰富,但是不会因为一些人有远比其他人多得多的收入、权力、权威或声望而在生活前景方面存在广泛的差别。这是平等主义者的否定式方法。肯定式的方法是创造社会条件,不仅在其中物质资料普遍丰富,福利和需求得到最大化的满足(功利主义者的做法),而且要尽可能地为所有人寻求这种有利条件(平等主义者的做法)。这就是平等主义者所认同的条件平等性的根本主张。"② 可见,尽管尼尔森探讨的是"条件平等"概念,但其内容无非是"平等地获得均等的资源""物质资料的普遍丰富""福利和需求得到最大化的满足"等,因此,实质上是"资源平等"或"物质平等"。

总之,不论是"能力平等""条件平等"还是"资源平等",都是人在社会中生活和实现发展前景的前提和基础,因而都属于"起点平等"。

二、过程平等

人生是一个过程。在这个过程中,每一个阶段都涉及个人与社会交流、交互、交换:个人不断从社会中获得政策支持和资源保障;个人通过自己的劳动为社会创造价值,做出贡献。同时,这个过程又是在社会中展开的,因此这个交互过程就有个人与人的比较问题,也就是平等问题,即"过程平等"。"过程平等"的尺度也有很多,依据内容不同,涉及政治平等、权利平等、法权平等、程序平等、法律面前的平等、机会平等、劳动平等、教育平等、运气平等,等等。其中,最核心的是,权利平等、程序平等、机会平等。"权利平等"主要是政治平等;"程序平等"主要是制度设计与架构,涵盖了法律面前的平等;"机会平等"是一个宽泛的概念,涵盖经济、社会各领域,涉及劳动平等、教育平等、

---

① 〔加〕凯·尼尔森. 平等与自由:捍卫激进平等主义 [M]. 傅强,译. 北京:中国人民大学出版社,2016:287.
② 〔加〕凯·尼尔森. 平等与自由:捍卫激进平等主义 [M]. 傅强,译. 北京:中国人民大学出版社,2016:288.

运气平等，等等。

1. 权利平等

亚里士多德指出，"人在本性上应该是一个政治动物"。① 因此，政治生活是人的重要存在方式，而权利是人的政治生活的核心，所以"权利平等"是平等理论的重要命题，也是近代以来政治制度构建的基本原则和价值追求。

启蒙运动时期德国著名哲学家伊曼努尔·康德从"纯粹理性原则"上论证了"权利平等"。他认为，"公民状态"纯然看作是"权利状态"时，乃是以下列的先天原则为基础的：（1）"作为人的每一个社会成员的自由"；（2）"作为臣民的每一个成员与其他成员的平等"；（3）"作为公民的每一个共同体成员的独立"。惟有以这些原则为依据，才能"符合一般外在人权的纯粹理性原则而建立起一个国家的法则。"② 康德强调，"就共同体的成员乃是一般地能够享有权利的生命而言，这种自由权利就是属于作为人的共同体的成员的。"③ 因此，"根据权利，公民有3种不可分离的法律的属性"，即"宪法规定的自由""公民的平等"和"政治上的独立（自主）"。也就是说，"一个公民的人格的所有权，除他自己而外，别人是不能代表的。"④ 具体说来，"既然一切权利都仅只在于以别人的自由和自己的自由按照一种普遍的法则而能共同存在为条件来限制别人的自由，而（一个共同体中的）公共权利又只是一种现实的、符合这一原则并与权力联系在一起的立法制度，都是由于它大家才在一种一般的权利状态（status iuridicus［法理状态］）中——也就是人们按照普遍的自由法则而互相限制的意愿在作用和反作用方面的平等（那就叫作公民状态）——隶属于一个民族。所以就一个人对另一个人的强制权限（他由此也就始终停留在他那自由的运用须与我的自由相一致的界限之内）而言，每个人在这种状态之中的生来的权利（也就是说先于其他一切合权利的行为）就是彻底平等的。既然出生并不是被生出来的人的一种行为，因而从其中就不能引出来权利状态的任何不平等和对强

---

① 〔古希腊〕亚里士多德. 政治学［M］. 吴寿彭，译. 北京：商务印书馆，1965：130.
② 〔德〕康德. 历史理性批判文集［M］. 何兆武，译. 北京：商务印书馆，1990：182.
③ 〔德〕康德. 历史理性批判文集［M］. 何兆武，译. 北京：商务印书馆，1990：183.
④ 〔德〕康德. 法的形而上学原理——权利的科学［M］. 沈叔平，译. 北京：商务印书馆，1991：140.

制法律的任何服从,除了他作为是一个唯一至高无上立法权力的臣民和所有其他的人所共有的那种而外。所以共同体的一个成员作为同胞臣民,对于另外一个就不能有生来的优先权,而且也没有人可以让自己的后代来世袭自己在共同体中所占有的地位上的优先权……凡是生活于一个共同体的权利状态之中的人,除非是由于自己的罪行而外,是决没有一个会由于契约或者是由于战争武力(occupatio bellica[使用战争])而失去这种平等的。"① 这里,康德论证了在政治共同体(国家)中,作为公民的权利的平等性,而且这种平等权利是与生俱有且不可剥夺的。尽管每个公民都有不可剥夺的"平等权利",但康德又区分了"积极公民身份"和"消极公民身份"。他认为,"具有选举权的投票能力,构成一个国家成员的公民政治资格。"② 有的人尽管是共和国的一个成员,但他们需要别人的指挥和保护,因而他们本人不具有政治上的独立自主。"像这样意志上依赖别人以及由之而来的不平等,无论如何,并非和那些构成人民的个人(作为人)的自由和平等对立的。"因此,"并非所有的人,根据该国宪法都具有平等资格去行使选举权,并成为这个国家完全的公民。"也就是说,"尽管消极的公民有资格要求其他所有公民根据本质是自由与平等的法律去对待他们,可是,作为这个国家的消极组成部分,他们没有权利像共和国的积极成员那样去参与国家事务,他们无权重新组织国家,或者通过提出某些法律的办法而取得这种权利。在这种情况下,他们所能提出的最大的权利就是:不论制定实在法的方式如何,可以要求这些法律必须不违反自然法(它要求所有人民都取得自由以及取得与此相符的平等),因此,必须让他们有可能在他们的国家内提高自己,从消极公民到达积极公民的条件。"③ 可见,尽管康德从"纯粹理性原则"上肯定了一切人的"权利平等",但又为现实中的权利不平等开了后门。不管怎样,经过启蒙思想家的启蒙,"权利平等"作为一般人的"牢固成见"已被确立起来。"权利平等"的理念,也是资产阶级大革命时期理论家和政治家们的典型观点。

---

① 〔德〕康德. 历史理性批判文集[M]. 何兆武,译. 北京:商务印书馆,1990:185 - 186.
② 〔德〕康德. 法的形而上学原理——权利的科学[M]. 沈叔平,译. 北京:商务印书馆,1991:141.
③ 〔德〕康德. 法的形而上学原理——权利的科学[M]. 沈叔平,译. 北京:商务印书馆,1991:142.

当代《世界人权宣言》也强调，"对人类家庭所有成员的固有尊严及其平等的和不移的权利的承认，乃是世界自由、正义与和平的基础"；"人人生而自由，在尊严和权利上一律平等"；"人人有资格享受本宣言所载的一切权利和自由"；"人人有权享有生命、自由和人身安全"；"法律之前人人平等，并有权享受法律的平等保护，不受任何歧视"；"人人完全平等地有权由一个独立而无偏倚的法庭进行公正的和公开的审讯"；"人人有平等机会参加本国公务的权利"，等等。① 可见，《宣言》的核心理念与核心内容，就是"权利平等"。这是资产阶级平等观的一般概括，也是资本主义社会的最"慷慨"承诺。

2. 程序平等

所谓"程序平等"就是人们在国家、社会制度和体制、机制面前的平等。这些制度、体制、机制构成了国家权力运行和社会运转、利益分配的程序。如果这些程序没有歧视，对一切人平等和开放，那么这些程序就往往被认为是"正义"的。所以"程序平等"和"程序正义"是相通的。

美国哲学家、伦理学家约翰·罗尔斯构建的"两个正义原则"就是一种"程序正义"，被称为"纯粹程序的正义"。罗尔斯认为，"为了在分配份额上采用纯粹的程序正义的概念，有必要实际地建立和公平地管理一个正义的制度体系。只有在一种正义的社会基本结构的背景下，在一种正义的政治结构和经济社会制度安排的背景下，我们才能说存在必要的正义程序。"② 罗尔斯的"两个正义原则"是在不受偶然因素或社会力量影响的"原初状态"或"无知之幕"下，由各方作为道德人的平等代表提出来的"公平的正义原则"。"原初状态的观念旨在建立一种公平的程序，以使任何被一致同意的原则都将是正义的。其目的在于用'纯粹程序正义'的概念作为理论的一个基础。""一旦各方在原初状态中采用正义原则后，他们就倾向于召开一个立宪会议……确定政治结构的正义并抉择一部宪法……为了政府的立宪权力和公民的基本权利而设计出

---

① 世界人权宣言 [J]. 人权，2008（05）：17、17-18、18、19.
② 〔美〕约翰·罗尔斯. 正义论 [M]. 何怀宏，何包钢，廖申白，译. 北京：中国社会科学出版社，1988：87.

一种制度。"① 这种符合"两个正义原则"的宪法是一部"正义"的宪法。而"一部正义宪法应是一个旨在确保产生正义结果的正义程序。这个程序应是正义宪法所控制的政治过程"。因此,"政治过程在总体上应是一个正义的程序。这样,宪法确认了平等公民的共同可靠的地位,实现了政治的正义"。最后,"法官和行政官员把制定的规范运用于具体案例,而公民们则普遍地遵循这些规范"②。这样,就通过"纯粹程序正义"就构建起了"正义程序"。这个"正义程序",就是按"正义原则"构建的"社会基本结构",即政治结构和经济、社会制度安排。这种社会结构和制度安排体现了"程序平等"原则。

正如上面罗尔斯所指出,宪法就是一种正义程序,社会结构各个方面和各种制度安排实际上就是法律的具体形态。所以,所谓"程序平等",最重要的是"法律面前的平等"。英国经济学家、政治学家冯·哈耶克在《自由秩序原理》一书中对"法律面前的平等"做了详细阐发。他认为,"争取自由的斗争的伟大目标,始终是法律面前人人平等(equality before the law)。""一般性法律规则和一般性行为规则的平等,乃是有助于自由的唯一一种平等,也是我们能够在不摧毁自由的同时所确保的唯一一种平等。"因此,"要求法律面前人人平等的实质恰恰是,尽管人们在事实上存在着差异,但他们却应当得到平等的待遇"③。与此相联系,哈耶克认为,"个人生来就极为不同,或者说,人人生而不同。"因此,"作为一种对事实的陈述,'人人生而平等'的说法就显然与事实相悖。不过,我们将继续运用这一神圣的说法来表达这样一种理想,即在法律上和道德上,所有的人都应当享有平等的待遇"。也就是说,"法律面前人人平等与物质的平等不仅不同,而且还彼此相冲突;我们只能实现其中的一种平等,而不能同时兼得二者。自由所要求的法律面前的人人平等会导向物质的不平等"④。作为理论的延伸,哈耶克还特别强

---

① 〔美〕约翰·罗尔斯. 正义论 [M]. 何怀宏,何包钢,廖申白,译. 北京:中国社会科学出版社,1988:136、194.
② 〔美〕约翰·罗尔斯. 正义论 [M]. 何怀宏,何包钢,廖申白,译. 北京:中国社会科学出版社,1988:195、197、197.
③ 〔英〕弗雷德里希·冯·哈耶克. 自由秩序原理:上 [M]. 邓正来,译. 北京:生活·读书·新知三联书店,1997:102、102、103.
④ 〔英〕弗雷德里希·冯·哈耶克. 自由秩序原理:上 [M]. 邓正来,译. 北京:生活·读书·新知三联书店,1997:104、104-105.

调,"我们同样不能认为,法律面前人人平等的原则,必然要求所有的成年人都应当享有投票权;我们也不能认为,只有当与此相同的非人格的规则对所有的人都适用的时候,法律面前人人平等的原则方能有效适用。"① 可见,哈耶克只承认作为抽象原则的"法律面前人人平等",但反对"物质的平等"或"事实上的平等"。毫无疑问,"程序平等"是一个很难有操作性的平等原则,而"法律面前的平等"是"程序平等"中更加抽象的原则。

3. 机会平等

如果说"权利平等"主要是政治生活中的身份确认和权限分享原则,"程序平等"主要是政治法律制度构建和社会结构设置对人的开放程度,那么"机会平等"主要是经济社会生活中个人获取物质、精神生活满足和实现个人发展的可能性。在一个繁杂的社会巨系统中,"机会平等"在很多情况下是伴随着很多偶然性的,所以"机会平等"与"运气平等"息息相关。同时,机会和运气在很多情况下是只会降临到有准备的头脑的,所以"机会平等"又离不开"教育平等"。而没有"劳动平等",没有劳动机会,那就一切"机会"、一切"运气"都不会出现。所以,"劳动平等"也是"机会平等"的题中应有之义。

自由主义者往往认为,"机会平等"才是所有人都有权要求的唯一的一种平等。他们认为,"机会平等可以使个人的行动自由、尤其是个人在经济领域中的进取自由达到最大程度。"② "机会平等"给所有人提供同样有利的环境,让他们充分发挥个人天赋和才能,在政治活动和财富创造中使个人优势得到最大限度的发挥。相反,如果不是"机会平等"而是要求实质性的平等,就"不可避免地导致政府颁布各种法规,控制和干涉经济活动,限制个人的行动自由并控制进取自由"③。

新自由主义者哈耶克就认为,"自由不仅意味着个人拥有选择的机会并承受选择的重负,而且还意味着他必须承担其行动的后果,接受对其

---

① 〔英〕弗雷德里希·冯·哈耶克. 自由秩序原理:上 [M]. 邓正来,译. 北京:生活·读书·新知三联书店,1997:128.
② 〔美〕摩狄曼·J. 阿德勒. 六大观念 [M]. 陈珠泉,杨建国,译. 北京:团结出版社,1989:176.
③ 〔美〕摩狄曼·J. 阿德勒. 六大观念 [M]. 陈珠泉,杨建国,译. 北京:团结出版社,1989:176.

行动的赞扬或谴责。自由与责任（responsibility）实不可分。……尽管自由所能向个人提供的只是种种机会，而且个人努力的结果还将取决于无数偶然因素的作用，但是它仍将强有力地把行动者的关注点集中在他所能够控制的那些境况上，一如这些境况才是唯一重要的因素。"①"自由乃是一为善举的机会，但是只有当它也是一为不良或错误行动的机会时，自由作为为善行的机会才具有真实的意义。只有当个人在某种程度上受一些共同的价值所引导时，一个自由的社会才会成功地发挥其作用……作为道德品行之条件的行动自由，也包括了采取错误行动的自由：只有当一个人拥有选择机会的时候，只有当他对规则的遵循不是出于强迫而只是出于自愿的时候，我们才能对他加以赞扬或谴责。"② 因此，"一个自由社会的本质在于，一个人的价值及酬报，并不取决于他所拥有的抽象能力，而取决于他能否成功地将这种抽象能力转换成对其他有能力做出回报的人有用的具体服务。自由的主要目的在于，向个人提供机会和动因，以使个人所具有的知识得到最大限度的使用。"③ 总之，"一个自由的社会所必须提供给人们的，只是寻求一恰当地位的机会，但是需要强调的是，在此一过程中，风险和不确定性始终与这种机会相伴随：只要人们为了实现自己的才智而去寻求市场，就必定会面临这种风险和不确定性。"④ 也就是说，哈耶克认为，一个"自由社会"提供给人们的只是"机会平等"，而这种"机会"是建立在个人选择责任上的。"机会平等"是通过市场经济实现的，所以，个人在市场中实现"机会平等"，要承担市场带来的压力和风险，并对自己的成败负责。

为了使"机会平等"的内涵不至于模糊不清，英国哲学家科恩（柯亨）对"机会平等"进行了进一步的区分。首先，科恩不赞成自由放任主义者理解的那种"机会平等"。他认为，"……那种机会平等：对于自由放任主义者而言，只要不存在对任何人的经济或社会的自我发展的法

---

① 〔英〕弗雷德里希·冯·哈耶克. 自由秩序原理：上 [M]. 邓正来，译. 北京：生活·读书·新知三联书店，1997：83.
② 〔英〕弗雷德里希·冯·哈耶克. 自由秩序原理：上 [M]. 邓正来，译. 北京：生活·读书·新知三联书店，1997：94.
③ 〔英〕弗雷德里希·冯·哈耶克. 自由秩序原理：上 [M]. 邓正来，译. 北京：生活·读书·新知三联书店，1997：95-96.
④ 〔英〕弗雷德里希·冯·哈耶克. 自由秩序原理：上 [M]. 邓正来，译. 北京：生活·读书·新知三联书店，1997：98.

律障碍，那么机会就是平等的。在这种观念中，对（出身、培养等）'自然的和社会的偶然因素'中机会不平等的影响是被容许的"①。其次，科恩也不赞同罗尔斯的"机会平等"观。这种"机会平等"观念试图消除对于进步（不仅仅法律的而且）社会的障碍。"在这个次阶层面，'机会平等'等同于'消除遗传天赋以外的所有［不平等化］因素'。但是，罗尔斯坚持认为，'能力的自然分配'与由不平等社会前景所规定的分配非常相似，'从道德的视角来看是任意的'。"② 也就是说，罗尔斯也赞同由"能力"差异造成的不平等，而且认为这种不平等社会是符合道德的。在提出对以上两种"机会平等"观的异议后，科恩最后赞成"一种真正完全的机会平等"。即"在这种机会平等之中，自然优势和社会优势都不能促进福祉的不平等"③。也就是说，科恩坚持的"机会平等"既要消除社会不平等因素，也要消除个人能力差异的不平等因素。

理论家们认为，市场经济"机会平等"的结果往往同"运气"是密切相关的，强调一些市场的不平等是"选择运气"的结果，或者完全以"选择运气"为特征。自由主义者往往坚持这一观点。如美国经济学家保罗·萨缪尔森（Paul A. Samuelson）就认为，"竞争市场不保证：收入和消费会必然地给予那些最需要它的人和理应归于他的人。相反，市场经济中收入和消费的分配反映遗传的才智、财富的初始禀赋以及一系列其他因素如歧视、努力、健康、运气的影响。"④ 可见，萨缪尔森承认"平等"是受"运气"影响的。其他一些平等主义者也认可这一观点。如罗尔斯"作为公平的正义"理论被认为是试图抵消运气造成的影响的尝试，而德沃金的"资源平等理论"也被认为是抵消运气的理论。所以，近些年来，"运气平等主义"（luck eqalitarianism）成为平等主义理论的一个分支。"运气平等主义"的核心思想是：如果不平等来自人们自愿进行的选择，那么它们就是正义的；如果不平等来自人们无法控制

---

① 〔英〕G. A. 科恩. 拯救正义与平等［M］. 陈伟，译. 上海：复旦大学出版社，2014：83.
② 〔英〕G. A. 科恩. 拯救正义与平等［M］. 陈伟，译. 上海：复旦大学出版社，2014：84.
③ 〔英〕G. A. 科恩. 拯救正义与平等［M］. 陈伟，译. 上海：复旦大学出版社，2014：84.
④ 〔美〕保罗·A. 萨缪尔森，威廉·D. 诺德豪斯. 经济学：第14版上［M］. 胡代光，余斌等，译. 北京：北京经学院出版社，1996：541-542.

的运气,那么它们就是不正义的。用分配正义的语言讲,如果人们处于不利地位是源于他们的选择,那么这种不利不需要加以补偿;而如果他们的不利是源于他们的运气,那么这种不利则需要加以补偿。"运气平等主义"概念最初是 E. 安德森(Elizabeth Anderson)提出的,用以指称德沃金、阿内森、科恩、内格尔、拉科斯基和罗默等人的平等观,并且对这种平等观进行了批判。①

事实上"教育平等"也是"机会平等"的重要内容,因为没有平等的受教育机会,也就没有良好的发展机会,更谈不上发展机会的平等。空想社会主义者罗伯特·欧文在"团结合作新村"实验中就特别强调教育平等。虽然这种"协作社"中的成员都将处于平等地位,但欧文认为,"没有教育和环境方面的这种全面而完备的平等,既不能够有什么普通而持久的幸福生活,严格说来,就不会在人们中间有任何正义。只有彻底实行真正平等的原则,才能推动人类走向高度完善的阶段。如果一切人不怀任何成见,处于彼此协调得适应人的本性的秩序和环境之中,受到良好的教育和培养,而且有适当的工作可做,这样,也只有这样,才能对人类迟早要达到的高尚、康乐和愉快的幸福有正确的认识。"② 当然,这种"教育平等"并不是要把人类的智力拉平。正如欧文所指出,"我从未主张在人类中间有可能造成体力上和脑力上的平等,因为我很清楚,知识、智慧和幸福(也就是合理的享受)这三者的本质恰恰起源于我们在体力和脑力上的千差万别。人世间正确和合理的新制度下的平等是条件或环境方面的平等,这种平等必将按照合乎自然的编制,使人人根据年龄大小,得到同等优良的体力、智力、道德和精神上的实际待遇、训练、教育、地位和就业机会,并在合理的管理方法为大家所普遍理解和应用于实践时,都能参与局部的和全面的行政管理工作。"③ 所以,"公社的首要任务,将是使全体社员在体、德、智方面经常受到最好的教育。"④ 19 世纪法国哲学家皮埃尔·勒鲁也认为,"应该使人人受公共教

---

① 参见:姚大志.反运气平等主义[J].求实学刊,2016(3):36.
② 〔英〕罗伯特·欧文.欧文选集:第二卷[M].柯象峰等,译.北京:商务印书馆,1981:134.
③ 〔英〕罗伯特·欧文.欧文选集:第三卷[M].马清槐等,译.北京:商务印书馆,1984:4.
④ 〔英〕罗伯特·欧文.欧文选集:第二卷[M].柯象峰等,译.北京:商务印书馆,1981:190.

育，正如社会契约早已颁布的那样；孩子们应该不分出身，人人得到同样的道德教育，然后从同一个起点上共同前进，孩子们就会真正地以高尚的道德进行斗争。"①

当然，一些新自由主义者虽然赞成"机会平等"，但是是反对"教育平等"的。如哈耶克就认为，"在教育领域试图通过强制手段而达致平等，依旧不能解决问题，因为这种强制性措施也会阻止某些人获得接受教育的机会，而不采取这种手段，他们本来是可以接受教育的。不论我们所可能采取的手段是什么，都无法阻止只是某些人才能拥有（而且由某些人拥有这样的优势是可欲的）的那些优势，被那些既不应获得这些优势又不能像其他人那样极好地运用这些优势的人士所获得。这个问题是不可能通过国家所拥有的排他性的强制性权力而加以圆满解决的。"所以，"只要人们之间存在着差异并成长于各不相同的家庭，就不能确保人们起始于平等的起点……政府的职责并不在于确使每个人都具有相同的获致某一特定地位的前途，而只在于使每个人都能平等地利用那些从本质上来讲须由政府提供的便利条件。"② 由此看来，哈耶克似乎并不知道，提供教育平等，并不是要"使每个人都具有相同的获致某一特定地位"，而恰恰是能够"平等地利用政府提供的条件"。而这正是政府的责任。当然，作为新自由主义的哈耶克恰恰连"教育平等"这种条件也不愿提供。

"机会平等"还涉及"劳动平等"。持"劳动平等"观点的理论家也不在少数。如德国哲学家麦克斯·施蒂纳（Max Stirner）就认为，"劳动是我们的尊严和我们的平等"。"按劳分配"也被认为是一种坚持以"劳动"为尺度的平等要求。事实上，对"劳动平等"要做具体的分析，它应包括劳动机会的平等和劳动报酬的平等。"劳动机会的平等"是市场经济条件下"机会平等"的一个重要方面，它不仅反映了市场条件下的机会、运气、教育机会的具体后果，而且也是个人在社会生活中获得物质、精神回报的基础和前提。如果没有劳动机会，则其他一切机会都无从谈起，更谈不上"机会平等"。而"劳动报酬的平等"实质上就是"等量劳动获取等量报酬"的"按劳分配"原则，它既符合市场经济条

---

① 〔法〕皮埃尔·勒鲁. 论平等［M］. 王允道，译. 北京：商务印书馆，1988：28.
② 〔英〕弗雷德里希·冯·哈耶克. 自由秩序原理：上［M］. 邓正来，译. 北京：生活·读书·新知三联书店，1997：111.

件下"等价交换"原则,也符合社会主义阶段的"按劳取酬"原则。因此,"劳动平等"在机会平等中具有重要地位。

总之,权利平等、程序平等、法律面前的平等、机会平等、运气平等、教育平等、劳动平等等,都是人们在政治、经济、社会生活过程中时时面对的机遇和挑战,因此都属于"过程平等"的范畴。

三、结果平等

正如英国经济学家安东尼·巴恩斯·阿特金森(Anthony Barnes Atkinson)所指出的,"机会平等"这个概念相当诱人,但"结果不平等"仍然意义重大。因为,"机会不平等属于事前概念——每个人都应该有一个公平的起点——相反,再分配活动关注的多半是事后结果。"① 在"机会平等"条件下,"个体可能会付出巨大努力,但因运气欠佳而未实现好的结果,有些人会因为出了错,而陷入贫困的泥沼。任何人道的社会都会向他们伸出援手"。而且,"机会平等"分为"竞争性的机会平等和非竞争性的机会平等。非竞争性机会平等确保所有人都有平等的机会完成自己独立的人生项目。……与此相对,竞争性机会平等只表明,所有人都有平等的机会参与竞赛,但奖金的分配并不平均"。② 进一步讲,"结果不平等"直接影响了"机会不平等",也就是造成了下一代的"机会不平等"。因此,"如果我们对明天的机会平等有所担忧,就必须关注今天的结果不平等",而且"即使对那些将机会平等视为终极目标的人群来说,降低结果不平等也至关重要,它是实现目标的手段"③。所以,即使是自由主义者,也不能完全不关心结果平等问题。

"结果平等"要求对弱势群体进行保护,体现了人类社会的人文精神。理论家们提出的如"福利平等""福祉平等""财富平等""财产平等""分配平等""收入平等""最终条件的平等""事实的平等""功利平等"等,都属于"结果平等"。在这些概念中,比较有代表性的是"分配平等"(收入平等)、"福利平等"(功利平等)和"财富平等"

---

① 〔美〕安东尼·阿特金森. 不平等,我们能做什么 [M]. 王海昉,曾鑫,刁琳琳,译. 北京:中信出版集团,2016:10.
② 〔美〕安东尼·阿特金森. 不平等,我们能做什么 [M]. 王海昉,曾鑫,刁琳琳,译. 北京:中信出版集团,2016:10、10-11.
③ 〔美〕安东尼·阿特金森. 不平等,我们能做什么 [M]. 王海昉,曾鑫,刁琳琳,译. 北京:中信出版集团,2016:11.

（财产平等）。其中"分配平等"主要是指社会分配领域的平等；"福利平等"主要是社会再分配领域的保障；"财富平等"主要是通过各种途径个人实际获得财富的比较。

1. 分配平等

平等主义者惯于从"分配"上研究平等问题，一般都主张"分配平等"或者"收入平等"。尽管"分配平等"和"收入平等"都是个人获得的物质性收入，但二者还是有细微区别的："分配平等"主要是劳动回报或者通过社会再分配获得财富；"收入平等"则要宽泛得多，它既包括通过分配和再分配获得财富，也包括银行利息、理财、投资等非劳动收入。

当代英国分析马克思主义者科恩（柯亨）就把"公正感"寄托在"分配平等"上。他把《拯救正义与平等》一书定位为"尝试拯救这样的一个平等主义主题，即在一个分配正义占据主导地位的社会中，民众期望能够在物质方面大体上平等；分配正义不能容忍由为处境好的人提供经济激励而产生的严重不平等，而罗尔斯及其追随者认为这样的严重不平等是一个公正社会的表现"①。也就是说，科恩认为"分配正义"不能容忍严重不平等，而应该实现"物质方面的大体平等"。在《自我所有、自由和平等》一书中，他论证了依靠"自愿平等"来实现"分配平等"的可能性。他认为，"只有当人们能够顾全平等的正义观，物质条件有利，只需要人们在一定程度上牺牲自己的利益，而无须做出巨大牺牲的情况下，上述解决办法才有可能达成。我认为这样的社会是可行的，这并不是因为我认为人们全都变得具备公正感，因此准备不顾一切地为了正义而牺牲自己的利益，而是因为我认为他们会或可能会具有足够的正义感，愿意在一定的富裕程度下实施平等分配。这就是我对自愿平等应该如何可能问题的回答。……我们可以假设，这种平等是通过一种灵活的平等主义的再分配税法而实现的"②。可见，科恩是靠人们"足够的正义感"，在"无须做出巨大牺牲的情况下"通过"自愿平等"而实现"分配平等"。事实上，在以私有制为基础的经济社会里，这显然是靠不

---

① 〔英〕G. A. 科恩. 拯救正义与平等 [M]. 陈伟，译. 上海：复旦大学出版社，2014：导言2.

② 〔英〕G. A. 柯亨. 自我所有、自由和平等 [M]. 李朝晖，译. 北京：东方出版社，2008：148.

住的。

  法国经济学家托马斯·皮凯蒂也对不平等和分配的关系做了深入研究。他在《不平等经济学》一书中把"再分配"区分为"纯粹再分配"和"有效再分配"。所谓"纯粹再分配",就是帕累托理论所说的市场平衡有效的情况,换言之,"在重组生产与资源配置中,不可能所有人都是赢家;然而,若从纯粹社会公正角度考虑,则要求从获取财富最多的个人向获取财富最少的个人加以再分配"。所谓"有效再分配",就是说"市场的不完善性需要政府在生产流程中的直接介入,旨在提高资源配置的帕累托效率及其分配的公正性"。换句话说,"纯粹再分配以高工资与低工资之间收入转移的形式实现再分配,而有效再分配则是以人力资本构成过程中的干预形式实现再分配"[1]。依据此理论,皮凯蒂在《21世纪资本论》中对300多年来资本主义国家的财富分配情况进行了研究证明:不加制约的资本主义导致了财富不平等的加剧,自由市场经济并不能完全解决财富分配不平等问题。这说明,离开所有制形式、离开生产领域,局限于分配领域要求所谓"分配平等",是不可能有什么结果的。

  2. 福利平等

  "福利平等"包括公共福利和个人福利的平等,它和通常说的"福利待遇"含义并不完全相同。

  早期理论家更多强调公共福利。亚里士多德就特别强调,"政治学上的善就是'正义',正义以公共利益为依归。"[2] 中世纪意大利经院哲学家、神学家托马斯·阿奎纳也认为,"我们的私人利益各有不同,把社会团结在一起的是公共幸福。""如果一个自由人的社会是在为公众谋幸福的统治者的治理之下,这种政治就是正义的,是适合于自由人的。相反地,如果那个社会的一切设施服从于统治者的私人利益而不是服从于公共福利,这就是政治上的倒行逆施,也就不再是正义的了。"因此,"国王的职责就在于殚心竭虑地增进公共福利。"[3] 启蒙思想家洛克认为,"虽然在参加社会时人们放弃他们在自然状态中所享有的平等、自由和执

---

[1] 〔法〕托马斯·皮凯蒂. 不平等经济学 [M]. 赵永升,译. 北京:中国人民大学出版社,2016:前言 9–10、97.
[2] 〔古希腊〕亚里士多德. 政治学 [M]. 吴寿彭,译. 北京:商务印书馆,1965:148.
[3] 〔意〕托马斯·阿奎纳. 阿奎那政治著作选 [M]. 马清槐,译. 北京:商务印书馆,1963:45、46、70.

行权,而把它们交给社会,由立法机关按社会的利益所要求的程度加以处理,然而这只是出于各人为了更好地保护自己、他的自由和财产的动机……而这一切都没有别的什么目的,只是为了人民的和平、安全和公众福利。"所以,"Saluspopulisupremalex[人民的福利是最高的法律],的确是公正的和根本的准则。"① 可见,"公共福利"及其平等分享是"福利平等"的重要内容。

当代理论家更多的是在社会对个人的福利保障上谈论"福利平等"的。美国哲学家罗纳德·德沃金认为,"分配平等"分为"福利平等"和"资源平等"。所谓"福利平等",即"一种分配方案在人们中间分配或转移资源,直到再也无法使他们在福利方面更平等,此时这个方案就做到了平等待人"。所谓"资源平等",即"一个分配方案在人们中间分配或转移资源,直到再也无法使他们在总体资源份额上更加平等,这时这个分配方案就做到了平等待人"② 德沃金又把"福利平等观"进一步区分为"福利即成功的理论"(success theories of welfare)和"感觉状态理论"(conscious-state theories)。"福利即成功的理论"的"福利平等"认为,"个人的福利就是他在实现其偏好、目标和抱负上的成功,因而把成功的平等作为一种福利平等的观点,主张资源的分配和转移应达到进一步的转移无法再降低人们在这些成功方面的差别的程度。但是既然人们的偏好各不相同,所以从原则上说成功的平等有可能具有不同的表现形式。""感觉状态理论"的"福利平等"认为,"分配应当努力使人们在其自觉的生活的某些方面或质量上尽可能达到平等。……如边沁等早期功利主义者把快乐和避免痛苦当做福利;……福利平等就要求分配应当使人们在其快乐多于痛苦的平衡上达到平等。"③ 可以看出,以上这两种"福利平等观",都具有主观性。德沃金又提出了"较为客观的一种总体成功的平等观"。这种"福利平等观"认为,"一个人的福利在于他可以利用的资源,广义地理解,不仅包括物质资源,还包括体能、智力、教育和各种机会;或者按某些更为狭义的观点,只包括人们认为最重要

---

① [英]洛克.政府论:下篇[M].叶启芳,瞿菊农,译.北京:商务印书馆,1964:79-80、97.
② [美]罗纳德·德沃金.至上的美德:平等的理论与实践[M].冯克利,译.南京:江苏人民出版社,2008:4.
③ [美]罗纳德·德沃金.至上的美德:平等的理论与实践[M].冯克利,译.南京:江苏人民出版社,2008:9、10.

的东西。""这种观点认为,如果有两个人,只要他们两人都身体健康,智力健全,都受过良好的教育,同样富有,他们两人就达到了同样的福利水平,即使一人由于某种原因而感到不满,即使他利用这些资源的数量比另一个人少得多。这种观点拒绝承认个人对福利的评价,坚持认为确定一个人的福利至少要根据他可以自由支配的某些基本资源。从这个意义上说,这是一种客观的理论。""根据这样的解释,福利平等只要求人们在一些规定的资源上达到平等,因而这种形式的福利平等无异于资源平等"。① 德沃金的结论是,在"自由主义共同体"中,一个致力于平等的社会,这种"平等"应"被理解为要求资源平等而不是终生的财富平等或福利平等"②。可见,在德沃金看来,"福利平等"相当于"资源平等",而不是全方位的福利保障。

"福利"在有的理论家那里有时也称为"功利",所以"功利平等"和"福利平等"在内涵上是相通的。

3. 财富平等

真正要求绝对的财富平等或财产平等的理论家不多,除非是绝对平均主义者。但作为一种平等理论,一些空想社会主义者在这方面还是有一些阐述。

马布利对私有的"财富"持否定态度,追求财富公有条件下平等。他认为,"财富使(英国)人变得更为贪婪,彼此不能公正相处,我就要否认这种财富是幸福。这种财富是罪恶,因为它使爱名誉、爱祖国、爱自由和爱法律的精神让位于卑贱的利益"③。马布利一再强调:"自然界给与我们的幸福是不能用金钱购买的";"自然界希望公民的财产和地位平等成为国家繁荣的必要条件"。④ 财产和地位的不平等正在使人产生所谓分化,并改变着人心的自然趋向,使他的脑袋充满最不公正和最不合理的偏见和谬见。地位的不平等使人虚荣,财产的不平等使贪婪进入人的心灵,这些为暴政、奴役和最有害的社会恶习开辟道路。总之,"平

---

① 〔美〕罗纳德·德沃金. 至上的美德:平等的理论与实践 [M]. 冯克利,译. 南京:江苏人民出版社,2008:41-42、42、42.
② 〔美〕罗纳德·德沃金. 至上的美德:平等的理论与实践 [M]. 冯克利,译. 南京:江苏人民出版社,2008:217.
③ 〔法〕马布利. 马布利选集 [M]. 何清新,译. 北京:商务印书馆,1960:28.
④ 〔法〕马布利. 马布利选集 [M]. 何清新,译. 北京:商务印书馆,1960:30、39.

等是最大福利的源泉①。"在此基础上,他主张消除私有制,得出了"只有在财产公有制度下才能得到幸福"的结论。"自然界要求人们走向财产公有。"② 可见,马布利主张财产共有基础上的财富平等。然而,马布利主张的财富平等并不是绝对平均主义的平等。他认为,"不管你把土地分配得怎样平均,也不可能使共和国在不久的将来不出现贫穷公民和富有公民,而财产的不平等又必然导致地位的不平等。……即使最初分配时相等,不久就会产生财产的不平等现象。随着时间的进展,一定会出现积累和分遗产的现象;我可以向您担保,两代之后,您在你们的共和国里就再也见不到平等了。"③ 这正是马布利深刻的地方,他已经认识到,即使实现了平均主义主张的"平分财富"的"财富平等",如果保存私有制和市场经济,那么贫富差距和不平等又会逐步发展起来,资本主义的一切不平等灾难又会重演。结论只能是消除私有制,实行公有制。一句话,马布利所说的"财富平等"或"财产平等",不是个人平均占有财富、财产,而是在公有制条件下个人财富、财产满足的平等。

以上对繁杂的平等概念和分类做了一个简单的梳理和归类。当然必须指出,把"平等"的横向尺度简单地区分为"起点平等""过程平等""结果平等"只是为了便于理解和研究方便,未必精确。而且由于不同的学者对相关范畴赋予的含义不同,有的尺度在内涵、内容上也有些交叉,这给分类也带来了不便。但不管怎样,这种分类从研究的实用性和便捷性上,还是合适的。

第二节 "平等"的纵向尺度

平等观念从来不是随意提出来的,任何平等观念都是一定历史条件的产物,都是一定经济关系、生产方式自身矛盾特定形式和一定阶级平等诉求的反映。正因如此,与各个时代生产方式的矛盾运动相适应,与当时的经济社会条件相适应,从古到今形成了不同的平等观,分别是"精神平等观""上帝选民的平等观""自然平等观""权利平等观""社会平等观"。这些渐次出现的平等观,反映了经济社会发展的历史演进、

---

① 〔法〕马布利. 马布利选集 [M]. 何清新,译. 北京:商务印书馆,1960:48.
② 〔法〕马布利. 马布利选集 [M]. 何清新,译. 北京:商务印书馆,1960:50.
③ 〔法〕马布利. 马布利选集 [M]. 何清新,译. 北京:商务印书馆,1960:49.

平等尺度的历史逻辑,也是人的解放程度的历史提升。由于这些平等尺度反映了历史发展的纵向维度,所以称为"平等的纵向尺度"。

一、精神平等

奴隶社会出现前,在以氏族部落为基本社会结构的原始共产主义阶段,人与人都处于原始平等地位,没有不平等问题,也就无所谓"平等"命题。

古希腊是以奴隶制社会形态载入历史的,但也发展起了完善的民主制度。在公元前5世纪,希腊民主制普遍建立起来。公元前594年,梭伦对雅典城邦制度进行改革,坚持"中庸"原则,使平民(自由民)和贵族(公民)的实力达到某种平衡,建立了温和的民主制。公元前509年,经过克里斯提尼(Cleisthenesis, Κλεισθένης)改革,雅典民主政治制度正式确立。希波战争后,民主制进入繁荣阶段。雅典政治制度之所以是民主的,是因为"政权是在全体公民手中,而不是在少数人手中。解决私人争执的时候,每个人在法律上都是平等的;让一个人负担公职优先于他人的时候,所考虑的不是某一个特殊阶级的成员,而是他们有的真正才能。任何人,只要他能够对国家有所贡献,绝不会因为贫穷而在政治上湮没无闻"①。民主制度的基础是平等。因此,民主政治观本质上是谁和谁平等问题,也就是平等权利所及范围的问题。事实上,雅典民主是非常狭隘的民主,民主权利仅限于公民范围内,而公民是规模很小的团体。希腊社会制度的基础是奴隶制,这决定了整个社会是以奴隶和奴隶主的不平等关系为基础的,不平等是奴隶社会最根本的特征。物极必反,就在这种奴隶主和奴隶严苛的不平等社会氛围中,一些智者以"人性"——人的自然属性为依据,要求把"平等"推广到所有人的平等。也就是说,智者主张的平等不仅限于自由民和公民内部,而是要把政治权力的平等扩大到所有人,甚至包括主人与奴隶间的平等。但智者派的激进平等观并不能代表古希腊社会的一般要求,如苏格拉底、柏拉图、亚里士多德等就是奴隶制的维护者。所以,古希腊是以奴隶制度为特征,也就是以"不平等"为基本观念的。

说古希腊是以"不平等"为特征的奴隶社会,并不是说这个时代没

---

① 〔古希腊〕修昔底德. 伯罗奔尼撒战争史 [M]. 谢德风,译. 北京:商务印书馆,1960:130.

有平等思想。但这种平等思想只能是当时历史条件所能允许的平等观——"精神平等"。希腊化时期重要政治哲学代表斯多葛派继承了智者派的激进平等观，从精神上论证了人的平等。斯多葛派注重人的内心生活，把人的精神特征放在首位，极力推崇人的内在精神自由。他们认为，人作为宇宙的一部分，与上帝具有共同的"理性"，作为"理性的人"是自由的，即人内在的"精神自由"。在他们看来，一位权力无限的皇帝可能是个"奴隶"，而一个带枷锁的人可能是自由的。一些斯多葛思想家宣称奴隶也是"人"，也具有其他人一样的精神品质，因而大胆地将平等原则适用于奴隶。在他们看来，奴隶与主人的内在精神价值是等值的，在精神上是平等的。他们还把这种"精神平等"推及所有的人，认为既然人人都具有"精神上的自由"，所以所有的人，无论其出身、种族、财富以及实际社会地位如何悬殊，在内在精神特征上都是"平等"的。由此推断，外邦人、奴隶也是"人"，因此也具有和他人一样的精神品质，所以外邦人和本邦人、奴隶与主人在精神上都是"平等"的。这种超越了人的社会地位、身份、财富、种族、国籍、性别差别，纯粹从"人"的同一性——"精神"——上认识人的思维方式，根据人人具有的精神本质确立了"人人平等"的理念，确立了"平等"命题上一个价值尺度，即以人的"精神特征"来衡量人与人的关系——"精神平等"，得出了人人精神平等的结论。这种平等理念被罗马法、基督教义所吸收和发展，产生了深远的历史影响。

二、宗教平等

欧洲中世纪，在社会形态上是封建宗法制度，在意识形态上是宗教伦理。而无论是封建宗法制度还是宗教伦理，都是以"不平等"为特征的。一方面，不平等的经济社会制度并不代表没有平等观念；另一方面，这种平等观念也只能是封建宗法制度和宗教伦理所能容许的平等观，即"上帝选民的平等"。这是当时欧洲宗教平等的基本内容。

中世纪人的基本观念是神学世界观——基督教世界观，世俗国家只在人们观念中处于次要地位。政治思想以基督教神学为表现形式，以《圣经》为绝对信仰权威和是非判断的唯一标准。神学政治观把"爱上帝"作为人们首要的行为规范和道德准则，在王权与教权二元化的权力体系中，教权至上思想成为主流思想，"双城论"①"日月论"②"两剑论"③ 是典型代表。在王权神授、教权高于王权的观念下，世俗生活服从于宗教生活。于是，斯多葛派"人类一家""人人平等"的思想就以基督教神学的形式得到继承和发扬，发展成为"上帝面前人人平等"的"上帝选民"的平等观。

所谓"上帝选民的平等"，即"在基督教中，最初是一切人作为罪人在上帝面前的消极的平等，以及更狭隘意义上的平等，即那些被基督的仁慈和血拯救过来的上帝的孩子们的平等"④。他们之所以被认为是平等的，是因为所有人无论其地位的高低贵贱、无论其财产的多寡贫富都生来具有"原罪"，都是被上帝拯救过来的，而且都是等待上帝救赎的"选民"。就是说，在"上帝面前人人平等"。按基督教教义的说法，上帝是"至善""至美""至真"的。每个信徒从上帝那里得到的"爱""善""启示"和"拯救"是"完全平等"的，绝不会因为信徒的社会地位和财产的差异而有任何差别。到"末日审判"时，一切教徒，作为上帝的儿女，都要接受上帝的审判和挑选。而基督徒由于信仰基督而互为兄弟姐妹，相互平等，形成了一个亲如一家的整体。即无论是权贵还是平民百姓、无论是富翁还是乞丐，作为基督徒，大家在上帝面前具有平等的人格，这就是上帝选民的平等。

但是，这种"上帝选民的平等"只在基督教形成之初才被强调过。

---

① 罗马帝国时代神学家奥古斯丁把世界区分为"上帝之城"（天上之城）和"世人之城"（地上之城），"一个城的人选择肉欲的生活，另一个城的人选择精神的生活。"两个城在现实社会是混合在一起的。"上帝之城"是由注定得救赎的基督徒组成的，他们真诚笃信上帝，具有"虔诚、敬畏、忏悔、勤劳和禁欲"等美德，其余的人则构成"世人之城"。"上帝之城"是最高的善，是永久和完美的和平，人们在其中享受永生的幸福。"地上之城"的人们生来有罪，大多属于没有理性的灵魂，欲望多，纷争无序。只有"上帝之城"的人们在"末日审判"时才能得到救赎，升到神国，灵魂得到永生，大道至善。

② 教皇格里高利七世承袭了奥古斯丁的思想，认为上帝把管理人间一切事务的权力都交给了教会，教会主动把治理国家的权力交给某些人，而将管理精神事务的权力留给自己掌管。他把教皇权力与皇帝权力的关系比作"太阳"与"月亮"的关系。教皇权力是"太阳"，皇帝权力是"月亮"。"月亮"的光来自"太阳"，皇帝的权力来自教皇。因此，世俗统治者必须服从教会，教皇有权废黜不服从教会的君主。

③ 12世纪教士们从《圣经》中发挥出"两剑论"。"两剑"即精神权力和世俗权力。"两剑论"认为，耶稣把两把剑都交给了教会，一把供它使用，一把为它使用。通过加冕式，教皇把世俗权力交给了皇帝。"两剑论"旨在论证教会权力高于一切世俗权力，包括皇权。

④ 恩格斯.《反杜林论》的准备材料［M］.马克思，恩格斯.马克思恩格斯文集：第9卷.北京：人民出版社，2009：353.

因为在开始时,"基督教(是)作为奴隶、被放逐者、遭排挤者、受迫害者、被压迫者的宗教"① 被提出来的,作为对现实生活中奴隶主与奴隶、统治者与被统治者、压迫者与被压迫者之间不平等关系的反抗,特别强调贵族与贫民、富人与穷人的平等。但是随着基督教的胜利,随着基督教成为统治阶级的统治工具,随着教徒和非教徒、正教徒和异教徒的对立,随着僧侣和俗人对立的确立,这种基督教平等的萌芽很快也归于消失。正如法国著名的哲学家皮埃尔·勒鲁所指出,"当基督教统治到全球的时候,它使'反博爱',亦即不平等继续存在下来。为了捍卫自身的存在,基督教不得不承认和乞灵于精神和世俗、神圣天国和地面王国、上帝和凯撒这种虚假荒唐的区别。……基督教并没有带来平等的科学组织形式,因此尽管人类平等的原则曾由耶稣以博爱的名义予以宣布,它实际上只局限于成为类似以仁慈为主导思想的一种乌托邦"②。

总之,作为宗教平等的"上帝选民的平等"只存在于基督教早期,而且这种"平等"不过是一种精神上的平等、道义上的平等,它并不要求,也无法做到现实经济社会关系的平等。所以马克思所指出,"基督徒在天国一律平等,而在人世不平等……"③"上帝选民平等"不过是最下层教民对现实不平等的无奈和自我麻醉、自我安慰。

三、自然平等

英国法律史学家亨利·梅因(亨利·萨姆那·梅因,Henry Sumner Maine)指出,"我以为人类根本平等的学理,毫无疑问是来自'自然法'的一种推定。'人类一律平等'是大量法律命题之一,它随着时代的进步已成为一个政治上的命题。"④ 也就是说,梅因认为从学理上讲,平等命题是从自然法推导出来的。这在一定程度上揭示了"平等"命题的思想史源流,认识到了平等论证往往依据"自然法"这一历史事实。

---

① 恩格斯.《反杜林论》的准备材料 [M]. 马克思,恩格斯. 马克思恩格斯文集:第9卷. 北京:人民出版社,2009:353.
② 〔法〕皮埃尔·勒鲁. 论平等 [M]. 王允道,译. 北京:商务印书馆,1988:241 - 242.
③ 马克思. 黑格尔法哲学批判 [M]. 马克思,恩格斯. 马克思恩格斯全集:第1卷. 北京:人民出版社,1956:344.
④ 〔英〕梅因. 古代法 [M]. 沈景一,译. 北京:商务印书馆,1959(2013年印刷):61.

依据自然法论证"平等"往往坚持的是"自然平等"尺度。

所谓"自然平等",是指从人的自然属性——如生理特征、能力、品格特性等——权衡人的平等关系,这些自然因素构成了平等的尺度。同时,从"平等"研究的方法论上讲,就是依据自然法论证"平等"的方法。

自然法思想最早发端于古希腊时期。荷马时代的希腊人多用"神的正义"阐释人间政治观念,认为"正义"是宙斯为人类立的最高法则法。公元前6至5世纪中叶,希腊人走过了蒙昧的"黑暗时代",出现大批自然哲学家,即有别于"论述神的人"的"论述自然的人"。这些早期自然哲学家提出了"世界的本源"问题,并把世界本原归结为具体元素,而各种元素又相互转化。这种转化推动的一切事物运动变化,都遵循"罗格斯"。所谓"罗格斯"就是自然的普遍规律和共同法则,它是最高的支配力量。这些自然哲学家又从"自然"概念中衍生出"自然状态""自然法""自然权利"等概念,由此开启了西方自然法思维传统。智者派通过对"自然"(physis)的研究,强调人的"本性"具有不可抗拒的作用,主张建立符合"自然"(人性)的新的法律体系,"自然法"思想开始形成。一些智者还把"自然法"作为论证"平等"的理论根据,以"人性"——人的自然属性为依据,提出了激进的平等观。这种"自然平等观",要求把平等推广到所有人——与以往平等只限于"自由民"和"公民"内部不同,要求把政治权力的平等扩大到所有人,甚至包括主人与奴隶间的平等;把平等推广到社会生活的各个方面——与以往只限于政治法律的平等不同,要求所有人在教育、财产、种族上的平等。这种"自然法"思想经过"智者派"阐发,由"斯多葛派"发展为完整的理论体系。这一理论认为,自然过程是一种受"铁的必然性"支配的过程。这种"必然性"贯穿于一切事物之中,也必然是人的行为的最高准则。因此,"自然法"与人的"本性"是一致的,服从自然法就是服从自己的本性。而整个人类是以"自然法"为纽带的共同体,人要"按自然生活"。他们认为,客观事物和自然过程受自然规律支配;"罗格斯""理性"渗透和弥漫于宇宙万物之中,主宰宇宙秩序,是统摄万物的不可抗拒力量。而"人"作为宇宙"绝对统一整体"的一个不可分离的组成部分,人的灵魂也分享了作为宇宙灵魂的"圣火",分享了自然的理性,与"上帝"具有共同的理性,因而所有人都是平等的。斯多葛派奠定了西方思想史上的"自然法"传统，对罗马法、中世纪基督教政治学和近代"自然法"学说都产生了深远影响。正如梅因所指出，"如果自然法没有成为古代世界中一种普遍的信念，这就很难说思想的历史，因此也就是人类的历史，究竟会朝哪一个方向发展了。"①

古罗马时期，罗马法兴盛起来。"在曾经促进现代人的智力欲的各种主题中，除'物理学'外，没有一门科学是没有经过罗马法律学滤过的。"② 罗马法继承和发展了斯多葛派的"自然法"思想，把其"精神平等"的空洞伦理要求发展为"自然平等"的法律权利要求，使罗马法走向了平等化和人道化的改革方向。正因如此，到帝国末期，人人权利平等在私法领域已接近于实现。所以恩格斯说，"在罗马帝国时期……在这种平等（私人的平等）的基础上罗马法发展起来了，它是我们所知道的以私有制为基础的法律的最完备形式。"③

启蒙思想家更是把"自然法"作为论证人的"自然平等"的根本理论依据。英国17世纪启蒙思想家、哲学家霍布斯就认为，"自然使人在身心两方面的能力都十分相等"，"至于智力，人与人之间更加平等……可能使人不相信这种平等状况的只是对自己智慧的自负而已。在这一方面，几乎所有的人都认为自己比一般人强……这倒是证明人们在这一点上平等而不是不平等。因为一般说来，任何东西分配平均时，最大的证据莫过于人人都满足于自己的一分。"④ 而"由这种能力上的平等出发，就产生了达到目的的希望的平等"，也就是保护自己的安全和获取一切事物的权利的平等。总之，"所有的人都是平等的，根本没有谁比较好的问题存在。现今所存在的不平等状态是由于市民法引起的。……因此，如果人生而平等，那么这种平等就应当予以承认。如果人生而不平等，那也由于人们认为自己平等，除了在平等的条件下不愿意进入和平状态！因而

---

① 〔英〕梅因.古代法［M］.沈景一，译.北京：商务印书馆，1959（2013年印刷）：50.
② 〔英〕梅因.古代法［M］.沈景一，译.北京：商务印书馆，1959（2013年印刷）：218.
③ 恩格斯.反杜林论［M］.马克思，恩格斯.马克思恩格斯文集：第9卷.北京：人民出版社，2009：109.
④ 〔英〕托马斯·霍布斯.利维坦［M］.黎思复，黎廷弼，译.北京：商务印书馆，1985：92-93.

同样必需承认这种平等"①。可见，从自然法上，从人的自然属性上论证"人人生而平等"，是启蒙思想家以来理论家们惯用的方法和思维定式，即"自然平等"的思维方式。

四、权利平等

"权利"作为平等的尺度，它既属于平等的一个横向尺度，也是平等纵向尺度的一个独立内容。

"权利平等"甚至"权利"观念都不是从来就有的。古希腊政治学、法学没有形成"权利"概念，而是围绕"正当""正义"等伦理概念展开的。当时"不仅没有权利平等的思想，而且也没有把权力看作是横平的基础（和标准）的观点。相反，那个时代的权利的意思恰恰在于要求不平等，但不是要求专横的不平等，而只是要求一种在当时被理解为与正义（дике）和惯例（темис）相符合的不平等"②。可见，古希腊时期并没有"权利平等"概念。

罗马法实现了由一般维护社会秩序向保障个人权利的转变，首次形成了"权利"概念。它强调"法学是关于神和人的事物的知识，是关于正义和非正义的科学"，而"正义是给予每个人他应得的部分的这种坚定而恒久的愿望"③。而"每个人应得部分"，在罗马法里就表述为"权利"（Jus），即法律所确定和保护的利益。由此，"Jus"（"权利"）成为现代权利概念的起点和来源，是"个人权利"概念的正式表述。同时，罗马法学也提供了一种权利思维方式。权利思维不接受没有根据的事实，不承认没有"权利"的"权力"。也就是说，统治者的权力必须有权利依据才是合法的。

启蒙思想家多数都是依据自然法理念论证自然权利平等的，通过"社会契约论"论证从"自然状态"进入"社会状态"，以此论证以"权利平等"为内核的"人权"的合法性。如洛克认为，自然状态不仅是自由的状态，"也是一种平等的状态，在这种平等状态中，一切权力和管辖权都是相互的，没有一个人享有多于别人的权力。极为明显，同种和同

---

① 〔英〕托马斯·霍布斯. 利维坦［M］. 黎思复，黎廷弼，译. 北京：商务印书馆，1985：117.
② 〔苏〕涅尔谢相茨. 古希腊政治学说［M］. 蔡拓，译. 北京：商务印书馆，1991：12.
③ 〔古罗马〕查士丁尼. 法学总论［M］. 张企泰，译. 北京：商务印书馆，1989：5.

等的人们既毫无差别地生来就享有自然的一切同样的有利条件，能够运用相同的身心能力，就应该人人平等，不存在从属或受制关系"①。在洛克看来，"自由"和"平等"是一致的，所以他说，"人类确实具有一种'天赋的自由'。这是由于一切具有同样的共同天性、能力和力量的人从本性上说都是生而平等的，都应当享受共同的权利和特权"②。洛克又认为，"在自然状态中享有那种权利，但这种享有是很不稳定的，有不断受别人侵犯的威胁。既然人们都像他一样有王者的气派，人人同他都是平等的，而大部分人又并不严格遵守公道和正义，他在这种状态中对财产的享有就很不安全、很不稳妥。这就使他愿意放弃一种尽管自由却是充满着恐惧和经常危险的状况；因而他并非毫无理由地设法和甘愿同已经或有意联合起来的其他人们一起加入社会，以互相保护他们的生命、特权和地产，即我根据一般的名称称之为财产的东西。"③ 也就是说，洛克认为从不稳定、不安全的"自然状态"进入"社会状态"，是为了建立公民社会，以保护彼此的生命、安全和财产。这时，人们以平等身份订立契约，但彼此都要让渡一些自由和权利给"第三者"——国家和政府由此产生。公民社会成立后，契约就成了法律。根据自然法制订的法律不是为了限制平等和自由，而是为了保障平等和自由。这是启蒙思想论证"权利平等"的基本理论范式。可以说，从政治权利上来要求"平等"是资产阶级法权平等观的核心内容。

作为这种"权利平等"理念的现实法制成果，《美国独立宣言》明确，"这些真理是不言而喻的：人人生而平等，他们都从他们的'造物主'那边被赋予了某些不可转让的权利，其中包括生命权、自由权和追求幸福的权利。"④ 法国大革命《人权宣言》也强调，"考虑到对人权的无知、忽略或轻视乃是公众不幸和政府腐败的唯一原由；考虑到这个宣言经常铭记在社会成员心中，可以使他们永远关注他们的权利和义务；考虑到政府在立法和行政方面的法令如能随时同各种政治机构的目标相

---

① 〔英〕洛克. 政府论：下篇 [M]. 叶启芳，瞿菊农，译. 北京：商务印书馆，1964：5.
② 〔英〕洛克. 政府论：上篇 [M]. 瞿菊农，叶启芳，译. 北京：商务印书馆，1982：57.
③ 〔英〕洛克. 政府论：下篇 [M]. 叶启芳，瞿菊农，译. 北京：商务印书馆，1964：77.
④ 美国独立宣言 [C]. 王德禄，编. 人权宣言. 北京：求实出版社，1989：9.

比较，将会更加受到尊重；同时也考虑到在这些简单明确的原则指导下，公民的未来要求将会始终有助于维护宪法和公众幸福，兹决定的庄严宣言公布这些天赋的、不可侵犯和不可剥夺的权利。"并明确，"在权利方面，人生来是而且始终是自由平等的"；"一切政治结合的目的都在于保护人的天赋的和不可侵犯的权利"；"在法律面前，人人平等，公民可按他们各自的能力相应地获得一切荣誉、地位和工作"；"无拘束地交流思想和意见是人类最宝贵的权利之一"。① 可见，"权利平等"已成为资产阶级登上历史舞台以来的一般平等观念，也是今天依然被很多理论家信奉的"牢固成见"。

五、社会平等

正如恩格斯指出，"无产阶级抓住了资产阶级所说的话，指出：平等应当不仅仅是表面的，不仅仅在国家的领域中实行，它还应当是实际的，还应当在社会的、经济的领域中实行。"② 也就是说，无产阶级从资产阶级的"权利平等""政治平等"观中引申出了"社会平等"的结论。

"社会平等"即社会地位的平等，其核心内容是"经济平等""经济地位平等""经济关系平等"。而决定经济地位、经济关系的根本因素是所有制关系。因此，与资产阶级思想家从法权上论证平等权利不同，无产阶级理论家一般都从所有制关系上论证"经济平等""社会平等"。因为他们深刻地认识到，私有制是造成一切不平等的根源，所以在论证"社会平等"时，基本上都集中在经济、社会领域，提出了经济分配的要求，甚至提出了消灭私有制、实行公有制的主张。这正是无产阶级理论家比资产阶级理论革命和进步的地方，也是由其阶级立场决定的。如英国文艺复兴运动的先驱之一、最早的空想社会主义者托马斯·莫尔（Thomas More）就敏锐地看到了私有制的罪恶，提出了消灭剥削，消除贫富分化、一切财产归全民所有、实现财富的平均公正分配的主张。他在历史上第一次从生产的角度提出了消灭私有制、建立以共同劳动为基础的公有制的思想。这是莫尔对社会主义理论的重要贡献。

法国思想家、空想社会主义者圣西门（Claude-Henri de Rouvroy,

---

① 法国人权宣言 [C]. 王德禄，编. 人权宣言. 北京：求实出版社，1989：14、15.
② 恩格斯. 反杜林论 [M]. 马克思，恩格斯. 马克思恩格斯文集：第9卷. 北京：人民出版社，2009：112、353.

Comte de Saint-Simon）生活于法国资产阶级大革命时代，并参加了 1879 年的大革命，所以他是参加资产阶级运动的无产阶级先驱，其平等观也是对资产阶级平等要求的反映中产生并进一步发展了的无产阶级平等观。圣西门认为，"目前的政治状况，是一幅颠倒了的世界图景：领导国家工作的人，本身就需要被领导；被统治者阶级具有高度的才能，而由于家庭出身当了统治者的人，却是一些庸碌无能之辈。"① 现有的制度"极力要在人们中间建立尽可能大的不平等，把人们分成统治者和被统治者两个阶级，使统治者的权力变成世袭的权力"。而他要建立的"实业制度则建立在完全平等的原则上，它否认一切以出身为基础的权力，不承认各种特权"②。"实业制度"的准则是"人应当劳动"；"从事劳动的人是最幸福的人"。③ "实业制度是一种可以使一切人得到最大限度的全体自由和个体自由，保证社会得到它所能享受到的最大安宁的制度。"④ 面对统治者对无产阶级"没有管理能力"的诬蔑，圣西门指出，"无产者已用充分可靠的事实证明了他们具有足以能够管理动产和不动产的知识和高明远见。""既然无产者已在基础文明上达到所有者的地步，法律就应当承认他们是平等的社会成员"。因此，"必须使所有制方面的革命带来使大多数无产者拥有财产的结果，以使无产者能够出色地管理财产，从而通过实验向人们证明：他们有足够的能力在新社会组织中成为权力平等的一员。"⑤ 可见，在圣西门的观念里还并没有完全消除私人所有制，还希望为无产阶级争取财产权。但这并不否定"实业制度"是以财产公有为基础的。然而，圣西门认为，管理公共财产的并不是无产阶级，而是"实业家"："生产者最能管理好公有财产。"而所谓"生产者，即

---

① 〔法〕圣西门. 圣西门选集（第二卷）[M]. 董果良，译. 北京：商务印书馆，1982：304-305.

② 〔法〕圣西门. 圣西门选集（第二卷）[M]. 董果良，译. 北京：商务印书馆，1982：80.

③ 〔法〕圣西门. 圣西门选集（第三卷）[M]. 董果良，赵鸣远，译. 北京：商务印书馆，1985：109.

④ 〔法〕圣西门. 圣西门选集（第二卷）[M]. 董果良，译. 北京：商务印书馆，1982：80.

⑤ 〔法〕圣西门. 圣西门选集（第二卷）[M]. 董果良，译. 北京：商务印书馆，1982：298、287、311.

农场主、工厂主和商人"。① 所以,"实业家""生产者"实际上就是参加劳动的资本家。尽管圣西门强调,"管理权力的实质,则是在家庭出身方面实行尽可能大的权利平等的原则,并把真才实学的优势作为政治权力的基础",但他认为"学者、艺术家和实业工作领导者,是具有最发达、最广博和最有益的才能的人士",所以"应当把管理权力交给学者、艺术家和实业工作领导者"。② 可见,"管理者"并不包括无产阶级。而且,圣西门的"实业制度"里,并没有完全消除阶级统治,而他认为"统治者包括三个集团:不动产所有者集团、商人集团、学者和艺术家集团",还"可以把人民分成两个阶级:一个阶级由从事农业劳动的人构成,另一个阶级由受雇于工厂主和商人的人构成"③。可见,在圣西门看来,无产阶级和劳动阶级既不是"管理者",也不是"统治者"。"在圣西门那里,除无产阶级的倾向外,资产阶级的倾向还有一定的影响。"④ 虽然有这种历史局限,但与资产阶级限于从法权上要求"平等"不同,空想社会主义者已经把"平等"要求推进到经济领域、社会领域。

从上面的分析可以看出,空想社会主义者的平等观并不彻底,有的没有完全否定私有制,有的没有完全消除商品生产和"等价交换"的资产阶级法权原则,有的没有完全否定等级制,有的甚至依然把无产阶级作为下层劳动阶级。所以,恩格斯指出,三大空想社会主义者"不是作为当时已经历史地产生的无产阶级的利益的代表出现的。他们和启蒙学者一样,并不是想解放某一个阶级,而是想解放全人类"⑤。早期社会主义理论家尽管有这些不足和不彻底性,但他们的"平等"要求已不再限于政治领域,不再停留在法权要求上,而是提出了"社会平等""经济平等"的无产阶级平等要求。这本身就是革命性的表现,本身就是历史

---

① 〔法〕圣西门. 圣西门选集(第二卷)[M]. 董果良,译. 北京:商务印书馆,1982:21、26.

② 〔法〕圣西门. 圣西门选集(第二卷)[M]. 董果良,译. 北京:商务印书馆,1982:302、289、290.

③ 〔法〕圣西门. 圣西门选集(第二卷)[M]. 董果良,译. 北京:商务印书馆,1982:283.

④ 恩格斯. 反杜林论[M]. 马克思,恩格斯. 马克思恩格斯文集:第9卷. 北京:人民出版社,2009:21.

⑤ 恩格斯. 反杜林论[M]. 马克思,恩格斯. 马克思恩格斯文集:第9卷. 北京:人民出版社,2009:21.

的进步，也是平等观的重要发展。

第三节 "平等"的实现程度与人的解放程度

"平等的纵向尺度"是随着社会发展和社会形态的更替，人们在"平等"方面的实现程度、人的解放程度。依据"平等"由低到高实现程度的展开和各种社会形态下"平等"的特点，相对于原始社会、奴隶—封建社会、资本主义社会、社会主义社会和共产主义社会下平等尺度的性质，可以界定为"生物人的平等""道德人的平等""经济人的平等""社会人的平等"和"自由人的平等"。这是从与生产力发展水平相适应的生产方式所决定的人的解放程度——即在何种意义上谈人的"平等"，何种程度上谈"平等"——来理解"平等"尺度的，即"平等"的实现程度。

一、生物人平等

这是指原始社会的平等，是一种基于基本生理需求满足上的平等，即生存权的平等。由于生产力水平低下，生产（在人类学会土地耕种前，以采集果实、草种、狩猎、捕鱼等自然存在物为主的活动，甚至还谈不上是真正的生产）几乎占去人们睡眠以外的全部时间；由于没有生产资料的私有（甚至还谈不上有真正意义上的生产资料），不仅没有出现阶级分化，甚至也没有出现脑力劳动和体力劳动的分工；除了满足人们的基本生理需求外，几乎没有任何劳动产品可以剩余（实际上，在原始社会早期，人们多数情况下都是处于饥饿状态，更谈不上产品剩余了）。因此，为了族群繁衍和劳动力补给的需要，只能按男人、女人，大人、小孩的基本生理需要分配劳动收获——"按需分配"的平等。这些需要只是满足作为生物意义上的人的基本生存需求。可以说，除了能够使用和制造最原始的工具外，这种基本生理满足面前的平等与动物并没有根本的区别，因此可以称为"生物人平等"。也就是说，在原始社会，最多谈得上人基本生理需求的平等。

根据摩尔根对古代社会的研究，恩格斯在《家庭、私有制和国家的起源》中把整个人类社会划分为三个时代，即"蒙昧时代""野蛮时代"和"文明时代"。"蒙昧时代"和"野蛮时代"是指原始社会，"文明时代"是指私有制的产生、阶级和国家出现后的奴隶制社会、封建社会和资本主义社会。① 上面第一段的描述相当于原始社会的蒙昧时代的情形。

原始社会的野蛮时代是怎样的呢？在野蛮时代，原始社会发展到氏族、部落、部落联盟阶段。在氏族制度下（实际上还算不上"制度"，用恩格斯所概括，还是一种"习俗"），"氏族选举一个酋长（平时的首脑）和一个酋帅（军事领袖）"。所有的人，无论男女，都参加酋长的选举。而且，"氏族可以任意罢免酋长和酋帅"，这仍是由所有人共同决定的。"酋长在氏族内部的权力，是父亲般的、纯粹道义性质的；他手里没有强制的手段。""氏族有议事会，它是氏族的一切成年男女享有平等表决权的民主集会。……是氏族的最高权力机关。"② 所以，正像摩尔根所指出，"它（氏族）的全体成员都是自由人，都有相互保卫自由的义务；在个人权利方面平等，不论酋长或军事领袖都不能要求任何优先权；他们是由血亲纽带结合起来的同胞。自由、平等、博爱，虽然从来没有明确表达出来，却是氏族的根本原则"③。几个氏族组成一个胞族，几个胞族组成一个部落。部落中有讨论公共事务的部落议事会。"它是由各个氏族的酋长和军事领袖组成的——这些人是氏族的真正代表，因为他们是随时都可以罢免的；议事会公开开会，四周围着其余的部落成员，这些成员有权加入讨论和发表自己的意见；决议则由议事会作出。"④ 几个部落联合，就形成部落联盟，联盟由血缘亲属部落组成。各部落在处理联盟的一切内部事务上完全平等；"联盟的机关是联盟议事会，由 50 个地位和威信平等的酋长组成；这个议事会对联盟的一切事务作最后的决定"。"联盟议事会的一切决议，须经全体一致通过"，"每个部落以及每个部落内的议事会全体成员，都必须一致赞成，决议才算有效。""会议在聚集起来的民众面前公开举行，每个易洛魁人都可以发言；但只有议

---

① 这里，恩格斯是借用摩尔根的说法，和马克思及他本人在其他论著中只把资本主义时代称为"现代社会""文明时代"不同。
② 恩格斯. 家庭、私有制和国家的起源 [M]. 马克思，恩格斯. 马克思恩格斯文集：第 4 卷. 北京：人民出版社，2009：99、100、102.
③ 恩格斯. 家庭、私有制和国家的起源 [M]. 马克思，恩格斯. 马克思恩格斯文集：第 4 卷. 北京：人民出版社，2009：102.
④ 恩格斯. 家庭、私有制和国家的起源 [M]. 马克思，恩格斯. 马克思恩格斯文集：第 4 卷. 北京：人民出版社，2009：106.

事会才能作决定。"① 恩格斯赞美"这种十分单纯质朴的氏族制度是一种多么美妙的制度呵!没有士兵、宪兵和警察,没有贵族、国王、总督、地方官和法官,没有监狱,没有诉讼,而一切都是有条有理的。……大家都是平等、自由的,包括妇女在内。他们还不曾有奴隶""在没有分化为不同的阶级以前,人类和人类社会就是如此"②。可见,这是一种"完美的平等"。

但是,就算这种平等是"完美的",也只能是"生物人的平等"。因为别说蒙昧时代,就算是到了"野蛮时代低级阶段,固定的财富差不多只限于住房、衣服、粗糙的装饰品以及获得食物和制作食物的工具:小船、武器、最简单的家庭用具。天天都要重新获得食物"③。所以,原始社会的人"离支配自然的地步还远得很",他们的生产是在极狭隘的范围内、在所能达到的自然界限以内进行的。他们所产生的一定是生活资料。尽管在野蛮时代的中级阶段,生产"可以经常提供超出自身消费的若干余剩",但直到野蛮时代高级阶段,随着"进一步发生了农业和手工业之间的分工",随着铁器的广泛使用和马铃薯的出现,才真正出现了满足人的基本生活需要外的稳定的产品剩余,日益增加的一部分劳动产品才成了直接为了交换的生产。④ 而这时的交换也只是生活必需品的物物交换,而不是为了获取价值的商品交换。人类还完全受自然界和自然规律的支配。因此,整个原始社会都是为了满足人的最基本生理需求的时代。换句话说,所实现的"平等",只能是人的基本生理需求和基本生存权的"平等",作为生物意义上的人的"平等",即"生物人平等"。

二、道德人平等

这是指奴隶社会、封建社会的平等,是一种在承认特权、等级、血统和门第前提下,所认可的人在道义上、精神上的平等。奴隶制是以奴

---

① 恩格斯. 家庭、私有制和国家的起源 [M]. 马克思,恩格斯. 马克思恩格斯文集: 第4卷. 北京: 人民出版社, 2009: 109.
② 恩格斯. 家庭、私有制和国家的起源 [M]. 马克思,恩格斯. 马克思恩格斯文集: 第4卷. 北京: 人民出版社, 2009: 111、112.
③ 恩格斯. 家庭、私有制和国家的起源 [M]. 马克思,恩格斯. 马克思恩格斯文集: 第4卷. 北京: 人民出版社, 2009: 65.
④ 恩格斯. 家庭、私有制和国家的起源 [M]. 马克思,恩格斯. 马克思恩格斯文集: 第4卷. 北京: 人民出版社, 2009: 129、184、184-185.

隶主对奴隶的直接占有为特征的，封建社会是以农民对封建主的人身依附为特点的，从宗教方面来说是以教主对教民的精神控制为补充的。所以，在奴隶社会、封建社会最多只能从道义上谈人的平等，也就是说，最多只能实现作为"人"的道德方面平等，即道德人的平等——就"人"作为人而言，在道德原则上应该是平等的。"道德人的平等"作为一种抽象道德原则意义上的平等，是以现实经济关系和政治权利的不平等为前提的，它以抽象的"人"、概念的"人"、空洞的"人"、符号式的"人"为出发点。

据恩格斯考证，在野蛮时代的高级阶段的末期出现了私有财产，这种情形正和当时已经出现的比较发达的商品生产、商品交易的情况相符合。这时发生了第二次大分工：手工业和农业分离了。于是，出现了直接以交换为目的的生产，即商品生产和贸易。"文明时代巩固并加强了所有这些已经发生的各次分工，特别是通过加剧城市和乡村的对立（或者是像古代那样，城市在经济上统治乡村，或者是像中世纪那样，乡村在经济上统治城市）而使之巩固和加强，此外它又加上了一个第三次的、它所特有的、有决定意义的重要分工：它创造了一个不再从事生产而只从事产品交换的阶级——商人。……一个寄生阶级，真正的社会寄生虫阶级形成了""这样，随着贸易的扩大，随着货币和货币高利贷、土地所有权和抵押的产生，财富便迅速地积聚和集中到一个人数很少的阶级手中，与此同时，大众日益贫困化，贫民的人数也日益增长。……随着这种按照财富把自由民分成各个阶级的划分，奴隶的人数特别是在希腊便大大增加，奴隶的强制性劳动构成了整个社会的上层建筑所赖以建立的基础。"① 于是，奴隶制成为社会的基本制度。随着"奴隶制的出现，就发生了社会分成剥削阶级和被剥削阶级的第一次大分裂。这种分裂继续存在于整个文明期。奴隶制是古希腊罗马时代世界所固有的第一个剥削形式；继之而来的是中世纪的农奴制和近代的雇佣劳动制。这就是文明时代的三大时期所特有的三大奴役形式；公开的而近来是隐蔽的奴隶制始终伴随着文明时代"②。既然奴隶社会是建立在奴隶主和奴隶对

---

① 恩格斯.家庭、私有制和国家的起源[M].马克思,恩格斯.马克思恩格斯文集：第4卷.北京：人民出版社,2009：185、187.
② 恩格斯.家庭、私有制和国家的起源[M].马克思,恩格斯.马克思恩格斯文集：第4卷.北京：人民出版社,2009：195.

立基础上的社会,也就根本谈不上平等。

封建社会是以"等级""专制"为特征写入人类历史的,是建立在封建主和农民的对立基础上的制度。封建诸侯们的奢侈生活,使"赋税重担有增无已。城市多半因享有特权而免去了这个负担;于是整个赋税的重担都落到了农民身上""徭役、地租、土地税、接租费、死亡税、保护金等等,都不顾一切原有契约的规定而任意增加。"①"压在农民头上的是社会的各个阶层:诸侯、官吏、贵族、僧侣、城市贵族和市民。……他们必须以绝大部分时间在主人的田庄上劳动;而他们在少量的自由时间里的劳动所得,还要用来缴纳什一税、地租、土地税、财产税、远征税(战争税)、邦税和帝国税。农民若不向主人送钱,非但不能结婚,连死也不行。……农民的公社牧场和林地几乎到处都被主人强占。主人像支配财产一样任意支配农民及其妻女的人身。主人享有初夜权。主人可以任意把农民投入监牢……主人可以任意把农民打死,或者把农民斩首。"② 因此,封建社会占主导地位的是专制和特权,在封建主和农民之间,毫无平等可言。

除了封建主外,在封建社会还存在另一个特权等级,那就是宗教势力。"僧侣中的封建教权等级构成了贵族阶级,包括主教和大主教,修道院院长、副院长以及其他高级教士。这些教会显贵或者本身就是帝国诸侯,或者在其他诸侯手下以封建主身份控制着大片土地,拥有许多农奴和依附农。他们不仅像贵族和诸侯一样肆无忌惮地榨取自己属下的人民,而且采取了更加无耻的手段。他们除了使用残酷的暴力,还玩弄一切宗教上的刁钻伎俩,除了用严刑拷打来威胁,还用革除教籍和拒绝赦罪来威胁,此外还利用忏悔室来玩弄形形色色诡谲的花招,总之是要从他们的臣民身上榨取最后一文钱,以增添教会的产业。"③ 人民不得不担负主教们、修道院长们以及修道士喽啰们的放荡生活的重担;他们讲的道越是和他们的生活成鲜明对照,人民的愤怒就越大。"正如在诸侯和贵族之上有皇帝一样,在高级僧侣和低级僧侣之上也有教皇。正如对皇帝要纳

---

① 恩格斯. 德国农民战争 [M]. 马克思,恩格斯. 马克思恩格斯文集:第2卷. 北京:人民出版社,2009:223、225.

② 恩格斯. 德国农民战争 [M]. 马克思,恩格斯. 马克思恩格斯文集:第2卷. 北京:人民出版社,2009:231-232.

③ 恩格斯. 德国农民战争 [M]. 马克思,恩格斯. 马克思恩格斯文集:第2卷. 北京:人民出版社,2009:226.

'公捐',即帝国税一样,对教皇也要纳一般教会税,而教皇就是用教会税去支付罗马教廷的豪华生活费用的。"① 因此,不仅在僧侣贵族等级和世俗人民之间,就是在僧侣贵族和一般僧侣之间都毫无平等。总之,封建社会"逐渐建立了空前复杂的社会的和政治的等级制度,从而在几个世纪内消除了一切平等观念"②。

既然如此,奴隶社会中的思想家从"正义""善"等道德原则出发提出的所谓"精神平等""有比例的不平等""比值相等"和宗教教义从精神上提出的"原罪的平等""上帝选民的平等"等平等要求,都是在承认身份、等级制度所确定的不平等前提下的平等观念,是从"一切人,作为人来说,都有某些共同点,在这些共同点所及的范围内,他们是平等的"③ 这样的"古老平等观"推导出的一般抽象原则,是从道义上发出的道德劝诫,是从心灵上提出的精神安慰,是把"人"当作道德的人、精神的人、抽象的人、概念的人、没有分化的混沌的"整体人"提出的平等要求。这里所说的"人"是没有人的主体性,没有生命内容和社会意义的干瘪的抽象概念。总之一句话,是从道德上提出的平等要求。换句话说,在奴隶社会、封建社会,最多只能谈得上"道德人平等"。

三、经济人平等

这是指资本主义的平等。尽管就形式而言,资本主义平等表现为法权的平等,但其主要内容则是交换价值的平等。就是说,作为政治动员的口号,作为反对封建特权的箴言,在资产阶级革命时期,资产阶级的平等要求以"法权平等"为旗帜;但作为资本的内在要求,它以贸易自由、等价交换为目的。因此,资本主义平等实质上是"经济人平等"。因为,资本主义社会是以商品经济和市场经济的充分发展为特征的社会;平等在资本主义社会的根本要求就是无差别的人类劳动的等同,即经济

---

① 恩格斯. 德国农民战争[M]. 马克思,恩格斯. 马克思恩格斯文集:第2卷. 北京:人民出版社,2009:227.
② 恩格斯. 反杜林论[M]. 马克思,恩格斯. 马克思恩格斯文集:第9卷. 北京:人民出版社,2009:110.
③ 恩格斯. 反杜林论[M]. 马克思,恩格斯. 马克思恩格斯文集:第9卷. 北京:人民出版社,2009:109.

关系中的唯一平等原则——"等价交换"原则。这也是资本主义社会所唯一能实现的一种平等。

"经济人平等"是一种商品交换权的平等，它需要有法律的保障，所以"法律面前人人平等"是它的形式和要求。因此，经济领域"等价交换"的"平等"就作为一种要求，必然反映到法律上，反映到政治制度上。正像马克思所指出，"平等和自由不仅在以交换价值为基础的交换中受到尊重，而且交换价值的交换是一切平等和自由的生产的、现实的基础。作为纯粹观念，平等和自由仅仅是交换价值的交换的一种理想化的表现；作为在法律的、政治的、社会的关系上发展了的东西，平等和自由不过是另一次方的这种基础而已。"① 这就是说，"平等"和"自由"在以交换价值为基础的商品经济中受到重视，正是交换价值本身才是"平等"和"自由"要求的基础，才是产生"平等"和"自由"观念的经济基础。在形式上，"平等"和"自由"是交换价值交换的理想，而且被规定为法律和政治原则，但其实，这不过是作为它们基础的交换价值的要求在政治、法律制度上的反映。因为，政治和法律制度本身就是经济关系的反映，它在自己的原则里只能反映经济关系的平等要求，而且是以"另一次方"的形式也就是以进一步强化了的形式确认、维护经济关系所要求的"等价交换原则"的，即"等价交换的平等"。

以"等价交换的平等"为内容的"经济人平等"反映到法律上，反映到政治领域后，它就变成了一种权利要求，而且是以"人人生来平等"这样"自然法"理念为论据的。这就使"平等"具有了普遍性的外观，因而"平等"要求又被宣布为普遍的"人权"。然而，即使是表面看来与经济生活相去甚远的、作为"人权"要求的"平等"，依然摆脱不了经济领域的平等原则。因为，根据资本主义的"宪法"和"人权宣言"的界定，这些"自然的和不可剥夺的权利"就是"平等""自由""安全"和"财产"。而正如马克思、恩格斯所分析，"任何一种所谓的人权都没有超出利己的人……即没有超出封闭于自身、封闭于自己的私人利益和自己的私人任意行为、脱离共同体的个体。"② 对"经济人"来

---

① 马克思. 政治经济学批判 [M]. 马克思, 恩格斯. 马克思恩格斯全集：第 46 卷（上）. 北京：人民出版社, 1979：197
② 马克思. 论犹太人问题 [M]. 马克思, 恩格斯. 马克思恩格斯全集：第 1 卷. 北京：人民出版社, 2009：42.

说，所想的一切都是"财产"："平等"——财产权的平等；"自由"——获取财产的自由；"安全"——财产的安全保护。也就是说，"经济人平等"的基础理念正是马克思所说的作为"单子"的人，也就是把人看作脱离社会整体、一切从个人利益出发、自私自利的个人。商品经济所要求的单个商品之间的价值比较和交换，必然产生这种单个人比较的观念；而单个人之间唯一能比较的就是所能提供的无差别的人类劳动量。因此，单位时间内无差别人类劳动的等同这种经济关系的比较，是"经济人平等"的全部基础和根本内容。

总之，资本主义平等尽管在形式上表现为法权平等，但其实质和内容都不过是交换价值的"等价交换"的平等要求；尽管资本主义的平等在形式上表现为一种政治权利、法权，但实质上却是一种经济关系、经济要求。它所反映的，是"所有的人的劳动——因为它们都是人的劳动并且只就这一点而言——的平等和同等效用"这一经济原则。正因如此，它就是把人看作价值的创造者、财富的占有者、经济关系的体现者、经济利益的追求者，一句话，把人作为"经济人"看待。因此，资本主义平等就是一种"经济人的平等"。当然，"经济人平等"并不是指经济关系的平等，而是指作为经济关系的体现者，人人在交换价值面前平等——货币面前人人平等。总之，"价值面前人人平等"就是"经济人平等"的核心内容。

四、社会人平等

这是社会主义（共产主义的第一阶段）的平等。它在内容上，体现为劳动的平等。尽管任何时代的人都是由一定经济关系所联结起来的社会人，但以往时代都是以人的对立和分割为特征的。只有在社会主义社会，人们才真正作为整体利益一致的社会人结合起来。这是从形式上来讲的。就其内容来讲，社会主义把资本主义的政治权利、法权的平等拓展为经济、社会的平等。因此，"社会人平等"的内涵是包括经济平等在内的社会的平等。这是已经消除了私有制必然带来的经济中的剥削关系的平等，是随着阶级的消灭而消除了政治统治的平等，是逐步实现教育、文化和发展权同等享有的平等。当然，由于生产力发展水平的限制，这个阶段还存在"按劳分配"造成的天然劳动权所带来的个人生活事实上的不平等；由于还没有消除脑力劳动和体力劳动的差别，"社会人平等"还没有实现人的真正自由全面发展。

尽管宽泛地讲,一切社会的人都是作为社会人、作为"社会关系的总和"存在的,但是,原始社会的人还是生物意义上的存在,因而还不是真正社会意义上的人;奴隶社会、封建社会还把人当作道德意义上的、概念上的人、抽象的人、没有具体个人分化的"类存在物"的"人"来论证平等,是脱离了社会现实的人,因而也不是社会意义上的人;资本主义社会把人理解为自私自利的"理性人"、纯粹的个人、利己主义的"单子",因此还不是实现了社会利益整体一致基础上的社会意义上的人。只有在社会主义社会,由于实现了生产资料的社会所有,人们才在整体利益一致基础上实现了社会联合、社会团结,从而成为社会结合的人,真正的社会主人。这就是"自从资本主义生产方式在历史上出现以来,由社会占有全部生产资料,常常作为未来的理想隐隐约约地浮现在个别人物和整个整个派别的头脑中"① 的原因。因为,"一旦社会占有了生产资料……人在一定意义上才最终地脱离了动物界,从动物的生存条件进入真正人的生存条件。人们周围的、至今统治着人们的生活条件,现在受人们的支配和控制,人们第一次成为自然界的自觉的和真正的主人,因为他们已经成为自身的社会结合的主人了"②。一句话,成为真正意义上的"社会人"了。

尽管劳动是人类历史的第一个前提,是一切社会存在的基础,但只有在社会主义社会里才真正实现了"劳动平等"。因此,"社会人的平等"实际上是从"劳动平等"的意义上比较人的,实质上就是"劳动平等"。在奴隶社会、封建社会这些"古代社会"里,"只有特权人物才能交换这个或那个……在等级的范围内,个人的享受,个人的物质变换,取决于个人所从属的一定的分工。在阶级的范围内,则只取决于个人所能占有的一般交换手段。……个人作为受社会限制的主体,进入由他的社会地位所限制的交换"③。因此,这时商品经济还不是自由商品经济,而是专制商品经济。这样,劳动作为价值的尺度就没有得到充分体现,

---

① 恩格斯. 反杜林论 [M]. 马克思,恩格斯. 马克思恩格斯文集:第9卷. 北京:人民出版社,2009:298.
② 恩格斯. 反杜林论 [M]. 马克思,恩格斯. 马克思恩格斯文集:第9卷. 北京:人民出版社,2009:300.
③ 马克思. 反思 [M]. 马克思,恩格斯. 马克思恩格斯全集:第44卷. 北京:人民出版社,1982:161-162.

没有实现劳动的平等，或者说，劳动还没有成为平等的尺度。所以马克思说，"古代世界的基础是直接的强制劳动；当时共同体就建立在这种强制劳动的现成基础上；作为中世纪的基础的劳动，本身是一种特权，是尚处在孤立分散状态的劳动，而不是生产一般交换价值的劳动。"① 既然是"强制劳动"，而不是"生产一般价值的劳动"，劳动也就没有成为价值的尺度，没有成为"平等"的尺度。

在资本主义社会里，自由商品经济成为社会的主导的经济形式，"所有的人都能够获得一切，每个人都能够按照他的收入转化成的货币的数量来进行任何的物质变换。……个人作为一般交换手段的所有者，进入同社会为万物的这一代表者所能提供的一切东西的交换"②。而且，"劳动既不是强制劳动，也不是中世纪那种要听命于作为最高机构的共同组织（同业公会）的劳动"③。这样，劳动已经成为价值的唯一尺度，就为不同劳动者无差别的人类劳动比较提供了可能，从而使劳动成为"平等"的尺度成为可能。但是，在资本主义私有制条件下，工人是价值的创造者，他们之间是可以进行劳动比较的；而资本家是价值的占有者，他不参加劳动，因此资本家和工人之间无法进行劳动比较。而且资本家借助价值（生产资料）的占有，也占有了工人的劳动。这样，已经成为价值尺度的"劳动"尽管有成为平等尺度的可能性，但并没有成为现实性。因为在劳动者和脱离了劳动的人——资本家——之间，是无法把"劳动"作为"平等"的尺度进行比较的。

只有在社会主义社会，由于实现了生产资料的社会占有，人人成为生产资料社会所有基础上的平等的劳动者；劳动不再成为价值的尺度，而是成为获得个人消费资料的依据。也只有在这个时候，才能真正谈"劳动"面前的平等，劳动才真正成为平等的尺度。同时，也是由于实现了生产资料的社会所有，人们才真正实现了在"劳动平等"基础上的社会结合，真正成为社会的人。因此，社会主义平等是以"劳动平等"为内容的"社会人平等"。

---

① 马克思. 政治经济学批判 [M]. 马克思，恩格斯. 马克思恩格斯全集：第46卷（上）. 北京：人民出版社，1979：197.
② 马克思. 反思 [M]. 马克思，恩格斯. 马克思恩格斯全集：第44卷. 北京：人民出版社，1982：161-162.
③ 马克思. 政治经济学批判 [M]. 马克思，恩格斯. 马克思恩格斯全集：第46卷（上）. 北京：人民出版社，1979：197.

五、自由人平等

这是共产主义的平等。它实质上是"需要的平等"、需求满足的平等。也就是实现了人从"物对人的统治"和"人对人的统治"状态解放出来的人的真正平等。随着个人的全面发展而带来生产力的极大提高和由此而来的社会财富的充分涌流,随着劳动成为生活的第一需要,随着社会文化彻底变革和人们思想水平的极大提高,每个人的发展成为其他人发展的必要条件,人类于是发展成为"自由人的联合体"。这时,才真正实现了"人"作为"自由人"的全面平等,即"自由人平等"。

在马克思、恩格斯哲学思想里,"自由"与"必然"(规律)是相对的。"自由"的实现,就是人从自然规律、社会规律对人的支配下"解放"出来的状态。尽管在社会主义社会已经实现了生产资料的社会所有,但一方面,由于生产力还没有充分发展,人的需要还没有得到最大满足,人在某种程度上还受到自然规律的支配,还没有完全实现人从自然规律支配下的解放;另一方面,由于社会主义社会还是"从资本主义社会中产生出来的,因此它在各方面,在经济、道德和精神方面都还带着它脱胎出来的那个旧社会的痕迹"①,而且脑力劳动和体力劳动的对立还没有消失,人在某种程度上还受社会规律的支配,还没有完全实现人从社会规律支配下的解放。而"在共产主义社会高级阶段,在迫使个人奴隶般地服从分工的情形已经消失,从而脑力劳动和体力劳动的对立也随之消失之后;在劳动已经不仅仅是谋生的手段,而且本身成了生活的第一需要之后;在随着个人的全面发展,他们的生产力也增长起来,而集体财富的一切源泉都充分涌流之后,——只有在那个时候,才能完全超出资产阶级权利的狭隘眼界,社会才能在自己的旗帜上写上:各尽所能,按需分配!"② 因为,"人们自己的社会行动的规律,这些一直作为异己的、支配着人们的自然规律而同人们相对立的规律,那时就将被人们熟练地运用,因而将听从人们的支配。人们自身的社会结合一直是作为自然界和历史强加于他们的东西而同他们相对立的,现在则变成他们自己的自

---

① 马克思. 哥达纲领批判 [M]. 马克思,恩格斯. 马克思恩格斯文集:第3卷. 北京:人民出版社,2009:434.
② 马克思. 哥达纲领批判 [M]. 马克思,恩格斯. 马克思恩格斯文集:第3卷. 北京:人民出版社,2009:435-436.

由行动了。至今一直统治着历史的客观的异己的力量，现在处于人们自己的控制之下了。只是从这时起，人们才完全自觉地自己创造自己的历史；只是从这时起，由人们使之起作用的社会原因才大部分并且越来越多地达到他们所预期的结果。这是人类从必然王国进入自由王国的飞跃"[1]。

这样，共产主义的平等就实现了"自由人平等"，它在内容上表现为人的"需要满足"的平等。当然，这种"需要平等"和原始社会下的"需求平等"是完全不同的：在原始社会下，"需求平等"仅仅是基本生存条件满足的平等，是生存权的平等，是生物意义的人的生理需要满足的平等；共产主义社会的"需要平等"，不仅实现了基本生理需要的满足，而且实现了作为"人"的精神、文化、发展等的全面需要的满足，因此真正是人的自由发展的各种需要满足的平等，即"自由人平等"。

总之，无论是"能力平等""条件平等""资源平等""权利平等""程序平等""机会平等""分配平等""福利平等""财富平等"，还是"生物人平等""道德人平等""经济人平等""社会人平等""自由人平等"，都是人们在某一方面所能实现的平等，人的平等要求所能实现的程度，是人的解放程度，因此都是平等的尺度。而"生物人平等""道德人平等""经济人平等""社会人平等""自由人平等"，正是立足于人的解放程度、从"平等"视角对不同社会形态下的"人"所作的区分。

---

[1] 恩格斯. 反杜林论［M］. 马克思, 恩格斯. 马克思恩格斯文集：第9卷. 北京：人民出版社, 2009：300.

第三章 平等观念的历史

任何观念都不是凭空产生的，平等观也是这样。平等观一方面是对破解当时经济社会中不公平、不平等、不正义等现实问题的回答，另一方面它又以以前的平等思想为理论源泉。因此，要深刻认识平等问题的本质，需要把它放到平等观念的发展史中来考察。而平等观念又是每个时代的生产方式及其经济社会条件所能允许的平等实现程度在人们观念上的反映。既然平等观念是平等尺度的主观反映，因此，考察平等观念的历史，就要从平等尺度的历史演进上来分析。

不同社会有不同的平等观；同一社会中的不同阶级，又各有自己的平等观。总的说来，被统治阶级的平等观是对经济生活中存在的不平等的自发反映；统治阶级的平等观则是为了维护现存社会制度，在不触动统治阶级地位前提下所能实现的平等。而在各种社会形态中，占统治地位的往往是统治阶级的平等观，而不是被统治阶级的平等观，除非社会已处于更迭时期。一般说来，一个社会的平等观是关于那个社会平等要求的系统化、理论化的观念，是那个时代的思想家所概括、归纳、被社会基本认同的观点。不同时代的平等观，说到底都是由那个时代经济社会条件所决定的，是那个社会所能实现的平等尺度的主观反映。这就是平等观对平等尺度的依存关系。

马克思、恩格斯没有对各个时代的平等观进行明确分类，但他们提到过"古代的自由和平等""现代意义上的平等和自由""平等的原始观念""现代的平等要求"等概念。如马克思在《政治经济学批判》中指出，"古代的自由和平等恰恰不是以发展了的交换价值为基础，相反的是由于交换价值的发展而毁灭。而现代意义上的平等和自由所要求的生产关系，在古代世界还没有实现"。① 可见，这里区分了"古代的自由和平等"与"现代意义上的平等和自由"。这里说的"古代的自由和平等"是封建社会及以前的平等观；"现代意义上的平等和自由"是资本主义时代的平等观。由于马克思认为，"现代的平等观"是从自由商品经济"等价交换"原则中发展起来。在封建社会之前，虽然有商品交换，但并不是自由商品经济，那时的商品交换是一种特权，所以说"现代意义上的平等和自由所要求的生产关系在古代世界还没有实现"。正是从这个意义上说，古代的平等观——"精神平等""上帝选民的平等"——作为专制制度而不是自由制度的反映，它"不是以发展了的交换价值为基础"，却"由于交换价值的发展"这一现代自由商品经济制度的确立而"毁灭"，也就是被现代平等观——"法权平等"所取代。因为，"现代平等"所要求的"等价交换"的平等、"法权平等"不仅以反对封建特权、主张"人的自由平等"为内容，而且正是以"等价交换"为内容的自由商品经济"毁灭"封建特权经济、专制经济的结果。恩格斯在《反杜林论》中也提到，"一切人，作为人来说，都有某些共同点，在这些共同点所及的范围内，他们是平等的，这样的观念自然是非常古老的。但是现代的平等要求与此完全不同；这种平等要求更应当是……一切人，或至少是一个国家的一切公民，或一个社会的一切成员，都应当有平等的政治地位和社会地位。要从这种相对平等的原始观念中得出国家和社会中的平等权利的结论……必然要经过而且确实已经经过几千年。"② 可见，恩格斯也区分了"古代平等观"和"现代平等观"。这里的"古代平等观"主要是古希腊、古罗马时期的平等观；"现代平等观"是资产阶级的平等观，也包括与资产阶级同时代的无产阶级的平等观。这是从历史时代上对平等观所做的划分。当然，马克思是从经济关系上区分"古代平等"和"现代平等"的，而恩格斯是从政治权利、法权上做了同样的区分。但就人类社会的发展进程来讲，两种区分是同一个历史进程，只不过分析角度不同而已。

周仲秋在《平等观念的历程》一书中将平等观划分为"古代平等观

---

① 马克思. 政治经济学批判 [M]. 马克思，恩格斯. 马克思恩格斯全集：第 46 卷（上）. 北京：人民出版社，1979：197.
② 恩格斯. 反杜林论 [M]. 马克思，恩格斯. 马克思恩格斯文集：第 9 卷. 北京：人民出版社，2009：109.

念""宗教的平等观念""近代平等观念（思想）""现代平等理论"。这也主要都是根据历史时代所做的划分，没有从性质、内容上或者说"平等尺度"上进行严格意义的区分。

原始社会尽管也有一些本能的平等意识、朴素的平等观点，但还不能算作理论意义上的平等观。因为平等要求是对不平等现实的反抗；平等观是让现存的不平等社会走出不平等泥潭、走进平等的"伊甸园"的理论救赎。因此，既然原始社会天然地存在着原始、朴素的平等关系，也就不会有平等的要求、诉求，更不会有平等观、平等理论。尽管周仲秋认同邱敦红的"平等观念'差不多同人类历史一样久远'"的说法，认为"人类在原始平等关系中获得并发展了平等观念"，并强调"这就是我国理论界普遍认同的所谓'原始平等观念'论"，① 但本人还是认同车洪波的观点：在"原始的共产主义社会"，"在那样一个衣不蔽体、食不果腹的绝对贫穷的生存境况中，平等意识缺乏社会存在的根据和主体素质的开发，同人的自我意识一样是混沌、未曾分明和不清晰的。而当平等不被意识、不被要求时，平等观便无从谈起。"② 因为，原始社会的朴素的平等意识，仅仅是在生产力极端不发达条件下为了劳动力的补给和"类"的繁衍而被迫实行的基本生理需求的平等，因此是自发的感觉、本能反应，不是自觉的意识、观念。"平等观"尽管可以不像"平等理论"那样有系统化的体系，但至少是自觉的意识和观念。所以，从严格意义上说，原始社会还没有形成平等观。这样，从社会形态的角度总结历史上出现的平等观念，大体可以概括为奴隶社会的平等观、封建社会的平等观、资本主义平等观、社会主义平等观（既然是历史上出现的，所以不包括共产主义平等观）。而从平等的尺度，从平等观的特点和内容角度来区分，结合平等观念对平等尺度的依存关系，从性质上可以把这些平等观归纳为"道义平等观""法权平等观"和"社会平等观"。

第一节　道义平等观

所谓"道义的平等观"，即只是从抽象的道德意义上来论证人的平

---

① 周仲秋. 平等观念的历程 [M]. 海口：海南出版社，2002：16.
② 车洪波. 平等观的历史考察——对平等何以成为可能的追问 [J]. 学习与探索，1999 (4)：70.

等，从伦理学层面上提出作为人的平等要求。由于没有触及生产关系和经济关系、经济地位，所以这种平等要求最多是停留在"正义""至善"等道德范畴层面的伦理呼吁。这种道义平等要求，在宗教里还表现为"上帝选民的平等"这种神学观念。尽管这种平等观不可能给人们带来任何平等希望，而且还是以公民对奴隶、封建主对农民的不平等为前提的，但它毕竟反映了人们反抗不平等的努力和人类内心最柔软、最美好的价值追求的火种，也是平等观念历史和平等观发展过程中不可或缺的环节。

一、奴隶社会的道义平等观

由于私有制的确立，到古希腊时期原始平等已经丧失，阶级和等级分化已经形成，剥削和压迫已经出现，奴隶制度成为整个古希腊、古罗马的基本社会制度。在奴隶制这种"普照的光"笼罩下，古希腊民主制不仅把奴隶排除在政治生活之外，就是妇女和外来人也被排除在政治权利之外，政治权利成为城邦公民的特权。在这种情况下，不平等不仅在奴隶主阶级看来是亘古不变的，就是在被压迫阶级那里也被认为是天经地义的。

尽管在当时社会，不平等不仅在统治阶级而且在被统治阶级看来都是合理的、正义的，但奴隶和破产、贫困的自由平民事实上成为不平等制度的直接受害者。对他们来说，权力意味着失去自由；地位意味着被奴役；等级意味着卑贱；财产意味着贫困和破产。总之，他们是与权力、地位、等级和财产无缘的"彻底失败者"。这种失败不仅使他们失去了做人的资格，生存条件也被剥夺了，而且这种失败将世代相传，看不到改变的希望。因而，在绝望和愤怒中，他们对现实的不平等也表现出了本能的反抗。在这种情况下，统治阶级的思想家，为了维护本阶级的统治地位，使奴隶制度不至于在奴隶暴动中被炸毁，就从道义上对统治阶级和被统治阶级两个方面进行劝诫，使统治阶级专制的要求和被统治阶级平等的要求限定在一个可以妥协的范围内。他们关于"正义""善"的学说，就是从道德、伦理上提出的医治社会弊病的"良方"；而他们的这种道义的平等观，就成为当时社会的基本平等观。

柏拉图的平等观就是既维护奴隶制度又调和阶级矛盾和极端不平等关系的理论。他对不平等的现实、贫富悬殊、人身奴役以及由此造成的对抗和暴乱深表忧虑,为了劝诫统治者,他提出了"合乎比例的不平等"和"适如其份的平等"观。柏拉图的平等观是和他的正义观相联系的。他认为,"正义就是给每个人以适如其份的报答"。① 与此相联系,他的平等观认为,应当"适如其分","给予那些不平等的人以应得的'平等'"。② 这种平等观有以下几层含义:首先,反对"一切人不加区别的平等"。他认为,"即使你宣布一个主人和他的奴隶身份应是平等的,但他们之间的友谊天生不可能有的。……对一切人的不加区别的平等就等于不平等"。③ 其次,只能承认"合乎比例的不平等"。他认为,"对公民的评价或授职,尽可能完全平等地根据'合乎比例的不平等'"原则。那么把什么作为确定"比例"的依据呢?他说,应当考虑的不仅是个人的美德、体力、漂亮的外表,他的贫富也应考虑。为此,必须按照财富的多少"确立四个永久性的财产等级"。④ 可见,他主要是依据个人财产的多少而"合乎比例"地"评价公民"或"授职"的,明显是维护奴隶主的利益。最后,应该使用"应得""恰如其分"的平等概念。他认为,有两个"平等"概念:第一种"平等"(量度、重量和数目的平等)是一个人可以简单地用抽签来分配平等的份额。第二种,也就是"最真正的平等,并且是最好的平等","是给大人物多些,给小人物少些"。"这才是我们在建立我们的国家时应该集中注意的那种'平等'"。⑤ 所以,不能为了避免一般人的生气而用抽签的办法给他一个平等的机会。而只能遵循第二种平等——给人以"应得"的平等,因为这种平等所靠的好运气少之又少。⑥ 可见,柏拉图反对一般地要求平等或绝对的平等,是根据财产等级,"给大人物多些"的平等,是"合乎比例的不平等"。这

---

① 〔古希腊〕柏拉图. 理想国 [M]. 郭斌和,张竹明,译. 北京:商务印书馆,1986:7.

② 〔古希腊〕柏拉图. 法律篇 [M]. 张智仁,等译. 上海:上海人民出版社,2001:169.

③ 〔古希腊〕柏拉图. 法律篇 [M]. 张智仁,等译. 上海:上海人民出版社,2001:168.

④ 〔古希腊〕柏拉图. 法律篇 [M]. 张智仁,等译. 上海:上海人民出版社,2001:156、155-156.

⑤ 〔古希腊〕柏拉图. 法律篇 [M]. 张智仁,等译. 上海:上海人民出版社,2001:168、169.

⑥ 〔古希腊〕柏拉图. 法律篇 [M]. 张智仁,等译. 上海:上海人民出版社,2001:169.

说明他是有产阶级的代言人。

类似地,亚里士多德的"比值相等"与柏拉图的"合乎比例的不平等"在内涵上是基本一致的。他把"平等"区分为"数量平等(相等)"和"比值平等(相等)"。"数量相等"即所得的相同事物在数目或容量上与他人所得相等;"比值相等"即按照各人的"真价值",按比例分配与之相衡称的事物。尽管他认为"在某些方面以数量平等,而另一些方面则以比值平等为原则",但总的来说,他强调的还是"比值平等"。他说,"在各种政体的创始时,人们都企求符合正义(公道)和比例(相称)平等的原则……"。① 作为"比值平等"原则的应用,就是既要反对不平等,又要反对绝对平等。他认为,"平民政体"的观念是,"凡人们有一方面的平等就应该在各方面全都绝对平等";"寡头政体"的观念则是,"人们要是在某一方面不平等,就应该在任何方面都不平等;那些在财富方面优裕的人们便认为自己在一切方面都是绝对地优胜"②。而两种要求都违反了"比值平等"原则,因此都不符合"绝对的正义"。而符合正义原则的,应该是按照"比值平等"原则建立的某种"混合政体"。

毫无疑问,无论是柏拉图的"合乎比例的不平等"还是亚里士多德的"比值平等",都是为奴隶制服务的。柏拉图反对主人和奴隶平等,认为"对一切人的不加区别的平等就等于不平等";亚里士多德认为,平等只限于"自由人"之间,不存在于主人和奴隶之间,作为"良法"要消除奴隶与主人平等的企图,否则就是"恶法"。这就说明,无论是柏拉图还是亚里士多德的平等观,都不要求真正的平等,而只是从道义原则上提出的一般道德要求。并且他们都是从"正义"角度来论证"平等"的。而"正义"无疑是一种道德上的要求,是从"应然"而不是"实然"提出的道义原则。就连亚里士多德自己也承认,这种"正义""平等"要求,是一种伦理学的结论。他说,"按照一般的认识,正义是某些事物的'平等'(均等)观念。在这方面,这种世俗之见恰好与我们在伦理学上作哲学研究时所得的结论相同。"③ 可见,他把"正义"

---

① 〔古希腊〕亚里士多德. 政治学 [M]. 吴寿彭,译. 北京:商务印书馆,1965:234、235、232.
② 〔古希腊〕亚里士多德. 政治学 [M]. 吴寿彭,译. 北京:商务印书馆,1965:232.
③ 〔古希腊〕亚里士多德. 政治学 [M]. 吴寿彭,译. 北京:商务印书馆,1965:148.

"平等"看作道德意识,认为"正义"不是德性的一部分而是德性的全部,而"正义就是平等",因此"平等"也是一种道德要求。而且,在古希腊时期,与柏拉图、亚里士多德同时代的其他思想家,也大多是从"正义""善"这些伦理学范畴来论证"平等"的,把"平等"当作一种道义原则来要求。所以说,从性质上来说,古希腊时期的平等观是一种"道义平等观"。

与根据城邦治理需要从"正义"原则上论证"平等"不同,希腊化时期的思想家们开始有了人的"类平等"的概念。斯多葛派的平等思想的重要贡献就在于确立了"类平等"的理念。它认为,人是宇宙的一部分,与上帝具有共同的"理性",于是产生了对人在"类"上的认同。把所有的人,不分男女,不论身份地位,都看作一个统一的"类",就会发现,无论出身、种族、财富以及实际社会地位如何不同,所有人都具有自然赋予的"理性",在内在精神特征上都是相同的,因而都是"平等"的。以此为理论根据,斯多葛派还突破了传统观念的束缚,将平等原则适用于奴隶。认为,奴隶具有和他人一样的精神品质,因此也是"人"。人的精神不可能成为外部力量奴役的对象,主人只能奴役其肉体不能奴役其精神,所以,奴隶与主人在精神上都是"平等"的。因此,应将奴隶作为"精神平等"的伙伴和朋友来对待。进一步讲,也不应歧视外邦人。因为,所有的人,不论是本邦人,还是外邦人,都有相同的"理性",都拥有内在的"自由精神",因而都是"平等"的。推而广之,人人都是平等的,人类是一个情同手足的整体,一个"世界国家"。身为罗马皇帝的马可·奥勒留·安托宁(Marcus Aurelius Antoninus)说,"就我是安托宁来说,我的城市与国家是罗马;但就我是一个人来说,我的国家就是这个世界。"① 这就体现了世界一体平等的理念。这样,依据"精神平等"把人看作一个统一的"类",就确立了"人类平等"的观念。这种观念把平等要求扩展到奴隶,扩展到一切人,无疑是对希腊城邦狭隘平等观的重大超越。这种"人类精神平等"思想打破了城邦时代强加给"人"的各种身份界限,把"人"看作一个统一的"类"。虽然这种从抽象的意识、道德方面出发的"精神平等"理念对变革现实的奴隶制度没有太大的实际意义,但其"人人平等"的平等尺度

---

① 〔古罗马〕马可·奥勒留. 沉思录[M]. 何怀宏,译. 北京:中国社会科学出版社,1989:51.

实现了政治哲学史上人与人关系观念的重大变革,对未来平等理论发展和人的价值的承认产生了深远的影响,具有重要的理论意义和历史意义。

古罗马政治哲学家西塞罗继承了斯多葛学派"人人平等"的思想,以"自然法"概念为基础提出了人类"自然平等"的观点。他认为,所有人类都由"自然法"联结为一个整体,从"自然法"的精神来看,所有的人对光荣和耻辱、善与恶都能作出相同的判断,所有的人都具有共同的心理素质和"理性",因而所有人都应该是"平等"的。既然"人类不存在任何差异",所以整个人类都由自然法联结为一个整体,所有的人都是"世界国家"的平等成员。这就超越了古希腊政治学中主人与奴隶、公民与自由民、本邦人与外邦人之间的森严壁垒,以一种平等的、没有根本差别的理念对待所有人,把"平等"拓展到全人类的层面。也因之实现了对古希腊平等观的彻底变革,在平等思想史上是一个重要转折。所以,"在政治理论中,就其完整性而言,任何变化都不像从亚里士多德的学说到西塞罗和塞涅卡关于人的自然平等思想的转变那样彻底"[①]。

必须指出,不管是斯多葛派的"精神平等"还是西塞罗的"自然平等",都是从道义上要求人的"类平等"或"人人平等"。这种平等要求在当时既无现实经济社会关系基础,也不是被整个奴隶社会所广泛认同的平等观。只能是从道义上对极端不平等的奴隶制度的伦理谴责和对下层劳动人民的道义同情,因而属于道义平等观。

二、封建社会的道义平等观

封建社会是一个以血统和等级制度、宗法制度为特征的社会。皇族和贵族血统的恪守本身就是特权的象征;世袭等级制度的固化本身就是专制的标志;等级森严的宗教制度和宗教对世俗社会的钳制本身就是统治的表现。而特权、专制、统治本身就是"平等"的反面,是"不平等"广泛存在的写照。在中世纪,依照血统、先天出身将人分为三六九等,尊卑有序,上下有别,不能僭越,森严的等级制度覆盖了社会生活的各个方面,因此不可能有什么平等可言。教权控制皇权、僧侣与俗人对立、宗教伦理对世俗社会的精神控制无处不在,人与人的平等无从谈

---

① 徐大同,主编.西方政治思想史[M].天津:天津教育出版社,2000:59.

起。因此，平等思想陷入了停滞状态，平等精神和平等主张也荡然无存。正像恩格斯所说，"日耳曼人在西欧的横行，逐渐建立了空前复杂的社会的和政治的等级制度，从而在几个世纪内消除了一切平等观念。"① 不仅如此，一些思想家还从统治阶级的立场出发，为这种不平等的等级制度进行辩护。如宗教哲学的代表、天主教著名圣师奥古斯丁（Saint Augustine）就提出"世人无平等"的观点；神学家、哲学家托马斯·阿奎那也强调"人生而不平等"。思想家们还编出"君权神授"的神话来愚昧人民，宣传人生来就有高贵低贱之分，让被统治者谦卑地认同与此相关的一切不平等，甚至将这一不平等认作天经地义的。"当不平等不被追问与反思时，真正意义上的平等观也无法形成与建立。"② 但是，长期的残酷统治和无望的挣扎，不能不激起下层劳动人民对人生归宿的追问和对平等的渴望。面对强大的封建势力、完善缜密的专制制度和等级森严的宗法思想，这种平等的渴望只能以虚幻的形式，作为精神的慰藉，存在于宗教的教义中，由此形成了宗教的平等观。

基督教最早出现于奴隶社会的晚期，是奴隶及下层劳动者对现实不平等的抗议的反映。基督教的平等观主要从精神层面强调"原罪的平等"和"上帝选民的平等"。随着这一信仰的广泛流传，后来在罗马帝国时期，逐渐成为统治阶级的统治工具。于是，在它形成初期的平等精神也就丧失殆尽。什么是"原罪的平等"呢？就是人一生下来便是"罪人"，背负着人类始祖亚当和夏娃传下来的"罪"。从这一意义上说，所有人都是"平等"的。这就完全否认了财产金钱和地位权势的因素，为论证人类平等找到了一定的依据。同时，"原罪说"不仅强调奴隶、被压迫者的原罪地位及身份与奴隶主、压迫者是完全平等的，而且强调只要终生信奉上帝、为上帝增添"荣光"，无论奴隶还是奴隶主、无论被压迫者还是压迫者都一样，都可以平等地信仰救世主耶稣为自己赎罪，平等地进入天堂，平等地回到上帝的身边，平等地获得永生。因此，尽管现实中人在财富、地位上是不平等的，但在进入"天堂"方面，在归宿上是平等的。这是人类平等的又一论据。事实上，"原罪平等"不过

---

① 恩格斯. 反杜林论 [M]. 马克思, 恩格斯. 马克思恩格斯文集：第 9 卷. 北京：人民出版社，2009：109 - 110.

② 车洪波. 平等观的历史考察——对平等何以成为可能的追问 [J]. 学习与探索，1999 (4)：70.

是对尘世间统治阶级与被统治阶级之间、穷人与富人之间极为残酷的不平等现实在精神上的反抗。

但是,这种"原罪平等""上帝选民平等""上帝面前人人平等"的观念,只有在基督教早期被强调过,充斥整个中世纪"黑暗一千年"的还是到处存在的不平等。这种不平等即使是在宗教伦理中也表现得淋漓尽致。基督教这种反平等的观念可以从有"神学界之王"之称的神学家们政治学导师托马斯·阿奎那的思想中得到说明。阿奎那认为,"才智杰出的人自然享有支配权,而智力较差但体力较强的人则看来是天使其充当奴仆;……'愚昧人必作慧心人的仆人'";"如果人类社会不受那些比较聪明的人管理,它就会证明是缺乏合理的秩序。……甚至在人们之间,无罪状态也并不排斥某种程度的不平等"①。因此,人们之间存在着"天然不平等","一个主人就是另一个人像奴隶那样对其唯命是从的人。……即使在无罪状态下,总有一些人是管辖另一些人的"②。尽管阿奎那也承认人的"精神自由"和"精神平等",但这是以不平等现实的承认为前提的。他指出,"固然,关于肉体的外在的活动方面,人必须对人服从;但即使在这里,即在与肉体的本性有关的事情上,他除应对上帝服从外,并不一定要对人服从,因为所有的人在天地间都是平等的。""一个人为此而受制于另一个人的奴隶状态,只存在于肉体方面而不存在于精神方面,因为精神始终是自由的。"③ 毫无疑问,这种精神上的"自由"和"平等",在现实宗法关系的赤裸裸的不平等面前,毫无意义,最多只有道义的装扮意义。

可见,无论是斯多葛学派的"精神平等观"、西塞罗的"自然平等观",还是封建社会基督教的"上帝选民的平等观",都是精神层面的平等追求,都不是直接反对现实不平等的主张,而是从心理上对现实不平等的逃避。它最多是从道义上对统治阶级的专制带来的不平等的谴责和对被压迫者不平等遭遇的道义安慰。因此,这种精神上的平等要求,不过是从道义上对平等观念的阐释,不过是一种"道义的平等观"。总之,

---

① 〔意〕托马斯·阿奎纳. 阿奎那政治著作选 [M]. 马清槐,译. 北京:商务印书馆,1963:98、100.

② 〔意〕托马斯·阿奎纳. 阿奎那政治著作选 [M]. 马清槐,译. 北京:商务印书馆,1963:101.

③ 〔意〕托马斯·阿奎纳. 阿奎那政治著作选 [M]. 马清槐,译. 北京:商务印书馆,1963:147、148.

无论古希腊、古罗马，还是封建社会的主流平等观，都属于"道义的平等观"。正因为是"道义的平等观"，"平等"往往流于伦理学的思辨、推理和道义上的呼吁、劝诫，所以也就只能容忍奴隶制度和专制制度的存在。也正因为是"道义的平等观"，"平等"要求往往流于一种道德教条和抽象原则，所以丝毫无助于现实社会中不平等问题的解决。它既不能科学地说明历史，也不能正确地指导社会发展的进程。它最多是社会良心的一时发现，最多是对社会不平等的一声叹息。因为，道义的力量在经济强力面前，总是显得苍白无力。也就是马克思说的，"道德就是'行动上的软弱无力'"。①

第二节 法权平等观

这主要是指资本主义时代的平等观。这种平等观是在资产阶级革命时期形成的，它以政治权利的平等为基本要求，以保障"自然的和不可剥夺的权利"即"人权"为基本内容。而这些"人权"说到底是利己主义的自私自利的个人财产获得保护的权利，也就是体现为"等价交换"的"经济人"的权利。所以，法权平等是"法权平等观"的形式，"经济人"的"等价交换"平等要求是它的实质和内容。

为了分析资产阶级从法权上要求平等的起因，恩格斯对资本主义"法权世界观"的形成作了历史考察。首先，在封建制度内部发展壮大的新兴资产阶级一开始还没有摆脱旧的"神学世界观"的束缚。他们随着经济力量的增强而争取相应政治地位的斗争，在开始时都是在宗教的幌子下，以宗教改革的名义进行的。但是，这种情况是不可能持久的。到了17世纪，宗教改革的旗帜已经没人扛了，新的世界观在法国出现了，这就是"法学世界观"，也是资产阶级的经典世界观。而"法学世界观"是"神学世界观"的世俗化："代替教条和神权的是人权，代替教会的是国家。以前，经济关系和社会关系是由教会批准的，因此曾被认为是教会和教条所创造的，而现在这些关系则被认为是以权力为根据并由国家创造的。由于达到社会规模并且得到充分发展的商品交换产生了（尤其是由于预付和信贷制度）复杂的契约关系，从而要求只能由社

---

① 马克思,恩格斯. 神圣家族 [M]. 马克思,恩格斯. 马克思恩格斯全集：第2卷. 北京：人民出版社,1957：255.

会提供的公认的规章以及国家规定的法律准则，于是人们以为，这些法律准则不是从经济事实中产生的，而是由国家正式规定的。"① 也就是说，是由法律体现的国家权力，即法权。其次，自由商品经济必然产生平等要求，而这必须得到法律的认可和保护才有可能，这也促使"平等"就成为一种"法权"要求。可以说，自由商品生产者的基本交往形式是"平等"的最大创造者。因为，一方面商品交换中必须遵循价值规律，实行"等价交换"。"无差别的人类一般劳动"的比较，成为衡量价值的唯一尺度，也成为人们平等的依据。另一方面，自由竞争带来的优胜劣汰的压力，要求把一切商品及其所反映的人的一切经济关系都放在价值（劳动量）上来衡量，只有在价值面前才真正表现出人的平等。但这种商品经济所要求的平等关系，只有通过法律的认可才能得到保障，"因此法律面前的平等变成了资产阶级的决战口号"。② 然而，当资本主义的经济关系在经济上已经持续发展的时候，政治上还受到封建等级制度的限制。而要把商品经济的平等要求变成现实的法律规定，资产阶级必须变成统治阶级从而获得立法权才有可能。因此，"这个新的上升的阶级反对封建主和当时保护他们的君主专制的斗争，像一切阶级斗争那样，应当是政治斗争，是争取占有国家的斗争，应当为了法权要求而进行，——就是这一事实，促进了法学世界观的确立"，③ 也促成了"法权平等观"的形成。

一、资本主义以前的法权平等观

古希腊时期虽然政治学发达，但事实上这时的"政治学"更多的是一种政治伦理学。因为当时政治学的基本范畴是"正义""至善""公正"这些伦理学概念。在根深蒂固的奴隶制不平等社会中，只是在一定的时间内出现过智者派的"激进平等观"和斯多葛派的"精神平等观"，但这些平等观都是道义的平等观，属于伦理学范围。奴隶制的经济社会制度下，不可能形成"权利"概念；政治伦理学视野中，也不可能形成

---

① 恩格斯．法学家的社会主义［M］．马克思，恩格斯．马克思恩格斯全集：第21卷．北京：人民出版社，1965：546.

② 恩格斯．法学家的社会主义［M］．马克思，恩格斯．马克思恩格斯全集：第21卷．北京：人民出版社，1965：546.

③ 恩格斯．法学家的社会主义［M］．马克思，恩格斯．马克思恩格斯全集：第21卷．北京：人民出版社，1965：546.

"权利平等"的理念。

古罗马人创造了非常发达的政治体制,但不擅长理论思维。古罗马征服古希腊后,也开始了希腊先进文化对罗马人的征服,希腊文化和罗马文化的融合使西方政治学进入一个新阶段。这种融合更多的是古罗马向古希腊文化的学习过程。由此,古希腊时期形成的平等观,尤其是斯多葛派"精神平等观"所宣称的"人人平等""人类平等"理念深深影响了罗马人的政治思想和政治制度构建。到帝国时期,公民权不再限于公民,而是扩大到全体自由民,实现了除奴隶外的所有自由民在专制君主及其官僚集团面前的"臣民平等"。特别是随着古罗马法学的繁荣,罗马法中首次形成了"权利"概念,法律由一般维护社会秩序的功能转向保障个人权利的理念。罗马法继承和发展了斯多葛派的"自然法"思想,把其"精神平等"的空洞伦理要求发展为"自然平等"的法律权利诉求,使罗马法走上平等化和人道化的改革方向,确立了"人人权利平等"的重要理念。正因如此,到帝国末期,人人权利平等在私法领域已接近于实现。

古罗马时期思想家西塞罗是"法权平等观"的典型代表。他在吸收斯多葛派的平等思想的基础上,将政治哲学与伦理学上的"平等"观念引入法哲学,并以"自然法"理论为基础,赋予了"平等"以"法权"的含义。西塞罗认为,"权利"的基础和来源是自然法。既然从自然法的精神来看,所有的人都具有共同的心理素质和"理性",那么所有人都应该是"平等"的。西塞罗还强调,"法律是团结市民联合体的纽带,既然由法律强化的正义对所有人都相同,那么当公民之中没有平等时,又能有什么正义使一个公民联合体被拢在一起?如果我们不能平分人们的财富,并且人们固有能力的平等又不可能的话,那么至少同一国家的公民的法律权利应当平等。"① 又说,"人们始终在求索的就是在法律面前享有平等的权利。因为凡是权利,就应当人人共享,否则就不能算是权利"②。可见,西塞罗以自然法理念为基础,不仅提出了"法律面前人人平等"的命题,而且提出了"权利平等"的平等观。尽管西塞罗提出

---

① 〔古罗马〕西塞罗. 国家篇法律篇[M]. 沈叔平,苏力,译. 北京:商务印书馆,1999:39.
② 〔古罗马〕西塞罗. 论老年论友谊论责任[M]. 徐奕春,译. 北京:商务印书馆,2009:180.

的"法律面前人人平等"理念还仅仅局限于私法权利,还没有推及国家法和公权力范围,但"法律面前人人平等"命题的提出和"权利平等"的平等研究方法论,实现了"平等"研究从单纯的伦理观念向法权观念、从伦理学方法向法学方法的转换。西塞罗的平等思想也由此成为平等研究的古代政治学说和近代政治学说的分界线。后来的启蒙思想家都是按照这种"法学世界观"来论证"平等"的。当然,由于古罗马时期还没有确立平等权利经济基础,因此,所谓"权利平等"也不过是停留在法理层面的一个抽象概念,不可能像资本主义社会那样成为政治、社会的基本原则。

西欧中世纪最著名的市民阶级政治思想家马西略(Marsilius)开始使政治思想摆脱神学束缚。他继承了亚里士多德的政治理论,反对教会宣传的国家产生于上帝安排的说法。更难能可贵的是,在宗教氛围浓厚的中世纪、在封建专制制度浸透经济社会生活一切角落的环境下,马西略提出了"人民权力"命题。他认为,尽管法律可由君主制定,也可由议会制定,但立法权属于人民,人民才是国家最高权力的享有者。不仅立法权属于人民,官吏也应由人民选举产生,其职责和权限应由人民确定,人民可以取消和收回滥用权力的官员的权力。当然,马西略的"人民权力"思想同近代"人民主权"理论还不尽相同。他说的"人民"可以是全体公民,也可以是人民中"占优势"(即所谓"有智慧的富有者")的部分,而且特别强调"占优势的部分"。但不管怎样,马西略的政治思想已摆脱神学束缚,不仅在当时具有反封建的进步意义,而且这种"人民权力"概念和"权利平等"的意识,对近代启蒙思想家的"法权平等观"和"人民主权理论"的形成都产生了深远影响。

二、启蒙思想家的资产阶级法权平等观

由于资产阶级启蒙思想家的平等观为整个资本主义的平等理论奠定了基本理论框架,提供了基本的思维范式,并成为资本主义平等观的典型代表,因此,研究资本主义平等观的性质和特点,应当从分析启蒙思想家的平等思想开始。

英国启蒙思想家霍布斯是通过"自然法"和"社会契约论"来论证其"法权平等观"的。虽然他的平等理论还保留了君主专制观念,但他还是以自己的方式否定了封建等级制度,表达了资产阶级的"法权平

等"要求。其平等理论的基本观点是：第一，根据"自然法"，人人生而平等。霍布斯认为，"在单纯的自然状态下……所有的人都是平等的，根本没有谁比较好的问题。""如果人生而平等，那么这种平等就应当予以承认。……每一个人都应当承认他人与自己生而平等"①。第二，自然状态下人人互相为敌，为了进入"和平状态"，就要让渡一些权力，"按约建立国家"。霍布斯认为，由于人的利己主义的本性和利益上的竞争，自然状态必然陷入"一切人反对一切人的战争"。"在没有一个共同权力使大家慑服的时候，人们便处在所谓的战争状态之下。""这种战争是每一个人对每个人的战争。"②而为了避免战争状态，人们就要遵循"自然法"，彼此订立契约，以保持和平，并将保卫自身生命之外的一切权利转让给"主权者"，即人格化的国家——君主。也就是说，步入社会状态，"进入和平状态时，任何人都不应要求为自己保留任何他不赞成其余每一个人要为自己保留的权利"③。第三，君主与人民之间不存在平等，但是人民之间彼此完全平等。霍布斯认为，"正如同权力一样，主权者的荣位也应当比任何一个或全体臣民高。"④ 这就宣布了"主权者"和人民的不平等关系。但同时，他认为人民之间的地位是彼此平等的，"正如同仆人在主人之前一律平等而没有任何荣位等差存在一样，臣民在主权者之前也是这样。"⑤ 这种平等，主要体现在所有人民在君主命令、国家法律、行为规则上是完全平等的。必须看到，尽管霍布斯承认"主权者"与人民的不平等，但这种只有一个人和全社会之间的不平等，是对原来封建社会多级、台阶式"金字塔"等级制度的彻底否定，从而宣布了这种不平等是社会不平等的最后一种形式。而且他强调人民在君主命令、国家法律面前的平等，也表达了"在法律面前人人平等"这一现代平等观念中极为重要的原则。正因如此，霍布斯的"法权平等"思想奠定了启蒙

---

① 〔英〕托马斯·霍布斯. 利维坦 [M]. 黎思复，黎廷弼，译. 北京：商务印书馆，1985：117.
② 〔英〕托马斯·霍布斯. 利维坦 [M]. 黎思复，黎廷弼，译. 北京：商务印书馆，1985：94.
③ 〔英〕托马斯·霍布斯. 利维坦 [M]. 黎思复，黎廷弼，译. 北京：商务印书馆，1985：117.
④ 〔英〕托马斯·霍布斯. 利维坦 [M]. 黎思复，黎廷弼，译. 北京：商务印书馆，1985：141.
⑤ 〔英〕托马斯·霍布斯. 利维坦 [M]. 黎思复，黎廷弼，译. 北京：商务印书馆，1985：141.

思想家的学理基础、理论框架、思维模式和方法论程式。

法国启蒙思想家孟德斯鸠的平等理论除了和霍布斯一样从"自然法"和"契约"关系论证平等外,他特别强调通过法律保障"平等"的必要性。认为,"在法律没有预防的地方,不平等便会乘隙而入"①。同时,他还把"平等"诉诸政治权利,强调"真正的平等是国家的灵魂"。② 此外,他还提出,通过"三权分立"的原则以保障平等制度的构建。

与其他启蒙思想相比,卢梭深刻的地方在于认识到造成不平等的原因是私有制的存在,这在某种程度上揭示了不平等的制度根源。尽管他也承认"由于人类能力的发展和人类智慧的进步,不平等才获得力量并成长起来",但又认为"自然状态中的差别远远小于社会状态中的差别",而且是"由于私有制和法律的建立,不平等变得根深蒂固而成为合法了"③。同时,人们进入社会,订立社会契约就以"道德和法律的平等"代替了"身体上的不平等"。他认为,"基本公约并没有摧毁自然的平等,反而是以道德的与法律的平等来代替自然所造成的人与人之间的身体上的不平等;从而,人们尽可以在力量上和才智上不平等,但是由于约定并且根据权利,他们却是人人平等的。"④ 这就否定了从人的"能力不平等"为不平等制度辩护的程式。同时,卢梭还认为,"法律(又)不过是公意的正式表示","而公意则总是倾向于平等"。而"公意永远是公正的,而且永远以公共利益为依归。""社会公约在公民之间确立了这样的一种平等,以致他们大家全都遵守同样的条件并且全都应该享有同样的权利。……它是合法的约定,因为它是以社会契约为基础的;它是公平的约定,因为它对一切人都是共同的;它是有益的约定,因为它除了公共的幸福而外就不能再有任何别的目的"⑤。此外,卢梭还赋予了资产阶级推翻专制制度的权利。他认为,绞杀或废除暴君为结局的起义

---

① 〔法〕孟德斯鸠. 论法的精神:上册 [M]. 张雁深,译. 北京:商务印书馆,1961:43.
② 〔法〕孟德斯鸠. 论法的精神:上册 [M]. 张雁深,译. 北京:商务印书馆,1961:45.
③ 〔法〕卢梭. 论人类不平等的起源和基础 [M]. 李常山,译. 北京:商务印书馆,1962:149.
④ 〔法〕卢梭. 社会契约论 [M]. 何兆武,译. 北京:商务印书馆,2003:30.
⑤ 〔法〕卢梭. 社会契约论 [M]. 何兆武,译. 北京:商务印书馆,2003:114、32、35、40.

行动是合法的。所以，专制政体是不平等的顶点，这种不平等顶点也就是新的平等的起点。这不仅第一次完整地提出"人民主权"学说，为资产阶级推翻封建制度提供了理论根据，而且把政治权力的"平等"要求提高到前所未有的高度。

18世纪美国思想家托马斯·潘恩不仅把"平等权利"看作"天赋人权"，而且得出了人的"代际平等"的结论。潘恩也是依据"自然法"论证人人"权利平等"的。他认为，"每一项公民权利都有一项自然权利作为基础，其中还包含一条人与人相互保障各项权利的原则。既然不从人类的起源着眼，就不可能找到权利的起源，可见人的各项权利完全是依据生存权利而存在的，因而必须一律平等。"①而且认为，人的"权能"的不平等不但不否定"权利平等"，而且决定了法律保障"权利平等"的必要性。潘恩指出，"在自然状态下，所有的人在权利上都是平等的，但是在权能上并不平等，弱者无法抵御强者。既然如此，文明社会的制度就在于赋予人们以平等的权能，作为平等权利的对等部分和保障。一个国家的法律如果制定得恰当，必然符合这一目的。"②也就是说，个人能力的不平等不但没有否定"平等"而且决定了"权力平等"的必要性。总起来讲，"在宇宙万物的体系中，人类本来是平等的"，因此"把一个人的地位捧得高出其余的人很多，这种做法从自然的平等权利的原则来说是毫无根据的，也不能引经据典地加以辩护"。所以，"所有的人都处于同一地位，因此，所有的人生来就是平等的，并具有平等的天赋权利"③。既然如此，"代议制政府的真正的、唯一真正的基础，是平等的权利。人人都有权投一票，在选举代表时也是这样。富人无权剥夺穷人的选举权（即选举和被选举权），同样穷人也无权剥夺富人的选举仅，富人的权利并不比穷人多。如果有一方试图或主张剥夺另一方的权利，那就是一个暴力问题，而不是权利问题。谁想剥夺别人的权利，别人就有权剥夺他的权利。"④也就是说，"财产既不是决定权利的标准，

---

① 资产阶级政治家关于人权、自由、平等、博爱言论选录[M]. 北京：世界知识出版社，1963：48.
② 资产阶级政治家关于人权、自由、平等、博爱言论选录[M]. 北京：世界知识出版社，1963：49.
③〔美〕潘恩. 潘恩选集[M]. 马清槐等，译. 北京：商务印书馆，1981：142.
④ 资产阶级政治家关于人权、自由、平等、博爱言论选录[M]. 北京：世界知识出版社，1963：45.

也同样不是衡量品格的尺度。"总之,"人权,其中包括选举代表的权利,是一种最神圣的财产"①。这里,潘恩把"人权"宣布为不可剥夺的"私人财产",而且人人权利平等。不仅如此,潘恩还从"人人平等"观念引申出"代际平等"的理念。他认为,"人权平等的光辉神圣原则(因为它是从造物主那里得来的)不但同活着的人有关,而且同世代相继的人有关。根据每个人生下来在权利方面就和他同时代人平等的同样原则,每一代人同它前代的人在权利上都是平等的。"因此,"每个孩子的出生,都必须认为是从上帝那里获得生存。世界对他就像对第一个人一样新奇,他在世界上的天赋权利也是完全一样的。"② 这种"代际平等"的理念,不仅坚持了"权利平等",而且把这一"天赋人权"赋予了不同时代的一切人,大大拓展了"权利平等"的内涵和外延。

启蒙思想家"权利平等"理念和从法律上论证"法权"平等的方法,奠定了资产阶级人权理论,形成了成熟的法权思维模式,也确立了资产阶级的"法学世界观",至今仍是资本主义理论家的思想理论依据和理论思维工具。

第三节 社会平等观

恩格斯对无产阶级"社会平等观"的形成和发展做了系统总结:

> 在每一个大的资产阶级运动中,都爆发过作为现代无产阶级的发展程度不同的先驱者的那个阶级的独立运动。例如,德国宗教改革和农民战争时期的托马斯·闵采尔派,英国大革命时期的平等派,法国大革命时期的巴贝夫。伴随着一个还没有成熟的阶级的这些革命暴动,产生了相应的理论表现;在 16 世纪和 17 世纪有理想社会制度的空想的描写,而在 18 世纪已经有了直接共产主义的理论(摩莱里和马布利)。平等的要求已经不再限于政治权利方面,它也应当扩大到个人的社会地位方面;不仅应当消灭阶级特权,而且应当消

---

① 资产阶级政治家关于人权、自由、平等、博爱言论选录 [M]. 北京:世界知识出版社,1963:49、45.
② [美]潘恩. 潘恩选集 [M]. 马清槐等,译. 北京:商务印书馆,1981:142、142.

灭阶级差别本身。①

可见，一方面，无产阶级、无产阶级运动、无产阶级的理论，有一个从不成熟走向成熟的过程。另一方面，尽管无产阶级的平等观是与资产阶级的平等观相伴生的，但是已经大大向前发展了：与资产阶级"消灭阶级特权"的平等要求不同，无产阶级的平等要求是"消灭阶级差别本身"；与资产阶级"政治权利的平等"要求不同，无产阶级的平等观是"社会地位的平等"，即"社会平等"。

要把平等要求从政治领域拓展到经济、社会领域，把"政治权利的平等"变为"社会地位的平等"，必须实现生产方式的彻底变革，最根本的是要实现生产资料私有制到生产资料社会所有的转变。作为这一变革的必然结果，就是人们在生产资料社会所有基础上的利益一致和经济社会地位的平等，也就是阶级差别的消灭。这时才能谈得上真正平等的实现。因此，是否主张公有制或消灭阶级（实际上二者是同一个历史进程，是同一社会变革的不同说法），是判定是否是无产阶级的平等观（即社会主义平等观）的根本标志。

无产阶级从一开始就把消灭私有制、实现公有制和消灭阶级作为自己的平等要求。但是，无产阶级运动本身经历了从不成熟到成熟的历史过程。而作为这些运动的理论表现的形形色色的社会主义平等理论，由于历史条件的局限，总是存在这样那样的缺点。

一、早期无产阶级的社会平等观

早期资产阶级反抗封建主义的斗争不是作为政治运动而是以宗教运动的形式开始的。德国宗教改革的著名领导人路德领导的市民（资产阶级的前身）宗教改革就是这一运动的典型代表。同样，早期的无产阶级平等要求也是以宗教改革的形式提出来的。德国平民宗教改革家托马斯·闵采尔（Thomas Münzer）领导的平民（无产阶级的前身）宗教改革作为早期无产阶级的运动，提出了与资产阶级的平等观完全不同的平等要求，宣布了无产阶级平等观的诞生。闵采尔所代表的平民的平等要求，把原始基督教的平等关系作为市民社会的准则，并"从'上帝儿女的平

---

① 恩格斯. 反杜林论 [M]. 马克思, 恩格斯. 马克思恩格斯文集：第9卷. 北京：人民出版社，2009：21-22.

等'得出有关市民平等的结论,甚至已经部分地得出有关财产平等的结论。它要求贵族同农民平等,要求城市贵族和享有特权的市民同平民平等,它要求……至少消除那些极其悬殊的贫富差别……"① 与"平等"的要求相联系,它提出了消灭私有制、实现公有制的要求。这种闪耀着"共产主义思想微光"的无产阶级平等要求的根本内容,由闵采尔第一次表达为一个现实的社会集团的要求,第一次以一定的明确性表达出来。除此之外,在闵采尔那里,还有了消灭阶级的模糊认识。闵采尔想象的"社会共和平等的千载太平之国"是一个没有阶级差别、没有私有财产、没有高高在上、没有社会成员作对的国家政权的社会。这里,一切政权都应被推翻;一切工作、一切财产都要共同分配,"最完全的平等必须实行"。显然,这是把"平等"拓展到经济、社会领域的要求。当然,这些社会平等的要求超出当时的历史条件,而且陷入了平均主义和禁欲主义的泥潭。

同样作为"现代无产阶级多少发展了的先驱"的英国平等派,是17世纪英国资产阶级革命中代表城乡小资产阶级和部分劳动群众利益的政治派别,也是革命中最坚决的部分,是革命的激进派。平等派坚持"人生而具有的权利"的信条,主张政治上取消一切特权,保障人民自由;经济上取消垄断特权,废除苛捐杂税;法律上主张健全法制,法律面前人人平等;宗教上主张信仰自由,消除宗教迫害等。平等派代表了城乡下层人民的利益,提出了不同于资产阶级的无产阶级的平等要求,宣传了原始的平均共产主义的思想,有力推动了英国资产阶级革命走向彻底,对世界近代资产阶级革命乃至无产阶级革命产生了深远影响。

德国诗人海涅(海因里希·海涅,Heinrich Heine)在论及19世纪上半叶的法国的各种社会思潮时写道:"各种具有破坏力量的思想已被下层群众所掌握,巴黎有四十万只坚强有力的拳头,只等一声令下就准备去实现绝对的平等——不是权利的平等,而是享有大地财富的平等。"② 这是法国大革命前下层群众运动状况的生动描写。事实正是这样,法国平均共产主义最激进的思想家、革命家巴贝夫不仅提出了废除私有制、实现公有制的要求,而且提出了实行计划经济的设想。他认为,"不幸与

---

① 恩格斯.德国农民战争[M].马克思,恩格斯.马克思恩格斯文集:第2卷.北京:人民出版社,2009:237-238.
② 转引自:曹锦清.平等论[M].上海:华东化工学院出版社,1988:22.

奴役源自于不平等，而后者则源自于财产。因此，财产乃是社会的最大灾殃；它是一种名副其实的公罪"，"（私有）财产是世上万恶之源"，①是社会不平等的经济根源和社会根源，而公有制才是人们社会平等的根本保证。所以，"我们所追求的（则）是一种最崇高、最公道的事物：公有财产或财产公有！"② 与公有制要求相联系，巴贝夫在分配方式上表现为严格的平均主义。他强调，"要使这个民族的各个人之间是没有任何差别的绝对的平等"；"分给每一个公民由其他各种物品构成的社会总产品中同等的一分"。③ 总之，"正如我们生来是平等的，我们要求此后生而平等，死而平等"，"建立起幸福的王国，平等与自由的王国，人人丰衣足食，人人平等自由，人人生活幸福"④。这种平均主义的"共产主义"尽管最能打动最下层贫困民众的心，但从历史发展的进程上看是落后的甚至是反动的。然而，可贵的是，巴贝夫已经预见到资本主义的自由竞争和无政府状态必然会产生垄断和经济危机，从而形成更加不平等的财产关系与分配关系的社会问题。为此，他提出了实行计划经济的要求，"我们未来的制度将使一切都按计划进行"。⑤ 这就触及了科学社会主义的基本经济特征。在资产阶级还没有在全世界取得统治地位，在资本主义经济危机还没有显现的时期，能有这样的预见并能提出合理的经济运行方式，的确是难能可贵的。

这些作为现代无产阶级先驱的早期无产阶级运动尽管表现出了很大的缺陷，他们的理论和平等观尽管有很大的历史局限，但他们的思想观点毕竟为后来的无产阶级运动及其平等理论的发展，提供了难得的思想素材。正是在对这些尝试进行总结的基础上，才有了"直接共产主义的理论""空想社会主义"乃至科学社会主义的科学总结。正是在这个意义上，恩格斯说，"现代社会主义，……同任何新的学说一样，它必须

---

① 〔法〕菲·邦纳罗蒂. 为平等而密谋——又称巴贝夫密谋：下卷 [M]. 陈叔平等，译. 北京：商务印书馆，1990（2014 年印刷）：96、38.

② 〔法〕菲·邦纳罗蒂. 为平等而密谋——又称巴贝夫密谋：下卷 [M]. 陈叔平等，译. 北京：商务印书馆，1990（2014 年印刷）：88.

③ 〔法〕G. 韦耶德，C. 韦耶德，编. 巴贝夫文选 [M]. 梅溪，译. 北京：商务印书馆，1962：86、89.

④ 〔法〕菲·邦纳罗蒂. 为平等而密谋——又称巴贝夫密谋：下卷 [M]. 陈叔平等，译. 北京：商务印书馆，1990（2014 年印刷）：87、29.

⑤ 〔法〕G. 韦耶德，C. 韦耶德，编. 巴贝夫文选 [M]. 梅溪，译. 北京：商务印书馆，1962：90.

首先从已有的思想材料出发,虽然它的根子深深扎在经济的事实中。"①

二、空想社会主义的社会平等观

作为伴随着还没有成熟阶级的革命暴动的相应理论表现,早期空想共产主义思想家,已经把平等的要求从政治领域延伸到经济、社会领域,因为他们一般都提出了消灭私有制、实现公有制的要求。空想社会主义的鼻祖托马斯·莫尔就认为,私有制是万恶的根源,世界再没有比这更不公平的事了。他是第一个剥掉"共有制"的宗教外衣而从"理性"出发论证"共有制"的人。在他构想的"乌托邦"里,私有财产不复存在,一切归全民所有,"每人一无所有,而又每人富裕"②。除了公有制外,莫尔还特别强调分配平等,认为"平等"就是平均享有、平均分配。他说,"达到普遍幸福的唯一道路是一切平均享有。……如不彻底废除私有制,产品不可能公平分配,人类不可能获得幸福。"而在"乌托邦"中,"由于分配平均,人人一切物资充裕"。③ 同样,早期空想社会主义者托马斯·康帕内拉(Tommas Campanella)也提出了消除私有财产、实行财产公有的要求。他认为,"往昔的不公平就包含在现在的财产公有制内",因此"太阳城人"藐视私有财产,认为"财产公有制是一种最好的制度"。由于实行了公有制,"太阳城"里没有穷人,所有的人都平等为兄弟。④ 康帕内拉还把财产公有当作自然法则和上帝的要求。他说,"耶稣也指出天上的飞鸟作为榜样,说它们没有财产,不耕种,不收获,也不划分牧场。……按照自然法,一切都公有,——这是千真万确的"。⑤

被恩格斯称为"直接共产主义理论"的思想家的摩莱里(Morelly)和马布利(Cabriel Bonnot De Mably)是 18 世纪空想社会主义者,也是启蒙思想家。他们是借助"自然法"来阐述其平等理论的。摩莱里认为,

---

① 恩格斯. 反杜林论 [M]. 马克思,恩格斯. 马克思恩格斯文集:第 9 卷. 北京:人民出版社,2009:19.
② 〔英〕托马斯·莫尔. 乌托邦 [M]. 戴镏龄,译. 北京:商务印书馆,1982:115.
③ 〔英〕托马斯·莫尔. 乌托邦 [M]. 戴镏龄,译. 北京:商务印书馆,1982:44、43-44.
④ 〔意〕康帕内拉. 太阳城 [M]. 陈大维等,译. 北京:商务印书馆,1980:76、74、81.
⑤ 〔意〕康帕内拉. 太阳城 [M]. 陈大维等,译. 北京:商务印书馆,1980:76.

私有制是社会出现混乱和罪恶的根本原因,而"自然界通过人们感觉和需要的共同性,使他们了解自己地位和权利的平等,了解共同劳动的必要性"①。"上帝"为了不使任何东西妨碍这种团结,把土地交给人类共同占有且不可分割,人人都有权平等地享受土地的果实。因此,"世界是一张大饭桌,配备足够全体进餐者需要的一切,……任何人都不是世界的绝对主宰者,谁也没有权利要求这样做"。所以,"社会上的任何东西都不得单独地或作为私有财产属于任何个人"②。同时,摩莱利还提出了计划经济的设想,他强调,"一切产品都要核算,其数量要与每个城市的公民人数相适应","如普遍使用的或部分人使用的非生活品感到缺乏,以致数量不敷,以及发生可能某一公民得不到这种物品时,则暂时停止发放,或减少供应,直到数量充足为止。但应当特别注意,勿使生活必需品的供应发生类似情况。"③ 可见,财产共有,有计划生产,平均分配——这就是摩莱利的社会平等观。类似地,马布利也认为,以私有制为基础的制度是对自然秩序的破坏。"私有制是财产和地位的不平等的起因,从而也是我们的一切罪恶的基本原因。"④ 只要一实行土地私有,一产生财产不平等现象,这种财产分配的不平等状况就要引起利益的不平等,所以"平等与财产私有制不能并存","自然界要求人们走向财产公有"⑤。"实行财产公有,可以非常容易地建立财产平等,并在这个双重的巩固基础上创造人们的幸福。"⑥ 可见,早期空想社会主义的理论家们已经深刻认识到造成不平等的根源是私有制,真正平等的实现必须实现生产方式的彻底变革,实现生产资料社会所有。所以,虽然同为启蒙思想家,但他们的思想已经比资产阶级启蒙思想家大大前进了。这是无产阶级比资产阶级革命的地方,也是他们先进性的表现。

三大空想社会主义者比前人进步的地方在于,不仅提出了实现公有

---

① 〔法〕摩莱里. 自然法典 [M]. 黄建华,姜亚洲,译. 北京:商务印书馆,1982:23.
② 〔法〕摩莱里. 自然法典 [M]. 黄建华,姜亚洲,译. 北京:商务印书馆,1982:22、106.
③ 〔法〕摩莱里. 自然法典 [M]. 黄建华,姜亚洲,译. 北京:商务印书馆,1982:109.
④ 〔法〕马布利. 马布利选集 [M]. 何清新,译. 北京:商务印书馆,1960:50.
⑤ 〔法〕马布利. 马布利选集 [M]. 何清新,译. 北京:商务印书馆,1960:50.
⑥ 〔法〕马布利. 马布利选集 [M]. 何清新,译. 北京:商务印书馆,1960:98.

制的要求，而且把这一要求实施于具体的社会实验中。他们的理论也被马克思、恩格斯称为"本来意义的社会主义的和共产主义的体系"。① 圣西门提出了实行"普遍劳动义务制""计划经济"和"按劳分配"等一系列社会主义的主张。他把"人人都劳动"作为平等原则的体现来强调。这是针对不劳而获的王公贵族、教士和食利者阶层的。"而实业制度则建立在完全平等的原则上，它否认一切以出身为基础的权力，不承认各种特权。"② 实业体系的基本任务，是制订总的经济计划，克服经济无政府状态，因此是一种"协作制"。

法国哲学家、空想社会主义者傅立叶（夏尔·傅立叶，Charles Fourier）在论述他的"法郎吉"和谐制度时阐述了其分配平等的思想。在他设想的"和谐制度"中，每个人都加入由"谢利叶制度"组成的一个"法郎吉"，并住在公共房屋里。"为了保证在分配问题上达到协调一致，我们有两种足以应付裕如的手段：第一是任何时候人们都不会缺乏的贪好心理。然而，如果能把它改造成为公平分配的保证，那就肯定会获得正义的统治了；第二种分配均衡的手段是文明制度下所难于实现的慷慨大度"③。也就是说，傅立叶的"分配平等"并没有否定人们的"贪好心理"，但又寄托于人们的"慷慨大度"。他认为，"协作社成员们""甘愿作任何牺牲，只要这种牺牲为保证分配所必需"。他相信"和谐制度的人在分配问题上将是公正的，因为对他们来说，公正将意味着利益、荣誉和愉快"。所以，在和谐制度下，每个社员"在一切方面都势必要求严格的公正；严格的公正是使他的物质利益、自尊心和情感同时获得满足的唯一手段"。正是靠这种"公正心"，最后"达到在分配收入上的极度公正和充分和谐以及使每个人都能按照他的三种手段——劳动、资本和才能而获得满意的报酬"④。可见，在傅立叶看来，只要社会制度构建的合理、科学，人们完全会用"公正心"取代"贪婪心"，从而实现平

---

① 马克思，恩格斯. 共产党宣言 [M]. 马克思，恩格斯. 马克思恩格斯文集：第2卷. 北京：人民出版社，2009：62.

② [法] 圣西门. 圣西门选集（第二卷）[M]. 董果良，译. 北京：商务印书馆，1982：80.

③ [法] 傅立叶. 傅立叶选集：第二卷 [M]. 赵俊欣等，译. 北京：商务印书馆，1981：124.

④ [法] 傅立叶. 傅立叶选集：第二卷 [M]. 赵俊欣等，译. 北京：商务印书馆，1981：145、174、179、173.

等分配和社会平等。

英国空想社会主义者罗伯特·欧文的"团结合作新村"是根据"人生来平等"的法则建立的"农、工、商、学结合起来的大家庭",所有成年人权利一律平等。因此,他提出,"应该作为一项基本的正义原则这样规定:'任何一个人不曾为别人服务,也就没有权利要求别人为他服务',换句话说,就是'一切人生下来就有平等的权利'。"所以,"我们的原则是:所有的成年人,不分性别和地位,权利一律平等。随着体力和智力的适应程度而变化的义务一律平等。""只有逐步在人类中间推广公正而绝对的平等,完全实行慈父般的民主,才能使人人得到并且保证得到互相关心、一切美满、进步和愉快的幸福。'要么人人都幸福,要么谁也不幸福',将在最近首先成为民主的口号,然后成为一切国家和不同气候地带的人民的共同口号。"① 然而,"私有财产过去和现在都是人们所犯的无数罪行和所遭的无数灾祸的根源","私有财产是贫困的唯一根源"。而且,私有财产是产生严重不正义的原因,它反对人们权利平等的原则,所以"在合理组织起来的社会里,私有财产将不再存在"②。欧文还指出,"金钱是万恶的根源。"③ "只要人类的头脑不摆脱金钱的这种无理统治,人们就不能犹如有理性的人那样思考和行动,而世界也只能是一所疯人院,经常处于无政府状态和动荡不安之中,每个人都公开地或暗地里与他人为敌,其实对人人有最大好处的是经常的亲密而真诚的团结。"④ 这实际上认识到了私有制条件下的商品经济是造成不平等的机制这一深层次问题。欧文还设想了消除了"金钱"后的社会中财富的分配方式:"在理性的社会制度下,这种不合理的财富分配将不复存在,每个人都公平地取其所得,并且对其他一切人都将公平行事","财富的分配将是一切生活问题简单的问题。""财富生产出来后,将按货物的种类放进仓库或货栈里来,以供消费者使用"。每个劳动者"根据借助劳动券

---

① 〔英〕欧文.欧文选集:第二卷[M].柯象峰等,译.北京:商务印书馆,1981:131、33、187、134.
② 〔英〕欧文.欧文选集:第二卷[M].柯象峰等,译.北京:商务印书馆,1981:11、13、13.
③ 〔英〕欧文.欧文选集:第一卷[M].柯象峰等,译.北京:商务印书馆,1979:308.
④ 〔英〕欧文.欧文选集:第二卷[M].柯象峰等,译.北京:商务印书馆,1981:103.

交换劳动价值相等的等价物的公平的劳动原则,收受食品、衣服和其他物品,以及代理进行各种服务"①,"劳动者生产出剩余产品以后,应当得到公平合理的报酬",②通过"普遍建立新式的公平交易的'交换银行'"交换等价产品,"以劳动产品交换等价劳动产品的公平原则进行"③。当然这种交换是生活资料的互相调剂,不是为了赚取利益和价值的商品交换。

总之,空想社会主义者从所有制形式上分析了不平等的根源,强调社会平等只能建立在公有制基础上,这就抓住了平等问题的根本。他们的历史局限在于,往往是从抽象的"人性"出发提出"人人平等"的要求,而且往往把"平等"看作一种抽象的、永恒的原则。而且多数空想社会主义者强调分配的平等,因而没有跳出平均主义的羁绊。

三、保守社会主义的社会平等观

马克思、恩格斯在《共产党宣言》里,把"无政府主义之父"、法国小资产阶级社会主义者蒲鲁东的理论列为"保守的或资产阶级的社会主义"。因为他"愿意要现代社会的生存条件,但是不要由这些条件必然产生的斗争和危险"④。也就是说,他认识到了资本主义的弊端和危险,但又不想推翻资本主义,而是在资本主义框架下进行修修补补,来实现他的平等理想。一方面,蒲鲁东从"平等"要求出发反对私有制,认为"所有权是不能存在的,因为它否定平等";"私有制是社会的自杀","所有权就是盗窃"⑤ 等。另一方面,他也反对公有制,认为"共有制是不平等";"共产制侵犯了良心的自主和平等","是贫困的宗教"。⑥

---

① 〔英〕欧文. 欧文选集:第二卷 [M]. 柯象峰等,译. 北京:商务印书馆,1981:29、32、202.

② 〔英〕欧文. 欧文选集:第一卷 [M]. 柯象峰等,译. 北京:商务印书馆,1979:312.

③ 〔英〕欧文. 欧文选集:第二卷 [M]. 柯象峰等,译. 北京:商务印书馆,1981:201、204.

④ 马克思,恩格斯. 共产党宣言 [M]. 马克思,恩格斯. 马克思恩格斯文集:第2卷. 北京:人民出版社,2009:61.

⑤ 〔法〕蒲鲁东. 什么是所有权 [M]. 孙署冰,译. 北京:商务印书馆,1963:258、322、序言7.

⑥ 〔法〕蒲鲁东. 什么是所有权 [M]. 孙署冰,译. 北京:商务印书馆,1963:297、298;贫困的哲学(下卷)[M]. 余叔通,王雪华,译. 北京:商务印书馆,2010:799.

而他认可的除"私有制"和"共有制"外的"这第三种社会形式,即共产制和私有制的综合,我们把它叫做自由"。至于这种称为"自由"的所有制形式是什么,蒲鲁东自己也说不清楚。他还认为,"自由就是平等……如果没有平等,就没有社会。""平等"体现在经济社会生活中,就是"社会上的一切工资都是平等的"。① 他认为,按劳分配、按需分配都是不平等的,只有"一切工资平等"才是真正的平等。而他实现"平等"的途径是设立"交换银行",通过物物交换,实现体现"价值"的平等。可见,私有制、所有权、工资、价值、银行、交换——一切都还是资本主义的制度框架,他却试图在这种框架下消除这个制度框架本身产生的不平等,来实现他所谓的"平等"理想。这就像,要玫瑰开花,却不准玫瑰长刺。

类似地,德国小资产阶级社会主义代表、庸俗经济学家杜林(卡尔·欧根·杜林,Karl Eugen Dühring)企图用所谓"绝对价值"来消除资本主义的不平等。而所谓"绝对价值",就是"同等的工资和同等的价格","一切劳动时间毫无例外地和在原则上(因而不必先得出一种平均的东西)都是完全等价的"。这样,"同等的工资和同等的价格""即使不造成质量上的消费平等,也造成数量上的消费平等",这样一来,"普遍的公平原则"就在经济上实现了。② 资本主义不平等的分配方式就消灭了。可是,资本主义分配和交换不正是按"价值"进行的吗?而他却宣称其建立在"普遍公平原则"上的"经济公社"就是实现这种"平等""公平"原则的"新社会主义体系"。在这里,现存资本主义制度的市场、价值、交换、工资等,一切都是原来的样子,他却认为依靠所谓的"绝对价值"这一"灵丹妙药",就能药到病除,消除资本主义的一切不平等罪恶——不消除产生罪恶的原因,却想消除罪恶本身,就像既保留一个物体又要消灭它的影子一样。

不同的是,无政府主义者、俄国理论家巴枯宁(米哈伊尔·亚历山大罗维奇·巴枯宁,Mikhail Alexandrovich Bakunin)则试图通过"根据地球上一切人普遍和真正平等的伟大原则研究政治问题和哲学问题

---

① 〔法〕蒲鲁东. 什么是所有权 [M]. 孙署冰,译. 北京:商务印书馆,1963:318、154.

② 恩格斯. 反杜林论 [M]. 马克思,恩格斯. 马克思恩格斯文集:第9卷. 北京:人民出版社,2009:317、205、317.

的新的国际社会主义民主同盟",来"实现各阶级和个人(不分男女)在政治、经济和社会方面的平等"①。认为,通过"使一切儿童享有同等的学习、发展条件"来实现"人与人之间的普遍的、伟大的、自然的平等,将导致各种人为的不平等的消失"②。总之就是用"原则"和大话改造世界,实现平等,完全不顾产生这些不平等的实际经济条件和经济制度。

毫无疑问,这些反映不成熟的无产阶级平等观的思想理论都在如何实现"经济、社会领域的平等"上提出了独到的见解,做了有益的探索,为社会主义平等观的形成做出了一定的理论贡献。表现在:其一,揭露了资本主义不平等的社会事实,描述了全社会利益一致基础上集体协作、计划经济的社会主义平等特征;其二,突破了资本主义平等观的狭隘眼界,提出了消除私有制、实现公有制的社会主义平等主张;其三,克服了资本主义平等观的保守性,提出了消灭阶级的无产阶级平等要求;其四,对社会主义平等的内容做了有益探索,为科学社会主义平等观的形成提供了可贵的思想素材。当然,由于历史条件的局限,这些平等理论又存在很大的缺陷,主要是:第一,对资本主义不平等的认识还停留在现象描述的水平,没有认识到资本主义不平等的深刻经济社会根源。第二,不顾历史发展的阶段和社会所能提供的经济条件,提出的一些超越历史阶段平等要求,使"平等"成为一种无法实现的臆想方案。第三,认识到私有制是造成一切社会不平等的根源,也提出了实现公有制、消灭阶级的社会主义平等要求,但没有找到实现公有制、实现社会主义平等的依靠力量和有效路径。第四,其平等要求往往流于"平等分配""平等工资"等要求,甚至陷入绝对平均主义的泥潭。这即使相对于资本主义不平等,也是一种历史的倒退而不是进步,是开历史的倒车。第五,拘泥于对未来社会的空想描写,试图通过在不改变资本主义制度前提下进行的一些小规模的社会实验来改造社会,其社会主义平等方案没有跳出资本主义社会的界限,因此也不可能达到实现社会主义平等的目的。

---

① 马克思,恩格斯. 社会主义民主同盟和国际工人协会[M]. 马克思,恩格斯. 马克思恩格斯全集:第18卷. 北京:人民出版社,1964:512.
② 马克思,恩格斯. 社会主义民主同盟和国际工人协会[M]. 马克思,恩格斯. 马克思恩格斯全集:第18卷. 北京:人民出版社,1964:512、513.

但是，不管怎样，这些平等理论都把"平等"从资产阶级"政治权利平等"的要求拓展为"经济平等"和"社会平等"的诉求；把"平等"从"国家领域"拓展到经济领域和社会领域；把"平等"从抽象的政治原则变为经济社会的现实制度要求。因此，这些平等观无疑都是"社会平等观"。而这种无产阶级的"社会平等观"，无疑是对资产阶级"法权平等观"的历史超越，也为马克思、恩格斯的科学社会主义的平等观的诞生，提供了思想材料，作了理论准备。

第二部分　马克思恩格斯的平等理论

第四章　马克思恩格斯的平等观

马克思、恩格斯从来不从观念上理解历史，更不会把历史看成平等观念渐次展开的过程。因为在他们看来，人类社会的"第一个历史活动"就是生产满足衣、食、住以及其他需要的资料，"即生产物质生活本身的活动"①。也就是说，"人们首先必须吃、喝、住、穿，就是说首先必须劳动，然后才能争取统治，从事政治、宗教和哲学等等……"② 所以，整个人类历史也是以物质资料的生产为基础的。这种物质资料的生产尽管在不同的历史时代表现为不同的生产方式，但它始终是整个社会的经济基础。作为意识形态上层建筑的思想观念，不过是现实生产方式、生产关系的反映。因此，历史不能被理解成观念的历史，而是生产方式及其矛盾运动的历史。平等观念也是这样——各个时代的平等观念之所以各不相同，说到底正是因为构成各个时代生产方式的经济关系不尽相同，因此其矛盾运动的方式也各不相同。这也从另一个侧面印证了观念是第二位的东西，不是理解历史的根本和路径。这就是马克思、恩格斯不把"平等"或"平等观"作为认识、分析历史和社会的理论范畴、思维工具的原因。说马克思、恩格斯反对把"平等"作为解析历史和社会的基本范畴，并不代表他们没有平等观。马克思、恩格斯的平等观是他们关于"平等"的观点和看法（包括肯定的，也包括否定的），及他们研究平等问题的立场和方法等。

---

① 马克思，恩格斯. 德意志意识形态 [M]. 马克思，恩格斯. 马克思恩格斯文集：第1卷. 北京：人民出版社，2009：531.
② 恩格斯. 卡尔·马克思 [M]. 马克思，恩格斯. 马克思恩格斯文集：第3卷. 北京：人民出版社，2009：459.

第一节　马克思恩格斯在平等命题上的立场

平等观与历史观是分不开的，可以说，有什么样的历史观，就有什么样的平等观。譬如说，在唯物主义历史观看来，"平等"作为一种观念，是一定经济关系和社会存在的反映。它是一定生产方式变革的趋势或"征象"，是作为第二位的东西而存在的。相反，唯心主义历史观认为，"平等"作为一种价值追求，一种"永恒真理"，是先验地存在的；而人类社会的历史和未来，就是实现这一"真理"和"价值目标"的过程。与平等理论研究上广泛存在的唯心史观不同，马克思、恩格斯坚持唯物史观的立场、观点和方法。

一、从平等观念上理解社会机理的历史惯性

黑格尔说，"主人和奴隶都是囚徒；平等为两者打开了枷锁。"① 就是说，"平等"是解开社会矛盾的钥匙。所以"平等"，不仅一般人甚至很多思想家都认为是天经地义的，甚至认为历来就有、从来如此的。有的理论家甚至认为"平等"是"产生于过去的现在，孕育着伟大的未来"。② 譬如说，法国哲学家皮埃尔·勒鲁就认为，"平等这个词概括了人类迄今为止所取得的一切进步，也可以说它概括了人类过去的一切生活。从这个意义上说，它代表着人类已经走过的全部历程的结果、目的和最终的事业。"③ 这段话，结合勒鲁的其他论述，实际上包括如下几个论断：

第一，"平等"是人类全部历史的主题。勒鲁认为历史的"过去部分完全证实了我们在现在部分中发现的真理。我们深信人类早先的生活包含着平等的萌芽。一切伟大的宗教，一切伟大的哲学，一切伟大的立法，都包含着这种萌芽"。"我们对于过去的全部研究应该使我们证实如下两个方面：一方面是平等的萌芽总是存在着的；另一方面是这种萌芽

---

① 转引自：[美]罗纳德·德沃金. 至上的美德：平等的理论与实践 [M]. 冯克利，译. 南京：江苏人民出版社，2008：293.
② [法]皮埃尔·勒鲁. 论平等 [M]. 王允道，译. 北京：商务印书馆，1988：5.
③ [法]皮埃尔·勒鲁. 论平等 [M]. 王允道，译. 北京：商务印书馆，1988：256.

过去从来不曾发展到象今天这样理想。"① 勒鲁还说，"为了平等的实现，所有的启蒙者和启示者前赴后继，在一切领域进行探索……全人类洒下多少汗水。……其神圣的目的正是为了平等，为了平等的感情，平等的观念。为了使人类精神接受这种观念，苏格拉底和耶稣献出了他们神圣的一生。……同样也是为了这个目的，人类发明了指南针，发现了美洲，发明了印刷术，实现了各种各样伟大的发明。还是为了这个目的，亚历山大、凯撒、拿破仑王朝出现在大地上。同样也是为了这最终的事业，奴隶们辛勤地为征服者的大军铺平了道路。"因此"平等信条是由我们的先辈传给我们的一笔不完善的遗产，现在该由我们把它传下去，而且要比我们接受它时更加光彩夺目，揭示得更加深刻。这信条既是出自我们过去的道德生活，我们应该使它以更加丰富的内容传给未来"②。

可见，在勒鲁看来，整个人类历史就是为了"平等"而存在的。它不仅在人类的早先生活中就萌生，而且贯穿整个历史过程，贯穿一切伟大宗教、一切伟大哲学、一切伟大立法。不论是奴隶的辛劳还是征服者的杀戮，不论是伟人的问世还是伟大发明的发现，不论是新大陆的开辟还是启示者、启蒙者的唤醒，一切的一切，都是为了去实现"平等"，都是"平等"不断自我生长的过程。在勒鲁看来，"平等"就是历史的轴心，一切历史人物都受它的驱使，一切历史事件都为它展开，一切历史发明都是对它的点缀，一切历史成就都是它的功劳。所以，平等就是先于历史的先验存在，平等就是独立于历史、凌驾于历史甚至驾驭历史前行的至高无上的"神灵"。

第二，"平等"是唯一的正义原则。勒鲁认为，"平等是一项原则，一种信仰，一个观念，这是关于社会和人类问题的并在今天人类思想上已经形成的唯一真实、正确、合理的原则。"又说，"什么都不能战胜你们对正义的感情，这种感情并非其他，而是对人类平等的信仰。""我们大家在感情上都觉得要有一个更为美好的世界，显然这是因为我们今天所确认的正义和理智的唯一原则乃是平等。"所以，"平等是一项原则，一种信条……平等是一项神圣的法律，一项先于其他一切法律的法律，一项派生其他法律的法律……"因为，"创造权利的东西（我指的是今

---

① 〔法〕皮埃尔·勒鲁. 论平等 [M]. 王允道, 译. 北京：商务印书馆, 1988：240、240－241.

② 〔法〕皮埃尔·勒鲁. 论平等 [M]. 王允道, 译. 北京：商务印书馆, 1988：256、5.

天的权利)恰恰就是确认人们的平等。"① 法律面前人人平等是根据"人类的平等"这个概念、这种原则、这种规则、这种准则进行调节的;"平等先于司法,是平等创造了司法和构成了司法";"司法,就其本质而言,就是平等";"在刑法中,也处处都宣告了平等的同一原则"。② 总之,"历史演变的终结,无论平等怎样毫无组织,缺乏内容,平等总是灵魂的法则,各种法律的法律,它是一项法权,一项唯一的法权"③。

所以,在勒鲁看来"平等"是人类社会的"唯一正义原则",是创造"美好世界"的希望,是创造权利的"母机",是创造法律和法律机构的根据,是"灵魂"的法则,是历史的"终结者"。

第三,"平等"是社会的唯一基础。勒鲁坚信:"没有谁能够拒绝承认这种明显的事实和这种结论,即无论从哪个角度来看,目前这个社会除了平等这一概念,再没有其他基础了。如果社会没有这种基础,那就该宣布它没有任何基础了。"又说,"要确立政治权利的基础,必须达到人类平等;在此以前则没有权利可言。"而且认为,"人类平等一旦被理解和接受,它单独就能给政治权利提供基础"④。

可见,在勒鲁看来,"平等"构成了社会的唯一基础,其他一切东西都是在这个基础上生长起来的。而且宣布,"如果社会没有这种基础那就没有任何基础了",说明"平等"是承载整个社会,并且产生社会上一切东西的基石、根基。这就抽掉了整个社会的物质基础,抽象掉了生产力、生产关系、生产方式等物质内容,抽象掉了经济基础甚至建立其上的上层建筑,把整个社会制度的一切都建立在原则、信条、理念这些观念之上。不仅完全颠倒了物质与精神、经济基础与上层建筑之间的关系,而且根本就抽掉了社会的物质内容,变成了完全的精神的世界、观念的历史、幽灵的魔域——而没有精神的物质和没有物质的精神,同样是不可想象的。

第四,"平等"是人类社会的唯一目的。勒鲁认为,"平等是自然万

---

① 〔法〕皮埃尔·勒鲁. 论平等 [M]. 王允道, 译. 北京: 商务印书馆, 1988: 68、24、60、239、22.
② 〔法〕皮埃尔·勒鲁. 论平等 [M]. 王允道, 译. 北京: 商务印书馆, 1988: 22、28、28.
③ 〔法〕皮埃尔·勒鲁. 论平等 [M]. 王允道, 译. 北京: 商务印书馆, 1988: 244.
④ 〔法〕皮埃尔·勒鲁. 论平等 [M]. 王允道, 译. 北京: 商务印书馆, 1988: 64、68、241.

物的萌芽，它出现在不平等之前，但它将会推翻不平等，取代不平等。这样，从社会的起源和终止这两方面来看，人类精神统治着现实社会，并把平等作为社会的准则和理想。""人类的思想已经超越不平等所带来的贫困和罪恶的堕落，并设想出一个建立在平等基础上的社会。"所以，"平等的信条可以实现，并且一定会实现。"总之，"就迄今人们的智慧所能揭示的大自然范畴而言，人与人是平等的，而且无论如何，这个原则的合理的结果必将会出现。"①

所以，在勒鲁看来，"人类精神统治着现实社会"，社会的准则（"平等"）规制着社会，人类的理想（"平等"）牵引着人类，未来的人类社会就一个目的，那就是去实现"早在上帝心里预先设想好了，原先它本出于上帝之手"②的"平等"这一"唯一正义原则"、"神圣的法律"。从此，人类社会再不是人的社会而是精神的社会，人类历史再不是人的历史而是观念的历史，人类的未来再不是人的未来而是理念——"平等"理念——的未来。喧嚣的人类社会一下静寂了下来，倾轧的历史舞台一下空灵了起来。从此，全世界的人都能放下成见、放下利益、放下仇恨、放下恩怨，去实现一个美好的"平等社会"，一个久已失落的"伊甸园"——一个完美的虚无。

应该说，痴迷于从"平等"观念上认识历史、解析社会的理论家不在少数。这也是长期以来形成的历史惯性。那么，对这种"平等崇拜""平等拜物教"如何看呢？事实上，恩格斯早就指出，"平等"和"平等观念"从来不是像有些理论家想象的那样是从来就有、始终存在的所谓"正义原则""永恒真理"。他认为，"平等观念说它是什么都行，就不能说它是永恒的真理。如果它现在对广大公众来说——在这种或那种意义上——是不言而喻的，如果它像马克思所说的，'已经成为国民的牢固的成见'，那么这不是由于它具有公理式的真理性，而是由于18世纪的思想得到普遍传播和仍然合乎时宜。"③也就是说，"现代意义上的平等观念"（理论家们常说的正是这种平等观——权利平等观）是经过18世纪

---

① 〔法〕皮埃尔·勒鲁. 论平等 [M]. 王允道, 译. 北京：商务印书馆, 1988：14–15、14、5、66.
② 〔法〕皮埃尔·勒鲁. 论平等 [M]. 王允道, 译. 北京：商务印书馆, 1988：14.
③ 恩格斯. 反杜林论 [M]. 马克思, 恩格斯. 马克思恩格斯文集：第9卷. 北京：人民出版社, 2009：113.

的启蒙思想家的思想启蒙，才成为人们的"牢固成见"的。在此之前，古希腊时期出现的"精神平等观"、古罗马西塞罗的"自然平等观"、中世纪基督教的"上帝选民的平等观"都是一种抽象和虚化的道义原则，没有触动经济社会关系这一根本因素，而且还是以承认奴隶制、封建专制、宗法特权等不平等为前提的。所以，根本谈不上理论家们说的"权利平等"，更谈不上"经济平等"或"社会平等"了。而且那时"不平等比平等受重视得多"。所以，"平等观念"并不是从来就有也不是永远存在的。现在，平等观念之所以还"仍然合乎潮流"，那是因为不平等现象还依然存在。当不存在不平等的时候，平等观念自然就消失了。因此，正如恩格斯所强调，无论如何，平等观念都不是"永恒真理"。

问题是，人们对"平等"的诉求和追问那么执着、那么顽固，以至于它牢牢地占据着很多理论家的整个头脑和全部心胸。于是"平等"的追求成为理论家们研究领域和学术生命的全部，而且在这些理论家那里，"平等"的目标也成了人类历史、人类生活和人类未来的全部。

法国小资产阶级社会主义者蒲鲁东就是用"平等"这个"宇宙之砖"来构建他的整个理论大厦的。当然，蒲鲁东的理论还是以他生活其中的资本主义社会为"演出场所"的，也就是说，他的理论体系是为了"解决"现实资本主义社会的不平等、资本主义经济关系的内在矛盾而创立的。但是，他不是从经济关系、生产方式的内在规律来理解，而是从观念上，从人类"理性"上来找原因。他认为，之所以资本主义乃至到目前为止人类社会存在不平等，乃是人类理性所"所发现的真理是不完备的，不充足的，而且是矛盾的"，"经济范畴本身作为人类理性……所发现和揭示出来的真理……也是不完备的并含有矛盾的萌芽"。① 于是，蒲鲁东就发明了一种"新理性"——"这既不是绝对的、纯粹的和纯真的理性，也不是生活在不同历史时期的生动活跃的人们的普通的理性；这是一种十分特殊的理性，是作为人的社会的理性，是作为主体的人类的理性"② ——来消除不平等，解决经济社会矛盾。这种"理性"也被称作"社会天才""普通理性"或"人类理性"（实际上都是指蒲

---

① 马克思. 哲学的贫困［M］. 马克思, 恩格斯. 马克思恩格斯文集：第1卷. 北京：人民出版社, 2009：609.
② 马克思. 哲学的贫困［M］. 马克思, 恩格斯. 马克思恩格斯文集：第1卷. 北京：人民出版社, 2009：609.

鲁东自己)。这种"新理性"或者说"社会天才"的任务就是"发现完备的真理、完整无缺的概念，排除二律背反的综合公式"，以解决现实经济关系中的矛盾——"消除每个经济范畴的一切坏的东西，使它只保留好的东西"①。那么，作为"社会天才"的蒲鲁东发现的这个"假设"，这个解决人类经济关系中的一切矛盾，尤其是资本主义社会的经济矛盾的"最高假设"究竟是什么呢？蒲鲁东说，"万万料想不到：这就是平等。"他认为，"平等是必然的定律，绝对的形式"，"平等是社会的最高规律，但是它并不是一种固定的形式，而是无数方程式的平均数。正因为这样，所以，从经济进化的第一个时期起，平等在我们面前就表现为分工；而且自从天命立法以来，它就始终是这样表现的"②。所以，"平等，它的原则、它的方法、它的障碍、它的理论、它姗姗来迟的原因以及社会的和上天的不公正的原因，这就是我应该不顾怀疑者的讥讽，而要让世人知道的东西"③。总之，"好的东西，最高的幸福，真正的实际目的就是平等。……'人类之所以接连不断地实现这么多特殊的假设，正是由于考虑到一个最高的假设'，这个最高的假设就是平等"。这样，"假设只是为了某种特定的目的而设立的"。"从此以后，肯定平等的就是每个经济关系的好的方面，否定平等和肯定不平等的就是坏的方面。每一个新的范畴都是社会天才为了消除前一个假设所产生的不平等而作的假设。"④ 也就是说，在蒲鲁东看来，"平等"是"社会的最高规律""最高假设"，是"必然的定律""绝对的形式"。"平等"是"从经济进化的第一个时期起"，"从天命立法以来"，就是"始终存在的"。而且"平等"是人类社会的"好的东西""最高的幸福""真正的实际目的"。作为"社会天才"的理论家们的任务，就是让世人知道"平等"——"它的原则、它的方法、它的障碍、它的理论、它姗姗来迟的原因"。理论家的每一个理论假设都是为了消除前一个理论假设带来的不平等而设

---

① 以上内容参见：马克思. 哲学的贫困 [M]. 马克思，恩格斯. 马克思恩格斯文集：第1卷. 北京：人民出版社，2009：609、610.
② [法]蒲鲁东. 什么是所有权 [M]. 孙署冰，译. 北京：商务印书馆，1963：109、序言2；贫困的哲学：下卷 [M]. 余叔通，王雪华，译. 北京：商务印书馆，2010：917.
③ [法]蒲鲁东. 贫困的哲学：上卷 [M]. 余叔通，王雪华，译. 北京：商务印书馆，2010：32.
④ 马克思. 哲学的贫困 [M]. 马克思，恩格斯. 马克思恩格斯文集：第1卷. 北京：人民出版社，2009：610-611、610、611.

立的；每一个理论范畴都是为了消除前一个理论范畴造成的不平等而创立的。总之，一切都是为了实现"平等"这个"最高假设"。可见，"平等"就是一切，既是历史的一切又是一切的历史，既是未来的一切又是一切的未来，既是目的的一切又是一切的目的。

对此，马克思恩格斯批判指出，"蒲鲁东把平等看成和平等直接矛盾的私有制的创造原则。"① 就是说，蒲鲁东把"平等"看成是创造经济关系——私有制——的原则，而他不知道"平等"恰恰是和私有制"直接相矛盾"的——直接矛盾的东西怎么会一方产生另一方呢？既然一切都以"平等"为最高裁断标准，而私有制又与"平等"相矛盾的，因此蒲鲁东就得出了"所有权是不能存在的，因为它否定平等""所有权就是盗窃"② 的结论。马克思批判道，作为"社会天才"的蒲鲁东为什么"只要平等，而不要不平等或……别的什么原理呢？"因为"平等"是"最高的假设"。"换句话说，因为平等是蒲鲁东先生的理想。"③ 用他自己的话说，"平等是我们唯一的准则，也是我们的理想。"④ "他以为分工、信用、工厂，一句话，一切经济关系都仅仅是为了平等的利益才被发明的……""总之，平等是原始的意向、神秘的趋势、天命的目的，社会天才在经济矛盾的圈子里旋转时从来没有忽略过它。因此，天命是一个火车头，用它拖蒲鲁东先生的全部经济行囊前进远比用他那走了气的纯粹理性要好得多。""天命，天命的目的，这是当前用以说明历史进程的一个响亮字眼。其实这个字眼不说明任何问题。它至多不过是一种修辞形式，是冗长地重述事实的若干方式之一。"⑤ 也就是说，马克思、恩格斯认为，蒲鲁东把"平等"看成"原始的意向""神秘的趋势""天命的目的"，看成"唯一的准绳""人类的理想""历史的火车头"，看成经济关系的塑造原则。但他不知道，现有的经济关系正是产生他试

---

① 马克思，恩格斯．神圣家族［M］．马克思，恩格斯．马克思恩格斯文集：第1卷．北京：人民出版社，2009：263．

② 〔法〕蒲鲁东．什么是所有权［M］．孙署冰，译．北京：商务印书馆，1963：258、40．

③ 马克思．哲学的贫困［M］．马克思，恩格斯．马克思恩格斯文集：第1卷．北京：人民出版社，2009：610、611．

④ 〔法〕蒲鲁东．贫困的哲学：上卷［M］．余叔通，王雪华，译．北京：商务印书馆，2010：127-128．

⑤ 马克思．哲学的贫困［M］．马克思，恩格斯．马克思恩格斯文集：第1卷．北京：人民出版社，2009：611．

图用"平等"去消除的"不平等"的根源。由于他不懂得思想理念（平等）和经济关系（经济基础）之间决定和被决定的关系，所以他只能借助"天命""天命的目的"这些"用以说明历史进程的流行字眼"，因为他无法再用他的"纯粹理性"来解释历史了。但这样一种方法，不仅陷入了历史虚无主义，而且陷入了历史神秘主义。

马克思恩格斯批判指出，事实上，"平等趋势是我们这个世纪所特有的。认为以往各世纪及其完全不同的需求、生产资料等等都是为实现平等而遵照天命行事，这首先就是用我们这个世纪的人和生产资料来代替过去各世纪的人和生产资料，否认后一代人改变前一代人所获得的成果的历史运动"①。也就是说，马克思认为，一方面，"平等"概念不是从来就有的，也不是"永恒真理"，而是经过18世纪启蒙思想家的启蒙才成为社会的"牢固成见"的。同时，它也是资产阶级反抗封建专制革命的产物，而资本主义制度确立后的不平等又提出了平等诉求的新的内容和新的含义（与"法权平等"不同的"经济平等""社会平等"）。正是从这个意义上说，"平等趋势是我们这个世纪所特有的"。另一方面，"平等"是商品经济成为主导经济形式的资本主义社会特有的法权要求，因此是"我们这个世纪所特有的"。而不是像蒲鲁东所说的那样，"平等"是作为过去时代的"原始意象"而引导人类历史前进的，更不是作为整个人类社会的"天命的目的"而存在的。因此，把"平等"当作"最高假设"，说"平等"是"原始的意象""天命的目的"，就如同说"我们这个世界的人和生产资料"是"过去世纪的人和生产资料"一样荒谬，而且也否定了整个"世世代代不断改变前代所获得的成果的历史运动"。总之，在蒲鲁东那里，"假定被当做不变规律、永恒原理、观念范畴的经济关系先于生动活跃的人而存在；再假定这些规律、这些原理、这些范畴自古以来就睡在'无人身的人类理性'的怀抱里。……在这一切一成不变的、停滞不动的永恒下面没有历史可言，即使有，至多也只是观念中的历史，即反映在纯粹理性的辩证运动中的历史"②。因此，蒲鲁东"本想说明历史，但却不得不否定历史；本想说明社会关系的顺次

---

① 马克思. 哲学的贫困 [M]. 马克思, 恩格斯. 马克思恩格斯文集：第1卷. 北京：人民出版社，2009：611-612.

② 马克思. 哲学的贫困 [M]. 马克思, 恩格斯. 马克思恩格斯文集：第1卷. 北京：人民出版社，2009：608.

出现，但却根本否定某种东西可以出现；本想说明生产及其一切阶段，但却否定某种东西可以生产出来。""这样，在蒲鲁东先生看来，再没有什么历史，也没有什么观念的顺序了"。① 整个历史被蒲鲁东的"最高假设"消解了，整个社会现实的经济社会基础在蒲鲁东的"纯粹理性"面前消失了，他的"平等"概念也成了统摄一切但却子虚乌有的十足的"幽灵"。

二、马克思恩格斯坚持从生产方式而不是从平等观念上理解社会形态

法国哲学家卢梭认为，"使人文明起来，而使人类没落下去的东西，在诗人看来是金和银，而在哲学家看来是铁和谷物。"② 卢梭这里是说，使人类发展起来又没落下去的因素，在诗人看来是金银这些浮华的东西，但在哲学家看来却是铁和谷物这种直接属于物质生产的资料和产品。毫无疑问这是非常深刻的。其深刻性就在于，金银作为货币（商品流通的手段）、作为财富的象征、作为拜物教的对象，尽管被人们甚至被理论家认为是人类不平等和一切罪恶的根源，但这只看到了表象。货币、商品流通、财富分配等属于分配和流通领域的东西，是由生产关系决定的，是从属于生产关系的第二位的东西。而生产方式中的生产资料（譬如这里说的"铁"）和产品（譬如这里说的"谷物"），决定生产方式的性质，决定人们的生产关系，决定生产的流通和分配。因此这才是决定社会"发展"或"没落"的根本原因，是第一位的东西。卢梭的这一论断深刻揭示了一条历史唯物主义的基本原理，就是要从生产方式上理解社会形态、社会的机理和社会的发展变化。

同样，马克思恩格斯也坚持从生产方式及其矛盾运动上去理解历史的发展演化、社会的基本结构和社会形态的运行轨迹及发展趋势，而不是从"平等"这样的观念形态或主观诉求上去解析历史、认识社会、揭示社会发展变化的。

关于为什么马克思恩格斯从来不用"平等"范畴作为分析社会的工

---

① 马克思. 哲学的贫困 [M]. 马克思，恩格斯. 马克思恩格斯文集：第1卷. 北京：人民出版社，2009：608.
② 〔法〕卢梭. 论人类不平等的起源和基础 [M]. 李常山，译. 北京：商务印书馆，1962：121.

具，周仲秋作了一些解释。他认为，马克思、恩格斯"拒绝将'平等'这一旧口号作为理论范畴来使用"的原因有三个：一是平等在当时已经是一个旧口号；二是平等在当时又是一个具有严重片面性的口号；三是平等还是一个不精确的政治口号。① 这种分析当然有一定的道理。但是，马克思、恩格斯不把"平等"作为分析历史和社会的基本范畴，根本的还不是"平等"口号本身"旧不旧""片面不片面""精确不精确"的问题，根本的是由他们的唯物主义历史观决定的。历史观决定方法论。

自私有制建立以来，经济社会中的不平等是普遍的客观存在。但是这种客观存在的不平等却在人们意识中，甚至一些理论家的学说中采取了虚幻的、拜物教式的观念存在形式。而作为对现存社会不合理、不平等反抗的意识形式和表达，"平等"诉求只是其中的一种说法。其他的如"公平""正义""自由"等理念，都是对不平等现实的反抗和否定。同样，"不平等"现象也有其他不同说法，如表述为"不合理""不正义"等，甚至还被一些哲学家说成是"怪影""非人的东西"等等。德国青年黑格尔派哲学家圣桑乔（又名麦克斯·施蒂纳，Max Stirner）就是用所谓"人的""非人的"等范畴来概括现实社会的"平等"和"不平等"的。和黑格尔认为先有概念，而后由概念外化为世界万物一样，圣桑乔也是先设定"人"的概念，而后用"现实的人"来和这个概念的"人"进行比较，说明"自由""平等"的实现程度。所谓"人的"，就是说"现实的人"符合根据理想设定的"人"的概念所设想的状态——"自由""平等"；所谓"非人的"，就是说"现实的人"没有达到设定的"人"的概念所设想的"自由""平等"状态。由于在私有制条件下，"现实的人"总是不能实现概念的"人"设想的状态，也就是说总是没有达到"自由""平等"的状态，于是圣桑乔得出了现实的人只是"非人"、"某人看起来像人但不是人"、"在整个这个漫长的岁月里存在着的仅仅是非人"的结论。把这种抽象的玄学语言还原为正常的语言、翻译成"人话"，就是说在漫长的人类历史中，从来没有实现人的真正自由和真正平等。

对此，马克思恩格斯批判指出：一方面由于生产力发展水平的限制，

---

① 周仲秋. 马克思恩格斯平等思想研究 [J]. 政治学研究，2004（1）：7-8.

另一方面由于有限的生产力被少数人据为己有，于是造成人们经济社会生活的"不平等""不自由"和"阶级对立"，这就是圣桑乔所说的"非人的东西"。由于生产的限制，"非人的东西""一方面可只解释被统治阶级用以满足自己需要的那种不正常的'非人的'方式，另一方面可以解释交往的发展范围的狭小以及因之造成的整个统治阶级的发展范围的狭小；由此可见，这种发展的局限性不仅在于一个阶级被排斥于发展之外，而且还在于把这个阶级排斥于发展之外的另一阶级在智力方面也有局限性；所以'非人的东西'也同样是统治阶级命中所注定的。这里所谓'非人的东西'同'人的东西'一样，也是现代关系的产物；这种'非人的东西'是现代关系的否定面，它是对没有任何新的革命的生产力作为基础的反抗，是对建立在现有生产力基础上的统治关系以及跟这种关系相适应的满足需要的方式的反抗。'人的'这一正面说法是同某一生产发展的阶段上占统治地位的一定关系以及由这种关系所决定的满足需要的方式相适应的。同样，'非人的'这一反面说法是同那些想在现存生产方式内部把这种统治关系以及在这种关系中占统治地位的满足需要的方式加以否定的意图相适应的，而这种意图每天都由这一生产发展的阶段不断地产生着。"①

这段话至少包含以下几层意思：第一，所谓"人的东西"也就是达到了人们的愿望、满足了人们的要求——譬如说平等诉求——的现实存在；"非人的东西"也就是现存关系中不能达到人们要求、制约人们对"平等""自由"等要求实现的因素。第二，"人的东西"实质上是"一正面的说法"，是一种肯定的评价，也就是说是对某一生产发展阶段上占统治地位的生产关系能够满足人们需要、能够实现人们的平等愿望这一情况的表述；"非人的东西"实质上是"反面的说法"，是一种否定的评价，也就是说与现存生产方式相适应的生产关系不能满足人们的需要、造成人们的不平等这一情况的描述。第三，"非人的方式"不仅表现在现存生产方式不能满足被统治阶级的需要，而且表现在对统治阶级的限制——"发展范围的狭小"。也就是说，不仅表现在把被统治阶级排除在发展之外，造成"不平等""不自由"和阶级对立，而且也带来了统治阶级智力方面的局限——看不到历史的前途。这就表明，现存的生产

---

① 马克思, 恩格斯. 德意志意识形态 [M]. 马克思, 恩格斯. 马克思恩格斯全集：第3卷. 北京：人民出版社, 1960：507-508.

方式已经失去了先进性和现实合理性。因而必然被新的生产方式——体现按"平等""自由"要求的生产方式——所代替。第四，不管是"人的东西"——满足人需要的因素、平等因素，还是"非人的东西"——限制人需要的因素、不平等因素，都是现存生产关系的产物。而"非人的"是对现存生产关系的否定评价，它是一种变革现存生产方式的意图，"这种意图每天都由这一生产发展的阶段不断地产生着"。但是，这种意图——"平等""自由"——的实现，不是由人们的主观想象而是由生产力的发展水平所决定的。因此，马克思、恩格斯说，"人们每次都不是在他们关于人的理想所决定和所容许的范围之内，而是在现有的生产力所决定和所容许的范围之内取得自由的。"① 这就是生产力对生产关系的决定作用，进而是对有生产关系所决定的观念的决定作用。"平等"作为一种观念，其内涵和内容毫无疑问最终是由生产力发展水平来决定；"平等"作为一种尺度，也就是人的解放程度，最终也是由生产力发展水平来决定。也就是说，"平等"观念——不论表达为"人的"还是"非人的"——从来都是生产方式内在矛盾的反映，它不能也不可能是一个超验的、先于世界先于历史存在而存在，并衍生出整个世界的概念，相反它是现实世界的产物和衍生品，是对现实世界的反思和观照。

所以马克思恩格斯批判道，"哲学家们关于现实的人不是人这一荒谬的判断，只是实际上存在于人们的关系和要求之间的普遍矛盾在抽象范围之内的最普遍最广泛的表达。这一抽象命题的荒谬形式同资产阶级社会的极端化的荒谬的关系完全符合……"② 也就是说，圣桑乔所说的"现实的人"与"人"的矛盾，实际上就是现存的生产关系与人们的要求之间的矛盾；"现实的人不是人"这一荒谬的论断，实际上是资本主义被认为应该是"自由"的社会但实际上却是"奴役"的社会，应该是"平等"的制度但实际上却是"不平等"的制度这种荒谬性的反映。道理如此简单，哪里有哲学家们摆弄得那么玄奥？

事实上，要真正理解"平等"的本质，要真正找出造成不平等的经济社会根源，就要分析生产资料（劳动资料）的所有制形式，分析由其

---

① 马克思，恩格斯. 德意志意识形态 [M]. 马克思，恩格斯. 马克思恩格斯全集：第3卷. 北京：人民出版社，1960：507.
② 马克思，恩格斯. 德意志意识形态 [M]. 马克思，恩格斯. 马克思恩格斯全集：第3卷. 北京：人民出版社，1960：505.

决定的生产方式。因为,"个人怎样表现自己的生命,他们自己就是怎样。因此,他们是什么样的,这同他们的生产是一致的——既和他们生产什么一致,又和他们怎样生产一致。因而,个人是什么样的,这取决于他们进行生产的物质条件。"① "个人是什么样的"是说个人在现存社会制度下处于什么地位——是一种"平等"的地位?还是一种"奴役"的地位?这取决于"他们怎样生产"——是在人们共同占有生产资料条件下生产?还是在少数人占有生产资料、大多人失去生产资料的雇佣条件下生产?而"他们怎样生产"又是由生产资料的所有制形式所决定的。而"个人是什么样的",社会就是什么样的——个人处于"社会贫困"状态,社会就是剥削与被剥削的社会;个人处于"精神屈辱"状态,社会就是压迫与被压迫的社会;个人处于"政治依附"状态,社会就是奴役与被奴役的社会,如此等等。

因此,一切历史的迷雾和一切社会的谜团都可以从生产方式的分析中解开。所以分析历史、理解社会,只能用生产方式分析法,而不能求助于"平等"理念这种观念的东西、派生的东西、第二位的东西。这就是为什么马克思、恩格斯不用"平等"范畴分析人类历史和经济社会形态的根本原因。

第二节 马克思恩格斯平等观的主要内容

马克思、恩格斯的平等观内容丰富,包括关于平等问题的一般立场、观点,包括他们研究平等问题的方法论,包括对其他理论家平等观的批判、对资本主义平等的分析、对未来社会平等的一般预测等。本节仅从最抽象层面上,就其关于平等问题的一般观点,做个简要归纳。

一、平等观念是历史地形成的而不是永恒真理

与一些理论家认为平等是"永恒真理"、是任何社会都追求的价值目标不同,马克思、恩格斯认为,平等观念不是从来就有、一成不变的,也不是永远如此、始终存在的。因为,平等要求本身就是在历史上形成的,而且人们对"平等"的认识和要求从一个时代到另一个时代、从一

---

① 马克思,恩格斯. 德意志意识形态 [M]. 马克思,恩格斯. 马克思恩格斯文集:第1卷. 北京:人民出版社,2009:520.

个阶级到另一个阶级也各不同,甚至"一个人一个理解"。马克思、恩格斯对平等观念的形成、演变作了历史考查,分析了平等观内涵的流变,分析了"古代平等""现代平等"内容的不同,得出了平等观是历史地形成而不是永恒真理的结论。

1. "古代平等观"是一个有不同内涵的历史概念

马克思、恩格斯根据"平等"的内容及其历史演进,把它区分为"古代平等"和"现代平等"。恩格斯在《反杜林论》中对从"古代平等"到"现代平等"的转变,和不同时代平等观的差别作了透彻分析。他认为,"古代的平等观"是从这样的观念中引申出来的,即"一切人,作为人来说,都有某些共同点,在这些共同点所及的范围内,他们是平等的……"① 实际上,这种"共同点所及的范围"是相当窄的,"古代平等"的范围也是相当有限的,而且往往是以种种不平等作为补充的。例如,"在最古老的自然形成的公社中,最多只谈得上公社成员之间的平等权利,妇女、奴隶和外地人自然不在此列。在希腊人和罗马人那里,人们的不平等的作用比任何平等要大得多。如果认为希腊人和野蛮人、自由民和奴隶、公民和被保护民、罗马的公民和罗马的臣民(该词是在广义上使用的),都可以要求平等的政治地位,那么这在古代人看来必定是发了疯。"②

"在罗马帝国时期,所有这些区别,除自由民和奴隶的区别外,都逐渐消失了;这样,至少对自由民来说产生了私人的平等……但是只要自由民和奴隶之间的对立还存在,就谈不上从一般人的平等得出的法的结论……"而"基督教只承认一切人的一种平等,即原罪的平等,这同它曾经作为奴隶和被压迫者的宗教的性质是完全适合的。此外,基督教至多还承认上帝的选民的平等,但是这种平等只是在开始时才被强调过"③。因为基督教在开始时是作为奴隶和被压迫者的宗教出现的,所以这种"平等"要求"与其说是源于真正的平等观念,不如说是来源于被

---

① 恩格斯. 反杜林论 [M]. 马克思,恩格斯. 马克思恩格斯文集:第9卷. 北京:人民出版社,2009:109.

② 恩格斯. 反杜林论 [M]. 马克思,恩格斯. 马克思恩格斯文集:第9卷. 北京:人民出版社,2009:109.

③ 恩格斯. 反杜林论 [M]. 马克思,恩格斯. 马克思恩格斯文集:第9卷. 北京:人民出版社,2009:109.

迫害者的团结。僧侣和俗人对立的确立，很快就使这种基督教平等的萌芽也归于消失"①。而随着"日耳曼人在西欧的横行，逐渐建立了空前复杂的社会的和政治的等级制度，从而在几个世纪内消除了一切平等观念"②。可见，即使在"古代平等"中，"平等"的范围和内容也各不相同，平等的范围极其狭窄，不平等广泛存在于不同的群体之间。

历史事实正是这样，尽管古希腊时期智者提出过"人人平等"的激进思想，尽管斯多葛派提出过"精神平等"的"世人平等"要求，但这都是作为学理理念和道义原则提出来的，根本不代表社会的一般认识，也没有改变充斥奴隶制度的不平等现实。而柏拉图主张"合乎比例的不平等"，亚里士多德强调"比值平等"，更说明他们是认同不平等的，或者说至多是有限的平等——范围有限，只限于作为统治阶级的公民；内容有限，仅限于门望、财富、地位等。所以，柏拉图认为，即使有平等，也只是在统治者范围内，表现在智慧者、立法者之间；从事手工技艺的人应当成为优秀人物的奴隶，成为他们的财产。还认为，应该实行等级制度，"对一切人的不加区别的平等就等于不平等"③。同样，亚里士多德的"比值平等"是按照各人的"价值"，按比例分配与之相衡称的事物、权利。他一方面替富人辩护，认为，"门望（贵胄）即一般被认为是祖辈才德和财富的嗣承，于是，他们凭特殊的门望为依据要求超越平等的权利，似乎也能言之成理"④。另一方面又贬低穷人，要求"农工阶级都不得受任神职"，愤慨"良莠不分兮贤愚同列"⑤。所以，平等只限于自由人之间，不存在于主人和奴隶之间。这些充分证明了恩格斯的结论：其一，古代社会"不平等"比"平等"受重视得多，认为一切人都不加区别地一律平等，这在古代人看来必定是发了疯；其二，即使有平等，范围也是极其狭窄的，最多只谈得上公社成员之间的平等权利，妇女、奴隶和外地人并不包括在内；其三，每个人对"平等"的内容理解

---

① 恩格斯. 反杜林论 [M]. 马克思，恩格斯. 马克思恩格斯文集：第9卷. 北京：人民出版社，2009：109.
② 恩格斯. 反杜林论 [M]. 马克思，恩格斯. 马克思恩格斯文集：第9卷. 北京：人民出版社，2009：109–110.
③ 〔古希腊〕柏拉图. 法律篇 [M]. 张智仁，等译. 上海：上海人民出版社，2001：168.
④ 〔古希腊〕亚里士多德. 政治学 [M]. 吴寿彭，译. 北京：商务印书馆，1965：233.
⑤ 〔古希腊〕亚里士多德. 政治学 [M]. 吴寿彭，译. 北京：商务印书馆，1965：369、71.

完全不同，智者主张"人人平等"的道义平等观，斯多葛派主张"精神平等"，柏拉图主张"合乎比例的不平等"，亚里士多德主张"比值平等"，如此等等。类似地，皮埃尔·勒鲁也指出，"古人所理解的平等则完全属于另一种类型。古人不懂得人的平等，即作为人的人类平等；情况与此相差很远，对他们来说，平等倒是建立在这种观念的否定基础上。他们的宗旨可以说是使极少数人享受平等，而我们的愿望则是使人人得到平等。"① 这段话至少说明两个问题，一是他也认识到古代社会认可不平等，否定平等；二是他看到了"现代平等"和"古代平等"的区别，即极少数人的平等和人人平等的区别。总之，"古代平等"不是一个统一的概念，不同的思想家对其内涵有不同的理解。

2. "现代平等观"是随着自由商品经济成为社会主导经济形式才形成的

在历史发展进程中，封建的中世纪内部孕育了市民等级，他们是后来资产阶级的前身，也是"现代平等"要求的提出者。"现代平等"的要求是："一切人，或至少是一个国家的一切公民，或一个社会的一切成员，都应当有平等的政治地位和社会地位。"② 可见，"现代平等"和"古代平等"是不同的：第一，"古代平等"是从人的共同点要求平等的，而且这种"共同点"主要是生物学意义上的或者是抽象概念上的，对现实的社会地位不具任何指向性，因此是一种"精神平等"或"自然平等"；"现代平等"所要求的是有着直接的现实指向性的，是一种对人们的政治地位的要求，是一种"法权平等"，是政治权利的平等要求。第二，"古代平等"始终是一定范围内的平等，个别阶级的平等；"现代平等"要求更广范围上的平等，要求"一切人"的平等。作为"政治权力平等"的"现代平等"之所以产生，是因为随着海上航路的发现和海外市场的开辟，工场手工业代替了手工业，经济条件发生了剧烈的变革，社会日益发展成资本主义社会。在大规模的贸易，特别是世界贸易中，新兴资产阶级作为商品所有者要求突破商品交换是特权的现实制度，拥有平等交易的权利。但是，由于封建政治制度、国家结构并没有紧跟着经济生活和社会一起变革，这种平等和自由贸易的要求受到了封建行会的束缚和特权阶级的钳制。于是，消灭阶级特权、实现政治地位的平等

---

① ［法］皮埃尔·勒鲁. 论平等［M］. 王允道，译. 北京：商务印书馆，1988：69.
② 恩格斯. 反杜林论［M］. 马克思，恩格斯. 马克思恩格斯文集：第9卷. 北京：人民出版社，2009：109.

就成为资产阶级的平等要求,即现代的平等要求。可见,"现代平等"并不是历来就有的权利要求。在古代社会不可能有"权利"概念,当然不会有"权利平等"要求。

从内容上讲,"现代平等"和"古代平等"大不相同;从实践上看,从"古代平等"到"现代平等"的转变经历了漫长的历史过程。正如恩格斯所指出,"要从这种相对平等的原始观念中得出国家和社会中的平等权利的结论,要使这个结论甚至能够成为某种自然而然的、不言而喻的东西,必然要经过而且确实已经经过几千年。"① 这就说明,"平等"本身是历史地产生的;作为法权概念的"现代平等"更是社会经过漫长演进发展到一定历史阶段的产物。

"现代平等观"是随着资本主义的确立,商品交换发展为自由商品经济,特别是经过商品经济从简单形式向发达形式的发展,商品经济的"等价交换"原则成为社会的普遍认识,或者说成为社会的一般的"牢固成见"时才成为现实的。这种经济领域的平等原则,必然要求得到国家的认可和法律的保障,从而成为法权要求,成为"权利平等"的一般原则,成为国家政治生活的一般、普遍的"牢固成见"。但这种作为人们牢固的、普遍的"平等"成见,也不是自然而然地产生的,"而是由于18世纪的思想的普遍传播"。"18世纪的思想",一是指18世纪启蒙思想家的思想,二是指18世纪法国的"重农学派"经济学家和英国亚当·斯密等经济学家的思想。在历史的发展进程中,随着资产阶级的发展壮大,在经济上取得优势地位的他们迫切要求政治上也与封建特权等级具有平等的权利、平等的地位,这就需要理论的支撑和思想理念的依据。于是,霍布斯、卢梭等法国启蒙思想家就以"人人生而平等"的"自然法则"为依据,以"理性"为批判工具,在对宗教、自然观、社会、国家制度的无情批判中阐发了资产阶级的平等要求——消除阶级特权、实现政治权利的平等。这种平等思想随着启蒙运动的深入发展得到了广泛的传播,从而使"平等"成为人们的"牢固成见"。这是政治哲学领域的思想变革。而在经济学领域,随着英国资产阶级革命的推进,资本主义生产关系——商品经济的发达形式——已成为主导的经济关系。在商品经济的充分发展中,商品价值所体现的无差别的人类劳动的等同

---

① 恩格斯. 反杜林论 [M]. 马克思, 恩格斯. 马克思恩格斯文集:第9卷. 北京:人民出版社, 2009:109.

性、平等性也充分显现出来，并由亚当·斯密等卓越的经济学家所发现和概括出来，成为经济学的一般常识。随着资产阶级革命的推进和对政治权力的觊觎，这种经济关系的平等常识又蒙上了法权的色彩，成为政治权利平等的诉求。这也说明，现代平等观念是商品经济发展为资本主义经济关系的产物，是在一定历史阶段才出现的。

所谓"平等成为人们的牢固成见"，就是说人们从商品经济所要求、所体现的经济关系上的平等出发，把"平等"要求拓展到社会生活、政治生活的一切方面，并把"平等"作为政治制度或社会制度的一般原则，甚至看成"永恒的真理"而拜奉。然而，从上面的分析可以看出，"平等是正义的表现，是完善的政治制度或社会制度的原则，这一观念完全是历史地产生的"①，即是社会发展到一定历史阶段才形成的。因此，"如果想把平等＝正义当成是最高的原则和最终的真理，那是荒唐的。平等仅仅存在于同不平等的对立中，正义仅仅存在于同非正义的对立中"②。在资本主义及其以前的时代，人们之所以要求平等，仅仅是因为经济社会生活中广泛存在着不平等。所以，"平等观念本身是一种历史的产物，这个观念的形成，需要全部以往的历史，因此它不是自古以来就作为真理而存在的"③。

从"古代平等"和"现代平等"的历史逻辑关系，及它们含义、内容的不同可以看出，不同的历史时代有不同的平等观，绝不存在一成不变的平等尺度，换句话说，"平等"绝不是什么"永恒真理"。

二、平等要求是商品经济等价交换原则在政治上的表现

马克思说，"商品是天生的平等派"。④ 就是说，商品经济遵循"等价交换"的原则。所谓"等价交换"，是说商品交换要对商品的价值进行比较，而且按等值的原则进行，否则无法交换。而所谓"商品价值"，

---

① 恩格斯.《反杜林论》的准备材料 [M]. 马克思，恩格斯. 马克思恩格斯文集：第9卷. 北京：人民出版社，2009：352.
② 恩格斯.《反杜林论》的准备材料 [M]. 马克思，恩格斯. 马克思恩格斯文集：第9卷. 北京：人民出版社，2009：353-354.
③ 恩格斯.《反杜林论》的准备材料 [M]. 马克思，恩格斯. 马克思恩格斯文集：第9卷. 北京：人民出版社，2009：355.
④ 马克思. 资本论（第1卷）[M]. 马克思，恩格斯. 马克思恩格斯文集：第5卷. 北京：人民出版社，2009：104.

就是无差别的人类劳动的凝结。这里,就有了人与人的比较。"等价交换"要求等量的价值与等量的价值相交换,也就是要求等量的无差别人类劳动相交换。这就确立了人在劳动面前的平等关系。这种平等是商品经济的根本内容,无论是在古代商品经济还是现代商品经济,无论是简单的商品经济还是发达的商品经济,都体现了这种经济平等性。当这种经济平等需要法律来保护、需要政治权力来支持时,它又具有了"法权平等"的外观。

1. 商品经济遵循"等价交换"原则

平等,无论作为一种观念还是作为一种法权要求,都与商品经济密切相关。马克思把商品经济区分为"古代商品经济"和"现代商品经济",与此相联系,也有"古代平等"和"现代平等"的区分。

"古代商品经济"是建立在专制制度上的商品经济,这时商品交换还是少数人的特权。所谓是一种特权,就是说不是每个人都可以自由地进行商品交换,商品交换被局限于一个狭小的范围内。尽管有这种限制,但只要进行交换,就要按照商品的价值进行。尽管当时人们并没有普遍的"价值"观念,没有"无差别的人类劳动凝结"的概念,但是这种价值平等的概念是以一种本能的形式进行比较和交换的。"现代商品经济"是指随着资本主义社会的实现,商品经济成为社会的主导经济形式,真正的无差别的人类劳动成了价值交换的一般尺度,"等价交换"成了经济生活的普遍原则,也成了人们的一般观念,因而成了自由商品经济时代的基本要求。

"古代平等"之所以是一种非常有限的平等,是以不平等为条件的平等,是和古代世界建立在强制劳动基础上相适应的,在中世纪商品交换是一种特权。因此,"古代商品经济"是一种强制经济或特权经济,而不是自由商品经济。与此相反,"现代商品经济"是建立在生产一般交换价值的劳动基础上的,是自由商品经济。也就是说,只有在全社会取消了强制和特权,实现了自由的劳动和交换,商品交换才会以一般的人类劳动凝结为尺度进行,也就是以"一般交换价值"为基础的交换。与此相联系,才有了"现代平等",即一般意义上的法律、政治、社会关系的平等。这种意义上的平等和自由恰好是古代的自由和平等的反面。因为,古代的"自由"和"平等"实质上是"专制"和"特权"投射的影子,而不是实际的存在。交换价值是以自由劳动为基础的,所以,建立在强制、特权劳动基础上的古代平等"必然由于交换价值的发展而毁灭"。"现代平等"所要求的生产关系是建立在自由劳动基础上的，是不同商品所有者的平等契约关系，是以一般交换价值为基础进行等价交换的商品关系。反过来也是一样，只有在自由商品经济基础上才能产生"现代平等观念"。

因此，依据是以强制劳动还是以自由劳动为基础，商品经济分为"古代商品经济"和"现代商品经济"。而依据商品经济的发展程度，又可区分为"简单商品经济"和"发达商品经济"。所谓"简单商品经济"是以生产资料的分别占有和以自己的劳动为基础的商品交换形式，它以"物物交换"为特征。建立在这种商品生产上的"平等"真正体现了"等价交换的平等"，也就是体现一般价值形式的平等。这也是商品经济所要求的"最完全意义上的平等"，而且似乎是"真正的平等"。所谓"发达商品经济"是指生产资料的所有者和劳动者分离，劳动成果不是归劳动者所有，而是归生产资料的所有者占有，而且是以货币作为交换媒介的商品经济。这里仍然呈现出不同商品所有者的"平等"外观——生产资料的所有者和劳动力的所有者在法权上是平等的契约关系。但这里，"平等"已经呈现出完全不同的特征，甚至走向了自己的反面。简单商品经济是发达商品经济的历史前提，而发达商品经济是简单商品经济发展的必然结果。应该说，"发达商品经济"就是"现代商品经济"，但是"简单商品经济"与"古代商品经济"并不是完全重合的。按照马克思的说法，"简单商品经济"在历史上只是部分地存在过。因为，尽管"简单商品经济"最大的特征是以生产资料所有者自己劳动、自己占有自己的劳动成果、物物交换为特征的，但也要求以劳动时间为尺度，是自由的商品经济。而"古代商品经济"总的说来是以强制劳动和交换特权为特征的，它和"简单商品经济"并不完全是一回事。因此，"简单商品经济""部分地在历史上出现过"[①]，而没有成为主导的经济形式。所以，"简单商品经济"并不完全等同于"古代商品经济"，它不是在历史的某个时代作为主导的、充分发展的经济形式而存在的。它更多地是指"现代商品经济"的简单形态，是对"发达商品经济"简化的理论抽象。

---

① 马克思. 政治经济学批判 [M]. 马克思, 恩格斯. 马克思恩格斯全集：第 46 卷（上）. 北京：人民出版社，1979：200.

可见,"简单商品经济"以生产资料所有者与劳动者的同一性也成为劳动成果(商品)的直接占有者,具有完全的占有权利。所有的商品所有者在进行商品交换的时候,都遵循"等价交换"原则,因此体现了商品所有者的平等。"发达商品经济"虽然出现了生产资料所有者和劳动者的分离,但一方面,二者在确立雇佣关系时,劳动者和生产资料所有者都是平等的自然法人,确立的是平等的契约关系,遵循的也是"等价交换"的原则——劳动者出卖劳动力,生产资料所有者按劳动力补偿的相等价值付给他工资。另一方面,在商品流通领域,"发达商品经济"则完全是遵循"等价交换"的原则进行的。所以,无论是"简单商品经济"还是"发达商品经济"都遵循"等价交换"原则。而所谓"等价交换"就是一种平等关系。这种平等关系必然以自己的经济强力反映到经济社会生活的各个方面。

2. 商品价值和使用价值体现了"天生平等派"性质

马克思还从商品的价值和使用价值形态,分析了"平等"关系在商品中的体现。理想形态的商品经济的确体现了商品生产者之间的"平等"关系。因为,每位商品生产者自己占有自己的生产资料并占有自己的劳动成果;商品生产者在市场上交换产品,以商品中体现的无差别人类劳动为尺度进行等价交换;商品生产者之间自由交换,完全是以"平等法人"身份进行的。因此完全是一种"平等"关系。这是从外观上说的。内在地,从商品生产的"简单规定性"上看,也是体现了"平等"关系。因为,"只要把商品或劳动还只是看作交换价值,只要把不同商品互相之间发生的关系看作这些交换价值彼此之间的交换,看作它们之间的等同,那就是把进行这一过程的个人即主体只是单纯地看作交换者"。也就是说,只要仅从纯粹形式上考察交换,"那么,在这些个人之间就绝对没有任何差别。每一个主体都是交换者……作为交换的主体,他们的关系是平等的关系。在他们之间看不出任何差别,更看不出对立,甚至连丝毫的差异也没有。"① 他们所交换的商品作为交换价值是等价物,也体现了"平等"关系。这样,在形式上商品交换有三种不同的要素:"关系的主体即交换者,他们处在同一规定中;他们交换的对象,交换价

---

① 马克思. 政治经济学批判 [M]. 马克思, 恩格斯. 马克思恩格斯全集: 第 46 卷 (上). 北京: 人民出版社, 1979: 192、193.

值,等价物,它们不仅相等,而且必须确实相等,还要被承认为相等。最后,交换行为本身即媒介作用,通过这种媒介作用,主体才表现为交换者,相等的人,而他们的客体则表现为等价物,相等的东西……主体只有通过等价物才在交换中彼此作为价值相等的人,而且他们只是通过彼此借以为对方而存在的那种对象性的交换,才证明自己是价值相等的人。因为他们只有作为等价物的所有者,作为在交换中这种相互等价的证明者,才是价值相等的人"①。因为,不同的商品都是无差别的人类劳动凝结,因此可以彼此比较和交换,彼此成为对方的等价物,并在交换中证明交换主体的"平等关系"。这是从价值上说的。

同时,商品不仅有价值,而且有使用价值,即不同商品的差别所体现出的不同实用性。然而,"这种使用价值……丝毫无损于个人的社会平等,相反却使他们的自然差别成为他们的社会平等的基础。因为,如果个人 A 和个人 B 的需要相同,而且他们都把自己的劳动实现在同一对象中,那么他们之间就不会有任何关系,从生产方面来看,他们根本不是不同的个人。……而只有他们在需要上和生产上的差别,才会导致交换以及他们在交换中的社会平等。因此,这种自然差别是他们在交换行为中的社会平等的前提。从这种自然差别来看,个人 A 是个人 B 所需要的某种使用价值的所有者,B 是 A 所需要的某种使用价值的所有者。从这方面说,自然差别又使他们互相发生平等的关系。……于是他们彼此不仅处在平等的关系中,而且也处在社会的关系中"②。

进一步讲,"因为货币才是交换价值的实现,因为只有在发达的货币制度下交换价值制度才能实现……所以货币制度实际上只能是这种自由和平等制度的实现。作为尺度,货币只是给予等价物以特定的表现,使它在形式上也成为等价物。在流通中……交换者双方作为买者和卖者在不同的规定中出现……首先,这些规定会互相替换;其次,流通本身不会产生不平等,而只会产生平等,即把那仅仅是想象的差别扬弃……最后,货币本身是流通的,所以时而出现在这个人手里,时而又出现在那个人手里,而出现在谁手里对货币来说是无所谓的,——在这

---

① 马克思. 政治经济学批判 [M]. 马克思,恩格斯. 马克思恩格斯全集:第 46 卷(上). 北京:人民出版社,1979:193 - 194.
② 马克思. 政治经济学批判 [M]. 马克思,恩格斯. 马克思恩格斯全集:第 46 卷(上). 北京:人民出版社,1979:194 - 195.

种货币上,现在平等甚至在物质上也表现出来了。就交换过程来考察,每一个人对另一个人都表现为货币所有者,表现为货币本身。"① "货币没有臭味",工程师手中的货币和妓女手中的货币在市场上的功能一样,"货币面前人人平等"。② 因此,"价值相等的情况明显地以物的形式存在着。商品身上的特殊的自然差别消失了,并且不断地由于流通而消失"③。可见,货币执行价值尺度和流通手段的职能,都表现为"平等"的实现。而当它执行支付手段时,"货币在这里表现为契约上的材料,契约上的一般商品时,立约者和立约者之间的一切差别反而消失了"④。这更是"平等"的完美实现。

当货币执行财富职能,"当货币成为积累的对象时,主体在这里就只是从流通中抽出货币即财富的一般形式,而不是从流通中抽出同等价格的商品。因而,如果一个人积累财富,另一个人不积累,那么他们中间谁也没有给对方造成损失。一个人享有现实财富,另一个人占有财富的一般形式。如果一个人变穷了,另一个人变富了,那么这是他们的自由意志,而绝不是由经济关系即他们彼此发生的经济联系本身所造成的。甚至遗产继承以及使由此引起的不平等永久化的类似的法律关系,都丝毫无损于这种天然的自由和平等。"因为,个人的最初状况同这个制度并不矛盾。这样,就会"使社会规定的效力超过个人生命的自然界限……因为个人在这种关系中只是货币的个体化,所以这样的个人同货币一样也是不死的,而个人通过继承人来代表自己倒可以说是这种社会规定的贯彻"⑤。所以,即使这造成了不平等的永久化,这依然与"平等"这一社会规定不矛盾。因此,从形式上说,"交换,确立了主体之间的全面平等"。

这样看来,商品经济真是"平等"的经济形式,体现商品所有者

---

① 马克思. 政治经济学批判 [M]. 马克思,恩格斯. 马克思恩格斯全集:第 46 卷(上). 北京:人民出版社,1979:198 - 199.
② 马克思. 政治经济学批判 [M]. 马克思,恩格斯. 马克思恩格斯全集:第 46 卷(下). 北京:人民出版社,1980:475、476.
③ 马克思. 政治经济学批判 [M]. 马克思,恩格斯. 马克思恩格斯全集:第 46 卷(上). 北京:人民出版社,1979:199.
④ 马克思. 政治经济学批判 [M]. 马克思,恩格斯. 马克思恩格斯全集:第 46 卷(上). 北京:人民出版社,1979:199.
⑤ 马克思. 政治经济学批判 [M]. 马克思,恩格斯. 马克思恩格斯全集:第 46 卷(上). 北京:人民出版社,1979:199、199 - 200.

"平等关系"的属性,商品经济社会的确是"平等"的乐园。

3. 法权平等不过是商品经济的平等要求在政治上的反映

通过上面的分析可以看出,商品经济的"等价交换"原则确立了人与人平等的现实基础。这种现实的经济关系的原则必然反映到人们的观念中,而在社会形态更迭的政治斗争中又必然作为政治权利要求提出来。但在本质上,"政治权利平等"的要求,其"根"还是深深扎在现实的经济社会关系本身中。正如马克思所指出,"平等和自由不仅在以交换价值为基础的交换中受到尊重,而且交换价值的交换是一切平等和自由的生产的、现实的基础。作为纯粹观念,平等和自由仅仅是交换价值的交换的一种理想化的表现;作为在法律的、政治的、社会的关系上发展了的东西,平等和自由不过是另一次方的这种基础而已",① "是另一次方上的再生产物"。② 也就是说,作为一种观念,"平等"是商品交换的理想追求;作为一种法律、政治权利,"平等"不过是商品经济的平等要求在法律制度、政治制度、社会制度中的体现、延伸和强化。作为"法权平等"的"现代平等"要求也是这样,它不仅首先要在现代商品经济中得到承认和尊重,而且恰恰以现代商品经济为现实的制度基础。

所以,分析平等问题,不仅仅要做思想史的分析,从平等观念的历史演进中找出各种平等观的内在历史逻辑,更要作经济史的分析,从经济关系的历史演变中,找出作为经济关系在观念中的表现的平等要求的内涵和内容。例如,"现代平等"之所以是历史发展到一定阶段的产物,是因为只有在自由商品经济成为主导的社会经济形式时,作为"等价交换"最彻底要求体现的"现代平等"才能成为人们的牢固观念。因为,"现代平等"所要求政治权利或者说国家和社会中的平等权利,正是商品交换中的"等价交换"原则在社会和政治领域的延伸;而"等价交换"原则是以商品经济中无差别的一般人类劳动的同质性、等同性、平等性为前提的。这种观念之所以到了资本主义时代才出现,是因为只有到了资本主义时代商品经济才从古代的特权经济发展为自由经济,因此才有了"无差别人类劳动等价原则"在全社会范围内的认识和认可。

---

① 马克思. 政治经济学批判 [M]. 马克思, 恩格斯. 马克思恩格斯全集:第 46 卷(上). 北京:人民出版社, 1979:197.
② 马克思. 政治经济学批判 [M]. 马克思, 恩格斯. 马克思恩格斯全集:第 46 卷(下). 北京:人民出版社, 1980:477.

在资本主义社会里，商品经济发展为发达的货币制度。发达的货币制度不仅造成了资本主义社会表面上的平等，而且"事实上造成了个人的实际的资产阶级平等——就他们拥有货币，而不管这种收入来源而言。这里已经不是象古代社会那样，只有特权人物才能交换这个或那个，而是所有的人都能够获得一切，每个人都能够按照他的收入转化成的货币的数量来进行任何的物质变换"①。这样，不仅一切人的劳动具有等同性从而使"平等"成为社会的一般见解，而且"一切人都具有平等的权利"也成了人们的牢固成见。因此，"法权平等"的现代平等是发达商品经济"等价交换"原则在政治、法律上的反映和体现。而正如恩格斯所指出，"从资产阶级社会的经济条件中这样推导出现代平等观念，首先是由马克思在《资本论》中作出的"②。

三、平等的科学内容就是阶级的消灭

有的理论家在论证"平等"时，不仅提出了"人与人平等"的诉求，而且提出了"阶级与阶级平等"的要求。这种看似革命的保守、看似深刻的肤浅，只能说明这些理论家或者不懂得"平等"的实质和内涵，因为所谓平等就是消灭了包括阶级差别在内的各种差别的人的社会地位的等同，即社会关系的平等；或者说明，理论家们的保守，他们一方面提出平等的要求，另一方面却试图保留阶级的存在，阶级存在就是不平等。而马克思、恩格斯的平等观，恰恰是坚持了平等要求的革命性、彻底性，体现了其平等观的科学性、透彻性。因为，在他们看来，平等的科学内容或科学内涵，就是阶级的消灭。

1. 所谓"阶级的平等"是一种悖论

"平等"和"阶级"本身就是作为一对矛盾而存在的，是一种"二律背反"。一方面，阶级存在本身就是说社会是不平等的，因此，阶级是不平等的标志；另一方面，各种不平等正是由阶级存在所造成的。因为，不平等，无非表现为消费权满足的不平等，生产资料占有权的不平等，以及由此造成的经济关系的不平等、社会地位的不平等、政治权利的不

---

① 马克思. 反思 [M]. 马克思，恩格斯. 马克思恩格斯全集：第44卷. 北京：人民出版社，1982：161.
② 恩格斯. 反杜林论 [M]. 马克思，恩格斯. 马克思恩格斯文集：第9卷. 北京：人民出版社，2009：111页注释②.

平等，等等。而这些不平等都是由于阶级的存在造成的。

当然，阶级本身的存在归根结底还是由生产方式，特别是生产力的发展水平所决定的。正如马克思、恩格斯指出，"作为过去取得的一切自由的基础的是有限的生产力；受这种生产力所制约的、不能满足整个社会的生产，使得人们的发展只能具有这样的形式：一些人靠另一些人来满足自己的需要，因而一些人（少数）得到了发展的垄断权；而另一些人（多数）经常地为满足最迫切的需要而进行斗争，因而暂时（在新的革命的生产力产生以前）失去了任何发展的可能性。由此可见，到现在为止，社会一直是在对立的范围内发展的，在古代是自由民和奴隶之间的对立，在中世纪是贵族和农奴之间的对立，近代是资产阶级和无产阶级之间的对立。"① 因为，有限的生产力不能满足整个社会的发展需要，不能满足所有人的发展需求，就出现了人们对有限生产资料、生活资料的争夺。或者由于历史上的武力掠夺，或者凭借现实的经济强力，社会中的少数人取得了生产资料的占有权，多数人失去生产资料，从而形成生产资料占有上的不平等。这样就产生了处于不同经济地位的利益集团即"阶级"，形成了不平等的经济关系。

由于生产资料是一种决定生产关系性质的经济力量，生产资料占有权就成为获得其他一切权利的权利。于是，生产资料的所有者阶级就必然获得了消费资料分配的权利，从而把生产资料占有的不平等拓展为消费资料获取的不平等。在社会有机体的自我运行中，这种经济不平等又通过法律、政治制度延伸为政治和社会生活的全面不平等，使失去生产资料的阶级处于对生产资料所有者阶级的人身依附地位。这样，在生产资料的所有者和失去者之间，即不同的阶级之间，就毫无"平等"而言。可见，在生产资料占有差别基础上形成的"阶级"，是造成法律、政治、社会不平等的直接原因。反过来也是一样，阶级的存在本身就说明社会处于利益对抗状态，存在着一部分人对另一部分人控制和奴役，也就是存在着社会不平等。

既然阶级是造成社会不平等的直接原因，既然阶级存在本身就说明社会是不平等的，那么，"平等"的实现也就意味着阶级的消灭。这不仅仅是简单的逻辑推理，更是经济基础与上层建筑之间辩证关系及其矛

---

① 马克思，恩格斯. 德意志意识形态 [M]. 马克思，恩格斯. 马克思恩格斯全集：第3卷. 北京：人民出版社，1960：507.

盾运动所体现出的规律性。因为,法律的平等、政治的平等从而社会的平等,是以经济关系的平等为前提的。而经济关系的平等不只是表现为消费资料所有的平等,根本的在于生产资料占有的平等。一旦实现了生产资料的平等占有,也就消灭了阶级存在的经济根源,从而消灭了阶级本身。当然,这种生产资料的平等占有并不是平均主义的个人占有,而是在生产资料社会所有基础上的个人所有权平等。因此,阶级首先是一个经济范畴,尽管它通常都被认为是一个政治概念。这样,平等的实现与阶级的消灭具有同一的含义,是同一个历史过程。

  理论逻辑如此,历史逻辑也是如此。正如恩格斯指出,"如果说阶级的划分根据上面所说具有某种历史的理由,那也只是对一定的时期、一定的社会条件才是这样。这种划分是以生产的不足为基础的,它将被现代生产力的充分发展所消灭。的确,社会阶级的消灭是以这样一个历史发展阶段为前提的,在这个阶段上,不仅某个特定的统治阶级的存在,而且任何统治阶级的存在,从而阶级差别本身的存在,都将成为时代错乱,成为过时现象。所以,社会阶级的消灭是以生产高度发展的阶段为前提的,在这个阶段上,某一特殊的社会阶级对生产资料和产品的占有,从而对政治统治、教育垄断和精神领导地位的占有,不仅成为多余的,而且在经济上、政治上和精神上成为发展的障碍。"① 于是,随着生产力的发展,并且"通过社会化生产,不仅可能保证一切社会成员有富足的和一天比一天充裕的物质生活,而且还可能保证他们的体力和智力获得充分的自由的发展和运用"。② 这就消除了阶级存在的经济根源,也为"平等"的实现提供了物质前提(生产力)和制度前提(在社会所有基础上的社会生产)。于是,社会不平等也就随着阶级的消亡而如影随形地消失了,真正的平等就实现了。当然,恩格斯在当时的历史条件下就断言"这种可能性现在第一次出现了,但它确实是出现了",甚至说"这个阶段现在已经达到了",③还是过于乐观了。因为,从历史趋势上说,阶级必然消灭,资本主义不平等必然被消除,这个结论无疑是正确的,

---

① 恩格斯. 反杜林论 [M]. 马克思,恩格斯. 马克思恩格斯文集:第9卷. 北京:人民出版社,2009:298-299.
② 恩格斯. 反杜林论 [M]. 马克思,恩格斯. 马克思恩格斯文集:第9卷. 北京:人民出版社,2009:299.
③ 恩格斯. 反杜林论 [M]. 马克思,恩格斯. 马克思恩格斯文集:第9卷. 北京:人民出版社,2009:299,299.

但这个过程必然是长期而艰难的。这种曲折性和长期性的辩证关系已被马克思的"两个决不会"① 原理所揭示,也为现实资本主义的发展态势所证明。

无论如何,在阶级存在的条件下要求完全的平等或者要求所谓"阶级的平等",同认为阶级是永远存在的,同样是荒谬的。

2. 完全意义的"平等"就是消灭阶级

阶级的存在意味着社会是不平等的,那么,真正"平等"的实现就意味着阶级的消灭。所以,马克思、恩格斯把"消灭阶级"看作"平等"的"科学内容"。

诚然,由于18世纪启蒙思想家的理论传播,平等观念"在大革命中和大革命之后起了一种实际的政治的作用,而今天在差不多所有国家的社会主义运动中仍然起着巨大的鼓动作用"②。但是,平等观念的"科学内容"的确立,决定着它对无产阶级鼓动价值的降低。这就提出了"平等观"的"科学内容"问题。那么,究竟什么是平等的"科学内容"呢?或者说什么是科学的平等观呢?恩格斯考证了从"古代平等"到"现代平等"的历史演变,进而分析了"无产阶级的平等观"和"资产阶级平等观"的关系,最后得出结论说,"无产阶级所提出的平等要求有双重意义。或者它是对明显的社会不平等,对富人和穷人之间、主人和奴隶之间、骄奢淫逸者和饥饿者之间的对立的自发反应……或者它是从对资产阶级平等要求的反应中产生的,它从这种平等要求中吸取了或多或少正当的、可以进一步发展的要求,成了用资本家本身的主张发动工人起来反对资本家的鼓动手段……在上述两种情况下,无产阶级平等要求的实际内容都是消灭阶级的要求。任何超出这个范围的平等要求,都必然要流于荒谬。"③ 也就是说,恩格斯认为,"平等"的"科学内容"就是"消灭阶级"。

---

① "两个决不会"即马克思所提出的著名论断:"无论哪一个社会形态,在它所能容纳的全部生产力发挥出来以前,是决不会灭亡的;而新的更高的生产关系,在它的物质存在条件在旧社会的胎胞里成熟以前,是决不会出现的。"(马克思.《政治经济学批判》序言[M]. 马克思,恩格斯. 马克思恩格斯文集:第2卷. 北京:人民出版社,2009:592.)

② 恩格斯. 反杜林论[M]. 马克思,恩格斯. 马克思恩格斯文集:第9卷. 北京:人民出版社,2009:108.

③ 恩格斯. 反杜林论[M]. 马克思,恩格斯. 马克思恩格斯文集:第9卷. 北京:人民出版社,2009:112-113.

那么，为什么把"无产阶级的平等要求"和"平等的科学内容"联系在一起呢？或者说，为什么"无产阶级的平等要求"体现了"平等的科学内容"，即"消灭阶级"呢？这是由无产阶级的阶级特征、经济地位和历史使命所决定的。"由于在无产阶级的生活条件中集中表现了现代社会的一切生活条件所达到的非人性的顶点……所以无产阶级能够而且必须自己解放自己。但是，如果无产阶级不消灭它本身的生活条件，它就不能解放自己。"① 之所以说资本主义的生活条件对工人来说"达到了违反人性的顶点"，那是因为，由于资产阶级对无产阶级的政治控制和经济压迫，在无产阶级和资产阶级之间毫无平等可言。而所谓无产阶级的"解放"，就是指无产阶级从这种不平等的经济关系中"站立"起来，即不平等经济关系的废除。这也就是"平等"的实现。

但是，由于无产阶级是处于最不平等地位的阶级，他为自己争得平等地位的同时，也就为其他劳动阶级争得了平等。用马克思、恩格斯的话说就是，无产阶级如果不能同时使整个社会获得解放——实现"平等"，也就不能实现自己的解放——为自己争得"平等"的地位。所以，"社会从私有财产等等解放出来、从奴役制解放出来，是通过工人解放这种政治形式来表现的，这并不是因为这里涉及的仅仅是工人的解放，而是因为工人的解放还包含普遍的人的解放；其所以如此，是因为整个的人类奴役制就包含在工人对生产的关系中，而一切奴役关系只不过是这种关系的变形和后果罢了。"② 因此，由于无产阶级处于社会的最底层，由于资本主义是私有制的顶点和最后阶段，无产阶级也就成了最后的被剥削阶级。正是从这个意义上说，无产阶级的解放与整个人类社会的解放从而同真正"平等"的实现是完全一致的。这就决定了，"工人阶级的解放斗争不是要争取阶级的特权和垄断权，而是要争取平等的权利和义务，并消灭任何阶级统治"③。也正是从这一意义上说，实现解放的无产阶级不是为了争取本阶级特权从而制造新的不平等，而是为了消除造成各种不平等的经济社会关系，消灭由这种不平等的经济关系造成的阶

---

① 马克思，恩格斯. 神圣家族 [M]. 马克思，恩格斯. 马克思恩格斯文集：第1卷. 北京：人民出版社，2009：262.
② 马克思. 1844年经济学哲学手稿 [M]. 马克思，恩格斯. 马克思恩格斯文集：第1卷. 北京：人民出版社，2009：167.
③ 马克思. 1872年夏总委员会批准的国际工人协会共同章程和组织条例草案 [M]. 马克思，恩格斯. 马克思恩格斯全集：第44卷. 北京：人民出版社，1982：572.

级对立和阶级差别，从而实现真正的"平等"。因此，无产阶级的平等要求就是消灭阶级。由于这一"消灭阶级"的平等要求与历史的发展趋势相一致，也就体现了"平等"的"科学内容"。一句话，"平等"的科学内容，也即无产阶级的平等要求，就是消灭阶级。

四、平等的实现要求生产方式的彻底变革

尽管很多理论家已经认识到不平等是由于私有制造成的，但是还有一些理论家却企图在不变革私有制的条件下，通过对现有制度的修补来实现平等。有的更是停留在法权原则的推导上，以为对"平等"的概念、原则、内涵、内容搞清楚了，并为人们广为接受，平等就能够实现了。对此，恩格斯批判指出，"平等的要求也好，十足劳动收入的要求也好，当需要从法学上来具体表述它们的时候，都会陷入无法解决的矛盾，而且问题的实质，即生产方式的改造，则多少没有被触及。"① 也就是说，平等问题的实质，即平等的实现，是生产方式的彻底改造。

1. 不平等的根源是生产资料私有制的存在

要实现平等，首先要搞清楚是什么造成了不平等。所谓"不平等"就是"奴役"，即马克思说的"社会贫困""精神屈辱""政治依附"。那么，造成这种不平等的根源是什么呢？马克思指出，"劳动者在经济上受劳动资料即生活源泉的垄断者的支配，是一切形式的奴役即一切社会贫困、精神屈辱和政治依附的基础"②。可见，是作为"生活源泉"的"劳动资料"的垄断，或者说是生产资料的私人占有造成了各种不平等。换句话说，是私有制的存在造成了社会不平等。这也是自古以来不少理论家早已认识到的一般常识。因为，既然生产资料是生活的源泉，那么生产资料的占有方式也就决定了人们的经济生活、社会生活、政治生活和精神生活的性质和特点。"一切形式的奴役"就是不平等；不平等的具体存在或者表现为"社会贫困"，或者表现为"精神屈辱"，或者表现为"政治依附"。其中，"社会贫困"是经济上的不平等，也就是人们在消费资料享有上的不平等。消费资料享有的不平等是由消费资料分配上

---

① 恩格斯. 法学家的社会主义 [M]. 马克思，恩格斯. 马克思恩格斯全集：第 21 卷. 北京：人民出版社，1965：547.
② 马克思. 临时协会章程 [M]. 马克思，恩格斯. 马克思恩格斯全集：第 16 卷. 北京：人民出版社，1964：15.

的不平等造成的，其根源在于生产资料占有的不平等。"精神屈辱"就是文化、观念、话语权等等的不平等，或者是意识形态上的不平等。因为任何社会的主流意识形态都是占统治地位的阶级的思想观念，被统治阶级的观念则被斥为"异端"或"歪理邪说"而被迫接受统治阶级的意识形态，因而处于"精神屈辱"的地位。而意识形态作为观念的上层建筑是由经济基础决定的，所以，"精神屈辱"即意识形态的不平等仍然源于生产资料占有的不平等。"政治依附"就是政治地位的不平等、政治权利享有的不平等。政治地位从来都是经济地位的延伸，政治权利从来都是经济权利的延展。而经济地位是由生产资料占有关系决定的，经济权利无非是由生产资料占有带来的经济利益获取的权利。因此，"政治依附"的根源仍然在于生产资料占有上的不平等。总之，经济不平等、政治不平等、社会不平等、精神不平等都是由生产资料占有的不平等造成的。正是私有制的存在造成了社会利益的分割，使占有生产资料的少数人凭借生产资料这一经济力量，使没有生产资料的人成为自己生产资料的附庸。他们不仅占有劳动者的劳动成果，而且使劳动者本人也处于对自己的依附地位，从而独享发展的垄断权。而除自己的劳动力外一无所有的人只能在别人允许劳动的时候才能劳动，只有在别人允许活着的时候才能活着，因而处于社会贫困、精神屈辱、政治依附的地位，也就是处于不平等地位。所以，正是生产资料私有制这一社会机制才造成了阶级的存在，并由此产生了一切不平等。既然如此，真正"平等"实现的前提条件就必然是生产资料占有上的平等。而这只有通过生产资料不平等占有的现存生产方式进行彻底变革才有可能。

不平等是由私有制造成的，这是多数思想家的共识。譬如说，早在古希腊时期柏拉图就已经指出，"因为他们（理想国的人）一切公有，一身之外别无长物，这使他们之间不会发生纠纷。因为人们之间的纠纷，都是由于财产、儿女与亲属的私有造成的。"① 启蒙思想家卢梭、空想社会主义者等都得出了私有制造成不平等的结论。马克思、恩格斯比他们进步的地方在于：一方面，以前的思想家只是看到了私有制造成不平等的种种现象，没有从经济关系的运行机制及其规律性上对私有制造成不平等的必然性做出分析；另一方面，以前的思想家有的没有提出消灭私

---

① 〔古希腊〕柏拉图. 理想国 [M]. 郭斌和，张竹明，译. 北京：商务印书馆，1986：201.

有制的要求,有的没有找到消灭私有制的途径。在这两层意义上,他们都不可能真正找到实现"平等"的现实途径。而正是马克思、恩格斯明确指出,要实现真正的平等,必须进行生产方式的彻底变革,即消除私有制,实行生产资料的社会所有。

2. 在不变革私有制条件下要求平等是自相矛盾

在平等问题研究上,由于理论家们多是在现存生产方式下生活,所以他们有的持有现有生产方式的思维方式,有的干脆就是现有生产方式的维护者,因而很少有提出消除不平等的根源(私有制)、实现平等的制度(公有制)的。资产阶级的思想家是资本主义制度的维护者,他们维护私有制的最高阶段——资本主义制度——是不足为怪的。但是,一些社会主义的思想家却也企图在不变革资本主义生产方式的条件下来消除资本主义的一切罪恶——不平等。这无疑是自相矛盾、自欺欺人的方法。

小资产阶级社会主义者、德国哲学家杜林是通过在理论上按照"普遍的公平原则"构建所谓的"经济公社",以在不消除资本主义生产方式条件下来消除资本主义的一切不平等、实现彻底平等的。正如恩格斯在《反杜林论》中所分析,杜林的"建立在'普遍的公平原则'之上、因而对讨厌的物质事实不屑一顾的体系,是由经济公社的联邦组成的,在各个经济公社之间存在着""根据一定的法律和行政规范规定的迁徙自由和接受新社员的必要性"。"经济公社本身首先是""人们的共同体,这些人由支配一个区域的土地和一批生产企业的公共权利相互联合起来,共同活动,共同分配收入"。公共权利是"对自然界和生产设备的纯粹公共的关系意义上的……对物的权利"[①]。这一权利不应该使自己"和外界……相隔绝,因为在各个经济公社之间存在着根据一定的法律和行政规范规定的迁徙自由和接受新社员的必要性……就好像……现在人们从属于某一政治组织和参与村镇的经济事务一样"。"因此,将出现富裕的和贫穷的经济公社,它们之间的平衡是通过居民脱离贫穷的公社挤入富裕的公社的方法来实现的。因此,杜林先生虽然想通过全国性的商业组织来消除各个公社之间在产品上的竞争,但是他却听任生产者方面的竞

[①] 恩格斯. 反杜林论 [M]. 马克思, 恩格斯. 马克思恩格斯文集:第9卷. 北京:人民出版社, 2009:304.

争安然存在下去。物被置于竞争之外，而人仍旧要服从于竞争。"① 这样，"具有支配权的终究不是个别公社，而是整个民族。'公共权利''对物的权利''对自然界的公共的关系'等等，不仅'至少是不清楚的和可疑的'，而且简直就是自相矛盾的。""无论如何，经济公社是为了生产来支配自己的劳动资料的。这种生产是怎样进行的呢？根据我们在杜林先生那里所看到的一切来判断，这种生产是完全依照从前的样式进行的，只是公社代替了资本家而已。顶多我们还看到，只是现在每个人才能自由地选择职业并具有同等的劳动义务。"② "杜林的经济学归结为这样一个命题：资本主义的生产方式很好，可以继续存在，但是资本主义的分配方式很坏，一定得消失。现在我们看出，杜林先生的'共同社会'不过是这一命题在幻想中的实现。事实表明：杜林先生对资本主义社会的生产方式（就其本身来说）几乎根本没有提出任何异议，他要保持旧的分工的一切基本方面，所以对他的经济公社内部的生产，也差不多连一个字都说不出来。的确，生产是同确凿事实打交道的一个领域，所以在这个领域内，'合理的幻想'只能给自己的自由心灵提供极小的飞翔空间，因为出丑的危险太大了。分配就不同了，据杜林先生的意见，分配是和生产根本没有联系的，在他看来，分配不是由生产来决定，而是由纯粹的意志行为来决定的，——分配是他的'社会炼金术'的再合适不过的用武之地了。"③

杜林"经济公社"的立足点在分配领域，那么这里是如何进行分配的呢？杜林认为，"在经济公社和包括许多经济公社的商业公社里，平等的消费权利是和平等的生产义务相适应的。在这里，'一种劳动……按照平等估价的原则和别种劳动相交换……贡献和报酬在这里是真正相等的劳动量'。……但是，因为集体是一切生产资料从而也是一切产品的占有者，所以这种交换不发生在个别人之间，而是一方面发生在每个经济公社和它的各个社员之间，另一方面发生在各个经济公社和商业公社之间。……批发商业也同样被组织起来"。"为了进行这种交换，经济公社

---

① 恩格斯. 反杜林论 [M]. 马克思,恩格斯. 马克思恩格斯文集：第9卷. 北京：人民出版社, 2009：305、305-306.
② 恩格斯. 反杜林论 [M]. 马克思,恩格斯. 马克思恩格斯文集：第9卷. 北京：人民出版社, 2009：306.
③ 恩格斯. 反杜林论 [M]. 马克思,恩格斯. 马克思恩格斯文集：第9卷. 北京：人民出版社, 2009：315-316.

作为社会产品的最先占有者,必须根据平均生产费用'给每类物品规定一个统一的价格'。""但是另一方面,公社一定也会使各个人有能力向公社购买已经生产出来的物品,因为它每日、每周或每月付给每个社员以一定数目的货币,作为他的工作报酬——这个数目对于一切人来说都应该是一样的。""同等的工资和同等的价格,'即使不造成质量上的消费平等,也造成数量上的消费平等',这样一来,'普遍的公平原则'就在经济上实现了。"① 这样,资本主义不平等的分配方式就最终地被消灭了。因为,"在这样的情况下即使假定谁真正拥有私人资料的剩余,那么他也不能为这些剩余找到任何资本式的应用。一个人或一群人如果为了生产向他取得这些剩余,那他们只能以交换或购买的方式向他取得,但是决不会向他支付利息或利润。"② 对此,恩格斯批判道,"'劳动和劳动根据平等估价的原则相交换'——这句话如果还有某种意义的话——就是说,等量社会劳动的产品可以相互交换,这也就是价值规律,正是商品生产的基本规律,也就是商品生产的最高形式即资本主义生产的基本规律。……杜林先生把这一规律提升为他的经济公社的基本规律,并且要求公社完全自觉地实施这个规律,这样,他就使现存社会的基本规律成为他的幻想社会的基本规律。他要现存的社会,但不要它的弊病。……他想消除由于商品生产向资本主义生产的发展而产生的弊病,办法是利用商品生产的基本规律去反对这些弊病,而这些弊病正是由这一规律的作用产生的。……他想以幻想的结果来消灭价值规律的现实结果。"③ 也就是说,他企图在不变革资本主义生产方式的条件下通过细枝末节的修补来消除这一生产方式带来的一切弊端——不平等。这样,他们除了在原地打转以外绝不能消除任何不平等,也绝不能进入他们用"天才"的思维构建的所谓平等王国。

此外,为什么平等所要求的生产方式改造,必须以生产资料的社会所有代替私有制,而不是实现小资产阶级要求的生产资料的平均占有呢?因为,尽管平均分配生产资料,使每个人都平均地占有一份生产资料是

---

① 恩格斯. 反杜林论 [M]. 马克思,恩格斯. 马克思恩格斯文集:第9卷. 北京:人民出版社,2009:316、316、317.
② 恩格斯. 反杜林论 [M]. 马克思,恩格斯. 马克思恩格斯文集:第9卷. 北京:人民出版社,2009:317.
③ 恩格斯. 反杜林论 [M]. 马克思,恩格斯. 马克思恩格斯文集:第9卷. 北京:人民出版社,2009:329-330.

一种"平等"，但只要允许人们交往和交换，这种私有制就必然像人类社会整个发展进程一样产生出生产资料在少数人手中的集中和贫富差距、雇佣劳动，从而再生产出人类社会现有的一切不平等。所以，马克思、恩格斯所说的生产方式的改造并不是小资产阶级要求的生产资料平均占有的私有制的平等，而是在生产资料社会所有基础上实现的人们生产资料使用权、劳动权和获益权的平等。

总之，要消除不平等实现平等，就要消除不平等的经济根源，就要实现生产方式的彻底变革，以生产资料的社会所有代替私有制。如果不对私有制进行根本改造，所谓"自由""平等"将永远是无法企及的梦呓。所以列宁指出，在阶级社会里，平等和自由是有阶级性的，"在资本主义制度下（就是说只要土地和生产资料的私有制继续存在），'自由和平等'只是一种形式，实际上是对工人（他们在形式上是自由的和平等的）实行雇佣奴隶制，是资本具有无限权力，是资本压迫劳动。"① 总之，不变革私有制的生产方式，真正的平等就无从谈起。

五、平等权利不能超出经济结构及社会文化的发展阶段

实现彻底的平等，要经过生产方式的彻底改造。但并不是说不顾历史条件，随时随地都可以进行这种改造的。也就是说，生产方式的变革是一个自然的历史过程，它是遵循自身规律、不以人的主观意志为转移、需要充分的历史条件才能实现的过程。其中，最重要的历史条件是生产力的巨大发展。

1. 完全平等的实现以生产力的高度发展为前提

在以往的历史进程中，之所以会出现理论家们所批判的种种不平等，深层次的原因是由于私有制的存在。私有制条件下，由于人们都是以财富的私人占有为目的，在有限的社会资源条件下造成了人们的利益分割、利益对立、利益对抗。在这种利益对抗下的利益分割中，一个人的社会财富的获取往往是以另一个人的财富失去为前提的。在这种对抗过程中，居于优势地位、统治地位的统治阶级必然把利益据为己有，把义务、责任、不利因素、甚至灾难推给别人。在一定历史条件下，统治阶级并不

---

① 列宁.《关于用自由平等口号欺骗人民》出版序言［M］.列宁.列宁全集：第36卷.北京：人民出版社，1985：362.

以占有别人的财富为满足,而且要把别人人身置于他们的控制之下,把别人变为自己增殖财富的手段和工具。由此带来了一切剥削、压迫、奴役,也就是马克思说的"社会贫困""精神屈辱"和"政治依附",即一切不平等。在私有制的不断发展过程中,特别是发展到它的高级阶段——资本主义阶段,社会发展到一个阶级占有一切生产资料,而另一个阶级失去任何生产资料,除了自己的劳动力外一无所有的阶段。而且这种一无所有对有的人来说是从一出生就先验地确定的经济地位。后者为了生存,为了活下去,只能到生产资料占有者那里去接受雇佣,成为生产资料的附庸,成为生产资料所有者的"奴隶"。在这样一种经济条件下,生产资料所有者阶级必然把对一无所有因此毫无议价能力的人的压迫发展到极致,而且拓展到经济、社会、政治、文化的一切领域。也就是把不平等关系发展到极致并扩展到一切领域。因此一无所有者的"社会贫困""精神屈辱"和"政治依附"也必然发展到极致。所以,在资本主义社会里,不平等发展到它的最高阶段。尽管这里被文明的面纱所笼罩,但正如马克思、恩格斯所指出,它仍然是赤裸裸的奴隶制。

私有制是造成不平等的直接原因,但其根本原因还是生产力发展水平的制约。正如马克思、恩格斯在《德意志意识形态》中所分析的那样,自过去以来社会的基础一直是有限的生产力,受有限生产力的制约,生产不能满足整个社会的需要。这样就使一些人靠另一些人来满足自己的需要。于是少数人就"得到了发展的垄断权",而多数人则"为满足最迫切的需要而进行斗争"。由此原因,"到现在为止,社会一直是在对立的范围内发展的"。① 所以才有阶级对立、阶级斗争及各种不平等。

由此可知,要实现平等必须废除私有制,而要废除私有制必须以生产力的高度发展为条件。因为,"私有财产是生产力发展一定阶段上必然的交往形式,这种交往形式在私有财产成为新出现的生产力的桎梏以前是不会消灭的,并且是直接的物质生活的生产所必不可少的条件"。② 因此,尽管"自从资本主义生产方式在历史上出现以来,由社会占有全部生产资料,常常作为未来的理想隐隐约约地浮现在个别人物和整个整个

---

① 马克思,恩格斯. 德意志意识形态 [M]. 马克思,恩格斯. 马克思恩格斯全集:第3卷. 北京:人民出版社,1960:507.
② 马克思,恩格斯. 德意志意识形态 [M]. 马克思,恩格斯. 马克思恩格斯全集:第3卷. 北京:人民出版社,1960:410-411.

派别的头脑中。但是，这种占有只有在实现它的物质条件已经具备的时候，才能成为可能，才能成为历史的必然性。正如其他一切社会进步一样，这种占有之所以能够实现，并不是由于人们认识到阶级的存在同正义、平等等等相矛盾，也不是仅仅由于人们希望废除这些阶级，而是由于具备了一定的新的经济条件。"① 这种"新的经济条件"，主要是生产力的巨大发展和由此带来的社会经济结构的根本变革。所以，生产资料的社会所有是以生产力的巨大发展为前提的。"生产力的这种发展（随着这种发展，人们的世界历史性的而不是地域性的存在同时已经是经验的存在了）之所以是绝对必需的实际前提，还因为如果没有这种发展，那就只会有贫穷、极端贫困的普遍化；而在极端贫困的情况下，必须重新开始争取必需品的斗争，全部陈腐污浊的东西又要死灰复燃。"② 全部不平等现象又会充斥整个社会。所以，生产力的巨大发展，是实现包括"平等"制度的建立这样的一切社会变革的前提条件。而"只要生产力还没有发展到足以使竞争成为多余的东西，因而还这样或那样地不断产生竞争，那末，尽管被统治阶级有消灭竞争、消灭国家和法律的'意志'，然而它们所想的毕竟是一种不可能的事。此外，当关系还没有发展到能够实现这个意志以前，这个'意志'的产生也只是存在于思想家的想象之中"③。总之，平等的实现，乃至私有制的消除，生产方式的变革，都是以生产力的巨大发展为前提的。

2. 平等要求不能超出经济社会发展的历史阶段

在平等问题上，既不能像庸俗社会主义者那样一味重复资产阶级理论家的老调，总是把自己的平等理论塞进资本主义制度的躯壳内，局限在资本主义所能容许的范围内，企图不经过生产方式的彻底变革而在资本主义制度下实现他们的"平等"美梦。同时，也不能不顾生产力的发展水平，不顾经济社会发展条件，提出超越历史发展阶段的平等要求。二者同样是不会有什么结果的。

---

① 恩格斯. 反杜林论 [M]. 马克思, 恩格斯. 马克思恩格斯文集：第9卷. 北京：人民出版社, 2009：298.

② 马克思, 恩格斯. 德意志意识形态 [M]. 马克思, 恩格斯. 马克思恩格斯文集：第1卷. 北京：人民出版社, 2009：538.

③ 马克思, 恩格斯. 德意志意识形态 [M]. 马克思, 恩格斯. 马克思恩格斯全集：第3卷. 北京：人民出版社, 1960：378.

马克思指出,"权利永远不能超出社会的经济结构以及由经济结构所制约的社会的文化发展。"① 而社会的经济结构和社会的、文化的发展,是由生产力发展水平所决定的。"平等"作为一种权利,也不能超出由生产力发展水平所决定的社会经济结构和社会文化的发展。

例如,还处在封建社会末期的闵采尔的"共产主义"就提出了"没有阶级差别、没有私有财产、没有国家政权","一切人都有同等的劳动义务,一切政府机构都应取消"的激进平等要求,甚至要求"一切劳动和一切财产都应当具有公共的性质,必须实行最完全的平等"②,等等。但是,这种平等要求是超出当时社会经济结构和其制约的文化发展水平的,因而是超出当时的历史条件的。因为,闵采尔的理想是他本人才开始隐隐约约想到的,为要实现他的理想,"不仅当时的运动,就连他所生活的整个世纪,也都没有达到实现他自己刚刚开始隐约意识到的那些思想的成熟地步。他所代表的阶级(无产阶级)刚刚处于形成阶段,还远远没有得到充分的发展,也远远没有具备征服和改造整个社会的能力"③。就是说,他提出的要求尽管是代替资本主义的共产主义的要求,但当时资本主义代替封建制度的革命才在刚刚开始,所以,这种平等要求是远远超越历史阶段的。而如果"这种超越不仅超出了现在,甚至超出了未来,因此,它只能是武断的、空想的超越,而在第一次付诸实践的尝试之后,就不得不退到当时条件所容许的有限范围中去"④。事实正是这样,闵采尔领导的早期劳动群众运动一次次遭到失败就是证明。他所提出的平等要求到现在还没有实现,也是证明。

社会的经济结构和由经济结构决定的社会的文化的发展是由生产力的发展水平决定的。正如恩格斯所指出的那样,"蒸汽机确实是所有那些以它为依靠的巨大生产力的代表,唯有借助于这些生产力,才有可能实现这样一种社会状态,在这里不再有任何阶级差别,不再有任何对个人

---

① 马克思.哥达纲领批判[M].马克思,恩格斯.马克思恩格斯文集:第3卷.北京:人民出版社,2009:435.
② 恩格斯.德国农民战争[M].马克思,恩格斯.马克思恩格斯文集:第2卷.北京:人民出版社,2009:305、248.
③ 恩格斯.德国农民战争[M].马克思,恩格斯.马克思恩格斯文集:第2卷.北京:人民出版社,2009:304-305.
④ 恩格斯.德国农民战争[M].马克思,恩格斯.马克思恩格斯文集:第2卷.北京:人民出版社,2009:238-239.

生活资料的忧虑，并且第一次能够谈到真正的人的自由，谈到那种同已被认识的自然规律和谐一致的生活。"① 这里，虽然恩格斯有些过于乐观——蒸汽机所代表的生产力发展水平还不足以消灭阶级差别，也还达不到使人们对生活资料无忧无虑的地步，但这里揭示的道理是无比正确的，那就是：平等的实现，真正人的自由的实现，一定要以生产力的高度发展为条件。马克思客观地指出，"当使资产阶级生产方式必然消灭、从而也使资产阶级的政治统治必然颠覆的物质条件尚未在历史进程中、尚未在历史的'运动'中形成以前，即使无产阶级推翻了资产阶级的政治统治，它的胜利也只能是暂时的，只能是资产阶级革命本身的辅助因素。……他们在自己的发展进程中首先必须创造新社会的物质条件，任何强大的思想或意志力是都不能使他们摆脱这个命运。"② 这就说明平等要求的实现、生产方式的变革，都是以生产的巨大发展为前提的，不可能实现超越历史发展阶段的平等要求。

消费也是这样，它也是由生产力的发展水平从而生产方式的性质所决定的。正如马克思在《哥达纲领批判》中所分析的那样，在共产主义第一阶段的平等只能是"按劳分配"的平等。尽管这种"平等"还存在"资产阶级法权"的弊端，但在这个阶段只能实现这样的平等。这是由共产主义第一阶段的生产力及其制约的经济结构、社会文化的发展水平所决定的。所谓"社会的发展"水平，就是说劳动还没有成为生活的第一需要；所谓"文化的发展"水平，就是说人们的思想观念还残存脱胎于那个旧社会的痕迹等等。而在生产力得到了充分发展之后，社会"通过有计划地利用和进一步发展一切社会成员的现有的巨大生产力，在人人都必须劳动的条件下，人人也都将同等地、愈益丰富地得到生活资料、享受资料、发展和表现一切体力和智力所需的资料"③。也就能以历史上前所未有的程度和水平实现更高层次的平等。总而言之，"平等"的实现进程要受生产力发展水平的制约，而平等要求的内容或者说平等的尺度，要受经济结构及其制约的社会、文化的发展水平的限制。因此在平

---

① 恩格斯. 反杜林论 [M]. 马克思, 恩格斯. 马克思恩格斯文集：第9卷. 北京：人民出版社, 2009：121.
② 马克思. 道德化的批评和批评化的道德 [M]. 马克思, 恩格斯. 马克思恩格斯全集：第4卷. 北京：人民出版社, 1958：331-332.
③ 恩格斯.《雇佣劳动与资本》1891年单行本导言 [M]. 马克思, 恩格斯. 马克思恩格斯文集：第1卷. 北京：人民出版社, 2009：709-710.

等研究上，不能不顾历史条件提出超越历史发展阶段的平等要求。这是唯物主义历史观在平等尺度和平等实现程度上的基本观点，也是研究平等问题的基本方法。

总之，马克思、恩格斯坚持历史唯物主义的立场，对平等问题的实质、内容、内涵、研究方法等，提出了一系列思想观点，具有丰富的内容，也回答了平等研究上应坚持的原则、方法。这些观点、原则、方法，既是研究平等问题的一般方法论指导，也是认识社会主义平等的思想遵循。

第五章　马克思恩格斯的社会主义平等观

未来社会理论是马克思主义理论的重要组成部分，因此马克思主义的平等观必然包含马克思、恩格斯关于未来社会的平等观，即关于平等在社会主义（共产主义第一阶段）的实现程度和社会主义平等在政治、经济、社会制度上的体现，以及社会主义平等的性质、历史方位、发展走向等方面的观点、看法，也就是关于平等要求在社会主义阶段的实现程度、基本内容、基本特征等的思想观点，还包括对社会主义与"平等社会"关系上的模糊认识的批判等。

第一节　社会主义与"平等社会"辨析

平等是对不平等现实的反抗。社会主义平等，当然是对资本主义平等掩盖下的不平等经济社会关系的扬弃和变革的制度表现。但是，并不能由此得出结论：社会主义是平等的社会。因为，和历史上出现的各种形式的平等一样，社会主义平等也只是在一定历史条件下所实现的一定程度的平等。尽管它与奴隶社会的平等、封建社会的平等、资本主义社会的平等相比是一种巨大进步，但说到底，社会主义平等也不过是平等在人类社会发展进程中的一个环节、一个步骤、一个阶段，是迈向共产主义自由人的平等的一个桥梁和台阶。一句话，不能把社会主义等同于"平等社会"。

一、把社会主义归结为"平等社会"的历史渊源

正如恩格斯所指出，就"现代社会主义"的理论形式来说，"它起初表现为18世纪法国伟大的启蒙学者们所提出的各种原则的进一步的、

据称是更彻底的发展。同任何新的学说一样，它必须首先从已有的思想材料出发，虽然它的根子深深扎在经济的事实中。"① 那么，"现代社会主义"的"思想材料"有哪些呢？在《反杜林论》的引文中，恩格斯已明确说明包括 18 世纪法国启蒙学者的思想，而在下面的论述中，他又对更久远的思想史渊源进行了挖掘，指出，在资产阶级反抗封建主义的"每一个大的资产阶级运动中，都爆发过作为现代无产阶级的发展程度不同的先驱者的那个阶级的独立运动。例如，德国宗教改革和农民战争时期的托马斯·闵采尔派，英国大革命时期的平等派，法国大革命时期的巴贝夫。伴随着一个还没有成熟的阶级的这些革命暴动，产生了相应的理论表现；在 16 世纪和 17 世纪有理想社会制度的空想的描写，而在 18 世纪已经有了直接共产主义②的理论（摩莱里和马布利）。……禁欲主义的、斯巴达式的共产主义，是这种新学说的第一个表现形式。后来出现了三个伟大的空想主义者：圣西门、傅立叶和欧文"③。

"社会主义"（"共产主义"）这种"新学说"的"第一个表现形式"——"禁欲主义的、斯巴达式的共产主义"——是指什么呢？这就是作为"近代无产阶级运动"的"第一个先驱者"汉斯·贝海姆（Hans Boheim）在 15 世纪中后期领导的德国农民起义。在这个运动中，"可以发现中世纪一切带着宗教色彩的起义以及近代任何无产阶级运动的初期都具有的那种禁欲主义。这种严格的禁欲主义的道德规范，这种摒弃一切人生享受和娱乐的要求，一方面是要针对统治阶级而确立斯巴达式的平等原则，另一方面又是一个必经的阶段，不经过这个阶段，社会的最底层是决不能发动起来的"④。16 世纪初，托马斯·闵采尔领导的城市平民（无产阶级的先驱）运动和宗教改革运动把德国农民战争推向顶点，并把他所想象中的理想社会描述为"社会共和平等的千年王国"。"正如

---

① 恩格斯. 反杜林论 [M]. 马克思, 恩格斯. 马克思恩格斯文集：第 9 卷. 北京：人民出版社，2009：19.
② 摩莱里和马布利的共产主义理论之所以是"直接的共产主义"，是因为，他们不再像托马斯·闵采尔"粗俗的共产主义"那样借助宗教来阐发自己的"共产主义"要求，也不再像莫尔等早期的空想社会主义者那样借助于虚构社会描写来表达自己的"共产主义"主张。而是借助启蒙思想家常用的"理性"作为工具，来直接阐发自己的"共产主义"观点。
③ 恩格斯. 反杜林论 [M]. 马克思, 恩格斯. 马克思恩格斯文集：第 9 卷. 北京：人民出版社，2009：20 - 21.
④ 恩格斯. 德国农民战争 [M]. 马克思, 恩格斯. 马克思恩格斯文集：第 2 卷. 北京：人民出版社，2009：255 - 256.

他的宗教哲学接近无神论一样，他的政治纲领也接近共产主义。"① 闵采尔的纲领，与其说是当时平民要求的总汇，不如说是对当时平民中刚刚开始发展的无产阶级因素的解放条件的天才预见。但是，正如他的神学远远超出了当时通行的看法一样，"他的政治理论也远远超出了当时的社会政治条件"②。就是说，他的平等要求远远超出了当时的历史时代和历史条件。

比德国闵采尔稍早但几乎同时代的英国空想社会主义的先驱托马斯·莫尔把"乌托邦"描写成一个财产公有、人人劳动、务农为本的"共产主义大家庭"。这是在资产阶级社会还刚刚处于黎明时期就提出的与资本主义私有制原则相对立的"社会平等"和"共有"原则。150年后，在17世纪英国资产阶级革命时期，又出现了以"共有"为口号的"真正平等派运动"（又称"掘地派运动"）。它提出了消灭土地私有制、劳动者平分一切土地、集体开垦公社土地的原始"平等共产主义"主张。但总的说来，这些无产阶级先驱者的运动和关于这些运动的理论，甚至包括作为启蒙思想家的摩莱里和马布利的"直接共产主义"的还都属于"早期空想社会主义"，还不是恩格斯说的"现代社会主义"的理论。但他们的平等诉求，已经表现为消灭私有制、实现公有制的社会平等要求。

"现代社会主义"理论是对资本主义制度下"有产者和无产者之间、资本家和雇佣工人之间的阶级对立和统治于生产中的无政府状态"这一现实经济社会基础的考察；而从理论渊源上来说，它是对"18世纪法国伟大启蒙学者所提出的各种原则的进一步的、似乎更彻底的发展"。作为对无产阶级和资产阶级对立关系的考察，和作为启蒙思想原则发展的最早理论的直接表现，它是对资产阶级"民主制"进行否定的法国的巴贝夫"共产主义"。这种"共产主义"被法国共产主义者看作"真正的自由和平等，即共产主义"。③ 作为资本主义社会确立后的共产主义理论，巴贝夫不再像摩莱里那样只一般地批判私有制社会，而是将其批判锋芒

---

① 恩格斯. 德国农民战争 [M]. 马克思, 恩格斯. 马克思恩格斯文集：第2卷. 北京：人民出版社, 2009：248.
② 恩格斯. 德国农民战争 [M]. 马克思, 恩格斯. 马克思恩格斯文集：第2卷. 北京：人民出版社, 2009：248.
③ 恩格斯. 大陆上社会改革的进展 [M]. 马克思, 恩格斯. 马克思恩格斯全集：第1卷. 北京：人民出版社, 1956：576.

直接指向资本主义私有制。① 因而成为"现代无产阶级"的最早理论家代表，其理论体系也成为"现代社会主义"的最早理论形式。

那么，为什么同样作为"现代社会主义"的"批判的空想的社会主义和共产主义"（《共产党宣言》语）者圣西门、傅立叶没有成为法国共产主义的代表呢？因为，圣西门全部学说都"蒙上了一层不可理解的神秘主义的云雾"，并导致了"移民区"的失败；而傅立叶有一个非常重要的不彻底的地方就是不主张废除私有制。当然，更重要的原因是，他们没有触及政治。正如恩格斯所指出，"在法国，任何一件事情要想在全国发生作用，就必须带有政治性质，否则就根本没有成功的希望。圣西门和傅立叶一点也没有接触到政治领域，所以他们的计划只成了一部分人的闲谈材料，没有成为全国人民共有的东西。"② 而巴贝夫的共产主义思想是"超出整个旧世界秩序的思想范围的思想"③。

1830年法国第二次革命后，巴贝夫的这种思想又为其朋友法国革命家、空想共产主义者邦纳罗蒂（菲利波·米凯莱·邦纳罗蒂，Pilippo Michele Buonarott）所倡导。这一思想经过彻底的研讨，后来又产生了空想社会主义者埃蒂耶纳·卡贝（Etienne Cabet）的"伊加利亚共产主义"的学说，成为"新世界秩序的思想"，并成为英国的共产主义和德国的共产主义的"老师"。尽管后二者后来超过了这位"老师"，但毕竟在发展的初期它帮助了它们。因为，英国现代社会主义的创始人欧文和德国现代社会主义的创始人威廉·魏特林都与法国有割不断的关系。具体说来，法国的唯物主义以"爱尔维修所赋予的形式回到了它的祖国英国。边沁根据爱尔维修的道德论构建了他那正确理解的利益的体系，而欧文则从边沁的体系出发论证了英国的共产主义"④。而魏特林这个德国共产主义创始者，也是因为参加了法国工人的政治运动和社会运动并接触了共产主义，才决定在自己的祖国（德国）建立共产主义公社的。通过上面的分析可以看出，这些早期社会主义运动和社会主义理论（在共产主

---

① 萧贵毓等. 社会主义思想史纲 [M]. 北京：中央党校出版社，1998：27.
② 恩格斯. 大陆上社会改革的进展 [M]. 马克思，恩格斯. 马克思恩格斯全集：第1卷. 北京：人民出版社，1950：579.
③ 马克思，恩格斯. 神圣家族 [M]. 马克思，恩格斯. 马克思恩格斯文集：第1卷. 北京：人民出版社，2009：320.
④ 马克思，恩格斯. 神圣家族 [M]. 马克思，恩格斯. 马克思恩格斯文集：第1卷. 北京：人民出版社，2009：335.

义运动早期,"社会主义"和"共产主义"是通用的)都有深深的平等追求,都有着浓浓的"平等"情节。明白了社会主义的这种历史联系和理论渊源,我们就可以分析为什么人们习惯于把社会主义社会看成"平等社会"了。

二、把社会主义归结为"平等社会"的历史原因

作为社会主义历史渊源的早期无产阶级(恩格斯也称为"近代无产阶级")运动和理论,都是与宗教分不开的。德国平民宗教改革领袖和"粗陋共产主义"代表闵采尔的"政治理论是和他的革命的宗教观点紧密相连的"。他要建立的"千载太平天国",是没有阶级差别、没有私有财产、没有国家政权的社会,坚持一切工作一切财产都共同分配,实行"最完全的平等"。而建立"天国"的途径就是恢复教会的本来面目,并废除与这种似乎是原始基督教会而实际上是崭新的教会相冲突的一切制度。这种"基督教会的本来面目""原始基督教会"也就是平民"恢复原始基督教的平等关系"的要求。"它从'上帝儿女的平等'得出有关市民平等的结论,甚至已经部分地得出有关财产平等的结论。它要求贵族同农民平等,要求城市贵族和享有特权的市民同平民平等……这些要求,都是带着或多或少的明确性提出来的,而且被说成是原始基督教教义的必然结论。"① 一句话,"既然一切人在上帝面前都是平等的,那末在人间也应该是平等的。"② 可见,早期"社会主义"(共产主义)从一开始就是与宗教的平等要求联系在一起的。

不仅德国早期共产主义如此,法国共产主义者也是如此。"属于一个以不信教著称的民族的法国共产主义者反倒是基督徒。他们最喜欢的一个公式就是:基督教就是共产主义("de Christianismec'est le Conmtunisme")。他们竭力想用圣经,用最早的基督徒过的就是公社式的生活等话来证明这个公式。"③ 而且,法国共产主义者"把宗教拖进策划中的新

---

① 恩格斯. 德国农民战争 [M]. 马克思, 恩格斯. 马克思恩格斯文集:第 2 卷.北京:人民出版社, 2009:237 – 238.
② 恩格斯. 大陆上社会改革的进展 [M]. 马克思, 恩格斯. 马克思恩格斯全集:第 1 卷.北京:人民出版社, 1956:585.
③ 恩格斯. 大陆上社会改革的进展 [M]. 马克思, 恩格斯. 马克思恩格斯全集:第 1 卷.北京:人民出版社, 1956:583.

的社会制度里，使它永远存在下去"①。而德国现代社会主义的创始人"魏特林及其政党在这个问题上抱着和法国伊加利亚派同样的看法，也宣称基督教就是共产主义"②。既然原始基督教义的主要特点是"原罪的平等""上帝的选民的平等""上帝儿女的平等"，而早期的共产主义理论又是依此为基础的，这就使得"平等"成为科学社会主义之前的各种"社会主义"的一个"不言而喻"的要求，而"社会主义"也因此被当作"平等社会"的代称。这种追求"平等"的早期社会主义理论成为现代社会主义理论的重要思想给养。

"现代社会主义"是作为对"18世纪法国伟大启蒙学者所提出的各种原则的进一步的、似乎更彻底的发展"而形成的。而启蒙思想家"所提出的各种原则"中，最主要的就是以"自然法"为依据，用"理性"为批判工具提出的"平等""自由"等原则，尤其是以"一切人，或至少是一个国家的一切公民，或一个社会的一切成员，都应当有平等的政治地位和社会地位"为内容的"现代平等要求"——资产阶级的"法权平等"要求。恩格斯分析了无产阶级平等要求与资产阶级平等要求的历史关系，指出，"资产阶级的平等要求也由无产阶级的平等要求伴随着。从消灭阶级特权的资产阶级要求提出的时候起，同时就出现了消灭阶级本身的无产阶级要求——起初采取宗教的形式，借助于原始基督教，以后就以资产阶级的平等理论本身为依据了。无产阶级抓住了资产阶级所说的话，指出：平等应当不仅仅是表面的，不仅仅在国家的领域中实行，它还应当是实际的，还应当在社会的、经济的领域中实行。尤其是从法国资产阶级自大革命开始把公民的平等提到重要地位以来，法国无产阶级就针锋相对地提出社会的、经济的平等的要求，这种平等成了法国无产阶级所特有的战斗口号。"③ 作为现代社会主义最早代表的巴贝夫的"真正的自由和平等，即共产主义"，正是对资产阶级的平等要求作了"进一步的、更彻底的发展"——平等应当不仅仅是表面的，不仅仅在国家的领域中实行，它还应当是实际的，还应当在社会的、经济的领域

---

① 恩格斯. 大陆上社会改革的进展 [M]. 马克思, 恩格斯. 马克思恩格斯全集：第1卷. 北京：人民出版社，1956：592.
② 恩格斯. 大陆上社会改革的进展 [M]. 马克思, 恩格斯. 马克思恩格斯全集：第1卷. 北京：人民出版社，1956：588.
③ 恩格斯. 反杜林论 [M]. 马克思, 恩格斯. 马克思恩格斯文集：第9卷. 北京：人民出版社，2009：112.

中实行。

总之，正是这两个原因——早期共产主义的基督教平等传统和现代社会主义的以启蒙思想家的"平等"原则为依据——使"平等"成为科学社会主义以前形形色色社会主义的根本"原则"和基本要求，也形成了人们把社会主义看作"平等社会"的思维定势。

当然，尽管形形色色的社会主义都把"平等"作为自己的重要特征和基本追求来阐发，但由于各国的经济社会条件和思想理论背景不同，不同国家的社会主义对"平等"的论证方式也有很大差别。法国、英国、德国的社会主义就表现出了这一特点。正如恩格斯所分析，共产主义学说在这三个国家的产生情况各不相同。"英国人由于国内贫困和道德败坏的现象的迅速加剧，他们通过实践达到这个学说。法国人是通过政治达到的，他们起初只是要求政治自由和平等，但当他们意识到这还不够的时候，除政治要求而外，他们又提出了社会自由和社会平等的要求；德国人则是通过哲学，通过对基本原理的思考而成为共产主义者的。"① 所以，马克思、恩格斯说，实际上，"平等是法国的用语，它表示人的本质的统一，表示人的类意识和类行为，表示人和人的实际的同一性，也就是说，它表示人同人的社会关系或人的关系"②。"平等"这种按法国的方式即用政治和思维直观的语言所表达的东西，和"自我意识"这种按德国的方式即用抽象思维的形式所表达的东西是一回事。"自我意识"是人在纯思维中认识到别人和自身的平等；"平等是人在实践领域中对他自身的意识，也就是说，人意识到别人是同自己平等的人，人把别人当做同自己平等的人来对待"③。二者从形式到内容都是相似的。

正如马克思恩格斯所分析的，德国的"破坏性的批判""试图用自我意识的原则来瓦解一切确定的和现存的东西一样，法国的破坏性的批判也试图用平等的原则来达到同样的目的"④。以"自我意识"来论证

---

① 恩格斯. 大陆上社会改革的进展 [M]. 马克思，恩格斯. 马克思恩格斯全集：第1卷. 北京：人民出版社，1956：575-576.
② 马克思，恩格斯. 神圣家族 [M]. 马克思，恩格斯. 马克思恩格斯文集：第1卷. 北京：人民出版社，2009：264.
③ 马克思，恩格斯. 神圣家族 [M]. 马克思，恩格斯. 马克思恩格斯文集：第1卷. 北京：人民出版社，2009：264.
④ 马克思，恩格斯. 神圣家族 [M]. 马克思，恩格斯. 马克思恩格斯文集：第1卷. 北京：人民出版社，2009：264.

"平等"的德国社会主义把自己称为"真正的社会主义"。"真正的社会主义"的"第一块理论基石"是,"任何现象、任何单个的生命都只是依靠自己的对立面、依靠自己同外界的斗争才存在和发展的,单个的生命只是奠立在同总合的生命的相互作用上面的,同时,由于自己的本性,它同总合的生命联合成一个整体,联合成宇宙的有机统一体"。"第二块理论基石"是,"作为社会的一个有意识的成员,我在其他每个社会成员中认识到和我不同的、和我对立的、但同时依赖于共同的存在基原并且来自同一存在的和我相等的本质。我认识到每一个人都是由于本身的特殊性而同我对立、又由于本身的普遍性而同我相等的人。因此,承认人类平等,承认每个人生存的权利,是以一切人所共有的对人的本性的意识为基础的,正像爱、友谊、正义以及一切社会美德是以对人类自然联系和一致的感觉为基础的一样"①。最后,"有机社会的基础是普通的平等,它通过个人和普遍之间的对立发展为自由的和谐,发展为单个幸福和普通幸福的统一,发展为社会的〈!〉公共的〈!!〉和谐,发展为普遍和谐的镜象。"② 也就是说,"真正的社会主义"认为每个人("单个的生命")都是社会("总合的生命")的一个成员,都有共同的生命特征("共同的存在基原")和"相等的本质",因而人人都是平等的,都有平等的权利。对此,马克思、恩格斯批判指出,德国"真正社会主义"的第二块"建筑基石"比第一块"建筑基石"并没有什么新的内容。但是,由于它在法国社会主义者那里遇见了égalité, solidatité unite des intérêst ("平等""团结""利益一致") 这些字眼,所以这位作者企图把这些字眼德国化,从而把它们变成自己理论的"建筑基石"。"在第一块'建筑基石'中,我们看见,一方面是个人,另一方面是体现为社会的同个人对立的普遍物。这种对立在这里又出现了,并且这一次是个人本身分裂为特殊的本性和普遍的本性。然后,从普遍的本性引伸出'人类平等'和共同性。因此,一切人所共有的关系在这里成了'人的本质'的产物、人的本性的产物,而实际上,这些关系像对于平等的意

---

① 马克思,恩格斯. 德意志意识形态 [M]. 马克思,恩格斯. 马克思恩格斯全集:第3卷.北京:人民出版社,1960:560、566.

② 马克思,恩格斯. 德意志意识形态 [M]. 马克思,恩格斯. 马克思恩格斯全集:第3卷.北京:人民出版社,1960:569.

识一样是历史的产物。"① 也就是说,德国"真正的社会主义"把"平等"归结为抽象的"人的本质""人的本性"等概念,并从这些概念推导"平等"原则。但马克思、恩格斯认为,从来没有脱离了现实经济社会关系的抽象的"人性""类本质",这些概念和"平等"概念一样都是历史的产物,都是历史发展到一定阶段的一定经济社会关系在意识上的反映。

可见,"真正的社会主义"是德国的著作家接受了英国和法国的某些共产主义思想,并把这些思想和自己的德国哲学前提混为一团的结果。他们"认为外国的共产主义文献并不是现实运动的表现和产物,而是纯理论的著作,这些著作像他们想象中的德国哲学体系一样,完全是从'纯粹的思想'中产生的。他们并没有考虑到,这些著作……也是以实际的需要为基础的,是以一定国家的一定阶级的整个生活条件为基础的。他们对该派某些著作界代表人物的幻想深信无疑,似乎这些代表人物所谈的是'最合乎理性的'社会制度,而不是一定阶级和一定时代的需要。"② 因此,"真正的社会主义者"是德意志意识形态的俘虏,看不清楚现实的关系,还硬说它负有使命要向世界揭示共产主义和社会主义的真理。可见,这种"真正的社会主义"不过是无产阶级的共产主义和英国、法国那些或多或少同它相近的党派在德国人的精神太空和德国人的心灵太空中的变形而已。德国"真正社会主义"的"自我意识"如此,法国共产主义的"平等"观念也是如此。"平等不过是德国人所说的自我=自我译成法国的形式即政治的形式。平等,作为共产主义的基础,是共产主义的政治的论据。这同德国人借助于把人理解为普遍的自我意识来论证共产主义,是一回事。不言而喻,异化的扬弃总是从作为统治力量的异化形式出发:在德国是自我意识;在法国是平等,因为这是政治;在英国是现实的、物质的、仅仅以自身来衡量自身的实际需要。"③ 总起来讲,无论是英国的社会主义、法国的社会主义,还是德国的社会主义,都是把"平等"作为自己的"理论基石"和追求目标。这就形成

---

① 马克思,恩格斯. 德意志意识形态 [M]. 马克思,恩格斯. 马克思恩格斯全集:第 3 卷. 北京:人民出版社,1960:566.
② 马克思,恩格斯. 德意志意识形态 [M]. 马克思,恩格斯. 马克思恩格斯文集:第 1 卷. 北京:人民出版社,2009:588.
③ 马克思. 1844 年经济学哲学手稿 [M]. 马克思,恩格斯. 马克思恩格斯文集:第 1 卷. 北京:人民出版社,2009:231.

了人们往往把社会主义当作"平等社会"来追求的思维定式。

三、把社会主义归结为"平等社会"的理论误区

把社会主义看作"平等"的社会当然没什么不好,但是建立在"平等"原则基础上的社会究竟是什么样的呢?历史上有不少革命家和思想家对此作了尝试。

第一种"平等"要求无非是绝对平均、绝对同一的平均主义,甚至是禁欲主义。如闵采尔要求"一切劳动和一切财产都应当具有公共的性质,必须实行最完全的平等"①。英国"平等派"提出了劳动者平分一切土地的原始的"平等共产主义"主张。巴贝夫"要使这个民族的各个人之间是没有任何差别的绝对的平等"②。其他早期空想共产主义思想家,提出的也大多是平均主义的设想、理论。

蒲鲁东也企图在"人人平等"基础上建立"超社会主义"。那么这种"超社会主义"是什么样的呢?他认为,在"超社会主义"或"新社会主义"里,"由于人与人是平等的,所以一切个人拥有的产值也应该是平等的";"就集体劳动者而言,工资相等于产值,因而所有的劳动者彼此间都是相等的,他们的工资也是相等的。这就是生活条件平等和财富平等的原则。"③他在政治经济学中的全部发现就是"构成价值"(或叫"综合价值"),而"产品的构成价值不过是体现在产品中的劳动时间所构成的价值"④。其结论是,"一定的劳动量和同一劳动量所创造的产品是等价的";"任何一个劳动日和另一个劳动日都是相等的;这就是说,一个人的劳动和另一个人的劳动如果数量相等,二者也是等值的,两个人的劳动并没有质的差别。在劳动量相等的前提下,一个人的产品和另一个人的产品相交换。所有的人都是雇佣工人,而且都是以相等劳

---

① 恩格斯.德国农民战争[M].马克思,恩格斯.马克思恩格斯文集:第2卷.北京:人民出版社,2009:248.

② 〔法〕G.韦耶德,C.韦耶德,编.巴贝夫文选[M].梅溪,译.北京:商务印书馆,1962:86.

③ 〔法〕蒲鲁东.贫困的哲学:下卷[M].余叔通,王雪华,译.北京:商务印书馆,2010:784、784.

④ 马克思.哲学的贫困[M].马克思,恩格斯.马克思恩格斯全集:第4卷.北京:人民出版社,1965:88.

动时间得到相等报酬的工人。交换是在完全平等的基础上实现的"①。这样，"社会主义"就成了一个"完全平等"的社会。对此，马克思批判指出：首先，蒲鲁东发明的"构成价值"这个所谓的"新公式"，这个用来"建立世界的新方法"，无非是对李嘉图对资本主义生产的实际运动——"构成价值"运动——的"再度发现"，而且还加上了歪曲和捏造。其次，"如果认为这种由劳动时间来衡量价值的产品的交换会使一切生产者得到平等的报酬，这种说法就是假定，平等分配还在交换以前就存在了。"② 因此，按这个逻辑，要求所谓"平等分配"就是多余的事了。最后，"在使用机器的企业中，这个工人的劳动和那个工人的劳动几乎没有什么差别；工人彼此间的区别，只是他们在劳动中所花的时间不等。……如果说工人的劳动中有质的差别，那末至多也不过是一种决不能作为特点的无足轻重的质。总之这就是现代工业的情况。而蒲鲁东先生却把他打算在'将来的时代'中普遍实现的'平均化'的刨子用到机器劳动中早已实现的这种平等上。"③ 总而言之，"用劳动时间来确定价值，即蒲鲁东先生当做将来再生公式向我们推崇的那个公式，也无非是现代社会经济关系的科学表现，而这早在蒲鲁东先生以前李嘉图就明确地论证过"④。也就是说，蒲鲁东的"新公式"——"构成价值"不仅是李嘉图早已论证的，而且已经是在资本主义社会中普遍实行的；蒲鲁东追求的"由劳动时间来衡量价值的产品的交换"的"平等报酬"和"平等分配"，现实资本主义也早就实行了，但事实上却充斥着各种不平等；工人"相等劳动时间得到相等报酬"，这也是在资本主义经济形式下的一般做法。总之，蒲鲁东用一些"新概念"阐释的都是"旧原理"，都是在资本主义制度下已经实行的"原则"。而蒲鲁东却把它们当作改造资本主义的新方法，当作实现平等的新社会的新手段。毫无疑问，按蒲鲁东"平等原则"构建的"社会主义"，无非就是现存"资本主义"

---

① 马克思.哲学的贫困[M].马克思,恩格斯.马克思恩格斯全集：第4卷.北京：人民出版社，1965：93.
② 马克思.哲学的贫困[M].马克思,恩格斯.马克思恩格斯全集：第4卷.北京：人民出版社，1965：95.
③ 马克思.哲学的贫困[M].马克思,恩格斯.马克思恩格斯全集：第4卷.北京：人民出版社，1965：97.
④ 马克思.哲学的贫困[M].马克思,恩格斯.马克思恩格斯全集：第4卷.北京：人民出版社，1965：110.

社会或者是资本主义社会的"再版";而他要实现的"平等"的"社会主义",必然再生出现实资本主义社会的一切不平等。

通过上面的分析可以看出,建立在"平等"原则上的"社会主义"并没有跳出资本主义的界限。然而,正是把社会主义看作"平等社会"的这些观点,成为一些资产阶级、小资产阶级的理论家攻击社会主义、共产主义的口实。如青年黑格尔主义者施蒂纳①反驳巴贝夫时说,共产主义既然认为"所有的人都有天赋的平等权利,那末它就反驳了自己说的人们没有任何天赋的权利这一论点。因为,例如它不愿承认父母对子女有权利,它取消了家庭。总之,这一革命的或巴贝夫主义的原则(……)完全是建立在宗教的即错误的观点之上的"。② 对此马克思、恩格斯批判指出,"圣桑乔(施蒂纳)在这里加倍出丑"。③ 因为,第一,"他认为:承认子女对父母有'天赋的平等权利',给子女和父母平等人权,就是取消了'人的平等权利'"。④ 第二,他在前面谈道:"国家不干涉父亲打儿子的事,因为国家承认家庭权利。由此可知,一方面被他拿来冒充特殊(家庭)权利的东西,另一方面又被他包括在'人的天赋的平等权利'之内。"事实上,"共产主义对政治权利、私人权利以及权利的最一般的形式即人权都是采取反对立场。"因为,"特权、优先权符合于与等级相联系的私有制,而权利符合于竞争、自由私有制的状态……人权本身就是特权,而私有制就是垄断"⑤。马克思、恩格斯这里表达的意思是,所谓"政治权利""人权"都是资产阶级的权利概念,都是特权的表现。社会主义(共产主义)坚持生产资料社会所有基础上的人与人的平等,这里就没有了任何特权,也就没有了"政治权利""人权"这些概念,因此对它们"采取反对立场"。

---

① "施蒂纳""麦克斯""桑乔"其实是一个人,即麦克斯·施蒂纳——[美]约翰·卡斯巴尔·施米特的笔名。见马克思,恩格斯. 德意志意识形态[M]. 马克思,恩格斯. 马克思恩格斯全集:第3卷. 北京:人民出版社,1960:116 页"注释"。
② 马克思,恩格斯. 德意志意识形态[M]. 马克思,恩格斯. 马克思恩格斯全集:第3卷. 北京:人民出版社,1960:229.
③ 马克思,恩格斯. 德意志意识形态[M]. 马克思,恩格斯. 马克思恩格斯全集:第3卷. 北京:人民出版社,1960:229.
④ 马克思,恩格斯. 德意志意识形态[M]. 马克思,恩格斯. 马克思恩格斯全集:第3卷. 北京:人民出版社,1960:229.
⑤ 马克思,恩格斯. 德意志意识形态[M]. 马克思,恩格斯. 马克思恩格斯全集:第3卷. 北京:人民出版社,1960:229-230、228-229、229.

再如，蒲鲁东认为，"才能上的等级今后不应该作为组织的原则与规律，因为平等是我们唯一的准则，也是我们的理想"①，而且得出了"才能的不平等是财富平等的必要条件"②的结论。这也造成了人们对社会主义、共产主义的误解，甚至攻击。如"真正的社会主义""先知"格奥尔格·库尔曼愤怒地说："在那里（即在共产主义制度下）谁都无权比别人具有任何优越性，谁都无权比别人拥有更多的财产和生活得更好……如果你怀疑这一点，而且不愿意使自己的声音符合于大家的合唱，那末他们会嘲笑你，咒骂你，迫害你并把你送上绞架。"③ 对这种误解和诬蔑，马克思、恩格斯批判指出，"库尔曼先生与社会主义者和共产主义者的区别仅仅在于他的那些误解，误解的原因是由于他追求自己的实践目的，以及，毫无疑问，由于他目光短浅。他把天资和能力方面的差别同占有的不平等和由于占有不平等而产生的满足需要的不平等混淆起来，因而同共产主义进行论战。"④ 但是，"共产主义的最重要的不同于一切反动的社会主义的原则之一就是下面这个以研究人的本性为基础的实际信念，即人们的头脑和智力的差别，根本不应引起胃和肉体需要的差别；由此可见，'按能力计报酬'这个以我们目前的制度为基础的不正确的原理应当——因为这个原理是仅就狭义的消费而言——变为'按需分配'这样一个原理，换句话说：活动上，劳动上的差别不会引起在占有和消费方面的任何不平等，任何特权。"⑤ 这里，马克思、恩格斯揭示了"平等"的真谛和彻底意义，也就是人的自然差别（包括个人能力、个人的生活需要等）不应当成为人们不平等的理由，"平等"的真正含义应该是满足人们物质生活和自由发展需要的平等，即"按需分配"的平等。第一，所谓"按能力取酬"是以资本主义制度为基础的分配原则；第二，"反动的社会主义"（这里指库尔曼的"真正的社会主义"）从人的"本性"，即从智力、才能的差别为出发点来论证需要差别合理性，

---

① 〔法〕蒲鲁东. 贫困的哲学：上卷 [M]. 余叔通，王雪华，译. 北京：商务印书馆，2010：127 – 128.
② 〔法〕蒲鲁东. 什么是所有权 [M]. 孙署冰，译. 北京：商务印书馆，1963：162.
③ 马克思，恩格斯. 德意志意识形态 [M]. 马克思，恩格斯. 马克思恩格斯全集：第3卷. 北京：人民出版社，1960：635.
④ 马克思，恩格斯. 德意志意识形态 [M]. 马克思，恩格斯. 马克思恩格斯全集：第3卷. 北京：人民出版社，1960：635.
⑤ 马克思，恩格斯. 德意志意识形态 [M]. 马克思，恩格斯. 马克思恩格斯全集：第3卷. 北京：人民出版社，1960：637 – 638.

进而论证不平等分配的合理性;第三,如果仅从"分配"这个狭隘的层面来说,共产主义同资产阶级和反动的社会主义的区别恰恰在于"按需分配"而不是"按能力计酬",个人因才能造成的劳动上的差异不应该成为占有消费资料不平等的理由。当然,这里马克思、恩格斯是为了回应库尔曼从分配上攻击共产主义因而才"仅就狭义的消费而言"的。如果跳出"狭义的消费"这个层面,"按需分配"必然以生产资料的社会所有为条件,以生产力的充分发展为前提。

由上可见,把社会主义看成"平等"的社会,给社会主义带来了多少误解,甚至谩骂和攻击。所以,要正确理解"社会主义",必须把它置于科学基础之上。

正因如此,恩格斯说,"把社会主义社会看做平等的王国,这是以'自由、平等、博爱'这一旧口号为根据的片面的法国人的看法,这种看法作为当时当地一定的发展阶段的东西曾经是正确的,但是,像以前的各个社会主义学派的一切片面性一样,它现在也应当被克服,因为它只能引起思想混乱,而且因为这一问题已经有了更精确的叙述方法。"[①] 上面已经分析,各种庸俗的社会主义者之所以从"平等"原则上论证社会主义或者把社会主义看作"平等"的社会,是因为"现代社会主义"是对启蒙思想家的平等原则所作的"更进一步的""更彻底"的发展。而且,无产阶级一开始是和资产阶级一起进行争取平等的斗争的,因而用"平等"这一资产阶级的口号来反对封建专制制度,在一定发展阶段是正确的也是必需的。但是,也因为这一口号的资产阶级性质,就带来了它的片面性——从法权关系而不是从经济关系来认识社会并提出变革社会的主张。因此,用"平等"原则指导无产阶级运动,只能给社会主义理论带来混乱。而且,随着科学社会主义的诞生,社会主义已经有了科学的理论和分析社会的"精确方法"。这就是,从经济关系而不是从法权关系来分析资本主义的局限性;从生产方式的运动规律,尤其是资本主义社会的基本矛盾运动的趋势来解释资本主义的暂时性和社会主义实现的历史必然性,而不是把社会主义建立在所谓"平等"这种道德原则、法权概念诉求上。尤其是不能把"平等"看作"永恒真理"或社会主义的"价值原则""价值追求",更不能把"社会主义"当作是"平

---

① 恩格斯. 给奥·贝贝尔的信 [M]. 马克思,恩格斯. 马克思恩格斯文集:第 3 卷. 北京:人民出版社,2009:415.

等社会"代名词来使用或追求。

总之,正是在对关于"平等"或"社会主义平等"问题上的各种错误观点、模糊认识的批判中,马克思、恩格斯阐发了他们的科学社会主义平等观。

第二节 社会主义平等的内容与特征

社会主义平等观是"平等"要求在社会主义政治、经济、社会制度上的体现,或者说是在社会主义社会里,人们在什么方面、何种程度上可以谈平等,即人在社会制度各方面的解放程度。由于在马克思、恩格斯时代社会主义还是一种理论形态的存在而不是现实的制度,所以马克思、恩格斯的社会主义平等观是建立在对资本主义不平等现实批判基础上的,是从资本主义基本矛盾运动的历史逻辑中得出的理论逻辑,而不是现实社会制度的总结或描写。正如列宁所指出,"马克思丝毫不想制造乌托邦,不想凭空猜测无法知道的事情。马克思提出共产主义的问题,正像一个自然科学家已经知道某一新的生物变种是怎样产生以及朝着哪个方向演变才提出该生物变种的发展问题一样。"① 同样,马克思、恩格斯的社会主义平等观及其内容,也是对社会主义的这种规律性所作的方向性科学抽象。

一、社会主义是资本主义基本矛盾运动的必然逻辑而不是平等追求的自然结果

在社会主义平等观上必须明确,社会主义不等同于"平等社会",同时,社会主义也不是平等价值导引社会自我实现的结果。社会主义是资本主义基本矛盾运动的必然历史趋势,而社会主义平等不过是平等尺度在社会主义政治、经济、社会方面的制度特征。

马克思恩格斯不把"平等"等道德或法权范畴作为分析社会的工具,当然也不会用这些范畴作为论证社会主义的"助产婆"或"脚手架",而是从唯物主义历史观出发论证社会主义实现的历史必然性。

唯物史观认为,生产方式是社会结构的基础;生产方式中的生产力

---

① 列宁. 国家与革命 [M]. 列宁. 列宁全集:第 31 卷.北京:人民出版社,1985:81.

是社会发展变化的最终动因；生产方式中占主导地位的生产关系构成社会的经济基础，决定建立在其上的整个上层建筑及其性质和矛盾运动。社会的基本矛盾就是经济基础与上层建筑之间的矛盾。这一矛盾运动的规律是：由于生产力是不断发展变化的；这种发展变化积累到一定程度必然引起生产关系即经济基础的变化；经济基础的变化又引起上层建筑的变化，也就是发生社会制度的变革和社会形态的变换。社会主义代替资本主义，正是以这一规律发生作用的表现和结果。

恩格斯在《反杜林论》中详细论述了这一规律在社会主义代替资本主义的必然性中的生动体现。他指出，"现代社会主义，就其内容来说，首先是对统治于现代社会中的有产者和无产者之间、资本家和雇佣工人之间的阶级对立和统治于生产中的无政府状态这两个方面进行考察的结果。"① 接下来，恩格斯对资本主义社会存在的"对立""冲突""无政府状态"进行了详细的分析，指出："现代的大工业，一方面造成了无产阶级，这个阶级能够在历史上第一次不是要求消灭某个特殊的阶级组织或某种特殊的阶级特权，而是要求根本消灭阶级；这个阶级所处的地位，使他们不得不贯彻这一要求，否则就有沦为中国苦力的危险。另一方面，这个大工业造成了资产阶级这样一个享有全部生产工具和生活资料的垄断权的阶级，但是在每一个狂热投机的时期和接踵而来的每次崩溃中，都表明它已经无力继续支配那越出了它的控制力量的生产力；在这个阶级的领导下，社会就像司机无力拉开紧闭的安全阀的一辆机车一样，迅速奔向毁灭。换句话说，这是因为：现代资本主义生产方式所造成的生产力和由它创立的财富分配制度，已经和这种生产方式本身发生激烈的矛盾，而且矛盾达到了这种程度，以至于如果要避免整个现代社会毁灭，就必须使生产方式和分配方式发生一个会消除一切阶级差别的变革。""生产力和生产方式之间的这种冲突，并不是像人的原罪和神的正义的冲突那样产生于人的头脑中，而是存在于事实中，客观地、在我们之外，甚至不依赖于引起这种冲突的那些人的意志或行动而存

---

① 这里说的"现代社会主义"不仅包括"科学社会主义"，也包括法国巴贝夫的共产主义、傅立叶、圣西门的空想社会主义、英国欧文的空想社会主义和德国魏特林的共产主义等。正是马克思"唯物史观"和"剩余价值学说"的发现，才使社会主义从空想变成科学，从而是科学社会主义与这些形形色色的社会主义区分开来。

在着。"①

"现代社会主义不过是这种实际冲突在思想上的反映，是它在头脑中，首先是在那个直接吃到它的苦头的阶级即工人阶级的头脑中的观念上的反映。"而"现代社会主义必获胜利的信心，正是基于这个以或多或少清晰的形象和不可抗拒的必然性印入被剥削的无产者的头脑中的、可以感触到的物质事实，而不是基于某一个蛰居书斋的学者的关于正义和非正义的观念"。而"深入考察这一事业的历史条件以及这一事业的性质本身，从而使负有使命完成这一事业的今天受压迫的阶级认识到自己的行动的条件和性质，这就是无产阶级运动的理论表现即科学社会主义的任务"②。可见，社会主义作为一种制度，正是资本主义社会的基本矛盾运动的必然趋势和一般结果，而不是因为资本主义不符合"平等""正义"等道义观念。"社会主义"作为一门思想理论，则是对资本主义现实的矛盾运动和必然被社会主义代替的历史进程的科学考察，而不是关于"平等""正义"等概念的逻辑论证。

恩格斯不仅认为，"现代社会主义"是对资本主义社会的阶级对立、社会冲突和生产的无政府状态等经济事实进行考察的结果，同时他还指出，"就其理论形式来说"，它又是对启蒙思想家提出的原则（"平等""自由""理性"等）更"进一步"的"似乎更彻底"的发展，而且，它"首先从已有的思想材料出发"。③ 正如前一章所分析，由于早期粗陋的共产主义是以基督教的"上帝儿女的平等"为依据，而现代的社会主义又以启蒙思想家的"平等"原则为依据的。正是由于这两个原因，也就形成了形形色色的社会主义都把"平等"作为自己基本要求的理论惯性。而且，"社会主义"也确实在某些方面与"平等"要求有一定的相通性，表现在：第一，"社会主义"和"平等要求"都是人们对现存社会制度不合理性的否定。因为按照马克思的说法，资本主义的以社会化大生产为基础的私有制，是对私人劳动为基础的个人私有制的否定；社会主义公有制是对资本主义私有制的否定，因此是对个人私有制的否定

---

① 恩格斯. 反杜林论 [M]. 马克思，恩格斯. 马克思恩格斯文集：第9卷. 北京：人民出版社，2009：164-165、285.
② 恩格斯. 反杜林论 [M]. 马克思，恩格斯. 马克思恩格斯文集：第9卷. 北京：人民出版社，2009：285、165、300.
③ 恩格斯. 反杜林论 [M]. 马克思，恩格斯. 马克思恩格斯文集：第9卷. 北京：人民出版社，2009：19.

的否定，也就是在更高层次上的肯定。所以，社会主义公有制即"在协作和对土地及靠劳动本身生产的生产资料的共同占有的基础上，重新建立个人所有制"①。而按照恩格斯的说法则是，私有制是对原始公有制的否定，社会主义公有制是对私有制（特别是对资本主义私有制）的否定，因此是对原始公有制的否定的否定，也就是在更高层次上的肯定。②但不管哪种说法，都认为社会主义是对资本主义的否定。"平等"只存在于与"不平等"的对立中，是对现存不平等进行否定的要求，因此也是对现实社会不合理性的否定性认识。所以，"社会主义"和"平等要求"都是作为对现存社会的否定性认识而印入人们头脑的。第二，社会主义和"平等趋势"都是生产方式自身变革的要求。因为，生产力是生产方式中最革命的因素，它必然随着自身的发展而引起生产方式的变革，进而引起社会制度的变革和社会形态的更替。那么，从社会制度上看，对资本主义进行替代的必然是社会主义。而从"平等"的视角看，生产方式的运动过程就是把各种社会形态下私有制造成的种种不平等扬弃掉，最后实现在生产资料社会所有基础上人人平等。由此观之，"社会主义"和"平等要求"都要求在生产方式上对生产资料的私有制进行彻底的变革。第三，"社会主义"和"完全平等"实现的前提都是生产资料的社会所有和阶级的消灭等等。社会主义是实现了生产资料社会所有和阶级消灭的社会；而真正平等的实现，也必然要求这两个条件的满足。因为私有制是造成一切不平等的根源，而阶级的存在是造成不平等的直接原因。只有废除了私有制和消灭了阶级，才谈得上社会主义的实现，也才谈得上真正平等的实现。正因如此，二者的经济前提是一致的。总之，由于以上这些原因，"平等"似乎成了"社会主义"的"题中应有之义"。于是，就有很多社会主义者把"平等"看作"社会主义"的"理论基石""价值原则"或"奋斗目标"。

尽管如此，"社会主义"与"平等"的区别还是十分明显的。表现在：其一，"平等"是资产阶级的权利要求；"社会主义"是无产阶级的社会追求。尽管早期无产阶级也借用了资产阶级的"平等"口号作为自

---

① 马克思. 资本论 [M]. 马克思, 恩格斯. 马克思恩格斯文集：第 5 卷. 北京：人民出版社，2009：874.

② 参见：恩格斯. 反杜林论 [M]. 马克思, 恩格斯. 马克思恩格斯文集：第 9 卷. 北京：人民出版社，2009：137 – 138.

己革命的要求，但在运动的发展中，他们逐步认识到这一要求的局限性和保守性，于是就把"消灭阶级特权"的平等要求发展为"消灭阶级差别和阶级本身"的平等要求，这就成了"社会主义"的内容。科学社会主义要求从社会发展规律上而不是从"平等"理念的内在逻辑上认识社会主义的必然性。这也成了无产阶级区别于其他阶级历史观的特征。其二，"平等"在发展中变成了资本主义社会的法律原则和价值观念；"社会主义"则一直是一种社会制度要求。在资产阶级革命初期，"平等"是作为一项法权提出来的，但随着资本主义制度的建立，取得统治地位的资产阶级逐步趋于保守，"平等"要求就逐步变成了一种抽象的法律原则，平等由于被限制为仅仅在"法律上的平等"而一笔勾销了，甚至成了一种价值观念、道德原则。而无论是道德价值还是法律精神，都只是一种抽象的原则，一种虚拟的存在形式，从而是消极的。而社会主义作为一种现实的制度设计，它要求生产方式和社会制度的彻底变革，因而具有彻底性和现实性。其三，"平等"观念在历史观上属于唯心主义，"社会主义"的哲学基础则是历史唯物主义。"平等"是从人的自然属性或者抽象的"人性"出发提出的要求。而正如马克思、恩格斯所指出，"并不需要多么敏锐的洞察力就可以看出，唯物主义关于人性本善和人们天资平等……同共产主义和社会主义有着必然的联系。"① 可见，社会主义是建立在唯物主义基础上的，在历史观上坚持的是唯物主义历史观。正是由于这些区别，就把"社会主义"和"平等"观念区别开来。而且，社会主义是运用历史唯物主义基本原理，对资本主义经济事实进行剖析得出的历史结论。因此，社会主义是生产方式运动变化一般趋势，是资本主义社会矛盾运动的必然结果，是不以人的意志为转移的客观规律，而不是作为"绝对真理"的"平等"的内在要求，不是作为"永恒正义"的"平等价值"的自我实现，不是"平等"作为一个"最高目标"引导人们去不断追求的自然结果。

二、社会主义平等是生产资料社会所有的社会地位平等

从平等的尺度上来说，社会主义、共产主义是"社会人的平等"，它的内容是人们在生产资料的社会所有基础上的平等，真正的社会地位

---

① 马克思，恩格斯. 神圣家族［M］. 马克思，恩格斯. 马克思恩格斯文集：第1卷. 北京：人民出版社，2009：334.

平等。那么，马克思、恩格斯关于社会主义社会是"生产资料社会所有"的所有制形式，是不是就是人们通常说的"公有制"呢？（通常说的"公有制"指人们常说"集体所有制""国有制""全民所有制"等。）

作为对私有制扬弃的"公有制"是一切共产主义、社会主义流派的共同要求。如马布利就认为，"私有制是财产和地位的不平等的起因，从而也是我们的一切罪恶的基本原因。"① 早期"粗陋的共产主义"代表闵采尔就提出了财产公有的要求。正如恩格斯指出，"直到闵采尔才用这种刚刚萌生的共产主义思想来表达一个现实的社会集团的要求，直到闵采尔才以一定的明确性把它表达出来；自闵采尔以来，民众在每一次动荡中都出现这种思想，直到它渐渐同现代无产阶级运动合流为止。"② 同样，其他各种社会主义者也多把公有制看作未来社会制度的基本特征。因为，在他们看来，公有制是人们社会平等的根本保证，只有财产和劳动成果的共有，才能保障全体公民的真正平等。

那么，马克思恩格斯是如何看待这一问题的呢？他们指出，"共产主义和所有过去的运动不同的地方在于：它推翻一切旧的生产关系和交往关系的基础，并且第一次自觉地把一切自发形成的前提看做是前人的创造，消除这些前提的自发性，使这些前提受联合起来的个人的支配。因此，建立共产主义实质上具有经济的性质，这就是为这种联合创造各种物质条件，把现存的条件变成联合的条件。"③ 所谓"自发性"，就是私有制条件下的物质力量成为不受人的支配的力量，生产关系在自身的发展中成为奴役人的力量。与"自发"相对应的是"自觉"。而所谓"自觉"，就是消除生产方式的私有性及其对人的奴役，使之成为解放人、发展人的手段，也就是实现真正的平等。而消除生产的私有性，使之"受联合起来的个人支配""联合的物质条件"，就是实现生产资料的社会所有基础上的人们的联合。这是实现真正平等的经济前提。

毫无疑问，马克思恩格斯认为，社会主义平等体现在所有制形式上

---

① 〔法〕马布利.马布利选集［M］.何清新，译.北京：商务印书馆，1960：50.
② 恩格斯.德国农民战争［M］.马克思，恩格斯.马克思恩格斯文集：第2卷.北京：人民出版社，2009：239.
③ 马克思，恩格斯.德意志意识形态［M］.马克思，恩格斯.马克思恩格斯文集：第1卷.北京：人民出版社，2009：574.

是生产资料的"社会所有"而不是通常说的"公有制"。① 这可以从社会发展的历史逻辑中推出，也可以从马克思、恩格斯的理论论述中看出来。因为，以劳动者私人所有权为基础的小生产发展到以资本主义私人占有的大生产，已经消灭了生产的地域性，使生产变为全民性的，甚至世界性的。这不仅是生产资料的私人占有所不能适应的，甚至也是区域性的集体所有制所不能适应的。只有生产资料的社会所有才能与社会化大生产相适应。因为"当社会成为全部生产资料的主人，可以在社会范围内有计划地利用这些生产资料的时候，社会就消灭了迄今为止的人自己的生产资料对人的奴役"②，所以社会主义社会必然是全部生产资料在全社会范围和层面的社会所有。

马克思、恩格斯所说的社会主义所有制形式是指"生产资料的社会所有"而不是一般意义上的"公有制"，还可以从他们的论述中得到说明。马克思在《资本论》中说，资本主义条件下，"劳动的进一步社会化，土地和其他生产资料的进一步转化为社会使用的即公共的生产资料"，强调的是"社会化劳动"（socialization of labour）、"社会使用"（socially exploited）和"公共的生产资料"（common means of production）；代替资本主义私有制的是"在协作和对土地及靠劳动本身生产的生产资料的共同占有的基础上，重新建立个人所有制"，强调的是"协作"（cooperation）和"生产资料的共同占有"（the possession in common）；"以个人自己劳动为基础的分散的私有制转化为资本主义私有制，同事实上已经以社会生产（socialized production）为基础的资本主义所有制转化为公有制（socialized property——实际上应翻译为'社会所有制'）比较起来，自然是一个长久得多、艰苦得多、困难得多的过程。前者是少数掠夺者剥夺人民群众，后者是人民群众剥夺少数掠夺者"③。在以上论述中，关键词有两个，一个是"社会化"（socialized），一个是

---

① 本书所说的"社会所有"是指"全社会所有"，而不是何伟等所说的"社会所有"。他的逻辑是，"股份制是一种社会所有"；"社会主义的所有制形式是社会所有制"。因此，"股份制是社会主义的所有制形式"。（参见：何伟：《论社会主义本质》一文）这与马克思、恩格斯观点显然是背道而驰的。

② 恩格斯. 反杜林论 [M]. 马克思，恩格斯. 马克思恩格斯文集：第9卷. 北京：人民出版社，2009：310.

③ 马克思. 资本论（第1卷）[M]. 马克思，恩格斯. 马克思恩格斯文集：第5卷. 北京：人民出版社，2009：874-875.

"公共"(common)。可是看出，代替资本主义私有制的社会主义只能是生产资料的"社会所有"，而不是一般意义上的"公有制"。

在《哥达纲领批判》中，马克思强调，"如果说工人们想要在社会的范围内，首先是在本国的范围内创造合作生产的条件，这只是表明，他们力争变革现存的生产条件，而这同靠国家帮助建立合作社毫无共同之处！"① 这里，可以更明确地看出，马克思所说的未来社会的所有制形式是"在社会的范围内（upon a social scale）"，即全社会所有的所有制形式。这也说明，"合作社"这样的所谓"集体所有制"根本不是马克思所说的社会主义所有制形式。

在《反杜林论》中，恩格斯把马克思《资本论》中"在协作和对土地及靠劳动本身生产的生产资料的共同占有的基础上，重新建立个人所有制"概括为"既是个人的又是公共的所有制"（an ownership at once both individual and social / the property which is at once both individual and social）（在1995年版的《马克思恩格斯选集》第三卷第472页中翻译为"既是个人的又是社会的所有制"。应该说，这比《全集》译作"既是个人的又是公共的所有制"更准确）。又说，"这种解决只能是在事实上承认现代生产力的社会本性，因而也就是使生产、占有和交换的方式同生产资料的社会性质相适应。而要实现这一点，只有由社会公开地和直接地占有已经发展到除了适于社会管理之外不适于任何其他管理的生产力。"② 这里说的"社会本性"（the social nature）、"社会特性"（the socialized character）、"社会公开地和直接地占有……生产力"（society openly and directly taking possession of the productive forces）更加明确地说明社会主义的所有制形式是"社会所有"。还有，"自从资本主义生产方式在历史上出现以来，由社会占有全部生产资料，常常作为未来的理想隐隐约约地浮现在个别人物和整个整个派别的头脑中"③；"一旦社会占有了生产资料，商品生产就将被消除，而产品对生产者的统治也将随之消除"④；"当社会

---

① 马克思. 哥达纲领批判 [M]. 马克思, 恩格斯. 马克思恩格斯文集：第3卷. 北京：人民出版社，2009：442.
② 恩格斯. 反杜林论 [M]. 马克思, 恩格斯. 马克思恩格斯文集：第9卷. 北京：人民出版社，2009：295-296.
③ 恩格斯. 反杜林论 [M]. 马克思, 恩格斯. 马克思恩格斯文集：第9卷. 北京：人民出版社，2009：298.
④ 恩格斯. 反杜林论 [M]. 马克思, 恩格斯. 马克思恩格斯文集：第9卷. 北京：人民出版社，2009：300.

成为全部生产资料的主人,可以在社会范围内有计划地利用这些生产资料的时候,社会就消灭了迄今为止的人自己的生产资料对人的奴役。"①这些都再明确不过地说明,社会主义的生产资料所有制形式是"社会所有"——全社会所有,而不是现在说的"公有制"——不论是"集体所有制"还是"国有制"。因此,马克思、恩格斯关于"社会主义平等"的首要的和基本的观点就是"生产资料的社会所有"(全社会所有),其他特点都是在此基础上的展开或派生。

与此相联系,马克思、恩格斯并不认为所谓"国有制""集体所有制"等所谓"公有制"是社会主义的所有制形式。这可以从以下的论述中得到证明:首先,关于"国有制"。恩格斯认为,生产资料"无论向股份公司的转变,还是向国家财产的转变,都没有消除生产力的资本属性"②。又说,"资本主义生产方式日益把大多数居民变为无产者,同时就造成一种在死亡的威胁下不得不去完成这个变革的力量。这种生产方式迫使人们日益把巨大的社会化的生产资料变为国家财产,同时它本身就指明完成这个变革的道路。"③ 这就说明,生产资料在垄断资本主义条件下已经是"国家财产",换句话说,生产资料转变为国家财产并不能消除它的"资本属性",即并不是真正意义上生产资料的社会所有。然后又说,"国家真正作为整个社会的代表所采取的第一个行动,即以社会的名义占有生产资料,同时也是它作为国家所采取的最后一个独立行动。那时,国家政权对社会关系的干预在各个领域中将先后成为多余的事情而自行停止下来。那时,对人的统治将由对物的管理和对生产过程的领导所代替。"④ 可见,无产阶级需要国家是为了"以社会的名义占有生产资料",一旦这一任务完成,"国家"也就不存在了,因此就谈不上所谓的"国家所有"了。

在《论土地国有化》中,马克思也对"国有"问题进行了分析。他

---

① 恩格斯. 反杜林论[M]. 马克思,恩格斯. 马克思恩格斯文集:第9卷. 北京:人民出版社,2009:310.
② 恩格斯. 反杜林论[M]. 马克思,恩格斯. 马克思恩格斯文集:第9卷. 北京:人民出版社,2009:295.
③ 恩格斯. 反杜林论[M]. 马克思,恩格斯. 马克思恩格斯文集:第9卷. 北京:人民出版社,2009:297.
④ 恩格斯. 反杜林论[M]. 马克思,恩格斯. 马克思恩格斯文集:第9卷. 北京:人民出版社,2009:297.

认为，"社会的经济发展，人口的增长和集中，迫使资本主义农场主在农业中采用集体的和有组织的劳动以及利用机器和其他发明的种种情况，将使土地国有化越来越成为一种'社会必然'，这是关于所有权的任何言论都阻挡不了的。"① 可见，"国有化"是在发达资本主义条件下已经实现了的经济条件。换句话说，"国有化"是资本主义的经济形式而不是社会主义的经济形式。又说，"大规模的耕作（即使在目前这种使耕作者本身沦为役畜的资本主义形式下），从经济的观点来看，既然证明比小块的和分散的土地耕作远为优越，那么，要是采用全国规模的耕作，难道不会更有力地推动生产吗?"② 表面上看，似乎马克思赞成"土地国有"。实际上，这里强调的是"大规模地耕种土地"，而且是"全国规模地经营农业"。也就是说，这里所说的"国有化"实际上是指"全国规模"，"国家"只是一个虚拟的地域概念，而不是政治意义上的"国家"。这可以从下面的论述中得到进一步证明。马克思说，"在一个资产阶级的政权下，实行土地国有化，并把土地分成小块租给个人或工人合作社，这只会造成他们之间的残酷竞争，促使'地租'逐渐上涨，反而为土地占有者提供了新的便利条件，靠生产者来养活自己。"③ 可见，马克思是不主张作为阶级工具的"国家"掌握土地等生产资料的。又说，"土地国有化将彻底改变劳动和资本的关系，并最终消灭工业和农业中的资本主义生产方式。只有到那时，阶级差别和各种特权才会随着它们赖以存在的经济基础一同消失。靠他人的劳动而生活将成为往事。与社会相对立的政府或国家政权将不复存在！农业、矿业、工业，总之，一切生产部门将用最合理的方式逐渐组织起来。生产资料的全国性的集中将成为由自由平等的生产者的各联合体所构成的社会的全国性的基础，这些生产者将按照共同的合理的计划进行社会劳动。"④ 可见，实现了生产资料社会所有后，"同社会相对立的政府或国家将不复存在！"——既然没有

---

① 马克思. 论土地国有化 [M]. 马克思, 恩格斯. 马克思恩格斯文集：第3卷. 北京：人民出版社, 2009：230-231.
② 马克思. 论土地国有化 [M]. 马克思, 恩格斯. 马克思恩格斯文集：第3卷. 北京：人民出版社, 2009：231.
③ 马克思. 论土地国有化 [M]. 马克思, 恩格斯. 马克思恩格斯文集：第3卷. 北京：人民出版社, 2009：232.
④ 马克思. 论土地国有化 [M]. 马克思, 恩格斯. 马克思恩格斯文集：第3卷. 北京：人民出版社, 2009：233.

了国家，怎么还会有"国家所有"呢？因此，所谓"土地国有化"实际上讲的是"生产资料的全国性的集中"。这就说明，在社会主义社会，生产资料的所有制形式是社会所有，而不是"国有"。反过来也是一样，"国有制"并不是社会主义的所有制形式，或者说它至多是"国家"实现生产资料社会所有而采取的"最后一个行动"，之后国家便消亡了。既然"国家"都消亡了，当然也谈不上所谓的"国家所有"了。

其次，关于"集体所有"。既然马克思、恩格斯认为未来社会的所有制形式是"社会所有"而不是"国有"，就更不是比"国有"的层次、地域更狭小的"集体所有"了。由于"集体所有"并不能排除地域分割，不能排除竞争，甚至不能排除雇佣劳动，所以马克思、恩格斯也不会把"集体所有制"作为否定私有制的未来社会的所有制形式。

总之，生产资料的社会所有是社会主义最本质的经济特征，也是社会主义平等的根本内容，其他制度方面的平等尺度都是以此为前提的。在生产资料社会所有的基础上，所有人实现了在全社会范围内的真正联合，才真正谈得上人与人社会地位的平等。

三、社会主义平等是按劳分配的经济地位平等

有什么样的所有制形式就有什么样的分配方式，因为，"消费资料的任何一种分配，都不过是生产条件本身分配的结果；而生产条件的分配，则表现生产方式本身的性质"①。社会主义平等体现在所有制形式上是"生产资料的社会所有"的社会地位的平等，体现在分配方式上就是"按劳分配"的经济地位、经济关系的平等。在《资本论》中，马克思从逻辑上论证了未来社会（包括共产主义社会）是实行"按劳分配"的（尽管他没这样称谓）——这里他还没有区分共产主义第一阶段和高级阶段的分配方式。他说："设想有一个自由人联合体，他们用公共的生产资料进行劳动，并且自觉地把他们许多个人劳动力当作一个社会劳动力来使用。在那里，鲁滨逊的劳动的一切规定又重演了，不过不是在个人身上，而是在社会范围内重演。……这个联合体的总产品是一个社会产品。这个产品的一部分重新用作生产资料。这一部分依旧是社会的。而另一部分则作为生活资料由联合体成员消费。因此，这一部分要在他们

---

① 马克思. 哥达纲领批判 [M]. 马克思, 恩格斯. 马克思恩格斯文集：第 3 卷. 北京：人民出版社，2009：436.

之间进行分配。这种分配的方式会随着社会生产有机体本身的特殊方式和随着生产者的相应的历史发展程度而改变。仅仅为了同商品生产进行对比,我们假定,每个生产者在生活资料中得到的份额是由他的劳动时间决定的。这样,劳动时间就会起双重作用。劳动时间的社会的有计划的分配,调节着各种劳动职能同各种需要的适当的比例。另一方面,劳动时间又是计量生产者在共同劳动中个人所占份额的尺度,因而也是计量生产者在共同产品的个人可消费部分中所占份额的尺度。在那里,人们同他们的劳动和劳动产品的社会关系,无论在生产上还是在分配上,都是简单明了的。"①

应该说,马克思这里把未来社会的分配描述为"按劳分配","仅仅为了同商品生产进行对比",为了同资本主义的"按资分配"相对比,因此并不是对未来社会分配方式的精确描述。而且,他还指出,"这种分配的方式会随着社会生产机体本身的特殊方式和随着生产者的相应的历史发展程度而改变。"也就是说,在未来社会里,分配方式是随着生产结构和生产关系的变化而相应变化、不是一成不变的。只是在《哥达纲领批判》中,当他要对未来社会的分配方式进行具体分析时,才区分为共产主义第一阶段的"按劳分配"和高级阶段的"按需分配"。在社会主义社会里,为社会所提供的劳动量成了人们获取生活资料的依据,劳动才成为人们的平等尺度。

社会主义"按劳分配"中"劳动"是如何执行"平等尺度"的呢?这首先要分析"社会主义"(共产主义社会第一阶段)的历史方位。尽管在社会主义社会,由于人们在生产资料公有制基础上实现了联合,财产不再是一种剥削和奴役人的权利,所以社会主义"不承认任何阶级差别,因为每个人都像其他人一样只是劳动者"②。但是社会主义又是这样的社会,"它不是在它自身基础上已经发展了的,恰好相反,是刚刚从资本主义社会中产生出来的,因此它在各方面,在经济、道德和精神方面都还带着它脱胎出来的那个旧社会的痕迹"③。所以,社会主义作为"共

---

① 马克思. 资本论(第1卷)[M]. 马克思,恩格斯. 马克思恩格斯文集:第5卷.北京:人民出版社,2009:96-97.
② 马克思. 哥达纲领批判[M]. 马克思,恩格斯. 马克思恩格斯文集:第3卷.北京:人民出版社,2009:435.
③ 马克思. 哥达纲领批判[M]. 马克思,恩格斯. 马克思恩格斯文集:第3卷.北京:人民出版社,2009:434.

产主义社会第一阶段"，是"经过长久阵痛刚刚从资本主义社会产生出来的"，① 它在发展阶段上，还没有达到"共产主义社会高级阶段"，但它已经不是资本主义社会，而是共产主义社会的一部分了。所谓"旧社会的痕迹"表现在：经济方面，主要是生产力还没有极大发展，社会财富还没有充分涌流；消费品分配还把劳动成果作为一种权利来看待，还只能实行"按劳分配"而不是"按需分配"；尽管不仅剥削阶级已经消灭，而且劳动阶级之间的差别也已经消灭，但还存在"分工"，特别是脑力劳动和体力劳动的差别；在道德和精神方面，人们还没有跳出法权的狭隘眼界，还没有达到思想水平的极大提高；已经实现了受教育权也就是个人发展条件的平等，但还没有达到人的全面自由发展的程度。因此，从这个意义上说，社会主义还只是共产主义的低级阶段或准备阶段，社会主义平等还是一种低层的平等。

既然社会主义处于这样的历史阶段——脱离了资本主义但还没有达到共产主义高级阶段，实现了生产资料的社会所有但社会财富还没有充分涌流，消灭了剥削阶级和阶级但人们还没有跳出法权的眼界——那么，按劳分配就把"劳动"作为分配消费资料的基本尺度，也就是作为"分配平等"的基本尺度。于是，"每一个生产者，在作了各项扣除以后，从社会领回的，正好是他给予社会的。他给予社会的，就是他个人的劳动量。例如，社会劳动日是由全部个人劳动小时构成的；各个生产者的个人劳动时间就是社会劳动日中他所提供的部分，就是社会劳动日中他的一份。他从社会领得一张凭证，证明他提供了多少劳动（扣除他为公共基金而进行的劳动），他根据这张凭证从社会储存中领得一份耗费同等劳动量的消费资料。他以一种形式给予社会的劳动量，又以另一种形式领回来"②。

可见，在这里，消费资料在各个生产者中间的分配实行"一种形式的一定量劳动同另一种形式的同量劳动相交换"，"这里通行的是调节商品交换（就它是等价的交换而言）的同一原则。内容和形式都改变了，因为在改变了的情况下，除了自己的劳动，谁都不能提供其他任

---

① 马克思. 哥达纲领批判 [M]. 马克思, 恩格斯. 马克思恩格斯文集：第 3 卷. 北京：人民出版社，2009：435.
② 马克思. 哥达纲领批判 [M]. 马克思, 恩格斯. 马克思恩格斯文集：第 3 卷. 北京：人民出版社，2009：434.

何东西"。"原则和实践在这里已不再互相矛盾,而在商品交换中,等价物的交换只是平均来说才存在,不是存在于每个个别场合。"① 再加上剩余价值的生产和实现,"平等""等价"的原则与资本主义经济实践往往是矛盾的。相反,在社会主义社会,平等和等价交换实现了原则和实践的同一。也就是说,在生产资料社会所有的基础上,每个劳动者在生产资料占有权上是平等的。这就消除了一些人脱离劳动的经济前提,也消除了一些人占有另一些人劳动成果的经济现象。因此,可以真正实现按每个人向社会提供的劳动量获得消费资料的平等权利,从而真正实现了劳动权的平等。这样,经济实践与"平等原则"就是一致的了。而在资本主义社会,由于私有制和剩余价值的存在,经济实践与"平等原则"总是相背离甚至是相矛盾的。② 尽管"按劳分配"的劳动平等有这样一种历史进步,但由于消费资料在各个生产者中间的分配仍然通行"商品等价物的交换中通行的同一原则,即一种形式的一定量劳动同另一种形式的同量劳动相交换",因此,社会主义的"按劳分配"这一"平等的权利按照原则仍然是资产阶级权利"。所以,"虽然有这种进步,但这个平等的权利总还是被限制在一个资产阶级的框框里"③。这是逻辑上的历史局限。

实践上,"按劳分配"把"劳动"作为同一的尺度对一切劳动者进行衡量,这在表面上看是非常公平的平等。"但是,一个人在体力或智力上胜过另一个人,因此在同一时间内提供较多的劳动,或者能够劳动较长的时间;而劳动,要当做尺度来用,就必须按照它的时间或强度来确定,不然它就不成其为尺度了。这种平等的权利,对不同等的劳动来说是不平等的权利。它不承认任何阶级差别,因为每个人都像其他人一样只是劳动者;但是它默认,劳动者的不同等的个人天赋,从而不同等的工作能力,是天然特权。所以就它的内容来讲,它像一切权利一样是一种不平等的权利。权利,就它的本性来讲,只在于使用同一尺度;但是

---

① 马克思. 哥达纲领批判 [M]. 马克思,恩格斯. 马克思恩格斯文集:第 3 卷.北京:人民出版社,2009:434.
② 就是说,按资本主义的原则(不论是"等价交换"的经济原则,还是"权利平等"的法权原则),人与人应该是平等的,但是经济社会现实却是到处充满不平等。而在社会主义社会,由于实现了生产资料的社会所有,所以平等原则、平等要求与经济社会现实也不再矛盾。
③ 马克思. 哥达纲领批判 [M]. 马克思,恩格斯. 马克思恩格斯文集:第 3 卷.北京:人民出版社,2009:434、435.

不同等的个人（而如果他们不是不同等的，他们就不成其为不同的个人）要用同一尺度去计量，就只有从同一个角度去看待他们，从一个特定的方面去对待他们，例如在现在所讲的这个场合，把他们只当做劳动者，再不把他们看做别的什么，把其他一切都撇开了。其次，一个劳动者已经结婚，另一个则没有；一个劳动者的子女较多，另一个的子女较少，如此等等。因此，在提供的劳动相同，从而由社会消费基金中分得的份额相同的条件下，某一个人事实上所得到的比另一个人多些，也就比另一个人富些，如此等等。要避免所有这些弊病，权利就不应当是平等的，而应当是不平等的。"①

可见，"按劳分配"的劳动平等比资本主义的法权平等是一个巨大的历史进步，同时又有一定的历史局限。但正如马克思所指出，"但是这些弊病，在经过长久阵痛刚刚从资本主义社会产生出来的共产主义社会第一阶段，是不可避免的。权利决不能超出社会的经济结构以及由经济结构制约的社会的文化发展。""在共产主义社会高级阶段，在迫使个人奴隶般地服从分工的情形已经消失，从而脑力劳动和体力劳动的对立也随之消失之后；在劳动已经不仅仅是谋生的手段，而且本身成了生活的第一需要之后；在随着个人的全面发展，他们的生产力也增长起来，而集体财富的一切源泉都充分涌流之后，——只有在那个时候，才能完全超出资产阶级权利的狭隘眼界，社会才能在自己的旗帜上写上：各尽所能，按需分配！"② 这就是人的自由全面发展的平等。

总之，由于社会主义实行生产资料社会所有，已经没有人凭借生产资料的占有而无偿地占有别人的劳动。每个劳动者尽自己所能为社会劳动，并凭借自己的劳动贡献量从社会总产品中领回等量的生活资料。这里，"劳动"成了分配社会产品的基本尺度，也是社会主义平等的重要尺度。所以，社会主义平等已经跳出了资本主义的狭隘界限，克服了资本主义平等原则与经济社会现实不一致的矛盾，实现了人们经济地位的平等，因此是对资本主义平等的积极扬弃和否定。同时，"按劳分配"的经济地位、经济关系的平等又是与不同条件的劳动者的事实不平等相

---

① 马克思. 哥达纲领批判 [M]. 马克思, 恩格斯. 马克思恩格斯文集：第 3 卷. 北京：人民出版社，2009：435.

② 马克思. 哥达纲领批判 [M]. 马克思, 恩格斯. 马克思恩格斯文集：第 3 卷. 北京：人民出版社，2009：435、435-436.

伴生的，还没有达到人的自由全面发展需要的平等，因此是有待进一步发展的平等。

四、社会主义平等是消灭了阶级对立的政治地位平等

社会主义、共产主义是"社会人的平等"，它的内容是人们在生产资料的社会所有基础上的社会地位的平等，表现在消费上是"按劳分配"的经济地位的平等和"按需分配"的自由全面发展的平等。由于实现了生产资料的社会所有，实现了人们在全社会范围上的利益一致，也就消除了私有制出现以来存在的一切利益对抗和利益争夺，消除了不同利益集团（阶级）存在的经济基础，从而消除了阶级，实现了人在经济关系和社会关系上的全面平等，也实现了政治地位的平等。因此，"社会主义平等"是以"消灭阶级"为内容的平等。它的前提是生产资料的社会所有。

第一，社会主义平等是"消灭阶级的平等"，这是由无产阶级的社会地位和历史前途所决定的。马克思、恩格斯认为，无产阶级是社会主义变革的承担者，其阶级地位和前途命运决定着社会主义平等的特征。正如恩格斯所指出，自原始公有制解体以来，由于社会一直是私有制的社会，因此人类历史都是阶级斗争的历史。于是，有的理论家就认为私有制和阶级是永存的。实际上，阶级和生产资料的私有是一个问题的两个方面，随着私有制的消亡，随着社会所有制的建立，阶级也会如影随形地消失。因此，消除私有制的现实物质运动，就是阶级的消灭。私有制造成了利益争夺和阶级对抗，由此造成了人类的一切不平等。由于资本主义是私有制的高级阶段，私有制造成的"异化"即不平等也达到了前所未有的程度，因此阶级对抗在资本主义社会也达到了顶点。生产资料的资本主义私有制使资本主义生产在"异化"状态下进行，"以致工人生产的对象越多，他能够占有的对象就越少，而且越受自己的产品即资本的统治"①。

因此，"工人对自己的劳动的产品的关系就是对一个异己的对象的关系。""通过异化的、外化的劳动，工人生产出一个同劳动疏远的、站在

---

① 马克思. 1844 年经济学哲学手稿 [M]. 马克思, 恩格斯. 马克思恩格斯文集：第1卷. 北京：人民出版社，2009：157.

劳动之外的人……生产出资本家……对这个劳动的关系。"① 尽管"异化"表现在资本主义社会的一切方面，尽管"有产阶级和无产阶级同样表现了人的自我异化。但是，有产阶级在这种自我异化中感到幸福，感到自己被确证，它认为异化是它自己的力量所在，并在异化中获得人的生存的外观。而无产阶级在异化中则感到自己是被消灭的，并在其中看到自己的无力和非人的生存的现实"，看到实实在在的不平等。正因如此，在整个对立的范围内，"私有者是保守的一方，无产者是破坏的一方"②。无产者只有消灭这种"异化"和对立——不平等——才能解放自己，它是消除私有制的变革力量。因此私有制的消除，只有通过无产阶级作为无产阶级——"意识到自己在精神上和肉体上贫困的那种贫困，造成意识到自己的非人化从而自己消灭自己的那种非人化时"——的产生，才能达到。由于阶级地位所决定，无产阶级执行着雇佣劳动而"为别人生产财富、为自己生产贫困"的职能，也因为私有制产生了无产阶级而执行着消灭私有制的职能——私有制的消灭和无产阶级的胜利同样是不可避免的。"无产阶级在获得胜利时，无论如何决不会因此成为社会的绝对方面，因为它只有消灭自己本身和自己的对立面才能获得胜利。到那时，无产阶级本身以及制约着它的对立面——私有财产都会消失。"无产阶级的"目标和它的历史使命已经在它自己的生活状况和现代资产阶级社会的整个组织中明显地、无可更改地预示出来了"③。也就是说，正是资本主义私有制所决定的无产阶级的经济地位以及它在资本主义社会中的"精神上和肉体上贫困"，使它必然"产生消灭对立的行动"，也就是消灭阶级的行动。这是可能性。

就现实性来说，根据恩格斯的分析，"由于现时生产力如此巨大的发展，就连把人分成统治者和被统治者、剥削者和被剥削者的最后一个借口，至少在最先进的国家里也已经消失了；居于统治地位的大资产阶级已经完成了它的历史使命，它不但不能再领导社会，甚至变成了生产发展的障碍，如各国的商业危机，尤其是最近的一次大崩溃以及工业不振

---

① 马克思. 1844年经济学哲学手稿 [M]. 马克思, 恩格斯. 马克思恩格斯文集：第1卷. 北京：人民出版社，2009：157、166.
② 马克思, 恩格斯. 神圣家族 [M]. 马克思, 恩格斯. 马克思恩格斯文集：第1卷. 北京：人民出版社，2009：261.
③ 马克思, 恩格斯. 神圣家族 [M]. 马克思, 恩格斯. 马克思恩格斯文集：第1卷. 北京：人民出版社，2009：261、262.

的状态就是证明;历史的领导权已经转到无产阶级手中,而无产阶级由于自己的整个社会地位,只有完全消灭一切阶级统治、一切奴役和一切剥削,才能解放自己;社会生产力已经发展到资产阶级不能控制的程度,只等待联合起来的无产阶级去掌握它,以便建立这样一种制度,使社会的每一成员不仅有可能参加社会财富的生产,而且有可能参加社会财富的分配和管理,并通过有计划地经营全部生产,使社会生产力及其成果不断增长,足以保证每个人的一切合理的需要在越来越大的程度上得到满足。"① 这样一个社会也就是生产资料社会所有的社会,是消灭了任何阶级和阶级统治的社会,是实现了生产资料社会所有基础上的真正人的平等的社会。这样的社会就是"社会主义社会"。因此,"社会主义平等"和"消灭阶级的平等"是一回事。反过来也是一样,消灭阶级是"社会主义平等"的基本内容。

第二,社会主义平等意味着"消灭阶级",这是无产阶级在斗争实践中得出的历史结论。早期无产阶级争取平等地位的斗争一直是与资产阶级反抗封建特权、争取平等权利的斗争分不开的。但是,由于资产阶级的历史地位所决定的保守性,总是使革命半途而废。正像恩格斯所指出,"资产阶级政党只要稍微取得一点点胜利,就立即企图利用合法进步的手段周旋于革命的岩礁和复辟的漩涡之间。"② 这就导致了无产阶级运动与资产阶级运动的决裂。例如,早在封建社会时期的德国宗教改革运动,就显示出这一特点。当时"市民反对派"(资产阶级的前身)与"平民反对派"(无产阶级的前身)在反对宗教势力和封建特权方面的利益是一致的,因此也能在一定程度上共同进行斗争。而且,平民反对派在政治斗争中不是作为一个党派出现,而只是作为市民反对派的"尾巴"出现的。但是,路德领导的市民反对派的"市民阶级异教"是"温和的""合法的""富裕的""有教养的"反对派;而闵采尔领导的平民反对派的"平民阶级异教"则是由手工业帮工、短工、流氓无产阶级和农民这些处在社会最底层的人群构成的,因而是"越来越反动的"(在统治阶级看来),实际上是最有革命性的。正是这种阶级构成的不同,

---

① 恩格斯. 卡尔·马克思 [M]. 马克思,恩格斯. 马克思恩格斯文集:第 3 卷. 北京:人民出版社,2009:459-460.

② 恩格斯. 德国农民战争 [M]. 马克思,恩格斯. 马克思恩格斯文集:第 2 卷. 北京:人民出版社,2009:242.

"早在 12 世纪就已经出现了市民反对派和农民平民反对派大规模对立的先兆，农民战争后来就是由于这种对立而归于失败的。"①

这一对立还继续存续到整个中世纪末期以后。因为，"平民异教""虽然也同意市民异教关于僧侣、教皇权力以及恢复原始基督教教规的一切要求，但是它却走得更远。它要求在教区成员间恢复原始基督教的平等关系，要求承认这种关系也是市民间的准则。它从'上帝儿女的平等'得出有关市民平等的结论，甚至已经部分地得出有关财产平等的结论。它要求贵族同农民平等，要求城市贵族和享有特权的市民同平民平等，它要求取消徭役、地租、捐税、特权，要求至少消除那些极其悬殊的贫富差别——这些要求，都是带着或多或少的明确性提出来的，而且被说成是原始基督教教义的必然结论。这种农民平民异教，在封建制度全盛时期，例如在阿尔比派中，还不易同市民异教相区别，但是到了 14 和 15 世纪，它就发展成一种与市民异教截然不同的派别见解了，这时，农民平民异教通常总是完全独立地出现，同市民异教并立。"② 而路德领导的资产阶级在运动中逐步抛弃运动中的下层人民，倒向了市民、贵族和诸侯一边，越来越变成诸侯的奴仆了，而且与封建势力一起来扼杀无产阶级运动。路德喊道："凡是力所能及的人，都应当用秘密的或者公开的方式，去戳碎他们，扼死他们，刺死他们，就像必须打死疯狗一样！"③ 最后，"路德不仅把下层人民的运动，而且连市民阶级的运动也出卖给诸侯了。"④ 运动教育了早期的无产阶级。尽管"无产阶级的力量还很薄弱，不能指望它迅速跳过资产阶级阶段而立即夺取政权，但是，它在专制制度下已经深刻地体验到了资产阶级统治的滋味，而且总的说来，它已经有了很大的发展，因而决不会再把资产阶级的解放看成它自身的解放"⑤。资产阶级宣传的"资产阶级的解放就是它自己的解放"的

---

① 恩格斯. 德国农民战争 [M]. 马克思, 恩格斯. 马克思恩格斯文集：第 2 卷. 北京：人民出版社，2009：236.

② 恩格斯. 德国农民战争 [M]. 马克思, 恩格斯. 马克思恩格斯文集：第 2 卷. 北京：人民出版社，2009：237—238.

③ 恩格斯. 德国农民战争 [M]. 马克思, 恩格斯. 马克思恩格斯文集：第 2 卷. 北京：人民出版社，2009：243.

④ 恩格斯. 德国农民战争 [M]. 马克思, 恩格斯. 马克思恩格斯文集：第 2 卷. 北京：人民出版社，2009：244.

⑤ 恩格斯. 德国农民战争 [M]. 马克思, 恩格斯. 马克思恩格斯文集：第 2 卷. 北京：人民出版社，2009：318.

看法，也因为无产阶级自身的发展而不再相信了。资产阶级的软弱性和保守性在德国如此，在法国资产阶级的大革命中也是如此。

由于资产阶级自身的弱点，它不可能独立完成革命，必须借助于无产阶级才能完成资产阶级革命。但一旦革命成功，它就把胜利成果窃为己有，用自己对下层劳动人民的统治代替封建特权对自己的统治。法国第一次革命后出现了拿破仑的"赤裸裸的专制制度"和巴贝夫的"真正的自由和平等的共产主义"。这已经表现出无产阶级与资产阶级的对立。在1830年的第二次革命中，"伟大的一周"是资产阶级和工人阶级结成联盟的结果，是自由派和共和派结成联盟的结果。但事情成功以后，工人就被扔到一边；资产阶级独吞了革命果实。工人为了废除政治专权，建立共和国，曾举行了好几次起义，可是每次都失败了，因为资产阶级不仅掌握了军队，而且自己还建立了国民卫军。共和派工人这时才开始确信，即使他们的民主制计划得以实现，他们最终总要受"更有才能和更有教养的领袖们"的欺骗；任何一种政治变革都不能改善他们的社会地位。他们请教了法国大革命的历史，如获至宝地一把抓住了巴贝夫的"真正的自由和平等的共产主义"①。

所以，恩格斯说，法国的共产主义是"法国人通过政治达到的，他们起初只是要求政治自由和平等，但当他们意识到这还不够的时候，除政治要求而外，他们又提出了社会自由和社会平等的要求"②"但是这样做，就不可能不发生下列情况：这些平民在资产阶级的革命要求中加进了它原来没有的意义：他们从平等和博爱中得出了极端的结论，这些结论把平等和博爱这类口号的资产阶级意义完全颠倒过来了，因为这种资产阶级意义达到了极端，正好变成了自己的对立面"③。就是说，由于无产阶级不满于资产阶级的保守性，在资产阶级的"平等""博爱"口号中加进了原来没有的意义：原来资产阶级的"平等"是政治权利的平等；无产阶级除了政治平等外，还提出了社会平等的要求。这是资产阶级"平等"口号中没有的内容，因而是得出的"极端的结论"。这种从

---

① 恩格斯. 大陆上社会改革的进展[M]. 马克思，恩格斯. 马克思恩格斯全集：第1卷. 北京：人民出版社，1956：579-580、576.

② 恩格斯. 大陆上社会改革的进展[M]. 马克思，恩格斯. 马克思恩格斯全集：第1卷. 北京：人民出版社，1956：575-576.

③ 恩格斯. 致卡尔·考茨基[M]. 马克思，恩格斯. 马克思恩格斯全集：第37卷. 北京：人民出版社，1971：146.

资产阶级平等口号得出的极端含义,就把资产阶级的平等要求颠倒了过来,正好变成了资产阶级"平等"要求的对立面。因为,资产阶级所要求的政治权利的平等,不过是它与封建特权等级的平等,而不是与无产阶级、广大底层劳动人民的平等;政治权利的平等是一种抽象的平等,一种形式的平等,一种抽象的原则,它并不要求在经济、社会生活中实现平等。无产阶级要求社会的平等,它的前提是经济关系的平等,这只有在生产资料社会所有的基础上才有可能,这实际上就得出了"社会主义"的结论——已经内含了社会主义代替资本主义的逻辑,因而显然是资产阶级平等的对立面。

可见,正是在无产阶级与资产阶级一起进行的反封建斗争中,无产阶级才认识到资产阶级的保守性,并得出了无产阶级自己的平等要求——"消灭阶级差别和阶级本身",而不是资产阶级所要求的"消灭阶级特权"的平等要求。当然,无产阶级平等观对资产阶级平等观的超越并不是在法国大革命中才有的,而是从早期的无产阶级运动和理论中就得出的历史结论。所以,恩格斯指出,即使"在16世纪和17世纪有理想社会制度的空想的描写,而在18世纪已经有了直接共产主义的理论(摩莱里和马布利)。平等的要求已经不再限于政治权利方面,它也应当扩大到个人的社会地位方面;不仅应当消灭阶级特权,而且应当消灭阶级差别本身"①。可见,"平等"不仅限于政治权利,还应当在经济和社会领域实行;"平等"不仅意味着消灭阶级特权,还应该消灭阶级差别,也就是消灭阶级本身——这是整个无产阶级运动史得出的基本结论。社会主义既然是关于无产阶级运动条件的学说,又是无产阶级要实现的社会制度,那么,无产阶级"消灭阶级"的平等观就是"社会主义平等"的基本内容。

社会主义(当然是完全形态的社会主义,不是现实的社会主义国家)消除了阶级差别、阶级对立,也消除了阶级本身,所有人都是社会的平等成员,也就没有了人压迫人、人奴役人、人统治人的社会现象,所有人都是平等的,具有了平等的政治地位,每个人都真正实现了当家作主,这是真正的政治地位平等。

---

① 恩格斯. 反杜林论 [M]. 马克思,恩格斯. 马克思恩格斯文集:第9卷. 北京:人民出版社,2009:21.

五、社会主义平等在过渡时期具有二重性

上面分析的"社会主义平等"是完全形态的社会主义所具有的平等特征,马克思、恩格斯的社会主义平等观还包括社会主义过渡时期的平等内容。社会主义过渡时期的平等与社会主义平等又有不同特点,具有明显的过渡性。

马克思认为,"在资本主义社会和共产主义社会之间,有一个从前者变为后者的革命转变时期。同这个时期相适应的也有一个政治上的过渡时期,这个时期的国家只能是无产阶级的革命专政。"① 当然,这里的"共产主义社会"也包括其第一阶段,即社会主义社会。

对这个过渡时期的所有制形式、分配方式、阶级关系等,马克思没有作详细的论述,但可以从一些论述中梳理出来。如《马克思给维·伊·查苏利奇的复信》中分析了俄国所有制形式的一些特点。马克思认为,俄国情况与当时西欧的情况不同:西欧是"把一种私有制形式变为另一种私有制形式",即由个人私有制变为资本主义私有制;而俄国的"农业公社时期是从公有制到私有制、从原生形态到次生形态的过渡时期"。这种"过渡",即"农业公社固有的二重性使得它只能有两种选择:或者是它的私有制因素战胜集体因素,或者是后者战胜前者。一切都取决于它所处的历史环境"②。从俄国公社公有制所处的环境说,一方面是与资本主义生产并存的,有实现大规模组织起来的合作劳动的现成物质条件。而且欧美各国中的最发达的资本主义生产已遭受致命的危机,这使得人们认识到了资本主义的严重弊端。因此,"它可以不通过资本主义制度的卡夫丁峡谷,而占有资本主义制度所创造的一切积极的成果……如果它在现在的形式下事先被置于正常条件之下,那它就能够成为现代社会所趋向的那种经济制度的直接出发点,不必自杀就可以获得新的生命"③。所谓"现代社会所趋向的那种经济制度"即社会所有的社会制度(社会主义),也就是说,"经济公社"可以成为社会主义的出发

---

① 马克思. 哥达纲领批判 [M]. 马克思,恩格斯. 马克思恩格斯文集:第3卷. 北京:人民出版社,2009:444.
② 马克思. 给维·伊·查苏利奇的复信草稿 [M]. 马克思,恩格斯. 马克思恩格斯文集:第3卷. 北京:人民出版社,2009:570-571、574、586.
③ 马克思. 给维·伊·查苏利奇的复信草稿 [M]. 马克思,恩格斯. 马克思恩格斯文集:第3卷. 北京:人民出版社,2009:587.

点。另一方面,"同公社相对立,出现了这样的地产,它掌握了将近一半土地,而且是优等地,更不用说国有土地了"①。而且俄国公社"除了被国家的直接搜刮压得喘不过气来,除了遭受侵入公社的'资本家'、商人等等以及土地'所有者'的狡诈的剥削以外,公社还受到乡村高利贷者以及由于它所处的环境而在内部引起的利益冲突的损害"②。这些又使俄国公社有滑向资本主义的可能。总之,俄国农业公社的特点和外部环境决定了公社的两种命运和"过渡时期"的两种发展方向:或者吸收资本主义的一切肯定成果,公有制因素战胜私有制因素,直接过渡到社会主义的社会所有制;或者在国家和资产阶级的压榨下,私有制因素战胜公有制因素,公社灭亡,国家走向资本主义。前者需要革命促成,后者则会自然而然地发生。

不论是从公有制向私有制的过渡还是从私有制向公有制的过渡,作为"过渡时期",所有制形式都具有很大的相似性。这种相似性就在于多种所有制形式并存。用列宁的话说就是,"过渡时期""不能不兼有两种社会经济结构的特点和特征"③。通过上面的分析可以看出,马克思分析俄国农业公社所处的"过渡时期"既有农业公社的公有制——实际上是一种集体所有制,又有土地的国有制,还有资本主义所有制,而且在农业公社内部还有个人所有制。因此,"过渡时期"是一个多种所有制形式并存的时期。

抛开俄国农业公社的论述不谈,仅从马克思、恩格斯的一般社会发展阶段理论的逻辑来分析,"过渡时期"也应该是一个多种所有制形式并存的时期。在资本主义发展的高级阶段,除了各种层次的私有制外,已经有了像"股份制"等形式上的"公有制"形式,甚至有了某种"国有制"。而过渡时期又是一个漫长的历史过程——因为,"共产主义社会第一阶段"是"在经过长久阵痛刚刚从资本主义社会产生出来的"。④

---

① 马克思. 给维·伊·查苏利奇的复信草稿 [M]. 马克思, 恩格斯. 马克思恩格斯文集: 第3卷. 北京: 人民出版社, 2009: 580.
② 马克思. 给维·伊·查苏利奇的复信草稿 [M]. 马克思, 恩格斯. 马克思恩格斯文集: 第3卷. 北京: 人民出版社, 2009: 581.
③ 列宁. 无产阶级专政时代的经济和政治 [M]. 列宁. 列宁全集: 第37卷. 北京: 人民出版社, 1986: 263.
④ 马克思. 哥达纲领批判 [M]. 马克思, 恩格斯. 马克思恩格斯文集: 第3卷. 北京: 人民出版社, 2009: 435.

"长久阵痛"当然是指过渡时期,也就是说过渡时期是"长久"的。而在"漫长的过渡时期"只能是多种所有制形式并存的时期,因为,由一种所有制过渡到另一种所有制不可能是一蹴而就的。反过来也一样:既然资本主义是私有制占主导的所有制形式,社会主义是公有制(生产资料社会所有)占主导的所有制形式,处在它们之间的过渡时期,必然是私有制、公有制等多种所有制并存的时期。从原始公有制过渡到个人私有制经历了漫长的历史过程,从资本主义私有制过渡到社会所有制(社会所有制)也必然是漫长的历史过程。既然是多种所有制并存,就不可能真正实现人们在生产资料社会所有基础上的社会平等。各种所有制形式之间,和每种所有制内部的劳动者之间、劳动者和资本之间,都会存在某种程度的不平等。所以,社会主义过渡时期是社会地位不平等向社会地位平等的过渡时期。

"过渡时期"既然是多种所有制并存,与其相适应,也必然是多种分配方式共同存在:个体所有是个人劳动成果归自己所有的分配形式;集体所有是劳动成果作了必要扣除后的集体分配;国家所有是在国家与集体、个人之间分配劳动成果;资本主义所有制企业是按资分配,如此等等。既然存在多种分配方式,劳动者之间的生活资料分配也不可能是完全平等的。而按资分配本身就说明还有雇佣劳动和剥削,而剥削就是不平等。所以,社会主义过渡时期是经济地位、经济关系不平等向经济地位、经济关系平等过渡的时期。

"过渡时期"还没有实现生产资料在全社会范围内的共同占有,因此也就没有消除阶级的经济根源,所以必然还存在阶级和阶级差别。就是马克思所说的,"过渡时期必然是无产阶级专政的历史时期"。既然有无产阶级的存在,也必然存在与之相对应的其他阶级——资产阶级、小资产阶级、农民阶级(其绝大多数是属于小资产阶级)等。有阶级就有不平等——不仅表现为资本和雇佣劳动的阶级对立,也表现为劳动阶级之间的阶级差别。对立、差别,就是不平等。所以,社会主义过渡时期是有阶级差别的不平等向无阶级差别的平等的过渡时期。

总之,多种所有制形式并存,多种分配方式共生,阶级差别依然存在(尽管剥削阶级作为一个阶级已经消灭或正在消亡中),这就是"过渡时期"社会主义平等的特点。然而,尽管"过渡时期"存在由多种所有制形式带来的生产资料占有上的不平等,由多种分配方式带来的消费权的不平等，由商品经济、市场经济带来的不平等扩大的可能性，由阶级对立和阶级差别带来的社会地位的不平等，等等，但是，由于无产阶级政权的确立，必然使生产资料公有制形式不断发展壮大，为保证"过渡时期"的社会主义方向提供了保障，从而使各种不平等消除成为可能。因此，与资本主义社会相比，"过渡时期"无疑是历史的巨大进步，平等的实现也有了强有力的制度保障和现实可能性。

第六章 马克思恩格斯研究平等命题的方法

马克思恩格斯研究平等问题的方法论也是他们平等理论的重要内容，是他们在研究平等问题上坚持的方法论原则。这包括：对"平等"范畴、平等观要作历史的分析，不能看作"永恒真理"；从人的现实社会性而不是从抽象的"人性"上研究"平等"；从生产方式而不是停留在分配方式层面上研究"平等"；用政治经济学而不是法学或伦理学的方法分析"平等"；从现实社会关系而不是用抽象社会模型来研究"平等"；把"平等"看作变革社会的"征象"而不是把"平等"原则作为塑造社会的价值原则等。概括起来，可以区分为历史分析法、生产方式分析法、人的社会属性分析法、阶级分析法、政治经济学分析法等。

第一节 历史分析法

每种平等观念都是历史地形成的。平等诉求，是对经济的棍棒、政治的皮鞭和精神的枷锁的反抗，它在奴隶制下表现为道德的诉求，在封建制下表现为宗教的呻吟，在资本主义社会表现为理性的要求。所以，平等从来不是一成不变的"永恒真理"，而是一个具体的和历史的范畴。各个时代、不同历史条件下，不同阶级的平等观念各不相同。这就要求研究平等问题要进行历史分析，否则只能得出一些看似绝对、永远正确但实际上毫无意义的教条或结论。

一、对"平等"概念在不同时代的内涵要作历史分析

理论家们在研究"平等"时，总是把它作为适合一切历史时代的正义原则，总是想一劳永逸地得出适合一切社会形态的平等原则。正

如恩格斯在《反杜林论》中所指出，圣西门、傅立叶和欧文三大空想主义者"和启蒙学者一样，也想建立理性和永恒正义的王国；但是他们的王国和启蒙学者的王国是有天壤之别的。按照这些启蒙学者的原则建立起来的资产阶级世界也是不合理性的和非正义的，所以也应该像封建制度和一切更早的社会制度一样被抛到垃圾堆里去。真正的理性和正义至今还没有统治世界，这只是因为它们没有被人们正确地认识。所缺少的只是个别的天才人物，现在这种人物已经出现而且已经认识了真理；至于天才人物是在现在出现，真理正是在现在被认识到，这并不是从历史发展的联系中必然产生的、不可避免的事情，而纯粹是一种侥幸的偶然现象。这种天才人物在500年前也同样可能诞生，这样他就能使人类免去500年的迷误、斗争和痛苦"，"对所有这些人来说，社会主义是绝对真理、理性和正义的表现，只要它被发现了，它就能用自己的力量征服世界；因为绝对真理是不依赖于时间、空间和人类的历史发展的，所以，它在什么时候和什么地方被发现，那纯粹是偶然的事情"。① 可见，在三大空想社会主义者看来，人类根本就没有历史。即使有历史，也不需要从低级向高级阶段的逐步发展，而仅仅是跟随偶然出现的"天才人物"随意跳跃的历史，是"天才人物"发现的"理性""真理""正义"从而塑造历史的过程。只要"天才人物"出现，"真理""正义"就会被发现；只要它们被发现，就能用自己的力量征服世界，就能把人类置于"平等""合理""正义"的基础上。"天才人物"早出现500年，人类就会"免去500年的迷误、斗争和痛苦"。而"天才人物"的出现和"理性""真理""正义""平等"的发现，"纯粹是偶然的事情"，不需要任何历史条件。毫无疑问，这是典型的没有历史维度的思维方式。事实上他们不知道，所谓认识到了社会发展规律的"天才人物"和真正反映社会发展规律的"理性""真理""正义"的发现，都是历史发展到一定阶段的结果。所以，研究社会问题必须运用历史分析方法，从社会发展的历史进程中去把握社会发展的一般规律。"平等"问题的研究也是这样。

马克思恩格斯研究平等问题，从来都是放在一定的历史条件下作具体分析、进行严格历史考证的，而不是作主观的臆测或者抽象的理论推

---

① 恩格斯. 反杜林论 [M]. 马克思, 恩格斯. 马克思恩格斯文集：第9卷. 北京：人民出版社，2009：21-22，22.

定。在《家庭、私有制和国家的起源》中，恩格斯根据摩尔根对古代社会的考察和大量的法典、文献遗存，对原始时代的平等问题作了严密的历史考察。经过严谨的研究，恩格斯指出，在原始社会氏族、部落、部落联盟里，酋长是所有人推选的，撤换酋长和军事首领由所有人共同决定；氏族议事会是一切成年男女平等表决权的民主集会，是氏族的最高权力机关。在这里，全体成员都是自由人，个人权利完全平等，"自由、平等、博爱"虽然从来没有明确表达出来，却是氏族的根本原则。进一步讲，部落联盟是由血缘亲属部落组成的，各部落在处理联盟的一切内部事务上完全平等；联盟议事会的一切决议须经全体一致通过，每个部落都有议事会成员地位平等，权利一样。所以，"这种十分单纯质朴的氏族制度是一种多么美妙的制度呵！"大家都是平等、自由的，包括妇女在内。① 可以看出，恩格斯正是坚持了严谨的历史分析法，才得出了符合历史事实、令人信服的结论。正因如此，列宁指出，《起源》"是现代社会主义主要著作之一，其中每一句话都是可以相信的，每一句话都不是凭空说的，而都是根据大量的历史和政治材料写成的"②。

在《反杜林论》中，恩格斯又对各个时代的"平等"作了严格的历史考证和系统分析。首先，恩格斯认为，"人们最初怎样脱离动物界（就狭义而言），他们就怎样进入历史：他们还是半动物，是野蛮的，在自然力量面前还无能为力，还不认识他们自己的力量；所以他们像动物一样贫困，而且生产能力也未必比动物强。那时普遍存在着生活状况的某种平等，对于家长，也存在着社会地位的某种平等，至少没有社会阶级，这种状况在后来的文明民族的自然形成的农业公社中还继续存在着。"③ 这是原始社会的平等。在古希腊奴隶制时期，出现了智者派的激进平等观和斯多葛派从"精神平等"上论证"世人平等"的平等思想，也就是"一切人，作为人来说，都有某些共同点，在这些共同点所及的范围内，他们是平等的"④ 这样的"古老平等观"。但是，在最古老的自

---

① 恩格斯. 家庭、私有制和国家的起源 [M]. 马克思, 恩格斯. 马克思恩格斯文集：第4卷. 北京：人民出版社，2009：111.
② 列宁. 论国家 [M]. 列宁. 列宁全集：第37卷. 北京：人民出版社，1986：62.
③ 恩格斯. 反杜林论 [M]. 马克思, 恩格斯. 马克思恩格斯文集：第9卷. 北京：人民出版社，2009：186.
④ 恩格斯. 反杜林论 [M]. 马克思, 恩格斯. 马克思恩格斯文集：第9卷. 北京：人民出版社，2009：109.

然形成的公社中，在古希腊城邦制中，最多只谈得上公社成员之间的平等权利，妇女、奴隶和外地人自然不在此列。在希腊人和罗马人那里，人们对"不平等"的重视程度比任何"平等"要大得多。希腊人和野蛮人、自由民和奴隶、公民和被保护民、罗马的公民和罗马的臣民之间的不平等的政治地位，被认为是天经地义的。虽然在罗马帝国时期，除自由民和奴隶的区别外，其他身份对立都逐渐消失了，并产生了自由民的私人平等，但是只要还存在自由民和奴隶之间的对立，就谈不上"一般人的平等"的法权结论。到封建社会，基督教只承认一切人的一种"平等"，即"原罪的平等"，这同它曾经作为奴隶和被压迫者的宗教的性质是完全适合的。此外，基督教至多还承认"上帝的选民的平等"，但是这种平等只是在开始时才被强调过。在新宗教的最初阶段同样可以发现财产共有的痕迹，这与其说是来源于真正的"平等"观念，不如说是来源于被迫害者的团结。而随着僧侣和俗人对立的确立，很快就使这种"基督教平等"的萌芽也归于消失。日耳曼人在西欧的横行并建立了复杂的社会等级制度，从而消除了一切平等观念。在封建的中世纪的内部孕育了资产阶级。由于海上航路的伟大发现开辟的广大国际市场，国际贸易推动了工场手工业取代了手工业生产，资产阶级的力量和地位得到了巨大提升，特别是大规模贸易的需要，要求资产阶级作为商品占有者应当有平等权利和贸易自由。由此，"权利平等"就成了资产阶级的平等要求，并被宣布为"不可剥夺人权"。这种"权利平等"的实质内容，就是消除封建特权，"消灭阶级特权"。伴随着资产阶级而走上历史舞台的无产阶级，则把资产阶级消灭"阶级特权"的平等要求，发展为"消灭阶级本身"；把"权利平等"这项国家领域的平等要求，发展为"社会的、经济的平等"。① 由此，恩格斯得出结论，"要从这种相对平等的原始观念中得出国家和社会中的平等权利的结论，要使这个结论甚至能够成为某种自然而然的、不言而喻的东西，必然要经过而且确实已经经过几千年"；"平等的观念，无论以资产阶级的形式出现，还是以无产阶级的形式出现，本身都是一种历史的产物，这一观念的形成，需要一定的历史条件，而这种历史条件本身又以长期的以往的历史为

---

① 参见：恩格斯. 反杜林论［M］. 马克思，恩格斯. 马克思恩格斯文集：第9卷. 北京：人民出版社，2009：109 – 112.

前提"①。

可见，研究"平等"要作历史分析，不能把它当成"绝对真理"。恩格斯正是严格按照历史发展的进程和平等观念历史演进的脉络进行客观分析，才得出了不同时代不同平等的科学结论。通过这种严谨的历史分析，既合乎历史事实地梳理了平等观念的历史发展过程，又透彻分析了不同社会形态、不同历史时代的平等观念的具体呈现，成为"平等"研究历史分析方法的光辉典范。只有运用历史分析法而不是主观臆造法，才能得出符合历史的结论，才能达到逻辑与历史的统一。

二、对同一社会形态不同历史阶段的平等尺度要作历史考量

马克思恩格斯关于"平等"研究的历史分析法还表现在对同一社会形态的平等实现程度，也要作历史过程的分析。因为任何平等尺度都不是一成不变的，而是随着经济社会发展而不断变化的。

马克思恩格斯在对未来社会的"平等"作了历史阶段分析时指出，不仅人类社会分为不同的社会形态，就是同一个社会形态也分为不同的发展阶段。而与每个发展阶段相适应，平等的尺度表现为不同的内容，平等的实现程度也不尽相同。马克思在《哥达纲领批判》中把未来社会划分为"共产主义社会的第一阶段"和"共产主义高级阶段"，并详细论证了两个阶段平等尺度的不同。他认为，共产主义第一阶段"不是在它自身基础上已经发展了的，恰好相反，是刚刚从资本主义社会中产生出来的，因此它在各方面，在经济、道德和精神方面都还带着它脱胎出来的那个旧社会的痕迹"②。由于生产力发展水平的限制，个人分配只能实行作了必要扣除后的"按劳分配"。也就是说，在这里，只能把"劳动"作为平等的尺度，把个人提供的劳动量作为分配个人生活资料的标准。换句话说，"生产者的权利是同他们提供的劳动成比例的；平等就在于以同一尺度——劳动——来计量"③。也就是说，在为了社会发展需要

---

① 恩格斯.反杜林论[M].马克思,恩格斯.马克思恩格斯文集：第9卷.北京：人民出版社，2009：113.
② 马克思.哥达纲领批判[M].马克思,恩格斯.马克思恩格斯文集：第3卷.北京：人民出版社，2009：434.
③ 马克思.哥达纲领批判[M].马克思,恩格斯.马克思恩格斯文集：第3卷.北京：人民出版社，2009：435.

作了必要扣除后,每个劳动者依据个人向社会贡献的劳动量从社会领回等量的生活资料。马克思还对"按劳分配"的"平等"的性质作了分析,认为这相对于资本主义社会的"按资分配"是一种巨大进步。因为在资本主义社会中它的事实与原则处于矛盾中:按照"权利平等"和"等价交换"的平等原则,包括资本家和无产者在内的人人都应当是平等的,但在资本主义的现实中,由于资本主义私有制的存在,一切都发生了"异化",以至于在"平等"的外观下面是资产阶级和无产阶级的赤裸裸的不平等政治、经济、社会关系。而在共产主义第一阶段,由于在生产资料的社会所有基础上实现了人的社会平等,平等原则和现实不再有矛盾:在这里"劳动"成了平等的唯一尺度,一切人都是作为平等地位的劳动者根据个人的劳动量获取生活资料的。然而正如马克思所分析,这种"按劳分配"的"平等"又有历史局限性。即"按劳分配"也是商品等价物的交换中也通行的同一原则,即一种形式的一定量的劳动和另一种形式的同量劳动相交换。所以,"在这里平等的权利按照原则仍然是资产阶级权利"①。而且,生产者的权利是和他们提供的劳动成比例的,因为各个人劳动能力有大有小,个人由于家庭成员的多少不一而家庭负担也各不相同,所以"这种平等的权利,对不同等的劳动来说是不平等的权利。它不承认任何阶级差别,因为每个人都像其他人一样只是劳动者;但是它默认,劳动者的不同等的个人天赋,从而不同等的工作能力,是天然特权。所以就它的内容来讲,它像一切权利一样是一种不平等的权利。……要避免所有这些弊病,权利就不应当是平等的,而应当是不平等的"②。但是这些弊病,在刚刚脱胎于旧社会的共产主义社会第一阶段是不可避免的。

接下来,马克思又分析了共产主义高级阶段的平等问题。他认为,"在共产主义社会高级阶段,在迫使个人奴隶般地服从分工的情形已经消失,从而脑力劳动和体力劳动的对立也随之消失之后;在劳动已经不仅仅是谋生的手段,而且本身成了生活的第一需要之后;在随着个人的全面发展,他们的生产力也增长起来,而集体财富的一切源泉都充分涌流

---

① 马克思. 哥达纲领批判 [M]. 马克思,恩格斯. 马克思恩格斯文集:第3卷. 北京:人民出版社,2009:434.
② 马克思. 哥达纲领批判 [M]. 马克思,恩格斯. 马克思恩格斯文集:第3卷. 北京:人民出版社,2009:435.

之后,——只有在那个时候,才能完全超出资产阶级权利的狭隘眼界,社会才能在自己的旗帜上写上:各尽所能,按需分配!"① 在这里,每个人的全面发展都是其他人全面发展的条件,社会就可以实行"各尽所能,按需分配"的平等制度。于是,"'按能力计报酬'这个以我们目前的制度为基础的不正确的原理应当——因为这个原理是仅就狭义的消费而言——变为'按需分配'这样一个原理,换句话说:活动上、劳动上的差别不会引起在占有和消费方面的任何不平等,任何特权。"② 也就是说,在共产主义高级阶段,个人劳动能力、劳动贡献的差别不再成为"平等"的尺度,不会引起物质财富占有和消费资料获取的不平等,"劳动"不再是一项特权。而所谓"按需分配",就是每个人都根据全面发展的需要从社会获取生活资料。由于实现了生产资料的社会所有,每个人的自由全面发展与社会的发展进步达到完全的一致,个人能力的提高意味着为社会发展做出更大贡献,为别人提供更多发展机会,而不是像私有制条件下只意味着获取个人财富能力的增强和对别人发展空间的挤压。正是在这个意义上说,每个人的全面发展都是其他人自由全面发展的条件,从而就真正实现了人与人的平等。

通过这种对同一社会形态平等尺度在不同历史阶段变化的分析,可以明白"平等""平等观"不是一成不变的,而是完全与经济社会发展水平、同历史发展阶段相适应的。同时,也更加明确,"权利决不能超出社会的经济结构以及由经济结构制约的社会的文化发展"③。也就是说任何平等尺度都是具体的、历史的。正因如此,"平等"在马克思那里始终是一定历史条件下的具体要求,"马克思了解古代奴隶主,中世纪封建主等等的历史必然性,因而了解他们的历史正当性,承认他们在一定限度的历史时期内是人类发展的杠杆;因而马克思也承认剥削,即占有他们劳动产品的暂时的历史正当性;但它同时证明,这种历史正当性现在不仅消失了,而且剥削不论以什么形式继续保存下去,已经日益愈来愈

---

① 马克思. 哥达纲领批判 [M]. 马克思,恩格斯. 马克思恩格斯文集:第3卷. 北京:人民出版社,2009:435-436.
② 马克思,恩格斯. 德意志意识形态 [M]. 马克思,恩格斯. 马克思恩格斯全集:第3卷. 北京:人民出版社,1960:637-638.
③ 马克思. 哥达纲领批判 [M]. 马克思,恩格斯. 马克思恩格斯文集:第3卷. 北京:人民出版社,2009:435.

妨碍而不是促进社会的发展，并使之卷入愈来愈激烈的冲突中。"① 根据同样的历史规律，马克思也证明了这种历史正当性在资本主义时代不仅消失了，而且证明资本主义连同资本主义的不平等已经失去了历史合理性，必然被新的社会制度、更高层次的平等所取代。总之，只有对"平等""平等观"作历史分析，才能发现"平等"尺度的历史流变，才能真正揭示"平等"问题的本质，才能对"平等"作出历史唯物主义的回答。

第二节 生产方式分析法

"平等"是关于现实的人的社会关系、经济关系的衡量，而人的社会关系、经济关系就是在一定生产方式下的生产关系。既然"平等"是人的生产关系的比较与衡量，那么研究平等问题当然要进行生产方式（其核心是生产关系）的研究，也就是生产方式分析法。这包括从生产方式的结构中分析人与人的平等关系、从生产方式的矛盾运动中理解平等尺度的发展变化、从人们的平等诉求中洞察生产方式变革的征象、从生产方式而不是分配方式上研究平等的实现路径等。

一、通过对生产方式结构中经济关系的分析来考察平等状况

任何人都是在既定的生产方式下生活的，而且在生产方式中处于一定的经济地位上和一定的经济关系中。"平等"既然是人的社会关系的比较与衡量，那么研究平等问题就要研究人在具体生产方式中的经济关系、经济地位，这样才能理清一定社会形态下人们的平等程度，人们在哪些方面、在何种程度上可以谈平等。甚至可以看清人们在哪些方面是不平等的，进而发现实现平等的路径。

所谓"生产方式"是一定社会形态下人们在物质资料生产中人与自然进行物质、能量交换的能力和方式，以及人与人在生产中的结合形式。人与自然之间进行物质、能量交换的能力和方式就是生产力；人与人在生产中的结合形式就是生产关系。所以，所谓"生产关系"，

---

① 恩格斯. 法学家的社会主义 [M]. 马克思, 恩格斯. 马克思恩格斯全集：第 21 卷. 北京：人民出版社，1965：557-558.

就是人们在生产中结成的关系，包括人对生产资料的占有关系，人与人在生产、分配、流通中的相互关系以及这些关系所决定的不同的经济地位。

自原始公有制解体以来，人类社会基本上都是在私有制条件下运行的，这就是人们生产、生活的现实物质条件，生产资料的私人占有正是这种生产方式的基本特征。在奴隶社会、封建社会里，绝大部分生产资料为奴隶主、封建主占有，但不排除个人占有少量生产资料的小私有制、小商品生产。资本主义社会里，社会日益分化为资产阶级和无产阶级两大阶级，资本家占有全部生产资料，无产阶级除了自身劳动力以外不占有任何生产资料。这些所有制关系决定了人们在生产、生活中的经济地位和彼此之间的经济关系。这就是人们生活其中的现实的基地，也是整场历史大戏上演的舞台。平等研究就要从这种经济关系中分析人们的平等关系、平等状况。

恩格斯通过一份契约的分析说明了在现实经济关系中不同经济地位的人之间不平等关系是如何形成的。

> 众所周知，我无衣无食，所以求您（主人）开恩，我希望受您的庇护（mundeburdum——等于监护）并投靠于您，条件如下：您按照我为您服务的情况和应得的报酬负责供我衣食；而我只要还活着，就要按照一个自由人（ingenuili ordine）的样子，听候您的使唤，并且，我终生都不脱离您的权力和保护，一辈子留在您的权力和保护之下。①

恩格斯分析指出，"这一契约程式充分说明了单纯的、丝毫没有掺杂外来成分的侍从关系如何产生的和具有怎样的性质，尤其是说明了一个完全破产的穷人贫困到了极点的情况。给领主当侍从的关系的产生，乃是出于双方自由的协议——所谓自由，乃是罗马的和现代的法学上的自由——它往往跟现代工人为工厂主服务的情况是一样的。'人'投靠主人，主人接受他的投靠。投靠的仪式用握手和宣誓效忠表示出来。协议是终身的，只有在缔约双方有一方死亡的时候，方能解除。仆从必须负

---

① 恩格斯. 法兰克时代［M］. 马克思，恩格斯. 马克思恩格斯全集：第19卷. 北京：人民出版社，1963：555.

责完成他主人交给他的任何一种与一个自由人地位不相违背的劳役。为此，主人必须维持他的生活，并酌情给予报酬"①。可见，尽管有保护"平等"权利的法律，尽管大家都是"自由"的人，但是不同的经济地位会自然而然地形成人对人的奴役关系，而奴役就是不平等。也就是说，不平等的经济关系会自然而然地形成。这一切都是源于生活资料来源的占有的不平等，而生活资料占有的不平等则直接源于生产资料占有的不平等。恩格斯在《家庭、私有制和国家的起源》中也深刻指出，"劳动契约据说是由双方自愿缔结的。而只要法律在字面上规定双方平等，这个契约就算是自愿缔结。至于不同的阶级地位给予一方的权力，以及这一权力加于另一方的压迫，即双方实际的经济地位——这是与法律毫不相干的。在劳动契约有效期间，只要此方或彼方没有明白表示放弃，双方仍然被认为是权利平等的。至于经济地位迫使工人甚至把最后一点表面上的平等权利也放弃掉，这又是与法律无关的"②。所以，通过这种生产方式中生产关系的分析，也就是经济关系的分析，人与人的平等与不平等关系一目了然，所有把"平等"视为"永恒真理""神圣法则"的论证在此面前一下子黯然失色，变得毫无意义。

通过生产方式分析法，也可以看清资本主义社会中人的不平等关系。在资本主义生产方式下，资产阶级占有全部生产资料，工人除自己的身体外一无所有，为了活命，只能成为资产阶级的生产资料的附庸，服从于资产阶级资本增值的目的，只能受同样"自由""平等"的资本家的奴役。只有资本允许他们劳动的时候他们才能劳动，只有资本允许他们活着的时候他们才能活着。这种经济关系就决定了资产阶级和无产阶级的不平等地位、不平等关系。而这种不平等的经济关系完全是在法律所保护的人与人的"自由""平等"关系下自然而然地形成的。这样，法律上的"权利平等"的原则规定又有什么实际意义呢？所以，只有透过"人人自由平等"的法权迷雾，深入到经济关系中，进行生产方式的分析，才能看透人与人不平等的根源，才能看清实现平等的方向。

---

① 恩格斯. 法兰克时代 [M]. 马克思，恩格斯. 马克思恩格斯全集：第19卷. 北京：人民出版社，1963：555.

② 恩格斯. 家庭、私有制和国家的起源 [M]. 马克思，恩格斯. 马克思恩格斯文集：第4卷. 北京：人民出版社，2009：86.

二、从生产方式的矛盾运动中把握平等实现
的可能性和现实性

生产方式既有静态的结构，也有动态的运动轨迹。研究平等问题不仅要分析生产方式静态结构中人与人的经济关系，还要分析生产方式的发展、变化对平等尺度的影响，以及通过生产方式的变革实现更高层次的平等的可能性和现实性。

通过生产方式静态结构的分析已经明白，生产资料的私人占有和经济关系的不平等是造成一切不平等的根源，也就是马克思所说的，"劳动者在经济上受劳动资料即生活源泉的垄断者的支配，是一切形式的奴役即一切社会贫困、精神屈辱和政治依附的基础"[①]。所谓"社会贫困、精神屈辱和政治依附"就是社会领域的不平等、思想文化的不平等、政治权利的不平等。而且生产方式的经济结构所决定的不平等不仅表现为同代人的不平等，而且会把这种不平等进行代际传递。"彼此发生关系的个人的世世代代是相互联系的，后代的肉体的存在是由他们的前代决定的，后代继承着前代积累起来的生产力和交往形式，这就决定了他们这一代的相互关系。"[②] 由于私有制的延续性，这种继承下来的"交往形式""相互关系"往往是不平等的经济社会关系，而且往往是以不断扩大的不平等形式进行代际传递的。一些理论家没有从这种生产方式及其矛盾运动中来认识人类社会，认识人与人之间的关系，所以才得出了"平等"是"永恒真理""最高原则"的结论。这些理论家也包括社会主义的理论家。"以往的社会主义固然批判了现存的资本主义生产方式及其后果，但是，它不能说明这个生产方式，因而也就不能对付这个生产方式；它只能简单地把它当做坏东西抛弃掉。"[③] 因为他们不能说明生产方式，对付不了生产方式，所以也对付不了"平等"命题，在平等理论上往往得出荒谬的结论。

必须明确，即使通过生产方式的分析，我们认识到不平等的根源是

---

① 马克思. 临时协会章程[M]. 马克思, 恩格斯. 马克思恩格斯全集：第16卷. 北京：人民出版社，1964：15.

② 马克思, 恩格斯. 德意志意识形态[M]. 马克思, 恩格斯. 马克思恩格斯全集：第3卷. 北京：人民出版社，1960：515.

③ 恩格斯. 反杜林论[M]. 马克思, 恩格斯. 马克思恩格斯文集：第9卷. 北京：人民出版社，2009：29-30.

生产资料的私人占有和由此造成的不平等的经济社会关系，我们也不能即刻拔除不平等的根源，实现真正的平等。"一个社会即使探索到了本身运动的自然规律……它还是既不能跳过也不能用法令取消自然的发展阶段。但是它能缩短和减轻分娩的痛苦。"① 之所以"不能跳过自然的发展阶段"，是因为，"人们……是在现有的生产力所决定和所容许的范围之内取得自由的"②。正如恩格斯所分析，"社会分裂为剥削阶级和被剥削阶级、统治阶级和被压迫阶级，是以前生产不大发展的必然结果。只要社会总劳动所提供的产品除了满足社会全体成员最起码的生活需要以外只有少量剩余，就是说，只要劳动还占去社会大多数成员的全部或几乎全部时间，这个社会就必然划分为阶级。在这被迫专门从事劳动的大多数人之旁，形成了一个脱离直接生产劳动的阶级，它掌管社会的共同事务：劳动管理、国家事务、司法、科学、艺术等等。因此，分工的规律就是阶级划分的基础。"③ 也就是说，就算人们认识到了私有制是造成一切社会不平等的根源，阶级的存在是社会不平等的直接原因，但也不能立刻取消私有制、废除阶级。因为，阶级的存在从而不平等的存在，是由生产力发展水平决定的，即"只要劳动还占去社会大多数成员的全部或几乎全部时间，这个社会就必然划分为阶级"。而要废除这些阶级从而实现平等，必须具备了一定的新的经济条件。这种"新的经济条件"就是生产力的巨大发展，推动了生产方式的彻底变革。之所以说，认识了自然规律"能缩短和减轻分娩的痛苦"，是说这样人们就认清了历史发展的一般规律、趋势、过程、进程，既不迷茫和迷失历史方向，又不盲目冒进、提出超越历史发展阶段的平等要求。

对生产方式的分析的确让人看清了实现"平等"的方向和途径。一方面，"私有财产是生产力发展一定阶段上必然的交往形式，这种交往形式在私有财产成为新出现的生产力的桎梏以前是不会消灭的，并且是直

---

① 马克思.资本论（第1卷）[M].马克思，恩格斯.马克思恩格斯文集：第5卷.北京：人民出版社，2009：9-10.
② 马克思，恩格斯.德意志意识形态[M].马克思，恩格斯.马克思恩格斯全集：第3卷.北京：人民出版社，1960：507.
③ 恩格斯.反杜林论[M].马克思，恩格斯.马克思恩格斯文集：第9卷.北京：人民出版社，2009：298.

接的物质生活的生产所必不可少的条件"。① 另一方面，"私有制只有在个人得到全面发展的条件下才能消灭，因为现存的交往形式和生产力是全面的，所以只有全面发展的个人才可能占有它们，即才可能使它们变成自己的自由的生活活动"②。简单说，要把实现"平等"的可能性变为现实性，必须具备一定的物质生活条件——生产力的巨大发展和生产资料的社会所有，以及以此为基础的人的全面自由发展。"一旦社会占有了生产资料，商品生产就将被消除，而产品对生产者的统治也将随之消除。社会生产内部的无政府状态将为有计划的自觉的组织所代替。个体生存斗争停止了。于是，人在一定意义上才最终地脱离了动物界，从动物的生存条件进入真正人的生存条件。人们周围的、至今统治着人们的生活条件，现在受人们的支配和控制，人们第一次成为自然界的自觉的和真正的主人，因为他们已经成为自身的社会结合的主人了。人们自己的社会行动的规律，这些一直作为异己的、支配着人们的自然规律而同人们相对立的规律，那时就将被人们熟练地运用，因而将听从人们的支配。人们自身的社会结合一直是作为自然界和历史强加于他们的东西而同他们相对立的，现在则变成他们自己的自由行动了。至今一直统治着历史的客观的异己的力量，现在处于人们自己的控制之下了。只是从这时起，人们才完全自觉地自己创造自己的历史；只是从这时起，由人们使之起作用的社会原因才大部分并且越来越多地达到他们所预期的结果。这是人类从必然王国进入自由王国的飞跃。"③ 这样就消除了一切社会不平等的经济根源，人们才可以在平等的经济地位和普遍的社会团结条件下，实现真正的平等。

所以，通过生产方式的分析，不平等的根源、平等的尺度、平等的经济内涵、平等的实现——平等的实现程度、实现趋势、实现路径等，都看得清清楚楚，透彻了然。

三、把平等诉求看作生产方式变革的征象

既然作为完全平等实现前提条件的生产方式的变革必须在具备相应

---

① 马克思，恩格斯. 德意志意识形态 [M]. 马克思，恩格斯. 马克思恩格斯全集：第3卷.北京：人民出版社，1960：410-411.
② 马克思，恩格斯. 德意志意识形态 [M]. 马克思，恩格斯. 马克思恩格斯全集：第3卷.北京：人民出版社，1960：516.
③ 恩格斯. 反杜林论 [M]. 马克思，恩格斯. 马克思恩格斯文集：第9卷.北京：人民出版社，2009：300.

的物质基础和经济条件的情况下才能实现,那么如何看待各种"平等"要求、"正义"诉求呢？

恩格斯指出,"当一种生产方式处在自身发展的上升阶段的时候,甚至在和这种生产方式相适应的分配方式下吃了亏的那些人也会欢迎这种生产方式。……不仅如此,当这种生产方式对于社会还是正常的时候,满意于这种分配的情绪,总的来说,会占支配的地位；那时即使发出了抗议,也只是从统治阶级自身中发出来（圣西门、傅立叶、欧文）,而在被剥削的群众中恰恰得不到任何响应。只有当这种生产方式已经走完自身的没落阶段的颇大一段行程时,当它多半已经过时的时候,当它的存在条件大部分已经消失而它的后继者已经在敲门的时候——只有在这个时候,这种越来越不平等的分配,才被认为是非正义的,只有在这个时候,人们才开始从已经过时的事实出发诉诸所谓永恒正义。"①

也就是说,"平等"要求作为一种观念并不是作为"永恒正义""绝对真理"而存在的。作为一种观念,作为意识形态的一部分,它任何时候都是那个时代现实生产方式及其矛盾运动的反映。生产方式作为社会形态的基础,是由生产力和生产关系构成的。在这一结构中,生产关系作为社会的经济基础,必然延伸为社会的经济、政治、社会制度结构,因而是相对稳定的；而生产力作为社会发展的引擎,是不断发展变化的。随着生产力的不断发展,相对稳定的生产关系,从而以此为基础的经济、社会制度就与此不再适应了,或者说成为生产力发展的障碍。这种阻碍作用反映到人们的观念中,就表现为"不平等""不合理""不公平""不正义"诸如此类的主观评价。而在现存生产方式中"吃了亏的那些人"那里,就表现为变革这一生产方式的要求。于是人们就把这种变革要求说成是"永恒正义""永恒平等"的要求。而且这种要求并不是随着生产方式的变化同步产生的。因为生产方式的变化有个量的积累,而人们对生产方式的发展变化的认识也有个逐步深化的过程。就是这个原因,恩格斯才说,当一种生产方式还处于上升阶段的时候,甚至在其分配方式下吃了亏的那些人也会热烈欢迎这种生产方式；只有当这种生产方式的一半已经腐朽了的时候,当它已经失去历史合理性而后继的社会形态已经在"扣门"的时候,这种不平等的分配方式的不合理性才被普

---

① 恩格斯. 反杜林论 [M]. 马克思,恩格斯. 马克思恩格斯文集：第9卷. 北京：人民出版社,2009：155 – 156.

遍地认识到，才被认为是"非正义"的。只有在这个时候，人们才会诉诸所谓"永恒正义"。因此，所谓"平等"要求不过是生产方式变革要求在人们观念上的反映。

既然如此，研究"平等"问题就不仅要善于分析各种社会中的平等要求，而且要透过"平等"要求的表象，深入到那个时代的经济关系、生产方式中，来研究为什么在那个时期"平等"的要求是这样的内容，它反映了怎样的历史发展趋势，等等。这样才能既科学认识"平等"的本质，又能够准确把握社会发展的一般趋势。所以，"全部方法都在这里。首先从生产的观点去理解每一种经济关系，而不管所有的历史规定"①。所谓"历史规定"，是指一些从主观观念分析"平等"的理论家，总是把"平等"归结为"永恒正义""历史规定""最高规律"的理论要求。恩格斯这句话的意思是说，研究"平等"问题，不要把"平等"自身看作历史的规定，看作宿命的目标，而要用生产的观点去分析产生"平等"要求的经济关系。

总之，"唯物主义历史观从下述原理出发：生产以及随生产而来的产品交换是一切社会制度的基础；在每个历史地出现的社会中，产品分配以及和它相伴随的社会之划分为阶级或等级，是由生产什么、怎样生产以及怎样交换产品来决定的。所以，一切社会变迁和政治变革的终极原因，不应当到人们的头脑中，到人们对永恒的真理和正义的日益增进的认识中去寻找，而应当到生产方式和交换方式的变更中去寻找；不应当到有关时代的哲学中去寻找，而应当到有关时代的经济中去寻找。对现存社会制度的不合理性和不公平、对'理性化为无稽，幸福变成苦痛'的日益觉醒的认识，只是一种征兆，表示在生产方法和交换形式中已经不知不觉地发生了变化，适合于早先的经济条件的社会制度已经不再同这些变化相适应了。同时这还说明，用来消除已经发现的弊病的手段，也必然以或多或少发展了的形式存在于已经发生变化的生产关系本身中。这些手段不应当从头脑中发明出来，而应当通过头脑从生产的现成物质事实中发现出来。"② 也就是说：其一，生产力及与生产力发展水平相适

---

① 恩格斯. 反杜林论 [M]. 马克思, 恩格斯. 马克思恩格斯文集：第9卷. 北京：人民出版社，2009：370.

② 恩格斯. 反杜林论 [M]. 马克思, 恩格斯. 马克思恩格斯文集：第9卷. 北京：人民出版社，2009：283-284.

应的生产关系构成社会的经济基础，这一基础决定上层建筑的性质。其二，人们对社会不平等、不公平的认识，只是一种"征兆"，反映的是生产方式的发展变化；平等要求作为上层建筑中的意识形态部分，只有通过经济基础的分析才能说明。其三，平等的实现，不能通过对真理的认识或者正义观念的形成来实现，只能通过生产方式的变革才能达到。这就是说，"平等"的内容要由生产力的发展水平来界定，"平等"的性质要由生产关系的性质来说明，"平等"的实现要由生产方式的变革来完成。所以，"平等"研究，就是要把各种"平等"诉求作为生产方式变革的"征兆""征象""象征"，通过对现实经济关系的分析找出不平等的原因，通过对生产方式矛盾运动的一般规律和发展趋势找出平等实现的方向和路径——"全部方法都在这里"。

四、从生产方式而不是分配方式上研究平等的实现路径

"权利平等"是一种政治、法律原则，"经济社会平等"却有实实在在的经济内容；"权利平等"这种政治领域的平等要求对下层劳动者来说比较渺远，而"经济平等""社会平等"等经济生活中的平等诉求对劳动者来说则既直观又迫切。正因如此，很多理论家把"平等"研究局限在分配领域，认为只要实现了分配平等就能实现经济平等、社会平等，也就实现了一切平等。

对此，恩格斯批判指出，"分配就其决定性的特点而言，总是某一个社会的生产关系和交换关系以及这个社会的历史前提的必然结果，只要我们知道了这些关系和前提，我们就可以确切地推断出这个社会中占支配地位的分配方式。"① 也就是说，在"分配"与"生产"的关系中，生产关系和交换关系是"因"，分配是"果"，生产方式决定分配方式，而不是相反。这就说明，消费资料的分配反映的是生产条件本身分配的性质；而所谓"生产条件本身的分配"也就是生产资料的所有制形式，这是反映生产方式性质的根本因素。事实正是这样，"随着历史上一定社会的生产和交换的方式和方法的产生，随着这一社会的历史前提的产生，

---

① 恩格斯. 反杜林论 [M]. 马克思, 恩格斯. 马克思恩格斯文集：第9卷. 北京：人民出版社，2009：160.

同时也产生了产品分配的方式方法"①。譬如说,在实行土地公有制的氏族公社或农村公社中,相当平等地分配产品是社会的一般通则。而以阶级对立为前提的生产中,成员之间在分配方面就存在很大的不平等。所以,分配方式是由生产方式决定的,研究平等不能局限于分配领域,而要深入到生产方式中进行经济关系的分析。

马克思在《哥达纲领批判》中从分配层面分析了工人运动纲领,对要求所谓"公平的分配"的论调进行了批判。他指出,"什么是'公平的'分配呢?难道资产者不是断定今天的分配是'公平的'吗?难道它事实上不是在现今的生产方式基础上唯一'公平的'分配吗?难道经济关系是由法权概念来调节,而不是相反地由经济关系产生出法权关系吗?难道各种社会主义宗派分子关于'公平的'分配不是有各种极为不同的观念吗?"所以,不能把现实经济关系中的不平等、把经济社会矛盾诉诸所谓是否"平等""公平""正义"等道德范畴,而要分析经济关系本身,找出其不可克服的内在矛盾,发现生产发展的方向。所以,"在所谓分配问题上大做文章并把重点放在它上面,那也是根本错误的"。"消费资料的任何一种分配,都不过是生产条件本身分配的结果;而生产条件的分配,则表现生产方式本身的性质"②。因此,研究"平等"问题,把分配作为问题的本质是方向性错误,而要研究生产条件、生产关系。

作为集中在分配领域研究平等问题的具体表现,有的理论家提出所谓"平等工资"或"提高工资"的要求。马克思对此进行了经济学的严谨分析和哲学的严密批判。他指出,在雇佣劳动制度下,"工资和私有财产是同一的,因为用劳动产品、劳动对象来偿付劳动本身的工资,不过是劳动异化的必然后果,因为在工资中,劳动并不表现为目的本身,而表现为工资的奴仆"③。既然如此,"强制提高工资(且不谈其他一切困难,不谈强制提高工资这种反常情况也只有靠强制才能维持),无非是给奴隶以较多工资,而且既不会使工人也不会使劳动获得人的身份和

---

① 恩格斯. 反杜林论 [M]. 马克思, 恩格斯. 马克思恩格斯文集:第9卷.北京:人民出版社, 2009:154.
② 马克思. 哥达纲领批判 [M]. 马克思, 恩格斯. 马克思恩格斯文集:第3卷.北京:人民出版社, 2009:436.
③ 马克思.1844年经济学哲学手稿 [M]. 马克思, 恩格斯. 马克思恩格斯文集:第1卷.北京:人民出版社, 2009:167.

尊严"①。因此，"工资是异化劳动的直接结果，而异化劳动是私有财产的直接原因。因此，随着一方衰亡，另一方也必然衰亡"②。也就是说，"工资"是"劳动异化"的直接结果，随着"劳动异化"的消除，"工资"也就不存在了。所以，把"平等"归结为"提高工资"，对无产阶级的经济、社会地位不会有任何改变。而且普遍地提高工资还会因随之而来的普遍的物价上涨而抵消，因此也不可能达到"提高工资"应该有的目的。所以，"要求工资平等是根本错误的，这是一种决不能实现的妄想。……在雇佣劳动制度的基础上要求平等的或甚至是公平的报酬，就犹如在奴隶制的基础上要求自由一样。你们认为公道和公平的东西，与问题毫无关系。问题就在于：在一定的生产制度下所必需的和不可避免的东西是什么？"③ "在一定的生产制度下什么东西是不可避免的"就是说，有什么样的生产方式，就有什么样的分配方式；抛开生产方式，纯粹在分配领域研究什么样的"工资""报酬"才是"平等的"或"公平的"，这与平等问题"毫无关系"。

总之，生产方式分析法和历史分析法一样，是平等研究的根本方法。生产方式分析法主要是横向上分析经济社会结构及其所处其中的人与人之间的经济关系；历史分析法主要是从纵向上研究平等命题的思想脉络，尤其是生产方式演进的历史脉络。就是要把"平等"放在一定历史条件下、一定社会形态下、一定经济关系中、一定阶级关系中进行具体分析，避免陷入唯心主义的臼窠。

第三节 社会关系分析法

"平等"是人与人的比较，是人的现实社会关系的衡量，平等观是关于人的某种社会关系平等的观念。因此研究"平等"，要研究现实人，研究具体社会关系中人的平等。从抽象的人性论，用抽象掉各种具体社会关系和经济关系的"社会模型"，或抛开人的阶级性，从超越一切时

---

① 马克思. 1844年经济学哲学手稿 [M]. 马克思，恩格斯. 马克思恩格斯文集：第1卷. 北京：人民出版社，2009：167.
② 马克思. 1844年经济学哲学手稿 [M]. 马克思，恩格斯. 马克思恩格斯文集：第1卷. 北京：人民出版社，2009：167.
③ 马克思. 工资、价格和利润 [M]. 马克思，恩格斯. 马克思恩格斯文集：第3卷. 北京：人民出版社，2009：56.

代、一切阶级的"一般的人"、抽象的人、概念的人来研究平等的方法，是不能说明现实人的平等的，其结论对现实人的平等也没有什么实质意义。

一、从人的现实社会性而不是抽象的"人性"出发研究平等

与很多理论家从抽象的"人性"、从孤零零的概念的"人"出发研究"平等"不同，马克思、恩格斯一贯强调从人的社会性、从人的社会关系上研究人的平等。他们认为，人的本质是社会关系的总和。"正像社会本身生产作为人的人一样，社会也是由人生产的。活动和享受，无论就其内容或就其存在方式来说，都是社会的活动和社会的享受。"①

人的社会性的直接表现就是，任何人、任何时代的人、任何阶级的人，都是一定生产方式中的人。而所谓"平等""不平等"问题，说到底就是生产关系的合理性问题。这就是马克思、恩格斯一贯强调要从生产关系、从人的社会性上研究平等的原因。相反，抽象的"人性论"把人看作脱离现实生产关系的一种观念的存在，这种人只生活在哲学的理论太空，不是现实社会中的人，是没有物质内容的"虚无"。而"平等"问题涉及的却正是人与人之间的关系，是每日都发生经济联系的现实的人。因此，从抽象的"人性"论证平等，除了得出"永恒真理""普世价值"等抽象原则外，是不可能提供任何科学认识的。所以，马克思、恩格斯在批判德国"真正的社会主义"从抽象"人性"论证"平等"时指出，"从普遍的本性引申出'人类平等'和共同性。因此，一切人所共有的关系在这里成了'人的本质'的产物、人的本性的产物，而实际上，这些关系像对于平等的意识一样是历史的产物。但是我们的作者不满意这点，他这样来论证平等，即认为平等是完全奠定在'共同的存在基原'上的。……（这）不但证明了人们彼此之间的平等，而且证明了他们对任何一个跳蚤、任何一个墩布、任何一块石头的平等"②。也就是说，从抽象的"人性"、从"共同的基原"上研究人的"平等"，只能得

---

① 马克思.1844年经济学哲学手稿［M］.马克思，恩格斯.马克思恩格斯文集：第1卷.北京：人民出版社，2009：187.
② 马克思、恩格斯.德意志意识形态［M］.马克思，恩格斯.马克思恩格斯全集：第3卷.北京：人民出版社，1960：566–567.

出"万物平等"的空洞结论,对现实的人类社会和人们之间的现实的物质、经济关系是毫无意义的。

"平等"是人们在生产关系中的地位和相互关系的比较。"平等"问题的社会性实质,可以通过几种生产方式的具体情况得到说明。在原始共产主义条件下,几乎没有什么生产资料可占有(棍棒、石刀、石斧等是随时加工、随时使用、随时丢弃的,狩猎范围也是不固定的,因此没有长久的和固定的生产资料,也就是现在所说的没有"恒产"),人们共同生产,共同占有有限的消费资料。在这种生产方式下,劳动和人们生存、发展是直接同一的。就是说,人们直接共同占有共同的劳动成果,劳动成果成为人们自我实现的手段。这就决定了"平等"表现为人们为了繁衍生息而不得不坚持生存权的平等。在私有制社会里,由于生产资料占有的不平等,劳动成果不再直接属于劳动者,而是被生产资料的所有者占有,出现劳动者和劳动成果的分离。对劳动者来说,这种劳动就不再是自我实现手段,而是变成了劳动者受奴役的手段。因为劳动者的每一个劳动成果都是生产资料所有者手中奴役劳动者的剥削手段的加强和劳动者被剥削地位的巩固。所以,在这种劳动中,劳动者不是实现自己而是失去自己。这就是生产关系的不平等。在社会主义、共产主义社会,由于实现了生产资料社会所有,实现了人们生产资料所有权的平等,也就实现了根据劳动贡献或个人需求获取消费资料的平等。可见,在不同的生产方式下,人们的经济关系、社会关系是不同的,因而"平等"的内容也是不同的。然而如果从抽象的人性论来论证平等,只能得出一切时代、一切社会、一切阶级的人都具有相同平等观念的结论。因为他们都是无差别的,具有相同"人性"的人。但这显然与历史和现实都是相违背的。因此,研究平等问题,必须立足于人的社会性,把人的社会关系作为比较的尺度。

二、从人的现实社会经济关系出发而不是用抽象的社会模型研究平等

研究"平等"不能从"人性"上研究抽象的人,必须研究现实的人。研究现实的人,必须研究现实社会中的处于一定经济关系、社会关系中的实实在在的人,而不是臆想的"二人法则""三人结构"(如"理性第三人""第三人制度""第三人效力""三人博弈"等)之类的社会

模型的研究方法。因为，把复杂的社会关系构成的人类社会抽象为简单的"二人法则""三人结构"等，就抽象掉了现实的经济关系、社会关系、利益关系，因此其中的人就变成了光秃秃的、没有内容的人。而"平等"问题本来就是研究人的经济关系、社会关系、利益关系的理论，而社会模型法把这些关系都抽象掉了，所以也就变成空洞无物的、干瘪的论断了。

杜林为了论证他的作为"永恒真理"的"平等"观念，就把社会抽象为由它的"最简单的要素"——由两个人——组成的世界，把这两个人称为"鲁滨逊"和"星期五"，并用这两个"道德上平等的人"来论证其"平等"的经济社会关系。具体说来，杜林认为，最简单的社会至少由两个人组成，并由此得出一个"道德的基本公理"："'两个人的意志，就其本身而言，是彼此完全平等的，而且一方不能一开始就向另一方提出任何肯定的要求。'因此，'道德上的正义的基本形式就被表述出来了'；同样，法律上的正义的基本形式也被表述出来了，因为'为了阐发法的基本概念，我们只要有两个人的十分简单的和基本的关系就够了'……"① 对这种研究平等的方法，恩格斯进行了批判，指出，"两个人或两个人的意志就其本身而言是彼此完全平等的——这不仅不是公理，而且甚至是过度的夸张。首先，两个人甚至就其本身而言，在性别上可能就是不平等的。"② 只要杜林了解家庭的发展史，了解一直以来妇女在家庭中的不平等地位，他就不能从原始家庭构造出男女之间在道德上和法上的平等地位。这样，"道德公理"就"不是证明人的平等，而最多只是证明家长的平等，而且因为妇女是不被理睬的，所以还证明妇女的从属地位"。再假设"两个舟破落海的人，漂流到一个孤岛上，组成了社会。他们的意志在形式上是完全平等的……但是在素质上存在着巨大的不平等"③。毫无疑问，世界上不存在两个素质完全平等的人，所以两个人的模式也"适用"于不平等和奴役。"无论如何，我们必须认定，平等是有例外的。对于自我规定欠缺的意志来说，

---

① 恩格斯. 反杜林论 [M]. 马克思, 恩格斯. 马克思恩格斯文集：第 9 卷. 北京：人民出版社，2009：102.
② 恩格斯. 反杜林论 [M]. 马克思, 恩格斯. 马克思恩格斯文集：第 9 卷. 北京：人民出版社，2009：102.
③ 恩格斯. 反杜林论 [M]. 马克思, 恩格斯. 马克思恩格斯文集：第 9 卷. 北京：人民出版社，2009：103、104.

平等是无效的。"① 也就是说，两个"意志平等"但"素质不平等"的人也足以使"平等"假设轰然崩塌，形成现实的不平等和奴役关系。

用于制定"两个人以及他们的意志是彼此完全平等的"这一"基本公理"的"两个人"只能是这样的人："他们摆脱了一切现实，摆脱了地球上发生的一切民族的、经济的、政治的和宗教的关系，摆脱了任何性别的和个人的特性，以致留在这两个人身上的除了人这个光秃秃的概念以外，再没有别的什么了，于是，他们当然是'完全平等'了。"所以，这两个人就是"两个十足的幽灵"。"正因为如此，他们的一切鬼把戏对世界上的其他人来说是完全无关紧要的。"② 也就是说，他们之间的关系是否平等，丝毫无助于解释现实社会中的人的关系；能否证明这两个人的关系是平等的，丝毫无助于说明现实生活中人的平等关系。这种基于抽象模型的平等理论是一种抽象的平等理论。而正如恩格斯所指出，"抽象的平等理论，即使在今天以及在今后较长的时期里，也都是荒谬的。……随着合理的平等的建立，抽象平等本身也就失去任何意义了。"③

什么是"合理的平等理论"呢？就是要把平等问题放到历史中，放到一定的社会形态下，放到具体的经济、社会关系中去研究。马克思、恩格斯总是把平等问题和其他社会问题，放到整个人类历史发展进程的视野中，放到现实社会制度、具体社会形态的分析中进行研究的。在他们的理论中，历史是"人类"的历史，而不是诸如"类意识""类存在物""永恒真理"等观念的历史，或概念的历史；"社会"是现实的社会，而不是诸如"二人法则""三人结构"等臆想的模型中社会；"人"是现实的人，是社会关系的总和，是具体的人，是隶属于一定时代、一定阶级、一定经济关系的人，而不是诸如"亚当""鲁滨逊""星期五"等抽象的人、观念的人、概念的人。因此，对平等问题的研究要进行历史的分析、现实的分析、具体社会形态的分析，根本的，是要进行阶级的分析、经济的分析，而不是借助于抽象的观念、臆想的模型来进行。

---

① 恩格斯.反杜林论[M].马克思,恩格斯.马克思恩格斯文集：第9卷.北京：人民出版社,2009：105.

② 恩格斯.反杜林论[M].马克思,恩格斯.马克思恩格斯文集：第9卷.北京：人民出版社,2009：102、104.

③ 恩格斯.《反杜林论》的准备材料[M].马克思,恩格斯.马克思恩格斯文集：第9卷.北京：人民出版社,2009：354.

第四节 阶级分析法

人的社会属性不仅表现为人是现实的人,是隶属于一定时代、一定经济关系、社会关系中的人,而且是隶属于一定阶级的人。不同的阶级有不同的平等诉求,所以就有不同的平等观。因此,研究平等问题应该深入分析人的阶级属性,从其所处阶级及其与其他阶级的阶级关系中来把握,才能正确认识某一阶级的平等观,正确认识平等问题。但是不少理论家在研究平等问题时,往往忽视人的阶级属性,企图得出超越一切阶级的"普适"的平等观,这注定是徒劳无获的。

一、从"阶级的人"而不是"一般的人"出发研究平等

启蒙思想家们在反对封建制度的理论批判中,仿佛是代表全人类不分阶级的利益的,他们要为人人争得"基于自然的平等和不可剥夺的人权"。在他们那里,"宗教、自然观、社会、国家制度,一切都受到了最无情的批判;一切都必须在理性的法庭面前为自己的存在作辩护或者放弃存在的权利。思维着的知性成了衡量一切的唯一尺度。""以往的一切社会形式和国家形式、一切传统观念,都被当做不合理性的东西扔到垃圾堆里去了;到现在为止,世界所遵循的只是一些成见;过去的一切只值得怜悯和鄙视。只是现在阳光才照射出来。从今以后,迷信、非正义、特权和压迫,必将为永恒的真理、永恒的正义、基于自然的平等和不可剥夺的人权所取代。"① 但是,按照启蒙思想家们建立起来的"资产阶级的理想化的王国"不过是令人失望的讽刺画,资本主义社会依然充斥着不平等。于是,无产阶级的先驱者又对资本主义进行了无情的批判,早期的共产主义理论家摩莱里和马布利本身就是启蒙思想家,后来出现的三个伟大的空想主义者圣西门、傅立叶和欧文像"启蒙学者一样,并不是想解放某一个阶级,而是想解放全人类。他们和启蒙学者一样,想建立理性和永恒正义的王国"②。也就是说,他们自认为其平等观是代表全

---

① 恩格斯. 反杜林论 [M]. 马克思,恩格斯. 马克思恩格斯文集:第9卷.北京:人民出版社,2009:19-20.
② 恩格斯. 反杜林论 [M]. 马克思,恩格斯. 马克思恩格斯文集:第9卷.北京:人民出版社,2009:21.

人类不分阶级的利益的。这样就形成了一种思维习惯,理论家们似乎都试图确立不分阶级的"人人平等"的平等权利。

19世纪法国小资产阶级空想社会主义者皮埃尔·勒鲁也把"平等"看成全人类的"原则""信条",坚持"人类平等原则"。他认为,法国大革命的"公理""不是只谈公民平等,而是谈人类平等",所确立的"法律面前人人平等"要求的原则"就是人类的平等","由此得出一个无可辩驳的、头等重要的、绝对正确的概念,即人人都享有一切权利"。因此,"我们最终必须承认人类的普遍平等:只要有一天缺乏这种平等,那末战争状态,我再说一通,就是人类的自然状态。"① 勒鲁十分虔诚地认为,所谓"人人权利平等"是"人类的普遍平等"。这似乎是代表全人类的不分阶级的平等要求。事实上,他不知道,他的这种"平等观"不过是如他一样的作为小资产阶级的平等观,而不是所有阶级的平等观——既不是已经取得统治地位的资产阶级的平等观,也不是作为劳动阶级的无产阶级的平等观。"人人权利平等"的平等观,资产阶级在革命时期坚持过,但当他们推翻封建制度取得统治地位后,他们就偷梁换柱地不再要求这种平等观了——他们可不想所有的无产阶级和其他下层劳动者与他们一样"人人"具有"平等的权利","法律面前的平等"成了他们搪塞其他阶级的说辞,也是他们现在唯一承认的平等观。无产阶级还在同资产阶级一起革命的时候,就从资产阶级"人人权利平等"的平等要求引申出了"社会的、经济的平等"从而超越了"权利平等观"。所以,勒鲁自认为代表"全人类"所有阶级要求的"人人权利平等"的平等观既不代表已经取得统治地位资产阶级的平等观也不代表无产阶级的平等观,只不过是小资产阶级与作为统治阶级的资产阶级享有"平等权利"的企图罢了。而资产阶级是不会让他分权的。所以,勒鲁最后只能悲凉地发现:"现在人们无论转向哪一边,似乎总能感觉到或接触到平等。这完全是虚假的外表;骗人的幻景!人们得到的只是不平等。平等,平等!我只听到这个声音在我的周围回荡。然而,我到处看见的是刺眼的不平等现象,野蛮的专制主义和可耻的奴隶制度。"② 所以,平等观从来都是具体阶级的平等观,根本不存在超阶级的平等观。

---

① 〔法〕皮埃尔·勒鲁. 论平等 [M]. 王允道,译. 北京:商务印书馆,1988:20、22、255、70.

② 〔法〕皮埃尔·勒鲁. 论平等 [M]. 王允道,译. 北京:商务印书馆,1988:59–60.

马克思指出，货币抹杀和掩盖了阶级性质，造成了资产阶级社会中的表面上的平等，"一切阶级的个人都变得模糊而消失在买者的范畴中，他们在这里同卖者相对立。这就产生了一种假象，即在这种买卖的行为中看到的不是阶级的个人，而是没有阶级性的单纯进行购买的个人"①。但事实是，作为资产阶级社会的"文明时代的基础是一个阶级对另一个阶级的剥削，所以它的全部发展都是在经常的矛盾中进行的。生产的每一进步，同时也就是被压迫阶级即大多数人的生活状况的一个退步。对一些人是好事，对另一些人必然是坏事，一个阶级的任何新的解放，必然是对另一个阶级的新的压迫。……它几乎把一切权利赋予一个阶级，另方面却几乎把一切义务推给另一个阶级"②。而且宣称，"凡对统治阶级是好的，对整个社会也应该是好的，因为统治阶级把自己与整个社会等同起来了。所以文明时代越是向前进展，它就越是不得不给它所必然产生的种种坏事披上爱的外衣，不得不粉饰它们，或者否认它们——一句话，即实行流俗的伪善，这种伪善，无论在较早的那些社会形式下还是在文明时代初期阶段都是没有的，并且最后在下述说法中达到了极点：剥削阶级对被压迫阶级进行剥削，完全是为了被剥削阶级本身的利益；如果被剥削阶级不懂得这一点，甚至想要造反，那就是对行善的人即对剥削者的一种最卑劣的忘恩负义行为。"③ 也就是说，如果仅从表面看，资本主义社会里人人都是平等的，一切人都在"买者""卖者"现象下模糊掉了阶级属性——似乎人人都是一样的，没有什么阶级区别。再加上资产阶级用"伪善"愚弄被剥削阶级，为剥削披上"爱"的外衣。所以理论家们往往"忘了"人是有阶级区分的，因而提出所谓的不分阶级的、代表一切阶级、一切人的平等观。他们不知道剥削阶级的平等观和被剥削阶级的平等观是完全不同的，甚至是互相冲突、互相矛盾、互相对立的。正因如此，恩格斯指出，"资产者的平等（消灭阶级特权）完全不同于无产者的平等（消灭阶级本身）。如果超出后者的范围，即抽

---

① 马克思. 反思 [M]. 马克思, 恩格斯. 马克思恩格斯全集：第44卷. 北京：人民出版社，1982：162.
② 恩格斯. 家庭、私有制和国家的起源 [M]. 马克思, 恩格斯. 马克思恩格斯文集：第4卷. 北京：人民出版社，2009：196 – 197.
③ 恩格斯. 家庭、私有制和国家的起源 [M]. 马克思, 恩格斯. 马克思恩格斯文集：第4卷. 北京：人民出版社，2009：197.

象地理解平等，那么平等就会变成荒谬。"①

因此，研究"平等"，要从"阶级的人"、现实的人出发，而不是从"一般的人"、抽象的人出发，对各种平等观进行阶级分析。要从人的社会属性出发，从人的现实社会经济关系分析中，找出不平等的根源，找出不同阶级利益冲突和平等观对立的经济根源。这样才能正确认识"平等"问题的实质，把握"平等"命题的本质。

二、对不同阶级的平等观作具体分析

不仅不同时代的平等观念彼此相异，而且不同阶级的平等观也各不相同，就算是一个阶级的平等观，也是在经过了长久的历史过程不断变化、修正才最终形成的。因此，分析平等观，不仅要具体分析不同阶级的平等观，而且要历史分析某一具体阶级平等观的流变。平等观念的形成是一个自然的历史过程。既不能把平等观看成"普适"的，也不能把平等观看成一成不变的。

以"自由、平等"为内容的"法权平等观"，不仅是资产阶级的"牢固成见"，甚至到现在还被一些理论家视为"永恒真理"或"普世价值"。实际上，"法律面前人人平等"的"法权平等"和"人人平等"的"人权"要求，完全是历史地产生的，是经过长久的历史过程才形成的。马克思、恩格斯对资产阶级平等观的形成史，作了深入的分析。首先，资产阶级"权利平等观"是随着资本主义生产方式的确立才形成的。恩格斯分析指出，资产阶级的"现代的平等要求"的核心内容是"平等权利"，"这种平等要求更应当是从人的这种共同特性中，从人就他们是人而言的这种平等中引申出这样的要求：一切人，或至少是一个国家的一切公民，或一个社会的一切成员，都应当有平等的政治地位和社会地位"②。资产阶级这种"国家和社会中的平等权利"的形成，被广为接受并成为"某种自然而然的、不言而喻的东西"，是经历了很长的历史过程的。这是因为，资产阶级是在封建的中世纪的内部孕育而成的，它本身最初是封建社会的一个等级（第三等级）。随着商品经济的发展

---

① 恩格斯.《反杜林论》的准备材料 [M]. 马克思, 恩格斯. 马克思恩格斯文集：第9卷.北京：人民出版社，2009：355.

② 恩格斯.反杜林论 [M]. 马克思, 恩格斯. 马克思恩格斯文集：第9卷.北京：人民出版社，2009：109.

和海外市场的开辟,资产阶级的经济实力不断得到加强,经济地位不断得到提升。特别是市场经济和大宗贸易的发展,资产阶级特别迫切地希望推翻封建专制和封建特权的限制,获得自由贸易、自由行动、自由占有商品和作为商品占有者的平等权利、平等交换的权利。这种经济权利如果得不到政治权力的认可,是不可能有保障的。于是在与封建阶级斗争的资产阶级那里,"权利平等"就以不可抗拒的要求,作为法权要求、作为"普遍人权"提上日程,作为号召资产阶级及其他劳动阶级的战斗口号与革命要求,成为资产阶级的核心平等观念。这就是资产阶级"权利平等观"形成的历史过程。其次,资产阶级的"权利平等观"的形成是以资本主义经济关系的确立为前提的。正如马克思在《资本论》中所分析的,资本主义的经济关系,从而平等观念的形成都是历史发展到一定阶段的结果。在古希腊时期,尽管亚里士多德就已经发现了商品交换的秘密,但他"没有能从价值形式本身看出,在商品价值形式中,一切劳动都表现为等同的人类劳动,因而是同等意义的劳动,这是因为希腊社会是建立在奴隶劳动的基础上的,因而是以人们之间以及他们的劳动力之间的不平等为自然基础的。价值表现的秘密,即一切劳动由于而且只是由于都是一般人类劳动而具有的等同性和同等意义,只有在人类平等概念已经成为国民的牢固的成见的时候,才能揭示出来。……亚里士多德在商品的价值表现中发现了等同关系,正是在这里闪耀出他的天才的光辉。只是他所处的社会的历史限制,使他不能发现这种等同关系'实际上'是什么"①。可见,价值规律和以它为依据的"平等"要求,只有在资本主义经济关系已经确立的时候才成为人们的"牢固成见"。而这是经历了历史的长期发展才被人们所认识和接受的。恩格斯也指出,"权利的公平和平等,是18、19世纪的资产者打算在封建制的不公平、不平等和特权的废墟上建立他们的社会大厦的基石。劳动决定商品价值,劳动产品按照这个价值尺度在权利平等的商品占有者之间自由交换,这些——正如马克思已经证明的——就是现代资产阶级全部政治的、法律的和哲学的意识形态建立于其上的现实基础。"② 显然,不对商品经济的

---

① 马克思. 资本论(第1卷)[M]. 马克思,恩格斯. 马克思恩格斯文集:第5卷. 北京:人民出版社,2009:75.
② 恩格斯. 马克思和洛贝尔图斯[M]. 马克思,恩格斯. 马克思恩格斯文集:第4卷. 北京:人民出版社,2009:205.

历史作深入分析,是认识不到"平等"要求的深刻经济根源及其历史发展过程的。最后,资产阶级"权利平等观"的形成是启蒙思想家启蒙的结果。恩格斯分析了资本主义经济关系在观念上的反映及其发展的历史,指出,在法国为行将到来的革命启发过人们头脑的那些伟大人物,把"思维着的知性成了衡量一切的唯一尺度。……以往的一切社会形式和国家形式、一切传统观念,都被当做不合理性的东西扔到垃圾堆里去了",要求用"永恒的真理、永恒的正义、基于自然的平等和不可剥夺的人权"取代一切"迷信、非正义、特权和压迫"。而历史事实是,"这个理性的王国不过是资产阶级的理想化的王国;永恒的正义在资产阶级的司法中得到实现;平等归结为法律面前的资产阶级的平等;被宣布为最主要的人权之一的是资产阶级的所有权;而理性的国家……在实践中表现为,而且也只能表现为资产阶级的民主共和国。"① 可见,启蒙思想家的平等观反映的是资产阶级的平等诉求,是资本主义经济关系的要求。这种"法权平等"要求仅仅是资产阶级的平等观,是资本主义经济发展的要求,而不是什么"永恒真理"或"普世价值"。对此,只有放到一定的历史条件下,才能看清楚。

  同样,无产阶级的平等观也是历史发展的结果,是一定历史条件的要求。正如恩格斯所分析指出,"随着中世纪的行会师傅发展成为现代的资产者,行会帮工和行会外的短工便相应地发展成为无产者。……在每一个大的资产阶级运动中,都爆发过作为现代无产阶级的发展程度不同的先驱者的那个阶级的独立运动。"② 同样,伴随着资产阶级的平等要求,也产生了无产阶级的平等观。然而与资产阶级的"权利平等观"不同的是,"平等的要求已经不再限于政治权利方面,它也应当扩大到个人的社会地位方面;不仅应当消灭阶级特权,而且应当消灭阶级差别本身"③。而且这种平等观也经历了从最初的禁欲主义的、斯巴达式的共产主义,到后来的三个伟大的空想主义者的理论。可见,无产阶级的平等观也是在历史发展过程中逐渐形成的。

---

  ① 恩格斯. 反杜林论 [M]. 马克思,恩格斯. 马克思恩格斯文集:第9卷.北京:人民出版社,2009:20.
  ② 恩格斯. 反杜林论 [M]. 马克思,恩格斯. 马克思恩格斯文集:第9卷.北京:人民出版社,2009:20-21.
  ③ 恩格斯. 反杜林论 [M]. 马克思,恩格斯. 马克思恩格斯文集:第9卷.北京:人民出版社,2009:21.

总之，只有对特定阶级的平等观作历史分析，才能深刻把握各阶级平等观的思想渊源、发展历程、内涵演变，更重要的是才能洞悉它所依存和反映的经济关系和生产方式的历史流变，以便把握历史发展的一般规律。

第五节　政治经济学分析法

卢梭指出，"古典政治家们只讨论道德与美，而我们现在却只讨论商业和挣钱"。这在一定程度上反映了研究范式的变化。"平等""公平""正义"等问题的研究，在启蒙思想家之前大都采用伦理学的研究范式和研究方法。尽管古罗马时期西塞罗从"自然法"概念出发提出了"权利平等"观念，实现了"平等"研究从单纯的伦理观念向法权观念、从伦理学方法向法学方法的转换，但"平等"研究的法权论证作为一种通行的研究范式、普遍的研究方法，还是从启蒙思想家开始的。"平等"的法权研究在当代仍然是惯用的研究方法，当然也不排除一些理论家又捡起了伦理学论证方法（如罗尔斯）。但无论"平等"研究的伦理学方法或者法学方法，都不是马克思、恩格斯所认同的方法。

一、平等研究不能陷入伦理学教条的推导

理论家们论证"平等"的合理性往往归结为"正义"的要求，因而往往把"人人平等"看作"正义原则"。"正义"是一个伦理学范畴，尽管它也被广泛运用于政治哲学、法哲学领域，但这里说到的"正义"和"善"概念是一个层面的，因此属于伦理学概念。从"正义"原则上论证"平等"，往往把其归结为道德原则、道德准则，陷入伦理学方法的泥潭。

蒲鲁东就是从道德原则、伦理学方法上论证"平等"的。他认为，在道德方面，也像在其他一切知识领域中一样，"谬误'构成科学的阶梯'"。[①] 也就是说，人类之所以遭受那么多痛苦，人们之所以是不平等的，原因就在于人们的道德水平还没有达到一定的高度，人们的道德理念中还存在一些"谬误"。当然，这些"谬误"是"构成科学的阶梯"，

---

① 马克思，恩格斯. 神圣家族［M］. 马克思，恩格斯. 马克思恩格斯全集：第2卷. 北京：人民出版社，1957：30.

换句话说,道德中的"谬误"一旦被克服,人们的道德水平就会上一个台阶。直到人们的道德水平达到应有的高度,平等就会自然实现了。因此他说,"财富分配方面的不平等从何而来呢?它决不可能来自经济历史发展的规律,而是像包括战争在内的一切其余的事物一样,来自心理学原理、来自原则,而"原则就是我们对本身的价值和本身的品德的认识,也就是这样一种感情,它能转化为对自己的同类和整个人类的尊重并成为正义的基础"①。可见,蒲鲁东认为"不平等"来自人们"对本身的价值和本身的品德的认识",在于这种"品德认识"还没有达到一定水平。一旦"它能转化为对自己的同类和整个人类的尊重并成为正义的基础","平等"就实现了。也就是说,"平等"的实现是通过人类道德水准的提高而实现的。所以蒲鲁东说,"人在世上的作用完全是精神的和道德的"。② 毫无疑问,这是从道德哲学、伦理学上论证"平等"的方法。

杜林在论证"平等"时遵循的同样是伦理学方法。他首先宣布他的"道德的基本公理"是:"两个人的意志,就其本身而言,是彼此完全平等的,而且一方不能一开始就向另一方提出任何肯定的要求。"③ 杜林认为,只要从"道德公理"出发,论证人的"法权平等"原则就可以了。恩格斯批判指出,现实中"两个道德完全平等的人"是根本没有的。而"如果两个人'在道德上不平等',那么平等也就完结了。但是这样一来就根本不值得费力去召唤两个完全平等的人,因为两个在道德上完全平等的人是根本没有的。……由于人们之间的道德上的不平等,平等再一次化为乌有"。所以,"不仅道德上的不平等,而且精神上的不平等也足以排除两个意志的'完全平等',并树立这样一种道德,按照这种道德,各文明掠夺国对落后民族所干的一切可耻行径,直到俄国人在突厥斯坦的暴行,都可以认为是正当的。……因此,平等现在就是通过暴力恢复

---

① 恩格斯. 蒲鲁东《战争与和平》一书的摘录 [M]. 马克思,恩格斯. 马克思恩格斯全集:第45卷.北京:人民出版社,1985:162.
② 恩格斯. 蒲鲁东《战争与和平》一书的摘录 [M]. 马克思,恩格斯. 马克思恩格斯全集:第45卷.北京:人民出版社,1985:161.
③ 恩格斯. 反杜林论 [M]. 马克思,恩格斯. 马克思恩格斯文集:第9卷.北京:人民出版社,2009:102.

平衡；而第二个意志被第一个意志通过压服而认为是有平等权利的。"①也就是说，"道德不平等"甚至"精神不平等"都会使"意志平等"的假设归于失败。而且这种"道德公理"的伦理学论证很容易得出"强国掠夺落后民族"是"正当"的之类的强盗逻辑，而这与强国承认落后民族具有"平等权利"丝毫也不矛盾。所以，一方面，从道德、伦理上论证人的"平等"，不能得出正确的结论；另一方面，用道德、伦理方法论证"平等"也是不可靠的，道德原则、伦理法则从来都是强者强加给弱者的伦理信条，而它毫无疑问是为强者利益服务的。

马克思恩格斯之所以在"平等"研究上不赞成伦理学方法，那是因为，首先，道德在不同的时代和不同的民族那里有着完全不同的标准。如恩格斯所指出，"如果说，在真理和谬误的问题上我们没有什么前进，那么在善和恶的问题上就更没有前进了。这一对立完全是在道德领域中，也就是在属于人类历史的领域中运动，在这里播下的最后的终极的真理恰恰是最稀少的。善恶观念从一个民族到另一个民族、从一个时代到另一个时代变更得这样厉害，以致它们常常是互相直接矛盾的。""人们自觉地或不自觉地，归根到底总是从他们阶级地位所依据的实际关系中——从他们进行生产和交换的经济关系中，获得自己的伦理观念。"② "因此，我们拒绝想把任何道德教条当做永恒的、终极的、从此不变的伦理规律强加给我们的一切无理要求，这种要求的借口是，道德世界也有凌驾于历史和民族差别之上的不变的原则。相反，我们断定，一切以往的道德论归根到底都是当时的社会经济状况的产物。而社会直到现在是在阶级对立中运动的，所以道德始终是阶级的道德"③。也就是说，道德从来都是阶级的道德，道德原则中既没有超越一切阶级的"普遍的"道德观念，也没有什么"最后的""终极真理"。在阶级社会里，道德从来都是为统治阶级服务的，所以企图从维护不平等关系的道德原则上要求"平等"，这种伦理学方法除了得出一些不疼不痒、无关风雅的伦理呓语外，不会有什么实际价值。

---

① 恩格斯. 反杜林论 [M]. 马克思, 恩格斯. 马克思恩格斯文集：第9卷. 北京：人民出版社，2009：106、107.
② 恩格斯. 反杜林论 [M]. 马克思, 恩格斯. 马克思恩格斯文集：第9卷. 北京：人民出版社，2009：98、99.
③ 恩格斯. 反杜林论 [M]. 马克思, 恩格斯. 马克思恩格斯文集：第9卷. 北京：人民出版社，2009：99-100.

其次，不同的阶级有不同的道德要求。上面已经阐明，人们总是从他们阶级地位、从他们进行生产和交换的经济关系中吸取自己的道德观念。而人类到目前为止都是在阶级对立中运动的，所以道德始终是阶级的道德。"它或者为统治阶级的统治和利益辩护，或者当被压迫阶级变得足够强大时，代表被压迫者对这个统治的反抗和他们的未来利益。没有人怀疑，在这里，在道德方面也和人类认识的所有其他部门一样，总的说是有过进步的。但是我们还没有越出阶级的道德。只有在不仅消灭了阶级对立，而且在实际生活中也忘却了这种对立的社会发展阶段上，超越阶级对立和超越对这种对立的回忆的、真正人的道德才成为可能。"① 也就是说，要建立人们普遍认同的道德原则，必须消除人们的阶级对立。只要有阶级对立，就有不平等，就不会有普遍认同的道德原则，当然也不会有真正的平等。

最后，从道德的本质上看，它始终是一定经济关系和生产方式在价值观上的反映。恩格斯指出，"只要是谈到道德，人们往往认为是平等的，但是一涉及经济学，那就不是这样了。例如有两个男人，一个是美国人，一个是柏林大学生，前者熟悉各种行业，后者除了一张中学毕业文凭和现实哲学，再加上根本没有在击剑馆受过锻炼的双臂，别无所有，在这种情况下，怎么可能谈到平等呢？这个美国人生产一切，那个大学生只是这里帮帮，那里帮帮，而分配是依照每个人的贡献来进行的；不久，这个美国人就具有对殖民地日益增长的居民进行资本主义剥削的手段。因此，整个现代制度、资本主义的生产以及其他一切，都可以很容易地从这两个男人中产生出来……"② 所以，这里进行的完全是自然的经济进程，完全是经济规律自然而然地发挥作用的过程——只要存在私有制，只要存在分配和交换，只要人们是不平等的，整个资本主义制度就会自然而然地从简单商品生产中发展起来——这里丝毫没有道德立足的地方，完全是经济规律的"地盘"。因为，道德本身都是由经济关系决定的，只有从经济规律中才能得到说明的。既然如此，把"平等"归结为道德关系，从伦理学上进行分析，而不是从经济关系和生产方式上

---

① 恩格斯. 反杜林论 [M]. 马克思, 恩格斯. 马克思恩格斯文集：第9卷.北京：人民出版社，2009：100.
② 恩格斯.《反杜林论》的准备材料 [M]. 马克思, 恩格斯. 马克思恩格斯文集：第9卷.北京：人民出版社，2009：352.

进行研究，显然是不会得出科学结论的。正因如此，恩格斯指出，要回答"平等""公平"之类问题，"我们不应当应用道德学或法学，也不应当诉诸任何人道、正义甚至慈悲之类的温情。……社会的公平或不公平，只能用一种科学来断定，那就是研究生产和交换的物质事实的科学——政治经济学"①。

二、平等研究不能限于法学原则的求证

爱尔维修（Claude Adrien Helvétius）指出，"如果不与政治和立法混合起来，则道德不过是一个无关重要的旁学罢了（一门空洞的学问而已）。"② 这是一种比伦理思维更进一步的法学思维。用法学思维或法学方法研究"平等"，往往把"平等"作为一种法权来要求。譬如说，启蒙思想家洛克就说，"发抖吧腐化堕落、挥霍无度、贪图享乐的人们！要知道，不幸的、丧失了必需品的人总有一天会真正认识到人的权利。欺骗、背信弃义、自私自利造成了财产不平等，财产不平等造成人类的不幸，同时，一方面把一切苦难和财富堆集在一起，另一方面把一切灾难和贫穷堆集在一起。"③ 这里从"权利"上论证"平等"是一种法学研究范式，反映理论家们从法学上论证"平等"的思维方法。

马克思、恩格斯对法权思维是持批判态度的。因为他们认为，经济关系的总和构成社会的经济基础，整个社会的上层建筑都是建立在这一经济基础上的。而且上层建筑的性质也是由经济基础的性质所决定的。法律作为上层建筑的重要组成部分，其性质也只能从经济基础中得到说明。所以马克思说，"难道经济关系是由法的概念来调节，而不是相反，从经济关系中产生出法的关系吗？"④ 也就是说，是经济关系产生出相应的法权关系，而不是法权关系来调节经济关系。恩格斯进一步补充道，"在马克思的理论研究中，对法权（它始终只是某一特定社会的经济条

---

① 恩格斯. 做一天公平的工作，得一天公平的工资[M]. 马克思，恩格斯. 马克思恩格斯全集：第19卷. 北京：人民出版社，1963：273.
② 〔法〕爱尔维修. 论精神[M]. 杨波恺，译. 上海：上海人民出版社，2019. 44.
③ 马克思，恩格斯. 德意志意识形态[M]. 马克思，恩格斯. 马克思恩格斯全集：第3卷. 北京：人民出版社，1960：618.
④ 马克思. 哥达纲领批判[M]. 马克思，恩格斯. 马克思恩格斯文集：第3卷. 北京：人民出版社，2009：432.

件的反映）的考察是完全次要的；相反地，对特定时代的一定制度、占有方式、社会阶级产生的历史正当性的探讨占着首要地位。"① 尽管现实生活给人"留下一种错觉：似乎政治国家是规定者，其实它却是被规定者"，而"'独立的私有财产'或'真正的私有财产'不仅是'国家制度的支柱'，而且还是'国家制度本身'"②。这说明，尽管人们认为法律、法律制度、政治制度这些作为"国家"的东西是规定整个国家、整个社会的最高权力，但事实上，这些作为制度存在的权力正是经济基础所赋予的，其性质是由经济关系的性质所决定的。譬如说，由于奴隶主在经济关系中占支配地位，那么奴隶制国家就是奴隶主的国家，奴隶在这里只是被统治、被压迫的对象；由于封建特权阶级在经济关系中占支配地位，那么封建制国家就是封建主的国家，农民、农奴在这里只能处于被统治、被压迫地位；由于资产阶级在经济关系中占支配地位，那么资本主义国家就是资产阶级的国家，无产阶级在这里只能遭受被压迫、被剥削的命运。所以，国家性质、法权性质完全是由经济关系的性质所决定的，法律关系完全是经济关系的派生。因此，忽视经济关系而在法权关系上研究"平等"，根本就是本末倒置的方法。

法律关系由经济关系所决定，还表现在经济关系会把法律所确立的平等关系、所规定的平等权利，合理合法、自然而然地消解掉。正如恩格斯所指出，"劳动契约据说是由双方自愿缔结的。而只要法律在字面上规定双方平等，这个契约就算是自愿缔结。至于不同的阶级地位给予一方的权力，以及这一权力加于另一方的压迫，即双方实际的经济地位——这是与法律毫不相干的。在劳动契约有效期间，只要此方或彼方没有明白表示放弃，双方仍然被认为是权利平等的。至于经济地位迫使工人甚至把最后一点表面上的平等权利也放弃掉，这又是与法律无关的。"③ 也就是说，尽管法律上规定所有的人都具有平等的权利、都有平等缔结契约的自由，但是在现实经济生活中，由于有的人占有生产资料，有的人除了自身以外一无所有，为了生存，后者就必须受雇于前者，而且必须

---

① 恩格斯. 法学家的社会主义 [M]. 马克思, 恩格斯. 马克思恩格斯全集：第21卷. 北京：人民出版社, 1965：557.
② 马克思. 黑格尔法哲学批判 [M]. 马克思, 恩格斯. 马克思恩格斯全集：第1卷. 北京：人民出版社, 1956：370、379.
③ 恩格斯. 家庭、私有制和国家的起源 [M]. 马克思, 恩格斯. 马克思恩格斯文集：第4卷. 北京：人民出版社, 2009：86.

按前者开出的条件缔结契约。尽管在契约关系上二者都是平等的，但由于经济地位的不平等，无产者只能接受资产者压得很低的工资条件，否则就要遭受忍饥挨饿、无处栖身、子女上不了学等命运。这样，在平等的法律关系下，在"平等的权利"下，经济关系已经悄无声息把无产者的一切尊严、一切"平等权利"给剥夺了，而这一切都是在合法的情景下进行的。所以，所谓"法律面前人人平等""法权平等"等法权原则，在经济关系面前都是一些毫无意义的空洞辞藻。"这种把权利归结为纯粹意志的法律上的错觉，在所有制关系进一步发展的情况下，必然会造成这样的现象：某人在法律上可以对某物享有权利，但实际上并不拥有某物。"① 同样，法律保护的"平等权利"也往往在所有制关系的进一步发展中变为实际的不平等。

既然法律关系是由经济关系所决定的，也就不能指望由法律来保障"平等权利"了。而这也早已由法律的性质所决定了。正如恩格斯在《英国状况》中所分析：所谓出版自由、人民集会的权利、结社的权利、人身保护的权利等都是富人的权利，穷人由于出不起钱是享受不到这些权利的。这充分说明财产在个人权利中的决定作用，也说明是否占有生产资料、财产的多寡等，都是造成人们不平等经济关系的原因。于是，"正如基督徒在天国一律平等，而在人世不平等一样，人民的单个成员在他们的政治世界的天国是平等的，而在人世的存在中，在他们的社会生活中却不平等。"②

既然法律是由经济所决定的，法律关系是由经济关系所规定的，法权性质是由经济利益所赋予的，那么研究"平等"问题，就不能从法律、法权这种派生的、第二位的关系入手，而应当进行经济关系的分析，用政治经济学的研究方法。

三、平等研究必须坚持政治经济学方法

恩格斯指出，"我们不应当应用道德学或法学，也不应当诉诸任何人道、正义甚至慈悲之类的温情。在道德上是公平的甚至在法律上是公平

---

① 马克思，恩格斯. 德意志意识形态 [M]. 马克思，恩格斯. 马克思恩格斯文集：第1卷. 北京：人民出版社，2009：585.
② 马克思. 黑格尔法哲学批判 [M]. 马克思，恩格斯. 马克思恩格斯全集：第1卷. 北京：人民出版社，1956：344.

的，而从社会上来看很可能是很不公平的。社会的公平或不公平，只能用一种科学来断定，那就是研究生产和交换的物质事实的科学——政治经济学。"①"公平"问题如此，"平等"问题也是如此。研究"平等"问题，既不能用伦理学方法，也不能用法学方法，而只能用政治经济学方法。

政治经济学主要是研究生产方式及其矛盾运动的科学，它把经济关系作为解析整个社会结构的时空坐标，把生产力作为解析社会动态发展的动力和矢量，把生产力与生产关系的矛盾运动作为解析社会发展变化的运动方程式。生产方式的核心问题是所有制问题，既然政治经济学研究的中心问题是一定社会形态的经济关系问题，所以它必然也把所有制问题或财产问题作为核心问题来研究。而所有制问题或财产问题，不是像一些理论家认为的那样是伦理问题，而完全是一个政治经济学问题。

德国小资产阶级民主主义者卡尔·海因岑（Karl Heinzen）把财产问题归结为道德问题，认为"一个人拥有一切而另一个人一无所有"是"不公平"的，是没有"良心"的。马克思在《道德化的批评和批评化的道德》一文中对这一观点进行了批判，从中可以比较政治经济学方法与伦理学方法分析社会制度，研究"平等"问题的不同。他分析指出，"财产问题，既然在'我们这个时代'提出，决不能把它仅仅归结为（照海因岑的说法）重新阐明：'一个人拥有一切而另一个人一无所有，个别人一般可以拥有某些东西是否公平'，也不能归结为类似的简单的良心问题和关于公平的词句。""财产问题的表现形式极不相同，这是同一般工业发展的不同阶段和各国工业发展的特殊阶段相适应的。""财产问题从来就随着工业发展的不同阶段而成为这个或那个阶级的切身问题。17、18世纪时要废除封建财产关系，财产问题就是资产阶级的切身问题。19世纪时要废除资产阶级财产关系，财产问题是工人阶级的切身问题。"② 资本主义越发达的国家，社会问题就越尖锐，社会不平等就越突出。在资本主义社会，"这里没有特权等级，社会上的一切阶级都有平等的权利（但是困难正在于阶级的存在），而且我们的人口还远没有达到

---

① 恩格斯.做一天公平的工作，得一天公平的工资[M].马克思，恩格斯.马克思恩格斯全集：第19卷.北京：人民出版社，1963：273.
② 马克思.道德化的批评和批评化的道德[M].马克思，恩格斯.马克思恩格斯全集：第4卷.北京：人民出版社，1958：334、334、335.

妨碍生活资料发展的地步，在这样一个国家里竟看到赤贫现象这样猛烈地增长，实在令人吃惊"①。——梅勒迪斯向宾夕法尼亚州议会作的报告里的描述，是资本主义世界的生动写照：一切都有"平等"的权利，却是赤贫猛烈增长的现实。事实正是这样，在资本主义社会里，许多人一无所有，而另外一些人不但搜刮衣不蔽体的无产者而且搜刮可敬的市民，他们像贵族一样手中积累起千千万万的不义之财。面对资本主义的这些社会问题，随处可见的不平等，海因岑却试图采用一些道义的措施来"使社会人道化"。马克思批判道，"海因岑先生就是用类似的既简单而又冠冕堂皇的办法解决了全部经济矛盾。他在合乎道德高尚的大丈夫的正义感的合理基础上对财产进行了调整。不消说，'合理调整'财产正是那些在冷酷的必然性面前不得不把一切正义'措施'化为灰烬的'经济规律'"②。也就是说，马克思认为，对于资本主义私有制造成的各种社会问题，各种不平等，不能像海因岑那样诉诸所谓"道德高尚的大丈夫的正义感"，不能企图用伦理方法解决经济问题，因为在经济规律面前一切"正义"措施都会化为灰烬。所以，研究"平等"问题，不能从道德上进行伦理学的研究，而必须研究经济关系，研究经济规律发展作用的机制，以及由其决定的人与人的平等或不平等关系，这样才能找出症结所在。这绝不是把"不平等"宣布为"不正义"的伦理谴责就能解决的。

所有制作为生产方式的核心，之所以决定了人们的经济关系，不仅在于它决定了生产资料占有关系的平等与不平等，而且决定了分配、交换关系，总之在经济生活的一切方面规定了阶级的平等与不平等关系。这在各种社会制度下都是如此。正如恩格斯所指出，"随着历史上一定社会的生产和交换的方式和方法的产生，随着这一社会的历史前提的产生，同时也产生了产品分配的方式方法。在实行土地公有制的氏族公社或农村公社中（一切文明民族都是同这种公社一起或带着它的非常明显的残余进入历史的），相当平等地分配产品，完全是不言而喻的；如果成员之间在分配方面发生了比较大的不平等，那么，这就已经是公社开始解体

---

① 马克思. 道德化的批评和批评化的道德[M]. 马克思，恩格斯. 马克思恩格斯全集：第4卷. 北京：人民出版社，1958：336.
② 马克思. 道德化的批评和批评化的道德[M]. 马克思，恩格斯. 马克思恩格斯全集：第4卷. 北京：人民出版社，1958：351.

的标志了。"① 随着公社的解体和私有制的出现，就出现了阶级对立——奴隶主和奴隶、地主和徭役农民、资本家和雇佣工人，也出现了商品交换。而"金属货币的采用和推广，总是同先前的分配的或慢或快的变革相联系，这种变革使个人之间分配上的不平等，即贫富的对立，日益增长起来"。"随着分配上的差别的出现，也出现了阶级差别。社会分为享有特权的和受歧视的阶级，剥削的和被剥削的阶级，统治的和被统治的阶级"②。阶级就是不平等。这种越来越不平等的分配，往往被认为是"非正义"的，被一些理论家诉诸所谓的"永恒正义"。然而，"这种诉诸道德和法的做法，在科学上丝毫不能把我们推向前进；道义上的愤怒，无论多么入情入理，经济科学总不能把它看做证据，而只能看做象征。相反，经济科学的任务在于：证明现在开始显露出来的社会弊病是现存生产方式的必然结果，同时也是这一生产方式快要瓦解的征兆，并且从正在瓦解的经济运动形式内部发现未来的、能够消除这些弊病的、新的生产组织和交换组织的因素"③。也就是说，尽管私有制、生产资料不平等的私人占有造成了分配不平等、阶级不平等，但解决的办法不是简单地采用伦理学或法学的方法，直接宣布为"非正义"或者不符合"权利平等"原则，而是要进行经济学的分析。经济分析的任务就在于证明造成社会不平等的生产方式已经失去了历史合理性，并在这一生产方式中找到用以消除弊病和构建新的生产方式的积极因素。

恩格斯进一步论证了政治经济学研究方法的历史任务。他指出："政治经济学作为一门研究人类各种社会进行生产和交换并相应地进行产品分配的条件和形式的科学——这样广义的政治经济学尚待创造。到现在为止，我们所掌握的有关经济科学的东西，几乎只限于资本主义生产方式的发生和发展：它从批判封建的生产形式和交换形式的残余开始，证明它们必然要被资本主义形式所代替，然后把资本主义生产方式和相应的交换形式的规律从肯定方面，即从促进一般的社会目的的方面来加以阐述，最后对资本主义的生产方式进行社会主义的批判，就是说，从否

---

① 恩格斯. 反杜林论［M］. 马克思，恩格斯. 马克思恩格斯文集：第9卷. 北京：人民出版社，2009：154.
② 恩格斯. 反杜林论［M］. 马克思，恩格斯. 马克思恩格斯文集：第9卷. 北京：人民出版社，2009：154、155.
③ 恩格斯. 反杜林论［M］. 马克思，恩格斯. 马克思恩格斯文集：第9卷. 北京：人民出版社，2009：156.

定方面来表述它的规律,证明这种生产方式由于它本身的发展,正在接近它使自己不可能再存在下去的境地。这一批判证明:资本主义的生产形式和交换形式日益成为生产本身所无法忍受的桎梏;这些形式所必然产生的分配方式造成了日益无法忍受的阶级状况,造成了人数越来越少但是越来越富的资本家和人数越来越多而总的说来处境越来越恶劣的一无所有的雇佣工人之间的日益尖锐的对立;最后,在资本主义生产方式内部所造成的、它自己不再能驾驭的大量的生产力,正在等待着为有计划地合作而组织起来的社会去占有,以便保证,并且在越来越大的程度上保证社会全体成员都拥有生存和自由发展其才能的手段。""要使这种对资产阶级经济的批判做到全面,只知道资本主义的生产、交换和分配的形式是不够的。对于发生在这些形式之前的或者在不太发达的国家内和这些形式同时并存的那些形式,同样必须加以研究和比较,至少是概括地加以研究和比较。到目前为止,总的说来,只有马克思进行过这种研究和比较,所以,到现在为止在资产阶级以前的理论经济学方面所确立的一切,我们也差不多完全应当归功于他的研究。"①

总之,经济社会运行遵循的是经济规律,"世界上的一切'法律和行政规范'对它都无能为力,就像对乘法表或水的化合成分无能为力一样"②。所以,研究经济社会的"平等"问题,只能采用研究经济规律的科学——政治经济学。

通过上面的分析可以明白,马克思恩格斯之所以与其他思想家有不同的平等观,不仅在于各自坚持了不同的历史观,还在于各自有不同的历史观指导下的方法论。与其他思想家惯于从抽象的人性论出发论证"平等"或"不平等"不同,马克思恩格斯强调从人的社会性、从社会关系上理解"平等";与思想家们跨越历史时空和历史阶段任意赋予"平等"以"永恒"意义不同,马克思恩格斯强调平等观的历史性和平等内容的阶级性、时代性、相对性;与思想家们热衷于在分配领域要求"平等"不同,马克思恩格斯强调从生产方式而不是从分配方式上研究"平等";与思想家们从道德、道义上论证"平等"不同,马克思、恩格

---

① 恩格斯.反杜林论[M].马克思,恩格斯.马克思恩格斯文集:第9卷.北京:人民出版社,2009:156-157、157.

② 恩格斯.反杜林论[M].马克思,恩格斯.马克思恩格斯文集:第9卷.北京:人民出版社,2009:321.

斯坚持对平等问题进行政治经济学的分析；与思想家们常用抽象的社会模型来推导"平等"原则不同，马克思、恩格斯要求结合具体社会形态下的具体经济关系来分析"平等"；与思想家们总是试图用理想的"平等"原则来塑造、规制社会不同，马克思恩格斯只把"平等"要求看作生产方式变革的"征象"、看作变革现存社会的诉求。可见，马克思恩格斯研究平等的方法，是逻辑与历史、辩证逻辑与实证逻辑相统一的科学方法，也是我们理解平等命题、研究平等问题应该坚持的历史观和方法论。

第三部分 平等命题的马克思主义审视

第七章　马克思恩格斯对"资本主义平等"的理论分析

某一社会形态的"平等",是指"平等"在这一社会中的实现程度,或者说在哪些方面、在何种程度上可以谈人的平等,即在政治、经济、社会等方面的平等尺度。因此,在一社会中,平等尺度往往是多维的。"资本主义平等",既指资产阶级的平等观,又指资本主义社会所能实现的平等程度,及其各领域的平等尺度,如政治制度的"权利平等""法律面前的平等",经济制度的"等价交换的平等",社会生活的"机会平等"等。资本主义作为人类社会发展进程中的一个重要社会形态,"资本主义平等"作为平等理论的有机组成部分,对其如何正确认识和评价,是平等研究必须回答的问题。马克思、恩格斯对"资本主义平等"从历史层面、法权层面、经济层面、哲学层面作了系统分析,一方面指出了其平等要求出现的历史合理性和在一定历史阶段的进步性;同时也剖析了"资本主义平等"的矛盾性、虚伪性、欺骗性,揭示了其保守性、局限性和暂时性,揭露了资本主义社会在"平等"原则掩盖下的不平等和它被"社会主义平等"所代替的历史必然性。应该说,其理论分析是客观、严谨、科学的。正如美国政治哲学家亚历克斯·卡利尼克斯所指出,"马克思主义是对资本主义唯一的也是最好的批判"。[①] 英国社会科学院院士特里·伊格尔顿(Terry Eagleton)的《马克思为什么是对的》一书也认为,马克思对资本主义的批判是有史以来最彻底的,而且资本主义越发达,马克思主义越适用,一点也没有过时的感觉。

[①] 转引自:侯惠勤,辛向阳. 国际金融危机中马克思主义的复兴[J]. 红旗文稿,2010(12):8.

第一节　历史分析

资产阶级的平等诉求和平等观念是在一定历史条件下形成的。它是商品经济长期发展过程中"等价交换"原则逐步确立的过程，也是近代史上资产阶级为反抗封建特权而提出的"权利平等"要求逐步实现的结果。因此，分析"资本主义平等"形成的历史，可以从商品经济的历史演进和资产阶级政治斗争的历史过程两个纬度进行分析。

一、资本主义平等诉求的产生

在封建社会后期，随着由手工业和商业的发展带来的新兴资产阶级（城市中的市民）的崛起，西欧一些城市通过向封建主缴纳大量赎金而获得城市自治权，组成了"城市共和国"。在这些共和国里，大都通过彼此协议即契约的形式建立城市组织制度，并选举"市议会"作为最高权力机构，选举产生市长、法官等来行使行政、司法、财政大权。这就是西欧中世纪的"城市民主"。这种从神圣、至上的王权中买到城市自治权的壮举，就把强有力的封建专制体制"金字塔"炸开了缺口。① 这样，一个新的阶级就在旧社会的胎胞里孕育而成了，同时也直接导致了一种新阶级的平等观的诞生。

恩格斯在《反杜林论》中对资产阶级的形成及其平等诉求的产生过程进行了详细的历史考证。他指出，"在封建的中世纪的内部孕育了这样一个阶级，这个阶级在它进一步的发展中，注定成为现代平等要求的代表者，这就是资产阶级。资产阶级本身最初是一个封建等级，当15世纪末海上航路的伟大发现为它开辟了一个新的更加广阔的活动场所时，它使封建社会内部的主要靠手工进行的工业和产品交换发展到比较高的水平……贸易……很快就超过了欧洲各国之间的和每个国家内部的交换。美洲的黄金和白银在欧洲泛滥起来，它好似一种瓦解因素渗入封建社会的一切罅隙、裂缝和细孔。手工业生产不再能满足日益增长的需要；在最先进的国家的主要工业部门里，手工业生产为工场手工业代替了。"②

---

① 周仲秋. 平等观念的历程 [M]. 海口：海南出版社，2002：145-148.
② 恩格斯. 反杜林论 [M]. 马克思，恩格斯. 马克思恩格斯文集：第9卷. 北京：人民出版社，2009：110.

"大规模的贸易,特别是国际贸易,尤其是世界贸易,要求有自由的、在行动上不受限制的商品占有者,他们作为商品占有者是有平等权利的,他们根据对他们所有人来说都平等的、至少在当地是平等的权利进行交换。从手工业向工场手工业转变的前提是,有一定数量的自由工人(所谓自由,一方面是他们摆脱了行会的束缚,另一方面是他们失去了自己使用自己劳动力所必需的资料),他们可以和厂主订立契约出租他们的劳动力,因而作为缔约的一方是和厂主权利平等的。最后,一切人类劳动由于而且只是由于都是一般人类劳动而具有的等同性和同等意义,在现代资产阶级经济学的价值规律中得到了自己的不自觉的,但最强烈的表现,根据这一规律,商品的价值是由其中所包含的社会必要劳动来计量的。"①

但是,当经济的发展使"平等"成为社会的基本要求时,"社会的政治结构决不是紧跟着社会经济生活条件的这种剧烈的变革立即发生相应的改变。当社会日益成为资产阶级社会的时候,国家制度仍然是封建的。""在经济关系要求自由和平等权利的地方,政治制度却每一步都以行会束缚和各种特权同它对抗。……行会特权处处和时时都一再阻挡着工场手工业发展的道路。无论在哪里,道路都不是自由通行的,对资产阶级竞争者来说机会都不是平等的,而自由通行和机会平等是首要的和愈益迫切的要求。"② 同时,"社会的经济进步一旦把摆脱封建桎梏和通过消除封建不平等来确立权利平等的要求提上日程,这种要求就必定迅速地扩大其范围。只要为工业和商业的利益提出这一要求,就必须为广大农民要求同样的平等权利"③,甚至这种要求"很自然地获得了普遍的、超出个别国家范围的性质,而自由和平等也很自然地被宣布为人权"④。这种"平等观念"构成启蒙思想家的基本理论内容,而且由于18世纪启蒙思想的普遍传播,成了对广大公众来说不言而喻的东西,

---

① 恩格斯. 反杜林论 [M]. 马克思, 恩格斯. 马克思恩格斯文集: 第9卷. 北京: 人民出版社, 2009: 110-111.

② 恩格斯. 反杜林论 [M]. 马克思, 恩格斯. 马克思恩格斯文集: 第9卷. 北京: 人民出版社, 2009: 110、111.

③ 恩格斯. 反杜林论 [M]. 马克思, 恩格斯. 马克思恩格斯文集: 第9卷. 北京: 人民出版社, 2009: 111.

④ 恩格斯. 反杜林论 [M]. 马克思, 恩格斯. 马克思恩格斯文集: 第9卷. 北京: 人民出版社, 2009: 112.

"成为国民的牢固的成见"。

所以,资产阶级的"平等"要求是随着资产阶级走上历史舞台,作为对封建特权的反抗而提出来的,并随着资产阶级取得统治地位而逐步确立的。惟其如此,马克思才说,"平等趋势是我们这个世纪所特有的"①。而资产阶级的"平等"要求之所以是"权利平等",是因为资产阶级的贸易自由要求、平等占有商品的权利等经济平等要求必须获得政治上的承认和法律上的保障,由此资产阶级把"人人平等"的"自然法则"作为依据,提出了与封建特权阶级平等政治地位和平等权利的政治要求——即"法权平等"。

二、资本主义不平等关系的形成

资产阶级争得与封建特权阶级"法权平等"的要求极其成功,丝毫也不影响它把与无产阶级的不平等关系固定下来。这不仅表现为取得统治地位的资产阶级对一起参加推翻封建制度革命的无产阶级的背叛,而且以不可抗拒的经济规律的形式体现在资本主义经济关系的形成、确立过程中——一个从资本原始积累就开始的自然经济史进程。

马克思在《资本论》中通过对资本原始积累的历史分析,深刻阐发了资产阶级与无产阶级不平等经济关系的形成过程。他指出:"这种原始积累在政治经济学中所起的作用,同原罪在神学中所起的作用几乎是一样的……人们在解释这种原始积累的起源的时候,就像在谈过去的奇闻逸事。在很久很久以前有两种人,一种是勤劳的,聪明的,而且首先是节俭的精英,另一种是懒惰的,耗尽了自己的一切,甚至耗费过了头的无赖汉……于是出现了这样的局面:第一种人积累财富,而第二种人最后除了自己的皮以外没有可出卖的东西。大多数人的贫穷和少数人的富有就是从这种原罪开始的;前者无论怎样劳动,除了自己本身以外仍然没有可出卖的东西,而后者虽然早就不再劳动,但他们的财富却不断增加……大家知道,在真正的历史上,征服、奴役、劫掠、杀戮,总之,暴力起着巨大的作用。但是在温和的政治经济学中,从来就是田园诗占统治地位。正义和'劳动'自古以来就是惟一的致富手段……事实上,原始

---

① 马克思. 哲学的贫困[M]. 马克思,恩格斯. 马克思恩格斯文集:第1卷.北京:人民出版社,2009:611.

积累的方法决不是田园诗式的东西。"① 这里说的"政治经济学"是指资产阶级的政治经济学,也就是为资本主义制度辩护的政治经济学。这种经济学认为,资本的原始积累是通过资本家"勤劳""节俭"实现的;而工人之所以穷到"除了自己的皮以外没有可出卖的东西",是因为他们是"无赖汉",因为他们"懒惰"而"耗尽了自己的一切"。因此,资产阶级占有财富是"正义"的,因为他们的财富是通过"劳动"和"节俭"得来的。惟其如此,资产阶级理论家才说"正义和'劳动'自古以来就是唯一的致富手段"。所以,在资产阶级"温和的政治经济学中",整个资本原始积累都是在"宁静""祥和"中实现的,"从来就是田园诗占统治地位"。但是,马克思马上批判指出,"在真正的历史上,征服、奴役、劫掠、杀戮,总之,暴力起着巨大的作用","事实上,原始积累的方法决不是田园诗式的东西"。这也就揭穿了资产阶级所谓"正义和'劳动'自古以来就是唯一的致富手段"的谬论,也充分说明资产阶级与无产阶级的不平等关系的确立是通过征服、奴役、劫掠、杀戮完成的。

接下来,马克思对资本主义的"征服、奴役、劫掠、杀戮"的历史,也就是资产阶级与无产阶级不平等关系的形成史,进行了翔实的分析。他指出,"创造资本关系的过程,只能是劳动者和他的劳动条件的所有权分离的过程,这个过程一方面使社会的生活资料和生产资料转化为资本,另一方面使直接生产者转化为雇佣工人。因此,所谓原始积累只不过是生产者和生产资料分离的历史过程。这个过程所以表现为'原始的',因为它形成资本及与之相适应的生产方式的前史。"②"使生产者转化为雇佣工人的历史运动,一方面表现为生产者从农奴地位和行会束缚下解放出来;对于我们的资产阶级历史学家来说,只有这一方面是存在的。但是另一方面,新被解放的人只有在他们被剥夺了一切生产资料和旧封建制度给予他们的一切生存保障之后,才能成为他们自身的出卖者。而对他们的这种剥夺的历史是用血和火的文字载入人类编年史的。"③"劳动者的奴役状态是产生雇佣工人和资本家的发展过程的起点。这一发

---

① 马克思. 资本论(第1卷)[M]. 马克思,恩格斯. 马克思恩格斯文集:第5卷. 北京:人民出版社,2009:820-821.
② 马克思. 资本论(第1卷)[M]. 马克思,恩格斯. 马克思恩格斯文集:第5卷. 北京:人民出版社,2009:822.
③ 马克思. 资本论(第1卷)[M]. 马克思,恩格斯. 马克思恩格斯文集:第5卷. 北京:人民出版社,2009:822.

展过程就是这种奴役状态的形式变换，就是封建剥削转化为资本主义剥削。要了解这一过程的经过，不必追溯太远。虽然在 14 和 15 世纪，在地中海沿岸的某些城市已经稀疏地出现了资本主义生产的最初萌芽，但是资本主义时代是从 16 世纪才开始的。"① "在原始积累的历史中，对正在形成的资本家阶级起过推动作用的一切变革，都是历史上划时代的事情；但是首要的因素是：大量的人突然被强制地同自己的生存资料分离，被当作不受法律保护的无产者抛向劳动市场。对农业生产者即农民的土地的剥夺，形成全部过程的基础。"② "为资本主义生产方式奠定基础的变革的序幕，是在 15 世纪最后 30 多年和 16 世纪最初几十年演出的。由于封建家臣的解散，大量不受法律保护的无产者被抛向劳动市场……通过把农民从土地（农民对土地享有和封建主一样的封建权利）上强行赶走，夺去他们的公有地的办法，造成了人数更多得无比的无产阶级。"所以，"英国工人阶级没有经过任何过渡阶段就从自己的黄金时代陷入了黑铁时代。""资本主义制度却正是要求人民群众处于奴隶地位，使他们本身转化为雇工，使他们的劳动资料转化为资本。"③ "在 16 世纪，宗教改革和随之而来的对教会地产的大规模的盗窃，使暴力剥夺人民群众的过程得到新的惊人的推动。""大约在 1750 年，自耕农消灭了，而在 18 世纪最后几十年，农民公有地的最后痕迹也消灭了。""对公有地的掠夺和随之而来的农业革命，对农业工人产生十分强烈的影响，伊登自己就说，农业工人的工资在 1765—1780 年之间开始降到最低限度以下，因此必须由官方的济贫费来补助。他说，他们的工资'只够满足绝对必要的生活需要'"，④ 因此必须由官方的济贫费来补助。"从 15 世纪最后 30 多年到 18 世纪末，伴随着对人民的暴力剥夺的是一连串的掠夺、残暴行为和人民的苦难""最后，对农民土地的最后一次大规模剥夺过程，是所谓的

---

① 马克思. 资本论（第 1 卷）[M]. 马克思, 恩格斯. 马克思恩格斯文集：第 5 卷. 北京：人民出版社，2009：823.
② 马克思. 资本论（第 1 卷）[M]. 马克思, 恩格斯. 马克思恩格斯文集：第 5 卷. 北京：人民出版社，2009：823.
③ 马克思. 资本论（第 1 卷）[M]. 马克思, 恩格斯. 马克思恩格斯文集：第 5 卷. 北京：人民出版社，2009：825、826、827.
④ 马克思. 资本论（第 1 卷）[M]. 马克思, 恩格斯. 马克思恩格斯文集：第 5 卷. 北京：人民出版社，2009：828、830、835.

Clearing of Estates（清扫领地，实际上是把人从领地上清扫出去）。"① 总之，"掠夺教会地产，欺骗性地出让国有土地，盗窃公有地，用剥夺方法、用残暴的恐怖手段把封建财产和克兰②财产转化为现代私有财产——这就是原始积累的各种田园诗式的方法。这些方法为资本主义农业夺得了地盘，使土地与资本合并，为城市工业造成了不受法律保护的无产阶级的必要供给。"③ 同时，也把新形成的无产阶级置于受资产阶级剥削和奴役的地位，也就是赤裸裸的不平等地位。

"由于封建家臣的解散和土地断断续续遭到暴力剥夺而被驱逐的人，这个不受法律保护的无产阶级，不可能像它诞生那样快地被新兴的工场手工业所吸收。另一方面，这些突然被抛出惯常生活轨道的人，也不可能一下子就适应新状态的纪律。他们大批地转化为乞丐、盗贼、流浪者，其中一部分人是由于习性，但大多数是为环境所迫。因此，15世纪末和整个16世纪，整个西欧都颁布了惩治流浪者的血腥法律。现在的工人阶级的祖先，当初曾因被迫转化为流浪者和需要救济的贫民而受到惩罚。""被暴力剥夺了土地、被驱逐出来而变成了流浪者的农村居民，由于这些古怪的恐怖的法律，通过鞭打、烙印、酷刑，被迫习惯于雇佣劳动制度所必需的纪律。"④ 而"新兴的资产阶级为了'规定'工资，即把工资强制地限制在有利于赚钱的界限内，为了延长工作日并使工人本身处于正常程度的从属状态，就需要并运用国家权力。这是所谓原始积累的一个重要因素"⑤。于是，"自始就是为了剥削工人，而在其发展中一直与工人为敌的关于雇佣劳动的立法，在英国开始于1349年爱德华三世的劳工法。在法国，与此相当的是1350年以国王约翰名义颁布的敕令。""1349年的劳工法和以后的类似法令的精神清楚地表现在这一事实上：国家虽然规定了工资的最高限度，但从来没有规定工资的最低限度。""支付高于法定工资的人要被监禁，但接受高工资的人要比支付高工资的人受到

---

① 马克思. 资本论（第1卷）[M]. 马克思, 恩格斯. 马克思恩格斯文集：第5卷. 北京：人民出版社，2009：836、837.
② 克兰，即clan，指氏族、宗族、宗派等。
③ 马克思. 资本论（第1卷）[M]. 马克思, 恩格斯. 马克思恩格斯文集：第5卷. 北京：人民出版社，2009：842.
④ 马克思. 资本论（第1卷）[M]. 马克思, 恩格斯. 马克思恩格斯文集：第5卷. 北京：人民出版社，2009：843、846.
⑤ 马克思. 资本论（第1卷）[M]. 马克思, 恩格斯. 马克思恩格斯文集：第5卷. 北京：人民出版社，2009：847.

更严厉的处罚。"① 可见，国家法律，从而国家权力，从来都是保护资产阶级、打压无产阶级，保护资产阶级对无产阶级的不平等经济地位的。

"原始积累的不同因素，多少是按时间顺序特别分配在西班牙、葡萄牙、荷兰、法国和英国。在英国，这些因素在17世纪末系统地综合为殖民制度、国债制度、现代税收制度和保护关税制度。这些方法一部分是以最残酷的暴力为基础，例如殖民制度就是这样。但所有这些方法都利用国家权力，也就是利用集中的、有组织的社会暴力，来大力促进从封建生产方式向资本主义生产方式的转化过程，缩短过渡时间。暴力是每一个孕育着新社会的旧社会的助产婆。暴力本身就是一种经济力。""荷兰——它是17世纪标准的资本主义国家——经营殖民地的历史，'展示出一幅背信弃义、贿赂、残杀和卑鄙行为的绝妙图画'。""殖民制度在当时起着决定性作用。……殖民制度宣布，赚钱是人类最终的和惟一的目的。"② 殖民、国债、重税，"与其说是这种制度对雇佣工人状况的破坏性影响，不如说是它所引起的对农民、手工业者，一句话，对一切中等阶级下层分子的暴力剥夺。关于这一点，甚至在资产阶级经济学家中间也没有异议。现代财政制度的剥夺作用，被这一制度的一个组成部分即保护关税制度加强了。""保护关税制度是制造工厂主、剥夺独立劳动者、使国民的生产资料和生活资料资本化、强行缩短从旧生产方式向现代生产方式的过渡的一种人为手段。"③ 也就是说，在确立资产阶级与无产阶级的不平等地位方面，不仅动用了国家机器的所有暴力功能，而且使用了国家的所有经济职能、经济手段。

资本主义的大工厂还无耻到大量雇佣童工。"监工被派来监督他们的劳动。这些监工的工资和从儿童身上榨取的产品量成正比，因此他们的兴趣是让儿童尽量多干活。结果必然是残酷虐待……在许多工厂区……这些任凭工厂主支配的无依无靠的无辜儿童，遭到了极其残忍的折磨。他们被过度的劳动折磨致死……他们被鞭打，戴上镣铐，受尽挖空心思的残酷虐待；他们大多饿得骨瘦如柴，但还得在皮鞭下干活……他们有时甚

---

① 马克思. 资本论（第1卷）[M]. 马克思，恩格斯. 马克思恩格斯文集：第5卷. 北京：人民出版社，2009：847、848、848.
② 马克思. 资本论（第1卷）[M]. 马克思，恩格斯. 马克思恩格斯文集：第5卷. 北京：人民出版社，2009：861、861-862、864.
③ 马克思. 资本论（第1卷）[M]. 马克思，恩格斯. 马克思恩格斯文集：第5卷. 北京：人民出版社，2009：867.

至被逼得自杀！……那些与世隔绝的美丽而浪漫的山谷，竟成为折磨人，甚至常常虐杀人的恐怖地方！……工厂主的利润是巨大的。但这只能燃起他们狼一般的贪欲。他们开始实行夜间劳动，就是说，在做日工的一批人精疲力竭之后，他们已经准备好另一批人去做夜工；夜班工人刚下床，日班工人就躺上去，然后再反过来。兰开夏郡流行一句俗语：'床永不凉'。""当棉纺织工业在英国采用儿童奴隶制的时候，它同时在美国促使过去多少带有家长制性质的奴隶经济转化为一种商业性的剥削制度。总之，欧洲的隐蔽的雇佣工人奴隶制，需要以新大陆的赤裸裸的奴隶制作为基础。"① 所以，资产阶级为了走上历史舞台，为了攫取更多的利润，为了巩固自己的统治地位，为了使它与劳动阶级的不平等关系巩固起来，他们已经丧失了"人"的一切良心、良知，不仅大量使用童工，而且把早已消失的奴隶制这一人类最黑暗的制度恢复起来。

可见，贪婪、暴虐、永远的不知足，这就是资本的本性。"资本逃避动乱和纷争，它的本性是胆怯的。这是真的，但还不是全部真理。资本害怕没有利润或利润太少，就像自然界害怕真空一样。一旦有适当的利润，资本就胆大起来。如果有10%的利润，它就保证到处被使用；有20%的利润，它就活跃起来；有50%的利润，它就铤而走险；为了100%的利润，它就敢践踏一切人间法律；有300%的利润，它就敢犯任何罪行，甚至冒绞首的危险。如果动乱和纷争能带来利润，它就会鼓励动乱和纷争。走私和贩卖奴隶就是证明。"② 所以，资产阶级为了达到发财的目的，一切人间伦理道德、一切人间法律制度都毫不在意，一切投机欺骗、犯罪暴力，甚至挑起战争，都毫不犹豫。总之，一切都是为了资产阶级发财，一切都是为了确立资产阶级的统治地位，一切都是为了使它与劳动阶级的不平等关系深化、固定化、永久化。

通过资本的原始积累可以看出，"资本来到世间，从头到脚，每个毛孔都滴着血和肮脏的东西。"在资本原始积累过程中，"广大人民群众被剥夺土地、生活资料、劳动工具，——人民群众遭受的这种可怕的残酷的剥夺，形成资本的前史。这种剥夺包含一系列的暴力方法……对直接

---

① 马克思.资本论（第1卷）[M].马克思，恩格斯.马克思恩格斯文集：第5卷.北京：人民出版社，2009：869、870.

② 马克思.资本论（第1卷）[M].马克思，恩格斯.马克思恩格斯文集：第5卷.北京：人民出版社，2009：871.

生产者的剥夺,是用最残酷无情的野蛮手段,在最下流、最龌龊、最卑鄙和最可恶的贪欲的驱使下完成的。"① 在这种情况下,谈得上什么资产阶级与无产阶级的平等呢? 资产阶级在国内剥夺劳动者,在国际上进行殖民战争,掠夺其他国家。"美洲金银产地的发现,土著居民的被剿灭、被奴役和被埋葬于矿井,对东印度开始进行的征服和掠夺,非洲变成商业性地猎获黑人的场所——这一切标志着资本主义生产时代的曙光。这些田园诗式的过程是原始积累的主要因素。接踵而来的是欧洲各国以地球为战场而进行的商业战争。这场战争以尼德兰脱离西班牙开始,在英国的反雅各宾战争中具有巨大的规模,并且在对中国的鸦片战争中继续进行下去,等等。"② 所以,资本主义的发展史说明,资产阶级用"血与火"铸成的不平等的经济社会关系,是他们在革命时期所要求的"人人权利平等"的最大讽刺。

马克思、恩格斯正是通过这种娓娓道来而又严谨可信的历史分析,让资本主义"平等"谎言掩盖下的"不平等"事实暴露无遗,并以资本主义赤裸裸地对人性恣意践踏而给人类带来屈辱的历史,把用"平等"的花言巧语装扮起来的资本主义制度永远钉在了历史的耻辱柱上。

第二节 法权分析

资产阶级的平等观是法权平等观,也就把"人人平等"作为一种政治权利来要求,并得到法律的确认和保护。"法律面前人人平等"是这一平等观的典型表达和逻辑演化。马克思、恩格斯对资产阶级"权利平等"的平等观的形成、性质和内在悖论都作了透彻分析。

一、法权平等观的形成

为什么"平等""公平"被看作是"法权"的基本内容呢? 恩格斯指出,"在社会发展的某个很早的阶段,产生了这样一种需要:把每天重复着的产品生产、分配和交换用一个共同规则约束起来,借以使个人服

---

① 马克思. 资本论(第1卷) [M]. 马克思,恩格斯. 马克思恩格斯文集:第5卷. 北京:人民出版社,2009:871、873.
② 马克思. 资本论(第1卷) [M]. 马克思,恩格斯. 马克思恩格斯文集:第5卷. 北京:人民出版社,2009:860-861.

从生产和交换的共同条件。这个规则首先表现为习惯,不久便成了法律。随着法律的产生,就必然产生出以维护法律为职责的机关——公共权力,即国家。随着社会的进一步的发展,法律进一步发展为或多或少广泛的立法。这种立法越复杂,它的表现方式也就越远离社会日常经济生活条件所借以表现的方式。立法就显得好像是一个独立的因素,这个因素似乎不是从经济关系中,而是从自身的内在根据中,可以说,从'意志概念'中,获得它存在的理由和继续发展的根据。人们忘记他们的法起源于他们的经济生活条件,正如他们忘记他们自己起源于动物界一样。随着立法进一步发展为复杂和广泛的整体,出现了新的社会分工的必要性:一个职业法学家阶层形成了,同时也就产生了法学。法学在其进一步发展中把各民族和各时代的法的体系互相加以比较,不是把它们视为相应经济关系的反映,而是把它们视为自身包含自我根据的体系。……法学家把所有这些法的体系中的多少相同的东西统称为自然法,这样便有了共同点。而衡量什么算自然法和什么不算自然法的尺度,则是法本身的最抽象的表现,即公平。于是,从此以后,在法学家和盲目相信他们的人们眼中,法的发展就只不过是使获得法的表现的人类生活状态一再接近于公平理想,即接近于永恒公平。"① 这样,"公平""平等""正义"等就被认为是法权的根本原则和基本特征。

  关于资产阶级"法权平等"观的形成,恩格斯也作了严密的历史考证。他指出,在资产阶级以前的时代,在奴隶制和封建社会,人们并不要求平等,相反,"不平等比平等受重视得多",专制和特权被认为是天经地义的。这是由当时的生产方式所决定的经济关系和社会制度所规定的。只是随着资产阶级经济力量的壮大,它再也不甘心封建特权的政治统治和对自由贸易的阻碍,"平等""自由"才成为资产阶级反对封建特权的理论根据和决战口号。这个新的上升的阶级反对封建主和君主专制的斗争,像一切阶级斗争那样,应当是政治斗争,是争取占有国家的斗争,它应当为了"法权要求"而进行,——就是这一事实,促进了法学世界观的确立。"到十七世纪时宗教的旗帜最后一次在英国飘过,过了不到五十年,新的世界观就不带任何掩饰地在法国出现了,这就是法学世界观,它应当成为资产阶级的经典世界观。""由于竞争——这个自由商

---

① 恩格斯. 论住宅问题 [M]. 马克思, 恩格斯. 马克思恩格斯文集:第 3 卷. 北京:人民出版社,2009:322-323.

品生产者的基本交往形式——是平等化的最大创造者，因此法律面前的平等变成了资产阶级的决战口号。"① 既然"法律面前的平等变成了资产阶级的决战口号"，"平等"诉求也就表现为"法权平等"的要求。

"法权平等"是资产阶级的基本平等观，这在资本主义国家的法律中得到了确认和体现。资产阶级理论家强调"人民的平等权利是一切问题的根本"。《美国独立宣言》也标榜，"这些真理是不言而喻的：人人生而平等，他们都从他们的'造物主'那边被赋予了某些不可转让的权利，其中包括生命权、自由权和追求幸福的权利。"② 法国《人权宣言》宣称，"在权利方面，人生来是而且始终是自由平等的"。③ 可见，"平等"作为一种政治权利要求，或者说"权利平等"作为一项法权要求，是资本主义国家的政治和宪法原则。这同时也说明，资产阶级的平等观是"法权平等"观。但这并不是说"权利平等"是一直就有的平等观，尽管古罗马时期的西塞罗就提出了"权利平等"的理念，但作为一个阶级的平等要求，作为一种普遍的平等观念，是资产阶级推翻封建阶级的大革命时期才被作为一种法权要求提出来的。这是资产阶级反对封建专制制度、争得与自己日益提高的经济地位相称的政治地位、实现权利平等和贸易自由的必然要求。所以，"权利平等"是社会发展到一定历史阶段的产物，尽管资产阶级思想家为了革命的需要把"人人平等"作为"永恒真理"来宣扬。

然而，资产阶级"法权平等"的实质是什么呢？恩格斯指出，"平等的命题是说不应该存在任何特权，因而它在本质上是否定的，它宣布以往的全部历史都是糟糕的。由于它缺少肯定的内容，由于它一概否定过去的一切，所以它既适合于由1789—1796年的大革命来提倡，也适合于后来的那些制造体系的平庸之徒。"④ 这里的"1789—1796年的大革命"也就是法国资产阶级大革命。这段话实际上明确了以下几层意思：一是"平等"命题产生的历史时代，是在资产阶级大革命时期。二是"平等"要求的内容，即"不应该有任何特权"。这显然是针对封建特权

---

① 恩格斯.法学家的社会主义［M］.马克思，恩格斯.马克思恩格斯全集：第21卷.北京：人民出版社，1965：546.
② 美国独立宣言［C］.王德禄，编.人权宣言.北京：求实出版社，1989：9.
③ 法国人权宣言［C］.王德禄，编.人权宣言.北京：求实出版社，1989：14.
④ 恩格斯.《反杜林论》的准备材料［M］.马克思，恩格斯.马克思恩格斯文集：第9卷.北京：人民出版社，2009：353.

提出来的,所以成为资产阶级大革命的"决战口号"。三是资产阶级的"平等"要求实质上是"否定的"。因为它否定以往的全部历史,"一概否定过去的一切"。同时还因为,它没有把这一要求贯彻到底,提出彻底的平等要求——消灭阶级。为什么说"平等命题"这一消极观念只适合于资产阶级和小资产阶级理论家来提倡呢?因为他们都信守唯心主义历史观,都把"平等"作为"绝对真理""永恒正义"来追求。他们认为只要用"平等"这一"永恒正义"教育人们、引导社会,就可以消除一切社会不平等,就可以实现经济、社会关系的全面平等。而不知道,"平等"这一观念,恰恰是对现实经济关系不平等事实的反抗,是现实生产方式变革要求的"征象"。"平等命题"的本质之所以是"否定的",还因为在资产阶级启蒙思想家那里,"以往的一切社会形式和国家形式、一切传统观念,都被当做不合理的东西扔到垃圾堆里去了",人类社会将由"永恒的真理、永恒的正义、基于自然的平等和不可剥夺的人权所取代"①。可见,"基于自然的平等"作为"永恒的真理""永恒的正义",作为"理性"的要求,成了资产阶级理论家否定"以往的一切社会形式和国家形式、一切传统观念"的依据。"它一概否定过去的一切","宣布以往的全部历史都是糟糕的"。也正因如此,"它缺少积极的内容"。也就是说,由于资产阶级理论家不懂得唯物主义历史观,不懂得生产方式作为整个社会制度的基础,它本身是一个自然的发展过程。因此,在不同的生产力发展水平上,必然会建立不同的社会制度,形成不同的社会形态。正因如此,各种社会形态,不论是奴隶制还是封建制,尽管在今天看来多么的不合理,多么的专制,多么的"不平等",但在历史上,它们的出现和存在都是具有历史合理性的。但是,资产阶级理论家却把与"平等"要求不相符合的一切过去的社会制度、传统观念否定掉。这样,他们的平等理论就只有"消极的内容"——否定过去的一切,没有"积极的内容"——肯定过去时代的一定合理性。他们不知道,作为资本主义社会前史的奴隶社会、封建社会不管怎样野蛮、专制,它们终究是历史发展必然要经过的历史阶段,是资本主义的必然前阶,甚至连它们的"法权平等观"也是作为对封建专制的反抗在这些社会的胎胞里孕育而成的。

---

① 恩格斯. 反杜林论 [M]. 马克思, 恩格斯. 马克思恩格斯文集:第9卷. 北京:人民出版社, 2009: 20.

通过对资产阶级"法权平等观"形成的历史分析，还可以看出这一平等观的保守性——它只要求资产阶级与封建特权等级的平等，并不要求与所有的下层劳动者的平等；它只要"政治权利的平等"，并不要求"经济和社会的平等"；它只要求消除"阶级特权"，并不要求消灭阶级本身。而没有经济和社会的平等，不消灭阶级，也就不可能有真正的平等。而当与资产阶级并肩战斗的无产阶级逐渐发现资产阶级"平等命题"所要求的"政治权利平等"还不够的时候，它就提出了"经济平等"和"社会平等"的要求，而且得出了"平等的科学内容就是消灭阶级"的结论。这就超出了"资产阶级平等"的范围。正因如此，恩格斯才说，"平等命题"只适合于资产阶级思想家和小资产阶级理论家，只适合于不懂得历史唯物主义的"平庸之徒"，而不适合于无产阶级。对无产阶级来说，"平等"这一要求已经是一个陈旧的命题，是一个过时的口号。

二、法权平等观的性质

资产阶级"法权平等观"就其内容来说，属于政治权利的平等，这种平等权利要靠法律来保障。这种"法权平等"的要求导源于两个方面。一个是历史的原因。在资产阶级革命时期，资产阶级反抗封建专制的统治必须诉诸政治斗争，取得政治上的统治地位，把自己的平等要求、自己的意志上升为法律制度，上升为国家意志。这样，资产阶级的平等观也就成了法权的平等要求。另一个是现实的经济原因。也就是说，经济生活中商品"等价交换"的平等要求必然反映到法律和政治制度上来，并要求把"等价交换"所体现的平等原则确定为法律制度的一般原则，通过法律和政治制度确定下来，并依靠法律来保障这种平等要求。正是由于以上两个原因，资本主义的平等观才表现为"法权平等"的要求。所以，这一法权平等观的内容是政治权利的平等，在更深层次上反映的却是"等价交换"的经济平等的要求。尽管随着资产阶级上升为统治阶级和资本主义制度的确立，由于资产阶级逐步趋向保守而使这一法权平等观的内容发生了质的变化——作为法权的平等，对"权利平等"的要求逐步淡化，对"法的平等"不断突出，因此流于"法律面前人人平等"的抽象原则；作为等价交换的平等，对商品经济的"平等"性质逐步淡化，对它的"自由"性质不断强化，因此走向自由主义和新自由主义——但总的说来，资本主义社会的平等观仍然是一种法权平等。只不过它现在更加成为一种抽象原则，而不愿加入经济、社会的内容。具体说来，只把"平等"当作一种形式存在的法律原则，不愿拓展为经济的平等；只把"平等"局限于抽象的政治领域，不愿拓展到社会领域。因为，一旦把"平等"拓展为经济平等和社会平等，就变成了无产阶级的平等观，就意味着触动了资本主义的所有制，直接导致资本主义制度合理性和合法性的丧失。

客观地讲，资本主义的"法权平等观"相对于奴隶—封建社会的"道义平等观"，是一种重大历史进步。正如恩格斯所分析，从"平等的原始观念"拓展为"国家和社会中的平等权利""必然要经过而且确实已经经过几千年"①。"平等的原始观念"也就是"道义的平等观"，它只承认"人的共同点"范围内的"平等"，只从道义上、精神上承认人的抽象的平等。而资产阶级的"现代平等"则从一开始就要求"平等的政治地位和社会地位"，是作为"政治权利"这样的法权要求提出来的。资产阶级的"法权平等观"相对于"道义平等观"的进步性可以从以下几个方面得到说明：第一，"道义的平等观"所说的"人"的"共同点"是人的生理特征、生物属性，所要求的是对人的本能的最低限度的满足而不是社会的需要。用农民起义者的话来说，"我们只要求能够活命，只要能像其他人一样有吃有穿有住，而并不奢望得到名誉、地位和权利"。② 因此，这里所说的"人"是生物意义的人。而法权平等观关注的"人"的"共同性"是人的社会特征、社会属性。它以人的社会性为出发点，是以政治权利的平等为目的的。因此，它所说的"人"是社会的人、政治的人、有尊严的人。这样，就不仅克服了以人的生存需要为依据的平等要求和以人的生理差异为依据要求不平等的矛盾。作为社会政治观念的平等观，它不仅完全否定了等级和特权观念，也彻底摆脱了平均主义和禁欲主义平等观的局限。第二，道义的平等观是把人当作一种抽象的观念、道德的符号，是没有分化出"个体人"观念的整体的、空洞的概念，它不包含人的"主体性"。与此相反，"法权的平等观"是把人当作国家和社会的主体，要求人作为社会关系的主体之间的全面平等，

---

① 恩格斯. 反杜林论 [M]. 马克思, 恩格斯. 马克思恩格斯文集：第9卷. 北京：人民出版社，2009：109.
② 周仲秋. 平等观念的历程 [M]. 海口：海南出版社，2002：161.

具有鲜明的"主体性"特征。也就是把"人"作为国家和社会的尺度；把"人"作为社会的主体；把"平等"作为社会主体的人的社会性的一般追求和选择，进而要求平等的政治地位。这就牢固确立了"人人应当享有平等权利"的原则，使等级和特权观念失去了最后的根据。事实正是这样，由于资本主义制度的建立和法权平等观的确立，不仅社会实现了巨大进步，人的解放也实现了历史性跨越。

但是，资产阶级的"法权平等观"又有很大的历史局限性。正如资产阶级取得统治地位后不断蜕化的历史事实及与平等观念相矛盾的经济社会的不平等现实所显示，在私有制所决定的不平等的经济关系面前，"法律面前人人平等"的要求只能成为一种无法实现的抽象原则，法权要求只能成为不平等经济关系的反映和保障。因此，法权的平等观和道义的平等观一样，不仅不能改变私有制所必然造成的不平等的经济社会关系，而且作为被决定的东西，它本身就是这种不平等经济社会制度的重要组成部分。这是资产阶级"法权平等"观的悖论。正如恩格斯所指出，在资本主义社会里，"资产阶级和财产统治着一切；穷人是无权的，他们备受压迫和凌辱，宪法不承认他们，法律压制他们"，"单纯的民主制并不能治愈社会的病疾。民主制的平等是空中楼阁，穷人反对富人的斗争不能在民主制或单是政治的基础上完成"①。所以，"政治自由是假自由，是一种最坏的奴隶制；这种自由只是徒具空名，因而实际上是奴隶制。政治平等也是这样。所以，民主制和任何其他一种政体一样，最终总要破产，因为伪善是不能特久的，其中隐藏的矛盾必然要暴露出来；要末是真正的奴隶制，即赤裸裸的专制制度，要末是真正的自由和平等，即共产主义"②。

三、"法权平等"的悖论

资产阶级的"法权平等观"在随着资产阶级取得统治地位和经济社会发展的历史流变里，被剥蚀为"法律面前的平等"原则。那么，"法律面前的平等"在资本主义的法律建立和法律实施中是怎么的呢？这要

---

① 恩格斯. 英国状况 英国宪法 [M]. 马克思, 恩格斯. 马克思恩格斯全集：第 1 卷. 北京：人民出版社，1956：705.
② 恩格斯. 大陆上社会改革运动的进展 [M]. 马克思, 恩格斯. 马克思恩格斯全集：第 1 卷. 北京：人民出版社，1956：576.

深入分析资本主义的法律才能看透。

马克思对最典型的资本主义宪法《法兰西共和国宪法》进行了剖析。《法兰西共和国宪法》标榜:"它的原则是自由、平等、博爱,它的基础是家庭、劳动、财产和社会秩序。"① 而马克思一针见血地指出,"法兰西宪法在这里也和在其他一切地方一样都保障了自由,但是总是附带着一些法律已经规定的或者可能另行规定的例外情况!""这就是'法兰西共和国宪法',这就是运用宪法的方法。……这个文件从头到尾是一大套掩饰极其奸诈的意图的漂亮话。宪法的措词本身使破坏宪法成为不可能的事,因为每个条款都包含着相反的一面,而完全取消条款本身。例如:'投票是直接的和普遍的'——'除法律将来规定的情况外'。""宪法一再重复着一个原则:对人民的权利和自由(例如,结社权、选举权、出版自由、教学自由等等)的调整和限制将由以后的组织法加以规定,——而这些'组织法'用取消自由的办法来'规定'了被允诺的自由。""这个虚伪的宪法中常常出现的矛盾十分明显地证明,资产阶级口头上标榜是民主阶级,而实际上并不想成为民主阶级,它承认原则的正确性,但是从来不在实践中实现这种原则……这个宪法里包含了原则,——细节留待将来再说,而在这些细节里重新恢复了无耻的暴政!"②

恩格斯对《英国宪法》也作了深刻剖析。他指出,《英国宪法》规定公民平等享有出版自由、集会的权利、结社的权利等,但就算不考虑宪法本身的其他规定对这些权利的限制和取消,充分的结社权利也仍然是富人的特权;组织会社首先就需要钱,况且没有经费的会社很少有什么作用,同时也不能进行宣传鼓动。Habeas Corpus(人身保护)的权利,即每个被告有在诉讼开始以前交纳保证金获释的权利,这种备受赞扬的权利也仍然是富人的特权。穷人交不起保证金,因此只得进监狱。这些个人权利中的最后一个,就是每个人都有权由和自己同类的人来审讯,而这一个权利也同样是富人的特权。穷人不是由和他们同类的人来审讯,他们在任何情况下都是由他们的死敌来审讯,因为在英国,富人和穷人

---

① 马克思.1848年11月4日通过的法兰西共和国宪法 [M].马克思,恩格斯.马克思恩格斯全集:第7卷.北京:人民出版社,1959:578.
② 马克思.1848年11月4日通过的法兰西共和国宪法 [M].马克思,恩格斯.马克思恩格斯全集:第7卷.北京:人民出版社,1959:579、588、588、589.

是处在公开敌对状态的。陪审员必须具备一定的资格（即拥有的财产数量），所谓"不偏不倚的陪审团"，根本是胡说。人们首先虚构出所谓"不偏不倚的陪审员"，硬要陪审员忘记他在审讯前所听到的有关该案件的一切，而只根据法庭上所提出的证据来判断，仿佛这是可能的！其次，人们又虚构出所谓"不偏不倚的法官"，说什么法官必须阐明法律而且要不偏不倚地、完全"客观地"对比双方所提出的理由，仿佛这是可能的！但是实践是不会让自己上当的，在实践中人们很少顾及这一套胡说，法官十分明显地授意陪审员应做出怎样的裁定，而唯命是听的陪审员也照例是规规矩矩地做出这样的裁定。① 所以，"虐待穷人、庇护富人是一切审判机关中十分普遍的现象，……在这方面，法律的运用比法律本身还要不人道得多；'law grinds the poor and rich men rule the law'（'法律压迫穷人，富人管理法律'）和'there is one law for the poor and another for the rich'（'对于穷人是一条法律，对于富人是另外一条法律'）——这是两句早已家喻户晓的至理名言。可是，难道能够不是这样吗？治安法官也好，陪审员也好，他们本身都是富人，都来自资产阶级，因此他们都袒护自己的同类，都是穷人的死对头。如果再估计到财产的社会影响（……），那末的确就没有谁会对这种野蛮的情形感到惊异了。"②

为什么会出现这种现实和原则之间的矛盾呢？恩格斯深刻指出，"资产阶级和财产统治着一切；穷人是无权的，他们备受压迫和凌辱，宪法不承认他们，法律压制他们"③。资产阶级的力量全部取决于金钱，所以他们要取得政权就只有使金钱成为人在立法上的行为能力的唯一标准，用金钱的特权代替已往的一切个人特权和世袭特权。这样，他们通过选举权和被选举权的财产资格的限制，使选举原则成为本阶级独有的财产。"所以资本主义对多数人追求幸福的平等权利所给予的尊重，即使有，也未必比奴隶制或农奴制所给予的多一些。"④ "平等地剥削劳动力，是资

---

① 参见：恩格斯. 英国状况 英国宪法 [M]. 马克思，恩格斯. 马克思恩格斯全集：第1卷. 北京：人民出版社，1956：696-698.
② 恩格斯. 英国状况 英国宪法 [M]. 马克思，恩格斯. 马克思恩格斯全集：第1卷. 北京：人民出版社，1956：703.
③ 恩格斯. 英国状况 英国宪法 [M]. 马克思，恩格斯. 马克思恩格斯全集：第1卷. 北京：人民出版社，1956：705.
④ 恩格斯. 路德维希·费尔巴哈和德国古典哲学的终结 [M]. 马克思，恩格斯. 马克思恩格斯文集：第4卷. 北京：人民出版社，2009：332.

本的首要人权。"①

马克思、恩格斯正是通过对"资本主义平等"的法权分析，深刻揭示了资本主义"法权平等"本身不可克服的矛盾性和事实上保护"不平等"内在悖论，并清楚地表明资本主义的"法权平等"在不平等的经济关系面前只能是一种永远无法实现的抽象原则。所以，"平等"是资本主义社会的原则，不是它的现实；是它的形式，不是它的内容；是它的表象，不是它的事实；是它的外观，不是它的真实。而无处不在、根深蒂固的"不平等"才是资本主义的现实、内容、事实、真实。

第三节 经济分析

尽管"法权平等"是资产阶级的平等观，是资本主义社会的基本原则，是政治领域的平等要求，但它却有着深深的经济根源，是资本主义商品经济的"等价交换"原则在政治和法律上的反映和表现。因此，要深刻认识资本主义平等的本质，必须进行经济分析。马克思、恩格斯用政治经济学方法对资本主义平等制度进行了系统的剖析，深刻揭示了资本主义的本质。

一、以"等价交换"为内容的资本主义经济平等的形成

商品交换是自从社会产品除了满足人们的需要还有剩余以来就有的，因此是非常古老的经济现象。但是，并不是说"等价交换原则"是随着商品经济出现就存在的。这是因为，一方面，"古代世界的基础是直接的强制劳动；当时共同体就建立在这种强制劳动的现成基础上；作为中世纪的基础的劳动，本身是一种特权，是尚处在孤立分散状态的劳动，而不是生产一般交换价值的劳动。"② 另一方面，在古代社会，只有特权者才能进行交换。"在等级的范围内，个人的享受，个人的物质变换，取决于个人所从属的一定的分工。在阶级的范围内，则只取决于个人所能占有的一般交换手段。在前一种情况下，个人作为受社会限制的主体，进

---

① 马克思. 资本论（第1卷）[M]. 马克思，恩格斯. 马克思恩格斯文集：第5卷. 北京：人民出版社，2009：338.
② 马克思. 政治经济学批判 [M]. 马克思，恩格斯. 马克思恩格斯全集：第46卷（上）. 北京：人民出版社，1979：197.

入由他的社会地位所限制的交换。"① 例如,"罗马法就规定奴隶是不能通过交换为自己谋利益的人"。② 这就是为什么"古代社会"的理论家,如亚里士多德缺乏价值概念的原因。马克思认为,亚里士多德最早分析了价值形式。因为,首先,他"清楚地指出,商品的货币形式不过是简单价值形式——一种商品的价值通过任何别一种商品来表现——的进一步发展的形态"。③ 他说:

5 张床 = 1 间屋
无异于:
5 张床 = 若干货币。④

"其次,他看到:包含着这个价值表现的价值关系,要求屋必须在质上与床等同,这两种感觉上不同的物,如果没有这种本质上的等同性,就不能作为可通约的量而互相发生关系。他说:'没有等同性,就不能交换,没有可通约性,就不能等同。'但是他到此就停下来了,没有对价值形式作进一步分析。'实际上,这样不同种的物是不能通约的',就是说,它们不可能在质上等同。这种等同只能是某种和物的真实性质相异的东西,因而只能是'应付实际需要的手段'。""可见,亚里士多德自己告诉了我们,是什么东西阻碍他作进一步的分析,这就是缺乏价值概念。这种等同的东西,也就是屋在床的价值表现中对床来说所代表的共同的实体是什么呢?亚里士多德说,这种东西'实际上是不可能存在的'。为什么呢?只要屋代表床和屋二者中真正等同的东西,对床来说屋就代表一种等同的东西。这就是人类劳动。"⑤ "亚里士多德没有能从价值形式本身看出,在商品价值形式中,一切劳动都表现为等同的人类劳

---

① 马克思. 反思 [M]. 马克思, 恩格斯. 马克思恩格斯全集:第 44 卷. 北京:人民出版社,1982:161 - 162.
② 马克思. 政治经济学批判 [M]. 马克思, 恩格斯. 马克思恩格斯全集:第 46 卷(上). 北京:人民出版社,1979:198.
③ 马克思. 资本论(第 1 卷)[M]. 马克思, 恩格斯. 马克思恩格斯文集:第 5 卷. 北京:人民出版社,2009:74.
④ 马克思. 资本论(第 1 卷)[M]. 马克思, 恩格斯. 马克思恩格斯文集:第 5 卷. 北京:人民出版社,2009:74.
⑤ 马克思. 资本论(第 1 卷)[M]. 马克思, 恩格斯. 马克思恩格斯文集:第 5 卷. 北京:人民出版社,2009:74 - 75、75.

动，因而是同等意义的劳动，这是因为希腊社会是建立在奴隶劳动的基础上的，因而是以人们之间以及他们的劳动力之间的不平等为自然基础的。价值表现的秘密，即一切劳动由于而且只是由于都是一般人类劳动而具有的等同性和同等意义，只有在人类平等概念已经成为国民的牢固的成见的时候，才能揭示出来。而这只有在这样的社会里才有可能，在那里，商品形式成为劳动产品的一般形式，从而人们彼此作为商品占有者的关系成为占统治地位的社会关系。"① 这样的社会就是资本主义社会。

所以，"平等"和"自由"是以交换价值的交换为基础的。奴隶社会、封建社会由于没有自由的商品经济，就没有"等价交换"的价值概念，因此就不会产生现代意义上"平等""自由"概念。相反，资本主义社会里的劳动则不是强制劳动，所以每个人都可以根据"自由"和"平等"原则进行交换。在这里，"所有的人都能够获得一切，每个人都能够按照他的收入转化成的货币的数量来进行任何的物质变换。……个人作为一般交换手段的所有者，进入同社会为万物的这一代表者所能提供的一切东西的交换。在货币同商品的交换中，在实业家和消费者之间的这种贸易中……一切阶级的个人都变得模糊而消失在买者的范畴中，他们在这里同卖者相对立。"② 这就从原则上给人以商品持有者和商品交换者的"等价交换"的平等关系，促成了"平等"和"自由"概念的产生，也造成了"平等"和"自由"的假象。由此可见，交换价值的交换所要求的"等价交换原则"及其所要求的"平等原则"，并不是随着商品经济的出现同时出现的，更不是从来如此的"永恒真理"。而是随着资本主义的确立，在商品经济发展为自由商品经济，自由商品经济成为社会的主导经济形式的时候，才成为"不言而喻"的东西，才成为人们的"牢固成见"。所以，资本主义平等是在长期的历史发展过程中，在一定的历史阶段才形成的。

二、"等价交换"原则确立了资本主义经济平等的外观

马克思指出，"商品是天生的平等派"。③ 它的意思是说，"一切人类

---

① 马克思. 资本论（第1卷）[M]. 马克思，恩格斯. 马克思恩格斯文集：第5卷. 北京：人民出版社，2009：75.
② 马克思. 反思 [M]. 马克思，恩格斯. 马克思恩格斯全集：第44卷. 北京：人民出版社，1982：161-162.
③ 马克思. 资本论（第1卷）[M]. 马克思，恩格斯. 马克思恩格斯文集：第5卷. 北京：人民出版社，2009：104.

劳动由于而且只是由于都是一般人类劳动而具有的等同性和同等意义，在现代资产阶级经济学的价值规律中得到了自己的不自觉的，但最强烈的表现，根据这一规律，商品的价值是由其中所包含的社会必要劳动来计量的。"① 这是自由商品经济的基本经济平等原则。

　　资本主义作为发达的、自由的商品经济形式，资本主义法律所规定的平等原则在经济生活中的具体体现，也表现为"等价交换"的平等。马克思在《政治经济学批判》中对资本主义的经济平等假象作了分析，指出：只要把商品或劳动还只是看作交换价值，那就是把进行这一过程的个人即主体只是单纯地看作交换者，他们的关系是"平等"的关系，他们所交换的商品是等价物。使用价值的自然差别，是他们在交换行为中的社会平等的前提，于是他们彼此不仅处在平等的关系中，而且也处在社会的关系中。除了"平等"的规定以外，还要加上"自由"的规定。谁都不用暴力占有他人的财产，每个人都是自愿地出让财产。因此，"如果说经济形式，交换，确立了主体之间的全面平等，那么内容，即促使人们去进行交换的个人材料和物质材料，则确立了自由。可见，平等和自由不仅在以交换价值为基础的交换中受到尊重，而且交换价值的交换是一切平等和自由的生产的、现实的基础。作为纯粹观念，平等和自由仅仅是交换价值的交换的一种理想化的表现；作为在法律的、政治的、社会的关系上发展了的东西，平等和自由不过是另一次方的这种基础而已。"② 也就是说，法律关系、政治关系、社会关系上的平等要求，不过是交换价值"等价交换"的经济平等的表现、反映和在政治上的承认、保护、强化。

　　等价交换的高级阶段是以货币为媒介的交换形式，"所以货币制度实际上只能是这种自由和平等制度的实现"③。而且，货币形式把使用价值的物质差异、质的差别也抽象掉了，一切个人差别都消失了。"它作为契约上的一般材料，作为一般支付手段，扬弃了支付上的一切特殊差别，使支付平等。它在货币面前使人人平等"。"对卖者来说，一个用3先令

---

　　① 恩格斯．反杜林论 [M]．马克思，恩格斯．马克思恩格斯文集：第9卷．北京：人民出版社，2009：111．
　　② 马克思．政治经济学批判 [M]．马克思，恩格斯．马克思恩格斯全集：第46卷（上）．北京：人民出版社，1979：197．
　　③ 马克思．政治经济学批判 [M]．马克思，恩格斯．马克思恩格斯全集：第46卷（上）．北京：人民出版社，1979：198．

购买商品的工人和一个用 3 先令购买商品的国王,两者职能相同,地位平等——都表现为 3 先令的形式。他们之间的一切差别都消失了。卖者作为卖者只表现为一个价格 3 先令的商品的所有者,所以双方完全平等。"① 因此,流通领域或商品交换领域"确实是天赋人权的真正伊甸园。那里占统治地位的只是自由、平等、所有权和边沁。自由!因为商品例如劳动力的买者和卖者,只取决于自己的自由意志。他们是作为自由的、在法律上平等的人缔结契约的。契约是他们的意志借以得到共同的法律表现的最后结果。平等!因为他们彼此只是作为商品占有者发生关系,用等价物交换等价物。所有权!因为每一个人都只支配自己的东西。边沁!因为双方都只顾自己。使他们连在一起并发生关系的惟一力量,是他们的利己心,是他们的特殊利益,是他们的私人利益。正因为人人只顾自己,谁也不管别人,所以大家都是在事物的前定和谐下,或者说,在全能的神的保佑下,完成着互惠互利、共同有益、全体有利的事业"②。可见,资本主义商品经济给人以经济平等的完美外观。

三、"等价交换"的平等在资本生产中异化为经济关系的不平等

上面分析的商品经济体现的这种"等价交换的平等"关系,是从一般理论上,从抽象的"应然"上,从商品经济的表面上看才是这样的。而从商品经济的实质运行上看,商品经济已经包含了造成一切不平等的根源。因为,正如马克思所指出,"一方面……交换价值作为整个生产制度的客观基础这一前提,从一开始就已经包含着对个人的强制,个人的直接产品不是为个人的产品……个人只有作为交换价值的生产者才能存在,而这种情况就已经包含着对个人的自然存在的完全否定,因而个人完全是由社会所决定的;其次,这种情况又要以分工等等为前提,个人在分工中所处的关系已经不同于单纯交换者之间的关系……也就是说……交换价值这个前提决不是从个人的意志产生,也不是从个人的直接自然产生,它是一个历史的前提,它已经把个人当作是由社会决定的

---

① 马克思. 政治经济学批判 [M]. 马克思,恩格斯. 马克思恩格斯全集:第 46 卷(上). 北京:人民出版社,1979:476、199.
② 马克思. 资本论(第 1 卷)[M]. 马克思,恩格斯. 马克思恩格斯文集:第 5 卷. 北京:人民出版社,2009:204-205.

人了。"① 因此，即使在"在交换价值和货币的简单规定中已经潜在地包含着工资和资本的对立"②，既然在商品经济中存在着社会对个人的强制，既然存在工资和资本的对立，就谈不上真正的"平等"。所以，"商品表现为价格以及商品的流通等等，只是表面的过程，而在这一过程的背后，在深处，进行的完全是不同的另一些过程，在这些过程中个人之间表面上的平等和自由就消失了"。也就是说，由于资本主义私有制的存在，由于资本家占有一切生产资料和工人没有任何生产资料决定的社会分工，资本家是生产的组织者和支配者，工人只是劳动者，而且是受资本家支配的劳动者。所以，这种社会分工已经包含了社会对个人的强制，已经包含了"资本"和"工资"的对立，已经决定了资本家与工人的不平等地位。于是交换价值应该具有的"平等"原则，已经消失了。

马克思进一步指出，"单纯的商品卖者的关系包括：这些商品的卖者交换他们自身的、体现在不同使用价值中的劳动。作为资本主义生产过程的经常结果，劳动能力的买和卖包括：工人必须不断地用自己的活劳动买回自己本身的产品的一部分。这样，商品所有者的单纯关系的假象就消失了。"③ 事实上作为"劳动"购买者的资本和作为"劳动"售卖者的工人是不平等的。因为工人是用自己的劳动（劳动产品）购买自己的劳动（工资）的，而不像简单商品生产那样，劳动者直接占有自己的劳动产品。通过对生产过程和劳动成果的占有、分割的分析可以看出，体现"平等""自由"的商品经济恰恰表现为不平等、不自由。

所以，资本主义商品经济给人一种假象，"这种假象就是：在流通中，在商品市场上互相对立的是平等的**商品所有者**，他们象所有其他**商品所有者**一样，只是以他们的商品的物质内容，以他们彼此出售的商品的特殊使用价值而互相区别"④。而通过上面的分析则可以清楚地看出，

---

① 马克思. 政治经济学批判 [M]. 马克思, 恩格斯. 马克思恩格斯全集：第 46 卷（上）. 北京：人民出版社，1979：200-201.
② 马克思. 政治经济学批判 [M]. 马克思, 恩格斯. 马克思恩格斯全集：第 46 卷（上）. 北京：人民出版社，1979：201.
③ 马克思. 资本论（第 1 册）[M]. 马克思, 恩格斯. 马克思恩格斯全集：第 49 卷. 北京：人民出版社，1982：125.
④ 马克思. 资本论（第 1 册）[M]. 马克思, 恩格斯. 马克思恩格斯全集：第 49 卷. 北京：人民出版社，1982：124.

"平等"只是商品经济外观上或观念上的假象,它实质上掩盖了不平等的经济关系。换句话说,正是具有"平等"外观的商品经济,造成了人们现实的不平等的经济地位和社会地位。而其根本原因就在于,在进行商品生产和交换的过程中,一些人是以生产资料的所有者身份,另一些人是以没有任何生产资料的雇佣劳动者身份进入商品经济全过程的。生产资料占有的不平等经济关系会被带到商品生产、分配、交换的各个环节、各个方面,形成完全的不平等关系。

事实正是这样,"一离开这个简单流通领域或商品交换领域……原来的货币占有者作为资本家,昂首前行;劳动力占有者作为他的工人,尾随于后。一个笑容满面,雄心勃勃;一个战战兢兢,畏缩不前,像在市场上出卖了自己的皮一样,只有一个前途——让人家来鞣"。[1] 因为,"资本主义生产过程不仅是价值或商品转化为资本,资本家把这种商品的一部分拿到市场上去,一部分保留在自己的劳动过程中,而且这些已转化为资本的产品不是资本家的产品,而是工人的产品。资本家为了取得劳动而不断地把工人的产品的一部分——必要生活资料——卖给工人,以保存和增加劳动能力即购买者本人,并且不断地把工人的产品的另一部分即客观的劳动条件,作为资本自行增殖的手段,作为资本贷给工人。所以,在工人把自己的产品作为资本进行再生产时,资本家也把工人作为雇佣工人,从而作为自身劳动的卖者进行再生产。"[2] 这样,"交换变成了自己的对立面,而私有制的规律,——自由、平等、所有权,即对自己劳动的所有权和自由支配权,——变成工人没有所有权和把他的劳动让渡出去,而工人对自己劳动的关系,变成了对他人财产的关系,反过来也一样"[3]。也就是说,工人生产的劳动产品不属于工人,而是成为资本家的私有财产。商品经济"等价交换"的"平等"原则在这里一下子幻化为实实在在的不平等。

在资本主义条件下,"工人为了必要的生活资料……出售了对自己劳动能力的支配权。这样一来,从工人方面来看,结果是什么呢?仅仅是

---

[1] 马克思. 资本论(第1卷)[M]. 马克思, 恩格斯. 马克思恩格斯文集:第5卷. 北京:人民出版社,2009:205.
[2] 马克思. 资本论(第1册)[M]. 马克思, 恩格斯. 马克思恩格斯全集:第49卷. 北京:人民出版社,1982:124-125.
[3] 马克思. 政治经济学批判[M]. 马克思, 恩格斯. 马克思恩格斯全集:第46卷(下). 北京:人民出版社,1980:187.

他的劳动能力的再生产。工人为此交出了什么呢？保存价值、创造价值和增殖价值的活动，即他的劳动。因此，撇开工人的劳动力的消耗不谈，工人走出这个过程时，就象他进入这个过程一样，都只是作为必须重新通过同一过程才能保存自身的主观劳动力"①。"相反，资本并不是象它进入这个过程时那样走出这个过程。只有在这个过程中，资本才转化为实际的资本，转化为自行增殖的价值。……所以，生产过程不仅是资本的再生产过程，而且是作为资本的资本的生产过程。""生产过程创造资本这件事，不过是生产过程创造了剩余价值的另一种说法。""但是事情并没到此结束。剩余价值又反过来转化为追加资本……所以，资本创造了资本，而不仅仅是作为资本来实现自己。积累过程本身是资本主义生产过程的一个内在要素。"② 因此，

> 以商品生产和商品流通为基础的占有规律或私有权规律，通过它本身的、内在的、不可避免的辩证法转变为自己的直接对立物。表现为最初活动的等价物交换，已经变得仅仅在表面上是交换，因为，第一，用来交换劳动力的那部分资本本身只是不付等价物而占有的他人的劳动产品的一部分；第二，这部分资本不仅必须由它的生产者即工人来补偿，而且在补偿时还要加上新的剩余额。这样一来，资本家和工人之间的交换关系，仅仅成为属于流通过程的一种表面现象，成为一种与内容本身无关的并只是使它神秘化的形式。劳动力的不断买卖是形式。其内容则是，资本家用他总是不付等价物而占有的他人的已经对象化的劳动的一部分，来不断再换取更大量的他人的活劳动。最初，在我们看来，所有权似乎是以自己的劳动为基础的。至少我们应当承认这样的假定，因为互相对立的仅仅是权利平等的商品占有者，占有他人商品的手段只能是让渡自己的商品，而自己的商品又只能是由劳动创造的。现在，所有权对于资本家来说，表现为占有他人无酬劳动或它的产品的权利，而对于工人来说，则表现为不能占有自己的产品。所有权和劳动的分离，成

---

① 马克思. 资本论（第1册）[M]. 马克思，恩格斯. 马克思恩格斯全集：第49卷. 北京：人民出版社，1982：121–122.
② 马克思. 资本论（第1册）[M]. 马克思，恩格斯. 马克思恩格斯全集：第49卷. 北京：人民出版社，1982：122.

了似乎是一个以它们的同一性为出发点的规律的必然结果。①

可见，正是"所有权"使表面"权利平等"的交换关系变成了不平等的占有关系，这正是解开资本主义平等原则却造成事实不平等之谜的钥匙。

不平等在资本主义生产方式中被不断地再生产出来。"在工人把自己的产品作为资本进行再生产时，资本家也把工人作为雇佣工人……进行再生产。……工人必须不断地用自己的活劳动买回自己本身的产品的一部分。……劳动能力的这种不断的买卖，以及工人本身所生产的商品作为工人劳动能力的买者和作为不变资本这两者间的不断对立，仅仅表现为一种媒介形式，使工人受资本支配，使活劳动成为保存和增加与自己相独立的物化劳动的单纯手段。作为劳动购买者的资本和作为劳动售卖者的工人之间的关系的这种永久化，是这种生产方式内在的一种媒介形式；……这种形式作为单纯的货币关系掩盖了现实的交易和通过买卖这种媒介而不断更新的经常依赖性。不仅这种交易的条件不断地被再生产出来，而且连一方用来买和另一方必须卖的东西，也是过程的结果。这种买卖关系的不断更新仅仅以特殊依赖关系的经常存在为媒介，同时又使这种依赖关系的经常存在具有一种虚伪的假象，似乎它是平等的、彼此同样自由的各个商品所有者之间的交易和契约。"② 实质上，在这种"平等"的假象、外表下，却是工人对资本的依赖，是工人与资本家的不平等关系。

而从生产关系上看，资本主义的再生产不仅是剩余价值的再生产，而且是不平等的经济关系的再生产。这种不平等关系不仅被再生产出来，而且以越来越大的规模再生产出来。"不仅劳动在日益扩大的规模上生产着同资本相对立的劳动条件，而且资本也在日益扩大的规模上生产着雇佣工人。……社会劳动生产力随着资本主义生产方式的发展而发展，与工人相对立的已经积累起来的财富也作为统治工人的财富，作为资本，以同样的程度增长起来……与此相反，工人本身的贫穷、困苦和依附性

---

① 马克思. 资本论（第1卷）[M]. 马克思, 恩格斯. 马克思恩格斯文集：第5卷. 北京：人民出版社, 2009：673-674.
② 马克思. 资本论（第1册）[M]. 马克思, 恩格斯. 马克思恩格斯全集：第49卷. 北京：人民出版社, 1982：124-125.

也按同样的比例发展起来。""这种关系是在对于资本家这一方越来越有利而对雇佣工人那一方越来越不利的情况下再生产出来的。"① 因此，资本主义的生产关系，"把工人钉在资本上，比赫斐斯塔司的楔子把普罗米修斯钉在岩石上钉得还要牢。这一规律制约着同资本积累相适应的贫困积累。因此，在一极是财富的积累，同时在另一极，即在把自己的产品作为资本来生产的阶级方面，是贫困、劳动折磨、受奴役、无知、粗野和道德堕落的积累。"② 所以，资本主义再生产，就是资本与劳动的对立不断扩大的再生产，就是资本家与工人不平等关系不断扩大规模的再生产。

事实上，资本主义的不平等经济关系不仅以扩大的形式再生产出来，而且还超出了个人生命的界限，以更加扩大的形式进行代际传递。正如马克思所指出，"甚至遗产继承以及使由此引起的不平等永久化的类似的法律关系，都丝毫无损于这种天然的自由和平等。……这种情况却会使社会规定的效力超过个人生命的自然界限……"③ 也就是说，不平等的代际传递，正是在"平等原则"的实施中实现的。

毫无疑问，在个人占有生产资料、个人进行生产、个人占有自己的劳动产品的简单商品生产阶段，商品交换的确体现了"等价交换"的平等原则。然而，当简单商品经济发展到资本主义的发达商品经济阶段，由于资本家占有一切生产资料、工人除了劳动力外毫无生产资料，只能受雇于资本家。因此工人的劳动成果不再是由自己占有，而是被资本家无偿占有。这样，简单商品生产的"等价交换"的平等原则尽管在发达商品经济中还保留这样一种外观和假象，但资本家和工人的不平等的经济地位已经决定了事实上的不平等经济关系。然而，资产阶级辩护士却要人们对商品经济的认识停留在最简单的经济关系上。他们"玩弄抽象概念的儿戏，它企图证明，经济关系到处都表示同一些简单规定，因而到处都表示交换价值相交换的简单规定中的平等和自由。例如，资本和利息的关系就被归结为交换价值的交换。也就是说，这种最新经济学先

---

① 马克思. 资本论（第 1 册）[M]. 马克思，恩格斯. 马克思恩格斯全集：第 49 卷. 北京：人民出版社，1982：123.

② 马克思. 资本论（第 1 卷）[M]. 马克思，恩格斯. 马克思恩格斯文集：第 5 卷. 北京：人民出版社，2009：743–744.

③ 马克思. 政治经济学批判 [M]. 马克思，恩格斯. 马克思恩格斯全集：第 46 卷（上）. 北京：人民出版社，1979：199.

是从日常经验中借用一个事实,即交换价值不仅存在于这种简单的规定性上,而且也存在于本质上完全不同的资本的规定性上这个事实,然后再把资本归结为交换价值的简单概念。同样,把也表示资本本身的一定关系的利息,从规定性中分离出来,使它成为与交换价值相同的东西;这种最新经济学把具有特殊规定性的全部关系抽掉,退回到商品同商品相交换的不发达关系"①。

马克思指出,对这些资产阶级经济学的蒙蔽和对庸俗社会主义者从概念上证明交换价值是"普遍自由和平等制度"的幼稚,应该这样来回答:"交换价值,或者更确切地说,货币制度,事实上是平等和自由的制度,而在这个制度更详尽的发展中对平等和自由起干扰作用的,是这个制度所固有的干扰,这正好是平等和自由的实现,这种平等和自由证明本身就是不平等和不自由。认为交换价值不会发展成为资本,或者说,生产交换价值的劳动不会发展成为雇佣劳动,这是一种虔诚而愚蠢的愿望。"② 也就是说,商品经济的交换价值和货币制度,本来应该是体现"等价交换"的"平等原则"的制度。但由于商品经济本身所具有的经济特性和内在规定性,在其简单形式向高级形式发展中,简单商品生产的以自己劳动为基础的交换规律被发达商品经济的生产资料私人占有规律所决定的剩余价值规律所代替,于是"平等"在实现过程中就被"不平等"所代替。而且,资本代替交换价值,和雇佣劳动代替生产交换价值的劳动,从而"不平等"代替"平等",是商品经济发展的历史趋势和必然结果。因此,企图阻止简单商品经济发展为发达的商品经济(资本主义商品经济),从而企图保留简单商品经济所体现的"平等"而反对发达商品经济的"不平等",只能是"虔诚而愚蠢的愿望";而企图用发达商品经济的"简单规定性"来解释其"发达规定性",用商品经济"简单形态"的"平等"来解释或掩盖"发达形态"的"不平等",则不是欺骗就是愚弄。况且,即使是在其"简单形态"和"简单规定性"中,已经存在着不平等,"平等"只是以商品经济外观和假象的形式存在着。而这一切,都是由资本主义生产资料私有制所决定的。因此,"现

---

① 马克思. 政治经济学批判 [M]. 马克思,恩格斯. 马克思恩格斯全集:第 46 卷(上). 北京:人民出版社,1979:202.
② 马克思. 政治经济学批判 [M]. 马克思,恩格斯. 马克思恩格斯全集:第 46 卷(上). 北京:人民出版社,1979:201-202.

代资本家,也像奴隶主或剥削徭役劳动的封建主一样,是靠占有他人无酬劳动发财致富的,而所有这些剥削形式彼此不同的地方只在于占有这种无酬劳动的方式有所不同罢了。这样一来,有产阶级胡说现代社会制度盛行公道、正义、权利平等、义务平等和利益普遍和谐这一类虚伪的空话,就失去了最后的立足之地,而现代资产阶级社会就像以前的各种社会一样真相大白:它也是人数不多并且仍在不断缩减的少数人剥削绝大多数人的庞大机构。"①

四、工人依靠勤劳、节约不可能达到与资产阶级平等的经济地位

资本家一再宣称自己的财富是通过勤劳、节俭获得的,并告诉工人要想致富从而达到与资本家平等的地位,就要厉行节约,因而把"勤俭"说成是工人实现致富从而达到与资本家平等的一般途径。在资本主义生产关系存在的条件下果能如此吗?对此,马克思作了经济学的严密而科学的分析:

从外观上看,由于工人以货币形式,以一般财富形式得到了等价物,他在这个交换中就是作为"平等者"与资本家相对立的。然而,这种"平等"的外表只是作为工人的幻想存在着。事实上这种"平等"已经被破坏了,因为工人与资本家发生关系时是工人,是处在与交换价值不同的独特形式中的使用价值。也就是说,最根本的就是,对工人来说交换的目的是满足自己的需要,他交换来的东西是直接的必需品,而不是交换价值本身。他得到的虽然是货币,但只是作为"铸币"来使用,即只是"自行扬弃的、转瞬即逝的媒介"。因而,"他交换来的不是交换价值,不是财富,而是生活资料,是维持他的生命力的物品,是满足他的身体的、社会的等等需要的物品。这是以生活资料形式出现的"②。

工人"可以把这些铸币积蓄起来……把它们从流通中抽出,把它们不是作为转瞬即逝的交换手段,而是作为财富的一般形式固定下来,从而把铸币转化为货币。从这方面可以说,工人在和资本交换时的目的

---

① 恩格斯. 卡尔·马克思 [M]. 马克思,恩格斯. 马克思恩格斯文集:第 3 卷.北京:人民出版社,2009:461.
② 马克思. 政治经济学批判 [M]. 马克思,恩格斯. 马克思恩格斯全集:第 46 卷(上). 北京:人民出版社,1979:243.

物——也就是他交换的产物——不是生活资料，而是财富，不是某种特殊的使用价值，而是交换价值本身"①。这样，工人要为了财富的形式就只能牺牲物质的欲望，即通过禁欲、节约、紧缩自己的消费来达到自己的目的。这是通过商品流通唯一可能产生的致富形式。毫无疑问，工人采取这种手段就会毁灭他自己的目的，而且必然会使工人降到最低的生活水平，即"维持动物般的"最低限度的需要和生活资料。因此，他不仅得不到任何财富，而且还会失去自己的使用价值，即劳动力。因为工人经过努力只会降低他自己劳动的生产费用的一般水平，从而降低劳动的一般价格。如果全体或多数工人过度勤劳，那么他们所增加的就不是他们的商品的价值，而只是商品的数量。如果所有工人都积蓄，那么工资的普遍降低就会很快使他们退回到应有的水平，因为工人普遍积蓄就会向资本家表明：工人的工资普遍过高了。"个别工人的勤劳所能够超过一般水平，超过维持工人生活所必需的程度，只是因为另一个人在这个水平之下，比较懒惰一些；他所以能够积蓄，只因为另一个人浪费，而且只有当另一个人浪费时，他才能够积蓄；平均起来说，工人通过节约所能做到的，顶多是能够较好地承受价格的调整——价格的涨落……也就是说，只是更合乎目的地分配自己的享受，而不是赚取财富。这也正是资本家本来的要求。工人在营业兴旺时应该节约，以便在营业不振时能够勉强维持生活，忍受开工不足或工资降低等情况。（在这种情况下，工资会降得更低。）可见，这就是要求工人始终保持最低限度的生活享受，减轻资本家在危机时的负担等等。……至于这种情况造成了工人纯粹牲畜般的处境……这种处境使工人根本没有可能去谋求一般形式的财富，即作为货币，作为积累货币的财富。"② 因此，无论如何，工人也不可能通过节约、积蓄发财致富。

"关于储蓄银行，连经济学家们也承认，它们的真正目的并不是财富，而只是更有目的的分配开支，使工人在年老或生病、发生危机等情况下，不会为贫民院、国家的负担，或者行乞（一句话，负担要落在工人阶级自己身上，而决不要落在资本家身上，不要依赖资本家的钱袋度

---

① 马克思．政治经济学批判［M］．马克思，恩格斯．马克思恩格斯全集：第 46 卷（上）．北京：人民出版社，1979：243．
② 马克思．政治经济学批判［M］．马克思，恩格斯．马克思恩格斯全集：第 46 卷（上）．北京：人民出版社，1979：245－246．

日），也就是为资本家而节约，减少他们为此支出的生产费用。"①

这种官方储蓄银行付给工人最低利息，以便让资本家从工人的存款中赚取巨额利息，或者让国家吃掉这些存款，变成资本家手中剥削工人的新的力量。这样，工人只是加强了自己敌人的力量和他自己的依附地位。可见，不管怎样，工人都不是为自己节约，而是为资本节约。积累的货币本身就必然会变为资本，也就是说，必然会购买劳动，把劳动当作使用价值来对待。"工人的积蓄要变成资本，本身就要求劳动作为非资本来同资本相对立；于是，在一个环节上被扬弃的对立又在另一个环节上重新建立起来。"②

而且，"节约"口号本身也只不过是资产阶级用"博爱"的"甜言"款待工人的"密语"，是"虔诚的愿望"，并不是他们的真正动机。"每个资本家虽然要求他的工人节约，但也只是要求他的工人节约，因为他的工人对于他来说是工人，而决不要求其余的工人大众节约，因为其余的工人大众对于他来说是消费者。因此，资本家不顾一切'虔诚的'词句，却是寻求一切办法刺激工人的消费，使自己的商品具有新的诱惑力，强使工人有新的需求等等。"这就证明了："伪善资产阶级博爱要求是自相矛盾的"③。所以，在资本主义制度下，工人通过勤劳和节约达到致富而实现与资产阶级平等的幻想，终究是工人一厢情愿的美梦和资产阶级蒙蔽无产阶级的甜蜜的蒙药。

五、资本主义国家是保护私有制和不平等关系的政治制度

资本主义是以私有制为基础的社会，是私有制的高级阶段。私有制是它的血液、它的肉体、它的灵魂。私有制不仅渗透到社会的每一毛孔，而且浸透着每个人的身心。

毫无疑问，"每一既定社会的经济关系首先表现为利益"④。私有制

---

① 马克思.政治经济学批判[M].马克思,恩格斯.马克思恩格斯全集：第46卷（上）.北京：人民出版社,1979：244.
② 马克思.政治经济学批判[M].马克思,恩格斯.马克思恩格斯全集：第46卷（上）.北京：人民出版社,1979：248.
③ 马克思.政治经济学批判[M].马克思,恩格斯.马克思恩格斯全集：第46卷（上）.北京：人民出版社,1979：247.
④ 恩格斯.论住宅问题[M].马克思,恩格斯.马克思恩格斯文集：第3卷.北京：人民出版社,2009：320.

条件下，每个人只关心一样东西，那就是私人利益，"人们奋斗所争取的一切，都同他们的利益有关"①。"私人利益总是怯懦的，因为那种随时都可能遭到劫夺和损害的身外之物，就是它的心和灵魂。……'当他害怕的时候，他是可怕的'"；"私人利益力图并且正在把国家贬为私人利益的工具"；"仁义道德动机只不过是一场空话……但利益连空话也是吝惜的"；"利益是没有记忆的，因为它只考虑自己"；"利益是有远见的……私人利益把自己看做世界的最终目的"；"私人利益既没有祖国，也没有全省，也没有共同的精神，甚至连本土观念也没有"②。

虽然私人利益没有祖国，但私人利益一定会把祖国变成自己的私人利益。"财产的统治必然要首先反对国家，瓦解国家，或者，既然财产没有国家又不行，那么至少也要挖空它的基础。"③ 在私有制条件下，作为国家政治制度的法律也是自私自利的。"法的利益只有当它是利益的法时才能说话"，"法官只能够丝毫不苟地表达法律的自私自利，只能够无条件地执行它。在这种情形下，公正是判决的形式，但不是它的内容。""凡是在法曾给私人利益制定法律的地方，它都让私人利益给法制定法律。""利益就其本性说是盲目的、无止境的、片面的，一句话，它具有不法的本"。④

资本主义是私有制的最高阶段，资产阶级是获取了最大私人利益的私有者。而"一旦资产阶级积累了钱，国家就不得不向他们求乞，最后则干脆被他们收买去了。……甚至在出卖自己以后，国家仍需要钱，因此继续依赖资产者"⑤。因此，"如果'独立的私有财产'在政治国家中，在立法权中具有政治独立的意义，那末这种'独立的私有财产'也就是国家的政治独立。可见，'独立的私有财产'或'真正的私有财产'不

---

① 马克思．第六届莱茵省议会的辩论（第一篇论文）·关于出版自由和公布等级会员记录的辩论 [M]．马克思，恩格斯．马克思恩格斯全集：第1卷．北京：人民出版社，1956：82.

② 马克思．第六届莱茵省议会的辩论（第三篇论文）·关于林木盗窃法的辩论 [M]．马克思，恩格斯．马克思恩格斯全集：第1卷．北京：人民出版社，1956：149-150、155、162、163、164-165、180.

③ 恩格斯．英国状况十八世纪 [M]．马克思，恩格斯．马克思恩格斯文集：第1卷．北京：人民出版社，2009：105.

④ 马克思．第六届莱茵省议会的辩论（第三篇论文）·关于林木盗窃法的辩论 [M]．马克思，恩格斯．马克思恩格斯全集：第1卷．北京：人民出版社，1956：178、178、179、179.

⑤ 马克思，恩格斯．德意志意识形态 [M]．马克思，恩格斯．马克思恩格斯全集：第3卷．北京：人民出版社，1960：418.

仅是'国家制度的支柱',而且还是'国家制度本身'。"① 国家制度在这里就成了私有财产的国家制度。"最高阶段的政治制度就是私有制。政治情绪的最高阶段就是私有财产的情绪。""政治国家对私有财产的支配权究竟是什么呢?是私有财产本身的权力,是私有财产的已经得到实现的本质。和这种本质相对立的政治国家还留下了些什么呢?留下一种错觉:似乎政治国家是规定者,其实它却是被规定者。"② 所以,"虽然在观念上,政治凌驾于金钱势力之上,其实前者是后者的奴隶。"③ "这样一来,国家制度在这里就成了私有财产的国家制度。"④ 在资本主义社会里,"实际上国家不外是资产者为了在国内外相互保障各自的财产和利益所必然要采取的一种组织形式。"⑤ 总之,在私有制条件下,国家就是私有财产的私有财产,一切都是维护不平等社会关系的工具。同样,资本主义的国家本身就是资产阶级的私有财产,是保护资产阶级私人利益的政治工具,是保护资产阶级与无产阶级不平等关系的政治制度。

总之,通过严密的经济分析,马克思、恩格斯揭示了把"平等"写满资本主义各种法律制度却在社会中充斥着各种不平等事实的经济根源,解开了把"平等"奉为"神圣法则"的资本主义主义却流于极端不平等社会形态的历史之谜,也为"平等"研究提供了科学的方法论指导。

第四节 哲学分析

"在资产阶级制度中,尽管按照它的原则每个人都应该是所有者,但是大多数人却一无所有"⑥;尽管按照它的原则"人人生而平等""人人

---

① 马克思. 黑格尔法哲学批判 [M]. 马克思, 恩格斯. 马克思恩格斯全集: 第1卷. 北京: 人民出版社, 1956: 379.
② 马克思. 黑格尔法哲学批判 [M]. 马克思, 恩格斯. 马克思恩格斯全集: 第1卷. 北京: 人民出版社, 1956: 368、369-370.
③ 马克思. 论犹太人问题 [M]. 马克思, 恩格斯. 马克思恩格斯全集: 第1卷. 北京: 人民出版社, 2009: 51.
④ 马克思. 黑格尔法哲学批判 [M]. 马克思, 恩格斯. 马克思恩格斯全集: 第1卷. 北京: 人民出版社, 1956: 380.
⑤ 马克思, 恩格斯. 德意志意识形态 [M]. 马克思, 恩格斯. 马克思恩格斯文集: 第1卷. 北京: 人民出版社, 2009: 584.
⑥ 马克思, 恩格斯. 德意志意识形态 [M]. 马克思, 恩格斯. 马克思恩格斯全集: 第3卷. 北京: 人民出版社, 1960: 424.

权利平等",但是大多数人却沦为文明制度下的奴隶。这就是资本主义的异化——现实总是和原则相矛盾。"异化"是马克思从黑格尔那儿借用的一个哲学范畴。黑格尔提出了"人的异化"命题,并用"异化"概括主体与客体的分裂、对立的现象。在马克思那里,"异化"是指人的生产及其产品反过来统治人这一社会现象。用"异化"来概括资本主义社会,是再恰当不过了。

一、私有制造成了人的异化

所谓"异化",就是一切都走向了自己的反面,现实的一切都成了它本来应有的面貌的镜像,而且是一种扭曲的镜像。私有制造成了"人"与"物"关系的异化、"人"与"人"关系的异化、"人"的自我异化、人的"类本质"的异化,总之是全面的异化。

1. "人的类本质"同"人"相异化

劳动为人类生产、发展创造了物质条件,是人类历史的第一个物质前提。劳动既创造了人的物质生活条件,又促进了人的进化和人的能力的提升,因此是解放人的手段。但是,在私有制条件下,劳动创造的财富却成了少数人统治、剥削大多数人的物质力量,因此劳动成了奴役、压迫人的手段。也就是说,劳动从其历史推动作用走向了自己的反面,从解放人的手段变成了奴役人的手段。这就是劳动的异化。

马克思深刻分析了私有制条件下劳动异化的种种表现。他指出:

> 异化劳动把自主活动、自由活动贬低为手段,也就把人的类生活变成维持人的肉体生存的手段。
>
> 因此,人具有的关于自己的类的意识,由于异化而改变,以致类生活对他来说竟成了手段。

这样一来,异化劳动导致:

> 人的类本质,无论是自然界,还是人的精神的类能力,都变成了对人来说是异己的本质,变成了维持他的个人生存的手段。异化劳动使人自己的身体同人相异化,同样也使在人之外的自然界同人相异化,使他的精神本质、他的人的本质同人相异化。
>
> 人同自己的劳动产品、自己的生命活动、自己的类本质相异化的直接结果就是人同人相异化。当人同自身相对立的时候,他也同

他人相对立。凡是适用于人对自己的劳动、对自己的劳动产品和对自身的关系的东西,也都适用于人对他人、对他人的劳动和劳动对象的关系。

总之,人的类本质同人相异化这一命题,说的是一个人同他人相异化,以及他们中的每个人都同人的本质相异化。

人的异化,一般地说,人对自身的任何关系,只有通过人对他人的关系才得到实现和表现。

因此,在异化劳动的条件下,每个人都按照他自己作为工人所具有的那种尺度和关系来观察他人。①

也就是说,劳动本来是自主、自由的活动,是在人类生活中实现人的自由全面发展、实现人与人的联合的愉快的活动,但是,由于私有制的存在,劳动失去了"自主""自由"本性,变成了仅仅是为了维持生命、生存的手段。人类生活本来是在人的交往中实现个人发展也促进别人发展和实现人的团结、联合的舞台,在私有制条件下却变成了仅仅是人的谋生场所,甚至是互相倾轧的狩猎场。而人的思想意识作为异化劳动的反映,也以扭曲的形式表现异化的社会生活。

"人的类本质"是什么呢?恩格斯指出,"一旦社会占有了生产资料,商品生产就将被消除,而产品对生产者的统治也将随之消除。社会生产内部的无政府状态将为有计划的自觉的组织所代替。个体生存斗争停止了。于是,人在一定意义上才最终地脱离了动物界,从动物的生存条件进入真正人的生存条件。人们周围的、至今统治着人们的生活条件,现在受人们的支配和控制,人们第一次成为自然界的自觉的和真正的主人,因为他们已经成为自身的社会结合的主人了。"② 可见,"人的类本质"即"人"作为"人"的本质,就是"自然界的自觉的和真正的主人"以及"人""自身的社会结合的主人"。

但是,由于异化劳动,人与自然界与自身能力的关系也发生了异化:人本来应该是自然界的主人、自身能力的主人,现在却异化为"人"受

---

① 马克思.1844年经济学哲学手稿[M].马克思,恩格斯.马克思恩格斯文集:第1卷.北京:人民出版社,2009:163-164.
② 恩格斯.反杜林论[M].马克思,恩格斯.马克思恩格斯文集:第9卷.北京:人民出版社,2009:300.

自然界的支配、受自身能力的支配。因为，在私有制条件下，自然界和自身能力作为创造物质财富的条件，它们的作用越发挥——创造的财富越多，这些财富越成为别人手中支配自己的物质力量，成为异己的、异化的力量。所以，"人"不仅同自然界相异化，而且同自己的身体（能力）相异化。这就是"人"同"人的本质"相异化。

"人"同自己的劳动产品、自己的生命活动（劳动过程）、自己的"类本质"相异化，这本来是一种"人"与"物"的关系。但是，在私有制条件下，每一个"物"背后站着的都是"人"——生产资料所有者。因此，这些异化的直接结果就是"人"同"人"相异化。"人"对自己的劳动、对自己的劳动产品和对自身的关系的东西，也都适用于"人"对他人、对他人的劳动和劳动对象的关系，因为在这个异己的世界里，个人（工人）的劳动成果也是他人（资本家）手中支配自己的物质力量。

所以，"人的类本质"同"人"相异化，就是说一个人同他人相异化，而且是每个人都同"人的本质"相异化，即每个人同每个人都相异化。总之，在私有制条件下，异化是全面的异化——不是人的某一方面的异化，而是所有方面的异化；不仅是一个人的异化，而是所有人的异化；不仅是一个人同另一个人相异化，而且是一个人同所有人相异化，所有人同所有人相异化。

2. "人的本质"异化为"货币的本质"

私有制不仅造成了劳动的异化，造成了人与人关系的异化，造成了人的"类本质"的异化，而且把这些异化都简化为一种异化，那就是对金钱的异化。因为，在私有制条件下，不光金钱决定一切，而且金钱就是一切，一切都用金钱来衡量，金钱是衡量人和万物的唯一尺度，金钱也是人间一切邪恶的动因。正如马克思所指出，"金钱贬低了人所崇奉的一切神，并把一切神都变成商品。金钱是一切事物的普遍的、独立自在的价值。因此它剥夺了整个世界——人的世界和自然界——固有的价值。金钱是人的劳动和人的存在的同人相异化的本质；这种异己的本质统治了人，而人则向它顶礼膜拜。"[1]

---

[1] 马克思. 论犹太人问题 [M]. 马克思, 恩格斯. 马克思恩格斯全集：第 1 卷. 北京：人民出版社, 2009: 52.

莎士比亚对金钱的魔力作了深刻描写：

> 金子？黄黄的、发光的、宝贵的金子？
> 不，天神们啊，
> ……
> 这东西，只这一点点儿，
> 就可以使黑的变成白的，丑的变成美的；
> 错的变成对的，卑贱变成尊贵，
> 老人变成少年，懦夫变成勇士。
> ……
> 这黄色的奴隶可以使异教联盟，同宗分裂；
> 它可以使受咒诅的人得福，
> 使害着灰白色的癞病的人为众人所敬爱；
> 它可以使窃贼得到高爵显位，和元老们分庭抗礼；
> 它可以使鸡皮黄脸的寡妇重做新娘，
> 即使她的尊容会使那身染恶疮的人见了呕吐，
> 有了这东西也会恢复三春的娇艳。
> 该死的金属，你这人尽可夫的娼妇，
> 你惯会在乱七八糟的列国之间挑起纷争。①

马克思进一步对金钱的神功作了深刻分析：

> 货币的力量多大，我的力量就多大。货币的特性就是我的——货币占有者的——特性和本质力量。因此，我是什么和我能够做什么，决不是由我的个人特征决定的。我是丑的，但我能给我买到最美的女人。可见，我并不丑，因为丑的作用，丑得吓人的力量，被货币化为乌有了。我——就我的个人特征而言——是个跛子，可是货币使我获得二十四只脚；可见，我并不是跛子。我是一个邪恶的、不诚实的、没有良心的、没有头脑的人，可是货币是受尊敬的，因此，它的占有者也受尊敬。货币是最高的善，因此，它的占有者也

---

① 马克思.1844年经济学哲学手稿[M].马克思,恩格斯.马克思恩格斯文集：第1卷.北京：人民出版社,2009：243-244.

是善的。此外，货币使我不用费力就能进行欺诈，因为我事先就被认定是诚实的。我是没有头脑的，但货币是万物的实际的头脑，货币占有者又怎么会没有头脑呢？再说他可以给自己买到颇有头脑的人，而能够支配颇有头脑者的人，他不是比颇有头脑者更有头脑吗？既然我有能力凭借货币得到人心所渴望的一切，那我不是具有人的一切能力了吗？这样，我的货币不是就把我的种种无能变成它们的对立物了吗？①

……

凡是我作为人所不能做到的，也就是我个人的一切本质力量所不能做到的，我凭借货币都能做到。因此，货币把这些本质力量的每一种都变成它本来不是的那个东西，即变成它的对立物。

其次，对于个人和对于那些以独立本质自居的、社会的和其他的联系，货币也是作为这种起颠倒作用的力量出现的。它把坚贞变成背叛，把爱变成恨，把恨变成爱，把德行变成恶行，把恶行变成德行，把奴隶变成主人，把主人变成奴隶，把愚蠢变成明智，把明智变成愚蠢。

因为货币作为现存的和起作用的价值概念把一切事物都混淆了、替换了，所以它是一切事物的普遍的混淆和替换，从而是颠倒的世界，是一切自然的品质和人的品质的混淆和替换。

谁能买到勇气，谁就是勇敢的，即使他是胆小鬼。因为货币所交换的不是特定的品质，不是特定的事物，不是人的本质力量，而是人的、自然的整个对象世界，所以，从货币占有者的观点看来，货币能把任何特性和任何对象同其他任何即使与它相矛盾的特性和对象相交换，货币能使冰炭化为胶漆，能迫使仇敌互相亲吻。②

可见，在私有制条件下，金钱的确具有无所不能的力量：它能购买到一切；它能让一切变换性质；它能让兄弟反目、父子成仇、民族分裂、国家覆灭，也能让异教联盟、仇敌亲吻。金钱还是一种起颠倒作用的力

---

① 马克思.1844年经济学哲学手稿 [M]. 马克思，恩格斯. 马克思恩格斯文集：第1卷. 北京：人民出版社，2009：244-245.
② 马克思.1844年经济学哲学手稿 [M]. 马克思，恩格斯. 马克思恩格斯文集：第1卷. 北京：人民出版社，2009：246、247.

量,把一切变成它的反面,把世界变成一个颠倒的世界。它把一切事物都混淆了、替换了,于是,这个世界再没有真和假、善和恶、无和有、廉和耻、真诚与欺骗、真理与谬误、高尚与卑劣、善良与邪恶之分。这个世界只有一个真理,那就是金钱;这个世界只有一个尺度,那就是金钱。

正因为金钱有如此大的神力,所以,不择手段地获取金钱就成了私有制社会里人们终其一生的唯一奋斗目标,由此带来了人类的一切邪恶、罪孽。所以,马克思指出:

> 在私有制范围内,这一切却具有相反的意义。每个人都指望使别人产生某种新的需要,以便迫使他作出新的牺牲,以便使他处于一种新的依赖地位并且诱使他追求一种新的享受,从而陷入一种新的经济破产。每个人都力图创造出一种支配他人的、异己的本质力量,以便从这里面获得他自己的利己需要的满足。因此,随着对象的数量的增长,奴役人的异己存在物王国也在扩展,而每一种新产品都是产生相互欺骗和相互掠夺的新的潜在力量。人作为人更加贫穷,他为了夺取敌对的存在物,更加需要货币,而他的货币的力量恰恰同产品数量成反比,就是说,他的需求程度随着货币的力量的增加而日益增长。——因此,对货币的需要是国民经济学所产生的真正需要,并且是它所产生的唯一需要。——货币的量越来越成为货币的唯一强有力的属性;正像货币把任何存在物都归结为它的抽象一样,货币也在它自己的运动中把自身归结为量的存在物。无度和无节制成了货币的真正尺度。①

也就是说,在私有制条件下,为了获取具有绝对支配力量的金钱,每个人(其实只有资本家才能做到)都力图把别人置于受自己支配的地位:创造新产品以刺激别人的新享受,制造新需要,从而让别人作出新牺牲,陷入新的经济破产。而对于工人来说,随着他的对象——劳动产品的增长,奴役他的力量也在增长。因为他的劳动产品,恰恰是资本家手中的新增殖的资本——奴役他的力量。当然,这种力量也成为资本家

---

① 马克思.1844 年经济学哲学手稿 [M]. 马克思,恩格斯. 马克思恩格斯文集:第 1 卷. 北京:人民出版社,2009:223-224.

们相互欺骗和掠夺的力量。产品的数量越多，人就需要越多的货币来购买它们，因此也就显得货币越来越不够用，人也显得更贫穷，因此货币力量同产品数量成反比。货币的力量越强，人就越需要更多的货币。所以，货币就成了资本主义经济学的唯一追求，人的唯一需要。对货币数量的无度和无节制的追求，就成为私有制条件下人的唯一奋斗目标。所有人、整个社会都是为了货币而活着，对货币的需要成了人的唯一需要，换句话说，货币是人的全部需要，"人的本质"在这里异化为"货币的本质"。货币是人的全部活动的唯一动力，也是人总是力图把别人置于受自己支配的地位的唯一动因——因为，只有取得对别人的绝对有利地位，才能从别人身上榨得更多货币，不管是通过欺骗、诱惑、蒙蔽还是通过劫掠、犯罪、谋杀等手段。所以，人类的"原罪"不是亚当、夏娃的原罪，而是私有制给人带来的原罪。货币只是私有制的现实化身，金钱的罪恶只是私有制原罪的实际表现。

3. 人的正常"需要"异化为臆造的"欲望"的奴隶

既然私有制条件下货币是支配社会的唯一力量，是经济因素中唯一有力量的因素，所以，想尽一切办法获取货币，就是人的唯一追求。通过把别人置于不利地位进而获取货币的办法当然要用，但往往招来反感、反对、反抗、反制。而如果找到人的弱点，迎合人的欲望，而且把人正常的需求变成无穷无尽的欲望，让他心甘情愿、自觉主动地交出货币，那当然再好不过了。而且，对于这一点，精明的商人当然有精明的办法。

正如马克思所指出：

> 产品和需要的范围的扩大，要机敏地而且总是精打细算地屈从于非人的、精致的、非自然的和幻想出来的欲望。私有制不懂得要把粗陋的需要变为人的需要。它的理想主义不过是幻想、任意的奇想、突发的怪想；没有一个宦官不是厚颜无耻地向自己的君主献媚，并力图用卑鄙的手段来刺激君主的麻木不仁的享受能力，以骗取君主的恩宠；工业的宦官即生产者则更厚颜无耻地用更卑鄙的手段来骗取银币，从自己按照基督教教义说来本应去爱的邻人的口袋里诱取黄金鸟（每一种产品都是人们想用来诱骗他人的本质、他人的货币的诱饵；每一个现实的或可能的需要都是诱使苍蝇飞近涂胶竿的弱点；……每一项急需都是一个机会，使人能够摆出一副格外殷勤

的面孔走向自己的邻人并且对他说：亲爱的朋友，你需要什么，我给你，但是你知道，有先决条件；你知道，你应当用什么样的墨水给我写字据；既然我给你提供了享受，我也要敲诈你一下），——工业的宦官迎合他人的最下流的念头，充当他和他的需要之间的牵线人，激起他的病态的欲望，默默地盯着他的每一个弱点，然后要求对这种殷勤服务付酬金。①

人总是要生存的，生存总是要有正常的生活需求的。在私有制条件下，既然一切都是获取货币的手段，人的生理需要当然是最好的谋利靶向。资本家（工业的宦官）不仅要瞄准人的正常需要，而且要创造出更多的需要；不仅要开发人的需要，而且要从"需要"中激发出人的无穷欲望；不仅要刺激人的享受能力，而且要紧紧盯住人的每一个弱点，激起人的病态的欲望。这些欲望，就是资本家获取金钱的源源不断的源泉，是一座永远开发不完的黄金富矿。资本家为满足人们需要、满足被刺激出来的欲望而挖空思想"创造"出来的令人心爱的每一个新产品，就为了一个目的，即从"应去爱的邻人的口袋里诱取黄金鸟"，从人的欲望中榨出每一个铜板。这些欲望，很多并不是人的正常需要，不是人正常生活所必需的需要，而是资本家"开发"出来的需要，是被资本家臆想出来的强加给消费者的需要，是被资本家的"广告"宣传为生活必须的需要。所有这些，只有一个目的，就是让你掏出你所有的钱，甚至去借债、贷款或者去盗窃，以透支未来甚至毁掉未来的方式，把金钱送到资本家手中。至于因此你沉溺了、沉沦了、败落了甚至坐牢了，资本家丝毫不关心，他对你的关心只有一样东西——你给他带来的金钱。所以，每一个现实的或可能的需要都是可以抓住的弱点，每一项急需都是可以敲诈的机会，每一种产品都是用来诱骗他人货币的诱饵，每一则产品广告都是为了刺激臆想出来的欲望，每一副摆出的格外殷勤的面孔都是为了收取倍加的服务酬金。这样，人不再是金钱的目的而是金钱的工具，人不再是金钱的主人而是金钱的奴隶，人不再是"人"而是人自己制造的符号的皮影。这就是私有制造成的人对人、人对物的异化。资本主义的异化不过是这些异化的另一次方的存在而已。

---

① 马克思. 1844 年经济学哲学手稿 [M]. 马克思，恩格斯. 马克思恩格斯文集：第 1 卷. 北京：人民出版社，2009：224 - 225.

处在全面异化的社会中，人不仅是社会的奴隶而且是自然的奴隶，人不仅是人的奴隶而且是物（金钱）的奴隶，人不仅是别人的奴隶而且是自己（欲望）的奴隶。所谓"奴隶"，就意味着奴役、控制、剥夺、猎取，一句话，就意味着不平等。

二、资本主义造成了工人社会关系的全面异化

资本主义作为私有制的高级阶段，它的异化也是以无限放大的方式呈现出来，以一种全面的、彻底的、不可逆转的方式表现在社会生活的各个方面。这种异化在工人阶级的生活中更是发展到极端的地步，成为他们的生活方式，成为他们的生存条件。而且这种异化甚至把工人的正常生活条件也排挤掉，把他们挤压到动物般的生存状态。

1. 作为"人"的工人异化为"商品"

尽管在资本主义条件下，异化是全面的异化，既是有产者的异化，也是无产者的异化，但总的说来，这种异化主要的还是表现在作为无产者的工人身上。而这一切，都是从由于生产资料的资本主义所有和自由商品经济的通行规则所必然造成的工人异化为"商品"开始的。

马克思分析指出：

> 工人降低为商品，而且降低为最贱的商品；工人的贫困同他的生产的影响和规模成反比；竞争的必然结果是资本在少数人手中积累起来，也就是垄断的更惊人的恢复；最后，资本家和地租所得者之间、农民和工人之间的区别消失了，而整个社会必然分化为两个阶级，即有产者阶级和没有财产的工人阶级。①

就是说，私有制发展到资本主义阶段，已经把旧世纪的一切阶级都排挤掉了，社会分化为尖锐对立的两个阶级，即掌握生产资料的有产者阶级和除了自身劳动力以外一无所有的无产者阶级（工人阶级）。由于一个阶级拥有一切，另一个阶级一无所有，但不管哪个阶级都是要生存下去的，于是资本主义异化的一切"故事"由此开始。既然资本主义社

---

① 马克思. 1844年经济学哲学手稿 [M]. 马克思, 恩格斯. 马克思恩格斯文集：第1卷. 北京：人民出版社, 2009：155.

会是自由商品经济社会，商品经济是主导的经济形式，是通行的社会运作方式，是每个人生活的唯一条件，所以这里除了商品的堆积以外不再有别的什么。生命的一切意义、生活的一切目的都是通过"商品"这一中介来实现的：通过商品生存下去，通过商品积累财富，通过商品赚取支配一切的力量——金钱。在这里一切都可以拿出来卖：体力、青春、美丽、初夜权，甚至良心、道德、尊严、廉耻感，所为的就是一件事——赚取金钱，用以活命，或者以此发财。既然这里除了商品再无其他，既然工人一无所有，那么，工人要想活下去就只有一条路，出售自己仅有的东西——自己，也就是自己的劳动力，把自己异化为"商品"，卖给有产者，卖给有产者的生产资料，成为其机器的附庸。由于有产者掌握一切，工人在其面前是毫无议价能力的，因此，工人不仅异化为商品，而且异化为最贱的商品。由于工人的劳动是在有产者的生产资料支配下进行的，所以工人的劳动产品并不是自己的产品，而是有产者的产品，产品的确定权及其价值的分割是由有产者决定的，毫无议价能力的工人通过劳动得到的仅仅是维持个人生存所需要的很小一部分价值，产品的绝大部分价值被有产者拿走了。这些由工人生产、被有产者拿走的价值，成为有产者手中的财富，将变成新的支配更多工人的资本，成为与工人相异化并支配他的物质力量。所以，"工人的贫困同他的生产的影响和规模成反比"。这种异化就是，工人生产的越多，与他对立的物质世界就越强大，他自己就越贫穷、越渺小。

2. 工人"劳动的对象化"异化为"对象的丧失"和被"对象"奴役

在资本主义条件下，在流通领域，工人由"人"异化为"商品"，成为流通的对象。而在生产领域，工人作为与资本家具有"平等地位"的"人"，却被异化为受资本家压迫、奴役的对象，不仅如此，还异化为被自己的劳动产品奴役的对象。以至于他越努力劳动，创造出来的财富越多，统治他的物质力量就越强大，他自己就越贫穷，越一钱不值，越卑微。

正如马克思所分析：

> 工人生产的财富越多，他的生产的影响和规模越大，他就越贫穷。工人创造的商品越多，他就越变成廉价的商品。物的世界的增值同人的世界的贬值成正比。劳动生产的不仅是商品，它还生产作

为商品的劳动自身和工人,而且是按它一般生产商品的比例生产的。

这一事实无非是表明:劳动所生产的对象,即劳动的产品,作为一种异己的存在物,作为不依赖于生产者的力量,同劳动相对立。劳动的产品是固定在某个对象中的、物化的劳动,这就是劳动的对象化。劳动的现实化就是劳动的对象化。在国民经济的实际状况中,劳动的这种现实化表现为工人的非现实化,对象化表现为对象的丧失和被对象奴役,占有表现为异化、外化。

劳动的现实化竟如此表现为非现实化,以致工人非现实化到饿死的地步。对象化竟如此表现为对象的丧失,以致工人被剥夺了最必要的对象——不仅是生活的必要对象,而且是劳动的必要对象。甚至连劳动本身也成为工人只有通过最大的努力和极不规则的间歇才能加以占有的对象。对对象的占有竟如此表现为异化,以致工人生产的对象越多,他能够占有的对象就越少,而且越受自己的产品即资本的统治。

这一切后果包含在这样一个规定中:工人对自己的劳动的产品的关系就是对一个异己的对象的关系。因为根据这个前提,很明显,工人在劳动中耗费的力量越多,他亲手创造出来反对自身的、异己的对象世界的力量就越强大,他自身、他的内部世界就越贫乏,归他所有的东西就越少。宗教方面的情况也是如此。人奉献给上帝的越多,他留给自身的就越少。工人把自己的生命投入对象;但现在这个生命已不再属于他而属于对象了。因此,这种活动越多,工人就越丧失对象。凡是成为他的劳动的产品的东西,就不再是他自身的东西。因此,这个产品越多,他自身的东西就越少。工人在他的产品中的外化,不仅意味着他的劳动成为对象,成为外部的存在,而且意味着他的劳动作为一种与他相异的东西不依赖于他而在他之外存在,并成为同他对立的独立力量;意味着他给予对象的生命是作为敌对的和相异的东西同他相对立。①

由此可以看出,资本主义生产是在人与人对立、人与物对立的条件下进行的。所谓"人与人的对立",是因为资产者拥有一切,工人一无

---

① 马克思. 1844年经济学哲学手稿[M]. 马克思,恩格斯. 马克思恩格斯文集:第1卷. 北京:人民出版社,2009:156-157.

所有；一方的强大是以另一方的弱小为条件的；工人为了生存必须到资产者手下工作，资产者允许工人工作只是为了自己的资本增殖；工人只有在资产者允许劳动的时候才能劳动，只有在资产者允许活着的时候才能活着；资产者把工人生产的产品越多地据为己有，他自己就越富有，也就使工人越贫穷。所谓"人与物的对立"，是因为，工人是以资产者的生产资料为条件进行劳动的，因此他的劳动产品不是属于自己的，是属于资产者的，也就是说，他是在为资产者劳动，而不是在为自己劳动。工人投入的劳动越多，他生产的产品越多，资产者的财富就越多。而资产者手中的财富不仅是消费资料，还是资本，是获取更多财富的追加资本。由于资产者与工人的对立，所以资产者手中的财富越多，他的力量就越强大；与此相对应，工人的力量就越小。所以，工人的劳动产品越多，资产者就越富有，相应地，工人就越贫穷。也就是说，工人创造的越多，他得到的就越少，他就越渺小。正是从这一意义上说，工人的产品，他的劳动的对象，是与他相对立的，是一种"异己的存在物"。因此，资本主义必然存在的人与人、人与物的对立是造成一切异化的总原因。

正是由于这种人与人、人与物的对立，劳动过程、劳动的"对象化""现实化"的过程，在工人一方就表现为"工人的非现实化""对象的丧失"和"被对象奴役"。即"他给予对象的生命是作为敌对的和相异的东西同他相对立"。这就是劳动的"异化""外化"。

而且劳动的这种"异化""外化"是以不断循环、不断被强化的形式无限延展的。譬如对工人来说，他为了自己的生存、为了再生产出劳动力、为了养家糊口，就必须挣更多的钱。而为了挣更多的钱，他就必须更加努力地加倍劳动。他越加倍劳动，投入的劳动量越大，生产出的产品越多，他就是为资产者生产更多的财富。他就越是在强化对立者的力量，从而越在弱化自己的力量，物质世界越富裕，他自己就越贫穷，"以致工人非现实化到饿死的地步"。

劳动的这种"异化""外化"结果就是：

工人生产的财富越多，他的生产的影响和规模越大，他就越贫穷；

工人创造的商品越多，他就越变成廉价的商品；

工人生产的对象越多，他能够占有的对象就越少，而且越受自己的产品即资本的统治；

工人在劳动中耗费的力量越多，他亲手创造出来反对自身的、异己的对象世界的力量就越强大，他自身、他的内部世界就越贫乏，归他所有的东西就越少；

工人把自己的生命投入对象越多，工人就越丧失对象；

工人的产品越多，他自身的东西就越少。

总之，一句话，"物的世界的增值同人的世界的贬值成正比"。工人在异化劳动中的异化就表现为：工人"劳动的对象化"异化为"对象的丧失"和被"对象"奴役。

3. 工人的劳动成果异化为资本家的私有财产

工人在劳动中不仅是生产产品，生产资本家手中的财富，他还生产生产关系，既生产他与产品的关系，又生产他与资本家的关系，既生产资本家与他的劳动产品的关系，又生产资本家与他的关系。既然工人的劳动是异化劳动，那么他通过异化劳动生产出来的这些关系也都是异化的关系。

对此，马克思指出：

通过异化的、外化的劳动，工人生产出一个同劳动疏远的、站在劳动之外的人对这个劳动的关系。工人对劳动的关系，生产出资本家——或者不管人们给劳动的主宰起个什么别的名字——对这个劳动的关系。

因此，私有财产是外化劳动即工人对自然界和对自身的外在关系的产物、结果和必然后果。①

在这里外化劳动分解为两个组成部分，它们互相制约，或者说，它们只是同一种关系的不同表现，占有表现为异化、外化，而外化表现为占有，异化表现为真正得到公民权。

我们已经考察了一个方面，考察了外化劳动对工人本身的关系，也就是说，考察了外化劳动对自身的关系。我们发现，这一关系的产物或必然结果是非工人对工人和劳动的财产关系。私有财产作为外化劳动的物质的、概括的表现，包含着这两种关系：工人对劳动、

---

① 马克思. 1844年经济学哲学手稿 [M]. 马克思, 恩格斯. 马克思恩格斯文集：第1卷. 北京：人民出版社，2009：166.

对自己的劳动产品和对非工人的关系，以及非工人对工人和工人的劳动产品的关系。

我们已经看到，对于通过劳动而占有自然界的工人来说，占有表现为异化，自主活动表现为替他人活动和表现为他人的活动，生命的活跃表现为生命的牺牲，对象的生产表现为对象的丧失，即对象转归异己力量、异己的人所有。现在我们就来考察一下这个同劳动和工人疏远的人对工人、劳动和劳动对象的关系。

首先必须指出，凡是在工人那里表现为外化的、异化的活动的东西，在非工人那里都表现为外化的、异化的状态。

其次，工人在生产中的现实的、实践的态度，以及他对产品的态度（作为一种内心状态），在同他相对立的非工人那里表现为理论的态度。

第三，凡是工人做的对自身不利的事，非工人都对工人做了，但是，非工人做的对工人不利的事，他对自身却不做。①

作为物质形态，工人通过劳动生产出劳动产品；通过"外化"②，也就是通过价值分割和分配，工人的劳动产品变为商品，变为资本家手中的财富，成为资本家的私有财产。这一私有财产不仅是一种物质形态，它还是各种关系的凝结：既体现了工人与劳动的关系，同自己劳动产品的关系，又体现了工人与资本家的关系；既体现了资本家与工人的关系，与劳动的关系，又体现了资本家与工人劳动产品的关系。既然"私有财产是外化劳动即工人对自然界和对自身的外在关系的产物、结果和必然后果"，也就是说，既然私有财产是异化劳动的产物和结果，那么，它所体现的关系也是各种异化了的关系。

这些关系就是——

工人同劳动的关系：工人试图通过劳动"占有"自然界，但在异化劳动中，他却成了自然界的附庸；"自主活动表现为替他人活动和表现为他人的活动，生命的活跃表现为生命的牺牲"。

工人同自己劳动产品的关系：劳动成果的"外化"即表现为资本家

---

① 马克思.1844 年经济学哲学手稿 [M].马克思，恩格斯.马克思恩格斯文集：第 1 卷.北京：人民出版社，2009：168－169.

② 通过这一过程，工人的劳动成果变成了别人的东西，当然是一种"外化"。

对劳动成果的占有,所以"外化劳动"对工人来说是毫无掌控力的活动。在异化劳动中,"对象的生产表现为对象的丧失,即对象转归异己力量、异己的人所有",变成了资本家的私有财产。

工人同资本家的关系:"凡是在工人那里表现为外化的、异化的活动的东西,在非工人那里都表现为外化的、异化的状态。"就是说,凡是通过"外化""异化"从劳动者那里表现为"失去"的东西,在资本家那里都表现为"获得",表现为财富的现实存在状态。

资本家同工人的关系:工人在生产中的现实的、实践的态度,以及他对产品的态度——由于劳动是在强迫下进行的,劳动就是自我失去的过程,因此他厌恶劳动;劳动产品作为自己的劳动成果本来是喜爱的东西,但却成了资本家用来压迫自己的东西,因而憎恨劳动产品——这种在工人那里实实在在的态度,在资本家那里表现为工人的观念的态度,是由工人的观念造成的,即是工人的观念有问题。而且"凡是工人做的对自身不利的事,非工人都对工人做了,但是,非工人做的对工人不利的事,他对自身却不做",就是说,工人通过延长劳动时间或提高劳动强度,总之通过增大劳动投入以期望得到更多工资,这看似对自己有利却由于强化了与自己对立的阶级而对自己不利的办法,在资本家那里也早已经替工人做了。而所有这些对工人不利的事——压低工人工资、降低工人生活水准、延长劳动时间、提高劳动强度等,资本家对自己却从没有做过。

资本家同劳动的关系:资本家是站在劳动之外的、不仅主宰劳动过程、主宰劳动产品,而且主宰劳动者命运的人。

资本家同工人的劳动产品的关系:资本家对工人劳动成果的"占有",对工人来说就表现为其劳动成果的"异化""外化",而且通过这种"异化""外化"和"占有",表现为工人对劳动成果的丧失和自身价值、力量的衰减,而在资本家则表现为财富的获得、能力的增强。而且通过资本家的占有,异化劳动获得了"公民权"——一切都受法律保护。

总之,通过异化劳动,资本家不仅获得了私有财产,进一步增强了自己的力量,而且完全主宰了劳动过程、劳动产品、劳动关系,并牢牢主宰了作为劳动者的工人的命运。而整个异化都受视"平等"为神圣法则的资本主义法律的保护,一切都是在资本主义"人人自由平等"的

"预定和谐"的社会原则下进行的。但这种"人人平等"的神圣原则却在资本主义社会里异化为根深蒂固的不平等,异化为一些人对另一些人、一个阶级对另一个阶级的剥削、压迫、奴役、占有——不平等的极端化。

4. 资本家要求工人通过"禁欲"满足"贪财欲",把"生命"和"人性"异化为虚幻的"货币"和"财富"

资本主义对工人造成的异化不仅表现为他对劳动、对劳动产品、对资本家的关系的异化,而且造成了工人对自身关系的异化,即与自己的需要、自己的生存、自己的肉体、自己的灵魂的关系的异化。这种异化就是,工人既然是"人",他就应该有人的需要,有人的生活,有人的七情六欲,有人的享受,有人的尊严,有人的知识追求,有人的艺术品位,有人的权利……但是,这一切,对工人来说,都变成了奢侈品,都变成了奢望。在资本家看来,既然是工人,他就应该丢掉一切享受,丢掉一切追求,丢掉一切个人发展,只维持基本的生活需要,最贫乏的生活需要,即仅仅满足于维持生命的需要。在工人那里,生活异化为生存,生命异化为存在物,人性异化为抽象属性。

对此,马克思进行了深刻揭示:

> 需要和满足需要的资料的增长如何造成需要的丧失和满足需要的资料的丧失,国民经济学家(和资本家:每当我们谈到国民经济学家,我们一般总是指经验的生意人,国民经济学家是他们的科学的自白和存在)是这样论证的:(1)他把工人的需要归结为维持最必需的、最悲惨的肉体生活,并把工人的活动归结为最抽象的机械运动;于是他说:人无论在活动方面还是在享受方面都没有别的需要了;因为他甚至把这样的生活宣布为人的生活和人的存在;(2)他把尽可能贫乏的生活(生存)当做计算的标准,而且是普遍的标准:说普遍的标准,是因为它适用于大多数人。他把工人变成没有感觉和没有需要的存在物,正像他把工人的活动变成抽去一切活动的纯粹抽象一样。因此,工人的任何奢侈在他看来都是不可饶恕的,而一切超出最抽象的需要的东西——无论是被动的享受或能动的表现——在他看来都是奢侈。因此,国民经济学这门关于财富的科学,同时又是关于克制、穷困和节约的科学,而实际上它甚至要人们节约对新鲜空气或身体运动的需要。这门关于惊人的勤

劳的科学，同时也是关于禁欲的科学，而它的真正理想是禁欲的却又进行重利盘剥的吝啬鬼和禁欲的却又进行生产的奴隶。它的道德理想就是把自己的一部分工资存入储蓄所的工人，而且它甚至为了它喜爱的这个想法发明了一种奴才的艺术。人们怀着感伤的情绪把这些搬上了舞台。因此，国民经济学，尽管它具有世俗的和纵欲的外表，却是真正道德的科学，最最道德的科学。它的基本教条是：自我节制，对生活乃至人的一切需要都加以节制。你越是少吃，少喝，少买书，少去剧院，少赴舞会，少上餐馆，少思考，少爱，少谈理论，少唱，少画，少击剑，等等，你积攒的就越多，你的那些既不会被虫蛀也不会被贼偷的财宝，即你的资本，也就会越多。你的存在越微不足道，你表现自己的生命越少，你拥有的就越多，你的外化的生命就越大，你的异化本质也积累得越多。国民经济学家把从你的生命和人性中夺去的一切，全用货币和财富补偿给你。你自己不能办到的一切，你的货币都能办到：它能吃，能喝，能赴舞会，能去剧院，它能获得艺术、学识、历史珍品、政治权力，它能旅行，它能为你占有这一切；它能购买这一切；它是真正的能力。但是，货币尽管是这一切，它除了自身以外却不愿创造任何东西，除了自身以外不愿购买任何东西，因为其余一切都是它的奴仆，而当我拥有了主人，我就拥有了奴仆，我也就不需要去追求他的奴仆了。因此，一切情欲和一切活动都必然湮没在贪财欲之中。工人只能拥有他想活下去所必需的那么一点，而且只是为了拥有这么一点，他才想活下去。①

资本主义异化的一个重要表现就是，"需要和满足需要的资料的增长造成需要的丧失和满足需要的资料的丧失"。就是说，就一般意义上说，随着经济社会的发展，人的需要是不断增长的，而满足日益增长的需要的物质财富也是不断增加的。但是，按照资产阶级的理论和对工人的要求，工人应该尽量压低自己的需要，尽量压低对生活资料的需求。由此造成与资本主义社会里人的需要和物质财富增长趋势相并行的，是工人的生活需要的减少，也就是"需要的丧失和满足需要的资料的丧失"。

---

① 马克思.1844年经济学哲学手稿［M］.马克思,恩格斯.马克思恩格斯文集：第1卷.北京：人民出版社,2009：226-227.

为什么资本家和资产阶级的经济理论要求工人压低生活需要呢？因为在他们看来，工人不应该有"人"的活动和享受的需要。他们认为，工人的需要应该是维持最必须、最悲惨的肉体生活的需要，工人不应该有社会活动，只应有为资本家进行生产所必需的最抽象、最基本的"机械运动"。除此之外，工人就不应该再有其他活动和生活需要了，更谈不上享受了。而且资本家把这样的最抽象、最贫乏的基本生活和活动需要宣布为一般的"人的生活"和"人的存在"方式。而且还把这种生活、存在方式宣布为"人"的生活的"普遍标准"。遵循这一"普遍标准"，就是要"把工人变成没有感觉和没有需要的存在物"，"把工人的活动变成抽去一切活动的纯粹抽象"。

这种没有感觉、没有需要、没有活动的最抽象、最贫乏的生活方式既然是"人"的生活和存在方式的一般标准，那么，工人的任何作为"人"的活动都是奢侈，他应该"少吃，少喝，少买书，少去剧院，少赴舞会，少上餐馆，少思考，少爱，少谈理论，少唱，少画，少击剑"。因为，这些对工人来说已经超出了"人"的生活、存在方式的"普遍标准"，所以这就是工人的奢侈。而任何奢侈，在资本家看来都是不可饶恕的。对资本家来说，工人"一切超出最抽象的需要的东西——无论是被动的享受或能动的表现——在他看来都是奢侈"，工人甚至应该"节约对新鲜空气或身体运动的需要"。所以，作为关于财富的科学的资产阶级的经济学，对工人来说就是禁欲的科学。这门科学的立论基础或者说真正的理想就是，资本家应该"是禁欲的却又进行重利盘剥的吝啬鬼"，工人应该是"禁欲的却又进行生产的奴隶"，它的基本教条就是"自我克制"。

资本家之所以要自己的工人压低一切生活需要，自我克制，甚至过禁欲的生活，他是希望工人降低劳动力的价值，降低自己购买劳动力的成本，并要工人把节约的每一个铜板都存到银行。资产阶级经济学的"道德理想就是把自己的一部分工资存入储蓄所的工人"。而资本家和他的理论说服工人压低生活需要、竭尽全力存款的道理就是：你表现自己的生命越少，你积攒的就越多；你积攒的越多，你的资本就越多，你拥有的就越多。尽管工人是通过"少表现生命"来积攒金钱的，或者说尽管工人是通过不吃，不喝，不赴舞会，不去剧院，不去旅游，不获得艺术、学识、历史珍品、政治权利等实现的，但金钱"能吃，能喝，能赴舞会，能去剧院，它能获得艺术、学识、历史珍品、政治权力，能旅行"，总之金钱能够购买一切，能够占有一切，具有真正的能力。这就是资产阶级经济学的说辞。可见，资产阶级经济学让工人"一切情欲和一切活动都必然湮没在贪财欲之中"，"把从你的生命和人性中夺去的一切，全用货币和财富补偿给你"。但这是以抽象的理论形式、以虚幻的幻境形式实现的。

资本家及其理论之所以要求自己的工人把从生命和人性中压榨出来的任何一个铜板都存到储蓄所，那是因为，储蓄所中的存款是资本家可以随时使用的资本，是进行自己资本增殖和奴役更多工人的强力经济工具。而且每个资本家劝诫自己的工人节俭以达到发财目的的伪善，并不排除他通过各种手段来刺激别的工人去消费、去消化他的商品，以帮他完成资本循环和价值增殖。

总之，在资本主义条件下，"工人只能拥有他想活下去所必需的那么一点，而且只是为了拥有这一点，他才想活下去"。也就是说，不论工人创造多少财富，他只能拥有他维持生命、维持劳动力再生产所必需的最基本、最贫乏的那么一点生活资料，而且只能拥有这么一点生活资料，他才有权或者说被允许活下去。这就是工人与他自己、与他的需求、与他的欲望、他的生命、他的人性关系的异化。工人失去"人"的尊严、失去生活的意义、失去生命的价值，是这一异化的直接结果。

5. 在异化条件下，工人不仅不能满足"人的需要"甚至连"动物的需要"也满足不了

资本主义异化的极端形式是，工人的生活需要异化为动物般的最基本生命延续的需要，工人异化为"动物"，甚至异化为比动物还低的存在方式。

正如马克思所指出：资本主义

> 这种异化也部分地表现在：一方面出现的需要的精致化和满足需要的资料的精致化，却在另一方面造成需要的牲畜般的野蛮化和彻底的、粗陋的、抽象的简单化，或者毋宁说这种精致化只是再生出相反意义上的自身。对于工人来说，甚至对新鲜空气的需要也不再成其为需要了。人又退回到洞穴中居住，不过这洞穴现在已被文明的污浊毒气所污染，而且他在洞穴中也是朝不保夕，仿佛这洞穴

是一个每天都可能离他而去的异己力量,如果他付不起房租,他每天都可能被赶走。他必须为这停尸房支付租金。明亮的居室,这个曾被埃斯库罗斯笔下的普罗米修斯称为使野蛮人变成人的伟大天赐之一,现在对工人来说已不再存在了。光、空气等等,甚至动物的最简单的爱清洁习性,都不再是人的需要了。肮脏,人的这种堕落、腐化,文明的阴沟(就这个词的本义而言),成了工人的生活要素。完全违反自然的荒芜,日益腐败的自然界,成了他的生活要素。他的任何一种感觉不仅不再以人的方式存在,而且不再以非人的方式因而甚至不再以动物的方式存在。……人不仅没有了人的需要,他甚至连动物的需要也不再有了。……连野蛮人、动物都还有猎捕、运动等等的需要,有和同类交往的需要。机器、劳动的简单化,被利用来把正在成长的人、完全没有发育成熟的人——儿童——变成工人,而工人则变成了无人照管的儿童。机器迁就人的软弱性,以便把软弱的人变成机器。①

　　一方面,是资本主义社会"文明化"带来的人的需要的精致化,和满足人们需要的各种物质资料的精致化,物质生活的丰富化;另一方面,是创造这种精致化生活的工人的"需要的牲畜般的野蛮化"和"彻底的、粗陋的、抽象的简单化"。也就是说,在资本主义社会,一极——资本家一极——是财富的积累、"文明"的积累、穷奢极欲的积累,在另一极——工人一极——则是贫困的积累、堕落的积累、粗陋的积累、野蛮的积累。而如果因此从道德上谴责工人的不堪,那不是道德上的虚伪,就是良知的泯灭。因为工人的这种不堪入目的生活状况,恰恰是资本主义制度强加给工人的生活方式。

　　工人的这种不堪,工人的贫困的积累、堕落的积累、粗陋的积累、野蛮的积累表现在:其一,工人无力满足精致化的"人"的需要,无力消费精致化的消费资料,只能满足"畜生般"的野蛮的需要,只能消费得起最粗陋、最简单、最贫乏的满足动物般生存条件的生活资料;其二,因为交不起房租,工人甚至不能负担得起一个栖身之地,连动物都有藏身的洞穴的生存条件,工人都做不到;其三,工人甚至连新鲜的空气、

---

① 马克思.1844年经济学哲学手稿[M].马克思,恩格斯.马克思恩格斯文集:第1卷.北京:人民出版社,2009:225-226.

明亮的阳光、干净的水都享受不到，连动物爱干净的习性都达不到。总之，在"干净""文明""高尚""仁爱"的资本主义社会里，肮脏、堕落、腐化、荒芜、腐败就是工人的生活要素。工人不仅不能"再以人的方式存在"，甚至不能"再以非人的方式"存在，而且连"动物的存在方式"他都做不到。连野蛮人、动物都有的猎捕、运动的需要和同类交往的需要，工人都无法满足。

资本主义失去"人性"的方面还在于，"它把还没有发育成熟的儿童变成工人，把工人变成无人照管的儿童""它用机器迁就人的柔弱性，却把柔弱的人变成机器"。使用童工，这种最丧失人性的行为，在资本主义社会却在温情脉脉的"人性关爱"下大行其道。以"博爱"著称的资本主义甚至把最起码的"人性"也泯灭了，只把人变成没有"人"的属性、意义、价值、尊严的机器。

总之，工人在资本主义社会里是全面的异化、彻底的异化，甚至是异化掉了自身——作为"人"的属性的丧失——的完全的异化。在资本主义这个"文明""正义""自由""平等""博爱"的社会里，什么法律制度，什么道德伦理，什么礼义廉耻，什么良知良心，都异化为自己的反面。

在资本主义社会，异化是全面的异化还表现在，"有产阶级和无产阶级同样表现了人的自我异化。但是，有产阶级在这种自我异化中感到幸福，感到自己被确证，它认为异化是它自己的力量所在，并在异化中获得人的生存的外观。而无产阶级在异化中则感到自己是被消灭的，并在其中看到自己的无力和非人的生存的现实"①。

资本主义异化的根源是资本主义私有制的存在。"这种物质的、直接感性的私有财产，是异化了的人的生命的物质的、感性的表现。私有财产的运动——生产和消费——是迄今为止全部生产的运动的感性展现，就是说，是人的实现或人的现实。宗教、家庭、国家、法、道德、科学、艺术等等，都不过是生产的一些特殊的方式，并且受生产的普遍规律的支配。因此，对私有财产的积极的扬弃，作为对人的生命的占有，是对一切异化的积极的扬弃，从而是人从宗教、家庭、国家等等向自己的合

---

① 马克思，恩格斯. 神圣家族［M］. 马克思，恩格斯. 马克思恩格斯文集：第1卷.北京：人民出版社，2009：261.

乎人性的存在即社会的存在的复归。"①

资本主义异化的消除、资本主义不平等的根除、从而真正平等的实现，只能消除私有制这个祸根。这就是消除资本主义异化的方向，就是消除不平等的方向，就是实现人的自由全面发展的真正平等的方向。

马克思恩格斯通过对"资本主义平等"进行历史、法权、经济、哲学分析，全面、立体、透彻地揭示了资本主义制度的内在矛盾和悖论，揭开了"平等"外观掩盖下充斥在政治、经济、社会等各方面的不平等事实。这不仅揭穿了资本主义是"自由平等"社会的谎言，而且也雄辩地证明用"平等""自由"等法权原则而不是用生产方式来分析社会的方法，是不会抓住问题的本质，是不可能从本质上认识某一社会形态的。

---

① 马克思.1844年经济学哲学手稿 [M]. 马克思,恩格斯. 马克思恩格斯文集：第1卷. 北京：人民出版社，2009：186.

第八章　平等观念的马克思主义批判（一）

既然自从私有制确立及不平等如影随形地产生以来，平等的思量就不时地萦绕于人们的心胸，因而，在不同的历史时代就产生了不同的平等观。这些平等观，有的是在不平等社会里"吃尽了苦头"的那些人们的平直愿望，有的是思想家们系统、理性的理论思考。但由于历史时代的局限或阶级立场的限制，这些平等观未必是科学的。为此，有必要用马克思主义的立场、观点、方法进行考量和辨正。

关于平等的观念甚是庞杂，如人身平等观、能力平等观、精神平等观、道德平等观、文化平等观、思想平等观、人格平等观、人性平等观、尊严平等观、权利平等观、机会平等观、程序平等观、资源平等观、条件平等观、运气平等观、事实平等观、结果平等观、收入平等观、福利平等观、财富平等观、阶级平等观等等，但概括起来，不外乎以下几类：把人的自然特征作为平等的尺度，来论证人的某方面特征的平等，可概括为"人身平等观"；把人在国家、社会中应享有的政治、经济、社会权利作为平等的尺度，来论证制度设计对人的权利保障方面的平等，可概括为"法权平等观"；把人在经济社会中的发展机会、社会发展成果分享可能性作为平等尺度，来论证人的"公共善"的享有方面的平等，可概括为"机会平等观"；把社会财富的分享作为平等尺度，来论证人的收入、福利、财富等方面的平等，可概括为"事实平等观"；把不同利益集团的政治地位和经济社会关系作为平等尺度，来论证不同阶级在相互关系方面的平等，可概括为"阶级平等观"。此外，还有的把"平等"作为"永恒真理"或"普世价值"的观点。从马克思主义的立场看，这些观点都有一定的局限性。

一、"人身平等观"辨析

所谓"人身平等观"就是从人的自然因素、从个体的生理特征论证人的平等,如人的能力平等、智力平等、才干平等等,甚至进一步延伸出人的精神气质、精神因素的平等,如精神平等、思想平等、道德平等、尊严平等等。

当然,也有的理论家从人的生理特征论证人的不平等。如中世纪神学家阿奎那就认为,"即使在堕落以前,人们之间也非有某种悬殊不可,至少就两性的关系来说就是如此。因为如果没有两性,就不会有生育。关于年龄也是这样的情况:儿童是由一代人所产生的,而他们在结婚之后,又生出另一代的儿童。无论就判断或知识来说,本来也会有精神能力上的差异。因为,既然人在行动、意愿和认识方面能够或多或少地运用他的能力,他就不会由于盲目的需要而是会根据自由的选择作出行动。因此有些人就会在道德和知识上比别人进步更大。同样地,也会有某种体力上的差别:……所以我们不妨说,按照精气的不同状态和不同命运的不同状况,有些人本来会具有更强的体格,有些人身材高些,或者比较俊秀和美貌。"① 因此,"甚至在人们之间,无罪状态也并不排斥某种程度的不平等","即使在无罪状态下,总有一些人是管辖另一些人的"②。这是从人的生理特征论证人的不平等的典型例子。

与这种从生理特征的差异论证人的不平等不同,另一些理论家坚持"人身平等"的观念,或者以自然特征为依据论证人人平等。

1. 强调人的自然因素的平等

启蒙思想家普遍以"自然法"为依据来论证人的平等,特别是依据"自然法"来论证人的自然因素、生理特征的平等。他们多设定一个"自然状态",从中引申出一些"自然法则",然后把这些"自然法则"应用于"社会状态",即从人在"自然状态"的平等推导出"社会状态"的平等。如霍布斯就认为,在"自然状态"下,人人都享有保全自己生命的自然权利。但是"自然状态"是人与人为敌的"战争状态"。为了

---

① 〔意〕托马斯·阿奎纳. 阿奎那政治著作选 [M]. 马清槐,译. 北京:商务印书馆,1963:100-101.

② 〔意〕托马斯·阿奎纳. 阿奎那政治著作选 [M]. 马清槐,译. 北京:商务印书馆,1963:100、101.

避免战争状态,就要遵循"自然法"彼此订立契约,进入和平的社会状态。其中最重要的"自然法则"就是,"自然使人在身心两方面的能力都十分相等","至于智力……人与人之间更加平等"。于是,"由这种能力上的平等出发,就产生了达到目的的希望的平等"①。所以,"所有的人都是平等的,根本没有谁比较好的问题存在。"② 这就从人的身心特征相等、智力平等推出了"人人平等"的结论。

同样,作为启蒙思想家的空想社会主义者马布利也认为,"自然界希望公民的财产和地位平等成为国家繁荣的必要条件";"自然界规定人人都是平等的";"自然界把平等规定为我们祖先的法律,并把自己的意图申明得极为清楚,人们不可能不知道这种意图。事实上,谁能否认我们来自大自然的怀抱时是完全平等的呢?难道自然界不是给所有的人以同样的器官、同样的需要和同样的理性吗?"③ 马布利认为,人的力量和才能尽管存在差别,也不能否定人的平等。他说,"从人们的嗜好、力量和才能的差别中找不出任何有力的论据来证明人们的天生的平等是不可能存在的。"因为,"自然界决没有把才能分配得这样不平等,以致能够在人们的地位上造成极大差别"④。所以,"我也很难理解力量的不平等是怎样促成平等的消灭的。难道自然界创造了百手人来征服自己的同类吗?""自然界在赋与我们以各种趣味、品质、力量和才能之后,决不想把我们诱入圈套,或使我们产生某种程度的不平等,因为不管不平等的程度怎样微小,它始终是一种能在短期内变成力量并引起极大灾难的罪恶。自然界只力图加强和巩固在法律的支配下使我们团结的那些必然联系。"⑤ 总之,"人们来自大自然的怀抱时都是完全平等的,因此没有一些人统治另些人的权利,而且都是完全自由的。"⑥ 可见,马布里从"自然"赋予人的"同样的器官、同样的需要和同样的理性"来论证人人平等,并强调即使在趣味、品质、力量和才能方面有些差异,也不否定人

---

① [英]托马斯·霍布斯. 利维坦 [M]. 黎思复, 黎廷弼, 译. 北京: 商务印书馆, 1985: 92、93.
② [英]托马斯·霍布斯. 利维坦 [M]. 黎思复, 黎廷弼, 译. 北京: 商务印书馆, 1985: 117.
③ [法]马布利. 马布利选集 [M]. 何清新, 译. 北京: 商务印书馆, 1960: 39、40、43.
④ [法]马布利. 马布利选集 [M]. 何清新, 译. 北京: 商务印书馆, 1960: 46、46.
⑤ [法]马布利. 马布利选集 [M]. 何清新, 译. 北京: 商务印书馆, 1960: 46、47.
⑥ [法]马布利. 马布利选集 [M]. 何清新, 译. 北京: 商务印书馆, 1960: 120.

的平等。因此，也属于"人身平等观"。

当代印度经济学家阿马蒂亚·森也坚持"能力平等"。森指出，平等的核心问题是"什么要平等"。"收入平等主义者（……）要求收入平等，福利平等主义者要求福利的平等，古典功利主义者主张对所有人的效用赋予平等的权重，纯粹的自由至上主义者要求所有的权利和自由（liberty）都平等分配。"① 而森自己所坚持的是"有价值生活内容的能力的平等"。森所说的"能力"，主要是指个人"能做什么"或"不能做什么"。或者说，能力体现的是个人选择他认为有价值生活、实现合理目标、过某类生活的自由。只有实现人与人能力平等，才能体现生活的自由和平等。所以，森坚持的是"选择能力"的平等，也属于"人身平等观"。

可见，霍布斯、马布利是从"自然法"概念来论证人身平等的。他们不仅以"自然法"为依据论证人的自然平等，而且也认为人的自然因素如身体、心理、智力的相等，强调人具有同样的器官、同样的需要和同样的理性，因此都是平等的。尽管马布利承认人的嗜好、趣味、品质、力量和才能的差别，但他认为这并不能造成人的不平等，因为自然界在赋予这些天赋时，是为了让人们团结、让人们平等。阿马蒂亚·森则从现实经济社会关系出发，强调只有实现"能力平等"才能过上"有价值的生活"。能力当然是人的自然天赋。所以，他们坚持的都是从人的生理因素论证平等的方法，即"人身平等观"。

2. 认为人的能力不平等并不否定平等

不管承认不承认，人的能力天生是有差别的。如果为了论证人的平等而一概否定人的生理特征的差别，当然是牵强附会。所以，一些思想家承认人的能力等自然因素的不平等，但同时认为这并不否定人与人的平等。

启蒙思想家卢梭认为，尽管人类存在"自然的或生理上的不平等"，但造成不平等的根本原因是私有制和法律制度，因此自然因素的不平等并不否定人的平等。一方面，卢梭认为，人类的确存在"自然的或生理上的不平等"，"它是基于自然，由年龄、健康、体力以及智慧或心灵的

---

① 〔印〕阿玛蒂亚·森. 再论不平等 [M]. 王利文, 于占杰, 译. 北京：中国人民大学出版社, 2016：序言 2.

性质的不同而产生的"。① 在人类的进化、发展过程中,"人类的一切能力都发展了,记忆力和想象力展开了活动;自尊心加强了;理性活跃起来了;智慧已几乎达到了它可能达到的最完善的程度。这时,一切天赋的性质都发挥了作用,每个人的等级和命运不仅是建立在财产的多寡以及每个人有利于人或有害于人的能力上,而且还建立在聪明、美丽、体力、技巧、功绩或才能等种种性质上"。所以,"应该在人类体质连续的变化中,来寻求区分人们的各种差别的最初根源。大家都承认,人与人之间本来都是平等的……实际上是有一些人完善化了或者变坏了,他们并获得了一些不属于原来天性的,好的或坏的性质,而另一些人则比较长期地停留在他们的原始状态。这就是人与人之间不平等的起源"②。另一方面,卢梭又认为,这些自然的或生理上的差别往往"被认为是天然的差别,其实这些差别完全是习惯和人们在社会中所采取的各种不同的生活方式的产物"③。同时,这些"自然状态中的差别"远远小于"社会状态中的差别",而且"自然的不平等"是"由于人为的不平等而加深了"。所以,"在自然状态中,不平等几乎是不存在的。由于人类能力的发展和人类智慧的进步,不平等才获得了它的力量并成长起来;由于私有制和法律的建立,不平等终于变得根深蒂固而成为合法的了"④。而人们订立契约,建立社会,"基本公约并没有摧毁自然的平等,反而是以道德的与法律的平等来代替自然所造成的人与人之间的身体上的不平等;从而,人们尽可以在力量上和才智上不平等,但是由于约定并且根据权利,他们却是人人平等的"⑤。可见,卢梭尽管承认人的能力的差异,但他认为这并没有否定反而证明了人人权利的平等。

空想社会主义者欧文也强调,"我们的原则是:所有的成年人,不分性别和地位,权利一律平等。随着体力和智力的适应程度而变化的义务

---

① 〔法〕卢梭. 论人类不平等的起源和基础[M]. 李常山,译. 北京:商务印书馆,1962:70.

② 〔法〕卢梭. 论人类不平等的起源和基础[M]. 李常山,译. 北京:商务印书馆,1962:124、63.

③ 〔法〕卢梭. 论人类不平等的起源和基础[M]. 李常山,译. 北京:商务印书馆,1962:107.

④ 〔法〕卢梭. 论人类不平等的起源和基础[M]. 李常山,译. 北京:商务印书馆,1962:149.

⑤ 〔法〕卢梭. 社会契约论[M]. 何兆武,译. 北京:商务印书馆,2003:30.

一律平等"①。欧文解释道,"我从未主张在人类中间有可能造成体力上和脑力上的平等,因为我很清楚,知识、智慧和幸福(也就是合理的享受)这三者的本质恰恰起源于我们在体力和脑力上的千差万别。人世间正确和合理的新制度下的平等是条件或环境方面的平等,这种平等必将按照合乎自然的编制,使人人根据年龄大小,得到同等优良的体力、智力、道德和精神上的实际待遇、训练、教育、地位和就业机会,并在合理的管理方法为大家所普遍理解和应用于实践时,都能参与局部的和全面的行政管理工作"②。所以,"人既然没有造出土地,没有发明人的任何一种才能或智力,也没造成自己本身或自己的品德和志趣,所以没有丝毫理由再让那种不平等的环境继续存在下去,而现在社会却极不合理地把各部分不同的人置于这种不平等的环境之中"。总之,"人们终生在条件方面享有与年龄相符合的完全平等,这是人们的牢固团结和社会精神臻于高度水平的唯一基础"③。可见,欧文虽然承认人的体力上和脑力上的不平等,但他认为这并不否定人的平等,特别是与年龄相适应的"义务的平等",而且坚持"条件或环境方面的平等"。

蒲鲁东的平等理论致力于"从才能上和禀赋上的不平等中推断出平等的定律"。他认为:"通过劳动,我们走向平等;……如果劳动者的体力、勤勉和技巧是相等的话,那么显然他们的财产也就应该是相等的。"④ 退一步讲,即使人们的一切才干都不平等,但由于每一种才干都能完成一项社会任务、社会工作,而每种社会任务、社会工作又都是社会所必需的,因此这些任务、工作没有高低贵贱之分,彼此都是平等的。也就是说,"各种职务彼此是平等的,犹如做同样工作的劳动者是互相平等的一样"。因此,"既然所有的人都具有完成一种社会任务的能力,各人体力不均就不能被用来作为任何不平等待遇的理由"。换句话说,"既然由于才干和才能的实际上的相等,或者由于社会合作,因而一切职务

---

① 〔英〕欧文. 欧文选集:第二卷[M]. 柯象峰等,译. 北京:商务印书馆,1981:187.
② 〔英〕罗伯特·欧文. 欧文选集:第三卷)[M]. 马清槐等,译. 北京:商务印书馆,1984:4.
③ 〔英〕罗伯特·欧文. 欧文选集:第二卷[M]. 柯象峰等,译. 北京:商务印书馆,1981:120.
④ 〔法〕蒲鲁东. 什么是所有权[M]. 孙署冰,译. 北京:商务印书馆,1963:118、153.

都是平等的，一个执行职务的人怎能自称天才卓越而要求高额的薪给呢？"① 所以，蒲鲁东的结论是，"为天才的生存所必需的这种生理上的条件，并不能增加它的社会权利"；"才干有一种固有的义务，那就是必须服从社会的一般水平"；"才能的不平等是财富平等的必要条件"；"天才的优越性正是财富平等的基础"。② 可见，尽管蒲鲁东认为人的才干、才能有差别，甚至会有"天才"，但由于社会合作，每种才能都完成一项社会任务。由于社会任务没有不平等之分，因此人的有差异的才能也没有不平等之别。所以，才能的不平等反而要求"财富平等"。

英国经济学家、史学家 R. H. 托尼（R. H. Tawney）认为，由"天赋平等"所引申出来的"人人平等"只是一种伦理观而不是对事实的反映。法国大革命宣传"人人平等"，"并不是宣告所有人具有同样的智力与道德水平，正如并不是宣告每个人具有同样的身高和体重，只是表示每个国民不再受到过时的财产权限和荒谬的法律歧视的摧残"。③ 尽管托尼否认"人天赋平等"，并认为"人天生存在差异"，但是他并没有否定"平等"。他认为，差异的存在并不表示不应当去追求最大可能的环境及机遇平等，相反，正因为存在差异，所以我们要付出双倍努力去建立最大限度的平等，以确保天分有差异的人可以创造成就。所以，"平等社会"应该是这样的社会，"在那里，经济功能所导致的必然差异与大范围的经济与社会平等并存。在这样的社会中，当个人的职业和收入发生变化时，他们的生活环境不会发生变化，自然享受到相同的保健和教育待遇，根据他们各自能力的不断变化，找到相应的工作，而不会受到很大的影响，他们彼此可以自由通婚，并全都可以从不断下降的贫困中解脱出来，全都可以免受经济压迫的危险"④。也就是说，托尼从"智力与美德的不平等"出发，论证了"机会平等"的合理性。

不论是卢梭的社会是以"道德的与法律的平等"代替了人的"自然的或生理上的不平等"的论断，也不论是欧文从人的"体力上和脑力上的不平等"要求与年龄相当的"义务的平等"和"条件或环境方面的平

---

① 〔法〕蒲鲁东. 什么是所有权 [M]. 孙署冰，译. 北京：商务印书馆，1963：166、166、235.
② 〔法〕蒲鲁东. 什么是所有权 [M]. 孙署冰，译. 北京：商务印书馆，1963：173、175、162、175.
③ 转引自：余意. 托尼政治哲学研究 [D]. 湖南师范大学博士论文，2003：12.
④ 转引自：余意. 托尼政治哲学研究 [D]. 湖南师范大学博士论文，2003：15.

等"的结论,还是蒲鲁东从"才能的不平等"论证"财富的平等",托尼从"智力与美德的不平等"要求"机会的平等",他们都认为人的自然因素的差异、不平等并不否定"平等",反而证明人在某些方面要实现平等。也就是说,能力不平等不能成为为不平等辩护的借口,反而成为"人人平等"的理由。

3. 从身体的平等推导精神或道德的平等

"人身"不仅包括身体方面的物质因素、生理特征,还包括精神方面。这些方面也往往被理论家们作为"平等"的尺度。

18至19世纪英国政治学家威廉·葛德文提出了与"肉体上的平等"并存的"精神上的平等"概念。葛德文认为,个人财富和个人能力都应当用来服务社会。他说:"和我的财产同样,我也要把我个人看作是替人类代管的。我有责任把我的智力才能、我的时间精力,用来创造最大限度的一般福利。正义所昭示的就是这样,我的义务就是这样广泛。"① 葛德文把能力的平等称为"肉体上的平等"。所谓"肉体上的平等,可以认为和体力有关或者是和思维的能力有关"②。有的观点认为,人的能力不是平等的,而是平等的反面,"在人类中间,实际上找不到两个相同的个人。有强壮的,有虚弱的。有聪明的,有愚蠢的。世界上一切条件上的不平等都可以从这里找到它们的根源。……条件上的平等是幻想中的假定,不可能实现,即使能够实现也不是我们所希望的"③。对于这种观点,葛德文批判指出,"第一,这种不平等在最初要比现在轻微得多"。"第二,尽管人类的平等遭到过许多破坏,但是仍然存在着很大程度上的实际平等。"所以,"结论是:所有的人基本上都是独立自主的"④。这就是"肉体上的平等"的"正义原则"。而"正义原则"既适用于"肉体上的平等",也适用于"精神上的平等","精神上的平等是:把一个不

---

① 〔英〕威廉·葛德文. 政治正义论:第一卷[M]. 何慕李,译. 北京:商务印书馆,1980:91.
② 〔英〕威廉·葛德文. 政治正义论:第一卷[M]. 何慕李,译. 北京:商务印书馆,1980:97.
③ 〔英〕威廉·葛德文. 政治正义论:第一卷[M]. 何慕李,译. 北京:商务印书馆,1980:97.
④ 〔英〕威廉·葛德文. 政治正义论:第一卷[M]. 何慕李,译. 北京:商务印书馆,1980:97、98.

变的正义法则应用到一切情况的正当作法"①。有的人提出,"只要人们的能力是不平等的,只要人们所指望的权利既没有保证又没有别人支持来加以实现,平等总是一种不可理解的虚构。"对此,葛德文批判指出,"正义本身的性质肯定是可以充分理解的,同它是否能够实现无关。正义所涉及的是有知觉的、能够感到快乐和痛苦的人。而人的天性的决定,却不以体质的情况为转移,快乐是向往的,痛苦则是可憎的,快乐是可取的,痛苦则是可厌的。所以,人们尽其力之所及来互相促进快乐和利益,乃是正当而合理的"。那么,"根据这些简单原则就可以推断出人类的精神上的平等。我们都享有共同的天性;使这个人获益的同样原因也会使其他的人获益。我们的感觉和能力都一样。所以我们的快乐和痛苦也是相似的。我们都天赋有理智,能够比较,能够判断,能够推理。所以这个人希望改善的也就是另一个人希望改善的"②。因此,的确有一种同"肉体上的平等"并存的"精神上的平等"。这种"精神的平等"就是人的感觉、快乐、痛苦、天赋、理智和比较、判断、推理能力的平等。可见,葛德文既坚持"肉体上的平等",也坚持"精神上的平等"。

当代美国经济学家罗伯特·威廉·福格尔（Robert William Foge）也认同"精神平等"概念。福格尔认为,"目前,精神（或非物质）上的不平等相当于甚至可以说是大于物质上的不平等"③。经济学家和其他一些关注平等问题的人们倾向于以吃、穿、住等实际物质来思考社会分配方面的问题。而如今,"占据社会总产出主要地位的物质产品的比重开始迅速下降。从医生、数学家、自然科学家、律师、教师和工程师等职业者人数的增长中,我们可以看到非物质产品地位的上升……同样,如今主要的资本不是以房屋、机器设备和输电网等形式存在,而是以劳动者的技能,即经济学家所称的人力资本或知识资本的形式存在。无论是对个人还是对企业来讲,决定市场竞争是否成功及普通人生活条件的因素

---

① 〔英〕威廉·葛德文. 政治正义论:第一卷[M]. 何慕李,译. 北京:商务印书馆,1980:98.

② 〔英〕威廉·葛德文. 政治正义论:第一卷[M]. 何慕李,译. 北京:商务印书馆,1980:98、98-99、99.

③ 〔美〕罗伯特·威廉·福格尔. 第四次大觉醒及平等主义的未来[M]. 王中华,刘红,译. 北京:首都经济贸易大学出版社,2003:1.

都取决于那些非物质资产的数量和质量"①。因此，在19世纪"现代主义的平等措施"是建立在物质产品再分配的基础上的；而当前"后现代主义的平等措施"并非是针对货币收入、食品、住房或耐用消费品的分配的，而是在精神或非物质资产领域。因此，对"精神平等"的追求与其说是与货币收入有关，倒不如说是与精神资产的获取有关。追求"精神平等"的改革与追求"物质平等"的改革是一致的，但两者并不能完全等同。② 可见，福格尔认为当代的平等观在坚持"物质平等"的同时，应该更加注重"精神平等"。

与"精神平等观"相类似，加拿大哲学家凯·尼尔森（Kay Nielsen）则坚持"道德平等"的观念。尼尔森认为，大多数当代道德家和社会理论家，甚至包括关于权利的反平等主义思想家（诺齐克、卢卡奇、哈耶克），也共有"人们之间的道德平等的假设"，尽管他们对其解释不同。所以，"人们必须作为具有平等价值的道德人而被对待，在那种方式中被平等对待"③。同时，尼尔森又认为，"如果没有大体上平等的条件，那么人们之间的道德条件平等就不可能被稳定维持。在不坚持这种平等条件的地方，一个人很可能在各个方面比另一个人或多或少有着更大的权利。……如果我们想要一个道德平等的世界，那么我们也需要一个这样的世界，在其中人们彼此坚持大体上的条件平等"④。尽管如此，尼尔森还是特别强调"道德平等"的重要性。他所捍卫的"激进平等主义正义观"是："作为平等的正义"的"平等主义正义原则"特别强调"道德自主"的重要性，强调人的"自尊方面的平等"。认为，"道德平等""自尊平等"对"致力于构建一种人人都被平等尊重、社会制度体现对每个人平等关注的这种社会秩序"都特别重要。"这就要求人们至少承认彼此的道德自主，彼此确实具有平等的道德自主"⑤。

---

① 〔美〕罗伯特·威廉·福格尔. 第四次大觉醒及平等主义的未来 [M]. 王中华，刘红，译. 北京：首都经济贸易大学出版社，2003：2.
② 〔美〕罗伯特·威廉·福格尔. 第四次大觉醒及平等主义的未来 [M]. 王中华，刘红，译. 北京：首都经济贸易大学出版社，2003：2、4.
③ 〔加〕凯·尼尔森. 平等与自由：捍卫激进平等主义 [M]. 傅强，译. 北京：中国人民大学出版社，2016：5、6.
④ 〔加〕凯·尼尔森. 平等与自由：捍卫激进平等主义 [M]. 傅强，译. 北京：中国人民大学出版社，2016：10.
⑤ 〔加〕凯·尼尔森. 平等与自由：捍卫激进平等主义 [M]. 傅强，译. 北京：中国人民大学出版社，2016：52.

通过上面的分析可以看出，尽管葛德文和福格尔都主张"精神平等"，但二者的内涵还是有所不同的。葛德文的"精神平等"主要指人自身精神因素的平等，而福格尔的"精神平等"主要指人的精神需求的平等。尼尔森阐发的"道德平等"则主体和客体的含义都有。即：从主体方面来讲，"人"作为道德人应具有"平等的道德自主"；从客体方面来讲，应该把"人"作为道德人平等对待，"人人都被平等尊重"。而不论是"精神平等"还是"道德平等"，都是人身平等的不同侧面，因此都属于"人身平等观"。

4. 作为平等对待要求的人格或尊严的平等

"人格"和"尊严"是人被尊重的要求，因此不是平等主体的个体特征，而是人作为客体被平等对待的平等尺度。尽管如此，"人格"和"尊严"是人在精神层面被平等对待的要求，因此也属于"人身平等观"的范畴。

美国哲学家、法学家罗纳德·德沃金坚持与"资源平等"不同的"人格平等"。德沃金认为，一般平等理论分为"福利平等"和"资源平等"。就"资源平等"来讲，"一个人的资源可以被理解为只包括其财产，或者其财产加上其体格、技能、性格和抱负等人格特征，或除此之外还有他的合法机会和其他一些机会。"他对"人格品质这个宽泛的范畴之内又作了进一步的严格区分：一方面是从广义上理解的一个人的人格，这包括其性格、信念、偏好、动机、嗜好和抱负，另一方面是他的健康、体格、技能等人格资源"。并认为，"政治共同体应致力于消除或降低人与人之间在人格资源上的差异——比如，应致力于改善身体残疾或无力获得满意收入的人们的境况，但不应当致力于减小或弥补人格差异，譬如从以下事实中看到的差异：有些人品味高雅，抱负远大，而另一些人则低俗平庸"①。也就是说，德沃金说的"资源平等"不是社会资源平等，而是个人的资源平等。这些资源不仅包括个人财产，而且包括个人能力、气质、人格等自然因素，还包括社会机会等。以此为基础，德沃金在"人格平等"上的观点是，政府应该消除或降低人与人之间在"人格资源上的差异"也就是因个人"能力"（健康、体格、技能）造成

---

① 〔美〕罗纳德·德沃金. 至上的美德：平等的理论与实践 [M]. 冯克利，译. 南京：江苏人民出版社，2008：300.

的不平等,而不应该减小或弥补"人格差异"(性格、信念、偏好、动机、嗜好、抱负)本身。所以,德沃金的结论是,"我们所追求的平等是人格和非人格资源本身的平等,而不是人们用这些资源实现福利的能力的平等。这些平等的目标有着深刻的差别:它是人人平等的国家与痴迷者组成的国家之间的差别。"①也就是说,德沃金主张的是"性格、信念、偏好、动机、嗜好、抱负"这些"人格的平等",而不是"健康、体格、技能"这些"人格资源的平等",更不是"能力平等""资源平等""福利平等"这些实质的平等。

国内学者也有使用"人格平等"概念的。如何怀宏按重要性把"平等"要求列一个先后顺序:第一是"生命权的平等";其次是"人格的平等";再次是"获得基本自由的权利的平等";第四是"政治的平等";第五是"机会平等";第六是"精神和文化能力的平等"。而且他把"人格的平等"界定为,"得到基本尊重的平等权利,即应当'人其人',不蓄意或恶意地侮辱和压制人和人"②。张正海则把"人格平等"与"机会平等""权利平等"并列为三种基本平等尺度。而且把"人格平等"解释为,"人们之间尽管存在性别、民族、职业、经济状况、生活等方面的差别,但应当具有相同的价值和尊严,处于相同的社会地位"③。

可见,何怀宏、张正海与德沃金的"人格平等"概念的内涵还是不同的。德沃金的"人格平等"主要是指"性格、信念、偏好、动机、嗜好、抱负"等人格因素的平等;何怀宏和张正海的"人格平等"主要是指对人格尊严的平等尊重。可见,与"人格平等"息息相关的是"尊严的平等"。

罗尔斯就主张,"基本平等被认为是在受尊重方面的平等"。他认为,"平等的正义的权利仅仅属于道德的人"。而"道德的人"的两个特点是:有能力获得"善"的观念和有能力获得正义感,"即在正常情况下有效地应用和实行……正义原则的欲望"。而"道德人格能力是获得

---

① 〔美〕罗纳德·德沃金. 至上的美德:平等的理论与实践 [M]. 冯克利, 译. 南京:江苏人民出版社, 2008:320.
② 何怀宏. 平等 [M]. 北京:生活·读书·新知三联书店, 2017:4–5.
③ 参见:张正海. 平等论 [M]. 北京:五洲传播出版社, 2012.

平等正义权利的一个充分条件"①。也就是说,只要一个人具有"道德人格能力",他就有获得"平等正义"的权利,就应该得到平等尊重,即"受尊重的平等"。罗尔斯也指出,人们可能反驳说"平等"不可能建立在自然特性的基础之上。"没有一种这样的自然特性:因它之故所有的人都是平等的,就是说,因它之故人人都具有(或绝大部分人都具有)同等程度的平等"②,对此,罗尔斯解释道,"说人们是平等的,这就是说在没有强制原因的条件下,任何人都没有受到特殊对待的权利。"也就是说,"基本平等被认为是在受尊重方面的平等"③,而不是要求某一种自然特性的平等。罗尔斯还结合他的"两个正义原则"作了进一步阐释。他说,有两种平等:"一种是在某些善的分配中被实行的平等,这些平等之中的一部分几乎总是把更高的地位和声望给那些境遇较好者;另一种是应用于尊重的平等,这种平等是不考虑人们的社会地位而应属于他们的。第一种平等是由正义的第二条原则规定的,这条原则调节着组织结构和分配份额,使社会合作既有效又公平。但是第二种平等是根本性的。它们由正义的第一条原则和自然义务——例如相互尊重——规定,它属于作为道德的人的人们。"④ 也就是说,两种"平等"和"两个正义原则"是密切相关的:第一种"平等"(即社会"善"的分配给境遇较好者),是和"两个正义原则"的第二条原则(即社会不平等安排必须符合最少受惠者的最大利益)相适应的。因为在罗尔斯看来,把一些社会"善"分配给更高的地位和声望的"境遇较好者",符合"效率优先原则",能够给社会带来更大利益,因此也有利于境遇不好的人,所以"使社会合作既有效又公平"。同时,罗尔斯又特别强调第二种"平等",也就是"尊重的平等",即有"道德人格能力"的所有人不管社会地位如何都应当得到"平等的尊重"。而且认为这种"平等"是"根本性的"。总之,罗尔斯主张的"平等"是"作为道德人"的"尊重的平

---

① 〔美〕约翰·罗尔斯. 正义论 [M]. 何怀宏,何包钢,廖申白,译. 北京:中国社会科学出版社,1988:509、507、508.

② 〔美〕约翰·罗尔斯. 正义论 [M]. 何怀宏,何包钢,廖申白,译. 北京:中国社会科学出版社,1988:509.

③ 〔美〕约翰·罗尔斯. 正义论 [M]. 何怀宏,何包钢,廖申白,译. 北京:中国社会科学出版社,1988:509.

④ 〔美〕约翰·罗尔斯. 正义论 [M]. 何怀宏,何包钢,廖申白,译. 北京:中国社会科学出版社,1988:513-514.

等"。实际上，罗尔斯说的"尊重的平等"，也就是"尊严的平等"。美国教育家摩狄曼·J. 阿德勒也认为，"作为人，我们都是平等的——平等的人并且具有平等的人性。在人性上，没有一个人比另一个多或少。一个人所赋有的尊严不同于事物的属性，它在程度上是没有差异的。全人类的平等是指他们都平等地具有做人的尊严"①。就是说，阿德勒主张的"平等"，也是"尊严的平等"。类似地，国内学者毛德操也认为，"尊严应被视作人的一种基本权利，人的基本权利都应该是平等的"②。因此，"人格平等"和"尊严平等"在内涵上是相近的，是"人身平等"中被平等对待的平等要求。

5. 人身平等观批判

毫无疑问，人身平等观不是从"人"的社会属性，而是从"人"的自然属性上认识平等问题，是把"人"作为生物属性的"人"而不是作为社会属性的"人"，至多是把"人"作为"单子"而不是作为"社会关系的总和"来理解平等关系的。仅仅从"人"的自然因素，或者把"人"作为"单子"来认识"人"，就会陷入抽象的人性论，就会从概念出发，从"绝对的人""抽象的人""一般人"来认识人与人的平等问题。所谓"绝对的人""抽象的人""一般人"，就是似乎属于一切时代、属于一切民族、属于一切国家、属于一切阶级的没有古今之分、没有国家之分、没有阶级之分的绝对概念的"人"。正因为这样的"人"属于一切时代、属于一切民族、属于一切国家、属于一切阶级，所以他就不属于任何时代、任何民族、任何国家、任何阶级，那么，这样的"人"根本就是不存在的。它最多是"人"这个没有任何规定性的光秃秃的概念。因为现实中的人都是隶属于一定时代、一定社会形态、一定经济关系、一定阶级的人。正因为"人身平等观"所说的"人"是不属于任何时代、任何社会形态、任何经济形式的"人"，而这样的"人"是不存在的，所有它的平等观点和平等结论除了抽象的逻辑论证和概念推导外，就没有任何社会意义，没有任何现实意义。

正如第一章所分析，"平等"是人与人的平等；"平等"命题是现实的"人"的平等，是人的社会关系的平等；平等的尺度，是现实社会关

---

① 〔美〕摩狄曼·J. 阿德勒. 六大观念 [M]. 陈珠泉，杨建国，译. 北京：团结出版社，1989：170 – 171.
② 毛德操. 论平等——观察与思辨 [M]. 杭州：浙江大学出版社，2012：16.

系的某一方面。所以,"平等"从来都是具体的,而不是抽象的。所谓"具体的",是说"平等"是具体人的平等,是一定时代、一定社会形态、一定经济社会关系下人与人、阶级与阶级的关系的衡量;是说"平等"的尺度是某一关系、某一方面的比较。因此,正如没有抽象的"人性论"一样,也没有抽象的"平等论"。

正因为"人身平等观"抛开了具体的历史时代、抛开了具体的社会形态、具体的经济社会关系、具体的阶级关系,所以才会有多种多样、甚至互相矛盾的平等观。因为,抛开这些现实因素限制,思想就可以"逃离人间",在哲学的太空"任意驰骋"。但正因为这样的平等观是"逃离人间"的,所以它也就根本不属于人类社会。

首先,"自然法"从来都不是"自然"的而是"人为"的。尽管很多理论家在论证"平等"时总是借助于"自然法则""自然状态",但是这种"自然状态"其实只是理论虚构,而不是真实存在,这些"自然法则"也不过是理论家个人的主观臆想,而不是客观事实。而理论家本人又是属于一定时代、一定经济社会关系、一定阶级的人,所以他主张的"自然法则"就不过是一定时代、一定阶级的"自然法则",他所主张的"平等"不过是一定时代、一定阶级的"平等"主张。毫无疑问,自然界是有自己的客观规律的,这些规律可以概括为一些"自然法则"。人与自然交往,当然要遵守这些法则。但是,"平等"问题是人与人之间的关系问题,所以在这里,人类社会遵循的是一些"社会法则"而不是"自然法则"。这些"社会法则"是由生产方式决定的,是经济关系及其矛盾运动的规律。正因如此,古希腊时期的斯多葛派尽管提出了"人人平等"的命题,但这种"平等"不过是"精神平等"的要求;而资产阶级思想家也主张"人人平等",但已经是"权利平等"的诉求了。所以,尽管"人人平等"都被看作"自然法则",但这些"法则"在不同的历史时代,在不同阶级那里具有完全不同的含义。所以,所谓永恒不变的"自然法则"是根本不存在的,任何"自然法则"都是"人为"的,都是赋予了符合一定历史时代、符合一定阶级利益要求的法则。由此,"人身平等观"从"自然法"上论证人的平等,把"自然法"看成一成不变、必须遵循的"永恒真理"是不成立的,因此其理论结论是站不住脚的,在方法论上并不是科学的。

其次,造成社会不平等的原因是经济社会关系而不是"能力"等人的自然因素的差异。理论家们论证不平等的合理性，往往把人的"能力"的差异作为论据，认为人的能力是生来就有差别，因此造成了现实中的种种不平等。事实上，人"天生的能力"差别甚微，人的能力都是在后天形成的，而在后天的形成过程中，能力的差异完全是由经济关系、个人的经济地位所决定的。譬如说富人家的孩子可以受到最好的教育，因此培养出了"最强的能力"；穷人家的孩子只能接受一般的教育，甚至上不起学，因此也就谈不上什么有竞争力的"能力"。这种经济地位造成的"能力差异"在现实经济社会中以一种持续拉大和不断强化的态势决定了人的不平等的不断加深，而且还会进行代际传递。所以，从人的能力差异来论证"不平等"合理性的方法是完全站不住脚的，完全是倒因为果的强盗逻辑。当然，坚持人的"能力平等"的观点，以此来论证人的平等的必然性，也是与实际不相符的。这种理论不仅牵强附会，而且也没有任何说服力。科学的方法是，要从生产方式、生产关系上进行分析。因为人的平等、不平等，是由现实经济社会关系造成的，而不是由人的能力差异决定的。譬如说，在能力平等理论方面，科恩主张"自我所有"理论，也就是说，每个人的能力是归自己所有的。他认为，通过"人"的"自我所有"，实现人与人的平等。事实上，任何时代的"人"包括他本人的"能力"都是归"自我所有"的。工人与资本家的契约，就是以对个人劳动力的"完全法人"身份订立的，但这丝毫不能改变彼此的雇佣关系，而且是雇佣关系的前提，由此确立了彼此的不平等地位。而在一个合理的社会中，不论是"天才"还是一般人物，人的能力都是为社会服务的，都是个人发展的条件，也是别人与社会发展的条件。个人能力不应该成为获取更大利益和谋取不平等地位的资质，也就是马克思、恩格斯说的"人们的头脑和智力的差别，根本不应引起胃和肉体需要的差别"。① 因此，造成人与人不平等关系的根源，在于经济关系的不平等，在于生产资料的私人占有，根本不是个人能力差异的问题。所以，从能力差异上论证"平等"的合理性或者"不平等"的必然性，都是徒劳无益的。

最后，人的精神属性是由现实社会存在所决定的。相对于从"能力"上论证人的平等，从精神上进行论证的方法则更加偏颇。因为，能

---

① 马克思，恩格斯. 德意志意识形态［M］. 马克思，恩格斯. 马克思恩格斯全集：第3卷. 北京：人民出版社，1960：637.

力毕竟是一种实实在在的客观存在，而精神属性则是第二位的，是由经济社会关系所决定了的东西。譬如说，葛德文主张同"肉体上的平等"并存的"精神上的平等"，即人的感觉、快乐、痛苦、天赋、理智和比较、判断、推理能力的平等。且不说比较、判断、推理能力等能力方面的差异是由不平等的教育关系所造成的，就是"感觉、快乐、痛苦"这些纯主观的东西，也都是现实经济地位、经济社会关系在观念上的反映——一个食不果腹、衣不蔽体的穷鬼难道有好的"感觉"吗？难道谈得上"快乐"吗？而一个亿万富翁对人生的感觉是完全不一样的。所以这些主观的精神因素，完全是对现实物质、经济关系的反映。而没有现实经济关系的平等，即使从"精神"上认为人是"平等"的，也毫无现实意义。而福格尔说的"精神需求的平等"也是一样的——在他说的"货币收入、食品、住房或耐用消费品的分配"还没有被满足的时候，谈所谓"精神需求"的满足和平等，是虚妄和不合时宜的。所谓"道德平等"也是一样。尼尔森说："人们必须作为具有平等价值的道德人而被对待，在那种方式中被平等对待。"① 这显然是一句空虚而毫无实际意义的论断。首先，如果人们的经济地位不平等，又怎能成为具有"平等价值"的"道德人"呢？其次，对于没有"平等价值"的人，现实、势利的人们又怎么会从"道德"上平等地对待他们呢？所以，这一论断是一个脱离现实的抽象的"二律背反"。同样道理，所谓"人格平等""尊严平等"也都是不顾现实经济关系的精神要求。一方面，德沃金主张"性格、信念、偏好、动机、嗜好、抱负"等人格因素的平等，但是一个穷困潦倒的人谈得上有远大的"信念、动机、抱负"吗？难道富人吃美馐珍馔、穷人只能捡食垃圾是出于"偏好、嗜好"吗？另一方面，富可敌国的人和一无所有的人难道谈得上有"平等的人格和尊严"吗？所以，离开现实经济社会关系，抽象地谈所谓的"精神平等""道德平等""人格平等""尊严平等"等，都是没有实际意义的。它不是道德的哄骗，就是宗教的慰藉。

二、"法权平等观"辨析

与"人身平等观"从"自然法"论证人的平等或主张人的自然因素

---

① 〔加〕凯·尼尔森. 平等与自由：捍卫激进平等主义 [M]. 傅强，译. 北京：中国人民大学出版社，2016：6.

的平等不同,"法权平等观"是从"权利"上论证人的平等的,而且这种权利受到法律的认可和保护。也就是说,"人身平等观"坚持的平等尺度是"能力""人格"等自然因素,而"法权平等观"坚持的是"权利"这种政治和社会要求。"人身平等观"主要是把"人"看作个体,从观念上或者抽象的理论上进行自然因素的比较;而"法权平等观"则是把"人"看作彼此关联的群体,考察人现实的政治关系、社会关系。当然,"法权平等观"与"人身平等观"也有一定的联系,如有的理论家正是运用"自然法"理念,来论证"权利平等"的——启蒙思想家就是如此。

1. "权利平等"的内涵

"平等"要求的内容并不是一开始就是"权利平等"。古希腊政治哲学没有"权利"的概念,更谈不上"权利平等"的要求了。那时至多提出了"精神平等"的要求。罗马法虽然形成了"权利"概念,但它说的"权利"(Jus)是指由法律所确定和保护的利益,是"个人权利"的概念,而不是政治权力、社会权利这种集体法权概念。如古罗马时期政治家西塞罗坚持的是"自然平等观",也说明当时还没有形成近代意义上的"权利平等"概念。这是因为,当时还没有形成"权利平等"的经济社会条件,作为"权利平等"要求的代表阶级——资产阶级——还远远没有出现。

作为一个阶级,把"平等"作为"权利平等"来要求,或者说"权利平等"成为一个阶级的平等观,是从资产阶级开始的。在封建社会后期形成的资产阶级在海外贸易中实现了巨大发展,其经济力量得到了巨大提升。但是,由于封建专制和封建特权的统治,新生的资产阶级不仅没有贸易的自由,也没有占有私有财产的平等权利,政治上更是毫无权利可言,更谈不上政治权力平等了。因此,进行革命、挣得与专制特权阶级的平等地位和平等权,或者推翻封建制度、建立资本主义制度,这成了现实需要。资产阶级革命不仅表现为经济赎买、政治斗争,而且表现为思想革命,这就是思想启蒙运动。启蒙思想家的理论主要是为资产阶级的诉求提供理论依据和理念支撑。既然对新兴资产阶级来说最需要的是寻求与封建特权等级的平等权利和平等权力,因此"权利平等"也就是成了启蒙思想家思想理论的核心诉求,成了资产阶级基本平等观。

"权利平等观"的内涵可以从启蒙思想家的论述中揭示出来。譬如说，洛克认为，"每个人生来就有双重的权利：第一，他的人身自由的权利，别人没有权力加以支配，只能由他自己自由处理；第二，首先是和他的弟兄继承他父亲的财物的权利"①。可见，洛克明确提出了"权利"概念，所谓"权利"包括"人身自由权利"即"人身权"和"继承财物的权利"即"财产权"，而且这两种权利是"人人生来就有的双重权利"。既然人人都有"人身权"和"财产权"，那么这些权利是怎样的呢？为了说明人与人的权利平等，洛克引入了"自然状态"概念。他认为，在"自然状态"下，"人的自然自由，就是不受人间任何上级权力的约束，不处在人们的意志或立法权之下，只以自然法作为他的准绳"。"自然状态"不仅是"自由"的状态，"也是一种平等的状态，在这种平等状态中，一切权力和管辖权都是相互的，没有一个人享有多于别人的权力。极为明显，同种和同等的人们既毫无差别地生来就享有自然的一切同样的有利条件，能够运用相同的身心能力，就应该人人平等，不存在从属或受制关系"②。可见，在"自然状态"下，人不仅是自由的，而且人与人是完全平等的。所以，人与生俱来的"双重权利"也是平等的。同时，洛克又认为，"在自然状态中，缺少一个有权依照既定的法律来裁判一切争执的知名的和公正的裁判者"，所以，"在自然状态中享有那种权利，但这种享有是很不稳定的，有不断受别人侵犯的威胁"③。为了保证自由、平等和独立，人们就彼此让渡一些权利，订立契约，进入社会状态，组成"共同体"，建立国家。也就是说，"人类天生都是自由、平等和独立的，如不得本人的同意，不能把任何人置于这种状态之外，使受制于另一个人的政治权力。任何人放弃其自然自由并受制于公民社会的种种限制的唯一的方法，是同其他人协议联合组成为一个共同体，以谋他们彼此间的舒适、安全和和平的生活，以便安稳地享受他们的财产并且有更大的保障来防止共同体以外任何人的侵犯"④。如何保障

---

① 〔英〕洛克：政府论：下篇［M］. 叶启芳，瞿菊农，译. 北京：商务印书馆，1964：116－117.
② 〔英〕洛克：政府论：下篇［M］. 叶启芳，瞿菊农，译. 北京：商务印书馆，1964：16、5.
③ 〔英〕洛克：政府论：下篇［M］. 叶启芳，瞿菊农，译. 北京：商务印书馆，1964：78、77.
④ 〔英〕洛克：政府论：下篇［M］. 叶启芳，瞿菊农，译. 北京：商务印书馆，1964：59.

人身和财产权利呢？这就要靠法律。"法律只有以自然法为根据时才是公正的，它们的规定和解释必须以自然法为根据"①。既然自然法规定人人是平等的，那么法律就应当遵循自然法，保护这种平等。所以，法律的精神是"每一个个人和其他最微贱的人都平等地受制于那些他自己作为立法机关的一部分所订定的法律"；"社会成了仲裁人，用明确不变的法规来公正地和同等地对待一切当事人"②。因为在"自然状态"下人是"自由"和"平等"的，那么以"自然法"为准绳的法律也必然要保障人民的"自由"和"平等"，保障人们平等的人身权利和财产权利。从洛克对"权利平等"的理论构建可以看出，所谓"权利平等"的内涵就是，"人身权"和"财产权"是人与生俱来的双重权利，必须受到法律的平等保护，也就是说，人人享有平等的人身和财产权。尽管"人身和财产权"更多的是一种社会和经济权利，但由于国家是所有人"联合组成为一个共同体"，因此所有人政治权力都是平等的。所以"权利平等"不仅包括平等的人身权利、财产权利而且包括平等的政治权利。

　　当然，"权利平等"的内涵并不是一成不变。在资产阶级大革命时期，他们赋予"权利平等"的含义还是比较激进、比较革命、比较全面的。如洛克指出，"人类确实具有一种'天赋的自由'。这是由于一切具有同样的共同天性、能力和力量的人从本性上说都是生而平等的，都应当享受共同的权利和特权"③。可见，在启蒙思想家那里，"权利平等"不仅是人人权利平等，而且是人人各种权利的平等。但是随着资产阶级取得统治地位，对所谓"权利平等"的概念就开始进行各种限制，逐渐掏空了其中的实质内容。因为，在革命时期，资产阶级要争得与封建特权阶级的平等地位，它当然是迫切而"真诚"地希望"人人平等"。但一旦自己成为统治阶级，达到权力的顶峰，就不再愿意与无产阶级分权了，就不再"真心"谈什么"权利平等"了。如 19 至 20 世纪英国思想家、哲学家里奥纳德·特里劳尼·霍布豪斯就坚持"基本权利平等"而不是"人人权利平等"。霍布豪斯认为，法国大革命"宣言"中说"一

---

　　① 〔英〕洛克：政府论：下篇 [M]. 叶启芳，瞿菊农，译. 北京：商务印书馆，1964：10.
　　② 〔英〕洛克：政府论：下篇 [M]. 叶启芳，瞿菊农，译. 北京：商务印书馆，1964：59、53.
　　③ 〔英〕洛克：政府论：上篇 [M]. 瞿菊农，叶启芳，译. 北京：商务印书馆，1982：57.

切人们在权利方面是天然自由与平等的。差别只能建立在公共的效用上"①。然而，一方面，认为人类一出生就有天赋的同等的才能和固有的能力，这是有悖于事实的说法。另一方面，"天赋"（are by nature）含有一些不能证明与不可赞成的事实推断，因此这一说法的主旨是建立在"权利平等"而非在"天赋平等"上的。因此，应该"摒弃'天赋平等'与赤裸的权利平等，而采取一些基本权利的平等"，或者说，"此种平等主义不是绝对量的平等，而是比例的平等"②。可见，经过霍布斯豪的"置换"，所谓"权利平等"的内容已经所剩无几了：首先，启蒙思想家和法国《人权宣言》说的"权利平等"是人人生而平等，也就是"天赋"平等；而霍布豪斯却说"平等"不是"天赋"的，也就是说不是与生俱有的，这就为人与人的不平等提供了理论依据。其次，启蒙思想家和《宣言》宣称"一切人在权利方面都是平等的"，而且霍布豪斯却认为应该是"一些基本权利平等"（种类的缩减）和"比列的平等"（绝对量的缩减）。这样，所谓"权利平等"就成了一个抽象原则。进一步讲，所谓"比列平等"就是根据人的财产多少、能力大小按比例确定"平等"关系，实质上就是不平等。毫无疑问，霍布豪斯的观点并不是个人的观点，而是代表了取得统治地位的资产阶级的基本观点。所以，经过资产阶级的种种限制，所谓"权利平等"概念已经仅剩下了一个不具实质内容的空洞的外壳。

2. "法律面前人人平等"的含义

通过上面对"权利平等"内涵的分析可以看出，它与法律息息相关，这也是"权利平等"被称为"法权平等"、这一平等观被称为"法权平等观"的原因之一。这种"权利平等"与法律的关系，在启蒙思想家那里、在资产阶级革命时期，主要是指"权利平等"要得到法律的确认和保障。如孟德斯鸠就认为，"在法律没有预防的地方，不平等便会乘隙而入"；"在原始时代，人一生出来就都真正是平等的，但是这种平等

---

① 〔英〕霍布豪斯. 社会正义论 [M]. 胡泽，译. 上海：上海社会科学院出版社，2016：114.
② 〔英〕霍布豪斯. 社会正义论 [M]. 胡泽，译. 上海：上海社会科学院出版社，2016：117.

是不能继续下去的；社会让人们失掉了平等，只有通过法律才能恢复平等"①。可见，孟德斯鸠强调"法律"是对"平等"的保障。卢梭也认为，"基本公约并没有摧毁自然的平等，反而是以道德的与法律的平等来代替自然所造成的人与人之间的身体上的不平等"②。所以，在卢梭看来，法律也是保障而不是摧毁"平等权利"。尽管在启蒙思想家那里也有了"法律面前人人平等"的观点，如洛克认为"法律的目的是对受法律支配的一切人公正地运用法律"③，但"平等权利由法律保障"是当时"法权平等观"关于"权利平等"和"法律"关系的基本内涵。

然而，随着资产阶级取得统治地位和统治地位的巩固，不仅"权利平等"概念被"零打碎敲"地掏空了实质内容，而且越来越被"法律面前人人平等"的说法所替代。毫无疑问，与"权利平等"相比，"法律面前的平等"更加抽象化、原则化，更加没有实质性的内容，而且"平等权利"的范围也大大被挤压了。因为，正像上文所分析，在资产阶级革命时期，"权利平等"不仅包括政治权利的平等，而且包括经济权利和社会权利的平等。而"法律面前平等"仅仅剩下了法律遵守和法律适用方面的平等了，原来的政治权利、经济权利、社会权利已经不见了踪影。就算是"法律面前的平等"，还被各种限制给取消了。正如蒲鲁东所分析，"什么叫做法律面前的平等呢？1790 年的宪法、1793 年的宪法、钦定的宪章、由人民同意接受的宪章都没有加以明确规定。它们却都以财富和等级上的不平等为前提，由于存在着这种不平等，所以权利上的平等连影子也找不到了。"而"在 1814 和 1830 年的宪章中保存下来的《人权宣言》的这条具有启发性的条文，是以几种公民权的不平等为前提的；这就是说，几种法律面前的不平等：等级的不平等，因为人们只是为了公职能带来名利才加以追求的；财富上的不平等，因为如果要求得到财富上的平等，那么公职就应该被看作是一种义务而不是报酬；选拔上的不平等，因为法律没有明确规定什么叫做才干和德性"④。所以，资产阶级的法律本身就包含了种种人身上的限制，也就内含了种种不平

---

① ［法］孟德斯鸠. 论法的精神：上册［M］. 张雁深，译. 北京：商务印书馆，1961：43、114.
② ［法］卢梭. 社会契约论［M］. 何兆武，译. 北京：商务印书馆，2003：30.
③ ［英］洛克. 政府论：下篇［M］. 叶启芳，瞿菊农，译. 北京：商务印书馆，1964：15.
④ ［法］蒲鲁东. 什么是所有权［M］. 孙署冰，译. 北京：商务印书馆，1963：63、64.

等。这样，再宣称所谓"法律面前人人平等"，就不仅是空洞的、而且是虚伪的口号。

在当代西方资本主义社会，"法律面前的平等"更是资产阶级搪塞下层劳动阶级"权利平等"要求的托词，而且还要加上种种限制和曲解。如英国新自由主义右翼理论家哈耶克就认为，资产阶级大革命"争取自由的斗争的伟大目标，始终是法律面前人人平等（equality before the law）。国家强制实施的规则下的这种平等，可由人们在彼此之间的关系中自愿遵从的规则下的一种与其相似的平等予以补充。这种将法律面前人人平等的原则扩大至包括道德的和社会的行为规则（the rules of moral and social conduct），实乃人们通常所说的民主精神（democratic spirit）的主要表现——这种民主精神在缓和人们对自由必然产生的不平等现象的不满方面，很可能起到了极大的作用"①。这显然是对历史事实的歪曲。只要稍微深入研究一下资产阶级大革命时期的思想观点就可以明白，那时的"平等"要求是有着实质内容的"权利平等"，而不是只具形式意义的"法律面前的平等"。哈耶克又说："一般性法律规则和一般性行为规则的平等，乃是有助于自由的唯一一种平等，也是我们能够在不摧毁自由的同时所确保的唯一一种平等。"②可见，在哈耶克那里，所谓"自由"是第一位的，而所谓"平等"完全是次要的，甚至为了"自由"恰恰要求"不平等"。这在哈耶克的进一步解释中可以看得很清楚，他说："法律面前人人平等与物质的平等不仅不同，而且还彼此相冲突；我们只能实现其中的一种平等，而不能同时兼得二者。自由所要求的法律面前的人人平等会导向物质的不平等。"③可见，在哈耶克看来，"法律面前的平等"可能导致事实上的不平等，而事实上的不平等也是符合"法律面前的平等"原则的。这样，就完全消解掉了资产阶级革命时期"权利平等"的一切内容。哈耶克又对"法律面前的平等"的内涵作了进一步解释，认为，"法律面前人人平等的理想，乃旨在平等地改善不确定的任何人的机会，它与那种以人们可预见的方式致使待定的人受损或

---

① 〔英〕弗雷德里希·冯·哈耶克. 自由秩序原理：上［M］. 邓正来，译. 北京：生活·读书·新知三联书店，1997：102.
② 〔英〕弗雷德里希·冯·哈耶克. 自由秩序原理：上［M］. 邓正来，译. 北京：生活·读书·新知三联书店，1997：102.
③ 〔英〕弗雷德里希·冯·哈耶克. 自由秩序原理：上［M］. 邓正来，译. 北京：生活·读书·新知三联书店，1997：104-105.

获益的做法都是极不相容的"①。也就是说,在哈耶克看来,所谓"法律面前人人平等"只是"平等地"改善人们的"机会",而不能涉及人们的利益调整。这样,"法律面前的平等"不仅消解掉了"权利平等"的一切实质内容,而且自己也仅剩下一条抽象的原则了,"法律面前的平等"口号成了抽身走掉的狡猾的蛇蜕在"原教旨"处的一层蜕皮。除了一个空洞的语句、一条抽象的原则,它没有留下任何实质内容,也没有了任何实际意义。

3. 法权平等观批判

通过上面的分析可以看出,大革命时期,资产阶级是把"平等"作为政治权利来争取的,以争得与封建特权阶级的平等地位。他们希望把平等权利通过宪法形式固定下来,并通过法律来保障平等权利的实现。正因如此,"平等"往往表现为一种法权。但随着封建特权被逐步铲除,随着资产阶级获得统治地位并逐步巩固,资产阶级开始走向保守。于是,很少再用"人人生而平等""天赋人权"等理念解释"平等",实质上就是不愿下层劳动阶级与自己有平等地位。于是,"权利平等"逐步变成了"法律面前人人平等"的抽象原则。这样,作为政治权利、作为法权的"平等"这种有实质内容的要求,逐步变成了空洞的口号。事实上,由于阶级立场的局限,资产阶级也只能要求法律上的平等,而不能像无产阶级那样,把"平等"要求拓展到经济和社会领域。所以,"法律面前人人平等"就成了资本主义国家的基本理念,成了资产阶级理论家研究"平等"的基本理论范式,也是在资本主义制度范围内唯一能许可的平等。

现代西方理论家的"法权平等观"也多是限于"法律面前平等"的观点。如哈耶克只承认"法律面前的平等",而不承认"实质性平等"(substantive equality)。他认为,"最大的非正义莫过于对事实上不平等的现象做平等的对待!"②因此,最多只能承认"法律面前人人平等"这种抽象的、形式的、原则上的平等。类似地,弗里德曼也认为,在美国南北战争后,"平等"主要是"机会均等""人身平等"和"法律面前平

---

① 〔英〕弗雷德里希·冯·哈耶克. 自由秩序原理:上 [M]. 邓正来,译. 北京:生活·读书·新知三联书店,1997:266.
② 〔英〕弗雷德里希·冯·哈耶克. 自由秩序原理:上 [M]. 邓正来,译. 北京:生活·读书·新知三联书店,1997:296.

等"。现在也只能要求"法律面前的平等",而不是要求实质平等。阿瑟·奥肯同样指出,资本主义民主一般认为"法律面前人人平等的原则是最神圣的权利之一","被誉为我们权利中最高的精华"。同时也承认,"它经常被亵渎"。①

资产阶级理论家之所以把"平等"仅仅归结为"法律面前的平等",而不愿像无产阶级那样把"平等"从法的领域、政治领域拓展到经济领域、社会领域,由"政治权利的平等"拓展为"经济关系的平等"和"社会地位的平等",那是因为,一旦把"平等"理解为这种彻底的平等,那就意味着对资本主义制度的颠覆和资产阶级自身的灭亡。而且,经济的平等和社会的平等首先要有经济关系的平等。生产资料占有的平等有两种形式:其一是每个人绝对平均地占有一份生产资料;其二是在生产资料社会所有基础上实现全体劳动者的联合。前者是一种小私有制,它在自身漫长的发展过程中还会发展为今天的大私有制,并再生产出现存社会的一切不平等。从私有制出现以来的整个人类历史,就是这样走过来的。后者是一种真正意义的公有制,也是实现真正平等的唯一一种所有制形式。但是实现这种所有制,也就意味着一切形式的私有制的消灭,从而消解了资本主义私有制的制度基础,也就等于终结了资本主义制度和资产阶级自身。这就是资产阶级只把"平等"归结为"法律面前的平等",而不愿承认经济关系的平等和社会地位的平等的根本原因。这是由资产阶级的阶级地位和阶级立场所决定的。总之,一旦把"平等"要求推进到底,一旦把"平等"要求从抽象原则变成具体内容,把"平等"从政治领域拓展到经济、社会领域,就突破了资本主义制度的外壳,就意味着资本主义社会被替代。而这是资产阶级理论家绝不可能允许的。然而,如果不从彻底意义上理解"平等",那就不可能有"真正的平等",就是虚假的平等,就是虚伪的平等观。"要末是……赤裸裸的专制制度,要末是真正的自由和平等"②。

那么,"法律面前的平等"是一种怎样的"平等"呢?正如恩格斯所指出,"平等原则由于被限制为仅仅在'法律上的平等'而一笔勾销了,法律上的平等就是在富人和穷人不平等的前提下的平等,即限制在

---

① 〔美〕阿瑟·奥肯. 平等与效率 [M]. 王奔洲, 译. 北京: 华夏出版社, 1987: 18.
② 恩格斯. 大陆上社会改革运动的进展 [M]. 马克思, 恩格斯. 马克思恩格斯全集: 第1卷. 北京: 人民出版社, 1956: 576.

目前主要的不平等的范围内的平等,简括地说,就是简直把不平等叫做平等"①。为什么说"平等"被限制为仅仅在"法律上的平等"就"一笔勾销了"呢?这是由于在私有制社会,财产统治着一切,私有财产作为一种经济力量渗透到社会生活的一切方面,也贯彻到法律的制定和实施中。法律任何时候都是占统治地位的那个阶级的意志的反映。所以,针对"在法律和法官面前,所有的人不论富贵贫贱都一律平等。这一原理在国家的信条中占着首要的地位"这种普遍认可观点,马克思、恩格斯批判指出,"是国家的吗?恰恰相反,大多数国家的信条都一开始就规定富贵贫贱在法律面前的不平等"②。也就是说,尽管各国的法律都确立了"人人平等"的宪法原则,但法律条文的详细规定里、在各种限制条件中、在法律解释时,都规定了财产的特权,并把"富贵"与"贫贱"的不平等关系确定下来、保护起来。法律的规定如此,法律的实施又是怎样的呢?马克思指出,"利益知道怎样诬蔑法"。"如果认为在立法者偏私的情况下可以有公正的法官,那简直是愚蠢而不切实际的幻想!"③既然法律是自私自利的,那么怎么可能有"大公无私"的判决呢?法官只能落实法律的自私自利,审判程序只能是一种毫无内容的形式,这种空洞的形式没有任何独立的价值和实际意义。所以,在私有制社会里,"法律压迫穷人,富人管理法律"——这些都是"法律面前平等"原则的真实写照。总之,与"法律面前人人平等"的原则相比,"理论和实践处于惊人的矛盾中"。④这就说明,一方面,既然在私有制条件下,"富人制定、管理法律,法律压迫、控制穷人","大多数国家的信条都一开始就规定富贵贫贱在法律面前的不平等",那么试图通过法律来保障"平等",显然是不能实现的奢望。另一方面,从法律上论证平等,把"平等"归结为一种抽象的原则,一种法律价值、理念,就根本上取消了任何平等的现实可能,"一笔勾销"了所谓"人人平等"的承诺。

---

① 恩格斯. 给"北极星报"编辑部的第三封信 [M]. 马克思,恩格斯. 马克思恩格斯全集:第 2 卷. 北京:人民出版社,1957:648.
② 马克思,恩格斯. 神圣家族 [M]. 马克思,恩格斯. 马克思恩格斯全集:第 2 卷. 北京:人民出版社,1957:70.
③ 马克思. 第六届莱茵省议会的辩论(第三篇论文)·关于林木盗窃法的辩论 [M]. 马克思,恩格斯. 马克思恩格斯全集:第 1 卷. 北京:人民出版社,1956:163、178.
④ 恩格斯. 英国状况 英国宪法 [M]. 马克思,恩格斯. 马克思恩格斯全集:第 1 卷. 北京:人民出版社,1956:703-704.

"权利平等"体现的是人与人之间的关系，即政治关系、社会关系。而最根本的社会关系是财产关系，因为财产关系决定了对别人的支配关系或平等关系。总之，人的平等是在财产平等基础上的社会关系的平等。如果没有经济关系的平等，作为政治关系的"权利平等"只能是原则平等掩盖下的事实上的不平等。之所以会出现这种"平等原则"同现实的悖论，就是因为，法律本身作为国家政治制度形态、作为上层建筑的重要组成部分，它本身就是由经济关系决定的，同时又是决定它的经济关系的维护力量。在私有制条件下，由于人们占有生产资料多寡不同，特别是在资本主义社会里，少数人占有大量生产资料，多数人没有生产资料，这就决定了人们不同的经济地位和经济关系的不平等。法律作为占统治地位的阶级的权利要求和利益表达，显然是为保护这种不平等经济社会关系服务的。因此，"法律面前的平等"也就成了一句空洞的口号，法律在任何情况下都是私有制基础上的不平等关系的保护，而且它本身就是这种不平等关系。

法权关系由经济关系决定，这就是马克思、恩格斯主张从经济关系而不是法权关系上研究"平等"的原因。因为他们知道，"法律面前的平等"至多只能给人以形式的平等、表面的平等、虚假的平等，至于法律原则背后的不平等经济关系给人带来的经济社会生活的各种事实上的不平等则没有被考虑到。也就是说，尽管经济生活中不同的人在法律上被认为是"平等"的，而且以法律意义上的"平等人"身份进行经济交往，但由于不同的经济地位作为一种强制的力量作用于人们，因此"法律面前平等"面纱下展开的完全是不平等的经济关系。譬如说，由于找不到工作就会忍饥挨饿、露宿街头、无法养家糊口的工人，只能接受资本家提供的压得不能再低的工资，如此而已。因此，在不平等的经济关系面前，法律上的平等只能是纸面上的平等、抽象的平等、假象的平等。可见，把"平等"仅仅理解成"法律面前的平等"，就是抛开经济关系仅仅从法权关系上理解"平等"，这是不可能真正触及"平等"问题的本质的。同时，把"平等"仅仅理解成"法律面前的平等"，就是把"平等"仅仅局限于法律原则上，停留在形式平等上，是不可能实现实质平等的，因而在历史观上是保守的，甚至是反动的。

三、"机会平等观"辨析

如果说"权利平等""法律面前的平等"是政治制度、政治生活的平等原则,那么"机会平等"则是西方国家广为接受的经济生活、社会生活的平等原则。而且,"权利平等"和"机会平等"是密切相关的,"机会平等"正是"法律面前的平等"原则在经济社会生活领域的延展。

所谓"机会平等",按照弗里德曼的解释就是,"每个人应该凭自己的能力追求自己的目标,谁也不应受到专制障碍的阻挠"①。"它的真正含义的最好的表达也许是法国大革命时的一句话:前程为人才开放。任何专制障碍都无法阻止人们达到与其才能相称的、而且其品质引导他们去谋求的地位。出身、民族、肤色、信仰、性别或任何其他无关的特性都不决定对一个人开放的机会,只有他的才能决定他所得到的机会。""按照这种解译,机会均等只不过是更具体地说明人身平等和在法律面前平等的含义。与人身平等一样,机会均等之有意义和重要,正是因为人们的出生和文化素质是不同的,因此,他们都希望并能够从事不同的事业。"而且,"同人身平等一样,机会均等与自由并不抵触。相反,它是自由的重要组成部分"②。实质上,这种解释已经显示了当代资产阶级理论家的保守和倒退,把资产阶级大革命时期要求的"前程为所有人开放"替换为了"前程为人才开放"。而所谓"人才",在资本主义社会里,永远都是居于上层社会、受过良好教育的资产者。

不管怎样,从"机会平等"的含义可以看出,它是与反封建特权的"自由"原则密切相关的,也是资产阶级革命时期发展自由商品经济的要求。资产阶级是随着商品经济的发展和国际市场的开辟才走上历史舞台的,因此,资本主义平等理论不能摆脱市场经济的逻辑。市场经济实质上是商品经济,而商品经济以"等价交换"为基本原则。这为无差别的人类劳动的比较提供了一种可能,于是"商品面前人人平等"成为"人人生而平等"理念在经济生活中的具体体现。"商品面前人人平等"是指"人人机会平等",也就是人人都有获取财富的平等机会。所以,"机会平等"就成了资本主义经济社会的基本理念。

"机会平等"按其本来意义,是指社会资源、机会、地位、职务等向一切人开放。它的内容很广泛,可以指财富持有的平等,进入社会或

---

① 〔美〕米尔顿·弗里德曼,罗斯·弗里德曼. 自由选择——个人声明 [M]. 胡骑等,译. 北京:商务印书馆,1982:131.
② 〔美〕米尔顿·弗里德曼,罗斯·弗里德曼. 自由选择——个人声明 [M]. 胡骑等,译. 北京:商务印书馆,1982:135.

市场门槛的起点平等，社会制度、体制所规定的程序的平等，政治权利和法律实施的平等，教育的平等，等等。实际上，从边沁、密尔为代表的功利主义开始，"机会平等"就代替资产阶级大革命时期所要求的"人人生而平等"，成为西方平等要求的主要尺度。功利主义从"平等"转移到"以最大多数人的最大利益"为目标，用"最大幸福"作为评价法律或政治制度的根本价值标准，认为"条件的平等"会造成对个人快乐与幸福的伤害，且没有增加快乐与幸福的总合。所以其所坚持的"平等"只能是以利己主义为原则的"机会平等"。

正如美国经济学家斯蒂格利茨所指出，"美国价值观中关于公平的一个根深蒂固的方面就是机遇。美国一直视自己为一个机遇平等的国度"[1]。罗伯特·威廉·福格尔在《第四次大觉醒及平等主义的未来》中对"机会平等"在美国的流变情况进行了历史分析。他指出，美国"在18世纪和19世纪开头75年的时间里，主要的原则是机会平等。该原则认为，收入和其他生活条件的不平等是一种自然状态，但同时也认为，社会底层的人可以通过自己的努力（通过勤奋、毅力、才智和正当手段等）使自己的经济和社会地位得到提升"。"对于一个拥有大量未开垦土地，且土地价格十分低廉的农业社会来说，这种原则是恰当的。同时，当大多数非农业企业的规模仍然较小，学徒和熟练工都有理由期望自己最终能够成为小企业的所有者时，这种原则也是恰当的。"但"到了19世纪90年代，西部边疆的开发已宣告结束，农业危机使得上百万农民涌入城市寻找工作。无论对工人来说，还是对改革者来说，机会平等似乎都只是一句空话了"[2]。于是"出现了一种新的道德伦理，其标准是条件平等而不是机会平等。条件上的更加平等主要是通过政府项目来完成的。设置这些项目的目的是要通过降低劳动力的供给（以法律形式减少工作时间，对移民加以限制及禁止妇女和儿童从事某些工作等）和支持工会要求提高工资、改善工作条件的努力来使工资水平上升。通过对富人征收所得税并使用这些收入为穷人设立福利项目……"但是，"最近几年，

---

[1] 〔美〕斯蒂格利茨. 不平等的代价 [M]. 张子源，译. 北京：机械工业出版社，2017：序言 X.

[2] 〔美〕罗伯特·威廉·福格尔. 第四次大觉醒及平等主义的未来 [M]. 王中华，刘红，译. 北京：首都经济贸易大学出版社，2003：6.

机会平等原则开始与以前一样居于主导地位"①。这主要是由于强调"个人责任"的狂热宗教（enthusiastic religion）的兴起，还因为福利项目成功实施后还没有解决的平等问题如职业选择、受教育的障碍、职业道路上的晋升等，大多属于机会问题而与收入转移无关。单纯增加额外收入并不能确保这些不平等的消除。所以，"机会平等"原则变得更为突出。②

"机会平等"在当代西方世界仍然是主流的平等观。如英国经济学家利奥尼尔·罗宾斯（Lionel C. Robbins）认为："对一个年轻人来说，如果用若干法定的或等级的限制来否认他能从事特定的职业，那是极不相宜的。因为这样做违背法律上平等的原则……假使一个人仅因其家庭环境的关系，而否认他有与其同伴尽量地进行竞争的机会，那是一件不幸的事。我们认为，这种情形在道义上是不合适的，在经济上是不合算的，因为这样就不能做到人尽其才。"③ 所以，罗宾斯认可的只能是"机会平等"，而不能进行法律或经济的干预。

事实上"机会平等"本身也在"蜕化"中。按"机会平等"本来的含义，是政府应当承担起责任，保证"机会向所有人开放"，这是明确在强调政府的责任。但是，现在西方理论家在论及"机会平等"时，开始有意淡化政府的责任，而是越来越强调个人的"责任"。所以，在很多理论家看来，"机会平等"是与"自由"价值密不可分的，而且它不是强调社会为个人提供的机会和条件，而是特别强调个人的"责任"。如哈耶克就把"机会平等"的社会看成是一种"自由的理想社会"。他认为，"作为道德品行之条件的行动自由，也包括了采取错误行动的自由：只有当一个人拥有选择的机会的时候，只有当他对规则的遵循不是出于强迫而只是出于自愿的时候我们才能对他加以赞扬或谴责"④。总之，"一个自由的社会所必须提供给人们的，只是寻求一恰当地位的机会，但是需要强调的是，在此一过程中，风险和不确定性始终与这种机

---

① 〔美〕罗伯特·威廉·福格尔. 第四次大觉醒及平等主义的未来 [M]. 王中华，刘红，译. 北京：首都经济贸易大学出版社，2003：6－7、7.
② 〔美〕罗伯特·威廉·福格尔. 第四次大觉醒及平等主义的未来 [M]. 王中华，刘红，译. 北京：首都经济贸易大学出版社，2003：7.
③ 转引自：曹锦清. 平等论 [M]. 上海：华东化工学院出版社，1988：21.
④ 〔英〕弗雷德里希·冯·哈耶克. 自由秩序原理：上 [M]. 邓正来，译. 北京：生活·读书·新知三联书店，1997：94.

会相伴随；只要人们为了实现自己的才智而去寻求市场，就必定会面临这种风险和不确定性"①。可见，在哈耶克看来，这种"风险"和"不确定性"，是"个人选择"的结果，是个人要负起的责任，是个人要承担的后果。这样，政府就没有了任何责任，而"机会平等"对除了劳动力一无所有的劳动者来说也就一下子不再有任何"机会"，也没有了任何实质意义。

广义的"机会平等观"还应该包括"程序平等""资源平等""条件平等""运气平等""教育平等"等，因为这些都涉及获得发展的机会和可能性。

1. 程序平等观

"程序平等"即政治、经济、社会规则的平等。它虽然与"机会平等"一样也是个人在社会中生活或实现发展的可能性，但比"机会平等"又近了一步，更加具体化了。因为"机会平等"仅仅是"前程对所有人开放"，还是一种抽象的原则。而"程序平等"就要把这种原则变成现实的制度，把"前程对所有人开放"变成一种可操作性的体制、机制架构。

"程序平等"和"程序正义""程序公平""程序公正"等实际上是一回事，都是指制度规定和具体实施要对一切人同等对待。如1215年颁布的《英国自由大宪章》规定，"任何自由人，若未经其同级贵族之依法裁判，或经国法判决，皆不得被逮捕、监禁、没收财产、流放、剥夺法律保护权及受其他任何损害"②。理论界一般把此归结为"程序正义"，实质上体现了"任何人"在"合法审判"前的"程序平等"。简单地说，"程序正义"的核心要义就是"程序面前人人平等"。

罗尔斯也把他的"作为公平的正义"称为"纯粹程序的正义"。首先，为了确定"正义原则"，罗尔斯假设了"原初状态"的"无知之幕"，"原初状态的观念旨在建立一种公平的程序，以使任何被一致同意的原则都将是正义的。其目的在于用纯粹程序正义的概念作为理论的一个基础。"在这种"排除了各种偶然因素如权力、利害关系和形而上的信念"的"无知之幕"下确立的"正义原则"，就是"作为公平的正义

---

① 〔英〕弗雷德里希·冯·哈耶克. 自由秩序原理：上 [M]. 邓正来，译. 北京：生活·读书·新知三联书店，1997：296.
② 何勤华. 英国法律发达史 [M]. 北京：法律出版社，1999：75.

原则"。所以,"作为公平的正义从一开始就能使用纯粹程序正义的观念"①。其次,罗尔斯把"两个正义原则"表述为:"第一个原则:每个人对与其他人所拥有的最广泛的基本自由体系相容的类似自由体系都应有一种平等的权利。""第二个原则:社会的和经济的不平等应这样安排,使它们被合理地期望适合于每一个人的利益;并且依系于地位和职务向所有人开放。"② 可以看出,"两个正义原则"一是坚持了"每个人平等权利"原则,二是坚持了"地位和职务向所有人开放"也就是"机会平等"原则。所以,"两个正义原则"从某种意义上来说,也是一种"平等"原则。最后,罗尔斯对"两个正义原则"的含义进行了阐释:其一,满足"平等的自由的第一个原则"的"经济大致是一种自由的市场经济";其二,"满足了效率原则的、其中各种地位是向所有能够和愿意去努力争取它们的人开放的社会基本结构,将导致一种正义的分配。这种分配权利和义务的方式被设想为给出一个分配方案,在这一方案中以一种公平的方式分配财富和收入、权力和责任,而不管分配的结果是什么。这一理论包含一种纯粹程序的正义的重要因素"③。也就是说,所谓"纯粹程序的正义"其实是"各种地位是向所有能够和愿意去努力争取它们的人开放的社会基本结构",也就是"机会平等"原则。而且"纯粹程序的正义"是应用于自由市场经济的"公平分配财富、收入、权力和责任的分配方案"。在后面的论证中,罗尔斯更是明确指出,"第二个原则的第二部分,它在后面将被理解为机会公平平等的自由主义原则"④。也就是说,罗尔斯认为,他的"纯粹程序的正义"其实就是"机会的公平平等"原则,或者说是"程序平等"原则。这里只是确立了"程序正义"或"程序平等"的原则,而要让"原则"真正发挥作用,就要变成现实的制度,变为实实在在的程序架构。所以,罗尔斯说:"为了在分配份额上采用纯粹的程序正义的概念,有必要实际地建立和公平

---

① 〔美〕约翰·罗尔斯. 正义论 [M]. 何怀宏,何包钢,廖申白,译. 北京:中国社会科学出版社,1988:136、120.

② 〔美〕约翰·罗尔斯. 正义论 [M]. 何怀宏,何包钢,廖申白,译. 北京:中国社会科学出版社,1988:60-61、61.

③ 〔美〕约翰·罗尔斯. 正义论 [M]. 何怀宏,何包钢,廖申白,译. 北京:中国社会科学出版社,1988:66.

④ 〔美〕约翰·罗尔斯. 正义论 [M]. 何怀宏,何包钢,廖申白,译. 北京:中国社会科学出版社,1988:84.

地管理一个正义的制度体系。只有在一种正义的社会基本结构的背景下，在一种正义的政治结构和经济和社会制度安排的背景下，我们才能说存在必要的正义程序。"① 而要把"作为公平的正义原则"变成现实的程序和制度，罗尔斯认为要经过"四个阶段的序列"：第一，召开一个立宪会议，确定政治结构的正义并抉择一部宪法，为政府的立宪权力和公民的基本权利而设计出一种制度。第二，选择最有效的正义宪法，满足两个正义原则，能最好地导致正义的、有效的立法。第三，进行立法，"法规不仅必须满足正义原则，而且必须满足宪法所规定的种种限制条件"。第四，"法官和行政官员把制定的规范运用于具体案例，而公民们则普遍地遵循这些规范"②。这样，体现"两个正义原则"的正义程序就构建完成了，这"四个阶段的序列"正是体现了"纯粹程序的正义"理念。所以，"程序正义"或"程序平等"不仅是适用于自由市场经济的经济生活，而且适用于法律制定和实施的政治生活、社会生活。也就是罗尔斯说的："首先，正义的宪法应是一种满足平等、自由要求的正义程序；第二，正义的宪法应该这样构成，即在所有可行的正义安排中，它比任何其他安排更可能产生出一种正义的和有效的立法制度。"于是，"在一个组织良好的社会中，由社会肯定的每个人的平等公民地位保障着人们的自尊，物质财富的分配则小心地和纯粹程序的正义的观念保持一致"③。也就是说，遵循"正义原则"构建起"正义的程序"，人们"平等"地按"程序"组织生活，就构建起了"组织良好的社会"。这显然是"程序平等"的理论架构。

类似地，哈耶克的"自发秩序"理论、诺奇克的"持有正义"理论，也都将自由市场作为资源配置的"纯粹程序正义"。而按诺齐克的观点就是，通过正义的步骤从正义的状态中产生的任何东西都是正义的。事实上，主张"程序正义"或"程序平等"，往往是为了反对"实质正义""实质平等"。所以，"程序平等"实质上与"机会平等"在内涵上是一致的，都是提供一种个人价值实现的可能性。

---

① 〔美〕约翰·罗尔斯. 正义论 [M]. 何怀宏，何包钢，廖申白，译. 北京：中国社会科学出版社，1988：87.
② 〔美〕约翰·罗尔斯. 正义论 [M]. 何怀宏，何包钢，廖申白，译. 北京：中国社会科学出版社，1988：193-197.
③ 〔美〕约翰·罗尔斯. 正义论 [M]. 何怀宏，何包钢，廖申白，译. 北京：中国社会科学出版社，1988：219、548.

2. 资源（条件）平等观

当分析"平等"时，首先要明确是"什么的平等"，也就是平等的尺度是什么。在平等的尺度方面，有的主张"福利平等"，有的主张"资源平等"；而从这些平等观的性质上判断，有的属于"条件平等"，有的属于"结果平等"。所谓"福利"，主要是幸福、快乐或指偏好的满足、目标和抱负上的成功等；所谓"资源"，主要是个人财产、合法机会或者体格、技能、性格、抱负等人格特征，因此包括外部资源和内在资源。可以看出，"福利平等"主要是一种主观感觉，而"资源平等"则是利用外部资源和内在资源（个人人格、能力）获取良好生活的机会的平等。因此，"资源平等"事实上属于"机会平等"的范畴。所谓"条件平等"，主要是地位、待遇和机会的平等，也就是起始条件的平等；而所谓"结果平等"，主要是收入、财富、成就的平等。因此，"条件平等"事实上也属于"机会平等"的范畴。

美国哲学家、法学家罗纳德·德沃金就坚持"资源平等观"。他认为，"平等的关切要求政府致力于某种形式的物质平等，我把它称为资源平等（equality of resources），虽然其他称谓也可能同样合适"①。德沃金是把"资源平等观"与"福利平等观"相对应使用的。他把"福利平等"分为两类：第一类是"福利即成功的理论"（success theories of welfare），假定"个人的福利就是他在实现其偏好、目标和抱负上的成功"；第二类是"感觉状态理论"（conscious-state theories），即"分配应当努力使人们在其自觉的生活的某些方面或质量上尽可能达到平等"。② 可见，"福利平等"更多的是一种主观行为或主观感受，而德沃金更倾向于具有物质内容的"资源平等"。他认为，"资源平等观"的"核心理论和方法"，是"选择非人格资源和人格资源作为平等的尺度；把他人付出的机会成本作为衡量任何人占有非人格资源的尺度；以一个虚拟的保险市场作为再分配税收的模式"。而所谓"资源平等"，就是"一个分配方案在人们中间分配或转移资源，直到再也无法使他们在总体资源份额

---

① 〔美〕罗纳德·德沃金. 至上的美德：平等的理论与实践 [M]. 冯克利，译. 南京：江苏人民出版社，2008：导论3.
② 〔美〕罗纳德·德沃金. 至上的美德：平等的理论与实践 [M]. 冯克利，译. 南京：江苏人民出版社，2008：9、10.

上更加平等，这时这个分配方案就做到了平等待人"①。这是从抽象原则说的。就具体内容来说，"资源平等就是在个人私有的无论什么资源方面的平等。……包括支配公共资源的权利平等在内的政治权力的平等。"②也就是说，"资源平等"包括中的"资源"包括"个人资源"，也包括"公共资源"。具体说来，"一个人的资源可以被理解为只包括其财产，或者其财产加上其体格、技能、性格和抱负等人格特征，或除此之外还有他的合法机会和其他一些机会"③。当然，德沃金说的"资源平等"是在现实资本主义制度、现有条件下的平等，如他所说，"资源平等分配的前提是某种形式的经济市场……但在某种程度上也是一种实际的政治制度"④。可见，在德沃金看来，所谓"资源平等"既是经济平等原则，也是政治平等原则，而本质上是一种"机会平等"。

加拿大哲学家凯·尼尔森主张"条件平等"，这也是"机会平等"的一种。尼尔森认为，"社会正义观的平等主义的重点和旨趣"在于："在各个重要方面平等对待所有人。在实现社会正义的过程中，重点是为每一个人实现一些重要的条件平等。"因此，"某些平等的条件是我们应当努力争取的一种目标"⑤。这是因为，"如果没有大体上平等的条件，那么人们之间的道德条件平等就不可能被稳定维持。在不坚持这种平等条件的地方，一个人很可能在各个方面比另一个人或多或少有着更大的权利。因此，至少在某些方式下，一些人将控制另一些人，或者至少处于实施控制或局部控制的地位，并转而限制了一些人的自治，伤害了他们的自尊。如果我们想要一个道德平等的世界，那么我们也需要一个这样的世界，在其中人们彼此坚持大体上的条件平等。为了获得一个大体上平等尊重和平等关注的世界，我们需要（以一个人一生为标尺）大体上平等的资源。如果想要确保平等作为一种权利，也就是说，如果人们

---

① 〔美〕罗纳德·德沃金. 至上的美德：平等的理论与实践 [M]. 冯克利, 译. 南京：江苏人民出版社, 2008：导论7、4.

② 〔美〕罗纳德·德沃金. 至上的美德：平等的理论与实践 [M]. 冯克利, 译. 南京：江苏人民出版社, 2008：61.

③ 〔美〕罗纳德·德沃金. 至上的美德：平等的理论与实践 [M]. 冯克利, 译. 南京：江苏人民出版社, 2008：300.

④ 〔美〕罗纳德·德沃金. 至上的美德：平等的理论与实践 [M]. 冯克利, 译. 南京：江苏人民出版社, 2008：62.

⑤ 〔加〕凯·尼尔森. 平等与自由：捍卫激进平等主义 [M]. 傅强, 译. 北京：中国人民大学出版社, 2016：50、9.

在现实中能够切实行使平等的权利,那么我们就必须实现平等条件的目标"①。可见,尼尔森认为,"条件平等"对维持"道德条件平等"和"一个道德平等的世界"至关重要,对保证人的"权利平等"而不被人控制、对"人的自治""自尊"、对人"平等尊重"等,都至关重要。而且在尼尔森看来,"条件平等"和"资源平等"也是一致的。正是基于"条件平等"的重要性,尼尔森强调,"我们寻求的目标是每个人基本条件的平等"②。也就是说,每一个人,只要没有"遗传操纵",没有家庭扶助,没有基本自由的削弱,都应该尽可能地拥有"平等的生活前景"。在可能的地方,每个人的整个一生都应该平等地获得均等的资源。而"平等地获得资源",即阻止一些人控制或者剥削其他人,阻止一个成年人不依靠其他成年人自主的同意而统治他们。总之,"为了获得平等的条件","提供给每个人自主决定的条件(越充分越合理化越好)和提供出条件来使每一个相同的人的需求和愿望最大可能得到满足"③。可见,尼尔森说的"条件平等"和上面分析的"资源平等"是相通的,都是一种"机会平等"。

3. 运气平等观

在"机会平等"理论中,与"机会"密切相关的是"运气"。自由主义者往往把"不平等"归结为个人"运气"不佳,与社会无关,而个人成功也是由运气带来的。如美国经济学家布坎南举例指出,"耕种家庭农田的农民以标准的方式务农,并没有选择别人在他农田下面会发现石油,他完全靠运气。另外一些人由于运气不好,眼看他们的产业遭洪水、火灾或遭疫病而化为乌有。……运气在一定程度上是已有定论的偶然影响因素,它在比赛中为所有人提供'本来可能'的机会……看来运气并不破坏基本公正的准则"④。自由主义理论家们除了强调"运气"外,还特别强调"个人责任"。如哈耶克就认为,"自由不仅意味着个人拥有选

---

① 〔加〕凯·尼尔森. 平等与自由:捍卫激进平等主义 [M]. 傅强,译. 北京:中国人民大学出版社,2016:10.
② 〔加〕凯·尼尔森. 平等与自由:捍卫激进平等主义 [M]. 傅强,译. 北京:中国人民大学出版社,2016:287.
③ 〔加〕凯·尼尔森. 平等与自由:捍卫激进平等主义 [M]. 傅强,译. 北京:中国人民大学出版社,2016:287.
④ 〔美〕詹姆斯·布坎南. 自由、市场和国家 [M]. 吴良健、桑伍等,译. 北京:北京经济学院出版社,1988:130.

择的机会并承受选择的重负,而且还意味着他必须承担其行动的后果,接受对其行动的赞扬或谴责。自由与责任(responsibility)实不可分。如果一个自由社会的成员不将'每个个人所处的境况乃源出于其行动'这种现象视为正当,亦不将这种境况作为其行动的后果来接受,那么这个自由的社会就不可能发挥作用或维续自身。尽管自由所能向个人提供的只是种种机会,而且个人努力的结果还将取决于无数偶然因素的作用,但是它仍将强有力地把行动者的关注点集中在他所能够控制的那些境况上,一如这些境况才是唯一重要的因素。由于个人被赋予了利用可能只有他才知道的境况的机会,而且一般而言,任何其他人都不可能知道他是否业已最好地利用了这些境况,所以当然的预设就是,他的行动的结果决定于他的行动"①。可见,哈耶克从"自由"理念出发,强调"自由与责任不可分",认为社会只提供"环境的机会",个人成功与否以及社会的不平等完全"取决于无数偶然因素的作用",个人要对结果负"选择"责任。这就把社会不平等完全归结为作为"偶然因素"的"运气",归结为个人责任。也就是说,跟社会制度及其经济关系没有任何关系。

与自由主义者在"机会平等"中依据"运气"反对"结果平等"不同,一些学者的"机会平等观"则主张"运气平等"。所谓"运气平等观",就是主张通过社会制度构建,抵销"运气"等偶然因素造成的不平等。自由主义者强调"自由",强调"运气",强调"个人责任";传统平等主义者强调关注结果的不平等,很少重视"个人责任"。与二者不同,"运气平等观"则既重视平等结果,又强调"个人责任"。"运气平等观"强调"责任",这就要区分主观责任与客观限制,也就是要区分"选择"和"环境"。所谓"选择"是指那些人们能够控制的因素,那些发自人作为主体的自愿行动。所谓"环境"是指那些人们无法控制的因素,其中既包括家庭、出身和阶级等社会因素,也包括天赋和能力等自然因素。而"运气平等观"的"核心思想是:如果不平等来自人们自愿进行的选择,那么它们就是正义的;如果不平等来自人们无法控制的环境,那么它们就是不正义的。用分配正义的语言讲,如果人们处于不利地位是源于他们的选择,那么这种不利不需要加以补偿,而如果他

---

① 〔英〕弗雷德里希·冯·哈耶克. 自由秩序原理:上 [M]. 邓正来,译. 北京:生活·读书·新知三联书店,1997:83-84.

们的不利是源于他们的环境，那么这种不利则需要加以补偿"①。"运气平等观"的落脚点是抵消运气带来的不利影响和可能造成的不平等。其基本理念就是：如果人们之间的不平等来源于运气的差别，那么这种不平等就可能是不正义的，从而它应该得到纠正，即那些因运气而处于不利地位的人们应该得到补偿。为了区分"运气"的性质，德沃金把"运气"区分为"自然的运气"（brute luck）和"选择的运气"（option luck）。所谓"自然的运气"，是人们无法控制的运气，如人们具有的天赋或健康；所谓"选择的运气"，是与人们的自主选择有关的，如选择什么职业或购买什么彩票。这样，"运气平等观"就主张，人们对于"运气"是没有责任的，而对于"选择"是负有责任的。所以，"运气平等观"的目标，就是消除"运气"对人们的不利影响，而由"选择"造成的不平等则是可以接受的。②

罗纳德·德沃金的平等理论就体现了"运气平等观"的理念。他特别强调"重要性平等的原则"和"具体责任原则"。所谓"重要性平等的原则"，即"从客观的角度讲，人生取得成功而不被虚度是重要的，而且从主观的角度讲这对每个人的人生同等重要。……具体责任原则：（即）人生的成功有着客观上平等的重要性，但个人对这种成功负有具体的和最终的责任"。"重要性平等的原则不主张人在所有事情上相同或平等：不要求他们同等地理性和善良，或他们所创造的人生有相同的价值。……平等不涉及人们的任何特性，而是与他们的人生要有一定的意义而不被虚度这一点的重要性有关。""重要性平等的原则确实要求人们以平等的关切对待处在某种境况下的一些群体。一个统治着其公民并要求他们忠诚和守法的政治社会，必须对其全体公民一视同仁。"③ 而"具体责任原则"即"就一个人选择过什么样的生活而言，在资源和文化所允许的无论什么样的选择范围内，他本人要对作出那样的选择负起责任。……它不谴责传统而平淡的生活，也不否定新奇而怪异的生活，只要这种生活不是因为别人断定这是某人自己要过的正确生活而强加

---

① 姚大志. 平等 [M]. 北京：中国社会科学出版社，2017：122.
② 姚大志. 平等 [M]. 北京：中国社会科学出版社，2017：128.
③ 〔美〕罗纳德·德沃金. 至上的美德：平等的理论与实践 [M]. 冯克利，译. 南京：江苏人民出版社，2008：导论6、导论6-7.

于他的"①。也就是说，个人要对自己的"选择""负责"，并承担个人选择的后果。当然，这种"选择"必须是自己自觉地选择，而不是别人强加于他的。德沃金进一步解释指出："第一项原则要求政府采用这样的法律或政策，它们保证在政府所能做到的范围内，公民的命运不受他们的其他条件——他们的经济背景、性别、种族、特殊技能或不利条件——的影响。第二条原则要求政府在它能做到的范围内，还得努力使其公民的命运同他们自己作出的选择密切相关。"② 这里的"第一项原则"即"重要性平等的原则"；"第二条原则"即"具体责任原则"。也就是说，在德沃金的平等观中，既强调政府的责任，又强调个人责任。政府的责任是使"公民的命运"不受"经济背景、性别、种族、特殊技能或不利条件的影响"；个人的责任是"对自己出于个人信念、偏好和个性而作出的选择之后果负有责任"。所以，正如德沃金自己所指出："老一代平等主义者坚持认为，一个政治共同体负有向全体公民表示平等关切的集体责任，但他们解释平等关切的方式却忽略了公民的个人责任。新老保守主义者都坚信这种个人责任，但他们对个人责任的解释却使集体责任受到了漠视。"③ 所以，他认为自己关于"平等与责任"的"第三条道路"，"完美地"兼顾了政府责任和个人责任。这种"平等观"的指向，就是通过"两个责任"，抵消"运气"对个人和对资源平等分享的不利影响。可见，是一种地道的"运气平等观"。

4. 教育平等观

"机会平等"的一个重要内容是"教育平等"，也就是受教育权和受教育机会的平等。因为，通过接受良好的教育，可以提升个人的综合素质和各方面的能力，从而有更多的机会实现更好的发展。正因如此，不少理论家都特别重视教育的平等，坚持"教育平等观"，把它看作"机会平等"或"起点平等"的重要方面。

历史上不少思想家都把"教育平等"作为实现个人平等、改造不平

---

① 〔美〕罗纳德·德沃金. 至上的美德：平等的理论与实践 [M]. 冯克利，译. 南京：江苏人民出版社，2008：导论7.

② 〔美〕罗纳德·德沃金. 至上的美德：平等的理论与实践 [M]. 冯克利，译. 南京：江苏人民出版社，2008：导论7.

③ 〔美〕罗纳德·德沃金. 至上的美德：平等的理论与实践 [M]. 冯克利，译. 南京：江苏人民出版社，2008：导论8.

等社会的重要途径。如启蒙思想家卢梭的"自然教育"观就要求教育要服从"自然的永恒法则",促进人的身心自由发展。他特别强调对儿童进行劳动教育和"自由、平等、博爱"理念教育。一方面使他们学会谋生的手段,养成支配自己的自由和体力的能力,不受权贵的奴役,自由自在地享受大自然赋予的权利;另一方面使儿童的心灵免受宗教偏见的扼杀,培养人人平等、互助互爱的观念,摒弃高官厚禄的寄生生活,通过自己劳动,谋求自己的幸福。通过早期良好的教育,让儿童牢固地树立良好的思想观念,保持自然的习惯。当他们长大以后,就会选择良好的制度,改造不平等的社会。启蒙思想家、空想社会主义的先驱马布利也认为,"自然界决没有把才能分配得这样不平等,以致能够在人们的地位上造成极大差别。我们所受的那种能够使一部分人愚蠢和发展另一部分人的精神能力的教育,叫我们相信上天创造了人们的各种阶级"①。也就是说,马布利认为,是教育灌输的不平等思想造成了人类社会的不平等。正因如此,空想社会主义者傅立叶认为,改造不平等的社会,"必须从教育开始,特别是因为教育将是人们首先要加以组织的结构部门,其原因在于儿童所受到的偏见和怀疑的毒害比较小,从而就比他们父辈更能顺从引力。他们从第一个星期起就会完全醉心于这种引力,并且很快就会显示出情欲谢利叶制度的优越性"。所以,"协作教育的目的在于实现体力和智力的全面发展,使人们把全部精力,甚至于娱乐都用在生产劳动上"②。认为,通过人人体力和智力的全面发展,实现人人参加生产劳动,就会消除现有制度的不劳而获现象,真正实现社会的平等。类似地,欧文也认为,"没有教育和环境方面的这种全面而完备的平等,既不能够有什么普通而持久的幸福生活,严格说来,就不会在人们中间有任何正义。只有彻底实行真正平等的原则,才能推动人类走向高度完善的阶段。如果一切人不怀任何成见,处于彼此协调得适应人的本性的秩序和环境之中,受到良好的教育和培养,而且有适当的工作可做,这样,也只有这样,才能对人类迟早要达到的高尚、康乐和愉快的幸福有正确

---

① 〔法〕马布利. 马布利选集 [M]. 何清新,译. 北京:商务印书馆,1960:46.
② 〔法〕傅立叶. 傅立叶选集:第二卷 [M]. 赵俊欣等,译. 北京:商务印书馆,1981:2.

的认识"①。所以,"公社的首要任务,将是使全体社员在体、德、智方面经常受到最好的教育"②。此外,19世纪法国著名的哲学家、小资产阶级空想社会主义者皮埃尔·勒鲁则主张通过平等教育,实现司法平等。他认为,"要使司法在穷富之间一律平等,首先当初就不应该区分穷人的孩子和富人的孩子;换句话说,应该使人人受公共教育,正如社会契约早已颁布的那样;孩子们应该不分出身,人人得到同样的道德教育,然后从同一个起点上共同前进,孩子们就会真正地以高尚的道德进行斗争。"③ 可见,在这些思想家看来,"教育平等"既是实现人与人平等的条件,也是改造不平等社会的途径。当然,这些"教育平等"的主张在具体内容上还有些不同:卢梭、马布利、傅立叶、欧文的观点是通过"教育"变革不平等的社会,实现社会平等;勒鲁的观点是穷人、富人的孩子应不分身份接受同等的教育,从而实现社会平等。

近些年来,国内不少学者也把"教育平等"看作实现社会平等的基本路径。如有的学者认为,造成社会不平等的原因之一是个人文化知识、劳动技能的差别,因此只有提供平等的教育机会才能保证平等的就业机会,为人们获得就业能力和机会创造一个比较平等的起点,以此才能真正实现社会平等;有的认为,教育的不平等造成了个人财富分配的不平等,教育机会的平等与贫富差距是相互关联的,教育机会的不平等使得收入差距越拉越大,而教育对缩小贫富差距的作用是显而易见的;有的认为,教育机会的不平等会导致强者愈强、弱者愈弱的"马太效应",造成不平等的代际传递。总之,"对所有人开放的地位和职务的竞争机会的获得,关键取决于发展潜力机会的获得。而发展潜力机会的获得取决于教育。因此,教育公正是实现机会平等原则的核心内容"④。可见,这些观点基本都强调"教育平等"在提升个人机会方面的作用,把它看作"机会平等"的重要内容,同时也把它看作实现社会平等的重要途径。

5. 机会平等观批判

通过上面的分析可以看出,所谓"机会平等"及与其所涵盖的"程

---

① 〔英〕罗伯特·欧文. 欧文选集:第二卷[M]. 柯象峰等,译. 北京:商务印书馆,1981:134.
② 〔英〕罗伯特·欧文. 欧文选集:第二卷[M]. 柯象峰等,译. 北京:商务印书馆,1981:190.
③ 〔法〕皮埃尔·勒鲁. 论平等[M]. 王允道,译. 北京:商务印书馆,1988:28.
④ 唐义森. 简论机会平等与教育公正[J]. 当代教育论坛,2008(1):10.

序平等""资源平等""条件平等""运气平等观""教育平等"等,都是以"自由的市场经济"为前提的,也就是以现实资本主义经济社会制度为背景的。这就决定了所谓"机会""程序""资源""条件""运气"不可能平等,而这些平等观念也不过是一些抽象的原则罢了。

"机会平等"的基本精神就是"前程对所有人开放"。但是在私有制条件下,尤其在资本主义制度下,少数人掌握全社会的生产资料,绝大多数人没有任何生产资料,只能成为雇佣劳动者。这种经济制度的"原罪",本身就预定了人们经济地位和经济关系的不平等。人与人的一切经济社会关系都是这一不平等经济关系的延伸和派生。而且这种经济社会关系的不平等是从人一出生就先验地确定了的。在这种情况下,谈所谓的"机会平等",所谓"前程向一切人开放",都是资本主义制度本身的悖论,最多是一种抽象的原则。尽管在自由市场经济条件下,人们不再受"专制障碍"的阻碍,人的"出身、民族、肤色、信仰、性别或其他无关的特性"不再成为决定人们经济地位、政治地位、社会地位的前置条件,但是,由于人们经济地位的不平等,人与人的一切关系都由这种不平等的经济地位作为前置条件所决定了。尽管"机会平等观"强调"凭自己的能力追求自己的目标",每个人都可"达到与其才能相称的、而且其品质引导他们去谋求的地位",然而,人的"才能"不是与生俱来的。由于私有制的存在,每个人从一出生就处于不平等的经济地位,存在着"天赋不平等",人的培养能力、才能的机会是不一样的。经济地位高、经济条件好的人可以接受良好的教育,形成更高的"才能";相反,则只能具备一般的能力。所以,经济地位和经济关系的不平等在"能力"形成过程中得到进一步巩固和强化。一旦根据"才能"进入不同层级的经济社会岗位,人与人的不平等地位和不平等关系就会进一步扩大。而且这种不平等地位和不平等关系会以不断扩大的形式不断再生产出来,而且可能固化、永久化,甚至可以代际累加。所以,"机会平等观"认为"社会底层的人可以通过自己的努力(通过勤奋、毅力、才智和正当手段等)使自己的经济和社会地位得到提升",若不是自欺欺人,就是有意蒙蔽下层劳动群众。这样,所谓"社会资源、机会、地位、职务等向一切人开放"就成了一句空话,所谓"机会平等"就变成了"机会不平等"。

"程序平等观"也是主张在"自由的市场经济"条件下构建"平等

的程序"，以期实现"程序正义"。事实上，"市场经济"作为一种经济社会的制度架构，它本身就是一种严密的程序：私人所有的生产资料作为物化形态的资本必然履行资本的使命——价值增殖；而要完成价值增殖就必须进行生产；进行生产必须实现生产资料与劳动者的结合；通过雇佣劳动方式使雇佣工人进入生产，完成产品生产；产品进入流通领域变为商品，经过商品流通实现价值补偿；经过价值分割，工人获得工资，生产资料所有者获得剩余价值。可见在"自由市场经济"条件下，商品生产、流通和价值形成、分割构成了严密的、"和谐的"程序。在这个"程序"的不断再生产中，生产资料所有者的财富不断得到积累，雇佣工人的贫困也在同等规模上积累起来。而在进入生产环节前的生产资料所有者和没有生产资料的工人间的不平等地位、不平等关系通过生产过程进一步扩大。而工人与资本所有者都是以"平等"的"自然人"的身份进入生产过程的，所有的"程序"也都是"平等"的。但就是在"平等程序"的展开中，工人与资本所有者的不平等关系、不平等地位不断被扩大和强化了。至于认为这些"程序"是不是符合"正义"，这与程序本身、与资本主义生产方式毫无关系——"正义""不正义"完全是个人主观的价值判断，而且在不同的人看来结论完全不同。至于罗尔斯的"纯粹程序正义"的"两个正义原则"，不仅不是"作为公平的正义"，而且"原则"本身就确认了现实的不平等经济社会关系。罗尔斯强调"每个人对与其他人所拥有的最广泛的基本自由体系相容的类似自由体系都应有一种平等的权利"①，然而其中的"基本自由体系"无非就是现存的资本主义制度体系，与其"相容的类似自由体系"无非是资本主义制度所容许的具体制度体系。在这些"自由体系"前"都应有一种平等的权利"？事实证明，在现有资本主义制度的原则上都作了这样的规定，但现实上却都是不平等的。其"第二个原则"是，"社会的和经济的不平等应这样安排，使它们被合理地期望适合于每一个人的利益；并且依系于地位和职务向所有人开放"②。这里，已经允许了"不平等"的存在，尽管罗尔斯要求这种"不平等"要"被合理地期望适合于每一个

---

① 〔美〕约翰·罗尔斯. 正义论 [M]. 何怀宏，何包钢，廖申白，译. 北京：中国社会科学出版社，1988：60-61.
② 〔美〕约翰·罗尔斯. 正义论 [M]. 何怀宏，何包钢，廖申白，译. 北京：中国社会科学出版社，1988：61.

人的利益",但在资产阶级看来,资本主义社会的不平等从来都是"适合于每一个人的利益"的。这和边沁、密尔等的"功利主义"所宣称的不平等是为了"普遍幸福"的说辞是一个意思。而在经济地位、经济关系不平等的条件下,所谓"地位和职务向所有人开放"不过是一种抽象的原则和空洞的理论假设。更何况罗尔斯主张的是"依系于地位和职务向所有人开放"。也就是说,罗尔斯说的"向所有人开放"是根据人的"地位"和"职务"而向人开放的,即地位、职务高则开放得大,获取的利益就多,否则就相反。可见,这是不断放大不平等,而不是消弭不平等。而企望把"无知之幕"下发现的"正义原则",通过"立宪会议—制定宪法—立法—法官、行政官员执行"的"四个阶段的序列"来改造不平等的社会,更是天方夜谭的文字游戏。因为,经济社会是按照铁的经济规律运行的,它丝毫不会理会什么"正义原则"这种伦理学的呻吟。在制定法律时,没有人秉持什么所谓的"正义原则",而是一切都着眼于利益——统治阶级的利益驱使。

"资源平等观"强调,"资源平等就是在个人私有的无论什么资源方面的平等"①。问题恰恰在于"私有"上。首先,现有的资本主义社会就是一个私有制的社会,现实的情况是"个人私有的资源"恰恰是不平等的。因此,要求所谓"个人私有资源的平等"在资本主义制度下是无法做到的;如果真要做到的话,就变成了推翻资本主义制度的主张,而这与"个人私有"又是相矛盾的。因此,所谓"个人私有的资源的平等"中的"资源平等"要求是一个自我矛盾的命题。其次,即使真正做到了"个人资源的平等",只要允许"私有",只要允许商品交易,"资源平等"就会在自己的发展过程中通过财富积累和两极分化再造出资本主义社会的一切不平等。而这完全是不受人控制的自然的历史过程——从原始公有制解体到资本主义社会的发展历程,就是这样一个从"平等"到"不平等"的生动发展过程。而把"资源"区分为"个人资源(内部资源)"与"公共资源(外在资源)"更容易看清问题的本质。首先,"个人资源"中的所谓"体格、技能",本身就是经济社会的产物:技能的差异很大程度上是不平等的经济地位带来的提升机会的不平等造成的。而所谓"性格、抱负"这些主观的人格特征,也是现实经济地位、经济

---

① 〔美〕罗纳德·德沃金. 至上的美德:平等的理论与实践 [M]. 冯克利,译. 南京:江苏人民出版社,2008:61.

关系的塑造的结果：经济地位高的人自然自信、豪放、对未来充满希望；经济地位低的人必然自卑、胆怯、对人生毫无把握。其次，"公共资源"本身就是社会政治经济制度及其决定的各种政策，这些"资源"的获取对经济地位不平等的人来说本来就是不均等的，也是个人无能为力的。所以，"个人资源"中的"财产、人格特征、机会"等，每一项在私有制条件下都是不平等的，每一项都是解构"平等"的力量。其一，"财产"，尤其是作为生产资料的财产，在私有制条件下是造成经济地位不平等、经济关系不平等，从而是造成一切社会不平等的根源。其二，"人格特征"，如上面所分析，不论是"体格、技能"还是"性格、抱负"，本身都是不平等经济地位、经济关系的产物，因此在经济地位不平等、经济关系不平等情况下要求所谓"人格资源的平等"，是无论如何也不能实现的目标。其三，"机会"也是这样，不同的经济地位有不同的"机会"，经济地位不平等必然导致"机会"的不平等，这是如影随形的因果关系。在不改变不平等经济地位、经济关系情况下要求所谓"机会平等"是一种要求水火相容的悖论。至于"条件平等观"，其观点是要实现"大体上的条件平等"，"获得一个大体上平等尊重和平等关注的世界"，"需要大体上平等的资源"①。因此，所谓"条件平等"最后也归结为"资源平等"，其内在不可克服的矛盾同"资源平等观"是一样的，都不可能实现自己所要求的"平等"。

"运气平等观"尽管不像自由主义者那样把人的不平等关系归结为"偶然因素的作用"或"运气不佳"，但其试图强化个人责任来抵消运气的观点也是值得商榷的。"运气平等观"强调，"如果不平等来自人们自愿进行的选择，那么它们就是正义的；如果不平等来自人们无法控制的环境，那么它们就是不正义的"②。这虽然看似辩证地既明确了政府的责任，又明确了个人责任，按德沃金的话说就是，"政府要采取法律和政策，它们保证在政府所能做到的范围内，公民的命运不受他们的其他条件——他们经济背景、性别、种族、特殊技能或不利条件——的影响"，

---

① [加]凯·尼尔森. 平等与自由：捍卫激进平等主义[M]. 傅强，译. 北京：中国人民大学出版社，2016：10.
② 姚大志. 平等[M]. 北京：中国社会科学出版社，2017：122.

又强调"公民的命运同他们自己作出的选择密切相关"。① 但显然,政府使公民的命运不受经济背景和不利条件的影响肯定是做不到的。因为,政府任何时候都是经济基础决定的政府,任何时候都是占统治地位的阶级的政府。正如马克思所指出:"当国家宣布出身、等级、文化程度、职业为非政治的差别,当它不考虑这些差别而宣告人民的每一成员都是人民主权的平等享有者,当它从国家的观点来观察人民现实生活的一切要素的时候,国家是以自己的方式废除了出身、等级、文化程度、职业的差别。尽管如此,国家还是让私有财产、文化程度、职业以它们固有的方式,即作为私有财产、作为文化程度、作为职业来发挥作用并表现出它们的特殊本质。国家根本没有废除这些实际差别,相反,只有以这些差别为前提,它才存在,只有同自己的这些要素处于对立的状态,它才感到自己是政治国家,才会实现自己的普遍性。"② 也就是说,尽管很多国家都宣布出身、等级、文化程度、职业等不是政治差别,宣布尽管有这些差别,但人人都有"平等权利"。但是国家本身就是建立在这些差别上的,因为国家本身就是私有财产的产物。由于私有财产的存在,所以产生了阶级对立。阶级对立促成了国家的形成和国家存在的必要性。阶级对立本身就表现为私有财产、等级、文化程度、职业差别和不平等。因此,国家是由私有财产和这些差别所决定的,并且是保护私有财产、阶级差别和统治阶级利益的政治力量。所以希望靠国家、政府责任来实现"公民的命运不受经济背景、性别、种族、特殊技能或不利条件的影响",显然是靠不住的。而"公民本人要对自己的选择负起责任"的说法就更荒唐了。试问,在私有制条件下,在劳动者的经济地位、经济关系一出生就被先验地确定了,难道劳动者有选择"命运"的机会吗?有选择"生活方式"的可能吗?工人穷其一生都在辛苦养家糊口,这不应该算德沃金说的"虚度人生"吧?但他们在不平等地位中越陷越深,在不平等关系中越捆越牢,难道这要由"个人负具体的和最终的责任"吗?所以,所谓"运气平等",所谓靠强调政府责任、个人责任来刨平经济社会广泛存在的不平等的想法,显然是一些无法实现的奢望。

---

① 〔美〕罗纳德·德沃金. 至上的美德:平等的理论与实践 [M]. 冯克利,译. 南京:江苏人民出版社,2008:导论7.
② 马克思. 论犹太人问题 [M]. 马克思,恩格斯. 马克思恩格斯全集:第1卷.北京:人民出版社,2009:29-30.

"教育平等观"企图通过"平等"的教育,在儿童中树立"平等"观念,等他们长大后就"选择"平等社会,从而实现社会平等的想法更是不切实际。如卢梭认为对儿童进行"自由、平等、博爱"理念教育,"当他们长大以后,就会选择良好的制度";欧文认为,没有教育和环境方面的全面而完备的平等,既不能有普通而持久的幸福生活,也不会有任何正义。这显然是不切实际的,因为教育从来都是由社会决定的,是由所处时代的社会关系所决定的。首先,教育是由现存经济社会关系所决定并维护现存经济社会关系的机制,其内容和性质都反映现存社会制度下占统治地位的那个阶级的要求,因此是固守现存制度的力量。既然如此,怎么可能允许推翻现存制度的思想观念得以存在,并"平等地"教给所有儿童呢?可见,这种通过"平等"教育改变"不平等"社会的想法显然是缘木求鱼的空想。同样,通过"平等教育"实现个人起点平等和机会平等,从而缩小人们贫富差距、实现社会平等的想法也是幼稚的。因为,尽管通过教育获得的个人能力对人们经济地位的提升有一定的助益,但它无法根本改变作为社会根本制度的不平等经济关系所决定的人们经济地位的不平等。说到底,人们的经济地位和经济关系是由生产资料的所有制形式所决定的。因此,作为现存不平等经济关系产物的教育,只能巩固不平等,而不可能消除不平等。

第九章 平等观念的马克思主义批判（二）

一、"事实平等观"辨析

1. "事实平等观"例举

与法权平等、机会平等这些原则上的平等观不同，"事实平等观"要求有实实在在的平等内容，体现为经济生活、社会生活的客观的物质内容。当然，不同的理论家有不同的概括，有的主张"结果平等"，有的要求"收入平等"，有的坚持"福利平等"，有的强调"财富平等"，但总的说来，都是要求"平等"不能停留在抽象的原则，不能停留在表面，而是要体现在人们现实经济地位、社会关系、财富收入、生活条件上，因此都属于"事实平等观"。

"事实平等观"有着悠久的历史，可以说社会主义理论及其先驱者一般都是坚持事实的平等。现代西方理论家中，也有一些人主张事实平等。尽管他们和前者有着质的区别。

无产阶级的平等观把平等的要求从资产阶级主张的政治领域推进到经济领域、社会领域；作为无产阶级平等要求和无产阶级运动的理论形式的共产主义理论、社会主义理论，一般都提出了消灭私有制，实现公有制，实现人的政治、经济、社会全面平等的要求。这些都属于"事实平等观"。作为无产阶级和社会主义先驱的早期共产主义运动和早期共产主义理论家，甚至提出了绝对平均主义的要求。这在性质上也属于"事实平等观"，尽管这些要求和思想有着严重缺陷。

早期空想社会主义学说的创始人托马斯·莫尔在"乌托邦"的描写中表达了他的平等观。他说，"乌托邦人的非常贤明而神圣的制度"是，"他们中间法令极少而治理得宜，善必有赏，可是由于分配平均，人人一切物资充裕"。① 而现实世界"许多国家不断制定法律，却全都不上轨道——在这些国家，一个人不管取得了什么东西，就把它叫做自己的私产"②。莫尔认为："达到普遍幸福的唯一道路是一切平均享有。我怀疑当个人所有即是私人财产时，一切平均享有能否达到。如果人人对自己能取得的一切财物力图绝对占有，那就不管产品多么充斥，还是少数人分享，其余的人贫困。……如不彻底废除私有制，产品不可能公平分配，人类不可能获得幸福。私有制存在一天，人类中绝大的一部分也是最优秀的一部分将始终背上沉重而甩不掉的贫困灾难担子。"③"在别的国家，人们固然谈说公共福利，但所奔走打算的却只是私人的利益。在乌托邦，私有财产不存在，人们就认真关心公事。……在别的国家，许多人知道，不管国家怎样繁荣，如果他们不为自己另作打算，他们就要挨饿。因此，他们势必把个人利益放在国民利益之上，亦即放在别人利益之上。""相反，在乌托邦，一切归全民所有，因此只要公仓装满粮食，就决无人怀疑任何私人会感到什么缺乏。原因是，这儿对物资分配十分慷慨。这儿看不到穷人和乞丐。每人一无所有，而又每人富裕。"④ 可见，莫尔的平等主张，一是财产公有，二是财富的平均分配，人人利益一致，人人地位平等，人人幸福无忧。这当然是"事实平等"的描述。

托马斯·康帕内拉也在对"太阳城"的描写中阐发了自己的平等思想。其描述的"太阳城"的人们"决定过严肃的公社生活。虽然生活在他们这个地区的其他居民中并未规定公妻制度，但太阳城的居民却在一切公有的基础上采用这种制度。一切产品和财富都由公职人员来进行分配；而且，因为大家都能掌握知识，享有荣誉和过幸福生活，所以谁也不会把任何东西攫为己有"。"太阳城的人断言，我们（'太阳城'之外的现实人们）的所有制之所以能形成和保持下来，是由于每个人都有自己单独的住房，自己的妻子和儿女。自私自利就是由此产生的；……但是，如果我们能摆脱自私自利，我们就会热爱公社了。""因此，他们也就比罗马人更加藐视私有财产。"所以，"他们的公社制度使大家都成为

---

① 〔英〕托马斯·莫尔. 乌托邦 [M]. 戴镏龄，译. 北京：商务印书馆，1982：43-44.
② 〔英〕托马斯·莫尔. 乌托邦 [M]. 戴镏龄，译. 北京：商务印书馆，1982：44.
③ 〔英〕托马斯·莫尔. 乌托邦 [M]. 戴镏龄，译. 北京：商务印书馆，1982：44.
④ 〔英〕托马斯·莫尔. 乌托邦 [M]. 戴镏龄，译. 北京：商务印书馆，1982：115.

富人,同时又都是穷人;他们都是富人,因为人家共同占有一切;他们都是穷人,因为每个人都没有任何私有财产;因此,不是他们为一切东西服务,而是一切东西为他们服务。"① 康帕内拉还援引基督教重要人物的观点来支撑他的思想:"甚至圣奥古斯丁也认为,放弃财产意味着爱的加强。由于这一原因,不论对于现在或将来的生活来说,财产公有制是一种最好的制度。""耶稣也指出天上的飞鸟作为榜样,说它们没有财产,不耕种,不收获,也不划分牧场。……因此,按照自然法,一切都公有,——这是千真万确的。"② 正因如此,在"太阳城","他们没有财产,如果有了财产,他们就会靠它来侵犯别人的权利,以便抬高自己的孩子。但是他们具有遇事处理得当,从而获得荣耀地位的特点。他们把所有的人都看作自己的兄弟、儿子或父母,因此他们爱护所有的人,而不侮辱任何人。谁也不是为了薪饷而作战,因为他有生活资料,但是每个人都需要那种由于自己的英勇行为就能有权获得的荣耀地位"③。所以,康帕内拉也是主张一切公有,不仅财产公有,甚至提出了妻子、儿女共有的理念,人人把其他所有人都看作自己的兄弟、儿子或父母,爱护所有的人,真正实现了平等待人——事实上的平等。

启蒙思想家、空想社会主义者马布利是从"自然法"上论证其平等思想的。他说,"自然界把平等规定为我们祖先的法律","自然界希望公民的财产和地位平等成为国家繁荣的必要条件。""自然界以千百种的不同方式在向我们说:你们都是我的孩子,我同样地爱你们每一个人,我给你们以同样的权利,我使你们担负同样的义务,所有的土地那是你们每一个人的财产,你们在离开我的怀抱的时候那是平等的。"④ 马布利认为,"财产和地位的不平等正在使人产生所谓分化,并改变着人心的自然趋向,……如果地位的不平等不使虚荣、财产的不平等不使贪婪进入我的心灵,那末,我就不会因此为暴政、奴役和最有害的社会恶习开辟道路。……不平等将为人们带来一切不幸,降低人们的品格,在人们中间散布不和与憎恨。如果公民之间都是平等的,他们只珍重人们的美德

---

① [意]康帕内拉. 太阳城 [M]. 陈大维等,译. 北京:商务印书馆,1980:10、24.
② [意]康帕内拉. 太阳城 [M]. 陈大维等,译. 北京:商务印书馆,1980:74、76.
③ [意]康帕内拉. 太阳城 [M]. 陈大维等,译. 北京:商务印书馆,1980:80.
④ [法]马布利. 马布利选集 [M]. 何清新,译. 北京:商务印书馆,1960:43、39、97.

和才能，那末，竞赛自然会在公正的范围以内"①。也就是说，马布利主张人人平等。那么是什么样的平等呢？他深刻指出，"不管你把土地分配得怎样平均，也不可能使共和国在不久的将来不出现贫穷公民和富有公民，而财产的不平等又必然导致地位的不平等。……即使最初分配时相等，不久就会产生财产的不平等现象"②。因此，马布利的结论是，"自然界要求人们走向财产公有"。"平等与财产私有制不能并存……不祥的私有制是财产和地位的不平等的起因，从而也是我们的一切罪恶的基本原因。""如果实行财产公有，可以非常容易地建立财产平等，并在这个双重的巩固基础上创造人们的幸福。"③ 可见，马布利坚持的"平等"的核心内容是"财产和地位平等"，在此基础上，人们享有同样的权利，负担同样的义务。马布利更深刻地认识到，"财产平等"不是平分财产的那种平均主义，因为，只要私有制存在，"即使最初分配时相等，不久就会产生财产的不平等现象"。所以马布利主张的是财产公有基础上的平等，这也是"事实平等"的最本质内容。

当代也有一些理论家主张"事实平等"或"结果平等"。如英国经济学家安东尼·阿特金森（Anthoy B. Atkinson）认为，"机会平等这个概念相当诱人。然而，这是否意味着结果不平等就无关紧要呢？我给出的答案是否定的。即使对那些从关心'公平竞争环境'出发的人来说，结果不平等仍然意义重大"④。阿特金森分析指出，"从本质上来说，机会不平等属于事前概念——每个人都应该有一个公平的起点——相反，再分配活动关注的多半是事后结果。那些认为结果不平等无关紧要的人或许认为，关心事后结果并无道理可言"⑤。然而，"绝大多数人认为，完全忽视发令枪响之后的事情是不可接受的。个体可能会付出巨大努力，但因运气欠佳而未实现好的结果，有些人会因为出了错，而陷入贫困的泥沼。任何人道的社会都会向他们伸出援手。此外，不少人相信，在提

---

① 〔法〕马布利. 马布利选集［M］. 何清新，译. 北京：商务印书馆，1960：40-41.
② 〔法〕马布利. 马布利选集［M］. 何清新，译. 北京：商务印书馆，1960：49.
③ 〔法〕马布利. 马布利选集［M］. 何清新，译. 北京：商务印书馆，1960：50、50、98.
④ 〔美〕安东尼·阿特金森. 不平等我们能做什么［M］. 王海昉，曾鑫，刁琳琳，译. 北京：中信出版集团，2016：10.
⑤ 〔美〕安东尼·阿特金森. 不平等我们能做什么［M］. 王海昉，曾鑫，刁琳琳，译. 北京：中信出版集团，2016：10.

供帮助时不应该深究受助者陷入困境的原因"①。而且,"结果的意义远远比这深刻,由此……要区分竞争性的机会平等和非竞争性的机会平等。非竞争性机会平等确保所有人都有平等的机会完成自己独立的人生项目。……与此相对,竞争性机会平等只表明,所有人都有平等的机会参与竞赛,但奖金的分配并不平均"②。进一步讲,关心"结果不平等"的原因是,"它直接影响了机会不平等——这里指的是下一代的机会不平等。……今天结果不平等的受益者可以将自己获得的益处转移到子女身上,使他们在明天拥有不公平的优势。随着收入分配和财富分配的不公平程度日益加深,对于机会不平等和社会流动性受限的担忧也越来越强烈。这是因为家庭背景对于结果的影响既取决于背景和结果之间的关联强度,也取决于不同家庭背景之间的不平等程度。当代人的结果不平等是下一代占据不公平优势的来源。如果我们对明天的机会平等有所担忧,就必须关注今天的结果不平等"③。总之,"即使对那些将机会平等视为终极目标的人群来说,降低结果不平等也至关重要,它是实现目标的手段"④。可见,阿特金森说的"结果平等"是与"机会平等"不同的、具有一定实质内容的"事实平等"。当然,他说的"结果平等"是以现存资本主义私有制为背景和条件的,因此与社会主义者要求的"事实平等"有质的不同。

此外,罗纳德·德沃金主张作为"某种形式的物质平等"并与"福利平等"相对应的"资源平等",凯·尼尔森要求的"在各个重要方面平等对待所有人"的"条件平等",摩狄曼·J.阿德勒强调的"不受机会平等(天资和造诣都不平等的人享有的机会平等)影响的结果条件的平等"等,都具备某些"事实平等"的特征。

当然,也有一些理论家反对"事实平等""结果平等"。如美国经济学家米尔顿·弗里德曼就认为,"结果均等显然是与自由相抵触的。努力

---

① 〔美〕安东尼·阿特金森. 不平等我们能做什么 [M]. 王海昉,曾鑫,刁琳琳,译. 北京:中信出版集团,2016:10.
② 〔美〕安东尼·阿特金森. 不平等我们能做什么 [M]. 王海昉,曾鑫,刁琳琳,译. 北京:中信出版集团,2016:10-11.
③ 〔美〕安东尼·阿特金森. 不平等我们能做什么 [M]. 王海昉,曾鑫,刁琳琳,译. 北京:中信出版集团,2016:11.
④ 〔美〕安东尼·阿特金森. 不平等我们能做什么 [M]. 王海昉,曾鑫,刁琳琳,译. 北京:中信出版集团,2016:11.

推进这种均等,是造成政府越来越大并使我们的自由受到限制的主要原因"①。弗里德曼强调,"上帝面前的平等""机会均等"与"结果均等"不同,"结果均等的概念与前两个概念有着天壤之别。促进人身平等或机会均等的政府措施增大自由;致力于'对所有人公平分配'的政府措施减少自由"②。而且,他认为,"生活就是不公平的。""世界上任何地方都存在着收入和财富的严重的不平等"③。弗里德曼进一步指出,"在过去的一个世纪里,流传着一种神话,说自由市场资本主义,即我们所说的机会均等,加深了这种不平等,在这种制度下是富人剥削穷人"。"没有比这更荒谬的说法了。凡是容许自由市场起作用的地方,凡是存在着机会均等的地方,老百姓的生活都能达到过去做梦也不曾想到的水平。相反,正是在那些不允许自由市场发挥作用的社会里,贫与富之间的鸿沟不断加宽,富人越来越富,穷人越来越穷。"④ 因此,他的结论是,"一个社会把平等——即所谓结果均等——放在自由之上,其结果是既得不到平等,也得不到自由"。"一个把自由放在首位的国家,最终作为可喜的副产品,将得到更大的自由和更大的平等。尽管更大的平等是副产品,但它并不是偶然得到的。一个自由的社会将促使人们更好地发挥他们的精力和才能,以追求自己的目标。它阻止某些人专横地压制他人。它不阻止某些人取得特权地位,但只要有自由,就能阻止特权地位制度化,使之处于其他有才能、有野心的人的不断攻击之下。自由意味着多样化,也意味着流动性。它为今日的落伍者保留明日变成特权者的机会,而且在这一过程中,使从上到下的几乎每个人都享有更为圆满和富裕的生活。"⑤ 可见,弗里德曼坚持"自由"优先,认为一切有碍于"自由"原则的主张都是不合理的。"上帝面前的平等"与"自由"不矛盾,因此可以存在;"机会平等"与"自由"相适应,因此可以实行。但"结

---

① 〔美〕米尔顿·弗里德曼,罗斯·弗里德曼.自由选择——个人声明[M].胡骑等,译.北京:商务印书馆,1982:131.
② 〔美〕米尔顿·弗里德曼,罗斯·弗里德曼.自由选择——个人声明[M].胡骑等,译.北京:商务印书馆,1982:138.
③ 〔美〕米尔顿·弗里德曼,罗斯·弗里德曼.自由选择——个人声明[M].胡骑等,译.北京:商务印书馆,1982:140、149.
④ 〔美〕米尔顿·弗里德曼,罗斯·弗里德曼.自由选择——个人声明[M].胡骑等,译.北京:商务印书馆,1982:149、149-150.
⑤ 〔美〕米尔顿·弗里德曼,罗斯·弗里德曼.自由选择——个人声明[M].胡骑等,译.北京:商务印书馆,1982:152.

果平等"对"自由"有妨碍,因此必须摒弃。而他说的"自由",无非是资本的自由,是资本所有者的自由。

2. "事实平等观"剖析

通过上面的分析可以看出,与"人身平等、法权平等、机会平等观"从原则上要求平等相比,"事实平等观"更强调平等尺度的物质内容,更强调实质平等。这看起来更加真实,更加接近"平等"的本意。但"事实平等观"也有自己的缺点和局限。譬如说,莫尔虽然主张彻底废除私有制,主张"一切归全民所有",但他要求"产品平均分配、公平分配"。由于不平等是私有制造成的,废除私有制,实现全民所有,当然抓住了问题的根本,但是平均分配产品显然既不可能真正实现平等,也与历史发展的方向相背离。因为,由于每个人的能力不同,劳动贡献不同,家庭负担不同,个人需求不同,所以平均分配产品必然造成个人事实上的不平等。而且,平均分配是绝对平均主义思想,是小资产阶级的平等观,与社会化大生产的历史发展方向显然是背道而驰的。康帕内拉更是走向了极端:主张"财产公有制是一种最好的制度"当然没什么问题,但他"在一切公有的基础上采用公妻制度",这显然是与人类文明演进、与人文伦理相拂逆的。同其他思想家一样,马布利也认识到了"平等与财产私有制不能并存""私有制是财产和地位的不平等的起因,从而也是人类的一切罪恶的基本原因"。他以"自然法"为依据来论证"财产和地位平等"的合理性,比康帕内拉从宗教神学上找依据,当然是一种进步。但他不是从历史发展的一般趋势和一般规律上来论证,显然既不能令人信服,也没有科学性。私有制必然为公有制所代替,既不是来自"自然"的规定,更不是"神灵"的启示,而是历史发展的必然趋势。因为,私有制在其发展的一定阶段,就成了生产力进一步发展的桎梏,成了社会发展的障碍,因此必然像它在历史上产生一样,也在历史上消亡。这根本不是"自然界"所规定了的,是人类社会发展的历史规律。当然,马布利比前人深刻的地方在于,他主张在"财产公有"的基础上实现"财产和地位平等",但他并不主张平均分配财产。因为他知道,"即使最初分配时相等,不久就会产生财产的不平等现象"。"平均主义"思想的保守性和落后性正是表现在这里:尽管平均分配财产,每个人都得到了相等的一份,这看似是非常"平等"的。但只要私有制存在,只要允许商品交换,小私有制就会发展为大私有制,不平等现象就会在同一历史进程中不断放大和强化,最后再生产出来人类社会的一切不平等和一切罪恶。

阿特金森虽然认识到"结果平等"会直接影响"机会平等",当代人的"结果不平等"会影响下一代人的"机会平等",这当然是非常深刻的。但他是在资本主义背景下,在不变革现有经济生活条件和生产方式前提下要求"结果平等"的。但在现有条件下,既不会有所谓的"机会平等",更不会有什么"结果平等"。因为,资本主义生产方式就像一台机器,它的内在运行机制是"内置程序"规定好的,只要它一运转就会产生现在的经济社会结果,它遵循的是不以人的意志为转移的经济规律。只要生产资料的资本主义私有制存在,只要有市场经济这个温床,少数人占有生产资料和绝大多数没有生产资料这种经济地位和经济关系的不平等,就会随着资本主义的再生产过程不断被再生产出来,并不由自主地揭穿一切所谓"机会平等"的谎言,压碎"结果平等"的美梦。

新自由主义者弗里德曼认可"上帝面前的平等(人身平等)"和"机会平等",反对"结果平等",因为他认为这违反了"自由"原则。他认为,"生活就是不公平的";"世界上任何地方都存在着收入和财富的严重的不平等"①。也就是说,弗里德曼认为不公平和不平等是从来如此、天经地义的。他认为,"说自由市场资本主义,即我们所说的机会均等,加深了这种不平等,在这种制度下是富人剥削穷人"——"没有比这更荒谬的说法了"②。难道这不是事实吗?只要他像托马斯·皮凯蒂的《21世纪资本论》那样对近300多年来资本主义国家的财富分配情况进行一下研究就会得出和皮凯蒂同样的结论:不加制约的资本主义导致了财富不平等的加剧,自由市场经济造成了财富分配的严重不平等。所以,闭目塞听,比聋子还聋,比瞎子还瞎。弗里德曼说,"一个把自由放在首位的国家,最终作为可喜的副产品,将得到更大的自由和更大的平等。"③ 事实上,在资本主义世界,"1%和99%"现象——社会的99%财富被1%的富人占有,而剩下的99%的人只能分享到1%的财富——是

---

① 〔美〕米尔顿·弗里德曼,罗斯·弗里德曼. 自由选择——个人声明 [M]. 胡骑等,译. 北京:商务印书馆,1982:140、149.
② 〔美〕米尔顿·弗里德曼,罗斯·弗里德曼. 自由选择——个人声明 [M]. 胡骑等,译. 北京:商务印书馆,1982:149.
③ 〔美〕米尔顿·弗里德曼,罗斯·弗里德曼. 自由选择——个人声明 [M]. 胡骑等,译. 北京:商务印书馆,1982:152.

有目共睹的。所以，得到"更大的自由"的只是1%的富人，而99%的穷人不仅失去了财富而且失去了自由——因为，在资本主义世界，有多少财富就有多少权利，就有多少话语权。既然财富是1%与99%的关系，那么不平等可想而知，所以根本不是什么"得到更大的平等"。弗里德曼说："它（自由）为今日的落伍者保留明日变成特权者的机会，而且在这一过程中，使从上到下的几乎每个人都享有更为圆满和富裕的生活。"① 这简直是不食人间烟火的结论。正如马克思所指出，资本主义生产关系"把工人钉在资本上，比赫斐斯塔司的楔子把普罗米修斯钉在岩石上钉得还要牢。这一规律制约着同资本积累相适应的贫困积累。因此，在一极是财富的积累，同时在另一极，即在把自己的产品作为资本来生产的阶级方面，是贫困、劳动折磨、受奴役、无知、粗野和道德堕落的积累"②。只要弗里德曼到下层劳动者阶层的生活环境中走一走，只要他到第三世界的资本主义国家走一走，他就得不出自己的论断了，就不得不认同马克思的结论了。

所以，坚持"事实平等"既不能陷入"绝对平均主义"的泥潭，也不能企望在资本主义制度的框架下通过细枝末节的修修补补来实现。而完全否定"事实平等"，以致得出"自由"至上、否认任何"平等"诉求的结论，显然也是保守的，甚至是反动的。

二、"阶级平等观"辨析

1. "阶级平等观"例举

在"平等"诉求上，多数理论家都是把"人"作为独立的个体来看待的，探讨人与人的平等。当然，也有人论证了"阶级"与"阶级"的平等问题，提出了所谓"阶级平等"的要求。如在1868年9月召开的伯尔尼"国际工人协会"大会上，巴枯宁及其追随者因为"多数派"反对其把"阶级和个人在经济和社会方面的平等"口号作为工人联合会的原则而脱离了第二国际，并于当年10月在日内瓦成立了所谓"国际社会主义民主同盟"。"同盟"在自己的纲领中宣布，"其特殊使命是根据地球

---

① 〔美〕米尔顿·弗里德曼，罗斯·弗里德曼. 自由选择——个人声明 [M]. 胡骑等，译. 北京：商务印书馆，1982：152.

② 马克思. 资本论（第1卷）[M]. 马克思，恩格斯. 马克思恩格斯文集：第5卷. 北京：人民出版社，2009：743–744.

上一切人普遍和真正平等的伟大原则研究政治问题和哲学问题的新的国际社会主义民主同盟",并规定,"同盟首先力求实现各阶级和个人(不分男女)在政治、经济和社会方面的平等";"同盟力求使一切儿童,不分男女,从出生时起,就享有同等的发展条件,即在抚养、教育以及在科学、生产和艺术的一切学习阶段上得到同等的条件,因为同盟深信这种起初只是在经济和社会方面的平等,将日益导致人与人之间的普遍的、伟大的、自然的平等,将导致各种人为的不平等的消失"①等等。所谓"各阶级在政治、经济和社会方面的平等",也就是"阶级平等"的主张和要求。

对这种看似激进实则荒谬的论断,马克思、恩格斯进行了尖锐的批判。马克思在《对国际社会主义民主同盟纲领和章程的评语》《国际工人协会总委员会致社会主义民主同盟中央局》中,及书信《马克思致恩格斯》《马克思致保·拉法格》中,马克思、恩格斯在《所谓国际内部的分裂国际工人协会总委员会内部通告》《社会主义民主同盟和国际工人协会根据国际海牙代表大会决定公布的报告和文件》中,恩格斯在《给奥·贝贝尔的信》《1891年社会民主党纲领草案批判》等多篇文献中都进行了批判,可见马克思、恩格斯对这一观点批判的重视,也足见这一观点错误的严重性。马克思指出:"'各阶级的平等'——一方面要保留现存的阶级,另一方面又要使这些阶级的成员平等——这种不可容忍的荒谬简直一下子就表明这个家伙(巴枯宁)的可耻的无知和浅薄,而他却认为自己的'特殊使命'是在'理论'上开导我们。"②"各阶级的平等,照字面上理解,就是资产阶级社会主义者所拼命鼓吹的资本和劳动的协调。不是各阶级的平等——这是谬论,实际上是做不到的——相反地是消灭阶级,这才是无产阶级运动的真正秘密,才是国际工人协会力求达到的最终目标。"③那么,为什么说"阶级平等观"暴露了巴枯宁"可耻的无知和浅薄"呢?为什么说"各阶级的平等"是"谬论"的,"实际上是做不到的","在逻辑上是不可能的"呢?为什么说"消灭阶

---

① 马克思,恩格斯.社会主义民主同盟和国际工人协会[M].马克思,恩格斯.马克思恩格斯全集:第18卷.北京:人民出版社,1964:512、512、512-513.
② 马克思.致保·拉法格[M].马克思,恩格斯.马克思恩格斯全集:第32卷.北京:人民出版社,1974:662.
③ 马克思、恩格斯.所谓国际内部的分裂[M].马克思,恩格斯.马克思恩格斯全集:第18卷.北京:人民出版社,1964:15.

级"是无产阶级的"最终目标"和"基本要求"呢?为什么说"不消灭阶级,消灭阶级统治在经济上就是不可思议的事"呢?

因为,"阶级"本身就是"不平等"的表现,而且是各种社会不平等的根源。在到目前为止的人类社会中,一方面,由于生产力发展水平的限制,社会不能满足所有人的自由全面发展;另一方面,由于私有制的存在,掌握生产资料的少数人获得了发展权,而绝大多数人则失去了任何发展机会。这种"掌握生产资料的少数人"和"失去任何发展机会的多数人"由于不同的经济地位和对立的经济关系,就成为不同的"阶级";他们之间的对立就是阶级对立;而"阶级对立"也就是人们常说的"不平等"。因此,"阶级"和"不平等"是同一社会现象的不同表达,即只要阶级存在就表明社会是不平等的。从更深层意义上讲,各种不平等——经济中的剥削压迫、政治上的统治、思想上的钳制——都是阶级对立在社会不同领域的表现,是由阶级的存在直接造成的。既然"阶级"就是处于不平等地位的不同利益集团,因此"阶级"本身就意味着"不平等",二者是一回事。那么,所谓"阶级的平等"就是悖论,是一种"谬论","在逻辑上是不可能的","实际上是做不到的"。而提出"阶级平等"的论断,本身就说明不懂得阶级的本质和不平等是由阶级造成的这一道理,所以马克思说它暴露了巴枯宁的"可耻的无知和浅薄"。也正因为如此,恩格斯才说:"不消灭阶级,消灭阶级统治在经济上就是不可思议的事。"而由于阶级的存在,无产阶级作为"失去任何发展机会"的多数人,在资本主义条件下失去了除自己劳动力以外的任何东西。它如果不消灭阶级,就不能获得发展,实现"解放",就不能成为社会的"主人"——作为"人"而存在。因此,"消灭阶级"就成为无产阶级的"最终目标"和"基本要求",这也是无产阶级平等观的基本内容。

正因如此,马克思批判指出,"社会主义民主同盟"一方面要"力求实现各阶级的平等",使阶级继续存在;另一方面又"力求使一切儿童从出生时起就享有同等的发展条件","这种起初只是在经济和社会方面的平等,将日益导致人与人之间的普遍的、伟大的、自然的平等,将导致各种人为的不平等的消失"等等,是一些无用的"空话"![1] 也正是

---

[1] 马克思. 对国际社会主义民主同盟纲领和章程的评语 [M]. 马克思,恩格斯. 马克思恩格斯全集:第44卷.北京:人民出版社,1982:517.

在这个意义上，马克思、恩格斯说："社会主义民主同盟纯粹是从资产阶级中产生出来的。它不是出自国际；它是资产阶级共和派的死产的团体——和平和自由同盟的后裔。"① 也就是说，在阶级存在的条件下，经济关系必然是不平等的；这种不平等的经济关系必然反映到社会生活的各个方面，当然也包括教育。而现存的教育制度正是由现存的经济关系所决定的，是现实经济关系的反映，正是现存阶级关系的表现和巩固现有阶级不平等地位的手段。既然阶级存在本身就说明人们是不平等的，那么在保留阶级的条件下要求所谓"平等的教育""同等的发展条件"，显然是要求现实制度中不可能的东西，是自相矛盾的悖论。而且只要阶级存在，也就不可能有"经济和社会方面的平等"，更谈不上"人与人之间的普遍的、伟大的、自然的平等"了。因此，它们都只能是一些毫无用处的"空话"。而提出所谓"阶级平等"的要求，这和资产阶级一贯宣扬所谓"阶级和谐"是一致的。资产阶级之所以宣言"资本和劳动的协调"，就是要模糊阶级界限，模糊阶级存在，消解无产阶级与资产阶级的对立，消解无产阶级的斗争精神。而国际工人组织却提出"各阶级平等"这样同样模糊阶级界限、模糊阶级存在、模糊阶级对立关系的论断来模糊工人阶级的思想、麻痹工人阶级的斗志、消解工人阶级的斗争精神，这显然是与工人的政党、国际社会主义同盟的性质相悖的。正因如此，马克思说"各阶级的平等"实质上是在贩卖资产阶级社会主义者所拼命鼓吹的"资本和劳动的协调"论调。既然如此，"阶级平等"就是一个资产阶级愚弄群众的口号。而"社会民主同盟"既然也宣扬这样的观点，就只能证明自己是资产阶级的"后裔"。

应该说，在阶级及其消灭问题上，工人党和工人党国际总是存在一些模糊认识。1875 年，"德国社会民主工党"（"爱森纳赫派"）与"全德工人联合会"（"拉萨尔派"）合并时也深深受了"拉萨尔主义"的影响，在"纲领草案"中提出所谓"消除一切社会的和政治的不平等"这样模棱两可的口号。对此，马克思在《哥达纲领批判》中指出，"'消除一切社会的和政治的不平等'这一不明确的语句，应当改成：随着阶级

---

① 马克思，恩格斯. 社会主义民主同盟和国际工人协会 [M]. 马克思，恩格斯. 马克思恩格斯全集：第18卷.北京：人民出版社，1964：373.

差别的消灭，一切由这些差别产生的社会的和政治的不平等也自行消失"①。因为，如果没有消灭私有制和消灭阶级的前提，所谓"消除一切社会的和政治的不平等"是不可能的。而不管前提，不说条件，只空洞地要求"消除不平等"，只能是一种"模棱两可"的说法，是一种空想。相反，只要阶级和阶级差别消灭了，一切政治、社会不平等也就"自行消失"了。反过来也是一样，真正的平等，只能意味着阶级的消灭。同样，恩格斯在《给奥·倍倍尔的信》中也进行了批判，指出，"用'消除一切社会的和政治的不平等'来代替'消灭一切阶级差别'，这也很成问题。在国和国、省和省、甚至地方和地方之间总会有生活条件方面的某种不平等存在，这种不平等可以减少到最低限度，但是永远不可能完全消除。阿尔卑斯山的居民和平原上的居民的生活条件总是不同的"②。恩格斯接下来分析指出，所谓"社会的和政治的平等"之类要求，是"自由、平等、博爱"这种资产阶级口号的翻版。这种要求在一定的发展阶段、在资产阶级大革命时期曾经是正确的口号，但这些口号本身具有片面性，而且它只能引起思想混乱。因为，所谓"自由、平等、博爱"或者"社会的和政治的平等"之类口号只是政治层面的一些要求，但它没有认识到产生这些问题的经济根源，没有提出消除"社会的和政治的不平等"经济根源的要求，因此只是一些好听的"漂亮话"，没有实质意义。而所谓"社会的和政治的不平等"的经济根源，就是私有制的存在、阶级的存在。只要消除了私有制和阶级，"社会的和政治的平等"自然就实现了。也就是马克思说的，"随着阶级差别的消灭，一切由这些差别产生的社会的和政治的不平等也自行消失。"相反，不消除私有制和阶级，不拔掉造成不平等的"根"，消除所谓的"社会的和政治的不平等"就是不可能的事，就是一种悖论。恩格斯说："这一问题已经有了更精确的叙述方法"。③所谓"更精确的叙述方法"，就是经过马克思、恩格斯的阐发并向工人运动灌输，已经提出了不同于资产阶级所谓"自由、平等"要求的科学论断，那就是"消灭一切阶级差别"，即

---

① 马克思. 哥达纲领批判 [M]. 马克思, 恩格斯. 马克思恩格斯文集：第3卷. 北京：人民出版社，2009：441.

② 恩格斯. 给奥·倍倍尔的信 [M]. 马克思, 恩格斯. 马克思恩格斯文集：第3卷. 北京：人民出版社，2009：414-415.

③ 恩格斯. 给奥·倍倍尔的信 [M]. 马克思, 恩格斯. 马克思恩格斯文集：第3卷. 北京：人民出版社，2009：415.

"消灭阶级"的无产阶级的平等观。

类似地,针对"1891年社会民主党纲领草案"的模糊提法,恩格斯也批判指出,在"消灭阶级统治"后面,少了"和阶级本身"几个字就变成不正确的口号了。因为,"消灭阶级是我们的基本要求,不消灭阶级,消灭阶级统治在经济上就是不可思议的事"①。

总之,消灭阶级和实现平等是一回事。而只要阶级还存在,就谈不上真正意义上的平等。所谓"阶级平等"也就成了"一方面要保留现存的阶级,另一方面又要使这些阶级的成员平等"的"不可容忍的谬论"。② 一句话,真正的"平等"就意味着阶级的消灭。

2. "阶级平等观"剖析

关于马克思、恩格斯在"平等"命题上的阶级分析法,当代经济学家阿玛蒂亚·森也给予了充分肯定。他认为:"在很多情况下,对不平等进行总体分析时必须从群体的角度(而不是某个个体)开始,而且往往要将重点放到群体间的差异上。……在有关不平等的研究文章里,使用最多的分类方法是从经济角度来划分阶级——要么按马克思主义或其他类似的方法(主要是从对生产资料的占有方式的角度出发)去划分,要么按收入多寡或财富类型去划分。"③ 森认为:"在大多数情形下,这种基于阶级的分类方法的重要性是不言而喻的。这种分类方法也很好地解释了诸如下面的情形:比如说,自由论者的权利平等却没有产生任何诸如个体福利平等或可按自己中意的生活方式去生活的全面自由的平等。这种分类方法同样也注意到(可导致不平等的个体福利和生活条件的)财富和收入的不平等的重要性,即使是在形式上的程序平等及某些特定资源的'分配平等'——有时候美其名曰'机会均等'——的情况下,在对政治、社会、经济进行总体分析时,要多处用到这种阶级分类方法,这一点不容否认。"④

---

① 恩格斯.1891年社会民主党纲领草案批判[M].马克思,恩格斯.马克思恩格斯文集:第4卷.北京:人民出版社,2009:411.
② 马克思.致保·拉法格[M].马克思,恩格斯.马克思恩格斯全集:第32卷.北京:人民出版社,1974:662.
③ [印]阿玛蒂亚·森.再论不平等[M].王利文,于占杰,译.北京:中国人民大学出版社,2016:136.
④ [印]阿玛蒂亚·森.再论不平等[M].王利文,于占杰,译.北京:中国人民大学出版社,2016:136–137.

在这里，森认识到了所谓"程序平等""机会平等""资源分配平等"等平等观每每失败的原因，是因为它们都不是基于阶级分析的理论假设。这显示了森的深刻性。同时，森又认为："在分析经济机会与自由的关系时，传统的所谓马克思主义的阶级分类就显得明显不够。除了阶级差异，人类还有其他方面的差异，故而要研究与需要的满足程度相关的实现平等的方式或保证自由的方式就不能用纯粹的阶级分析方法。举例来说，即使消除了所有制的不平等，也仍有源于生产能力、个人需要及其他个体参数上的差异。"① 这又说明，森没有真正掌握马克思主义的阶级分析法，显示了他在理论上的肤浅。因为，马克思、恩格斯之所以认为所有制关系及其造成的阶级对立是不平等的根本原因，是因为生产资料私有制是阶级存在的经济根源。而阶级的存在和在经济社会生活中的对立，正是经济的、社会的、政治的等各种不平等关系的表现。因此，实现不平等就要消灭阶级，而要消灭阶级就要废除生产资料私有制。而所谓"人与人关系的平等"，就是消除这种利用生产资料私有制去剥削人、压迫人、奴役人的现象，实现人们在生产资料社会所有基础上的生产关系、经济关系、社会关系的平等，实现经济地位、社会地位、政治地位的平等。所以"平等"意味着没有人能够把个人的、经济的差别作为特权去控制别人，意味着没有人压迫人、奴役人，意味着每个人的平等地位和平等关系，意味着个人的自由全面地发展，而丝毫也不意味着个人"生产能力、个人需要及其他个体参数上"的一致。正如斯大林所指出："马克思主义所了解的平等，并不是个人需要和日常生活方面的平均，而是阶级的消灭。这就是说：（甲）在推翻和剥夺资本家以后，一切劳动者都平等地摆脱剥削而得到解放；（乙）在生产资料转归全社会公有以后，对于大家都平等地废除生产资料私有制；（丙）大家都有按各人能力劳动的平等义务，一切劳动者都有按劳取酬的平等权利（社会主义社会）；（丁）大家都有按各人能力劳动的平等义务，一切劳动者都有各取所需的平等权利（共产主义社会）。同时，马克思主义认为，无论在社会主义时期或共产主义时期，各人的口味和需要在质量上或在

---

① 〔印〕阿玛蒂亚·森. 再论不平等［M］. 王利文，于占杰，译. 北京：中国人民大学出版社，2016：138-139.

数量上都不是而且也不能是彼此一样，大家平等的。"① 这就恰当而准确地说明了马克思主义平等观的实质：消灭阶级，实现人的经济社会关系和社会地位的平等，而不是个人能力、口味、需要及"其他个体参数"上的完全一致。这一观点恰恰暴露了森在马克思主义理论上的模糊认识。

事实上，现有的平等观，不论是"人身平等""法权平等"，还是"机会平等""事实平等"，从某种意义上说都属于"阶级平等观"的范畴。因为，它们明确自己的理论适用于"自由市场经济"的资本主义社会。也就是说，都是在保存现有资本主义制度下，在资产阶级和无产阶级并存前提下的"平等"主张。这些平等观不仅没有变革资本主义生产关系的要求，更没有消除私有制、消灭阶级的主张。正因如此，这些平等观都是脱离现实经济关系、回避问题实质的抽象理论游戏。它们开的"药方"，不仅医治不了不平等的痼疾，也显示了理论家自身的肤浅与局限。也正因如此，这些平等观总是流于一种空洞的理论假设，于现实经济社会生活没有什么实际意义。

总起来讲，在马克思、恩格斯的平等理论里，当然没有区分"人身平等""权利平等""机会平等""事实平等"等概念。因为他们认为，研究平等问题要从经济关系，尤其是生产资料的所有制关系入手，要进行政治经济学的分析。本质上讲，平等问题首先是人们的经济关系的比较问题，而所谓的道德关系、法权关系等都是经济关系的反映，并由经济关系所决定的。因此，要实现真正的平等，必须实现经济关系的平等，其核心是生产资料所有制关系的平等。正因如此，马克思、恩格斯才把社会主义平等的前提概括为生产资料的社会所有制。因为只有实现了这一前提，才能谈得上"消灭阶级"的平等和"按劳分配"的平等。"生产资料社会所有"为人与人的平等提供了一个可靠的平等起点，实现了人们生产资料所有权的平等，因此也就实现了经济关系的平等。也正因如此，他们反对从"法律面前人人平等"即"程序平等"，和市场经济所要求的"机会平等""过程平等"上要求平等的做法。因为，如果没有所有制关系的平等，这些形式的、抽象的平等要求没有任何实际意义，对改变现实的不平等无能为力。同时，他们还认为，有什么样的生产方

---

① 斯大林. 在党的第十七次代表大会上关于联共（布）中央工作的总结报告 [M]. 斯大林. 斯大林全集：第 13 卷.北京：人民出版社，1956：314.

式就有什么样的分配方式。因此,他们也反对离开生产方式而纯粹在分配方式上研究平等的方法。就是说,他们也反对局限于所谓"事实平等"上的研究方法。而西方平等理论中的"事实平等"往往是指"分配的平等""收入的平等"这些离开生产方式而纯粹在分配方式上要求平等的主张。由于没有认识到分配方式是由生产方式所决定的,没有提出从根本上实现"平等"的理路,因此并不是真正的"结果平等"。总之,没有生产方式变革要求的所谓"人身平等""权利平等""机会平等""事实平等"等平等观,都没有抓住"平等"问题的根本,都是舍本求末的方法。

三、"平等永恒真理论"批判

现代平等观念是在资产阶级大革命时期才形成的,而在形成时期,"平等"就被宣布为所谓"永恒真理",并似乎形成了一种理论思维定式,以至总有人相信"平等"的"永恒性"。如启蒙思想家们就用"理性"来审判一切,从而把整个人类历史全部"扔到垃圾堆里去了"。他们认为,"只是现在阳光才照射出来。从今以后,迷信、非正义、特权和压迫,必将为永恒的真理、永恒的正义、基于自然的平等和不可剥夺的人权所取代。"① 这里的"永恒的真理""永恒的正义",无非是"基于自然的平等"和"不可剥夺的人权",也就是说"平等"就是"永恒的真理""永恒的正义"。这就是"平等"问题上的"永恒真理"论。18至19世纪美国思想家、政治家托马斯·潘恩也认为,"在宇宙万物的体系中,人类本来是平等的"②。这就是说,人类是历来就是"平等"的。又说,"人权平等的光辉神圣原则(因为它是从造物主那里得来的)不但同活着的人有关,而且同世代相继的人有关"③。这是宣布,人类平等是"永恒"的。而且强调,"所有的人生来就是平等的,并具有平等的天赋权利,恰象后代始终是造物主创造出来而不是当代生殖出来,虽然生殖是人类代代相传的唯一方式;结果每个孩子的出生,都必须认为是从上帝那里获得生存。世界对他就象对第一个人一样新奇,他在世界上

---

① 恩格斯. 反杜林论 [M]. 马克思, 恩格斯. 马克思恩格斯文集:第9卷. 北京:人民出版社, 2009:20.
② [美] 潘恩. 潘恩选集 [M]. 马清槐等, 译. 北京:商务印书馆, 1981:9.
③ [美] 潘恩. 潘恩选集 [M]. 马清槐等, 译. 北京:商务印书馆, 1981:142.

的天赋权利也是完全一样的"①。可见，在潘恩看来，"平等"是"天赋"的，是"造物主"赋予的；每个人都不是父母生出来的，而是"上帝""生"出来的。既然"平等"是"天赋"的，那当然是"永恒"的，是"永恒真理"。

甚至一些社会主义理论家也把"平等"作为"永恒真理"来追求。19世纪法国空想社会主义思想家皮埃尔·勒鲁就认为，"平等是自然万物的萌芽"，"平等是一种神圣的法律，一种先于所有法律的法律，一种派生出各种法律的法律"②。可见，"自然万物萌芽于平等""先于并派生出所有法律的法律"，就等于说"平等""无始无终"，也就是"永恒的"。又认为，"平等这个词概括了人类迄今为止所取得的一切进步，也可以说它概括了人类过去的一切生活。从这个意义上说，它代表着人类已经走过的全部历程的结果、目的和最终的事业"③。毫无疑问，说"平等"代表了"人类已经走过的全部历程""人类过去的一切生活""人类迄今为止所取得的一切进步"，就是说"平等"代表人类整个过去；说"平等"代表着"人类的全部目的"和"最终事业"，就是说"平等"代表人类全部未来。这样，"平等"自然是"永恒的真理"。勒鲁还宣布："平等是一项原则，一种信仰，一个观念，这是关于社会和人类问题的并在今天人类思想上已经形成的唯一真实、正确、合理的原则。"④ 因此，在勒鲁那里，"平等"不仅是"永恒真理"，而且是"唯一真理""绝对真理"。

国内也有学者把"平等"奉为"永恒真理"。如张正海认为，"平等的意思：它是人和人之间的一种关系、人对人的一种态度，它是人类的终极理想之一"⑤。"终极理想"，当然是"绝对的""永恒的"。袁银传等也认为，"在人类社会的历史发展中，平等一直作为人们追求的价值目标和梦想"；"平等具有具体性、历史性、相对性和阶级性，但是，对平等的追求是永恒的。平等发挥精神支柱作用的形式随着历史时代的不同

---

① ［美］潘恩. 潘恩选集［M］. 马清槐等，译. 北京：商务印书馆，1981：142.
② ［法］皮埃尔·勒鲁. 论平等［M］. 王允道，译. 北京：商务印书馆，1988：14、20.
③ ［法］皮埃尔·勒鲁. 论平等［M］. 王允道，译. 北京：商务印书馆，1988：256.
④ ［法］皮埃尔·勒鲁. 论平等［M］. 王允道，译. 北京：商务印书馆，1988：68.
⑤ 参见：张正海. 平等论［M］. 北京：五洲传播出版社，2012.

而不同,但是,平等发挥其精神支柱的作用是永恒的"①。这些都是"平等永恒真理"观的不同说法而已。

那么,"平等"到底是不是"永恒真理"呢?

1. 平等观念是历史地形成的

平等观念不仅不是历来就有、永远存在的,而且在不同历史时代平等观念本身也有着完全不同的内容和要求,在一定历史阶段人们甚至对"不平等"要比"平等"重视得多。

首先,古代社会重视的是"不平等"而不是"平等"。毫无疑问,在古代社会,"平等命题"还没有出现。在资产阶级以前的时代,在奴隶制和封建社会,人们并不要求"平等",相反,"不平等比平等受重视得多",专制和特权被认为是天经地义的。这是由当时的生产方式所决定的经济关系和社会制度所规定的。正如恩格斯指出:"平等是正义的表现,是完善的政治制度或社会制度的原则,这一观念完全是历史地产生的。在自然形成的公社中,平等是不存在的,或者只是非常有限地、对个别公社中掌握全权的成员来说才是存在的,而且是与奴隶制交织在一起的。在古希腊罗马的民主政体中也是如此。一切人——希腊人、罗马人和野蛮人,自由民和奴隶,本国人和外国人,公民和被保护民等等——的平等,在古希腊罗马人看来,不仅是发疯的,而且是犯罪的,它的萌芽在基督教中始终一贯地受到迫害。——在基督教中,最初是一切人作为罪人在上帝面前的消极的平等,以及更狭隘意义上的平等,即那些被基督的仁慈和血拯救过来的上帝的孩子们的平等。这两种看法是从基督教作为奴隶、被放逐者、遭排挤者、受迫害者、被压迫者的宗教所起的作用中产生的。随着基督教的胜利,这种因素便退居次要地位;教徒和非教徒、正教徒和异教徒的对立则成为紧接着出现的主要问题。"② 也就是说,不论是奴隶社会还是封建社会,都是以人身依附为特征的社会,这里不仅没有"人人平等"的概念,而且"不平等"被认为是天经地义的。奴隶只是奴隶主"会说话的工具",奴隶主可以随意处置奴隶,买卖用废,生杀予夺,完全合法,而且人人认可。倒是如果奴

---

① 袁银传,董朝霞. 社会主义核心价值观:平等 [M]. 北京:社会科学文献出版社,2014:161、149.

② 恩格斯.《反杜林论》的准备材料 [M]. 马克思,恩格斯. 马克思恩格斯文集:第9卷.北京:人民出版社,2009:352-353.

隶不服从或有什么非分想法，往往被认为是"不义"或不符合"善"的。同样，在封建社会，人一出生就有不同的身份、等级，任何想取得"平等"地位的想法、行为，都是"僭越""大逆不道"的，不仅违反封建法律，而且违反"纲常伦理"，为人所不齿。所以，恩格斯说，在这里"不平等比平等受重视得多"，认为一切人都可以"平等"，这"不仅是发疯的，而且是犯罪的"。既然古代社会没有"平等"认知，"平等"是近代资产阶级革命时才有的诉求，又怎能说"平等"是"永恒真理"呢？

其次，"现代平等"不同于"古代平等"。古代社会没有形成"平等"的条件，没有产生"平等"的经济社会制度，没有平等的经济社会关系，但并不意味着没有平等观念。事实上，在一些思想家那里，已经有了关于"平等"的理念，如古希腊斯多葛派提出的"精神平等观"、古罗马西塞罗的"自然平等观"、中世纪基督教的"原罪平等观""上帝选民平等观"等。但这些平等观不是纯粹的哲学思辨就是抽象的原则，不是一些理论家的学理玄想就是下层贫困教民的自我安慰的精神幻想。因此，它们不仅不是现实经济社会关系的要求和反映，也没有成为整个社会广为接受的"牢固成见"。

恩格斯指出："一切人，作为人来说，都有某些共同点，在这些共同点所及的范围内，他们是平等的，这样的观念自然是非常古老的。但是现代的平等要求与此完全不同；这种平等要求更应当是从人的这种共同特性中，从人就他们是人而言的这种平等中引申出这样的要求：一切人，或至少是一个国家的一切公民，或一个社会的一切成员，都应当有平等的政治地位和社会地位。要从这种相对平等的原始观念中得出国家和社会中的平等权利的结论，要使这个结论甚至能够成为某种自然而然的、不言而喻的东西，必然要经过而且确实已经经过几千年。"① 也就是说，"古代平等观"是基于"一切人，作为人来说，都有某些共同点，在这些共同点所及的范围内，他们是平等的"。这些"共同点"在不同的平等观中有不同的内容。譬如说，斯多葛派"精神平等观"的平等尺度是"理性"和"精神"，也就是说，他们认为，人与人一样都与上帝具有共同的"理性"，作为"理性的人"在内在"精神"上是自由的、平等的。

---

① 恩格斯. 反杜林论 [M]. 马克思, 恩格斯. 马克思恩格斯文集：第9卷. 北京：人民出版社，2009：109.

这里，"理性""精神"就是人与人的"共同点"，所以在这些"共同点"——"理性""精神"——范围内，他们是平等的。而就"自然平等观"来说，智者派认为人们有共同的自然属性——"人性"；西塞罗认为，所有的人对光荣和耻辱、善与恶都能作出相同的判断，所有的人都具有共同的心理素质和"理性"。这里，"人性""心理素质""理性"就是人们的"共同点"，因此在这些"共同点"范围内，人们是平等的。而不论是"理性""精神"，还是"人性""心理素质"，都是从自然属性、精神层面来看待"人"的，都是把"人"看作一个抽象的概念、看作一个孤立的"单子"。而"现代平等"则完全不同。"现代平等观"是"一切公民""都应当有平等的政治地位和社会地位"。首先，"一切公民"，当然不是"精神层面的人""概念的人""单子的人"，而是社会的人、国家中的人、处于现实社会关系中的人。其次，不论是"政治地位的平等"还是"社会地位的平等"，都是现实政治关系、社会关系，即生产关系的平等，而不是人的自然因素、精神品质、心理素质的平等。所以，"现代平等"完全不同于"古代平等"。既然完全不同，又怎能是"永恒真理"呢？而且，从"古代平等"发展到"现代平等"，"必然要经过而且确实已经经过几千年"。既然"平等"是经过"几千年"的发展才得出的，既然"平等"的含义是变动不居，不断发展变化的，又怎么是"永恒"的呢？

进一步讲，"现代平等"是"一切人，或至少是一个国家的一切公民，或一个社会的一切成员，都应当有平等的政治地位和社会地位"①。既然是"一个国家的一切公民的平等"，那么，首先就要有国家。但是，在欧洲，民族国家并不是从来就有的，而是自1648年《威斯特伐里亚公约》后才逐步成型的。正如恩格斯所指出："日耳曼人在西欧的横行，逐渐建立了空前复杂的社会的和政治的等级制度，从而在几个世纪内消除了一切平等观念，但是同时使西欧和中欧卷入了历史的运动，在那里第一次创造了一个牢固的文化区域，并在这个区域内第一次建立了一个由互相影响和互相防范的、主要是民族国家所组成的体系。这样就准备

---

① 恩格斯. 反杜林论 [M]. 马克思, 恩格斯. 马克思恩格斯文集：第9卷. 北京：人民出版社，2009：109.

了一个基础，后来只是在这个基础上才有可能谈人的平等和人权的问题。"① 这里的"牢固的文化区域""互相影响和互相防范的、主要是民族国家所组成的体系"，就是民族国家。只有在这个民族国家的"基础上才有可能谈人的平等和人权的问题"。既然连"国家"都是历史上很晚的时期才出现的，那么在"国家"基础上的"人人平等"又怎能是"永恒真理"呢？

最后，"现代平等"是历史发展到一定阶段的产物。"现代平等"不仅与"古代平等"完全不同，而且也不是随机出现的，而是在历史的发展过程中，在一定的历史发展阶段才出现的。

在中世纪后期，随着西欧城市的兴起和获得自治，有别于那些不纳税、享有封建特权的"第一等级"（教会僧侣等级）和"第二等级"（世俗贵族等级），在封建社会内部逐渐形成了由有纳税义务的人构成的"第三等级"，即"市民等级"。随着其经济实力的增长，其政治地位也逐步得到确认，在法国甚至获得了参加"三级会议"的资格。这就是现代资产阶级的前身。因此，恩格斯说，"资产阶级本身最初是一个封建等级"②，因为资产阶级最初是在封建社会内部形成，并且是作为封建社会的一个等级存在的。作为一个新兴的阶级，近代史上的每一个重大历史事件，都是资产阶级增强其实力的契机。譬如说，15世纪末的航海和伟大地理发现，为其开辟了广阔的海外市场；国际贸易的打通，商品经济得到了巨大发展；美洲的黄金和白银在欧洲泛滥，极大地促进了商品流转，资产阶级得以积累起巨额的财富；手工业生产被工场手工业代替、工业革命的爆发，极大地提升了其生产能力。这些因素结合，就极大地提升了资产阶级的经济实力。虽然，资产阶级的经济实力不断得到增强，但是社会依然是封建社会，制度依然是等级制度，特权阶层依然是特权阶层，贸易依然是不自由的，交换依然是受限制的，行会束缚和各种特权依然是粉碎资产阶级发财梦的沉重枷锁，行会特权、地方特权、差别关税以及各种各样的特别法令，时时和处处都阻挡着资产阶级的发展道路。对资产阶级来说，地位不是平等的，机会不是平等的，权利不是平

---

① 恩格斯. 反杜林论 [M]. 马克思, 恩格斯. 马克思恩格斯文集：第9卷.北京：人民出版社，2009：109-110.
② 恩格斯. 反杜林论 [M]. 马克思, 恩格斯. 马克思恩格斯文集：第9卷.北京：人民出版社，2009：110.

等的。一句话,"在经济关系要求自由和平等权利的地方,政治制度却每一步都以行会束缚和各种特权同它对抗"①。所以,商品平等交换的权利、财产平等占有的权利、以平等身份自由贸易的权利,以不可遏制的迫切要求成为资产阶级革命的内容。于是,"摆脱封建桎梏和通过消除封建不平等来确立权利平等的要求提上日程"②。这也就形成了资产阶级的"现代平等观":"一切人""都应当有平等的政治地位和社会地位",都应当享有"国家和社会中的平等权利"。③ 可见,"为了得出平等 = 正义的命题,几乎用了以往的全部历史,而这只有在有了资产阶级和无产阶级的时候才能做到"④。总之,现代平等观念是历史发展到一定历史阶段的产物,不是历来如此、永远如此的"最高原则""绝对真理"。所以恩格斯指出,"平等的观念……本身都是一种历史的产物,这一观念的形成,需要一定的历史条件,而这种历史条件本身又以长期的以往的历史为前提。所以,这样的平等观念说它是什么都行,就不能说它是永恒的真理"⑤。

2. 平等命题在社会发展的一定阶段不再存在

恩格斯指出:"如果想把平等 = 正义当成是最高的原则和最终的真理,那是荒唐的。平等仅仅存在于同不平等的对立中,正义仅仅存在于同非正义的对立中,因此,它们还摆脱不了同以往旧历史的对立,就是说摆脱不了旧社会本身。""这就已经使得它们不能成为永恒的正义和真理。"⑥ 也就是说,所谓"平等",是对"不平等"的反抗,因此"平等仅仅存在于同不平等的对立中",仅仅存在于存在不平等的"旧社会"中。一旦产生不平等的经济条件(私有制)被废除,"不平等"不存在

---

① 恩格斯. 反杜林论[M]. 马克思,恩格斯. 马克思恩格斯文集:第9卷. 北京:人民出版社,2009:111.
② 恩格斯. 反杜林论[M]. 马克思,恩格斯. 马克思恩格斯文集:第9卷. 北京:人民出版社,2009:111.
③ 恩格斯. 反杜林论[M]. 马克思,恩格斯. 马克思恩格斯文集:第9卷. 北京:人民出版社,2009:109.
④ 恩格斯.《反杜林论》的准备材料[M]. 马克思,恩格斯. 马克思恩格斯文集:第9卷. 北京:人民出版社,2009:353.
⑤ 恩格斯. 反杜林论[M]. 马克思,恩格斯. 马克思恩格斯文集:第9卷. 北京:人民出版社,2009:113.
⑥ 恩格斯.《反杜林论》的准备材料[M]. 马克思,恩格斯. 马克思恩格斯文集:第9卷. 北京:人民出版社,2009:353-354、354.

了,"平等"要求自然也就变成多余的了。这就说明,"平等"观念不是永远存在的,"这就已经使它不能成为永恒的正义和真理"了。

恩格斯进一步分析指出:"在共产主义制度下和资源日益增多的情况下,经过不多几代的社会发展,人们就一定会达到这样的境地:侈谈平等和权利就像今天侈谈贵族等等的世袭特权一样显得可笑;同旧的不平等和旧的实在法的对立,甚至同新的暂行法的对立,都要从实际生活中消失;谁如果坚持要求丝毫不差地给他平等的、公正的一份产品,别人就会给他两份以示嘲笑。……那时,平等和正义,除了在历史回忆的废物库里可以找到以外,哪儿还有呢?由于诸如此类的东西在今天对于鼓动是很有用的,所以它们决不是什么永恒真理。"① 也就是说,一旦实现共产主义制度,就消除了私有制,也就消除了造成人们不平等的经济根源。那时,人人都实现了生产资料社会占有基础上的平等地位,和"平等"要求相对立的"不平等"已经不存在了。所以,在共产主义社会侈谈"平等",跟在资本主义社会侈谈"贵族""世袭特权"一样可笑——因为这已经是被社会进步所废除了的过时的东西。在共产主义社会已经废除了造成不平等根源的经济基础——私有制,就像在资本主义社会已经废除了封建贵族、世袭特权一样。一旦随着生产力的高度发展,社会财富极大丰富,能够满足人们的发展需要,人们就没有必要再把财产据为己有。那时,如果有人要求"给他平等的、公正的一份产品,别人就会给他两份以示嘲笑",因为这纯粹是多此一举的要求。这样,"平等"要求就变成了多余的东西,"平等"观念就变成了过时的东西。因此"平等"只能变成"在历史回忆的废物库里可以找到"的"老古董"。而今天之所以还有人要求"平等",那是因为私有制还依然存在,还没有消除与"平等"对立的"不平等"。所以,"平等"要求在今天不过具有"鼓动"意义,但"决不是什么永恒真理"。一旦实现了生产资料社会所有基础上的经济关系的平等,"平等"诉求就成了一种已经"忘却的纪念"。

3. 所谓"永恒真理论"是对历史规律的无视

恩格斯指出,"平等的命题""既适合于由 1789—1796 年的大革命

---

① 恩格斯.《反杜林论》的准备材料[M]. 马克思,恩格斯. 马克思恩格斯文集:第9卷.北京:人民出版社,2009:354.

来提倡，也适合于后来的那些制造体系的平庸之徒"①。适合于资产阶级大革命，是因为"平等命题"是针对封建特权、封建专制造成的不平等提出来的。适合于"制造体系的平庸之徒"，这里主要指蒲鲁东、杜林等小资产阶级的社会主义者。由于对历史规律的无知，他们总是把"平等"看作超越历史时空的"永恒真理""永恒正义原则"，甚至还把这种观点编造成了理论体系。

蒲鲁东认为："平等是社会的最高规律"，"平等是我们唯一的准则，也是我们的理想。"② 又说，"平等权是一种绝对的权利，因为没有平等权就没有社会"；"自由就是平等，因为自由只能存在于社会状态中；如果没有平等，就没有社会"；"以自由换自由，以平等换平等，以安全换安全，以肉体换肉体，以灵魂换灵魂，永远如此"③。可见，蒲鲁东不仅把"平等"看成高于一切的"最高规律""绝对权利"，而且看成是"永远如此"的"永恒真理"。对此，马克思在《哲学的贫困》中作了深刻批判："假设只是为了某种目的而设立的。通过蒲鲁东先生之口讲话的社会天才首先给自己提出的目的，就是消除每个经济范畴的一切坏的东西，使它只保留好的东西。他认为，好的东西，最高的幸福，真正的实际目的就是平等。为什么社会天才只要平等，而不要不平等或博爱、不要天主教或别的什么原理呢？因为'人类之所以接连不断地实现这么多特殊的假设，正是由于考虑到一个最高的假设'，这个最高的假设就是平等。换句话说，因为平等是蒲鲁东先生的理想。他以为分工、信用、工厂，一句话，一切经济关系都仅仅是为了平等的利益才被发明的""每一个新的范畴都是社会天才为了消除前一个假设所产生的不平等而作的假设。总之，平等是原始的意向、神秘的趋势、天命的目的……天命是一个火车头"④。也就是说，在蒲鲁东编造的"理论体系"中，"平等"是"最高假设"，是整个人类社会的"实际目的""终极理想"。因此，不仅蒲

---

① 恩格斯.《反杜林论》的准备材料 [M]. 马克思,恩格斯. 马克思恩格斯文集：第9卷.北京：人民出版社，2009：353.

② 〔法〕蒲鲁东. 贫困的哲学：下卷 [M]. 余叔通,王雪华,译. 北京：商务印书馆，2010：917；贫困的哲学：上卷 [M]. 余叔通,王雪华,译. 北京：商务印书馆，2010：127 - 128.

③ 〔法〕蒲鲁东. 什么是所有权 [M]. 孙署冰,译. 北京：商务印书馆，1963：82、318、82.

④ 马克思. 哲学的贫困 [M]. 马克思,恩格斯. 马克思恩格斯文集：第1卷.北京：人民出版社，2009：610 - 611、611.

鲁东的所有"理论假设"都是围绕"平等"展开的，而且把"平等"当作引领社会发展、历史演进的最终推动力和牵引力。于是，蒲鲁东理论体系中的每一个"新的范畴"都是作为"社会天才"（蒲鲁东的自称）"消除前一个假设所产生的不平等而作的假设"；人类社会产生以来的一切经济制度——分工、信用、工厂——都是"为了平等的利益才被发明的"。这样，"平等"就成了引领社会发展和历史前进的一种神秘力量，是人类的"天命"，是牵引人类进步的"火车头"。正是在这个意义上，马克思指出，对蒲鲁东来说，"平等是原始的意向、神秘的趋势、天命的目的、历史的火车头"。毫无疑问，"平等"并不是人类历史演化的原始驱动，也不是人类社会发展的最终目标。它本身不过是私有制的经济规律发挥作用造成的不平等在人们观念上的反映，是经济社会发展进程的一定历史阶段才产生的一定阶级的诉求，并将随着社会的巨大发展进步而变成无谓的东西。从蒲鲁东的"平等观"可以看出，他不仅不了解历史发展的一般进程，而且也不懂得经济社会发展的一般规律。

类似地，德国小资产阶级社会主义者杜林也认为，"在人类历史的领域内也存在着永恒真理、永恒道德、永恒正义等等，它们要求具有同数学的认识和应用相似的适用性和有效范围"①。这个"最后的、终极的真理"就是"永恒道德"和"永恒正义"。那么，什么是"永恒的正义"呢？杜林通过概念推导，得出了"平等是正义的表现"的论断，得出了"平等＝正义"的命题，一句话，得出了"平等"就是"永恒正义"的结论。他的论证方法是：把社会分解为它的"最简单的要素"，这个最简单的社会由两个人组成；并从这里得出一个道德的基本公理："两个人的意志，就其本身而言，是彼此完全平等的，而且一方不能首先向另一方提出任何肯定的要求。"② 这样，"平等就是永恒正义"这一"绝对真理"就被表述出来了。对这种抛开一切现实的社会经济关系，从纯粹作为两个抽象符号的"人"论证"平等"的方法，恩格斯作了系统的批判，指出，如果这"两个人"是一个男人和一个女人，由于女人与男人

---

① 恩格斯.反杜林论 [M].马克思，恩格斯.马克思恩格斯文集：第9卷.北京：人民出版社，2009：95.
② 恩格斯.反杜林论 [M].马克思，恩格斯.马克思恩格斯文集：第9卷.北京：人民出版社，2009：102.

天生就存在自然差异，他们的社会地位就会不平等，在人类历史上妇女从来都处于从属地位就是证明；如果这"两个人"是两个男人，"两个人意志完全平等"显然是不可能的，而且两个人在素质上存在着巨大的不平等，在道德上也存在着巨大的不平等，因此"两个人完全平等"根本不存在。总之，"两个意志的完全平等，只是在这两个意志什么愿望也没有的时候才存在；一旦它们不再是抽象的人的意志而转为现实的个人的意志，转为两个现实的人的意志的时候，平等就完结了"①。按照杜林自己平等理论的内在逻辑，他要证明的"平等"恰恰证明了"不平等"。于是，杜林的"永恒的平等真理"也就变成了"永恒的不平等"，他的平等理论也立刻化为了乌有。

事实上，在现实社会中，"两个人的完全平等"是永远不可能的。这同时也说明，像杜林这样的"玄想家"那样，不是从人们的现实社会关系，而是从概念的"人"、抽象的"人"出发论证"平等"，对说明现实社会的平等问题是毫无助益的。现实中，人们之间的关系完全是由他们在现实生产中的经济地位所决定的；人们的社会关系任何时候都是由他们的经济关系所决定的。而造成人们现实不平等关系的，正是现实存在的不平等的经济关系。因为，资产者正是通过生产资料的占有，使没有生产资料的劳动者处于自己的控制之下，沦落到雇佣地位，也就是"不平等"地位。所以，对"平等"问题，既要作历史的考察，又要进行经济的分析。而简单地把"平等"宣布为"永恒真理"的方法，不仅是历史观上的浅薄，而且是对经济社会规律的无知。

四、"平等普世价值论"批判

"平等"不仅被奉为"永恒真理"，还被一些人当成"普世价值"。"永恒真理"是历史维度，"普世价值"是空间维度。也就是说，"平等"不仅是贯通古今的"永恒真理"，而且是统摄一切的"最高原则"。

"平等"之所以被人们广泛接受，并被赋予了"普世"的意义，是由于法国大革命提出了"自由、平等、博爱"等政治口号，后来被写进法兰西共和国宪法。这些法权要求，经过理论家们的阐发，逐步成为资本主义国家的基本价值理念。如皮埃尔·勒鲁就对"自由、平等、博

---

① 恩格斯. 反杜林论 [M]. 马克思, 恩格斯. 马克思恩格斯文集：第 9 卷. 北京：人民出版社, 2009：108.

爱"理念作了"普世"的解读。他认为,"法国革命把政治归结为这三个神圣的词:自由、平等、博爱",这是政治上与"合三而一的人的本性"——"知觉—感情—认识"——相对应的:"与人的形而上学中的知觉一词相应的政治术语是自由;与感情一词相应的是博爱;与认识一词相应的平等"①。他说:"如果人们不能平等相处,又怎么能宣布人人自由呢?如果人们既不能平等,又没有自由,他们又怎么能以兄弟般的情谊相亲相爱呢?""因此这个口号是完整的。每个公民所具有的信条就是平等,自我表现和行动的动机就是自由;正确行动的道德准则就是人类博爱。这样人类本性的三个方面都反映出来了。""当这三个词合在一起时,它们才是真理和生命的最妙的表达形式。"而在这"三位一体"的公式中,"平等是一种神圣的法律,一种先于所有法律的法律,一种派生出各种法律的法律"②。在人的"宗教权利""道德权利""政治权利""这三种权利的每一部分中,我们都看到了被宣告为人类共同守则的平等;平等,这是今天我们唯一的合理原则和唯一的正义标准"。因此,"我们今天所确认的正义和理智的唯一原则乃是平等"③。总之,"足以构成信仰、原则、学说的最普遍的一个观念,就是人类平等观念","我们最终必须承认人类的普遍平等","平等被认为是一切人都可以享受的权利和正义"④。这样,勒鲁实际上把"平等"解释为"普遍的"权利和价值。

事实上,"普世"的概念源于基督教。基督教早期是犹太人的宗教,后来随着传播和扩张,也允许非犹太人接受"洗礼"成为基督徒,于是基督教有了"普世性"。基督教分裂为东、西两派后,为了争夺正统地位和扩大影响力、控制范围而提出了"普世"的概念,意为"全基督教",也有"全世界范围"的意思。宗教改革后,新教伦理继承了基督教的"普世"理念。

启蒙思想家一开始就是从"自然法"这种"永恒""普世"法则作为理论依据来阐发作为"永恒真理"和"普遍法则"的"理性原则"

---

① 〔法〕皮埃尔·勒鲁. 论平等[M]. 王允道,译. 北京:商务印书馆,1988:11、11.
② 〔法〕皮埃尔·勒鲁. 论平等[M]. 王允道,译. 北京:商务印书馆,1988:15、16、17、20.
③ 〔法〕皮埃尔·勒鲁. 论平等[M]. 王允道,译. 北京:商务印书馆,1988:59、60.
④ 〔法〕皮埃尔·勒鲁. 论平等[M]. 王允道,译. 北京:商务印书馆,1988:69、70、273.

的。所以，在"普世性"方面，启蒙思想与基督教是相通的，只是用"理性"的"普世性"取代了宗教信仰的"普世性"。尽管法国大革命提出了"自由、平等、博爱"的政治原则并写进宪法，但这是作为政治权利、法权来争取的。随着资本主义制度的建立，这些政治原则逐步被作为基本价值理念、价值原则来宣扬。

1948 年 12 月，联合国大会通过并发表了《人权普遍宣言》（即《世界人权宣言》）。《宣言》指出，"鉴于对人类家庭所有成员的固有尊严及其平等的和不移的权利的承认，乃是世界自由、正义与和平的基础"，"鉴于各联合国国家的人民已在联合国宪章中重申他们对基本人权、人格尊严和价值以及男女平等权利的信念，并决心促成较大自由中的社会进步和生活水平的改善"，"鉴于各会员国业已誓愿同联合国合作以促进对人权和基本自由的普遍尊重和遵行"，"鉴于对这些权利和自由的普遍了解对于这个誓愿的充分实现具有很大的重要性"，"因此现在大会"，"发布这一世界人权宣言，作为所有人民和所有国家努力实现的共同标准……并通过国家的和国际的渐进措施，使这些权利和自由在各会员国本身人民及在其管辖下领土的人民中得到普遍和有效的承认和遵行"。① 《宣言》强调，"人人生而自由，在尊严和权利上一律平等"；"人人有资格享有本宣言所载的一切权利和自由，不分种族、肤色、性别、语言、宗教、政治或其他见解、国籍或社会出身、财产、出生或其他身分等任何区别"②。这实际上就明确了这些"权利和自由"的"普世性"。

1993 年，世界宗教会议通过了"世界宗教议会"《走向全球伦理宣言》，从宗教角度出发，界定了普遍伦理或全球伦理的内涵，明确指出："我们所说的全球伦理，指的是对一些有约束性的价值观、一些不可取消的标准和人格态度的一种共识。"③ 1995 年，德国前总理勃兰特发表的研究报告《天涯若比邻》提出并力倡"全球公民伦理"。1997 年，联合国教科文组织制定了研究"普遍伦理计划"，并在法国和意大利召开会议，组织多学科学者、专家探讨普遍伦理的理论与实践问题；1998 年 6 月，联合国教科文组织在北京召开"从中国传统伦理看普遍伦理"的学术讨

---

① 世界人权宣言 [J]．人权，2008（05）：17．
② 世界人权宣言 [J]．人权，2008（05）：17．
③ 〔德〕孔汉思，K. 库舍尔．全球伦理——世界宗教议会宣言 [M]．四川人民出版社，1997：12．

论会，"普遍伦理"作为一个独立概念被正式提出并与基督教的"全球伦理"相区别。1999年，阿玛蒂亚·森发表名为《民主价值观的普适性》的演讲，认为西方民主价值观是放之四海而皆准的"普世价值"，并认为西方资本主义民主政治制度和经济制度在全球取得了最终胜利。①此后，西方资本主义国家把"自由、民主、人权"等宣布为"普世价值"，并作为对社会主义国家进行文化渗透和和平演变的政治工具。

我国一些学者也盲目信奉所谓"普世价值"。如毛德操就认为，"自由、平等、博爱"是"普世价值"。他说："西方启蒙运动口号就是'自由、平等、博爱'……在此基础上后来又发展出人权的观念，并逐渐形成现在称为'普世价值'的自由主义价值观。"② 毛德操强调，"人性不仅是放诸四海而皆准，甚至还是质之世代而皆准。"而"显然'自由、平等、博爱'属于人性，因为对自由和平等的欲求都出自本能，而同情也是人的本能之一"③。"那么普世价值有些什么内容呢？其中最重要的还是自由、平等、博爱，以及由此派生出来的民主、人权、法制和宽容等。""总之，普世价值的内容是十分丰富的，其中最重要的，可以认为是'硬核'的东西就是自由、平等、博爱。"④ 可见，毛德操对"自由、平等、博爱"的"普世价值"笃信不疑。

那么，所谓"自由、平等、博爱、民主、人权"等概念，特别是"平等"，到底是不是"普世价值"呢？

1. 不同社会有不同的平等尺度，不存在普世的平等价值

由于不同社会形态的生产力发展水平不同，人的解放程度、平等的实现程度就不同，也就是说平等的尺度不同。同时，不同社会形态的经济基础不同，经济基础的矛盾运动方式不同，人们在不同经济基础上的经济关系不同，人与人可以谈"平等"的方面和领域也不同，这也是平等尺度的不同。

在以氏族部落为基本社会结构的原始共产主义阶段，人与人都处于原始平等地位。氏族的全体成员都是"自由人"，个人"权利"方面人

---

① 本部分内容见：陈春莲，陈蕾. 西方"普世价值"思潮的内涵、由来、演变和渗透析论 [J]. 北京政法职业学院学报，2014（3）：3.
② 毛德操. 论平等——观察与思辨 [M]. 杭州：浙江大学出版社，2012：1.
③ 毛德操. 论平等——观察与思辨 [M]. 杭州：浙江大学出版社，2012：255、252.
④ 毛德操. 论平等——观察与思辨 [M]. 杭州：浙江大学出版社，2012：256、257.

人平等，彼此都有相互保卫自由的义务。"自由、平等、博爱，虽然从来没有明确表达出来，却是氏族的根本原则"。① 由于"平等"是对"不平等"的反抗，既然这里没有"不平等"，也就没有"平等"诉求。人民的平等观念只是一种模糊的朴素意识，存在于人的本能中。这种朴素的平等意识，仅仅是在生产力极端不发达条件下为了劳动力的补给和类的繁衍而被迫坚持的基本生理需求的平等。同时，维护氏族成员的平等，也是避免在部落冲突中氏族灭亡而保存氏族有生力量的需要。所以，原始社会的平等尺度是"生存权"，原始社会的平等是"生存权的平等"。

奴隶社会是以奴隶和奴隶主的不平等关系为基础的。奴隶是与权力、地位、等级、财产毫无关系且相对立的阶级，他们不仅生存条件被剥夺，而且失去了做人的资格，沦为奴隶主"会说话的工具"。"工具"怎能和"主人"谈平等呢？所以，不平等不仅在奴隶主阶级看来是亘古不变的，甚至被生为奴隶的人看来也是天经地义的。尽管古希腊建立起了民主制，但这种民主只是"公民"（也就是奴隶主）的民主。它不仅把奴隶排除在政治生活之外，就是妇女和外来人也被排除在政治权力之外。尽管一些智者从"人性"角度提出了"所有人平等"的极端思想，甚至包括不仅在政治、法律而且在教育、财产、种族的极端平等主张，但这只是一些思想家的"思想"而已，不代表整个社会的一般要求和一般观念。倒是斯多葛派的"精神平等"既不动奴隶主的"奶酪"，不触及奴隶制的经济基础，也能代表社会良心的一点微光，因而可以代表奴隶社会的平等观念。它宣布奴隶和奴隶主只是在"精神"上是自由、平等的，除此之外没有经济、社会方面的实质内容。所以，"精神自由权"是奴隶社会的平等尺度，奴隶社会的平等至多是"精神平等"。

作为血统和等级制度、宗法制度的封建社会，固化的世袭等级制度、等级森严的宗法制度、特权、专制、统治本身就是平等的反面。根据出身、血统形成的尊卑秩序、森严的等级制度覆盖了社会生活的各个方面，不能僭越，毫无平等可言。君臣等级、城市显贵和非显贵阶层的等级、行会师傅和帮工、徒弟的等级，本地人与外地人的等级，如此等等，处处都是不平等。尽管思想家马西略提出了"人民权力"的命题，认为人

---

① 恩格斯. 家庭、私有制和国家的起源 [M]. 马克思，恩格斯. 马克思恩格斯文集：第4卷. 北京：人民出版社，2009：102.

民享有立法权、选举权、罢免权，但他说的"人民"主要是"有智慧的富有者"这些"占优势的部分"，因此根本不是"人人权利平等"的概念。世俗社会平等无望的人们只能到宗教中、到天国里寻求平等。基督教只承认人"原罪的平等""上帝选民的平等"。而这也是以虚幻的形式存在于奴隶和被压迫者教民的幻想里，僧侣和俗人的对立、教主和教民之间的森严等级，也使"平等"仅仅成为贫苦教民的一种"来世"的寄托。所以，"上帝面前的平等"只是一种宗教伦理，而不是社会生活的实际。因此，"信仰权"是封建社会的平等尺度，封建社会的平等是"信仰上帝的平等"。

"资本主义平等"是作为对封建社会特权和不平等的反抗而出现的。在封建社会后期，新兴的资产阶级在国内市场和国际贸易中实现了经济力量的巨大增长，但政治上还没有取得与封建特权阶级的平等地位。没有平等地位，就谈不上自由。大规模的贸易要求有自由通行的权利、商品占有的平等权利和自由、平等交换商品的权利。但是，这种经济关系的自由、平等要求，是和现存的封建特权制度不相容的。争取贸易自由和人身权、财产权的平等，就是资产阶级推翻封建主义的斗争内容。由此形成了资产阶级的"权利平等"观。资本主义制度确立后，"权利平等"要求得到了法律的保护，规定为法律制度。因此，"法权平等"就是资本主义典型的平等观。在资本主义发展的流变中，"法权平等"演化为"法律面前的平等"。因此，"法权"是资本主义社会的平等尺度，资本主义社会的平等是"法权的平等"。

由于社会主义社会消除了私有制，实现了生产资料的社会所有，也就消除了造成各种不平等的经济根源，似乎可以真正谈"人人平等"了。然而，由于社会主义是由资本主义转化而来的，一方面，在经济、社会、文化各方面还残留着刚刚脱胎出来的旧社会的痕迹，另一方面，由于生产力还不够发达，因此还不能实现共产主义高级阶段的"按需分配"的平等，而只能实行"按劳分配"。同时，尽管实现了生产资料社会所有基础上的平等占有，从而消除了剥削阶级，甚至消除了政治经济学意义上的阶级差别。但由于人们还没有实现自由全面发展，因此城乡差别、行业差别、脑体差别还没有完全被消除。因此，以生产资料社会所有和按劳分配为内容的"劳动权"是社会主义社会的平等尺度，社会主义的平等是"劳动权的平等"。

总之，原始社会的平等是"生存权的平等"，奴隶社会的平等是"精神平等"，封建社会的平等是"信仰上帝的平等"，资本主义社会的平等是"法权的平等"，社会主义的平等是"经济的平等"。既然各种社会的平等尺度都不相同，"平等"又怎能是所谓的"普世价值"呢？

2. 不同阶级有不同的平等诉求，不存在普适的平等观念

不仅不同社会的平等尺度不同，就是每个阶级也有不同的平等观，甚至一个人一个观点。

奴隶主的平等观显然不同于奴隶的平等观。在奴隶主的观念里，根深蒂固的是不平等，只要他喜欢，对奴隶鞭打、倒吊、剜眼、剥皮、拆关节、穿锁骨、绞杀、烧死都可以，它还可以把奴隶送人或者直接活埋掉。这一切都是他的权利，是法律允许的，也是主流社会意识认可的。因为，奴隶是属于他所有的，是他的一个可以随意处置的"工具"。他怎么可能跟奴隶谈"平等"呢？如果奴隶主还有一点"平等"观念的话，那最多是同一层次的奴隶主之间的平等，在古希腊就是"公民的平等"——这是排除了自由民、外来人、女人、奴隶的奴隶主贵族的平等。奴隶既然生来就是奴隶，世代都是奴隶，所以他满脑子里装的也都是不平等观念——不敢企及与奴隶主的平等，且认为与奴隶主的不平等就是自己命定的地位。如果他偶尔幻想自己与奴隶主的平等，也只是以幻象的形式，最多只是从"精神"上认为自己与奴隶主平等，也就是"精神平等观"。

封建主是与依附农相对应存在的。封建主对待依附农虽然不能像奴隶主对奴隶具有生杀予夺的权利，但依附农毕竟人身依附于他，生活依附于他，甚至连依附农的家人全都是他的家仆。"主人"和"仆人"之间怎么会有"平等"呢？所以，封建等级制度确立的不可逾越的等级——不平等关系——不仅牢牢存在于封建主与农民之间，也存在于行会师傅与帮工、徒弟之间。因此，对封建主来讲，除了根深蒂固的等级观念外，也不会有什么"平等"观念。即使有平等观念，也除非是君主面前的臣民的平等。如霍布斯说的，"正如同仆人在主人之前一律平等而没有任何荣位等差存在一样，臣民在主权者之前也是这样"①。但这种

---

① 〔英〕托马斯·霍布斯. 利维坦 [M]. 黎思复，黎廷弼，译. 北京：商务印书馆，1985：141.

"臣民",只能是封建主,农民作为封建主的家奴当然算不上君主的臣民。所以,所谓"君主面前的臣民平等"只能是封建主之间的平等,而这还是以对大小封建主的等级区别和君主的绝对权利的承认为前提的。正如霍布斯所指出,"正如同权力一样,主权者的荣位也应当比任何一个或全体臣民高"①。所以,"君主面前的臣民平等"根本就不是什么"平等"。这也是封建主最多能认可的平等观。而农民的平等观,在任何时候也只能是小私有者的平均主义的平等。"等贵贱、均贫富",就是这种平等观的最典型表达。在欧洲封建社会还有基督教与世俗社会的对立、教权与王权的对立。基督教的平等是"上帝面前的平等"。尽管教主、教民都认同这一平等观,但在教主看来"上帝面前的平等"主要是"原罪的平等",即所有人都生来就是"罪人",等待"上帝"救赎;而在教民看来"上帝面前的平等"主要是"上帝选民的平等",也就是所有人不分贵贱、贫富都是上帝平等的选民。因此,同样的表达,不同的含义。

在封建社会胎胞里孕育的资产阶级尽管随着社会发展而经济力量不断增强,但在政治上还没有挣得与特权阶级的平等地位,到处遭受封建贵族特权、地方特权、行会特权的压制。因此,为了获得平等占有财产的权利、平等商品交换的权利、贸易自由的权利,不得不推翻封建制度,取得政治权利的平等,获取统治地位。于是"自由"和"平等"就被宣布为"人权"。争取"自由""平等"的"人权"就成了资产阶级革命的口号,"自由""平等"也成了资产阶级平等的尺度,由此形成了资产阶级的"法权平等观"。这种平等观,首先是以消灭封建阶级特权为内容的国家政治领域的权利要求。而与资产阶级一起参加推翻封建主义的资产阶级革命的无产阶级一开始也是在资产阶级"法权平等"的旌旗下战斗的。但是资产阶级的背叛和取得革命胜利后资产阶级独吞胜利果实的教训深深教育了无产阶级。他们深刻认识到资产阶级"法权平等"的虚伪性和欺骗性,于是要求"平等应当不仅仅是表面的,不仅仅在国家的领域中实行,它还应当是实际的,还应当在社会的、经济的领域中实行",② 并且把资产阶级"消灭阶级特权"的平等要求发展为消灭阶级本

---

① 〔英〕托马斯·霍布斯. 利维坦 [M]. 黎思复,黎廷弼,译. 北京:商务印书馆,1985:141.
② 恩格斯. 反杜林论 [M]. 马克思,恩格斯. 马克思恩格斯文集:第9卷.北京:人民出版社,2009:112.

身的平等诉求。所以，无产阶级"经济地位平等观"的内容就是消灭阶级，因为阶级是造成各种不平等的经济根源。而"经济地位平等"，就是消灭阶级的经济关系的平等（消灭阶级的前提是废除私有制，实现生产资料的社会所有）。

由此可知，奴隶主的平等观是"公民的平等"，奴隶的平等观是"精神的平等"；封建主的平等观是"臣民的平等"，农民的平等观是"平均主义的平等"；教主的平等观是"原罪的平等"，教民的平等观是"上帝选民的平等"；资产阶级的平等观是"法权的平等"，无产阶级的平等观是消灭阶级的"经济地位的平等"。既然不同阶级的平等观各不相同，"平等"又怎么能是"普世价值"呢？如果无视不同社会形态平等尺度的不同，无视不同阶级平等观的不同，"抽象地理解平等，那么平等就会变成荒谬"①。

3. "平等价值普世论"是资产阶级把自己的价值观装扮成"普遍形式"的把戏

不同阶级有不同的平等观，有不同的价值观。但是统治阶级总是要把自己的价值观包装成全社会的价值观，并赋予普遍的形式，以巩固自己统治的合法性，强化合理性。把资产阶级"平等"观念渲染成"普世价值"，就是这样一种顽劣的手段。

第一，统治阶级总是把自己的利益说成全社会共同的利益，赋予自己的思想以"普遍"形式。正如马克思、恩格斯在《德意志意识形态》中所指出：

> 在考察历史进程时，如果把统治阶级的思想和统治阶级本身分割开来，使这些思想独立化，如果不顾生产这些思想的条件和它们的生产者而硬说该时代占统治地位的是这些或那些思想，也就是说，如果完全不考虑这些思想的基础——个人和历史环境，那就可以这样说：例如，在贵族统治时期占统治地位的概念是荣誉、忠诚，等等，而在资产阶级统治时期占统治地位的概念则是自由、平等，等等。一般说来，统治阶级总是自己为自己编造出诸如此类的幻想。

---

① 恩格斯.《反杜林论》的准备材料［M］.马克思，恩格斯.马克思恩格斯文集：第9卷.北京：人民出版社，2009：355.

所有的历史编纂学家，主要是 18 世纪以来的历史编纂学家所共有的这种历史观，必然会碰到这样一种现象：占统治地位的将是越来越抽象的思想，即越来越具有普遍性形式的思想。因为每一个企图取代旧统治阶级的新阶级，为了达到自己的目的不得不把自己的利益说成是社会全体成员的共同利益，就是说，这在观念上的表达就是：赋予自己的思想以普遍性的形式，把它们描绘成唯一合乎理性的、有普遍意义的思想。进行革命的阶级，仅就它对抗另一个阶级而言，从一开始就不是作为一个阶级，而是作为全社会的代表出现的；它以社会全体群众的姿态反对唯一的统治阶级。它之所以能这样做，是因为它的利益在开始时的确同其余一切非统治阶级的共同利益还有更多的联系，在当时存在的那些关系的压力下还不能够发展为特殊阶级的特殊利益。因此，这一阶级的胜利对于其他未能争得统治地位的阶级中的许多个人来说也是有利的，但这只是就这种胜利使这些个人现在有可能升入统治阶级而言。……

只要阶级的统治完全不再是社会制度的形式，也就是说，只要不再有必要把特殊利益说成是普遍利益，或者把'普遍的东西'说成是占统治地位的东西，那么，一定阶级的统治似乎只是某种思想的统治这整个假象当然就会自行消失。①

资产阶级正是把自己的利益说成社会全体成员的利益、赋予自己的思想以普遍性的形式、把自己的"自由""平等"要求描绘成唯一合乎理性的、有普遍意义的思想的。

资产阶级在革命时期，为了推翻封建阶级，也不是作为一个阶级，而是作为"全社会的代表"出现的。革命开始时，资产阶级的利益同早期无产阶级的利益、小资产者的利益、农民的利益等"共同利益"的确有更多的联系，在当时革命的压力下，还不允许资产阶级把革命的"共同利益"发展为自己的特殊利益。但是，一旦资产阶级取得统治地位，它不仅完全排除了无产阶级的利益、小资产者的利益、农民的利益，把"共同利益"发展为自己的特殊利益，而且还用自己的特殊利益取代了"共同利益"，把自己的特殊利益宣布为"共同利益"。

---

① 马克思，恩格斯. 德意志意识形态［M］. 马克思，恩格斯. 马克思恩格斯文集：第 1 卷. 北京：人民出版社，2009：552—553.

而要把自己的特殊利益说成"共同利益"的戏法变成，就需要资产阶级的理论家进行理论"加工"。"加工"的办法就是："把统治阶级的思想和统治阶级本身分割开来，使这些思想独立化"。① 即不顾生产"自由""平等"这些思想的条件和它们的生产者，"完全不考虑这些思想的基础——个人和历史环境，那就可以这样说：……在资产阶级统治时期占统治地位的就是自由、平等，等等。"于是，"必然会碰到这样一种现象：占统治地位的将是越来越抽象的思想，即越来越具有普遍性形式的思想"②。

所以，这种理论"加工"的实质是："把占统治地位的思想同进行统治的个人分割开来，主要是同生产方式的一定阶段所产生的各种关系分割开来，并由此得出结论说，历史上始终是思想占统治地位，这样一来，就很容易从这些不同的思想中抽象出'思想'、观念等等，并把它们当做历史上占统治地位的东西，从而把所有这些个别的思想和概念说成是历史上发展着的概念的'自我规定'。在这种情况下，从人的概念、想象中的人、人的本质、人中能引申出人们的一切关系，也就很自然了。思辨哲学就是这样做的。""这样一来，就把一切唯物主义的因素从历史上消除了，就可以任凭自己的思辨之马自由奔驰了。"③ 资产阶级的理论家正是把资产阶级的思想同资产阶级本身分割开来，同资产阶级的生产方式、经济关系、阶级关系分割开来，使资产阶级的"自由""平等"思想成为与产生它们的现实经济关系无关的独立存在，并把它们宣布为"历史上始终占统治地位的思想"，而且也是具有"普世意义"的思想。所以，"统治阶级总是自己为自己编造出诸如此类的幻想"。而所谓"平等"是"普世价值"，就是资产阶级（通过他们的理论家）为自己编造出来的、用以迷惑世人的幻想。然而，"从他们的实际生活状况、他们的职业和分工出发，是很容易说明这些幻想、玄想和曲解的"④。也就是

---

① 马克思，恩格斯. 德意志意识形态 [M]. 马克思，恩格斯. 马克思恩格斯文集：第1卷. 北京：人民出版社，2009：552.
② 马克思，恩格斯. 德意志意识形态 [M]. 马克思，恩格斯. 马克思恩格斯文集：第1卷. 北京：人民出版社，2009：552.
③ 马克思，恩格斯. 德意志意识形态 [M]. 马克思，恩格斯. 马克思恩格斯文集：第1卷. 北京：人民出版社，2009：553、554.
④ 马克思，恩格斯. 德意志意识形态 [M]. 马克思，恩格斯. 马克思恩格斯文集：第1卷. 北京：人民出版社，2009：554.

说，只要对资本主义的生产方式、资产阶级与工人阶级的利益对立关系进行分析，所谓"平等是普世价值"这种"幻想、玄想和曲解"虚假性，一眼就能看穿。

事实上，"平等"不仅不是人类的"普世价值"，甚至开始时也不是资本主义国家普遍接受的概念，只不过是法国资产阶级的政治口号罢了。正如马克思所指出："把法国的平等和德国的'自我意识'稍微比较一下……就会发现，后一个原则按德国的方式即用抽象思维所表达的东西，就是前一个原则按法国的方式即用政治语言和具象思维的语言所说的东西。自我意识是人在纯粹思维中同他自身的平等。平等是人在实践领域中对他自身的意识，也就是说，人意识到别人是同自己平等的人，人把别人当做同自己平等的人来对待。平等是法国的用语，它表示人的本质的统一，表示人的类意识和类行为，表示人和人的实际的同一性，也就是说，它表示人同人的社会关系或人的关系。因此，正如德国的破坏性的批判在以费尔巴哈为代表对现实的人进行考察以前，试图用自我意识的原则来瓦解一切确定的和现存的东西一样，法国的破坏性的批判也试图用平等的原则来达到同样的目的。"① 因此，"平等不过是德国人所说的自我＝自我译成法国的形式即政治的形式"。"在德国是自我意识；在法国是平等，因为这是政治；在英国是现实的、物质的、仅仅以自身来衡量自身的实际需要。"② 既然"平等"只是法国资产阶级的革命要求，甚至连德国、英国资产阶级的政治要求都代表不了，又怎能是什么所谓的"普世价值"呢？只是在随着资产阶级革命在美国等其他国家的推进，18 世纪法国启蒙思想家的思想才得到广泛传播，法国革命的"平等"观念才越出一国范围，被包装成"普世的"价值。

第二，"普遍人权"是资产阶级利己主义的价值观，而不是"普世"的价值观。事实上，在资产阶级革命中，"平等"不是作为"价值"而是作为"权利"、作为"法权"来争取的，而且被宣布为"人权"并在后来的法律中得到确认。如资本主义宪法规定："一切政治结合的目的都是为了维护自然的和不可剥夺的人权"；"政府的设立是为了使人能够行

---

① 马克思，恩格斯．神圣家族［M］．马克思，恩格斯．马克思恩格斯文集：第 1 卷．北京：人民出版社，2009：263 - 264．
② 马克思．1844 年经济学哲学手稿［M］．马克思，恩格斯．马克思恩格斯文集：第 1 卷．北京：人民出版社，2009：231．

使自然的和不可剥夺的权利"。① 因此，在西方平等理论中，"法权"往往被作为"人权"要求。那么，"法权"和"人权"是什么关系呢？根据恩格斯的分析，"现代平等"表现为两个方面，即"平等的政治地位"和"平等的社会地位"。前者主要是指政治权利的平等，因而是从"公民"这一政治学概念推导出的结论；后者主要是指经济、社会生活的平等，因而是从一般人的权利，即从"自然人"这一法学、社会学概念推导出的结论。而且，资产阶级关于"公民"政治权利平等的法理依据，也是来自基于"自然人"权利的"自然法"。这就是为什么基于"公民"概念的政治权利和基于"自然人"概念的社会权利都被宣布为"人权"的原因。因此，"法权"和"人权"是密切相关的："法权"是通过法律确定的"人权"；"人权"是基于人作为"人"的权利，它必须有法律的认可才会有保障，所以"人权"一般以"法权"的形式出现。在资本主义社会，"法权""人权"的内容都表现为"自由""平等""财产权"这种"三位一体"的公式。

马克思对"人权"概念的实质作了深入考证和分析，指出，"Droits de l'homme，人权，它本身不同于 droits du citoyen，公民权。与 citoyen［公民］不同的这个 homme［人］究竟是什么人呢？不是别人，就是市民社会的成员。为什么市民社会的成员称做'人'，只称做'人'，为什么他的权利称做人权呢？……只有用政治国家对市民社会的关系，用政治解放的本质来解释。""所谓的人权，不同于 droits du citoyen［公民权］的 droits de l'homme［人权］，无非是市民社会的成员的权利，就是说，无非是利己的人的权利、同其他人并同共同体分离开来的人的权利。"② 人权的内容有哪些呢？按照1793年宪法的说法：根据"人权和公民权宣言"，"这些权利等等〈自然的和不可剥夺的权利〉是：平等、自由、安全、财产。""自由是什么呢？""自由是做任何不损害他人权利的事情的权利，或者……自由是做任何不损害他人的事情的权利。"可见，"这里所说的是人作为孤立的、自我封闭的单子的自由。""自由这一人权不是建立在人与人相结合的基础上，而是相反，建立在人与人相分隔的基础

---

① 马克思. 论犹太人问题［M］. 马克思, 恩格斯. 马克思恩格斯全集：第1卷. 北京：人民出版社, 2009：43.

② 马克思. 论犹太人问题［M］. 马克思, 恩格斯. 马克思恩格斯文集：第1卷. 北京：人民出版社, 2009：40.

上。这一权利就是这种分隔的权利,是狭隘的、局限于自身的个人的权利。"①"自由这一人权的实际应用就是私有财产这一人权。""私有财产这一人权是什么呢?""(1793年宪法):财产权是每个公民任意地享用和处理自己的财产、自己的收入即自己的劳动和勤奋所得的果实的权利。"可见,"这一权利是自私自利的权利。这种个人自由和对这种自由的应用构成了市民社会的基础。这种自由使每个人不是把他人看做自己自由的实现,而是看做自己自由的限制"②。"此外还有其他的人权:平等和安全。""平等,在这里就其非政治意义来说,无非是上述自由的平等,就是说,每个人都同样被看成那种独立自在的单子。"③ 根据1795年宪法解释:"平等是法律对一切人一视同仁,不论是予以保护还是予以惩罚。"而"安全是社会为了维护自己每个成员的人身、权利和财产而给予他的保障"。可见,"安全是市民社会的最高社会概念,是警察的概念;按照这个概念,整个社会的存在只是为了保证维护自己每个成员的人身、权利和财产"。因此,"市民社会没有借助安全这一概念而超出自己的利己主义。相反,安全是它的利己主义的保障。""可见,任何一种所谓的人权都没有超出利己的人,没有超出作为市民社会成员的人,即没有超出封闭于自身、封闭于自己的私人利益和自己的私人任意行为、脱离共同体的个体。在这些权利中,人绝对不是类存在物,相反,类生活本身,即社会,显现为诸个体的外部框架,显现为他们原有的独立性的限制。把他们连接起来的唯一纽带是自然的必然性,是需要和私人利益,是对他们的财产和他们的利己的人身的保护。"④ 也就是说,资产阶级由于坚持"个人主义"的世界观,因此表现为极端自私的利己主义,这在《人权宣言》、在资本主义的法律中得到了充分体现。资产阶级所要求的"权利平等"的"权利",就是"平等""自由""安全""财产"这些"人权"。而所谓"平等",就是法律对一切人一视同仁;所谓的

---

① 马克思. 论犹太人问题 [M]. 马克思,恩格斯. 马克思恩格斯文集:第1卷.北京:人民出版社,2009:40、41.

② 马克思. 论犹太人问题 [M]. 马克思,恩格斯. 马克思恩格斯文集:第1卷.北京:人民出版社,2009:41.

③ 马克思. 论犹太人问题 [M]. 马克思,恩格斯. 马克思恩格斯文集:第1卷.北京:人民出版社,2009:41.

④ 马克思. 论犹太人问题 [M]. 马克思,恩格斯. 马克思恩格斯文集:第1卷.北京:人民出版社,2009:42.

"自由",就是个人做任何事的自由;所谓"财产",就是任意使用和处理个人的财富;所谓"安全",就是个人人身和财产不受侵犯。可见,这些"权利"都是建立在个人利益基础上的,都是把"人"看作彼此孤立的"单子",因此都是分离的权利,是狭隘的、封闭在自身的个人的权利,而不是建立在人与人结合起来的基础上的。这种利己主义,正是资产阶级的典型的价值观。而这种利己主义的价值观,只是资产阶级的价值观,而不是所有阶级的价值观,更不是"普世"的价值观。

而就"人权"的本质来讲,资产阶级所宣扬的"人权"无非是对私人财产的保护,是获取私人财产的自由,是私人财产的安全。"人权并不是使人摆脱财产,而是使人有占有财产的自由;人权并不是使人摆脱牟利的龌龊行为,反而是赋予人以经营的自由。"① 在这里,每个人关心的只是自己的财产,而不是社会,不是别人。一句话,私人财产是整个"人权"要求的核心。而财产是一种强力,它会把人的一切自然差别变成社会差别,变成阶级差别,变成人对人的统治或依附。在这种情况下,所谓体现人与人关系的"平等"只能是形式地存在,抽象地存在,幻想地存在;而不平等则是现实地、真实地、普遍地存在。事实上,"平等地剥削劳动力,是资本的首要人权"②。可见,即使是把"平等"宣布为普遍的"人权",也没有改变"平等权利"的不平等实质。因为,由于生产资料占有上的不平等,一切对私有财产的保护都是对不平等的保护。既然"平等"作为"人权"是一种法权,是法律规定的权利,它就只能是一种被决定的东西。决定"平等权利"能否实现的真正根源,是经济权利、经济关系、人们的经济地位。总之,在不平等的经济关系下,所谓"平等权利"只能是一种不平等的权利。所以,马克思、恩格斯指出,"现代国家承认人权和古代国家承认奴隶制具有同样的意义"③。所以,"平等价值"既不是"普世"的价值,也不是关于"平等"的价值,而是"不平等"的价值。

第三,"平等价值普世论"是用道德范畴的抽象性掩盖经济关系的

---

① 马克思,恩格斯.神圣家族[M].马克思,恩格斯.马克思恩格斯文集:第1卷.北京:人民出版社,2009:312.
② 马克思.资本论(第1卷)[M].马克思,恩格斯.马克思恩格斯文集:第5卷.北京:人民出版社,2009:338.
③ 马克思,恩格斯.神圣家族[M].马克思,恩格斯.马克思恩格斯文集:第1卷.北京:人民出版社,2009:312.

不平等。"平等"无论是作为法权，还是作为价值，都是属于上层建筑的思想意识形态部分，而上层建筑是由经济基础决定的。而"人们的一切法律、政治、哲学、宗教等等观念归根结底都是从它们的经济生活条件、从他们的生产方式和产品交换方式中引导出来的"①。所谓"平等是普世价值"论，正是把"平等"作为一种价值，一种道德范畴来使用的。正如恩格斯所指出，"正义""人道""自由""平等""博爱"都是属于道德范畴的字眼。"这些字眼固然很好听，但在历史和政治问题上却什么也证明不了。'正义'、'人道'、'自由'等等可以一千次地提出这种或那种要求，但是，如果某种事情无法实现，那它实际上就不会发生，因此无论如何它只能是一种'虚无缥缈的幻想'。"② 也就是说，"自由""平等"这些道德范畴很好听，很能打动人，但作为道德原则在"在历史和政治问题上却什么也证明不了"。即使把"平等"宣布为"普世价值"，没有实现"平等"的生产方式、经济关系，"平等"也"只能是一种虚无缥缈的幻想"。所谓"某种事情无法实现"，就是生产方式的变革。只有变革生产方式，废除了不平等的生产关系，实现了经济关系的平等，"平等"才能真正实现。而这绝不是简单地把"平等"宣布为"普世价值"就可以做到的。

而所谓"平等"果真是什么"普世价值"吗？正如恩格斯批判费尔巴哈时指出："至于说到他人追求幸福的平等权利，情况是否好一些呢？费尔巴哈提出这种要求，认为这种要求是绝对的，是适合于任何时代和任何情况的。但是这种要求从什么时候起被认为是适合的呢？在古代的奴隶和奴隶主之间，在中世纪的农奴和领主之间，难道谈得上有追求幸福的平等权利吗？被压迫阶级追求幸福的欲望不是被冷酷无情地'依法'变成了统治阶级的这种欲望的牺牲品吗？——是的，这也是不道德的，但是现在平等权利被承认了。资产阶级在反对封建制度的斗争中和在发展资本主义生产的过程中不得不废除一切等级的即个人的特权，而且起初在私法方面，后来逐渐在公法方面实施了个人在法律上的平等权利，从那时以来并且由于那个缘故，平等权利在口头上是被承认了。但

---

① 恩格斯. 法学家的社会主义 [M]. 马克思，恩格斯. 马克思恩格斯全集：第21卷. 北京：人民出版社，1965：548.
② 恩格斯. 民主的泛拉斯夫主义 [M]. 马克思，恩格斯. 马克思恩格斯全集：第6卷. 北京：人民出版社，1961：325.

是，追求幸福的欲望只有极微小的一部分可以靠观念上的权利来满足，绝大部分却要靠物质的手段来实现，而由于资本主义生产所关心的，是使绝大多数权利平等的人仅有最必需的东西来勉强维持生活，所以资本主义对多数人追求幸福的平等权利所给予的尊重，即使有，也未必比奴隶制或农奴制所给予的多一些。"① 也就是说，尽管资产阶级在口头上承认了"平等权利"，并把"平等"确立为资本主义的基本观念、基本理念、基本原则。但由于资本主义的生产关系本身就是不平等的，所以这种"平等"只是观念上的权利。而追求幸福不是靠观念而是靠物质手段来实现的。所谓"物质手段"，就是现实的生产关系、经济关系。也就是说，要实现人们的幸福，仅靠把"平等"宣布为权利是不够的，而要有平等的生产关系、经济关系。资本主义社会是不平等的生产关系、经济关系，仅靠口头上承认"平等权利"怎么可能实现平等呢？"平等"在资本主义社会尚且是做不到的，又怎能是"绝对的，是适合于任何时代和任何情况"的"普世价值"呢？所以，鼓吹所谓"普世价值"，不过是用道德范畴的抽象性掩盖资本主义不平等的经济社会现实罢了。

4. 资本主义的不平等现实和霸权主义行径戳穿了"平等普世价值论"的谎言

资产阶级理论家尽管把"平等"宣布为"普世价值"，但资本主义却在全世界制造"普世"的不平等。可以说，"理论和实践处于惊人的矛盾中"。②

第一，资本主义的法律把"人人平等"宣布为它的原则，而每一条款都是对不平等关系的保护。正如马克思所指出，"即使在政治生活还充满青春的激情，而且这种激情由于形势所迫而走向极端的时候，政治生活也宣布自己只是一种手段，而这种手段的目的是市民社会生活"③。这句话是说，即使资产阶级还在革命上升时期的时候，政治、经济生活现实也与其宣称的权利原则有天壤之别，表明资产阶级宣称的政治思想、

---

① 恩格斯. 路德维希·费尔巴哈和德国古典哲学的终结 [M]. 马克思，恩格斯. 马克思恩格斯文集：第4卷. 北京：人民出版社，2009：292-293.
② 恩格斯. 英国状况 英国宪法 [M]. 马克思，恩格斯. 马克思恩格斯全集：第1卷. 北京：人民出版社，1956：703-704.
③ 马克思. 论犹太人问题 [M]. 马克思，恩格斯. 马克思恩格斯文集：第1卷. 北京：人民出版社，2009：43.

政治权利、政治原则只是一种手段、一种策略，只是愚弄劳动阶层的工具。总之，"这个政治生活的革命实践同它的理论还处于极大的矛盾之中"①。换句话说，资本主义的法律总是把它规定的权利用另一种形式取消掉。例如，"一方面，安全被宣布为人权，一方面侵犯通信秘密已公然成为风气。一方面'不受限制的新闻出版自由'（……）作为人权的个人自由的结果而得到保证，一方面新闻出版自由又被完全取缔，因为'新闻出版自由危及公共自由，是不许可的'（……）。所以，这就是说，自由这一人权一旦同政治生活发生冲突，就不再是权利，而在理论上，政治生活只是人权、个人权利的保证，因此，它一旦同自己的目的即同这些人权发生矛盾，就必定被抛弃"②，如此等等。而且，1789年的法国《人权与公民权利宣言》尽管承诺了"普遍的人权"，但这里的"人"是指"公民"。而"公民"又区分为"积极公民"和"消极公民"。拥有选举权的"积极公民"主要指男性公民，实际上是男性白人。而2600万公民中的2200万不具备财产资格的"消极公民"和妇女、穷人、有色人种、外来人则统统被排除在选举权外。法国宪法如此，其他资本主义国家的宪法也是如此。"这种人权的特殊资产阶级性质的典型表现是美国宪法，它最先承认了人权，同时确认了存在于美国的有色人种奴隶制：阶级特权不受法律保护，种族特权被神圣化。"③ 也就是说，美国宪法一方面承认"人权"，一方面又确认了有色人种的奴隶制。1776年《美国独立宣言》也一方面宣称"人人生而平等"，一方面允许奴隶制存在。而奴隶制本身就是对"人权"的最严重侵犯，却规定在同一部宪法中。南北战争后废除了奴隶制，但废除黑人投票权利上的种种限制和障碍是到1970年才开始的。由此可见，所谓"普遍的人权""人人平等"这些价值原则，是赤裸裸的谎言。

第二，资本主义经济给人以"等价交换"的平等外观，而剩余价值生产本身就是在不平等经济关系的实证。资本主义市场经济遵循"等价交换"原则，"货币面前使人人平等"。而且，工人在同资产者签订雇佣

---

① 马克思. 论犹太人问题［M］. 马克思, 恩格斯. 马克思恩格斯文集：第1卷. 北京：人民出版社, 2009：43.
② 马克思. 论犹太人问题［M］. 马克思, 恩格斯. 马克思恩格斯文集：第1卷. 北京：人民出版社, 2009：43.
③ 恩格斯. 反杜林论［M］. 马克思, 恩格斯. 马克思恩格斯文集：第9卷. 北京：人民出版社, 2009：112.

合同时,也是以"权利平等"的身份进行的。然而,离开具有平等外观的流通领域,进入生产领域,情况就完全不一样了:"给这个资本家做事的工人,不仅再生产着他那由资本家付酬的劳动力的价值,而且除此之外还生产剩余价值,这个剩余价值首先被这个资本家所占有,然后按一定的经济规律在整个资本家阶级中进行分配,构成地租、利润、资本积累的基础,总之,即非劳动阶级所消费或积累的一切财富的基础。这样也就证明了,现代资本家,也像奴隶主或剥削徭役劳动的封建主一样,是靠占有他人无酬劳动发财致富的,而所有这些剥削形式彼此不同的地方只在于占有这种无酬劳动的方式有所不同罢了。这样一来,有产阶级胡说现代社会制度盛行公道、正义、权利平等、义务平等和利益普遍和谐这一类虚伪的空话,就失去了最后的立足之地,而现代资产阶级社会就像以前的各种社会一样真相大白:它也是人数不多并且仍在不断缩减的少数人剥削绝大多数人的庞大机构。"①

托马斯·皮凯蒂在《21 世纪资本论》中对资本主义 300 多年来贫富差距的历史和两极分化的惊人现实的分析,也再一次证明了马克思对资本主义分析的正确性。皮凯蒂的研究证明:在 100 年的时间里,有资本的人的财富翻了 7 番,是开始的 128 倍,而整体经济规模只会比 100 年前大 8 倍。虽然有资本和没有资本的人都变得更加富有,但是贫富差距变得非常大。而"最令人惊讶的事实无疑是,在所有这些社会里,半数人口几乎一无所有:最贫穷的 50% 人群占有的国民财富一律低于 10%,一般不超过 5%。在法国,根据最新数据(2010—2011 年),最富裕的 10% 占有总财富的 62%,而最贫穷的 50% 只占有 4%。在美国,美联储最近所做的调查覆盖相同年份,表明最上层 10% 占有美国财富的 72%,而最底层的半数人口仅占 2%"②。可见,在资本主义世界根本就没有"平等"可言。既然"平等"根本就不存在,又怎能成为"普世价值"呢?

第三,资本主义国家是在"自由""平等"口号下通过海外殖民、黑奴贩卖和种族灭绝等反平等、反人性、反人类的政策建立起来的。尽

---

① 恩格斯. 卡尔·马克思 [M]. 马克思,恩格斯. 马克思恩格斯文集:第 3 卷. 北京:人民出版社,2009:461.
② 〔法〕托马斯·皮凯蒂. 21 世纪资本论 [M]. 巴曙松,陈剑,等译. 北京:中信出版社,2014:261-262.

管"自由""平等""博爱"是资产阶级革命的旌纛，但资本主义却是在血腥侵略、海外殖民、奴隶贩卖、种族灭绝中开辟历史的。海外殖民是伴随着资本原始积累以来资本主义一直奉行的对外侵略政策，在财富欲望的驱使下，资本在世界奔走，瓜分旧大陆、开辟新航线、发现新大陆、建立海外贸易公司、开发热带种植园，垄断丝绸、宝石、香料、瓷器贸易，掠夺棉花、油料、橡胶、蔗糖、烟草等自然资源，占领金刚石、黄金、煤炭、铁、铜、锡等矿藏，使殖民地成为原料产地，并向殖民地倾销工业制成品、转嫁危机，将其变为产品输出市场，控制殖民地经济命脉，造成殖民地经济畸形发展，并攫取海关、交通、通商、筑路、开矿、建厂、开办银行、训练军队等权益，不断强化殖民地对宗主国的依附关系和宗主国对殖民地的奴役关系。同时，资本还在殖民地强行推行宗主国语言、文化和生活方式，实行同化政策，对原住民文化传统实行文化灭绝政策，大肆摧毁多样文明。总之，资产阶级"它迫使一切民族……采用资产阶级的生产方式；……它按照自己的面貌为自己创造出一个世界"①，而不管几十万年进化出的宝贵璀璨文明无可挽回地永远消失。不仅如此，殖民过程还是一个侵略、奴役、掠夺、杀戮的过程，既伴随着惨无人道的奴隶贸易，又伴随着灭绝人性的对殖民地的屠杀和宗族灭绝。殖民者把非洲黑人运往欧洲作为奴隶贩卖，特别是运往美洲从事种植园奴隶劳动。从15世纪至19世纪的黑农贸易使上千万非洲黑人被杀，使非洲丧失1亿精壮劳力，造成非洲的长期贫穷落后。殖民者对印第安土著的残酷屠杀，使印第安人的数量由15世纪末的5000万锐减至17世纪的400万。美国在建国过程中更是对原本是美洲大陆主人的印第安人实行种族灭绝的反人类政策：首任总统华盛顿明确提出，"在所有印第安人居留地被有效摧毁前不要听取任何和平的建议"；提出"所有人生而平等"的"天赋人权说"、《独立宣言》起草人杰弗逊总统要求美国人"追求灭绝印第安人或者将他们驱赶到我们不去的地方"；麦迪逊总统实行"头皮政策"，规定每上缴一个印第安人（不论男女老少甚至婴儿）的头盖皮，政府将会发给奖金50至100美元；1862年，林肯总统毫无缘由地下令绞死达可它人苏语部落的38个首长。从1830年国会通过《印第安人驱逐法案》到19世纪90年代基本上完成了灭绝印第安人的目标，超

---

① 马克思，恩格斯. 共产党宣言[M]. 马克思，恩格斯. 马克思恩格斯文集：第2卷. 北京：人民出版社，2009：35-36.

过北美大陆 1000 万的印第安人被灭绝殆尽。这是亘古未有的反人类劫难，也是美国的奇耻大辱，是资本主义犯下的历史罪行。伴随着对殖民地残酷杀戮和种族灭绝的是各殖民国家之间连年不断的战争。从 17 世纪初到 18 世纪中叶，英国和法国由进行了四次战争、同荷兰了三次战争；19 世纪末至 20 世纪初的英、法、德第一、二次摩洛哥危机、英法之间的法绍达危机、两次布尔战争、美西战争、日俄战争、意土战争，直至第一次世界大战和第二次世界大战，给人类社会造成了惨绝人寰、罄竹难书的劫难。可见，资本主义正是在"平等""自由""博爱"的口号下进行奴役、屠杀、灭绝的，正是在亿万劳动人民的鲜血和尸体上建起所谓"自由平等"的"千年王国"的。

第四，资本主义国家推行"普世价值"的方式是对内镇压、对外干涉，而这种赤裸裸的霸权主义本身就是极端不平等的表现。尽管资产阶级一再宣称"人人平等"和"人权"，一再宣扬"自由、平等、博爱"，但是，正如马克思所指出，只要资产阶级的统治受到威胁，"这个共和国为要显出自己的真面目来，……并把共和国的'自由，平等，博爱'这句格言代以毫不含糊的'步兵，骑兵，炮兵'!"① 也就是说，资产阶级对劳动阶级的镇压从不手软，而且充满血腥。在颁布《人权和公民权宣言》的法国，在 1848 年 6 月工人起义失败后，资产阶级就制造了白色恐怖，杀戮受伤起义战士 1.1 万人，逮捕 2.5 万人，未经审判流放了 3.5 万人。在 1871 年 5 月巴黎公社失败后，资产阶级枪杀了 3 万多工人，囚禁流放了 3.5 万人，并迫使千百万人流亡国外，军事法庭的审判一直延续了 4 年多。在 1968 年 5 至 6 月间，当法国成千上万的工人和学生掀起"五月风暴"、反对在国家垄断资本主义阶段决策权日益集中在少数精英手里、广大群众则在日常生活中经历社会反常状态和异化的时候，戴高乐政权就调集了数万名宪兵和警察，并把坦克和伞兵部队开到巴黎近郊，甚至打算把驻德法军调回镇压工人和学生，后来只是因为心理战瓦解了"五月风暴"，才避免了一场血腥屠杀。② 可见，所谓"普世价值"的"平等"，总是在屠刀和大炮面前瞬间化为灰烬。

---

① 马克思. 路易·波拿巴的雾月十八日 [M]. 马克思, 恩格斯. 马克思恩格斯文集：第 2 卷.北京：人民出版社，2009：509.
② 徐崇温. "自由、平等、人权是人类共同的普世价值"辨析 [J]. 学习论坛，2010 (7)：78.

而在国际上推行以"自由、平等、人权"为内容的所谓"普世价值",是资本主义国家用自己的面孔改造世界,对别的国家进行干预、颠覆,从而把后发展国家作为附庸纳入资本主义体系的思想工具。以美国为首的西方资本主义国家炮制了新自由主义的所谓"华盛顿共识"。在这一旗号下,把自己的新自由主义模式强加给拉美国家。1985年,又以帮助解决拉美危机为由推出所谓"贝克计划",1989年又提出"布雷迪计划",强迫拉美国家推行以"自由化""市场化""私有化"为核心内容的新自由主义的经济改革,结果使这些国家陷入了严重的债务危机、金融危机,造成严重的经济衰退,跌入所谓"拉美陷阱"。西方国家还在"华盛顿共识"旗号下以"休克疗法"在苏联、东欧国家推行急速私有化,导致这些国家剧变解体、经济衰退、失业剧增、人民生活水平急速下降,重演了拉美悲剧。新自由主义的"华盛顿共识"还引发了1997—1998年亚洲金融危机。

西方资本主义国家不仅在"普世价值"的装扮下,用新自由主义从经济上"改造"其他国家,而且还把"自由、平等、民主、人权"等炮制成所谓"普世价值",作为政治工具来冲击、颠覆其他国家。最典型的,就是在全世界输出民主、推行"颜色革命"。2005年5月,美国总统布什在"美国国际共和政体研究所"的一次午餐会上赤裸裸地宣称,"近18个月来,我们成为'玫瑰革命''橙色革命''紫色革命''郁金香革命'和'雪花革命'的见证人,""这还仅仅是开始,在高加索、中亚和大中东地区,人们希望变革,这种变革已为时不远"。[①]"颜色革命"是赤裸裸地干涉别国内政、颠覆别国政权、强制推行西方民主制度、实现美国独霸全球的险恶用心的具体表现。"颜色革命"造成的严重后果是国家解体、民族分裂、内战不断、暴恐频发、经济衰败、民生凋敝、难民危机和宗教极端势力、民族分裂势力、暴力恐怖势力泛滥。因此,所谓"颜色革命",是文明掩盖下的野蛮、人性掩盖下的兽性、人权掩盖下的霸权,是严重人道主义的危机和灾难,是对人权的践踏和涤荡,是人性的丧失和湮灭。而用于包装"颜色革命"的恰恰是"普世价值"。可见,所谓"普世价值"的实质就是:"自由"意味着"干涉","平等"意味着"打压","民主"意味着"颠覆","人权"意味着"霸

[①] 徐崇温."自由、平等、人权是人类共同的普世价值"辨析[J].学习论坛,2010(7):80.

权"。所以,所谓"普世价值",本质上是资产阶级极端自私的利己主义本性,是地地道道的资产阶级自己的价值观,它既不是"普世"的,也没有什么"价值"。它给世界各国、各民族造成的一次次灾难,一次又一次揭穿了西方"价值"所谓"普世"的谎言,反而是当今世界动乱之肇端,邪恶之渊源。西方国家推行"普世价值",就是"它迫使一切民族……采用资产阶级的生产方式;……它按照自己的面貌为自己创造出一个世界"①,并把一切资源、财富据为己有,任何抵抗招致的都是炮火、劫掠和屠杀。它以"价值"的名义掠夺"价值":输出的是"价值"——"自由""平等"和"博爱";猎取的是"价值"——黄金、石油和矿产。它以"自由"的口号制造奴役,它以"平等"的口号实行压迫,它以"博爱"的口号播种仇恨。总之,圈地运动—黑奴贸易—鸦片战争—世界大战,这就是资本主义的历史;掠夺—侵略—颠覆—同构,这就是"普世价值"的逻辑。所以,作为资产阶级法权要求的"自由""平等"从来就不是"普世价值",而且在私有制和阶级存在条件下根本就不存在"普世的价值"。

---

① 马克思,恩格斯. 共产党宣言 [M]. 马克思,恩格斯. 马克思恩格斯文集:第 2 卷. 北京:人民出版社,2009:35 - 36.

第十章 "平等"研究方法的马克思主义辨正

由于平等问题研究的历史久远,研究平等问题的理论家处于不同历史时代、属于不同的阶级,因而历史观多元、阶级立场多样,所以研究平等问题的方法论形形色色,但概括起来,可归纳为人性抽象法、伦理推定法、原则推导法、社会模型法、分配矫正法、历史附会法等。

一、"人性抽象法"辨正

1. "人性抽象法"例举

所谓平等研究的"人性抽象法",是从抽象的人性论上论证平等或不平等,表现为或者从"人"的抽象概念、人的"类本质",或者从人的生理特征、人的能力、个人偏好等出发论证人的等同性或否定人的平等。这就是说,把人作为抽象的"人"、概念的"人",至多作为个体,而不是作为社会的人,作为隶属于一定时代、一定阶级的、历史的、具体的人来论证。从人性论上抽象地论证人的平等或不平等,是理论家们惯用的思维模式和研究方法,在西方有着久远的历史传统。

古希腊时期智者派从"自然法"出发,认为"罗格斯""理性"渗透和弥漫于宇宙万物之中,人的灵魂也分享了作为宇宙灵魂的"圣火",分享了"自然理性",因而与"上帝"具有共同的理性,所以人人都是平等的,因此得出了人人平等的激进的"自然平等论"。这就是从"自然法"上,从人的"自然属性"、人的"本性"上论证人的平等的方法。类似地,希腊化时期斯多葛派从"人"的"精神统一性"上论证人的"精神平等",强调"人"是宇宙的一部分,与上帝具有共同的"理性",因而具有"精神自由",强调所有人在内在"精神价值"上等值,所以人人"精神平等"。这也是纯粹从"人"的同一性——"精神"——上认识"人"的思维方式,把"人"看作抽象的"类"概念。这种脱离开古希腊城邦制度、奴隶制的作为"人"的"类"概念的"人",是一种理论抽象,一种理论假设,没有人的社会关系,没有历史维度和现实经度,因而是一种抽象的人性论。正因如此,所谓人的"自然平等""精神平等"论就没有什么实际意义,没有也不可能改变古希腊的奴隶制度。

同样,启蒙思想家也多是从人的自然属性上论证人的平等性的。如霍布斯认为,"自然使人在身心两方面的能力都十分相等","至于智力……人与人之间更加平等",因此,"所有的人都是平等的,根本没有谁比较好的问题存在"①。洛克也认为,"自然状态"是"一种平等的状态……同种和同等的人们毫无差别地生来就享有自然的一切同样有利条件,运用相同的身心能力",所以"人类天生都是自由、平等和独立的"②。与霍布斯、洛克认为人在生理特征上是平等的相类似,卢梭也认为,"在自然状态中,不平等几乎是不存在的。由于人类能力的发展和人类智慧的进步,不平等才获得了它的力量并成长起来"③,不平等才获得力量并成长起来,也成为人与人之间不平等的起源。同时他又说,尽管能力往往被认为是天然的差别,但这些自然状态中的差别远远小于社会状态中的差别。而进入社会状态订立社会契约时,"人们尽可以在力量上和才智上不平等,但是由于约定并且根据权利,他们却是人人平等的"④。毫无疑问,这种从人的"身体上""身心两方面的能力""力量""智力""智慧""才智"等方面来论证人的平等的方法,都是从人的生理特征、生理因素角度,也就是从抽象的人性论上进行的逻辑推理。其实,启蒙思想家从"自然状态"出发、以"自然法"为依据,来论证"人人生而平等"的整个方法论体系,都是建立在这种抽象人性论上的。

与启蒙思想家同时代的不少经济学家也是抽象人性论者。正如恩格斯所指出,"由重农学派和亚当·斯密作了正面阐述的狭义的政治经济学,实质上是18世纪的产儿,它可以和同时代的伟大法国启蒙学者的成

---

① 〔英〕托马斯·霍布斯. 利维坦 [M]. 黎思复,黎廷弼,译. 北京:商务印书馆,1985:92、117.
② 〔英〕洛克. 政府论:下篇 [M]. 叶启芳,等译. 北京:商务印书馆,2009:5、59.
③ 〔法〕卢梭. 论人类不平等的起源和基础 [M]. 李常山,译. 北京:商务印书馆,1962:149.
④ 〔法〕卢梭. 社会契约论 [M]. 何兆武,译. 北京:商务印书馆,2003:30.

就媲美，并且也带有那个时代的一切优点和缺点。我们关于启蒙学者所说的话，也适用于当时的经济学家"①。所谓"那个时代的缺点"，就是指，"在他们（经济学家）看来，新的科学不是他们那个时代的关系和需要的表现，而是永恒的理性的表现，新的科学所发现的生产和交换的规律，不是这些活动的历史地规定的形式的规律，而是永恒的自然规律；它们是从人的本性中引申出来的。但是，仔细观察一下，这个人就是当时正在向资产者转变的中等市民，而他的本性就是在当时的历史地规定的关系中从事工业和贸易"②。例如，作为人的"永恒理性"的"本性"的实际运用的所谓"经济人假设"，就是剥离了一切现实经济社会关系而基于自然的人、生物意义的人、单个的人、孤立的人的"人性"概念，进行的抽象推论。

当代西方从人的"个人偏好""趣味"等方面的差异论证不平等合理性的方法，同启蒙思想家从"力量""身心""能力""智慧"等论证平等或不平等的方法实质上是一样的，都是基于抽象"人性"的论证。如科恩强调"自我所有权"实际上就是对自己的"才能"拥有的正当性和由这种"才能""运气"不同而产生不平等的合理性。而他的"平等主义原则"只是"社会主义的机会平等"。他认为，这种"机会平等"的"结果的差异反映的只是趣味和选择的差异，而不是天生和社会的能力与力量的差异"③。所谓"偏好""趣味"，无非是人的性格特征，因此属于抽象"人性"的范畴。类似地，美国经济学家罗默（保罗·罗默 Paul M. Romer）也强调每个人都对自己的"天资"拥有权利的"自我所有制"。他认为，基于个人"天资"（"自然天赋"）的收入从道德上看是合理的，应当予以保护。④而所谓"天资"，不过是个人的体力、智力条件，也就是人的能力。所以，也是从人的自然因素而不是社会属性认识人的。可见，这些都是从个人的"偏好""趣味"和对"自我能力"

---

① 恩格斯.反杜林论［M］.马克思，恩格斯.马克思恩格斯文集：第9卷.北京：人民出版社，2009：157-158.
② 恩格斯.反杜林论［M］.马克思，恩格斯.马克思恩格斯文集：第9卷.北京：人民出版社，2009：158.
③ ［英］G. A. 柯亨.马克思与诺奇克之间［M］.吕增奎，译.南京：江苏人民出版社，2008：355.
④ ［美］约翰·E. 罗默.在自由中丧失：马克思主义经济哲学导论［M］.段中桥等，译.北京：经济科学出版社，2003：192.

拥有的差异,来为不平等辩护的。而弗里德曼更是把"平等运动"失败的根本原因归为"它违背了人类的一个最基本的天性"——即每个人都为改善自己和子孙的境况而不断努力。① 所以也是从人的所谓"人性""本性""天性"出发,为不平等的合理性提供论据的。总之,不论是从人的"人性""本性""天性"论证人的平等,还是从人的"偏好""趣味""能力"论证人的不平等,都是把人的自然属性或者人的主观特征作为出发点,不考虑人的现实经济关系、社会地位和社会强加给个人的压力、束缚,以及个人在生产关系面前的无奈、无能为力等,不考虑经济社会制度的客观实在性,纯粹从人的主观因素出发的论证方法。因而是"平等"研究的"人性抽象法"。

2. "人性抽象法"剖析

事实上,所谓"平等"命题,说的是人与人的平等,不是人与自然的平等;是人与人社会关系的平等,不是人的生理特征的平等。既然是人与人社会关系的平等,就应当从社会关系上而不是从抽象的"人性"上推导人的平等关系。而人与人最根本的社会关系是生产关系,因此,研究人与人的平等,就应当研究人们的生产关系,把"人"放到一定的生产方式中来研究。正如马克思、恩格斯所指出,"这种生产方式不应当只从它是个人肉体存在的再生产这方面加以考察。更确切地说,它是这些个人的一定的活动方式,是他们表现自己生命的一定方式、他们的一定的生活方式。……他们是什么样的,这同他们的生产是一致的——既和他们生产什么一致,又和他们怎样生产一致"②。也就是说,所谓"生产方式"其实也是人们的生活方式。考察生产方式不能从"个人肉体存在"来考察,而应当从人们在生产方式中的相互关系和经济地位来考察。而既然"平等"问题主要是考察人们的社会关系的问题,因此也不能从人的"力量""身心""能力"等纯粹肉体的因素,从抽象的"人性"上来考察,而应当从人们的生产关系上来考察。而人与人的生产关系(是平等的关系还是奴役的关系?是依附关系还是雇佣关系?)是同人们的生产相一致的——既和生产什么一致,又和怎样生产一致。而所谓

---

① 〔美〕米尔顿·弗里德曼,罗斯·弗里德曼. 自由选择——个人声明 [M]. 胡骑等,译. 北京:商务印书馆,1982:148.

② 马克思,恩格斯. 德意志意识形态 [M]. 马克思,恩格斯. 马克思恩格斯文集:第1卷. 北京:人民出版社,2009:520.

"怎样生产",一方面反映了人与自然的关系,另一方面也反映人与人的关系。人与自然的关系,譬如说,是用人力生产还是用机器生产?这是"生产力"问题。人与人的关系,譬如说,是在生产资料社会所有的基础上生产,还是在生产资料私有制的条件下生产。这是"生产关系"问题。如果人们是在生产资料社会所有的基础上生产,人与人的经济关系、生产关系自然是平等的;如果是在生产资料私有制条件下生产,人与人的经济关系、生产关系必定是不平等的。所以,"平等"问题完全是人与人的经济关系、生产关系的平等与否的问题,根本不是什么个人能力、生理特征等"人性"因素的比较。

通过生产方式的分析可以看出,"人们之间一开始就有一种物质的联系。这种联系是由需要和生产方式决定的,它和人本身有同样长久的历史;这种联系不断采取新的形式,因而就表现为'历史',它不需要用任何政治的或宗教的呓语特意把人们维系在一起"①。当然,除了物质关系外,还有人们的"精神关系"或"意识关系"。而"'精神'从一开始就很倒霉,受到物质的'纠缠'","意识一开始就是社会的产物,而且只要人们存在着,它就仍然是这种产物"②。也就是说,"精神""意识"是"物质"的反映,是由物质所决定的,而社会意识是社会存在的反映。这样,所谓个人"偏好""趣味"等精神方面的特征,也是现实生产关系、社会存在的反映,并为现实生产关系、社会存在所决定,绝不是不依赖于现实而存在的纯粹主观的"人性"。譬如说,富人能够享受得到高品质的生活、穷人每日为果腹奔波,绝不是因为穷人"偏好"被人雇佣甚至有时候连雇佣都难以如愿的生活,而不"偏好"富人那种穷奢极欲的生活方式。也不是因为他对穷困潦倒的生活有着浓厚的"趣味",而对一掷千金、富可敌国的生活没有"趣味"。这一切人与人的反差、不平等,都应当从经济关系、从生产方式中得到说明,而不是用人的"偏好""趣味"这些抽象的"人性"进行搪塞。

总之,"平等"研究上的人性抽象法,或者从抽象的人性上论证"平等"的方法,完全抛开了人类历史的发展进程,抛开了现实的经济

---

① 马克思,恩格斯.德意志意识形态[M].马克思,恩格斯.马克思恩格斯文集:第1卷.北京:人民出版社,2009:533.
② 马克思,恩格斯.德意志意识形态[M].马克思,恩格斯.马克思恩格斯文集:第1卷.北京:人民出版社,2009:533.

社会关系,把人看作超越历史、超越国家、超越阶级的一般的人、抽象的人、脱离了一切现实羁绊的人。这样的"人"除了是一个干瘪的概念外,没有任何现实在性,从这样的"人"出发推导出的平等原则,对说明现实的"平等"问题,没有任何实际意义。

二、"伦理推定法"辨正

1. "伦理推定法"例举

平等问题说到底是一个社会哲学问题,而从道德上论证哲学社会科学问题,是从古希腊就有的理论传统。也就是说,思想家们往往把政治政策、社会制度放到"正义""善"的伦理标准面前进行考量,即从道德、伦理的层面来评判社会制度。智者派从"人"与"上帝"的共同"理性"上得出的"人人平等"的激进要求和斯多葛学派的"人类一家""人人精神平等"的平等观,都是一种道义的要求。亚里士多德也认为,"政治学术本来是一切学术中最重要的学术,其终极(目的)正是为大家所最重视的善德,也就是人间的至善"。①古罗马时期西塞罗虽然以"自然法"概念为基础提出了人类"自然平等"的观点,但也是基于所有人对"光荣"和"耻辱"、"善"与"恶"都能作出相同的判断,因此具有共同的心理素质和"理性",从而得出应该"人人平等"结论的。可见,也是从道德、伦理上论证人的平等的思维方式。而他提出的人的"自然平等观",显然也是一种道义要求、伦理原则,不是也不可能真正实现每个人不分财产、不分等级、不分类别的实质平等。封建社会的思想家,尤其是宗教教义,也是从宗教伦理上规制社会的,表现为一种精神评判或道德训诫。如基督教宣扬的"上帝面前人人平等""上帝选民的平等"的平等观,是基于上帝是"至善""至美""至真"的假定,教化信徒期望从上帝那里得到"爱""善""启示"和"拯救",从而实现"救赎的平等",成为以"仁慈"为主导思想的道义"乌托邦"。总而言之,从奴隶社会到封建社会漫长的历史过程中,西方遵循的主要是"道义的平等观",由此也形成了西方从道德伦理上论证"平等"的理论模式。

尽管经过启蒙思想家的启蒙,特别是资产阶级革命,西方实现了

---

① 〔古希腊〕亚里士多德. 政治学 [M]. 吴寿彭,译. 北京:商务印书馆,1965:148.

"宗教世界观"向"法学世界观"的转换,也实现了"道义平等观"向"法权平等观"的转换,从而形成了从法权上论证"平等"的理论范式。但随着资产阶级取得统治地位并开始逐步走向保守甚至反动,于是"法律面前人人平等"理念作为一种权利要求逐渐被解释成了一种抽象的原则,呈现"法权平等观"逐渐向"道义平等观"的"回归"现象。这实际上是某种程度的倒退。

伦理论证方法不仅成为越来越多资产阶级理论家研究平等问题的理论程式,甚至也成为庸俗社会主义者论证"平等"的基本方法。蒲鲁东就是用一套伦理学概念编织他的平等理论的。首先,蒲鲁东认为,"正义是位居中央的支配着一切社会的明星,是政治世界绕着它旋转的中枢,是一切事务的原则和标准。人与人之间的一切行动,无一不是以公理的名义发生的,无一不是依赖于正义的"①。但是,他认为,人类"从来就没有懂得这些如此通俗和如此神圣的名词的意义:正义、公道、自由;关于这些原理的每一项,我们的观念一向是极端模糊的;并且最后以为这种愚昧无知的情况就是置我们于死地的贫困和人类所遭受的一切灾难的唯一原因"。然而,"正义的实践是一种科学,这种科学一旦被发现和传播之后,会使我们了解我们的权利和义务,从而迟早会结束社会的紊乱状态。"② 那么,什么是"正义"呢?蒲鲁东认为,与"初级的社会不同","第二级的社会性是正义,人们可以把它解释为承认别人具有一种和我们平等的人格。"又说:"正义在古代的定义是:正义是平等,非正义就是不平等(Justumæqualeest, injustuminæquale)。"③ 这样,蒲鲁东就从"正义"这一道德范畴推导出了"平等"要求,这就是他构建其平等理论的方法——完全的伦理论证法。蒲鲁东还认为:"社会、正义和平等是三个相等的名词,三个可以互相解释的用语,它们的互相代替使用是永远合理的。"所以,"社会性、正义、公道,这就是本能在它的三种不同程度上的确切的定义,这个本能使我们和同类交往,它的具体的表现是可以用下列公式来说明的:对自然财富和劳动产品有平等享受的权

---

① 〔法〕蒲鲁东. 什么是所有权 [M]. 孙署冰,译. 北京:商务印书馆,1963:54-55.
② 〔法〕蒲鲁东. 什么是所有权 [M]. 孙署冰,译. 北京:商务印书馆,1963:42、290.
③ 〔法〕蒲鲁东. 什么是所有权 [M]. 孙署冰,译. 北京:商务印书馆,1963:271.

利。"① 因此结论就是,"地位的平等是符合正义的要求的,这就是说,它是符合严格的社会法的"。"那么,怎样实行正义呢?就是在劳动的平等条件下使每个人分享一份相等的财产;就是像社会成员那样从事活动。"② 可见,蒲鲁东的平等理论,完全是一堆伦理概念——"正义""公道""平等"——的推导,在这种毫无经济事实的伦理概念论证中,得出了他的"平等就是正义"的结论。于是,认为这样就论证了"平等"的合理性。

当代西方从道德上论证"平等"、用"公平""正义"等伦理范畴注解"平等"的也不乏其人。如罗尔斯就把"正义"看作"社会制度的首要价值",把他的"作为公平的正义"理念概括为"两个正义原则",主张所谓的"良心的自由平等"。"良心"无非是一个伦理劝诫概念,说明罗尔斯论证"正义""平等"时遵循的是伦理学的思维方式和研究方法。而且,他自己也说,他的正义观念是"为民主社会('现代民主社会'——资本主义社会)的基本结构而设计出来"的"道德观念"。③ 类似地,德沃金也认为,"平等的关切是政治社会至上的美德"④,因此遵循的也是道德伦理学的思维模式。而分析马克思主义者科恩的"作为平等的正义"不仅自己没有跳出从"正义""价值"等道德范畴进行理论研究的伦理学模式,还把这种观点强加给马克思主义和马克思主义者。例如他说,"正义"在革命的马克思主义信念中占据着一种核心的地位,所以"对公正漠不关心的马克思主义者都是自我欺骗";"平等价值""无疑是马克思主义信仰结构中不可分割的一部分",而且,"所有经典马克思主义者都应该是赞同某种平等观的",等等。⑤ "正义""公正"当然是地道的伦理学概念,而认为"正义"在马克思主义信念中"占据核心地位",实际上就是把马克思主义归结为一种伦理学说、道德理论。

---

① 〔法〕蒲鲁东. 什么是所有权 [M]. 孙署冰,译. 北京:商务印书馆,1963:268、279.
② 〔法〕蒲鲁东. 什么是所有权 [M]. 孙署冰,译. 北京:商务印书馆,1963:323、271.
③ 〔美〕约翰·罗尔斯. 作为公平的正义——正义新论 [M]. 姚大志,译. 上海:上海三联书店,2002:45.
④ 〔美〕罗纳德·德沃金. 至上的美德:平等的理论与实践 [M]. 冯克利,译. 南京:江苏人民出版社,2008:导论1.
⑤ 〔英〕G. A. 柯亨. 自我所有、自由和平等 [M]. 李朝晖,译. 东方出版社,2008:3、6.

同样，罗默也对马克思的基本理论作了一种"道义"的解读。他认为，马克思研究剥削问题的主要目的是要表明资本主义的"不公正性"。因为，马克思主义者论证说，所有的资本主义社会都是通过劫掠、奴役及盗窃等手段而确立不平等的资本所有权起点的。所以，被继承下来的剥削性分配的"不公正"的本质，来自初始的"不公正"的分配。换句话说，并不是只要有剥削就必然违反道德，只有当"剥削"是基于"不公正"的初始财产不平等分配的时候，剥削才被看作是"不公正"的。①从"公正""不公正"层面解读马克思对资本主义的批判，显然也是把马克思主义当成了一种伦理道德学说。事实上，伦理的观点和方法恰恰是马克思、恩格斯一贯反对和批判的。

那么，如何评价罗默的理论呢？一方面，毫无疑问，他的整个理论都是在论证资本主义的不平等是一种"不公正""不公平"，也就是说是一种道德论证。如他认为，资本主义的"不公正性"不在于工人在资本主义制度下受到了剥削，而是由于"初始财产"的"不公正"分配。又说，基于生产资料私有制的资本主义剥削是"不道德"的，应当消灭；而从"道德"上看，基于个人天资的收入是合理的，应当予以保护等。另一方面，他又认为马克思对资本主义不平等现实的批评也是基于"公正""不公正"这样的道德批判。按他的观点，因为资本主义原始积累"是通过类似劫掠、奴役以及盗窃这样的进程确立不平等的资本所有权的起点的"，所以在马克思看来，资本的初始分配是"不公正"的；在资本主义生产中，工人受到了资本家的"剥削"，因而在马克思看来，资本主义生产也是"不公正"的。可见，罗默把整个马克思的经济语言翻译成了他自己的道德语言，把马克思的政治经济学理论变成了他自己的伦理学理论。这样，马克思的平等观也就成了一种道德论证。但事实是，马克思并不是认为只要有剥削就不是"不公平的"或不是"正当的"。而资本主义之所以失去了历史合理性，也不是因为资本主义制度下存在剥削，因而是不"公正"的。而是因为，这种剥削不仅造成了无产阶级和资产阶级的不平等地位，而且造成了对生产力的巨大破坏，资本主义生产方式严重束缚了生产力的进一步发展和社会的进步。因此，生产力必然以不可抗拒的历史必然性要求与生产的社会化相适应的生产资料的

---

① 〔美〕约翰·E. 罗默. 在自由中丧失：马克思主义经济哲学导论 [M]. 段中桥，等译. 北京：经济科学出版社，2003：77-78.

社会所有制。总之，马克思对资本主义的批判完全是建立在生产方式自我运动的基本规律的把握上的，而不是出于所谓"不公正""不平等"这样的道德判断，是严密的政治经济学分析，而不是抽象的伦理学论证。

2. "伦理推定法"剖析

为什么马克思、恩格斯不赞成用伦理学方法来论证"平等"呢？这是因为，"一切以往的道德论归根到底都是当时的社会经济状况的产物。而社会直到现在是在阶级对立中运动的，所以道德始终是阶级的道德"①。也就是说，作为经济基础决定的思想意识形态上层建筑，"道德"的性质和内容完全是由现实经济社会关系决定的，并由经济关系、生产方式来说明。这就是为什么一种社会现象在一定的历史时代被认为是道德的，而在另一个历史时代就被认为是不道德的。譬如说，"希腊人和罗马人的公平认为奴隶制度是公平的；1789 年资产者的公平要求废除封建制度，因为据说它不公平"②。也就是说，奴隶制在希腊人和罗马人看来是道德的，但在资本主义社会、在"文明社会"、在今天看来则是不道德的。同样，1789 年法国资产阶级革命要废除封建制度，因为认为它是"不道德"的，而在中世纪、在 1000 多年内，封建制度不仅被认为是道德的，而且被认为是天经地义的。而作为对客观生产关系、经济关系的主观评价，道德观念又是因人而异的。也就是说，同样一种社会现象，在一些人看来是道德的，但在另一些人看来则是不道德的。譬如说，资产者通过无限制地延长劳动者的劳动时间来获取更多剩余价值，或者大量使用童工，这在资产阶级看来在一定历史时期不仅是道德的，而且是合法的，但在劳动者看来、在有良知的人看来，则是不道德，甚至是没有人性的。而且，"道德始终是阶级的道德"。也就是说，任何道德观念都是一定阶级的道德观念，而不是什么一般的或"普世"的道德观念。譬如说，在任何社会里，被统治者反抗统治者都被认为是不道德的，是违反宗法观念、纲常伦理甚至宗教伦理的。但这也仅仅是从统治阶级的角度得出的结论，而在被统治者看来这恰恰是对统治者残酷压迫这一不道德现象的反抗，因而恰恰是道德的。再譬如，"勿盗窃"这似乎是

---

① 恩格斯. 反杜林论 [M]. 马克思, 恩格斯. 马克思恩格斯文集：第 9 卷. 北京：人民出版社, 2009: 99 – 100.

② 恩格斯. 论住宅问题 [M]. 马克思, 恩格斯. 马克思恩格斯文集：第 3 卷. 北京：人民出版社, 2009: 323.

自古以来、一切时代、一切社会，甚至一切人都认可的道德原则。然而，资本家把工人创造的剩余价值无偿占有，这难道不是盗窃吗？盗窃被认为是不道德的，但是这种盗窃在资本主义社会里，不仅被认为是道德的，而且是合法的，受法律保护的。此外，"道德始终是阶级的道德"还有另外一层含义，那就是，任何社会的道德观念都是占统治地位的那个阶级的道德观念，被统治者往往是被排除在主流道德观念的确定权之外的。譬如说，在奴隶社会里，把奴隶当作"会说话的工具"就是道德的；在封建社会里，封建主不仅拥有对农民的人身权利，而且霸占他的妻女也被认为是道德的；在资本主义生活里，"平等地剥削劳动力"不仅是道德的，而且是资产阶级的"首要人权"。这种种道德观念，都是在当时社会中占统治地位的阶级的道德观念。所以，道德观念不仅有主观性，而且有阶级性。既然如此，把"平等"作为一种道德观念，用伦理学的研究方法推定什么应该是"平等"的、什么应该是"不平等"的，或者"平等"是"正义的""公正的"或者是"不正义的""不公正的"之类的主观结论，毫无意义。"你们认为公道和公平的东西，与问题毫无关系。问题就在于：在一定的生产制度下所必需的和不可避免的东西是什么？"①

所以，研究"平等"问题，不能用伦理学方法，在所谓"正义""公正""公道""合理""善"等道德范畴间推来导去，进行循环论证或无谓思辨，而是要研究"在一定的生产制度下什么东西是必要的和不可避免的"，这就是要用政治经济学的方法进行生产方式的分析。譬如说，既然奴隶制度是以奴隶主不仅占有生产资料，而且完全占有奴隶本身为基础的制度，因此在奴隶和奴隶主之间就不可能有平等。这种不平等关系不仅在奴隶主看来天经地义，甚至在奴隶看来也似乎"理应如此"。即使有的思想家提出了所谓"平等"的观念，那也不过是"精神的平等"，而且纯粹是理论层面的"务虚"，与现实生产关系、与生活于奴隶制下的人们，没有多大关系。既然封建社会是以封建主对封建领地内的一切拥有绝对权力、农民只有依附于他才能活下去，那就谈不上依附农和封建主的平等关系。即使有人提出了"等贵贱、均贫富"的超越历史时代的平等主张，也必然被历史的车轮碾得粉碎。既然资本主义是

---

① 马克思. 工资、价格和利润 [M]. 马克思，恩格斯. 马克思恩格斯文集：第3卷. 北京：人民出版社，2009：56.

资产者占有一切生产资料、劳动者不占有任何生产资料的社会，劳动者不被雇佣就无法生存，而所谓"雇佣"就是有产者对无产者的人身买断，因此就根本谈不上无产者与有产者的平等。尽管"平等"被宣布为国家的法律、宪法的原则，这种"平等"也只能是"法权的平等"这样一种抽象的、无法实施的空洞原则。而且这种"平等"最后还被所谓的"法律面前的平等""机会平等"等等更加抽象的原则稀释掉。即便没有这种销蚀，不平等的经济关系也会把所谓的"法权平等"消解得无处寻觅。因此，研究"平等"问题，不能陷入伦理推定的逻辑怪圈，进行所谓"平等"是否"正义""公平"的推演。而必须通过生产方式的分析，揭示"在一定的生产制度下什么东西是必要的和不可避免的"，从而找出实现平等的途径。因为，"我们不应当应用道德学或法学，也不应当诉诸任何人道、正义甚至慈悲之类的温情。在道德上是公平的甚至在法律上公平的，而从社会上来看很可能是很不公平的。社会的公平或不公平，只能用一种科学来断定，那就是研究生产和交换的物质事实的科学——政治经济学"①。

三、"原则推导法"辨正

1. "原则推导法"例举

由于"平等"本身就是一种法权原则、价值原则，所以对理论家们来说，从"原则"上论证"平等"不仅"方便"，而且"快捷"。譬如说，因为"平等＝正义"，"正义＝自由"，所以"平等＝自由"。这样，"平等""正义"等就成了完全抛开了现实物质条件的"羁绊"和客观生产关系"纠缠"的纯粹的理论概念，在理论家手里就成了"橡皮泥"，可以任意拿捏、随意塑形，恣意得出理论家们想要的任何的结论。可能正因为这种论证方法的"便利性"，在"平等"研究上运用"原则推导法"的理论家大有人在，而且似乎成了一种理论风气。

18世纪德国哲学家康德就是用诸如"自由原则""平等法则""纯粹理性原则"等编织其平等理论的。康德认为，"由一个民族全部合法的立法所必须依据的原始契约的观念而得出的唯一体制就是共和制。这

---

① 恩格斯. 做一天公平的工作，得一天公平的工资 [M]. 马克思，恩格斯. 马克思恩格斯全集：第19卷.北京：人民出版社，1963：273.

首先是根据一个社会的成员（作为人）的自由原则，其次是根据所有的人（作为臣民）对于唯一共同的立法的依赖原理，第三是根据他们（作为国家公民）的平等法则而奠定的"①。"因此，公民状态纯然看作是权利状态时，乃是以下列的先天原则为基础的"：（1）"作为人的每一个社会成员的自由"；（2）"作为臣民的每一个成员与其他成员的平等"；（3）"作为公民的每一个共同体成员的独立"。惟有依据这些原则"才有可能符合一般外在人权的纯粹理性原则而建立起一个国家的法则"②。康德以这些"原则"为基础，还归纳出一些"公式"：（1）作为人的自由，对一个共同体的宪法原则的公式是："没有人能强制我按照他的方式（按照他设想的别人的福祉）而可以幸福，而是每一个人都可以按照自己所认为是美好的途径去追求自己的幸福，只要他不伤害别人也根据可能的普遍法则而能与每个人的自由相共处的那种追逐类似目的的自由（也就是别人的权利）。"（2）"作为臣民的平等"，其公式是："共同体的每一个成员都对其他每个人具有强制权利，其中只有共同体的领袖是例外（因为他并不是其中的一个成员，而是它的创造者和守护者），唯独他才有权强制别人而本身却不服从强制法。"③ 由此，从共同体中的人们"作为臣民的平等"这一观念里，就得出如下的公式："共同体中的每一个成员都应该能达到自己的才干、自己的勤奋和自己的幸运所能带给自己在共同体中的（一个臣民所可能得到的）任何一级地位。而他的同胞臣民们却决不可由于一种继承的优先权（作为某种地位的特权）而妨碍他，从而就永远这样地阻碍了他和他的后代。"所以，"既然一切权利都仅只在于以别人的自由和自己的自由按照一种普遍的法则而能共同存在为条件来限制别人的自由，而（一个共同体中的）公共权利又仅只是一种现实的、符合这一原则的并与权力联系在一起的立法制度，都是由于它大家才在一种一般的权利状态（status iuridicus [法理状态]）中——也就是人们按照普遍的自由法则而互相限制的意愿在作用和反作用方面的平等（那就叫作公民状态）——隶属于一个民族。"④ 这样，康

---

① 〔德〕康德．历史理性批判文集 [M]．何兆武，译．北京：商务印书馆，1990：105 - 106.
② 〔德〕康德．历史理性批判文集 [M]．何兆武，译．北京：商务印书馆，1990：182.
③ 〔德〕康德．历史理性批判文集 [M]．何兆武，译．北京：商务印书馆，1990：182、183.
④ 〔德〕康德．历史理性批判文集 [M]．何兆武，译．北京：商务印书馆，1990：185.

德用他确定的"法则""公式",就轻而易举地把"国家"建构起来了,也把"平等"原则确立起来了。因为有这些"原则"为基石,由于有"公式"为遵循,人们("臣民")的"平等"也彻底实现了,"自由"也有了保障,一切都是一种完美的"预定和谐",完全没有现实社会和人间的一切"烦恼"。而他运用的方法,就是一些所谓"纯然"的"自由原则""平等法则""先天原则""纯粹理性原则""国家法则""宪法原则""普遍法则""普遍的自由法则"等等,再加上"公式",总之一切都是从概念到概念、从原则到原则、从法则到法则、从公式到公式的"纯然"的逻辑论证——而且这里似乎也看不到逻辑。这里完全没有现实社会,没有现实经济关系。能够洞察人间一切深奥、玄妙关系的哲学大家,居然连老百姓"吃谁的饭,受谁管"这样浅显的道理都不懂。完全不懂经济关系对人的决定作用、对人的头脑(包括头脑的"分泌物"——"法则""原则"等)的决定作用。但正因如此,康德就可以完全不顾及现实社会的矛盾运动,轻而易举地得出他想要的"平等"结论、他的平等观。

19 世纪法国哲学家、小资产阶级空想社会主义者皮埃尔·勒鲁的平等理论,遵循的也是完全的原则推导法。首先,为了增加"平等"原则的"神圣性",勒鲁把它放到"自由、平等、博爱"的"神圣法则"中来"镀金"。他非常虔诚地认为,"法国革命把政治归结为这三个神圣的词:自由、平等、博爱。我们先辈的这个格言不仅写在我们的纪念性建筑物、钱币和旗幅上,而且铭刻在他们的心中,他们把它看作神的意旨。"这 3 个"神圣的词"是什么关系呢?"我再一次相信自由,这是因为我相信平等;我之所以设想一个人人自由,并像兄弟一般相处的政治社会,则是由于我设想了一个由人类平等的信条所统治着的社会。事实上,如果人们不能平等相处,又怎么能宣布人人自由呢?如果人们既不能平等,又没有自由,他们又怎么能以兄弟般的情谊相亲相爱呢?"① 可见,我之所以相信"自由",是因为我相信"平等";我之所以相信"博爱",是因为我相信"平等",又相信"自由"。"当这三个词合在一起时,它们才是真理和生命的最妙的表达形式。"在这个"三位一体"的"神圣公式"里,用勒鲁自己的话说就是,"从其中一个词中能逻辑地推

---

① 〔法〕皮埃尔·勒鲁. 论平等 [M]. 王允道,译. 北京:商务印书馆,1988:11、15.

绎出其他两个词来"①。可见，完全是从 A 到 B，从 B 到 C，从 C 到 A 的原则推导和循环论证。接下来，勒鲁就开始倾心赞美"平等"这一"神圣原则"了。他说，"平等是一项原则，一种信仰，一个观念，这是关于社会和人类问题的并在今天人类思想上已经形成的唯一真实、正确、合理的原则"；"平等，这是今天我们唯一的合理原则和唯一的正义标准"；"平等是一种神圣的法律，一种先于所有法律的法律，一种派生出各种法律的法律"②。最后，勒鲁开始把"平等"这一"神圣原则"运用到社会生活的各个方面：他说，"今天那些要使法律面前人人平等的人们又在考虑些什么呢？毫无疑问他们是根据一种原则进行调节的，他们当然不会象失去理智的人那样胡作非为；他们根据某个普遍的、神圣的、铭刻在他们心中的概念去制定立法"。"这个概念、这种原则、这种规则、这种准则究竟是什么呢？""这个原则，就是人类的平等。"不仅如此，"在刑法中，也处处都宣告了平等的同一原则"；"平等的同一原则也调整着公民之间的契约和合同，并保证它们的执行"③。而且，人类社会的 3 个领域——"知觉的社会世界""感情的社会世界""认识的社会世界"——产生 3 种权利，即"宗教权利""道德权利""政治权利"。而"在这三种权利的每一部分中，我们都看到了被宣告为人类共同守则的平等；平等，这是今天我们唯一的合理原则和唯一的正义标准"④。这样，勒鲁就不仅从"原则"上论证了他的平等理论，而且用他"神圣"的"平等原则"，构建起了一个"美好"的社会。

平等研究上的原则推导法，在当代西方理论界仍被广泛使用。如罗尔斯作为"公平的正义"理论，就是首先确定所谓的"两个正义原则"，经过一系列复杂的简单形式逻辑推导，然后得出他主观设定的"公平正义社会"的。这种所谓的"道德理论中的康德式建构主义"，在他所期望应用的"基本制度"构建中，不会有任何实质作用。而加拿大哲学家凯·尼尔森"捍卫激进平等主义"的方法，也是首先确定"作为平等的

---

① 〔法〕皮埃尔·勒鲁. 论平等［M］. 王允道，译. 北京：商务印书馆，1988：17、16.
② 〔法〕皮埃尔·勒鲁. 论平等［M］. 王允道，译. 北京：商务印书馆，1988：68、59、239.
③ 〔法〕皮埃尔·勒鲁. 论平等［M］. 王允道，译. 北京：商务印书馆，1988：22、22、28、34.
④ 〔法〕皮埃尔·勒鲁. 论平等［M］. 王允道，译. 北京：商务印书馆，1988：58 - 59、59.

正义"的"两个正义原则"来对冲罗尔斯的"作为公平的正义"的"两个正义原则",并期望用他的"原则"指导社会,以建立一个体现"作为平等的正义"的社会。尼尔森本来想超越罗尔斯,但他和罗尔斯一样使用的是从"原则"到"原则"的研究方法,只能证明他并不高明。而他的所谓"作为平等的正义原则"和罗尔斯的"作为公平的正义原则"一样,对现实社会制度构建毫无意义——因为现实经济社会制度完全是由生产方式、生产关系决定的,而不是由什么"原则"决定的。他们的结果一定如勒鲁所说的:"我们已经宣告活动领域里平等的原则,但我们仍然无法根据这个原则组织起活动的世界:由此产生了它的双重性,即权利和事实,这样就造成我们的巨大痛苦。我们在感情领域宣告了平等原则,可是我们并不能遵照这个原则组织起感情的世界:由此就产生了它的双重性,即权利和事实,它撕裂着我们的灵魂。我们在知识领域也宣告了平等原则,但我们无法组织知识的自由交流:由此产生了它的双重性,即权利和事实,它折磨着我们,使我们永远痛苦。"① 这种"痛苦""撕裂""折磨"不仅是理论家们的"痛苦""撕裂""折磨",而且是平等研究的原则推导方法的"痛苦""撕裂""折磨"——在现实的经济铁律面前,一切"原则"都显得苍白无力,对经济事实无能为力。

2. "原则推导法"剖析

通过上面的例举可以看出,对"原则推导法"来说,思维就是一把锋利的"剃刀",它可以剃掉现实社会的一切不合心意的物质事实,使"平等"理论里仅剩下几条干瘪的"原则",可以任意摆弄。事实上,从"原则"到"原则"论证"平等"的方法可以归结为什么呢?可以归结为"因为鸭蛋可以孵化出鸭子,所以咸鸭蛋可以孵化出盐水鸭"这样的形式逻辑。用形式逻辑而不是用历史逻辑、至少辩证逻辑来剪裁具体、现实、复杂的经济社会,得出的结论往往是与"咸鸭蛋孵化出盐水鸭"这样的结论一样荒谬的。它完全不知道平等问题实质上是一定时代、一定社会形态、一定经济关系下的人与人之间的物质利益关系,完全不知道"平等"尺度及其实现是由生产方式决定的。正因为是物质利益关系,是现实生产方式所决定的,所以就必须对社会形态、生产方式、经济关系作具体的分析,才能找出在一定历史条件的可能实现的"平等"

---

① 〔法〕皮埃尔·勒鲁. 论平等 [M]. 王允道, 译. 北京: 商务印书馆, 1988: 62.

关系。而不是像"原则推导法"这样完全不管现实物质世界和每时每刻发挥作用的经济规律，天马行空、随心所欲地推导出"适合"一切历史时代、"适合"一切社会形态、"适合"一切阶级需求的平等原则。而正因为它"符合一切历史时代、符合一切社会形态、符合一切阶级需求"，它就不符合任何历史时代、任何社会形态、任何阶级需求，只能是一些观念上的梦呓和文字游戏罢了，对说明现实社会的平等问题，没有任何实际意义。

事实上，不论是康德用所谓的"自由原则""平等法则""先天原则""纯粹理性原则""国家法则""宪法原则""普遍法则""普遍的自由法则"构建的平等理论，还是勒鲁把"平等"宣布为"一项原则"，宣布为"关于社会和人类问题的并在今天人类思想上已经形成的唯一真实、正确、合理的原则"，不论是罗尔斯把"作为公平的正义"的社会抽象为干瘪的"两个正义原则"，还是尼尔森的"激进平等主义"所宣布的"作为平等的正义"的"两个正义原则"，都是从抽象的"原则"而不是从具象的经济社会现实研究"平等"的方法，都不是把人类社会、人类的历史看作经济关系及其发展规律所决定的历史过程，而是把它们看作是纯粹的观念、原则、思想自我发展并从其虚无的"自我规定"中"孵化"出整个现实世界、全部人类历史的过程。这样，历史就不再是人类的历史，而是思想的历史、观念的历史、原则的历史；研究"平等"问题，甚至研究整个人类社会和人类历史，就不是从现实的经济关系和生产方式的自我矛盾运动中，而是从思想、观念、原则自我"繁殖"的过程中，来进行分析的"科学"活动。于是，研究"平等"、研究人类社会和人类历史的方法就不是实证的方法，而是思辨的方法、逻辑推导的方法，也就是抛弃了一切物质事实的纯粹思维和玄想的方法。正因为这是一种精神和物质割裂、思想和现实割裂的方法，因此它的逻辑、它的结论就常常与现实处于不可克服的矛盾中，造成玄想家们如勒鲁说的"巨大痛苦""撕裂着灵魂""折磨着我们，使我们永远痛苦"等等。

通过"原则"推定研究"平等"的方法，实质上不仅是把观念的东西、思想的东西当作脱离物质、脱离现实而独立存在的东西，而且认为这些观念、思想是改变、塑造物质和现实的永恒的力量。也就是说，它不仅不认为思想观念是对客观事实的反映，社会意识是社会存在派生，反而认为客观事实是从思想观念中产生、社会存在是社会意识的"影子";它不仅不认为是物质决定意识、社会存在决定社会意识,反而认为意识决定物质、社会意识决定社会存在。所以,马克思、恩格斯指出,"人们是自己的观念、思想等等的生产者,但这里所说的人们是现实的、从事活动的人们,他们受自己的生产力和与之相适应的交往的一定发展——直到交往的最遥远的形态——所制约。意识(das Bewuätsein)在任何时候都只能是被意识到了的存在(das bewuäte Sein),而人们的存在就是他们的现实生活过程。"① 也就是说,人的观念、思想是处于一定生产关系中、从事社会活动的、现实的"人"的观念、思想,而这个"人"又是由既定的生产方式、交往形式所决定的。这个生产方式、交往形式既然决定了"人",也就必然决定了他的观念、思想。"意识在任何时候都只能是被意识到了的存在,而人们的存在就是他们的现实生活过程。"所以,关于生产方式、生产关系的思想、观念就是被意识到了的生产方式、生产关系自身。由此观之,理论家们关于"平等"所推定的各种原则,不论是康德的"自由原则""平等法则""纯粹理性原则""国家法则",还是勒鲁的"关于社会和人类问题的唯一真实、正确、合理的平等原则",不论是罗尔斯的"作为公平的正义"的"两个正义原则",还是尼尔森的"作为平等的正义"的"两个正义原则",都是对资本主义生产方式、生产关系中的不平等现象的主观认识、主观看法以及试图改变这种不平等关系的主观想法。既然如此,这些"原则"就应当从现有的资本主义生产方式、生产关系中得到说明,而不是从"原则"到"原则"、从概念到概念地进行无谓的哲学思辨和循环论证。

因此,研究"平等"问题的正确方法,应当像马克思、恩格斯所说的那样:"我们不是从人们所说的、所设想的、所想象的东西出发,也不是从口头说的、思考出来的、设想出来的、想象出来的人出发,去理解有血有肉的人。我们的出发点是从事实际活动的人,而且从他们的现实生活过程中还可以描绘出这一生活过程在意识形态上的反射和反响的发展。……因此,道德、宗教、形而上学和其他意识形态,以及与它们相适应的意识形式便不再保留独立性的外观了。它们没有历史,没有发展,而发展着自己的物质生产和物质交往的人们,在改变自己的这个现实的

---

① 马克思,恩格斯. 德意志意识形态[M]. 马克思,恩格斯. 马克思恩格斯文集:第1卷. 北京:人民出版社,2009:524 – 525.

同时也改变着自己的思维和思维的产物。不是意识决定生活,而是生活决定意识。前一种考察方法从意识出发,把意识看作是有生命的个人。后一种符合现实生活的考察方法则从现实的、有生命的个人本身出发,把意识仅仅看作是他们的意识。"① 就"平等"问题研究来说,就不应当从所谓的"原则"这种"人们所说的、所设想的、所想象的东西"出发,而应当从"从事实际活动的人"出发,譬如说是资产者还是无产者。如果从资产者出发,现存的资本主义制度就是"合理"的、"公平"的,是已经实现了"平等"的,因此必定是维护现有制度;而从无产者出发,则现存资本主义制度就是"不正义""不合理"的,因为到处充满了不平等,因此是必须要推翻的制度,如此而已。绝不会有无产者和资产者都认可的所谓一般的"平等原则"。如果不考虑无产者和资产者的现实对立,主观地编造出一些所谓"平等原则"——如康德、勒鲁、罗尔斯、尼尔森,那么这些所谓"平等原则"也只能是理论家自己的文字游戏与"科学娱乐",与现实资本主义生产关系没有关系,更谈不上改变这些生产关系了。

而"在思辨终止的地方,在现实生活面前,正是描述人们实践活动和实际发展过程的真正的实证科学开始的地方。关于意识的空话将终止,它们一定会被真正的知识所代替"②。所以,"平等"问题研究是一门实证科学,它不能停留在"原则推导"这种思辨层面,不能成为"意识的空话",而应该立足现实生活,科学分析人们的生产实践和生产方式的发展过程,并对这种生产事实进行科学抽象,找出变革不平等生产关系的方法和途径。而"这些抽象本身离开了现实的历史就没有任何价值。……但是这些抽象与哲学不同,它们绝不提供可以适用于各个历史时代的药方或公式"③。也就是说,这种关于"平等"问题的科学抽象必须紧紧围绕现实生产方式,而且要对具体的生产方式作出具体的分析——譬如说,到底是奴隶社会的平等还是封建社会的平等,是资本主义平等还是社会主义平等,绝不能提供可以适用于各个历史时代的、解

---

① 马克思,恩格斯.德意志意识形态[M].马克思,恩格斯.马克思恩格斯文集:第1卷.北京:人民出版社,2009:525.
② 马克思,恩格斯.德意志意识形态[M].马克思,恩格斯.马克思恩格斯文集:第1卷.北京:人民出版社,2009:526.
③ 马克思,恩格斯.德意志意识形态[M].马克思,恩格斯.马克思恩格斯文集:第1卷.北京:人民出版社,2009:526.

决一切社会不平等问题的"药方"或"公式"(康德、勒鲁、罗尔斯、尼尔森等正是这样做的),因为这种作为"永恒真理"或"普世价值"的"原则""药方""公式"根本就不存在。相反,只有具体社会形态下、具体经济关系中、具体阶级的平等观。

四、"社会模型法"辨正

1. "社会模型法"例举

西方哲学社会科学研究惯用的方法是用"最简单因素"构建"社会模型"、用虚拟的社会状态等来研究社会问题的模式,用简单的"因素"代替复杂的现实,用贫乏的观念代替丰富的现象,用静止的概念代替运动的社会等,就是这种研究方法的基本特点。像哲学、经济学、社会学常用的"二人社会"("二人法则")、消费经济学上的"三人模型"("三人博弈")、法学上常用的"第三人假设"("理性第三人""抽象第三人")等范式,及各种"社会模型""社会试验"等都属于这种研究方法。另外,经济学上常用的各种数据"模型",实质上也基本是类似的研究方法。

一般哲学社会科学问题的研究如此,平等理论的研究也是如此,一些理论家习惯于用社会模型法来研究"平等"问题。如启蒙思想家多是从假定的"自然状态"来论证"平等"的。这样一种"自然状态"并不是历史上的真实存在,而是理论家臆想的用以论证"自然法则"和"平等"概念的观念存在。正因为是完全抛开了现实社会制度"束缚"的观念抽象,他们可以根据自己理论的需要,任意确立这一状态的特征。像雕塑师手中的泥巴,可以捏造出任何想要的形状,得出任何想要的结论。也正因如此,有的理论家认为"自然状态"是"人与人为狼"的战争状态(霍布斯),有的则认为"自然状态"是"和平"的状态(孟德斯鸠);有的认为"自然状态"是"自由、平等的状态"(洛克),有的则认为在"自然状态"中由于人类能力的发展和智慧的进步不平等才成长起来(卢梭),等等。总之,可以根据自己构建新理论体系的需要,随意设定,任意规定。这种以设定的"人"为内容、以简化的"社会状态"为对象的研究方法,尽管与古希腊时期的道德思辨、中世纪的神学推定等以抽象概念为内容的研究方法相比是一种巨大的历史进步,但由于他们的"社会状态"是假定的，而不是真实存在的状态，因此得出的结论很难说是客观真实的，在方法论上也是不科学的。

这种研究方法，在当代西方平等理论中也被广为运用。如罗尔斯"作为公平的正义"理论的核心概念是"原初状态"和"无知之幕"。他认为，"'作为公平的正义'的性质：它示意正义原则是在一种公平的原初状态中被一致同意的"①。或者说，它是在"无知之幕"（veil of ignorance）中被选择的。按罗尔斯的说法，"平等的原初状态相应于传统的社会契约理论中的自然状态。这种原初状态当然不可以看作是一种实际的历史状态，也并非文明之初的那种真实的原始状况，它应被理解为一种用来达到某种确定的正义观的纯粹假设的状态。这一状态的一些基本特征是：没有一个人知道他在社会中的地位——无论是阶级地位还是社会出身，也没有人知道他在先天的资质、能力、智力、体力等方面的运气。我甚至假定各方并不知道他们特定的善的观念或他们的特殊的心理倾向。正义的原则是在一种无知之幕（veil of ignorance）后被选择的"②。可见，罗尔斯所设想的"原初状态"中的人们，不属于任何阶级，不属于任何社会，不属于任何时代，所处的是一种"纯粹假设的状态"；其中的人不仅不知道自己的社会地位，也不知道自己的"先天资质、能力、智力、体力"；甚至不知道自己"特定的善的观念"或"特殊的心理倾向"。这样的人，不仅不是社会的人，而且也不是一个完全意义的个体"人"，似乎像是"植物人"之类的纯生物意义上的人。这样的人不仅不会有什么"正义"观念，甚至也不会有人与人的关系的概念。而所谓"平等""正义"等，要考察的正是人与人的关系比较。既然产生观念的"人"都是似乎没有自我意识和社会意识的人，他能有什么"正义观"呢？即使有，他的"正义"观念又能有什么社会意义呢？所以，整个罗尔斯的"作为公平的正义"理论，不过是一种思想的"乌托邦"。

美国著名哲学家、法学家罗纳德·德沃金的平等理论是通过设计出一个"拍卖模型"来构建的。"在这个模型中，他假定一个社会的全体成员来到一个荒岛上，他们为了建立一个平等的社会，用人人数量相等

---

① 〔美〕约翰·罗尔斯. 正义论［M］. 何怀宏，何包钢，廖申白，译. 北京：中国社会科学出版社，1988：12.
② 〔美〕约翰·罗尔斯. 正义论［M］. 何怀宏，何包钢，廖申白，译. 北京：中国社会科学出版社，1988：12.

的贝壳作为竞拍资本，对岛上的资源及所有影响到福利的要素进行拍卖，而可以拍卖的东西……不但包括一般意义上的物品，如土地及其产品，甚至还有'各种自由权利''运气''个人技能'和'患癌症的风险'等等——总之，一切能够影响到广义'机会成本'的东西，都在可以拍卖之列。而且，为了满足'嫉妒检验'（envy test）的标准，这种拍卖不是一次完成的，而是要反复进行，直到再也无人嫉妒别人在拍卖中的所得，此时即可以说达到了一种'理想的平等状态'。"[1] 可以看出，首先，这个"拍卖模型"在逻辑起点上就证明了自己的无效性："人人数量相等的贝壳作为竞拍资本"——现实中，每个人的资本是数量相等的吗？如果不是，这样的模型对说明现实社会又有什么意义呢？其次，"各种自由权利""运气""个人技能"也可以拍卖——一旦个人"自由权利"被出卖，个人马上就对别人具有了人身依附关系，而依附关系就是不平等，这又怎能达到"理想的平等状态"呢？"运气"可以被拍卖？毫无疑问，"运气"是没法被拍卖的。况且，现实中的不平等关系难道是所谓的"运气"造成的吗？"运气"的好坏从来都是现实的经济地位所决定的，而不是相反。而"个人技能"一旦被拍卖，就确立了雇佣关系，也就成了别人价值增殖的工具，不平等关系立刻确立，"理想的平等状态"也就立刻化为泡影了。所以，所谓"荒岛社会""拍卖模型"等犹如光怪陆离的"万花筒"，一切都是幻景。即使在这个"万花筒"里把"理想的平等状态"虚构出来了，那它还是一种幻景、一种幻觉，丝毫不能解释现实社会的平等问题。

类似地，科恩用"野营旅行"（camping trip）模型论证了他的"机会平等原则"。他认为，在野营旅行中，人们虽然"差异很大"但"没有等级之分"，"相互理解与合作精神保证不会产生每个人在原则上都可能加以反对的任何不平等"，大多数人"会接受一种平等规范"。"这意味着至少在某些有限的环境中，大多数人喜欢社会主义理想。"[2] 可见，在"野营旅行"中的人，不但没有阶级差别，也没有等级之分；不但没有利益冲突，还具有"相互理解和合作精神"；他们之间不但没有"原

---

[1] ［美］罗纳德·德沃金. 至上的美德：平等的理论与实践［M］. 冯克利, 译. 南京：江苏人民出版社, 2008：前言 2 – 3.

[2] ［英］G. A. 柯亨. 马克思与诺奇克之间［M］. 吕增奎, 译. 南京：江苏人民出版社, 2008：350、351.

则上的任何不平等",而且会"接受平等规范"。这纯粹是主观臆想出来的一个"平等""和谐"的社会。而之所以"平等""和谐",是因为柯亨在"野营旅行"中没有设定生产因素,如果有社会生产、有生产资料的所有制、有物质分配、有利益交换,就是说涉及每个人的利益和彼此之间的利益关系,那么这种"平等""和谐"便会轰然崩塌,一切理论假设、正义原则、平等法则都会瞬间化为灰烬。

总之,各种"社会模型法"所假定的"人",往往是完全不同于私有制以来人类社会中的任何社会形态、任何社会制度、任何阶级的人,也就是说不是任何现实的人。而是观念的"人"、概念的"人"、抽象的"人",甚至是虚无的"人",影子一样的"人"。这种"人"产生的"平等"观念,也必然是不适合于任何社会、任何制度、任何国家的平等观,换句话说,是毫无实际意义的平等观。更不必说,他们会不会产生"平等观"都是值得怀疑的。所以,"平等"研究作为现实人的社会关系的考察,一定要放在具体的历史时代、具体的社会形态下,对具体的生产方式、具体的经济关系作具体的考察,考察具体的、属于一定阶级的人的平等关系、平等观念、平等诉求。

2. "社会模型法"剖析

事实上,不论是社会科学研究上的"二人法则""三人模型""第三人假设""社会模型""社会试验"等范式,还是"平等"问题研究上的各种假设,如启蒙思想家的"自然状态"、罗尔斯"原初状态"和"无知之幕"、德沃金的"拍卖模型"、柯亨的"野营旅行"等思路,都可看作"社会模型研究法",也就是把复杂社会巨系统简单化为简单因素的研究方法。

杜林在研究"平等"时,也是把社会分解成所谓的"最简单的要素",把所谓同样简单的、不言而喻的"公理"应用于这些要素,进而推导他想要的结论的。用杜林的话说就是,社会生活领域内的问题也"应当从单个的、简单的基本形式上,按照公理来解决,正如对待简单的……数学基本形式一样"。① 这种抽取"最简单要素"的方法,在研究"平等"问题上的具体应用就是:第一,把社会简化为"最简单要

---

① 恩格斯. 反杜林论 [M]. 马克思, 恩格斯. 马克思恩格斯文集: 第9卷. 北京: 人民出版社, 2009: 101.

素"——"二人社会"。杜林说:"为了阐发法的基本概念,我们只要有两个人的十分简单的和基本的关系就够了。"① 第二,确定"道德的基本公理",杜林把"公理"概括为:"两个人的意志,就其本身而言,是彼此完全平等的,而且一方不能一开始就向另一方提出任何肯定的要求。"这样,"两个人的平等"就论证完成了,又由于这"两个人"是社会的"最简单因素"、是整个社会的缩影,因此"人与人的平等"也就论证完成了。不仅如此,还证明了"永恒"的道德原则、法权原则——杜林认为,坚持"两个人的意志彼此完全平等"原则,"'道德上的正义的基本形式就被表述出来了';同样,法律上的正义的基本形式也被表述出来了"②。

毫无疑问,杜林的"平等"研究上的"最简单要素"("二人社会")分析法和"二人法则""三人模型""第三人假设""社会试验""自然状态""原初状态""无知之幕""拍卖模型""野营旅行"等等,都属于"社会模型研究法",都是把复杂社会简单化为简单因素的研究方法。正因如此,恩格斯对杜林的批判,也同样适用于以上各种方法。

恩格斯指出,其实,这个"二人社会"理论研究方法中的"这两个人不是杜林先生发现的。他们是整个 18 世纪所共有的。他们在 1754 年卢梭关于不平等的论著中已经出现……他们在从亚当·斯密到李嘉图的政治经济学家那里扮演着主要角色……在整个 18 世纪,他们主要充当单纯用做说明的例子,而杜林先生的独创性只是在于,他把这种举例说明的方法提升为一切社会科学的基本方法和一切历史形态的尺度。要把'关于事物和人的严格科学的观念'变得简单些,肯定是做不到的"③。因为,"二人社会"中的"这两个人应当是这样的:他们摆脱了一切现实,摆脱了地球上发生的一切民族的、经济的、政治的和宗教的关系,摆脱了一切性别的和个人的特性,以致留在这两个人身上的除了人这个光秃秃的概念以外,再没有别的什么了,于是,他们当然是'完全平等'了。因此,他们成了……两个十足的幽灵。这两个幽灵自然必须做

---

① 恩格斯. 反杜林论 [M]. 马克思,恩格斯. 马克思恩格斯文集:第 9 卷. 北京:人民出版社,2009:102.
② 恩格斯. 反杜林论 [M]. 马克思,恩格斯. 马克思恩格斯文集:第 9 卷. 北京:人民出版社,2009:102.
③ 恩格斯. 反杜林论 [M]. 马克思,恩格斯. 马克思恩格斯文集:第 9 卷. 北京:人民出版社,2009:103.

他们的召唤者要求做的一切，正因为如此，他们的一切鬼把戏对世界上的其他人来说是完全无关紧要的"①。也就是说，这两个脱离现实世界、现实生产方式、现实经济关系的光秃秃概念的"人"，与人类社会是毫无关系的，因此他们"平等""不平等"完全无关人类社会，也根本不能说明人类社会的"平等"问题。

这些"社会模型研究法"的实质是什么呢？正如恩格斯所指出："这不过是过去有人爱用的意识形态的或者也称为先验主义的方法的另一种说法，这一方法是：不是从对象本身去认识某一对象的特性，而是从对象的概念中逻辑地推导出这些特性。首先，从对象构成对象的概念；然后颠倒过来，用对象的映像即概念去衡量对象。这时，不是概念应当和对象相适应，而是对象应当和概念相适应了。……它不是从现实本身推导出现实，而是从观念推导出现实。"② 社会模型法"研究"平等"正是这样，它不是研究产生"平等"问题的现实社会，而是从抽象的概念、虚拟的"模型"去推导"平等"原则。方法是，先从现实社会中抽象出最简单的"社会模型"，然后颠倒过来，用"社会模型"去衡量现实社会。在这里，不是"模型"应当去适应现实社会，而是现实社会应当去适应"模型"。因此，这些抽象的"模型"执行着概念的职能，带有纯粹概念的性质。正因如此，这些"模型"已经与现实社会不再有什么关系，而是纯粹的主观想象、主观设定。最后，从这些"社会模型"中推导出"平等原则"，然后强加给社会。毫无疑问，从这种与现实社会毫无关系的"社会模型"中推导出的"平等原则"，也与现实社会毫无关系。即从"模型"变出"平等原则"的"一切鬼把戏对世界上的其他人来说是完全无关紧要的"。

理论家们之所以多用"社会模型法"来研究"平等"问题，是因为，这种"模型"是随意假设的，与现实社会没有太大关系。因此，在推导"平等原则"时，可以抛开现实经济关系、生产关系的物质内容的麻烦。于是，"我们的意识形态家可以随心所欲地耍花招，他从大门扔出去的历史现实，又从窗户进来了，而当他以为自己制定了适用于一切世

---

① 恩格斯.反杜林论[M].马克思，恩格斯.马克思恩格斯文集：第9卷.北京：人民出版社，2009：104.
② 恩格斯.反杜林论[M].马克思，恩格斯.马克思恩格斯文集：第9卷.北京：人民出版社，2009：101.

界和一切时代的伦理学说和法的学说的时候，他实际上是为他那个时代的保守潮流或革命潮流制作了一幅因脱离现实基础而扭曲的、像在凹面镜上反映出来的头足倒置的画像"①。也就是说，用所谓"社会模型"法推导出来的"平等原则"、编制的"平等理论"，由于抛开了历史和现实、脱离现实基础，因而不过是所处社会形态和历史时代的现实社会平等问题的"扭曲的""头足倒置"的反映。正因为它不是社会现实的真实反映，所以对研究"平等"问题就毫无助益。

五、"分配矫正法"辨正

1. "分配矫正法"例举

由于切身物质利益是人们感觉最直接的，也是直观感受最深的，因此不少人认为所谓不平等问题，主要是分配不平等。在"平等"研究上，也有很多理论家把研究的旨趣更多地放在分配上，企望依靠分配来矫正不平等问题。或者，认为平等问题主要是"分配平等"。

作为无产阶级先驱的革命家和理论家一般都特别重视分配平等问题，有的甚至走进了平均主义的死胡同。如巴贝夫把"平等分配"看成人的天赋权利，而且把它看成未来社会一切法律和道德的最高原则。在他的"共产主义"的"大国民公社"中，在消费品的分配领域要求必须保证每个人及其后代——不论他们有多少——得到满足，但不能超过这一界限。应当使每个人得到那一份无法超过大家所应得的劳动产品的平均数，并在极平均的基础上进行分配。凡是无法在所有人之间进行分配的东西，都应当绝对禁止使用。巴贝夫认为只有这样才能使人们无论在任何地方或任何方面，都看不到哪怕是表面上的特殊化现象，从而使每一个公民感到他的所有同胞都是跟自己一样平等的人。在巴贝夫主义的《经济法令》中就明确规定："大国民公社供给社员一切必要的东西，保证他们得到平均的、适度的满足。"② 可见，这显然是一种分配上的平均主义的平等观。

从启蒙思想到空想社会主义过渡时期的英国思想家威廉·葛德文的"政治正义"论也特别强调分配问题。首先，葛德文认为，"正义已经证

---

① 恩格斯. 反杜林论 [M]. 马克思, 恩格斯. 马克思恩格斯文集：第 9 卷. 北京：人民出版社, 2009：102.

② 转引自：曹锦清. 平等论 [M]. 上海：华东化工学院出版社, 1988：32.

明是适用于一切同人类有关的事物的法则。正义对一切能够出现的情况都有断定,并没有留下任何可以随时任意处理的余地"①。也就是说,葛德文首先确立了"正义法则"的崇高地位,接下来他就用"正义"这根"魔杖",把一切不平等"点化"为平等。葛德文认为:"一切社会的财富分配必须让它取决于社会成员的意见。如果,在任何社会中,财富是按照它的真实价值予以估价的,积累和垄断被看作祸害、非正义和不名誉的征候,而不是看作取得殷勤和崇敬对待的头衔,在这种社会中人们的生活供应就会逐渐拉平,不平等的状况也就会被打破。民意的演变乃是取得这种难以估计的利益的唯一手段。想通过调节手段来达到这一目的的一切企图,大概都会证明是想象不当的或者是要流产的。无论如何,使用个人暴力纠正财富分配的一切企图当然应该被看作是敌视公共安全的首要原则的。"② 也就是说,葛德文认为,实现平等分配的办法不是通过政府调节,而是通过"众人意见"——如果大家都认为积累财富和垄断是不正义的,那么人们的生活就会被拉平,即实现了分配平等。于是葛德文打算确立"财产分配上的正义原则",让它既得到富人的确信,又得到穷人的笃信。"如果,一个富人仅仅由于认识到正义,就有可能自愿地乐意像一个穷人那样过活,那么,我们就更没有必要犹疑而不敢断定,在这种事情上的正义感是可以在不直接涉及个人利益的情况下得到确信的,也是可以使穷人得到确信的。""根据这种设想,不可避免要发生的是,随着社会的广大群众的偏见和无知的减弱,对财富的重视以及现在人们对于财富的那种崇敬的羡慕,也必然会减弱。随着财富在社会的广大群众中失去敬重之心,财富对于享有财富的人和有办法取得财富的人的思想的支配也会放松。""由此可见,在人们理解了财富是什么东西,人类思想都熟悉有关财富的正确观念以后,目前不平等的情况就必然能够不停顿地逐步趋于真正的水平。"③ 也就是说,葛德文认为造成分配不平等的原因是"广大群众(对财富)的偏见和无知",只要这种"偏见和无知"减弱了,人们"有关财富的正确观念"确立了,财富不

---

① 〔英〕威廉·葛德文.政治正义论:第二卷[M].何慕李,译.北京:商务印书馆,1980:589.
② 〔英〕威廉·葛德文.政治正义论:第二卷[M].何慕李,译.北京:商务印书馆,1980:601.
③ 〔英〕威廉·葛德文.政治正义论:第二卷[M].何慕李,译.北京:商务印书馆,1980:622-623、623、603-624.

平等就会自然消除，分配平等就自然实现了。这样，葛德文在毫不触动经济关系、生产方式的情况下，依靠他的"正义原则"，依靠"人们的正义感"，依靠"人们对财富的正确观念"的确立，就消除了目前的一切不平等，实现了财富分配的平等。这样一种变魔术式的方法，竟还被编制成了系统的平等理论！

空想社会主义者们也多把"平等社会"的构建聚焦在分配上。欧文就强调，"在理性的社会制度下，这种不合理的财富分配将不复存在，每个人都公平地取其所得，并且对其他一切人都将公平行事"①。那么，怎样进行分配呢？"财富生产出来后，将按货物的种类放进仓库或货栈里来，以供消费者使用。在每个社会阶层单位里，即在每个拥有一千到三千名各种年龄的人的联合家庭里，由年龄最适合分配职务的那一组人分配本联合家庭的一切成员每日所需要的物品。""因此，分配将变为分发每日都要使用和消费的物品的简单工作。在理性的社会制度下，分配将成为新的联合家庭成公社中的一种正当、愉快而轻松的工作。"② 可见，在欧文的平等理论里，分配占有重要地位。分配的方法是：新财富生产出来后，从事生产的劳动者有正当的权利取得自己"合理"的一份；各个社区的最大利益也要求生产者在自己所生产的一切财富中能获得"公平"而固定的份额。使生产者获得这一份额的唯一原则是做出安排，"使自然的价值标准成为实际的价值标准"，而"劳动者生产出剩余产品以后，应当得到公平合理的报酬"，且剩余产品可以交换。这里，欧文一再强调分配中的"合理的一份""公平的份额""公平合理的报酬"，然而怎样的份额是"公平合理"的呢？这显然是没有实质意义的空话，因为每个人对"公平合理"认识是完全不同的，是完全主观的。何况，欧文还允许交换："物物交换的真正原则，是将某一商品的估计的主要成本或劳动价值跟任何另一商品中的主要成本或其中所包含的劳动量进行交换。这是唯一公平合理的交换原则。"③ 由此可见，欧文用"理性"建立起来的"新社会制度"，不仅保留了分配，而且保留了交换。而只要允

---

① 〔英〕欧文. 欧文选集：第二卷 [M]. 柯象峰等, 译. 北京：商务印书馆, 1981：29.
② 〔英〕罗伯特·欧文. 欧文选集：第二卷 [M]. 柯象峰等, 译. 北京：商务印书馆, 1981：32.
③ 〔英〕罗伯特·欧文. 欧文选集：第一卷 [M]. 柯象峰等, 译. 北京：商务印书馆, 1979：323、312、323.

许私有和交换，不管是物物交换还是以货币为媒介的交换，都会把人间的一切不平等恢复起来，而丝毫不管这些"真正原则"是什么。因此，欧文的平等理论，是在不改变现有生产方式，在既定的商业社会中，通过所谓的"价值标准""交换原则"实现他的"平等分配"的。这显然没有抓住"平等"问题的实质——生产资料的所有制。

当代西方不少理论家在研究"平等"问题时，也往往把注意力主要放在分配上。如托马斯·皮凯蒂在《不平等经济学》中把分配区分为"纯粹再分配"与"有效再分配"。皮凯蒂认为，帕累托理论就是"纯粹再分配"，因为这一理论认为市场是最平衡有效的，而在重组生产与资源配置中，不可能所有人都是赢家，所以不平等是正常的。"有效再分配"理论则认为，市场的不完善性需要政府在生产流程中直接介入，以提高分配的公正性。而"劳资不平等提出了有效再分配存在的问题，不仅仅是纯粹的再分配"[1]。所以，皮凯蒂也是把其研究的重点放在了分配方面。他的《21世纪资本论》尽管分析了近300年来资本主义世界令人惊讶的不平等现象，但也只是一些现象的描述。因为他只局限于在分配上研究平等，不能分析造成这种不平等的经济根源，没有对资本主义社会的生产方式作出科学分析，因此他既不能深刻说明造成这种令人瞠目结舌的财富不平等的制度根源，也找不到消除这种不平等的科学路径。

2. "分配矫正法"剖析

所谓"分配矫正法"就是认为社会不平等主要是分配不平等造成的物质财富的不平等，因此，实现社会平等的方法就是通过调整分配方式，实现分配的平等，从而实现社会平等。这种方法研究分配平等也不是把"分配"放在一定的生产方式、一定的社会形态中来考量，而是把"分配""上升"到"正义原则"的高度，来考量什么样的分配是符合正义原则的。因为，在他们看来，符合"正义原则"的分配就是合理的；作为这种分配的结果的平等或不平等也就是合理的、符合正义的。"分配矫正法"的实质是把"分配方式"看作完全独立于"生产方式"的"自在"的存在，是能够独立"派生"其他一切范畴的"自为"的范畴。然而事实是，分配是由生产决定的，消费资料的分配是生产条件本身分配

---

[1] 〔法〕托马斯·皮凯蒂. 不平等经济学 [M]. 赵永升，译. 北京：中国人民大学出版社，2016年：78.

的性质的反映。而所谓"生产条件本身的分配"也就是生产资料的所有制形式,这是反映生产方式性质的主要因素。因此,分配方式是由生产方式决定的,如果局限于分配领域而不深入到生产方式的分析中去研究"平等",不仅不能认识平等问题的实质,也不可能推进平等的实现。因为,没有所有制关系上的平等,就不可能有由它决定的分配关系上的平等。研究"平等"问题就应该直接分析生产方式,而不是拘囿于分配方式范围之内,进行舍本求末的研究和论证。

如果把"分配"归结到"正义原则",像葛德文那样从"财产分配上的正义原则"来研究"分配"、研究"平等",必然是徒劳的。正如恩格斯所指出:"如果我们确信现代劳动产品分配方式以及它造成的赤贫和豪富、饥饿和穷奢极欲尖锐对立的状况一定会发生变革,只是基于一种意识,即认为这种分配方式是非正义的,而正义总有一天一定要胜利,那就糟了,我们就得长久等待下去。梦想千年王国快要来临的中世纪的神秘主义者,就已经意识到阶级对立的非正义性。""现代社会主义必获胜利的信心,正是基于这个以或多或少清晰的形象和不可抗拒的必然性印入被剥削的无产者的头脑中的、可以感触到的物质事实,而不是基于某一个蛰居书斋的学者的关于正义和非正义的观念。"① 也就是说,如果不对资本主义生产方式的分配方式造成的不平等现象作深入的经济关系的分析,而是简单地宣布为"不正义",而且期待有一天"正义"能够自然"降临人间",于是就可以消除分配的不平等,那"就得长久等待了"。因为,早在中世纪,人们就已经意识到了"阶级存在"和"阶级对立"是"不正义"的,因为他们造成了现实的不平等,但直到今天这种阶级对立依然存在,"正义"依然没有"降临"。可见,不从生产方式、经济关系上分析这种不平等存在的历史逻辑以及消除不平等的现实路径,而只是期待"正义"的降临,那么"平等"的实现将是渺远而无望的梦想。这样研究"平等"问题,除了把处处触摸得到的现实物质关系"蒸发"为虚无缥缈的"正义蒸汽"外,丝毫不能把"平等"问题的研究推向前进。

事实上,正如马克思所指出,"消费资料的任何一种分配,都不过是生产条件本身分配的结果;而生产条件的分配,则表现生产方式本身的

---

① 恩格斯. 反杜林论 [M]. 马克思, 恩格斯. 马克思恩格斯文集:第 9 卷. 北京:人民出版社, 2009:164、165.

性质。例如，资本主义生产方式的基础是：生产的物质条件以资本和地产的形式掌握在非劳动者手中，而人民大众所有的只是生产的人身条件，即劳动力。既然生产的要素是这样分配的，那么自然就产生现在这样的消费资料的分配。如果生产的物质条件是劳动者自己的集体财产，那么同样要产生一种和现在不同的消费资料的分配。庸俗的社会主义仿效资产阶级经济学家（一部分民主派又仿效庸俗社会主义）把分配看成并解释成一种不依赖于生产方式的东西，从而把社会主义描写为主要是围绕着分配兜圈子。既然真实的关系早已弄清楚了，为什么又要开倒车呢？"[①] 也就是说，分配方式是由生产方式决定的，分配方式的性质是由生产方式的性质规定的，而不能"把分配看成并解释成一种不依赖于生产方式的东西"，从而在研究"平等"问题上"围绕着分配兜圈子"。所谓"真实的关系早已弄清楚了"，其中"真实的关系"就是"分配"和"生产"、"分配方式"和"生产方式"的关系。这一"关系"的"真实性"是：生产决定分配，生产方式决定分配方式。而生产方式又是决定这个社会形态性质的基础和根本，因此一切研究社会问题（包括"平等"问题）的理论，都应当从生产方式的分析开始。而不是"围绕着分配兜圈子"，更不应该到更加抽象的层面——如人性定律、伦理法则、真理原则——去探究所谓"永恒正义""普世价值"的玄理，否则就是"开历史倒车"。

总之，"唯物主义历史观从下述原理出发：生产以及随生产而来的产品交换是一切社会制度的基础；在每个历史地出现的社会中，产品分配以及和它相伴随的社会之划分为阶级或等级，是由生产什么、怎样生产以及怎样交换产品来决定的"[②]。既然"产品分配"是由"生产和交换"所决定的，那么，研究"平等"问题就应该深入分析生产方式及其性质，探究私有制造成不平等的现实必然性和实现"平等"要求私有制的生产方式进行彻底变革的历史必然性，而不是围绕着分配兜圈子。

六、"历史附会法"辨正

1. "历史附会法"例举

理论家们在研究"平等"问题时，还惯于从个人主观认识出发，不

---

① 马克思. 哥达纲领批判 [M]. 马克思, 恩格斯. 马克思恩格斯文集：第 3 卷. 北京：人民出版社, 2009：436.

② 恩格斯. 反杜林论 [M]. 马克思, 恩格斯. 马克思恩格斯文集：第 9 卷. 北京：人民出版社, 2009：283-284.

把"平等"放在一定的历史条件下,研究在某一种历史时代的具体平等要求,无视"平等"内容、内涵和某一平等尺度特有的历史规定性,随意诠释"平等"的含义,企望得出适用于一切历史时代、一切历史条件的关于"平等"的"永恒真理"。有的理论家甚至运用"倒推法""附会法",对古代的平等观念赋予今天的意义,或者按今天的理解附会、解读古代理论家的平等观。这种"平等"研究上的"历史附会法",就是不把平等观看成具体的、历史的、属于某一历史时代、某一特定阶级的现实观念,而是把"平等"看成不受历史条件限制、适合一切历史时代的"永恒真理"或"普世价值"。这种没有历史维度的、随意附会的研究方法,可以得出"平等"命题的任何想要的结论。

下面以皮埃尔·勒鲁的平等观为例,分析一下用"历史附会法"研究"平等"方法的荒谬性。

(1) 勒鲁认为,"自由、平等、博爱""三位一体"的"神圣性"反映了"人性"的三个方面:"知觉、感情、认识"。他说:"法国革命把政治归结为这三个神圣的词:自由、平等、博爱。我们先辈……把它看作神的意旨。"① 这个"公式是完整的……它既是三位又是一体:自由——博爱——平等"。"与人的形而上学中的知觉一词相应的政治术语是自由;与感情一词相应的是博爱;与认识一词相应的平等。""因此这个口号是完整的。每个公民所具有的信条就是平等,自我表现和行动的动机就是自由,正确行动的道德准则就是人类博爱。这样人类本性的三个方面部反映出来了。""当这三个词合在一起时,它们才是真理和生命的最妙的表达形式。"② 总之,这就是"心理学已为我们阐明了的结论……这就是人类本性的三方面知觉、感情、认识,并相继表现为自由、博爱、平等"③。可见,勒鲁是从抽象的"人性"出发论证"自由、平等、博爱"理念的。而所谓"人性",就是"人"的没有历史变化、没有时代区别、永恒不变的"本性"。这样,就把"自由、平等、博爱"理念不仅神圣化而且凝固化、永恒化了,也变成了没有历史变化、没有时代区别、永恒不变的"绝对真理",这就掏空了这三个词形成的思想

---

① 〔法〕皮埃尔·勒鲁. 论平等 [M]. 王允道,译. 北京:商务印书馆,1988:11.
② 〔法〕皮埃尔·勒鲁. 论平等 [M]. 王允道,译. 北京:商务印书馆,1988:244、11、16、17.
③ 〔法〕皮埃尔·勒鲁. 论平等 [M]. 王允道,译. 北京:商务印书馆,1988:243.

史和产生这三个词的人类走过的整个历史。事实上,"自由、平等、博爱"理念不仅不是从来就有,也不是永远存在的,而且在不同时代内涵也完全不同。"自由、平等、博爱"是在资产阶级革命时代才有的概念:"自由"无非是资产阶级反抗封建贸易特权而要求的贸易自由;"平等"无非是资产阶级反抗封建专制而要求的地位平等;"博爱"(Fraternity)无非是资产阶级在反抗封建主义斗争中要求的"兄弟般的团结和友爱"。而且"Fraternity"(法语 Fraternité)的本意是"兄弟关系",因此其核心诉求也是人与人"平等"。在以奴役、专制为特征的奴隶社会、封建社会不仅没有"自由、平等、博爱"的要求,即使有也是与资产阶级作为权利要求的这些概念完全不同的。古希腊奴隶城邦,只有"精神上的自由""精神平等",最多只有"公民"间的自由、平等,妇女、奴隶、外来人是一概被排除在外的,如果奴隶主对奴隶有"博爱"那也是对"会说话的工具"爱惜,绝不是人对人之爱。封建社会以"专制"著称,自然是"自由"的反面;"平等"最多是"上帝选民的平等""上帝儿女的平等";"博爱"最多是"爱上帝"或"上帝"对"罪民"的"慈爱"。如果要求下层劳动人民与封建特权阶级、宗法势力一样"自由""平等",或者要求封建特权阶级、宗法势力"博爱"下层劳动阶级,那一定会被认为是荒唐的、是"异端"。所以,"自由、平等、博爱"不仅是特定历史条件下(资产阶级大革命)具有特定内涵的法权要求,而且也必然而且已经随着资产阶级革命成功后,失去(了)它原来的含义和意义。法国大革命胜利后取得政权的资产阶级对下层劳动阶级的背叛、镇压,就说明了一切。所以马克思说,"这就是 fraternité,就是一方剥削他方的那些互相对立的阶级之间的博爱,这就是在二月间所昭示的,用大号字母写在巴黎的三角墙上、写在每所监狱上面、写在每所营房上面的博爱(fraternité)。用真实的、不加粉饰的、平铺直叙的话来说,这种博爱就是内战,就是最可怕的国内战争——劳动与资本间的战争。"① 所以,抛开历史发展进程和历史维度,把"平等"之类的范畴推定为跨越一切历史时代的"永恒"价值,不是对历史的羞辱,就是对人民的愚弄。

(2)勒鲁认为,古代人不懂得"人类平等",我们却创立了关于

---

① 马克思.六月革命[M].马克思,恩格斯.马克思恩格斯全集:第5卷.北京:人民出版社,1958:154.

"平等"的科学。又说:"古人所理解的平等则完全属于另一种类型。古人不懂得人的平等,即作为人的人类平等:情况与此相差很远,对他们来说,平等倒是建立在这种观念的否定基础上。他们的宗旨可以说是使极少数人享受平等,而我们的愿望则是使人人得到平等。我们在这方面创立了一门科学,一种学说;他们却没有。……我们宣告平等自由,因为我们是人。……我们决不能用摈弃别人的方式去实行平等,而在古代,他们尽可能把人排斥在城邦之外。在他们看来,城邦不属于人类范围,它建立于人类之外,并且反对人类,是为了抵制人类或制服人类。请看希腊人吧!他们把自己以外的人看作野蛮人。再看看罗马人吧!他们建立罗马为的是奴役全球。类似情形比比皆是。""这是因为无论亚里士多德还是孟德斯鸠,他们都没有人类平等的信仰。由于他们缺乏这种信仰,他们就不能把平等当作一种权利在城邦内确定下来。因此他们承认由一个人、一小部分人,或者多数人组成的政府一律都是成功的、合理的组合。如果不是缺乏原则,他们怎么会得出这个荒谬绝伦的结论呢?"① 毫无疑问,勒鲁在这里对"古代平等"和"现代平等"的对比分析,毫无历史感可言。他认为,古代之所以没有实现现代的平等(法权平等),是因为"古人不懂得人的平等,即作为人的人类平等",是因为亚里士多德等古代思想家"没有人类平等的信仰"。由于"不懂"平等和没有平等"信仰",所以"他们尽可能把人排斥在城邦之外"。言外之意,如果古希腊人当时懂得了"什么是人的平等"或者说确立了对"人类平等的信仰",那么在古希腊时期就可以要求法权平等了,就可以要求人人自由、人人平等、无差别的人人博爱了。勒鲁不知道古希腊之所以"不平等比平等受重视得多",之所以把"平等"仅仅局限于"公民"这个狭小的范围,恰恰是由当时的奴隶制经济条件决定的。而勒鲁时代之所以"平等"成了人们的"牢固成见",一方面是由于资本主义经济关系的确立,另一方面是启蒙思想家的启蒙。而从古代的不平等发展到资本主义的"权利平等","必然要经过而且确实已经经过几千年"。而这几千年,完全是"历史"一步步"走"过来的,是现实生产方式的矛盾运动推动了社会形态的历史更迭才一步步走到了他的时代的,而不是像勒鲁那样让古代人懂得"人类平等"或确立"人类平等"的信仰就能够一步跨越

---

① 〔法〕皮埃尔·勒鲁. 论平等[M]. 王允道,译. 北京:商务印书馆,1988:69-70、73.

的。可见勒鲁用"历史附会法"研究平等问题,尽管可以让思想"自由驰骋",但结论只能是漫诞不稽。

(3) 勒鲁认为,"平等"代表着人类全部历史的结果和全部未来的目的。他说,"平等是自然万物的萌芽,它出现在不平等之前,但它将会推翻不平等,取代不平等。这样,从社会的起源和终止这两方面来看,人类精神统治着现实社会,并把平等作为社会的准则和理想。""我们深信人类早先的生活包含着平等的萌芽。一切伟大的宗教,一切伟大的哲学,一切伟大的立法,都包含着这种萌芽。"可以说,"平等这个词概括了人类迄今为止所取得的一切进步,也可以说它概括了人类过去的一切生活。从这个意义上说,它代表着人类已经走过的全部历程的结果、目的和最终的事业。"因此,"平等是一项原则,一种信条;……平等是一项神圣的法律,一项先于其他一切法律的法律,一项派生其他法律的法律"①。可见,既然"平等是自然万物的萌芽",那么在勒鲁看来,"平等"观念先于人类诞生就先验地存在了,也就是勒鲁说的"人类早先的生活包含着平等的萌芽",而"平等是一项先于其他一切法律的法律,一项派生其他法律的法律"。同时,"平等"不仅代表着人类的过去,而且代表着人类的未来,代表着人类的"目的和最终的事业"。所以,在勒鲁那里,"平等"不仅先于人类而存在,而且是贯穿人类的"过去—现在—未来"的整个历史过程的"原则""信条""准则""理想"。既然是"原则""信条""准则""理想",就是一种观念。这样,人类的整个历史,就成了观念的历史,也就是勒鲁说的"人类精神统治着现实社会"。可见,勒鲁不仅得出了人类历史是观念的历史的结论,而且他把"平等"作为一种先验的存在,就消解掉了全部人类历史。整个历史就是"平等"观念自我繁殖的过程。在"平等"观念的自我实现中,再没有"人",再没有"人类社会",再没有"人类历史"。所以,"历史附会研究法"可以把"过去"变为"现在",把"现在"变为"过去"或"未来",也就是说不仅随意涂抹历史,而且随意重组历史,把历史变成没有历史逻辑和时空维度的任意涂鸦。

(4) 勒鲁认为,"平等"的信条在我们的心灵和智慧取得进步的条

---

① 〔法〕皮埃尔·勒鲁. 论平等 [M]. 王允道,译. 北京:商务印书馆,1988:14-15、240、256、239.

件下一定能实现。他也承认,"平等事实上并不存在",但坚信"平等的信条可以实现,并且一定会实现。然而它只有在我们的心灵和我们的智慧取得进步的条件下才能实现。这一平等信条是由我们的先辈传给我们的一笔不完善的遗产,现在该由我们把它传下去,而且要比我们接受它时更加光彩夺目,揭示得更加深刻。这信条既是出自我们过去的道德生活,我们应该使它以更加丰富的内容传给未来"。因为,"平等是一项原则,一种信仰,一个观念,这是关于社会和人类问题的并在今天人类思想上已经形成的唯一真实、正确、合理的原则。""就迄今人们的智慧所能揭示的大自然范畴而言,人与人是平等的,而且无论如何,这个原则的合理的结果必将会出现。"① 那么,"平等"怎么才能实现呢?现在,"人类的思想已经超越不平等所带来的贫困和罪恶的堕落,并设想出一个建立在平等基础上的社会。然后,像寄托于真和美的永恒源泉一样,人把自己的理想寄托于上帝。"平等"原则已经宣布,并为人们所公认"。"在刑法中,也处处都宣告了平等的同一原则";"在与智力相对应的社会领域里(宗教权利,即旧时的精神权力),同样宣告平等和赞同平等";"在与感情相对应的社会领域里……宣告平等和赞同平等,平等同样成为公认的原则。"② 总之,"历史演变的终结,无论平等怎样毫无组织、缺乏内容,平等总是灵魂的法则,各种法律的法律,它是一项法权,一项唯一的法权。""人类平等一旦被理解和接受,它单独就能给政治权利提供基础。"③ 可见,在勒鲁看来,"平等"是可以超越历史、没有历史限制的"唯一真实、正确、合理的原则",因此"平等的信条可以实现,并且一定会实现"。而"平等信条"的实现,就是靠"我们的心灵和我们的智慧取得进步",靠平等"原则被宣布并为人们所公认",靠"人类平等被理解和接受"等。这一切,纯粹是人们观念改变和进步的问题,丝毫没有历史条件的限制——它如果在古代社会就被人理解和接受了,那么"平等"在古代就已经实现了。所以,用"历史附会法"研究平等,是可以任意地抛开历史的缰绳,随意跑到任何时代,随时跑到

---

① 〔法〕皮埃尔·勒鲁.论平等[M].王允道,译.北京:商务印书馆,1988:5、68、66.

② 〔法〕皮埃尔·勒鲁.论平等[M].王允道,译.北京:商务印书馆,1988:14、26、28、59、59.

③ 〔法〕皮埃尔·勒鲁.论平等[M].王允道,译.北京:商务印书馆,1988:244、241.

任何地方，随便得出自己任何想要的结论的——这里不需要任何物质事实的"粘合剂"，所需要的只是思想观念的"消毒水"。

我国学者用"历史附会法"研究"平等"问题的也不乏其人。如台湾学者傅武光在《孔孟老庄思想的平等精神》中就是这样随意穿越历史的。傅武光认为，"从孔孟的心性思想来看，孔子所说的仁，孟子所说的四端，都是人人生而具有的；人人可据此而完成人格，合于……'人格平等'。""从政治思想来看，最基本的理念是'公天下'，反对任何统治阶级的世袭制度。而且统治地位应由德者居之，这无异把参政权从贵族手中解放出来，使人人得以靠自己的努力而有机会参政。这是要求参政机会的平等。""孔孟又站在人民的立场，以民心支持的程度来判断政权的合法性，于是孔子打破了'叛'的禁忌，孟子打破了'弑'的禁忌。谁能真正为人民造福，谁就合法，无所谓'叛'与'弑'，这是要求政治平等。"而"群臣关系方面，孔孟都主张君臣应该互相尊重，维持契约形态的关系"。"从经济方面来看，孔孟各种主张，都符合保障人权的要求。""至于实证法方面，孟子已有司法独立、法律之前人人平等及刑止一身的思想，与现代的法治思想相合。""在社会标准方面，孔子以德为标准来分君子、小人；孟子亦以德为标准来分大人、小人。因而认为，唯有君子、大人才应该居统治地位，这是从人格平等出发，而要求的机会平等"。"在社会理想方面，则基于人格平等而要求每个人的一切人权都受到平等的保障。"① 毫无疑问，傅武光在这里不仅采取了历史虚无、历史穿越法，而且采用了穿凿附会的方法。所谓"人格平等""参政机会平等""政治平等""契约关系""人权""法律面前人人平等""机会平等"等概念，都是经过西方启蒙思想家启蒙，在资产阶级革命时期才出现的概念。这些概念和平等权利要求，在古代西方社会不可能产生，在中国古代同样不可能形成。因为，这些观念的形成是以资本主义的生产关系为基础的。而且从古代社会发展到把这些"平等权利"作为一种法权提出来时，经历了几千年的历史发展过程。而傅武光用"平等观念"一下子就从现代的资本主义生产关系"穿越"到古代社会，用"思想刨子"一下刨平了几千年的历史。这种穿越历史进而消解历史的方法，不仅得不出关于"平等"的正确观点，而且在方法论上也是荒谬的。用

---

① 傅武光. 孔孟老庄思想的平等精神［M］. 台北：文津出版社，1968：248－249.

这种没有历史的附会的方法得出的结论即使有几分"新意",对作为"平等"问题的严谨科学研究来说,也没有什么价值。

2. "历史附会法"剖析

事实上,在"历史附会法"的理论中是没有历史的,即使有历史,这个历史里也没有人,没有人类,没有人类社会。在这个历史里,只有概念、范畴、原则、法则、真理。这些概念、范畴、原则、法则、真理甚至不是人创造的观念,甚至不依赖于人类社会而独立存在。它们是自己能够思维的思维,是能够产生观念的观念,是能够意识到自己也能够意识到一切的意识,总之是"有生命的骷髅",是"不死的死",是一些活脱脱的幽灵。它们可以不借用人的大脑就可以独立思考,可以不思考人类社会就思考了一切,它们甚至先于人类而存在,总之是一些万能的神。譬如说,勒鲁认为"平等是自然万物的萌芽","平等是一项神圣的法律,一项先于其他一切法律的法律,一项派生其他法律的法律"①。这样,"平等"就成了不依赖人类社会,甚至先于人类社会就存在的法律,而且还是生出自然万物的"世界之母"。

坚持"历史附会法"的理论家之所以甩开"历史"来研究"平等","是因为他们认为在这里他们不会受到'粗暴事实'的干预,而且还可以让他们的思辨欲望得到充分的自由,创立和推翻成千上万的假说"②。譬如,勒鲁说,"神圣"的"自由、平等、博爱""三位一体"反映了"人性"的三个方面:"知觉、感情、认识"。毫无疑问,这是没有历史、没有现实的纯粹的哲学胡说。生活在原始共产主义解体以来的任何社会的人,如果他还有"知觉",他感知的东西绝不是"自由"而是"不自由";如果他还有"认识",他认识到的现象一定是"不平等"而不是"平等";如果他还有"感情",他感受到的一定是冷冰冰的经济规律的"冷漠"而不是"博爱"。

按照"历史附会法"研究历史,历史事件可以完全不遵守历史逻辑完全随意地发生,人类就可以随意在历史的"隧道"里任意穿越:譬如说,2008年的全球金融危机完全可以发生在中世纪;古希腊时期爆发的

---

① 〔法〕皮埃尔·勒鲁. 论平等[M]. 王允道,译. 北京:商务印书馆,1988:14、239.

② 马克思,恩格斯. 德意志意识形态[M]. 马克思,恩格斯. 马克思恩格斯文集:第1卷. 北京:人民出版社,2009:532.

斯巴达奴隶起义完全可以发生在今天。

在"历史附会法"中,"事情被思辨地扭曲成这样:好像后期历史是前期历史的目的"①,于是历史便具有了自己特殊的目的并成为某个与"其他人物""并列的人物"。其实,"前期历史的'使命''目的''萌芽''观念'等词所表示的东西,终究不过是从后期历史中得出的抽象,不过是从前期历史对后期历史发生的积极影响中得出的抽象"②。譬如,勒鲁说,"从社会的起源和终止这两方面来看,人类精神统治着现实社会,并把平等作为社会的准则和理想";"平等这个词概括了人类迄今为止所取得的一切进步,也可以说它概括了人类过去的一切生活。从这个意义上说,它代表着人类已经走过的全部历程的结果、目的和最终的事业"③。这样,勒鲁就把资产阶级革命时期才提出的"平等"概念,当成了在这之前漫长历史的"目的",好像人类经历的一切苦难——原始社会的野蛮、奴隶社会的奴役、封建社会的枷锁——都是为了有一天实现"平等"这一美妙的真理。如果是这样,人类社会就是一个万能的"先知"(或"人类精神")默默引领的,否则,不知"平等"为何物的"愚钝"的人们是不会为了一个什么几千年后的"真理"而卑微地去死的。可见,说什么"平等""概括了人类过去的一切生活",这根本就是哲学的胡说。同样,"平等"也不是什么"人类的目的和最终事业"。人类终究会走到不知道"平等"命题为何物的历史阶段的——"平等"诉求是对不平等的反抗,一旦实现了生产资料的社会所有,人们就消除了一切社会不平等的经济根源,于是"平等"命题就失去了最后的根据,它就会和青铜器、石斧一样被放到历史的博物馆里。事实上,"前期历史的'使命''目的''萌芽''观念'等词所表示的东西,终究不过是从后期历史中得出的抽象,不过是从前期历史对后期历史发生的积极影响中得出的抽象"④。譬如说资产阶级革命时期提出的"平等"要求这一

---

① 马克思,恩格斯. 德意志意识形态 [M]. 马克思,恩格斯. 马克思恩格斯文集:第1卷.北京:人民出版社,2009:540.

② 马克思,恩格斯. 德意志意识形态 [M]. 马克思,恩格斯. 马克思恩格斯文集:第1卷.北京:人民出版社,2009:540.

③ 〔法〕皮埃尔·勒鲁. 论平等 [M]. 王允道,译. 北京:商务印书馆,1988:15、256.

④ 马克思,恩格斯. 德意志意识形态 [M]. 马克思,恩格斯. 马克思恩格斯文集:第1卷.北京:人民出版社,2009:540.

"抽象",不过是对千年黑暗的封建专制、特权的否定和反抗,等等。可见,把"后期历史看成前期历史的目的"的思维方法,实质上是"唯灵论"的历史唯心主义。

"历史附会法"之所以可以随心所欲地制造各种"原则"、宣布各种"真理",这种神奇的把戏的"神力"其实并不神秘。它的方法就是,把思想和个人分隔开,把要探讨的问题(譬如说"平等")和产生这一问题的现实(譬如说生产方式、生产关系)分割开来,抛开物质事实的羁绊,仅把思想和问题进行揉捏。正如马克思、恩格斯所指出:"把占统治地位的思想同进行统治的个人分割开来,主要是同生产方式的一定阶段所产生的各种关系分割开来,并由此得出结论说,历史上始终是思想占统治地位,这样一来,就很容易从这些不同的思想中抽象出'思想'、观念等等,并把它们当作历史上占统治地位的东西,从而把所有这些个别的思想和概念说成是历史上发展着的概念的'自我规定'。在这种情况下,从人的概念、想象中的人、人的本质、人中能引申出人们的一切关系,也就很自然了。思辨哲学就是这样做的。"① "证明精神在历史上的最高统治(……)的全部戏法,可以归结为以下三个手段":一是把个人的"思想同个人本身分割开来,从而承认思想或幻想在历史上的统治";二是"使这种思想统治具有某种秩序",宣布历史上"一个个相继出现的思想之间存在着某种神秘的联系……把这些思想都看作'概念的自我规定'";三是"为了消除这种'自我规定着的概念'的神秘外观,便把它变成某种人物……把它变成在历史上代表着'概念'的许多人物——'思维着的人''哲学家'、意识形态家,而这些人又被看作历史的制造者……这样一来,就把一切唯物主义的因素从历史上消除了,就可以任凭自己的思辨之马自由奔驰了"②。譬如说,勒鲁认为"人类精神统治着现实社会",就是这样一种思维;他宣布"平等是一项原则,一种信仰,一个观念,这是关于社会和人类问题的并在今天人类思想上已经形成的唯一真实、正确、合理的原则"③,就是这样一种方法。这种方

---

① 马克思,恩格斯. 德意志意识形态 [M]. 马克思,恩格斯. 马克思恩格斯文集:第1卷.北京:人民出版社,2009:553.
② 马克思,恩格斯. 德意志意识形态 [M]. 马克思,恩格斯. 马克思恩格斯文集:第1卷.北京:人民出版社,2009:553-554.
③ [法]皮埃尔·勒鲁. 论平等 [M]. 王允道,译. 北京:商务印书馆,1988:68.

法就是,把"平等"和产生平等问题的现实经济社会关系分割开来,仅把"平等"与"自由""博爱"概念进行循环论证,证明"自由—博爱—平等"这一"三位又是一体"公式的完整性;把"平等"宣布为"自然万物的萌芽",证明是"一切伟大的宗教、一切伟大的哲学、一切伟大的立法"的"母机";把"平等"奉为"灵魂的法则""各种法律的法律",证明它是"社会的起源"和"历史演变的终结"。在这个"平等"法则里,没有任何社会、没有任何历史,甚至没有任何"人",却是决定一切的"灵魂法则"。事实上,这种哲学的语言、纯粹的思辨、夸张的概念包装出来的看似高深、玄奥的"平等"理论,是经不起哪怕最细微的外力触碰的。"而从他们的实际生活状况、他们的职业和分工出发,是很容易说明这些幻想、玄想和曲解的。"①譬如说,"平等"无非是在不平等的经济关系中吃尽苦头的那个阶级变革这种不平等经济关系的要求而已,一旦不平等的经济关系不存在了,平等观念也就如影随形地消失了。如此而已,岂有他哉?所以,"平等"根本就不是什么"灵魂的法则""神圣的法律""社会的准则""人类的目的""永恒的真理""普世的价值"。这些关于"法则""准则""真理"的大话,不过是理论家用来掩盖自己理论的空洞和用来唬人的"稻草人"。

事实上,"历史附会法"和"人性抽象法""伦理推定法""原则推导法"等一样,都是把历史、把现实抽象掉,用"纯粹的假定""抽象的原则"论证"平等"的方法。这些方法的实质是,"假定被当做不变规律、永恒原理、观念范畴的经济关系先于生动活跃的人而存在;再假定这些规律、这些原理、这些范畴自古以来就睡在'无人身的人类理性'的怀抱里。……在这一切一成不变的、停滞不动的永恒下面没有历史可言,即使有,至多也只是观念中的历史,即反映在纯粹理性的辩证运动中的历史。"② 而这种"观念"和它"在纯粹理性的辩证运动",实质上是"运动的影子"和"影子的运动"。也就是说,纯粹是概念、原则之间的推导,根本不涉及现实生活中的人和人的现实生活。那么,"人",和他的观念,和他生活其中的社会关系之间的真实关系是怎样的

---

① 马克思,恩格斯. 德意志意识形态 [M]. 马克思,恩格斯. 马克思恩格斯文集:第1卷.北京:人民出版社,2009:554.
② 马克思. 哲学的贫困 [M]. 马克思,恩格斯. 马克思恩格斯文集:第1卷.北京:人民出版社,2009:608.

呢？正如马克思所指出，"人们按照自己的物质生产率建立相应的社会关系，正是这些人又按照自己的社会关系创造了相应的原理、观念和范畴。""所以，这些观念、范畴也同它们所表现的关系一样，不是永恒的。它们是历史的、暂时的产物。"① 也就是说，生产力的发展水平决定生产关系（社会关系）；社会关系决定人及其思维、思想；这些思维、思想包括其构建的"原理""观念""范畴"。而"平等理论""平等观"不过是由一定社会形态下的社会关系所决定的，处于一定经济关系、社会地位和特定阶级的人的"观念"和"原理"。因此，"平等"命题必须从具体社会形态、现实的生产方式、客观的经济关系和特定的阶级的人来研究，而不是陷入"历史附会""人性抽象""伦理推定""原则推导"的"纯粹理性"的无谓思辨中。

通过上面的分析可以看出，"平等"问题研究上的"人性抽象法""伦理推定法""原则推导法""社会模型法""历史附会法"等，遵循的都是唯心主义历史观。与这种历史观不同，马克思、恩格斯所坚持的历史观就在于："从直接生活的物质生产出发阐述现实的生产过程，把同这种生产方式相联系的、它所产生的交往形式即各个不同阶段上的市民社会理解为整个历史的基础，从市民社会作为国家的活动描述市民社会，同时从市民社会出发阐明意识的所有各种不同的理论产物和形式，如宗教、哲学、道德等等，而且追溯它们产生的过程。这样做当然就能够完整地描述事物了（因而也能够描述事物的这些不同方面之间的相互作用）。这种历史观和唯心主义历史观不同，它不是在每个时代中寻找某种范畴，而是始终站在现实历史的基础上，不是从观念出发来解释实践，而是从物质实践出发来解释各种观念形态"②。而"平等"，就是这种需要从物质实践、从生产方式、从现实社会来解释的观念形态，而不是独立于历史、独立于社会、独立于现实经济社会关系、独立于人而自在、自觉的"绝对精神"或"普世价值"。

综上，研究平等问题，要坚持历史的观点、历史的方法，而不能把"平等"变成超越历史、超越社会发展阶段、超越阶级的一般概念，变

---

① 马克思.哲学的贫困［M］.马克思，恩格斯.马克思恩格斯文集：第1卷.北京：人民出版社，2009：603.
② 马克思，恩格斯.德意志意识形态［M］.马克思，恩格斯.马克思恩格斯文集：第1卷.北京：人民出版社，2009：544.

成没有历史维度、没有现实基础、没有理论坐标的抽象范畴。所谓"历史的观点、历史的方法",就是研究平等问题、认识平等观念要有历史的视角,要把"平等"放到一定的历史阶段、一定的历史条件下,分析特定社会形态下、特定生产方式基础上所能实现的平等尺度,剖析特定阶级的平等观念,揭示特定平等诉求所反映的生产方式变革要求及其所指明的未来社会发展方向。只有坚持历史的观点、历史的方法,才能抓住平等问题的本质、认识平等命题的实质、揭示平等实现的规律。

坚持历史的观点、历史的方法,就要从人的社会关系上理解"平等"概念,而不是把平等命题变为没有理论坐标的"学问蛛网"或"概念迷宫"。认识平等命题、研究平等问题,要把平等尺度、平等观念放在一定的历史时空中,分析一定社会关系中现实的"人"及其关系。必须明确,所谓"平等"命题,研究的是人与人的比较,不是所谓"齐物平等"之类的人与物的比较。而人与人的比较,是人与人之间相互关系的比较,不是诸如身高、才能、精神、人格等自然属性的比较。人与人相互关系的比较,是人的社会关系的比较,而不是诸如家庭关系、血缘关系、宗族关系等自然关系的比较。人与人社会关系的比较,主要是人的生产关系所决定的经济关系的比较,而不是或主要不是宗法关系、宗教关系、法权关系等上层建筑层面的社会关系比较。人与人生产关系的比较,主要是生产资料占有的所有制关系的比较,主要不是所有制关系派生出来的分配关系的比较。一句话,所谓平等问题,是以生产关系为核心尺度的人与人社会关系的衡量;所谓"平等"是以生产资料占有为核心的经济社会地位、经济社会关系的等同,及由其决定的经济、政治、社会、文化权利的均等。既然如此,研究平等问题,就要设定历史的维度和理论的经度,在人的社会关系、生产关系的理论坐标中分析、比较,揭示平等命题的科学内涵。而不是陷入诸如"齐物平等""能力平等""机会平等""程序平等""形式平等""精神平等""人格平等""价值平等"等无限衍生、纷繁复杂的无谓的循环论证和彼此纷争中,以至于把平等问题研究变成了"剪不断、理还乱"的"学问蛛网"[①]或萨托利

[①] 这里是借用英国哲学家弗朗西斯·培根的说法。他嘲笑中世纪经院哲学家们闭目塞听,脱离现实,陷入形而上的哲学思辨,只会用亚里士多德的逻辑编制"并没有什么实值,也没有什么益处"的"学问的蛛网"。

说的"概念迷宫"。

　　坚持历史的观点、历史的方法，就要从生产方式及其历史变迁的决定性上分析平等尺度，而不是把平等理念理解为没有历史维度的"永恒真理"。"平等观念本身是一种历史的产物，这个观念的形成，需要全部以往的历史，因此它不是自古以来就作为真理而存在的。"① 譬如说，在以奴隶制生产关系为基础的古代社会，"不平等"比"平等"受重视得多，如果认为一切人都是平等的，"这在古代人看来必定是发了疯"。② 这时，即使提出了平等要求，也只能以"精神平等"这种虚幻的形式存在。封建社会是建立在农奴对封建主、教民对教主的人身依附关系上的生产方式，既然是人身依附，就谈不上平等。所以，封建社会最多是"上帝选民的平等"这种对下层劳动者的愚弄形态。资本主义社会的平等是从资产阶级变革封建制度、建立资本主义生产方式的平等要求中产生的，以反对封建特权、要求平等地位的"权利平等"为内容。可见，在不同的历史条件下，在不同的社会形态中，"平等"的尺度和内容完全不同。即使是在同一社会形态中，不同历史阶段的平等尺度也具有不同内容、呈现不同性质。如在共产主义社会第一阶段只能实行"按劳分配"的劳动平等，而在高级阶段则是"按需分配"的发展平等。可见，"平等"的内涵、平等观念等并不是一成不变的，而是完全与经济社会发展水平、同历史发展阶段相适应的，任何平等尺度都是具体的、历史的。一句话，"平等观念说它是什么都行，就不能说它是永恒的真理。"③

　　坚持历史的观点、历史的方法，就要从阶级规定性上认识各种平等观念，而不是把平等诉求看作超越阶级的普遍原则。不仅不同时代的平等尺度各不相同，而且不同阶级的平等观念也彼此迥异。例如，资产阶级的平等观是在反抗封建特权的大革命中形成的，因此其平等观的核心内容是"权利平等"。这种平等的权利要求要得到法律的确认和保护，故又称为"法权平等"。而无产阶级的平等观则是在参加资产阶级革命

---

① 恩格斯.《反杜林论》的准备材料 [M]. 马克思, 恩格斯. 马克思恩格斯文集：第9卷. 北京：人民出版社, 2009：355.
② 恩格斯. 反杜林论 [M]. 马克思, 恩格斯. 马克思恩格斯文集：第9卷. 北京：人民出版社, 2009：109.
③ 恩格斯. 反杜林论 [M]. 马克思, 恩格斯. 马克思恩格斯文集：第9卷. 北京：人民出版社, 2009：113.

时与资产阶级的平等要求相伴而生的，一开始也是要求政治权利的平等。当他们发现这还不够时，又提出了经济和社会的平等要求，于是"平等的要求已经不再限于政治权利方面，它也应当扩大到个人的社会地位方面；不仅应当消灭阶级特权，而且应当消灭阶级差别本身"①。所以，无产阶级的平等观从彻底意义上说，就是消灭阶级的平等。可见，无产阶级的平等观完全不同于资产阶级的平等观，不同阶级有不同的平等观。进一步讲，不仅不同阶级的平等观各不相同，而且同一个阶级的平等观在不同的历史阶段也具有不同内容。譬如说，在革命时期，资产阶级的平等观是"人人权利平等"，但在其取得统治地位后就不再讲与下层劳动阶级的平等了，不再坚持"人人平等"了，而是变成了"法律面前人人平等"这种抽象原则。同样，无产阶级的平等观在初期表现为与资产阶级相类似的"权利平等"，但后来则主张"经济平等""社会平等"，从彻底性上讲就是"消灭阶级"的平等；在共产主义第一阶段（社会主义社会）是"按劳分配"的"劳动平等"，而在共产主义高级阶段则是人人自由全面发展的"发展平等"。可见，不同阶级平等观不同，同一阶级的平等观在不同历史阶段内容相异，所以所谓"平等"就不是什么超越阶级的一般原则。而"平等的观念，无论以资产阶级的形式出现，还是以无产阶级的形式出现，本身都是一种历史的产物，这一观念的形成，需要一定的历史条件，而这种历史条件本身又以长期的以往的历史为前提"②。既然任何平等观都是一定历史条件的产物，因此它就不是超越时代、超越阶级的普遍原则。

　　坚持历史的观点、历史的方法，就要坚持平等研究上的政治经济学方法，而不是把平等研究变成脱离现实的无谓伦理教条思辨或法学原则推导。有的平等研究从"正义"原则出发，把"平等"归结为"正义"的要求，以此论证"平等"的合理性。由于"正义"是一个伦理学范畴，因此这是一种平等研究的伦理学方法。而伦理学所坚持的道德原则不过是一定经济关系和生产方式在价值观上的反映，换句话说，"人们自觉地或不自觉地，归根到底总是从他们阶级地位所依据的实际关系中——

---

① 恩格斯.反杜林论［M］.马克思，恩格斯.马克思恩格斯文集：第9卷.北京：人民出版社，2009：21.

② 恩格斯.反杜林论［M］.马克思，恩格斯.马克思恩格斯文集：第9卷.北京：人民出版社，2009：113.

一从他们进行生产和交换的经济关系中，获得自己的伦理观念。"① 因此从伦理原则、道德要求上论证"平等"，背离了"平等"作为社会经济关系比较的实质，使之变成了没有现实经济社会制度基础的无谓伦理原则推导和道德教条论证，因此是不能说明"平等"的。之所以如此，是因为：伦理道德属于上层建筑，是被经济基础决定的第二性的东西；而"平等"反映的却恰恰是经济关系、经济基础问题。所以，只能从经济基础上分析"平等"，而不能囿于伦理道德的上层建筑层面。"伦理道德"属于观念上层建筑，而"权利""法权"则属于政治上层建筑。因此，与平等研究不能用伦理学方法相似，也不能用以"权利""法权"为内容的法学方法。因为所谓"权利平等""法权平等"观也是从上层建筑而不是经济基础上论证平等的。由于"权利""法权"是由经济基础决定的，所以"在马克思的理论研究中，对法权（它始终只是某一特定社会的经济条件的反映）的考察是完全次要的；相反地，对特定时代的一定制度、占有方式、社会阶级产生的历史正当性的探讨占着首要地位"②。因此，不顾经济基础的决定作用，仅从上层建筑上把"平等"作为一种权利来追求，提出所谓"权利平等"的要求，实质上是一种颠倒因果的方法。事实上，"这种把权利归结为纯粹意志的法律上的错觉，在所有制关系进一步发展的情况下，必然会造成这样的现象：某人在法律上可以对某物享有权利，但实际上并不拥有某物。"③ 资本主义宣扬"人人权利平等""法律面前人人平等"，最后下层劳动者却没有享受到这种平等而且被排除在权利之外，这种矛盾正是这一规律的活生生现实体现。正因如此，恩格斯指出，研究"平等""公平"问题，"我们不应当应用道德学或法学，也不应当诉诸任何人道、正义甚至慈悲之类的温情。在道德上是公平的甚至在法律上是公平的，而从社会上来看很可能是很不公平的。社会的公平或不公平，只能用一种科学来断定，那就是研究生

---

① 恩格斯. 反杜林论 [M]. 马克思，恩格斯. 马克思恩格斯文集：第9卷. 北京：人民出版社, 2009: 98、99.
② 恩格斯. 法学家的社会主义 [M]. 马克思，恩格斯. 马克思恩格斯全集：第21卷. 北京：人民出版社, 1965: 557.
③ 马克思，恩格斯. 德意志意识形态 [M]. 马克思，恩格斯. 马克思恩格斯文集：第1卷. 北京：人民出版社, 2009: 585.

产和交换的物质事实的科学——政治经济学"①。

坚持历史的观点、历史的方法，就要科学认识"资本主义平等"及其阶级局限性，而不是把资产阶级的平等观泛化甚至神化为所谓的"普世价值"。不同的阶级平等观各不相同，代表不同的利益，但统治阶级却总是把自己的观念包装成全社会的普遍观念，赋予普遍意义，说成代表公共利益，以巩固自己统治的合法性、合理性。即"每一个企图取代旧统治阶级的新阶级，为了达到自己的目的不得不把自己的利益说成是社会全体成员的共同利益，就是说，这在观念上的表达就是：赋予自己的思想以普遍性的形式，把它们描绘成唯一合乎理性的、有普遍意义的思想"②。资产阶级把自己的平等观宣扬为所谓的"普世价值"，就是这种顽劣的行为。"平等"本来是资产阶级革命时期反抗封建特权、争取与特权阶级平等地位的要求，但在它取得统治地位以后，就掏空了"平等"的实质内容，变成了"法律面前人人平等"的抽象原则。事实上，在资本主义社会，由于生产资料占有关系的不平等和雇佣关系的存在，无产阶级与资产阶级是毫无平等地位可言的。资产阶级无视经济关系的不平等，虚伪地宣称资本主义是"人人平等"的社会，"平等"是"普世价值"。但只要客观分析资产阶级和无产阶级的经济地位，"从他们的实际生活状况、他们的职业和分工出发，是很容易说明这些幻想、玄想和曲解的。"③ 而且，以"自由、平等、民主、人权"为内容的所谓"普世价值"，在当代已成为以美国为首的西方资本主义国家颠覆其他国家、输出"颜色革命"、推行霸权主义、掠夺经济利益的政治工具，成为当今世界战乱的祸端和民族冲突的根源，危及着世界和平、人民幸福、人类文明、历史进步。因此，所谓"平等"概念包装的是资产阶级、资本主义国家的私利，而绝不是什么"普世价值"。

坚持历史的观点、历史的方法，就要辩证地理解社会主义初级阶段的平等，既不能混同于"资本主义平等"又不能超越历史阶段等同于完全形态社会主义的平等。毫无疑问，社会主义初级阶段还不是完全形态

---

① 恩格斯.做一天公平的工作，得一天公平的工资 [M]. 马克思，恩格斯. 马克思恩格斯全集：第19卷. 北京：人民出版社，1963：273.
② 马克思，恩格斯. 德意志意识形态 [M]. 马克思，恩格斯. 马克思恩格斯文集：第1卷. 北京：人民出版社，2009：552.
③ 马克思，恩格斯. 德意志意识形态 [M]. 马克思，恩格斯. 马克思恩格斯文集：第1卷. 北京：人民出版社，2009：554.

的社会主义，还没有达到马克思说的"共产主义第一阶段"（列宁界定的"社会主义社会"），因此还不能实现完全意义上的社会主义平等。具体说来，与社会主义消灭了阶级差别的政治地位平等不同，初级阶段只能是有阶级存在的人民当家作主的权利平等；与社会主义生产资料社会所有的经济地位平等不同，初级阶段只能是公有制为主体、多种经济共同发展的机会平等；与社会主义"按劳分配"的劳动平等不同，初级阶段只能是按劳分配为主体、多种分配方式并存的分配平等；同时，初级阶段还必须坚持全体人民共同富裕的结果平等。可见，社会主义初级阶段的平等是走向社会主义平等的过渡。必须明确，社会主义初级阶段的平等尽管也是"权利平等"，但与资本主义的"权利平等"有质的区别。主要是，资本主义的"权利平等"是建立在生产资料私有制基础上的，而私有财产的不平等占有恰恰是产生一切不平等的经济根源。因此，尽管资本主义国家把"权利平等"确立为自己的原则，但由于资本主义私有制的存在，原则与现实处于惊人的矛盾中。而且，在资产阶级取得统治地位后，还把"权利平等"稀释成了"法律面前人人平等"这种抽象原则。正如恩格斯所指出，"平等原则由于被限制为仅仅在'法律上的平等'而一笔勾消了，法律上的平等就是在富人和穷人不平等的前提下的平等，即限制在目前主要的不平等的范围内的平等，简括地说，就是简直把不平等叫做平等。"① 与资本主义"权利平等"不同，社会主义初级阶段尽管还没有实现生产资料的社会所有，但由于坚持公有制为主体，就奠定了"权利平等"实现的现实经济基础，有可靠的制度保障。同时，还必须明确，由于社会主义初级阶段还没有达到完全形态的社会主义，因此就不能超越历史阶段，要求完全社会主义的平等。具体说来，初级阶段还不能要求消灭阶级和阶级差别的社会平等、单一公有制的经济平等和平均主义的绝对平等。因为，"权利永远不能超出社会的经济结构以及由经济结构所制约的社会的文化发展。"② 总之，社会主义初级阶段的平等是对资本主义平等的扬弃，是通向社会主义平等的桥梁。任何不顾初级阶段的现实、超越历史发展阶段的平等要求和冒进行为，都会

---

① 恩格斯．给"北极星报"编辑部的第三封信［M］．马克思，恩格斯．马克思恩格斯全集：第2卷．北京：人民出版社，1957：648．
② 马克思．哥达纲领批判［M］．马克思，恩格斯．马克思恩格斯文集：第3卷．北京：人民出版社，2009：435．

遭到历史规律的矫正。同时，社会主义初级阶段的平等又具有过渡性，因此必须不断强化和巩固平等尺度的社会主义性质，保证初级阶段的社会主义方向。任何修正主义、新自由主义的理论、观点、政策，都会破坏社会主义500年的基业，危及社会主义大厦，铸成历史大错。只有坚持平等尺度的社会主义方向，坚持社会主义道路，才能真正把我国全面建设成为社会主义现代化强国、真正实现中华民族的伟大复兴。

结　语
平等理论：倒退的理论与理论的倒退

平等理论研究，是社会科学研究范式的一个缩影。尽管当代平等理论研究的视野更宽、方法更多、层次更细，但如果放在平等理论流变的历史维度中进行比较就可以看出，平等理论的某些方面不是在发展而是在倒退。这种倒退不仅表现在平等理论的立场、观点上，而且表现在平等研究的方法上。而这种观点和方法的倒退，在一定程度上反映了当今西方社会科学研究的倒退。

一、平等观念、立场的倒退

通过对比资产阶级革命时期、取得统治地位初期和当代西方平等理论，可以看出资产阶级平等观的蜕变。这种蜕变表现为从"平等至上"到"自由至上"的转向、从"政治权利平等"到"法律面前平等"的转向、从"实质平等"到"抽象平等"的转向、从"人生而平等"到"人生而不平等"论的转向等。

1. 从"平等至上"到"自由至上"的蜕变

正如恩格斯所指出，"在法国为行将到来的革命启发过人们头脑的那些伟大人物，本身都是非常革命的。"① 这些"伟大人物"就是启蒙思想家。这些启蒙思想家的确是非常革命的，因为面对封建特权，他们用"理性"作为批判工具，坚持不妥协的革命性，根据"人人平等"是"自然法则"，提出了"基于自然的平等"和"不可剥夺的人权"要求。革命时期的资产阶级把自己看作了所有人的代表，把"平等"宣布为所

---

① 恩格斯. 反杜林论[M]. 马克思, 恩格斯. 马克思恩格斯文集：第9卷. 北京：人民出版社，2009：19.

有人的权利而加以坚持。而在那个时期，资产阶级也确实是有资格代表全体人民的。一方面，由于无产阶级还不成熟，无产阶级的革命斗争还是以资产阶级革命的"尾巴"出现的；另一方面，农民作为分散的小资产阶级，通常都不是作为独立的政治力量进行革命的，而只能成为资产阶级革命的同盟。再有，就是当时资产阶级提出的"人人平等"口号，的确在某种程度上反映了下层劳动人民的革命要求。

资产阶级上升时期的革命性不仅表现在法国启蒙思想家中，也表现在其他国家资产阶级理论家思想中。早在文艺复兴时期，意大利人文主义巨匠乔万尼·薄伽丘（Giovanni Boccaccio）在《十日谈》中就提出：人都是人，"人类是天生一律平等的"①，表达了新兴资产阶级挑战封建等级制度、要求平等的呼声。英国启蒙思想家霍布斯也认为，"在单纯的自然状态下，……所有的人都是平等的，根本没有谁比较好的问题。""如果人生而平等，那么这种平等就应当予以承认。……每一个人都应当承认他人与自己生而平等"②。美国思想家托马斯·潘恩坚持，"所有的人都处于同一地位，因此，所有的人生来就是平等的，并具有平等的天赋权利"③。可见，革命时期的资产阶级是坚信、坚持"人人平等"的。而且这种观念还写进了资本主义的法律条文。如美国《独立宣言》强调，"我们认为这些真理是不言而喻的：人人生而平等"。④ 法国《人权与公民宣言》也规定，"在权利方面，人生来是而且始终是自由平等的"。⑤ 所以，"人人平等"是革命时期资产阶级的基本信条，可以说当时坚持的是"平等至上主义"。

然而，"人人平等"不过是资产阶级为了动员和号召下层劳动阶级一起反抗封建特权许下的美好诺言，尽管他们特别期望取得与封建特权阶级的平等地位、平等身份，但他们却不真心希望与下层劳动阶级处于平等地位。正如恩格斯所指出，在法国资产阶级大革命中，"吉伦特派只不过把人民当作'一包可以用来炸毁巴士底狱的炸药'，可以当作工具

---

① 北京大学西语系资料组. 从文艺复兴到十九世纪资产阶级文学艺术家有关人道主义人性论言论选辑 [M]. 北京：商务印书馆，1971：17.
② 〔英〕托马斯·霍布斯. 利维坦 [M]. 黎思复，黎廷弼，译. 北京：商务印书馆，1985：117.
③ 〔美〕潘恩. 潘恩选集 [M]. 马清槐等，译. 北京：商务印书馆，1981：142.
④ 美国独立宣言 [C]. 王德禄，编. 人权宣言. 北京：求实出版社，1989：9.
⑤ 法国人权宣言 [C]. 王德禄，编. 人权宣言. 北京：求实出版社，1989：14.

使用，可以当作奴隶来看待"。① 雅各宾派一旦掌握了政权，就立即从其"平等"信条中清除了贫苦阶级平等权利的内容。罗伯斯庇尔公开表示："我们坚信，财产的平等只是一种空想"②，完全拒绝了贫苦阶级经济平等权利的要求，甚至不惜武力镇压。资产阶级对下层劳动阶级的平等许诺，顷刻间化为泡影。1791 年通过的法国宪法甚至依据纳税标准将公民区分为"积极公民"和"消极公民"，并将投票权给予前者，从而剥夺后者的选举权与被选举权。这样，人们就从封建的"等级"划分，过渡到税收式的"阶级"划分，从贵族的封建特权，过渡到富有者的经济特权，实际上仅有富有者才有选举权和被选举权。③ 可见，一旦资产阶级革命取得成功，上升为统治阶级，他们就开始抛弃原来给劳动阶级的"人人平等"许诺，抛弃"平等"信条。新取得统治地位的资产阶级的中心任务是建立自由市场经济，实行自由竞争，发展自由贸易，以便不受限制地追逐利润。因此，"自由"就成了资本主义社会的基本理念，从"平等至上"转到了"自由至上"。尽管早在启蒙时代就有一些思想家主张"平等"的同时也主张"自由"，并形成了资产阶级的自由主义传统，如霍布斯和洛克就是自由传统的奠基人，但那时资产阶级坚持的"自由"主要是冲破封建桎梏的权利要求。边沁的功利主义的自由主义强调"最大快乐原则"，强调每个人都具有同样的价值，因此"平等"是主要的，而"自由"不过是达到"最大快乐"的手段。而"科布登学派"④ 作为天赋权利学说和边沁学说的汇合，开始主张自由放任主义，认为不受约束的个人行为是社会进步的主要动力，所以强调自由竞争，以最大限度地发挥个人能力。这个学说的落脚点是坚持政府功能有限论，强调国际贸易自由。通过这些自由主义流派的流变可以看出，"自由"越来越受重视，逐步走上了"自由至上"的道路。提出"权力使人腐败，绝对的权力绝对使人腐败"的英国自由主义大师阿克顿勋爵（Lord Acton）就提出，"由于对平等的热衷，使自由的希望落了空，曾经赋予

---

① 恩格斯. 在伦敦举行的各族人民庆祝大会 [M]. 马克思，恩格斯. 马克思恩格斯全集：第 2 卷. 北京：人民出版社，1957：671.
② 周仲秋. 平等观念的历程 [M]. 海口：海南出版社，2002：178.
③ 〔意〕萨尔沃. 马斯泰罗内. 欧洲民主史——从孟德斯鸠到凯尔森 [M]. 黄华光，译. 北京：中国社会科学出版社，1990：26.
④ "科布登学派"是 1820 年在英国曼彻斯特成立的自由主义流派，主张自由贸易和个人之间的自由竞争，并延伸到工人就业的自由协议制度。其实质就是自由放任主义。

这个世界的大好机会因而被抛弃了"①，显示出资产阶级对"平等"的抵制和对"自由"的推崇，反映出上升为统治阶级的资产阶级不再希望同下层劳动阶级平等，希望确立自己的特权、统治地位，而更希望强化资本的自由，强化自己获取财富的自由。

约翰·密尔（John Stuart Mill，也译作约翰·穆勒）是19世纪著名的自由主义思想家。他的自由主义理论是"功利主义"向"自由放任主义"转变的重要环节。密尔坚持"个人自由至上"的自由主义基本原则，在自由主义思想史上精辟地阐发了"个人自由"，反映了资产阶级自由思想的基本观点。他在1859出版年的《论自由》②一书"所要讨论的乃是公民自由或称社会自由，也就是要探讨社会所能合法施用于个人的权力的性质和限度"，③即"群己权界论"，也就是政府（社会）与个人权利的边界问题。密尔认为，一个人的言论、行为只要不妨害他人，就是完全自由的；但当妨害他人时，就超出了自由的范围而进入了道德或法律的范围，政府就有权干涉。反过来也是一样，"任何人的行为，只有涉及他人的那部分才须对社会负责。在仅只涉及本人的那部分，他的独立性在权利上则是绝对的。对于本人，对于他自己的身和心，个人乃是最高主权者"④。也就是说，只要不构成"对他人的危害"，个人是绝对自由的。这就划分了"社会"与"个人"自由的边界，即是否有害地影响别人利益。当然，密尔所谓"个人自由"，其核心要义不过是经营自由和贸易自由。他认为，"要做到价廉而物美，最有效的办法还是让生产者和销售者都完全自由，而以购买者可以随意到处选购的同等自由作为对他们的唯一制约。这就是所谓自由贸易的教义"⑤。据此逻辑，密尔甚至认可毒品、毒药贸易的自由，他说，"也有一些干涉贸易的问题在本质上就是自由问题，像……禁酒法，像禁止对中国输入鸦片，像禁止出售毒药，总之，凡目标在于使人们不可能得到或难于得到某一货物的干涉都属于这一类。这类干涉可以反对之处，不在它们侵犯了生产者或销

---

① 转引自：〔英〕弗雷德里希·奥古斯特·哈耶克. 通往奴役之路［M］. 王明毅等，译. 北京：中国社会科学出版社，1997：99.
② 1903年，严复翻译为《群己权界论》。
③ 〔英〕约翰·密尔. 论自由［M］. 许宝骙，译. 北京：商务印书馆，1959：1.
④ 〔英〕约翰·密尔. 论自由［M］. 许宝骙，译. 北京：商务印书馆，1959：11.
⑤ 〔英〕约翰·密尔. 论自由［M］. 许宝骙，译. 北京：商务印书馆，1959：113.

售者的自由，而在它们侵犯了购买者的自由。"① 可见，密尔认为，禁止毒品、毒药贸易"侵犯了购买者的自由"，甚至认为对中国输入鸦片是贸易自由，而禁止鸦片贸易就违背了贸易自由原则！足见自由主义理论是何等荒诞，何等反人类！这同时也反映了密尔自由理论的自相矛盾：一方面他认为自由的前提是不危害别人；另一方面他却允许毒品、毒药之类严重危害别人的东西泛滥，否则就是侵犯自由，就是侵犯贸易自由。而这种矛盾，不过是反映了资产阶级的极端自私本性：为了自己发财，甚至可以牺牲别人的健康和生命——这就是资产阶级的自由！正如马克思所指出，"密尔鲜明地代表了那个取得统治的、已经发展了的资产阶级。正是由于他代表着那已经发展了的，并且还在要求更大发展的资产阶级，密尔才要求越多越好的个人自由，要求越少越好的政府干预，要求自由贸易、自由竞争。正是由于他代表着那取得统治地位的资产阶级，他才害怕人民群众的力量。所以他一方面鼓吹议会制度，要求议会有最大的权力，另一方面又担心人民群众的力量会渗入议会，会左右议会。于是他既主张实行公开选举，又主张限制选举权，让纳税多的人和受教育的人有两票乃至两票以上的选举权，而剥夺穷人的选举权。这就分明是在维护资产阶级反动统治者的利益。"② 可见，资产阶级的"自由"从来是建立在对劳动者"自由"剥夺基础上的。

19世纪英国另一位自由主义理论家詹姆斯·斯蒂芬（James Fitzjames Stephen）不仅对密尔的自由观进行了评析，而且对资产阶级革命时期提出的"自由、平等、博爱"理念进行了全面解构，作为资产阶级一员的他推翻了作为资产阶级的前人的一切信条。关于"自由"，斯蒂芬认为，"民主意义上的自由的增长，倾向于减少而不是增加独创性和个性"。以为"简单地消除各种限制，人们就会变得更有活力，这就像指望种在开阔地上的一棵灌木会自然长成森林里的大树一样虚妄。需要加强的是内在的力量，在某些情况下这种力量甚至会越发产生更大的作用，以便不使自身耗散"。③ 也就是说，斯蒂芬认为"自由"不仅意味着减少限制，

---

① 〔英〕约翰·密尔. 论自由 [M]. 许宝骙，译. 北京：商务印书馆，1959：114.
② 转引自：〔英〕约翰·密尔. 论自由 [M]. 许宝骙，译. 北京：商务印书馆，1959：序言3.
③ 〔英〕詹姆斯·斯蒂芬. 自由·平等·博爱 [M]. 冯克利，杨日鹏，译. 南昌：江西人民出版社，2016：31.

而且意味着加强个人的内在力量。关于"平等",斯蒂芬认为,"人类事实上是不平等的;他们在相互交往中应该承认存在着真正的不平等","平等没有直接告诉我们任何事情,除非我们知道哪两种或更多的事物被确认是平等的,以及它们的本质是什么"①。关于"博爱",斯蒂芬认为,"许多人和我一样,看到或听到博爱的大话时会感到厌恶。""你把爱留着自己享用吧,别用它来烦我们!"② 总之,斯蒂芬认为,"如果人类的经验证明了什么,它所证明的就是,把限制最小化,把最大程度的自由赋予所有人,结果不会是平等,而是以几何级数扩大的不平等。"③ 所以,斯蒂芬说,"将'自由、平等、博爱'视为其信条的那种宗教。我是不信这种东西的。"④ 可见,斯蒂芬的观点反映了取得统治地位的资产阶级不再信奉法国大革命时期的信条,尤其是"平等"理念,表现出观点、立场的倒退。

当代西方主流理论对"自由"更加推崇备至,对"平等"更加拒斥。右翼新自由主义理论家、英国经济学家冯·哈耶克发展了密尔的自由主义思想,特别强调"个人自由",并将"个人自由"看作人类社会进步的动力和必要条件,认为人类社会秩序的形成、组织结构的改进、社会生产方式的进步和社会制度的发展,都是建立在个人自由、自由竞争基础上的自发(spontaneous)过程,人类社会是一个"自发秩序"。哈耶克认为,"自由不仅意味着个人拥有选择的机会并承受选择的重负,而且还意味着他必须承担其行动的后果,接受对其行动的赞扬或谴责。自由与责任(responsibility)实不可分。如果一个自由社会的成员不将'每个个人所处的境况乃源出于其行动'这种现象视为正当,亦不将这种境况作为其行动的后果来接受,那么这个自由的社会就不可能发挥作用或维续自身。"而"自由的主要目的在于,向个人提供机会和动因,以使

---

① 〔英〕詹姆斯·斯蒂芬. 自由·平等·博爱 [M]. 冯克利,杨日鹏,译. 南昌:江西人民出版社,2016:177.
② 〔英〕詹姆斯·斯蒂芬. 自由·平等·博爱 [M]. 冯克利,杨日鹏,译. 南昌:江西人民出版社,2016:178.
③ 〔英〕詹姆斯·斯蒂芬. 自由·平等·博爱 [M]. 冯克利,杨日鹏,译. 南昌:江西人民出版社,2016:127.
④ 〔英〕詹姆斯·斯蒂芬. 自由·平等·博爱 [M]. 冯克利,杨日鹏,译. 南昌:江西人民出版社,2016:2.

个人所具有的知识得到最大限度的使用"①。可见，在哈耶克看来，"自由"社会的首要原则，是社会给予个人的唯一馈赠。

美国经济学家米尔顿·弗里留曼也主张压缩国家机构、限制国家权力，反对经济调节、社会福利、经济管制和贸易保护等国家对经济生活的干预行为，主张自由竞争、自由贸易，主张回到亚当·斯密的自由放任政策，让市场机制自发调节整个经济生活。一句话，主张"自由至上"。弗里德曼指出，"在过去的一个世纪里，流传着一种神话，说自由市场资本主义，即我们所说的机会均等，加深了这种不平等，在这种制度下是富人剥削穷人。"② 他认为，"没有比这更荒谬的说法了。凡是容许自由市场起作用的地方，凡是存在着机会均等的地方，老百姓的生活都能达到过去做梦也不曾想到的水平。相反，正是在那些不允许自由市场发挥作用的社会里，贫与富之间的鸿沟不断加宽，富人越来越富，穷人越来越穷。"又说，"一个社会把平等——即所谓结果均等——放在自由之上，其结果是既得不到平等，也得不到自由。""另一方面，一个把自由放在首位的国家，最终作为可喜的副产品，将得到更大的自由和更大的平等。……一个自由的社会将促使人们更好地发挥他们的精力和才能，以追求自己的目标。……自由意味着多样化，也意味着流动性。它为今日的落伍者保留明日变成特权者的机会，而且在这一过程中，使从上到下的几乎每个人都享有更为圆满和富裕的生活。"③ 这种对"自由"的推崇，对资本主义制度的美化，显然既不符合历史，也不符合资本主义世界的现实。只要弗里德曼到劳动阶层、到第三世界的资本主义国家走一走，他就明白其结论是一种掩耳盗铃的自欺欺人（除非他拒不承认）。

按照《法国人权宣言》的界定，"政治上的自由在于不做任何危害他人之事。每个人行使天赋的权利以必须让他人自由行使同样的权利为限。这些限定只能由法律规定。"④ 然而在私有制条件下，由于生产资料

---

① 〔英〕弗雷德里希·冯·哈耶克. 自由秩序原理：上 [M]. 邓正来，译. 北京：生活·读书·新知三联书店，1997：83、96.

② 〔美〕米尔顿·弗里德曼，罗斯·弗里德曼. 自由选择——个人声明 [M]. 胡骑等，译. 北京：商务印书馆，1982：149.

③ 〔美〕米尔顿·弗里德曼，罗斯·弗里德曼. 自由选择——个人声明 [M]. 胡骑等，译. 北京：商务印书馆，1982：149-150、152.

④ 法国人权宣言 [C]. 王德禄等，编. 人权宣言. 北京：求实出版社，1989：14.

占有的不平等，社会成员怎么可能"享有相同的权利"呢？既然私有制造成了人们之间的利益争夺，又怎么可能"一切行为无害于他人"呢？"对权利的限制由法律决定"？但是权利和法律任何时候都是由经济关系所决定的，而不是相反。所以，列宁指出，只要土地和生产资料的私有制继续存在，平等和自由只能是一种形式，实际上是对工人实行雇佣奴隶制，是资本独裁，是资本压迫劳动。① "资本家总是把富人发财的自由和工人饿死的自由叫做'自由'"② 事实上，"在以金钱势力为基础的社会中，在广大劳动者一贫如洗而一小撮富人过着寄生生活的社会中，不可能有实际的和真正的'自由'。"③ 毛泽东也指出，"在阶级斗争的社会里，有了剥削阶级剥削劳动人民的自由，就没有劳动人民不受剥削的自由"。④ 总之，在资本主义私有制条件下，在生产资料的不平等占有所决定的不平等经济关系中，资产阶级许诺的"自由"和宗教许诺给人们的"来世天堂"一样，空洞无物，欺世愚人。而从"平等至上"到"自由至上"的转向，正是反映了资产阶级从观点到立场的全面倒退。

2. 从"政治权利平等"到"法律面前平等"的蜕变

法国大革命时期，资产阶级所追求的"平等"是"权利平等"，所坚持的平等观是"法权平等观"。所谓"权利平等"即主张政治权力的平等，它直指封建特权，是为了夺取政权的。而且这种"权利平等"是从"人人平等"的"自然法则"中得出的不可侵犯的原则，即"天赋人权"，也就是"人人权利平等"。因此，"权利平等"的基本含义是人人应该享有平等的政治权利，即"不可剥夺的人权"。所以，这时的"平等"要求不仅是政治权力的平等，而且是基于"人权"的所有人的平等。"就这样，作为一种政治理想的平等，从反对欧洲古老政体等级制度的斗争中产生了"，所要建立的"是一个所有人都有权赞同并参与其中管理的社会。因此，平等被构想成主要地是政治权利，它通过赞同来确

---

① 列宁.《关于用自由平等口号欺骗人民》出版序言 [M]. 列宁. 列宁全集：第36卷.北京：人民出版社，1985：362.

② 列宁. 共产国际第一次代表大会文献·关于资产阶级民主和无产阶级专政的纲领和报告 [M]. 列宁. 列宁全集：第35卷.北京：人民出版社，1985：489.

③ 列宁. 党的组织和党的出版物 [M] /列宁. 列宁全集：第12卷.北京：人民出版社，1987：96.

④ 毛泽东. 关于正确处理人民内部矛盾的问题 [M]. 毛泽东. 毛泽东文集：第七卷.北京：人民出版社，1999：208.

定政府的正当性"①。

事实上,革命时期的资产阶级所许诺的"所有人平等的不可剥夺的人权"不仅仅包括政治权利,还涉及经济与社会权利。如《美国独立宣言》宣布,"人人生而平等,他们都从他们的'造物主'那边被赋予了某些不可转让的权利,其中包括生命权、自由权和追求幸福的权利。为了保障这些权利,所以才在人们中间成立政府。而政府的正当权力,系得自被统治者的同意。如果遇有任何一种形式的政府变成是损害这些目的,那末,人民就有权利来改变它或废除它,以建立新的政府。……然而,当一个政府恶贯满盈、倒行逆施、一贯地奉行着那一个目标,显然是企图把人民抑压在绝对专制主义的淫威之下时,人民就有这种权利,人民就有这种义务,来推翻那样的政府,而为他们未来的安全设立新的保障。"② 可见,"人人生而平等"就是人人享有的这些"不可让与的权利"的平等,而这些权利包括"生存权、自由权和追求幸福的权利"。这些权利显然不仅是经济权利,而且是社会权利。正是为了保障这些经济权利和社会权利的平等,人们才建立的政府,由此才有了政治权利的平等。因此,所谓"人人生而平等"不仅是经济权利、社会权利的平等,而且是政治权利的平等。这些"政治权利",不仅包括创建政府的权利、授予政府正当权力的权利,而且包括更换、废除和推翻政府的权利。同样,《法国人权宣言》也宣布,"在权利方面,人生来是而且始终是自由平等的";"一切政治结合的目的都在于保护人的天赋的和不可侵犯的权利;这些权利是:自由、财产、安全以及反抗压迫"③。这些权利,也不仅是政治权利,而且是经济权利、社会权利。《宣言》还规定,"在法律面前,人人平等,公民可按他们各自的能力相应地获得一切荣誉、地位和工作"④。这明确规定了每个人平等享有的政治权利的内容。而且《宣言》还对"法律面前人人平等"的含义进行了规定,即"凡属公民都有权以个人的名义或通过他们的代表协助制定法律。不论是保护还是处罚,法律对全体公民应一视同仁";"除依法判决和按法律规定的

---

① 〔美〕亚历克斯·卡利尼克斯. 平等 [M]. 徐朝友,译. 南京:江苏人民出版社,2003:26.
② 美国独立宣言 [C]. 王德禄,编. 人权宣言. 北京:求实出版社,1989:9-10.
③ 法国人权宣言 [C]. 王德禄,编. 人权宣言. 北京:求实出版社,1989:14.
④ 法国人权宣言 [C]. 王德禄,编. 人权宣言. 北京:求实出版社,1989:15.

方式外，任何人都不应受到控制、逮捕或拘禁。……（但）凡公民被依法传讯或逮捕者应立即服从，违抗者应受处罚"；"法律只应判处绝对而且明显地非判处不可的刑罚；除非依据一项犯罪前已公布在案的法律，并合法执行，任何人都不应受到处罚"；"任何人在未经判罪前均应假定其无罪，如非拘禁不可，法律应规定对他采取的严厉措施不得超过为防止他脱逃而必须采取的措施"①，等等。可见，资产阶级革命时期所坚持的"人人生而平等的权利"，包括平等的经济权利、社会权利、政治权利。在这里，所谓"法律面前人人平等"与政府创制、授权、废除等"平等政治权利"相比，只是很次要的内容。

然而，随着资产阶级取得统治地位，他们就逐步消解甚至剥夺了下层劳动阶级的经济、社会权利，对政治权利也进行了种种限制。"实际上，有产阶级担心，给无产阶级大众以公民权会导致社会革命，这就造成了这样一个局面，即法国大革命以后的世纪里，连获得选举权在欧洲也只是间发性地取得进展。"② 事实正是这样，资产阶级在革命成功后，总是通过财产、文化、性别、种族等各种限制，把下层劳动人民排除在他们曾经许诺的政治权利之外。德国哲学家康德就坚持把"公民"区分为"积极公民"和"消极公民"。他认为，具有选举权的投票能力，构成一个国家成员的公民政治资格。但投票能力要求单独公民在人民中具有自给自足的独立性，能独立行使他自己的意志，而不仅仅是共和国的附属部分。这就涉及"积极公民身份"和"消极公民身份"的区别。如学徒、仆人、未成年人、妇女及不能维持自己生活的人，都没有公民的人格，本人不具有政治上的独立自主，属于"消极公民"。而这种意志上依赖别人及由之而来的不平等，和作为"人"的自由和平等并不对立。尽管"消极的公民"有资格要求其他所有公民根据本质是自由与平等的法律去对待他们，可以要求法律不违反"所有人民都取得自由以及取得与此相符的平等"的"自然法"。但他们没有权利像共和国的"积极成员"那样去参与国家事务，无权重新组织国家，不能通过变更法律

---

① 法国人权宣言[C]. 王德禄，编. 人权宣言. 北京：求实出版社，1989：15.
② [美]亚历克斯·卡利尼克斯. 平等[M]. 徐朝友，译. 南京：江苏人民出版社，2003：26.

来取得这种权利。① 把"公民"区分为"积极公民"和"消极公民",显然剥夺了大革命时期许诺给下层劳动阶级的平等政治权利。同样,自由主义理论家詹姆斯·斯蒂芬更是对普选权极力反对。他认为,"无论什么年代和环境,平民百姓都要听从支配着其集体力量的这样或那样的领袖调遣"。"我认为愚智之间有着真实而自然的关系,普选权则倾向于颠覆这种关系。我认为,聪明善良的人应该统治愚蠢而恶劣的人。"② 这就限制了"普选权",把下层劳动人民排除在了政治权利之外。可见,"同启蒙学者的华美诺言比起来,由'理性的胜利'建立起来的社会制度和政治制度竟是一幅令人极度失望的讽刺画"③。

在资本主义政治制度和反映这种政治制度的政治理论的嬗变里,大革命时期许诺给下层劳动阶级的"人人生而平等"的权利不断被蚕食和剥夺。为了愚弄人民,资产阶级理论家把政治权利的平等甚至原来许诺的"人人平等",解释为仅仅是"法律面前人人平等"。这不仅取消了下层劳动阶级的经济平等权利、社会平等权利,而且把平等的政治权利也由创制、授权、废除政府、普选权(选举权和被选举权)、担任官职和公职等变成了仅仅是法律面前的平等。这还不算,法律面前的平等不仅包括法律适用的平等而且包括法律制定权利的平等,但是在有的理论家那里甚至制定法律的权利也被剥夺了,仅仅剩下了法律适用的平等。

英国自由主义理论家哈耶克就罔顾资产阶级革命的历史事实,辩称,"争取自由的斗争的伟大目标,始终是法律面前人人平等(equality before the law)"④。正如前面所分析,资产阶级革命时期所坚持的"平等"不仅是"人人生而平等",而且是人人经济权利、社会权利、政治权利的平等,绝不仅仅是"法律面前的平等"。哈耶克却认为,"法律面前人人平等与物质的平等不仅不同,而且还彼此相冲突;我们只能实现其中的一种平等,而不能同时兼得二者。自由所要求的法律面前的人人平等会

---

① 〔德〕康德. 法的形而上学原理——权利的科学 [M]. 沈叔平, 译. 北京: 商务印书馆, 1991: 141-142.
② 〔英〕詹姆斯·斯蒂芬. 自由·平等·博爱 [M]. 冯克利, 杨日鹏, 译. 南昌: 江西人民出版社, 2016: 168、169.
③ 恩格斯. 反杜林论 [M]. 马克思, 恩格斯. 马克思恩格斯文集: 第9卷. 北京: 人民出版社, 2009: 273.
④ 〔英〕弗雷德里希·冯·哈耶克. 自由秩序原理: 上 [M]. 邓正来, 译. 北京: 生活·读书·新知三联书店, 1997: 102.

导向物质的不平等。因此，我们的论点是，国家虽说出于其他理由而必须在某些场合使用强制，而且在实施强制的场合，国家应当平等地对待其人民，但是，自由社会却绝不允许因此而把那种力图使人们的状况更加平等化的欲望，视作为国家可以行使更大的歧视性的强制的合理依据。"因此，"一般性法律规则和一般性行为规则的平等，乃是有助于自由的唯一一种平等，也是我们能够在不摧毁自由的同时所确保的唯一一种平等。"① 可见，哈耶克之所以只承认"法律面前人人平等"，是因为它与所谓的"自由"原则不相冲突，因为它不必然要求物质平等、实质平等，或者说它只是一种抽象的、没有实质意义的空洞原则。同时，哈耶克还强调，"我们同样不能认为，法律面前人人平等的原则，必然要求所有的成年人都应当享有投票权；我们也不能认为，只有当与此相同的非人格的规则对所有的人都适用的时候，法律面前人人平等的原则方能有效适用。如果投票权只赋予四十岁以上的人，或具有收入者，或家长，或文化人，那么这也很难被认为是对法律面前人人平等原则的侵犯，因为这些限制与人们普遍接受的对普选权的种种限制并没有什么区别。"② 所以，哈耶克所理解的"法律面前人人平等"只是法律适用的平等，不包括法律制定的平等。而且，他理解的"法律面前人人平等"实质上是包含了法律面前的不平等，因为他认为只有"四十岁以上的人、具有收入者，或家长，或文化人"才有投票权。这实际上是对选举权的财产、文化水平的限制。这样，"法律面前的人人平等"不知不觉中已经变成了"法律面前的人人不平等"了。

然而资本主义的现实正如加拿大马克思主义哲学家凯·尼尔森所描述："在我们的社会中，在法律保护和政治权力方面存在巨大的实质性不平等（……），即使人们有着形式上的法律和政治平等——例如所有成年人都能够投票或是作为公职的候选人，所有人都能够在法庭上申诉，法庭会不考虑社会等级或阶级或性别差别来进行宣判。实质性的法律和政治平等在现实中很大程度上取决于经济因素，法律、政治或社会平等

---

① 〔英〕弗雷德里希·冯·哈耶克. 自由秩序原理：上 [M]. 邓正来，译. 北京：生活·读书·新知三联书店，1997：104-105、102.
② 〔英〕弗雷德里希·冯·哈耶克. 自由秩序原理：上 [M]. 邓正来，译. 北京：生活·读书·新知三联书店，1997：128.

的问题离不开经济平等问题。"① 事实正是这样，正如恩格斯所指出，在资本主义社会里，"平等归结为法律面前的资产阶级的平等；被宣布为最主要的人权之一的是资产阶级的所有权"②。也就是说，即使是"法律面前的平等"也只是"法律面前的资产阶级的平等"，绝不是包括了下层劳动阶级的"法律面前的人人平等"。因为法律所保护的，是资本主义社会最主要的"人权"——资产阶级的所有权——这就是"私人财产神圣不可侵犯的权利"的真正内涵。

通过上面的分析可以看出，从资产阶级启蒙思想家、大革命时期的"人人生而平等"理念转向"法律面前人人平等"是平等理论的巨大倒退，"平等原则由于被限制为仅仅在'法律上的平等'而一笔勾消了"。③这是因为：其一，"政治权利的平等"是一种实实在在的权利平等要求，而所谓"法律面前的平等"是一种抽象的法律原则；其二，"政治权利的平等"是公民身份的平等，是所有人政治权利的平等，而"法律上的平等就是在富人和穷人不平等的前提下的平等，……简括地说，就是简直把不平等叫做平等"；④ 其三，"平等"这一"人权"的内容，从对政治权利的要求变成了对"资产阶级的所有权"和对私有制合理性的论证；其四，"人权"从"人人平等的权利"变成了少数资产阶级享有的权利，而"平等地剥削劳动力，是资本的首要人权"⑤。显然，这时的平等要求已经失去了启蒙思想家的革命性。之所以会出现这种倒退，是因为随着资产阶级推翻了封建阶级而成为统治阶级，他们不再希望与下层劳动人民的平等了，因而不再提"人人平等"的政治权利要求，而只是用"法律面前的平等"这种抽象的、形式的平等原则来搪塞人民。所以，这种倒退不只是平等观的倒退，而且是阶级立场的全面倒退。

---

① 〔加〕凯·尼尔森.平等与自由：捍卫激进平等主义［M］.傅强，译.北京：中国人民大学出版社，2016：6.
② 恩格斯.反杜林论［M］.马克思，恩格斯.马克思恩格斯文集：第9卷.北京：人民出版社，2009：20.
③ 恩格斯.给"北极星报"编辑部的第三封信［M］.马克思，恩格斯.马克思恩格斯全集：第2卷.北京：人民出版社，1957：648.
④ 恩格斯.给"北极星报"编辑部的第三封信［M］.马克思，恩格斯.马克思恩格斯全集：第2卷.北京：人民出版社，1957：648.
⑤ 马克思.资本论（第1卷）［M］.马克思，恩格斯.马克思恩格斯文集：第5卷.北京：人民出版社，2009：338.

3. 从"实质平等"到"抽象平等"论的蜕变

资产阶级革命时期，不论是《美国独立宣言》宣布的包括"生存权、自由权和追求幸福的权利"在内的"人人生而平等和不可让与的权利"，还是法国《人权宣言》宣布的包括"自由、财产、安全及反抗压迫"在内的"人们生来是而且始终是自由平等的权利"，都是实质的平等，是实实在在的经济、社会平等权利。它们所规定的创建、授权、废除政府和担任官职、公职、制定法律等平等政治权利，也是实质的平等。然而，随着资产阶级上升为统治阶级，这些实质平等已经越来越倒退为抽象的平等。"机会平等""精神平等""道德平等""人格平等""尊严平等"等抽象原则的平等观，就是这种倒退的具体表现。

第一，"机会平等"是对"结果平等"的否定。"机会平等"是和"自由"价值相适应的，因此随着资产阶级上升为统治阶级以及随之而来的"平等至上"转向"自由至上"，资产阶级在革命时期所宣称的"人人权利平等"的实质平等逐步被"机会平等"所取代。虽然法国大革命时期的平等观已有了"机会平等"的含义，如"前程为人人开放"，但是，这是以平等的"生存权、自由权、追求幸福的权利"和平等的"自由、财产、安全"人权为基础的，是以平等地创建、授权、废除政府的权利和平等地担任官职、公职、制定法律的权利为前提的。也就是说，这时的所谓"机会平等"是有切实的经济、社会平等权利和政治平等权利为保证的。然而随着作为统治地位的资产阶级越来越趋于保守，"机会平等"仅仅被解释为与自由市场经济相适应的自由原则，而且其根本目的是否定结果平等、实质平等。这在当代右翼新自由主义理论家那里尤为突出。

如哈耶克认为，"自由社会"所承认的"平等"只能是"机会平等"。在哈耶克看来，"自由的主要目的在于，向个人提供机会和动因，以使个人所具有的知识得到最大限度的使用"①。因此，"自由不仅意味着个人拥有选择的机会并承受选择的重负，而且还意味着他必须承担其行动的后果，接受对其行动的赞扬或谴责。自由与责任（responsibility）实不可分。……尽管自由所能向个人提供的只是种种机会，而且个人努

---

① 〔英〕弗雷德里希·冯·哈耶克. 自由秩序原理：上 [M]. 邓正来, 译. 北京：生活·读书·新知三联书店, 1997: 96.

力的结果还将取决于无数偶然因素的作用，但是它仍将强有力地把行动者的关注点集中在他所能够控制的那些境况上……"① 也就是说，哈耶克认为社会的责任是向个人提供"平等的机会"，而个人要对自己把握机会的结果负责。作为一种机会平等，"法律面前人人平等的理想，乃旨在平等地改善不确定的任何人的机会，它与那种以人们可预见的方式致使特定的人受损或获益的做法都是极不相容的。"② 可见，哈耶克坚持机会平等，反对政府或社会干预。他认为，如果认为"政府必须确使所有的人都始于一平等的起点并确使他们获致同样的前途"，则"这种对机会进行调整以适合于个人的目的和能力的凭空构设，当是对自由的反动"。因此，"必须否弃那种认为所有的人在事实上都是平等的观念。"③ 也就是说，哈耶克要求的机会平等，是否定一切实质平等或结果平等。

弗里德曼也认为，"机会平等"与"自由原则"是相适应的，而"结果均等显然是与自由相抵触的。努力推进这种均等，是造成政府越来越大并使我们的自由受到限制的主要原因"④。可见，与哈耶克一样，弗里德曼也从自由主义出发，把"平等"界定为"机会平等"，并否定结果平等。

自由主义者认为"机会平等"是与"自由"价值不相违背，也是唯一可以要求平等。其理由是，"机会平等"可以使个人在经济、社会活动中的享有充分的自由，利用机会充分发挥个人天赋和才能，从而既保障了个人自由，又为社会创造了财富，也体现了"平等"原则。但在资本主义私有制下，少数人掌握着生产资料，广大劳动阶级是没有任何生产资料的雇佣劳动者。这种经济地位和经济关系的不平等，决定了人们在经济活动中的机会是完全不同的。不加干涉的所谓"机会平等"，只能使生产资料所有者获取财富的机会更多，而没有生产资料的劳动者的

---

① 〔英〕弗雷德里希·冯·哈耶克. 自由秩序原理：上 [M]. 邓正来，译. 北京：生活·读书·新知三联书店，1997：83.
② 〔英〕弗雷德里希·冯·哈耶克. 自由秩序原理：上 [M]. 邓正来，译. 北京：生活·读书·新知三联书店，1997：266.
③ 〔英〕弗雷德里希·冯·哈耶克. 自由秩序原理：上 [M]. 邓正来，译. 北京：生活·读书·新知三联书店，1997：112、104.
④ 〔美〕米尔顿·弗里德曼，罗斯·弗里德曼. 自由选择——个人声明 [M]. 胡骑等，译. 北京：商务印书馆，1982：131.

机会更少，其结果只能是富者愈富、穷者愈穷；富者拥有一切政治、经济、社会权利，而穷者的这些权利不断受到挤压和剥夺。因此，所谓"机会平等"往往是"机会不平等"，最终是严重的"结果不平等"。这是对"平等"理念的完全背离。

第二，"精神平等"掏空了平等诉求的物质内容。"平等"是人的社会关系的平等，它涉及政治、经济、社会地位的比较，涉及生产、分配、消费等经济关系的比较，涉及创制、立法、授权、废权、选举、罢黜、任职、管理等政治权利的比较，涉及生存权、安全权、受教育权、劳动权、发展权、健康权、保障权等社会权利的比较，因此"平等"命题有着实质的物质内容。然而，在西方平等理论的流变中，"平等"命题逐步被掏空了物质内容，形成了从精神层面探讨"平等"的理论范式，即"精神平等"的主张。

如18至19世纪英国政治学家威廉·葛德文就坚持与"肉体平等"不同的"精神平等"。之所以坚持"人类的精神上的平等"，是因为，"我们都享有共同的天性；使这个人获益的同样原因也会使其他的人获益。我们的感觉和能力都一样。所以我们的快乐和痛苦也是相似的。我们都天赋有理智，能够比较，能够判断，能够推理。所以这个人希望改善的也就是另一个人希望改善的"①。可见，所谓"精神平等"就是人的感觉、快乐、痛苦、天赋、理智和比较、判断、推理能力的平等。当代美国经济学家罗伯特·威廉·福格尔也强调"精神平等"。他认为，在19世纪"现代主义的平等措施"是建立在物质产品再分配的基础上的；而当前"后现代主义的平等措施"并非是针对货币收入、食品、住房或耐用消费品的分配的，而是在精神或非物质资产领域。② 其结论是，"过去，检验平等主义的试金石是人们对物质资源的享有状况，而在即将到来的新时代，精神资源的公平享有将成为检验平等主义的试金石"③。

无疑，葛德文强调人的感觉、快乐、痛苦、天赋、理智和比较、判断、推理能力的平等，因此其"精神平等"主要指人自身精神因素的平

---

① 〔英〕威廉·葛德文. 政治正义论：第一卷［M］. 何慕李，译. 北京：商务印书馆，1980：99.
② 〔美〕罗伯特·威廉·福格尔. 第四次大觉醒及平等主义的未来［M］. 王中华，刘红，译. 北京：首都经济贸易大学出版社，2003：2.
③ 〔美〕罗伯特·威廉·福格尔. 第四次大觉醒及平等主义的未来［M］. 王中华，刘红，译. 北京：首都经济贸易大学出版社，2003：250.

等；而福格尔的"精神平等"主要指人对"精神资产"的精神需求的平等。而无论是精神因素的平等还是精神需求的平等，都是精神层面诉求。精神从来离不开物质，精神生活是物质生活的反映并由物质生活所决定。譬如说，没有任何生产资料、靠雇佣为生的人的精神状态和精神需求的满足，和占有大量生产资料的人的满足程度，肯定是不同的。况且，没有物质生活条件的满足，根本谈不上精神需求的满足。抛开这些物质利益、经济关系的所谓精神层面的平等，也就是从观念上认为人是"平等"的。这种"平等"即使"实现"了，对人的生活、地位、权利也没有任何实质意义。因此，所谓"精神平等"不过是回避"平等"命题的物质内容、避实就虚的自欺欺人的搪塞之辞。

第三，"道德平等"把平等的实质内容变成了抽象的伦理原则。与"精神平等"相似，有的理论家主张"道德平等"。所谓"道德平等"就是要求从道德上"平等"待人，把"平等"作为一项伦理原则应用于社会。这就把"平等"命题的物质内容，抽象成了一种对社会毫无约束力、对现实经济生活毫无规制力的伦理概念。

如约翰·密尔从"功利主义"出发认为，"坚持平等和公平原则""这一重大的道德责任是建立在更深厚的基础上，它直接源于道德的首要原则，而不是仅仅从次要或派生的学说中得出的逻辑推论。它包含在'功利'或'最大多数人的最大幸福原则'的含义之中。除非假定每个人的幸福在程度上是平等的（允许有适当的偏差），不然最大多数人的最大幸福便是一句没有合理意义的空话。在满足了这些条件之后，边沁的格言'一视同仁，无人例外'便可以作为一条注释写在功利原则之下。受到道德家和立法者尊重的每个人获得幸福的平等权利，包括对获得幸福的所有手段的平等权利……"又说，"人人应当享有受到平等对待的权利，除非某些公认的社会合宜要求相反的做法，因此，那些不再被认为合宜的不平等，便不再仅仅具有不合宜的性质，而且有了不正义的性质，它在人们眼里变成了暴政"①。可见密尔认为，"平等"是"道德的首要原则"；"平等"是受"道德家"尊重的权利；不平等是"不正义"的。这是从道德原则上界定"平等"的。

凯·尼尔森也坚持"道德平等"，他认为，"人们必须作为具有平等

---

① 转引自：〔英〕詹姆斯·斯蒂芬.自由·平等·博爱［M］.冯克利，杨日鹏，译.南昌：江西人民出版社，2016：141.

价值的道德人而被对待，在那种方式中被平等对待。"① 他的"激进平等主义正义观"强调"道德自主"的重要性，强调人的"自尊方面的平等"。认为，"道德平等""自尊平等"对"致力于构建一种人人都被平等尊重、社会制度体现对每个人平等关注的这种社会秩序"都特别重要。所以人们要有"平等的道德自主"。② 可见，尼尔森说的"道德平等"一方面是社会把人作为"有平等价值的道德人"平等对待，另一方面是个人要有"道德自主"，总之都是"道德平等"的内容。

而"道德平等"，无论是把人作为"道德人"平等对待，还是个人的"道德自主"，都是从抽象的道德原则来强调"平等"。这就把"平等"命题的经济关系、社会关系衡量尺度的实质，虚化为毫无约束力的伦理原则。事实上，在经济关系、经济规律面前，任何道德要求、伦理原则都是苍白无力的。正如马克思、恩格斯所指出，"道德就是'行动上的软弱无力'"③；"诉诸道德和法的做法，在科学上丝毫不能把我们推向前进；道义上的愤怒，无论多么入情入理，经济科学总不能把它看做证据，而只能看做象征。"④ 所以，所谓"道德平等"的观点，只是不愿触动资本主义不平等经济关系和生产方式的思想逃避和立场倒退而已。

第四，"人格平等"和"尊严平等"虚置了人的社会关系和物质利益。道德平等从道德戒律上要求把人作为平等的人看待，它的必然延伸，就是对人的"人格"和"尊严"的尊重，即"人格平等"和"尊严平等"观。

美国哲学家罗纳德·德沃金就强调"人格平等"。他认为，"我们所追求的平等是人格和非人格资源本身的平等，而不是人们用这些资源实现福利的能力的平等"⑤。他又对"人格品质这个宽泛的范畴之内又作了进一步的严格区分：一方面是从广义上理解的一个人的人格，这包括其

---

① 〔加〕凯·尼尔森. 平等与自由：捍卫激进平等主义［M］. 傅强，译. 北京：中国人民大学出版社，2016：6.
② 〔加〕凯·尼尔森. 平等与自由：捍卫激进平等主义［M］. 傅强，译. 北京：中国人民大学出版社，2016：52.
③ 马克思，恩格斯. 神圣家族［M］. 马克思，恩格斯. 马克思恩格斯全集：第2卷. 北京：人民出版社，1957：255.
④ 恩格斯. 反杜林论［M］. 马克思，恩格斯. 马克思恩格斯文集：第9卷. 北京：人民出版社，2009：156.
⑤ 〔美〕罗纳德·德沃金. 至上的美德：平等的理论与实践［M］. 冯克利，译. 南京：江苏人民出版社，2008：320.

性格、信念、偏好、动机、嗜好和抱负,另一方面是他的健康、体格、技能等人格资源"。而"人格平等"的要求是,"政治共同体应致力于消除或降低人与人之间在人格资源上的差异——比如,应致力于改善身体残疾或无力获得满意收入的人们的境况,但不应当致力于减小或弥补人格差异,譬如从以下事实中看到的差异:有些人品味高雅,抱负远大,而另一些人则低俗平庸。"① 也就是说,德沃金的"人格平等"要求政府消除或降低"人格资源上的差异"(健康、体格、技能)造成的不平等,但不要求减小或弥补"人格差异"(性格、信念、偏好、动机、嗜好、抱负)本身。可见,其主张的是包括"性格、信念、偏好、动机、嗜好、抱负"在内的"人格的平等",而不是包括"健康、体格、技能"在内的"人格资源的平等"。

与"人格平等"相类似的是"尊严平等"。英国经济学家 R. H. 托尼就认为,"平等"可以从两方面理解:一是对事实的解释,即"平等"表示"所有人生来在体力和智力上的资质都是近似的";二是一种伦理观的表达,即"作为个人来说,人们深切感受到他们相互之间在才能和特点方面的差异,只是在作为人而受到重视和尊重方面,他们才是平等的"。② 可见,托尼认可"平等"是一种伦理观,即"受重视和尊重的平等"。类似地,美国左翼新自由主义思想家罗尔斯也强调"基本平等被认为是在受尊重方面的平等"。③ 也就是说,一个具有"道德人格能力"的人,应得到"受尊重的平等"。罗尔斯认为有两种平等:一种是分配"善"的平等,这种平等总是把更高的地位和声望给境遇好的人;另一种是"尊重的平等",这种平等不考虑人们的社会地位差别而平等对待。他强调,第二种平等即"尊重的平等"是根本性的,它要求有"道德人格能力"的所有人不管社会地位如何都应当得到"平等的尊重"。总之,罗尔斯主张的"平等"是"作为道德人"的"尊重的平等"。所谓"尊重的平等",实质上就是"尊严的平等"。美国教育家摩狄曼·J. 阿德勒就认为,"一个人所赋有的尊严不同于事物的属性,它在程度上是没有差

---

① 〔美〕罗纳德·德沃金. 至上的美德:平等的理论与实践 [M]. 冯克利,译. 南京:江苏人民出版社,2008:300.
② 转引自:余意. 托尼政治哲学研究 [D]. 湖南师范大学博士论文,2003:11.
③ 〔美〕约翰·罗尔斯. 正义论 [M]. 何怀宏,何包钢,廖申白,译. 北京:中国社会科学出版社,1988:509.

异的。全人类的平等是指他们都平等地具有做人的尊严。"① 可见，阿德勒主张的"平等"是"尊严的平等"。凯·尼尔森也强调对人的"平等尊重"和"平等自尊"。他所主张的"激进平等主义正义观的四个观念"的第一个观念就是，"社会正义整体上应该理解为，要求每个人，不论应得与否，都应受到平等尊重的对待；每个人，不论应得与否，都对有助于其自尊的社会条件享有权利"②。而其"平等主义正义原则"的第一条原则则是，"每个人都应有平等权利享有由平等的基本自由和平等的机会（包括有意义的工作、自我决定和参与政治与经济的平等机会）所构成的最广泛的整体体系，这一体系与人人受到同等对待相容。（这一原则表达了对于获得和/或维系平等的道德自治和平等自尊的承诺。）"③ 可见，尼尔森认为"每个人受到平等尊重的对待"是正义的基本要求，每个人都享有自尊的权利，都应有"平等自尊"，也就是"人人受到同等对待"，即"受尊重的平等"或"尊严平等"。

而不论是"人格平等"还是"尊严平等"，都是从人格、尊严，从人的精神需求上阐释"平等"的观点。而无论是"性格、信念、偏好、动机、嗜好、抱负"等人格方面的平等，还是同等对待的"平等尊重""平等自尊"，一旦离开物质关系，一旦离开现实的经济、社会关系，都成了无所归依的抽象概念、空洞的辞藻。因为，没有现实的经济地位，没有现实物质基础，没有生产资料的占有，是谈不上人格、谈不上尊严的，处于社会下层的劳动阶级是不会受到"同等对待""平等尊重"的。因此所谓"人格平等""尊严平等"，不过是一种道德的劝诫、伦理的呻吟。

总之，无论是"机会平等"还是"精神平等"，无论是"道德平等"还是"人格平等""尊严平等"，都把"平等"命题的实质内容变成了抽象原则，把物质要求变成了精神安慰，把现实的政治、经济、社会权利变成了抽象、空洞的价值原则、道德观念、伦理教条，变成了一种不能实施、无法实施、不需要实施的东西。这些平等理论与启蒙思想家、与

---

① 〔美〕摩狄曼·J. 阿德勒. 六大观念 [M]. 陈珠泉，杨建国，译. 北京：团结出版社，1989：171.

② 〔加〕凯·尼尔森. 平等与自由：捍卫激进平等主义 [M]. 傅强，译. 北京：中国人民大学出版社，2016：49.

③ 〔加〕凯·尼尔森. 平等与自由：捍卫激进平等主义 [M]. 傅强，译. 北京：中国人民大学出版社，2016：51.

资产阶级革命时期的平等观相比，无疑是走上了保守、倒退的道路。这种倒退，正是作为统治阶级的资产阶级走向保守和倒退的历史过程的真实写照。

4. 从"人生而平等"到"人生而不平等"论的蜕变

"人人生而平等"是启蒙思想家的理论基点和基本思想，也是大革命时期资产阶级用以反击封建专制制度的理论武器和动员下层劳动阶级的宣言和旗帜，是革命的箴言、理性的真理。然而，革命胜利后，走上统治地位的资产阶级不愿再与下层劳动阶级讲"平等"了，开始消解、诋毁"平等"，不仅把"平等"变成了一种抽象原则，甚至赤裸裸地宣称"人人生而不平等"，并提出了各种借口。

第一，强调"平等"与"自由"价值相冲突。如上面所分析，资本主义制度确立后，其主流意识形态逐步从"平等至上"转向"自由至上"，因此一切与"自由"相悖的价值形态、权利观念都被认为是不可接受的。而一些理论家就是把"平等"置于"自由"的对立面，然后予以否定，并为"不平等"辩护。

英国19世纪法学家詹姆斯·斯蒂芬就认为，"平等"与"自由"是矛盾的，"自由"造成的结果恰恰是最大的不平等。在他看来，"勤奋、运气、技能和无数其他因素，必然导致有些人比别人获得和积聚更多的财产，因此行动的自由导致结果的不平等。"既然"人从根本上说是不平等的，不论你想把社会安排成什么样子，这种不平等都会表现出来"。那么，"政府应该适应社会，就像人的衣服要合身一样。当人们不平等时，却要用法律创设假定他们平等的权利和义务，这无异于削足适履"①。首先，"财产平等"是"自由"的丧钟，这个意义上的"平等"尤其与"自由"相悖。斯蒂芬认为，人类的经验已证明，"把限制最小化，把最大限度的自由赋予所有人，结果不会是平等，而是以几何级数扩大的不平等。在各项自由之中，最重要、得到最普遍承认的自由，莫过于获得财产的自由。如果你在这件事上限制一个人，那就很难看出你给他留下了其他什么自由"②。其次，政治平等是应当质疑的诉求。斯蒂

---

① 〔英〕詹姆斯·斯蒂芬. 自由·平等·博爱 [M]. 冯克利, 杨日鹏, 译. 南昌: 江西人民出版社, 2016: 11、164—165、147.
② 〔英〕詹姆斯·斯蒂芬. 自由·平等·博爱 [M]. 冯克利, 杨日鹏, 译. 南昌: 江西人民出版社, 2016: 127.

芬认为,"政治权力的划分,更多地与自由而不是与平等有关"。"对于普选的理论与实践的缺点,我的看法的要点是,我认为愚智之间有着真实而自然的关系,普选权则倾向于颠覆这种关系。"① 最后,平等是法律之下的平等,但如何确定同等情况却是个大难题。斯蒂芬说:"只要法律能使人人平等,那就使他们平等好了,但除了使每个人在压倒性的多数面前变得彻底软弱无力之外,这种平等还能意味着什么呢?""这种社会状态的存在使个人变得软弱无力,这时给他们说什么要强大,要有原创性和独立性,无异于嘲笑他们。这就像为了让飞禽变成走兽而拔掉它的羽毛,却仍要让它飞翔一样。"② 总之,斯蒂芬认为,"'平等'这个词的含义十分空泛而含糊,本身几乎没有意义","我认为对于平等我们所能说的少数几句真话就是,人类事实上是不平等的;他们在相互交往中应该承认存在着真正的不平等……"③ 可见,斯蒂芬坚持"自由"原则,且认为"平等"与"自由"原则相冲突,因此反对"平等"原则。

  美国经济学家弗里德曼也认为,美国建国之初"平等"的含义是"上帝面前的平等",南北战争后是指"机会均等",而"无论是上帝面前的平等还是机会均等,都同自己决定自己命运的自由不存在任何冲突。恰恰相反,平等和自由是同一个基本价值概念——即应该把每个人看作是目的本身——的两个方面"④。但是,最近几十年来,"平等"含义变成了"结果均等"。"结果均等显然是与自由相抵触的。"⑤ 因此,弗里德曼也坚持"自由",反对"平等"。而随着新自由主义的盛行,这种观点在西方几乎成了主流观念。

  第二,强调"平等"与人的差别、社会事实相矛盾。"平等"始终和人的自然因素差异纠缠在一起。尽管有的启蒙思想家忽视人的自然差异、有的承认人的能力差别,但总的来说他们都认为"人生而平等"

---

① 〔英〕詹姆斯·斯蒂芬. 自由·平等·博爱 [M]. 冯克利,杨日鹏,译. 南昌:江西人民出版社,2016:168、169.
② 〔英〕詹姆斯·斯蒂芬. 自由·平等·博爱 [M]. 冯克利,杨日鹏,译. 南昌:江西人民出版社,2016:31.
③ 〔英〕詹姆斯·斯蒂芬. 自由·平等·博爱 [M]. 冯克利,杨日鹏,译. 南昌:江西人民出版社,2016:140、177.
④ 〔美〕米尔顿·弗里德曼,罗斯·弗里德曼. 自由选择——个人声明 [M]. 胡骑等,译. 北京:商务印书馆,1982:131.
⑤ 〔美〕米尔顿·弗里德曼,罗斯·弗里德曼. 自由选择——个人声明 [M]. 胡骑等,译. 北京:商务印书馆,1982:131.

的。如霍布斯认为,"所有的人都是平等的,根本没有谁比较好的问题存在";"每一个人都应当承认他人与自己生而平等"。① 而法国启蒙思想家卢梭承认"由于人类能力的发展和人类智慧的进步,不平等才获得力量并成长起来",但又强调"自然状态中的差别远远小于社会状态中的差别",只是"由于私有制和法律的建立,不平等变得根深蒂固而成为合法了"②。而订立契约、进入社会,就以"道德和法律的平等"代替了"身体上的不平等"。因此,"人们尽可以在力量上和才智上不平等,但是由于约定并且根据权利,他们却是人人平等的。"③ 这就否定了从人的自然因素差异为"不平等"辩护的观点。然而,与启蒙思想家从人的自然属性的相似性出发论证"人人生而平等"不同,成为统治阶级的资产阶级却把人的自然属性的差异,从人的能力、智力、偏好的不同,来论证"人人生而不平等"。认为由于这些生理差别,再加上在市场经济中个人"运气"不同,个人收入不平等是必然的。这种"机会平等"带来的"结果不平等"是完全"公平"的。经济学家最早研究收入不平等与个人能力关系的是英国科学家 F. 高尔顿(Francis Galton)。他认为,人的"自然能力"即智力与个人收入水平有关。英国经济学家 A. 庇古(Arthur Cecil Pigou)则明确指出,既然智力、能力是正态分布的,那么个人挣得也应该是正态分布的。④ 可见,他们都坚持人与人是不平等的。

当代西方右翼新自由主义者更是从人的自然特征的差异来论证人的不平等。哈耶克就强调,对"自由"原则的信守必然产生不平等,"不平等随时都存在"。他认为,"不论环境如何重要,我们都不应当忽视这样一个事实,即个人生来就极为不同,或者说,人人生而不同。即使所有的人都在极为相似的环境中长大,个人间差异的重要性亦不会因此而有所减小。作为一种对事实的陈述,'人人生而平等'的说法就显然与事实相悖"。所以,"从人们存在着很大差异这一事实出发,我们便可以认为,如果我们给予他们以平等的待遇,其结果就一定是他们在实际地

---

① 〔英〕托马斯·霍布斯. 利维坦 [M]. 黎思复,黎廷弼,译. 北京:商务印书馆,1985:117.
② 〔法〕卢梭. 论人类不平等的起源和基础 [M]. 李常山,译. 北京:商务印书馆,1962:149.
③ 〔法〕卢梭. 社会契约论 [M]. 何兆武,译. 北京:商务印书馆,2003:30.
④ 参见:朱必祥. 个人收入不平等的经济学观点述评 [J]. 南京理工大学学报(社会科学版),2007(5):3.

位上的不平等,而且,将他们置于平等的地位的唯一方法也只能是给予他们以差别待遇。"① 基于此,哈耶克认为,"不平等现象,在我们看来乃是一可欲的现象";"最大的非正义莫过于对事实上不平等的现象做平等的对待!"② 这就把"人人生而平等"的信条置换成了"人人生而不平等"。

美国教育家摩狄曼·J. 阿德勒诋毁启蒙思想家说,"有人曾经指出,每个人在跟他人相互联合而成为一个社会时,他们'应该'在一个假设的条件——每个人在任何重要问题上都是平等的。其实,这是一个与事实和违背的假设之上进行这种联合。……对于事实的无知使他们作出了这个违背事实的假设,一旦这种无知的面纱不起作用,有人认为,他们是不会同意自己成为这个社会契约的参加者。"③ "在解释政治社会的起源时,这种社会契约简直是没有必要的神话传说,因此,我们可以去掉它。……当人类知道事实情况和他们的假设是完全相反时,如果再说他们'应该'认为所有人在所有重大问题上都是个人地平等的,这纯属无稽之谈。名称人类社会,包括国家(states)和市民社团(civil societies),已经成立和形成,加入组织的人都知道他们在许多重要问题上存在着种种个人不平等。"④ 可见,阿德勒不仅旨在推翻启蒙思想家"人生而平等"信条,而且意在推翻启蒙思想家奠定的"社会契约论"这一整个资本主义的思想理论基石,为的只是论证"人人生而不平等"。"人生而不平等"基本上已成了新自由主义右翼理论家的普遍信条。

第三,强调"不平等"是由"基因"等天赋资质差异决定的。为了论证"人生而不平等",理论家们不仅把人的身高外貌、心理素质、性格特征、能力水平等自然因素的差异作为证据,而且还寻求科技支撑,把"基因"等人的天赋资质的差异作为立论依据,以便使"不平等论"看上去更"科学"、更"无可辩驳"。

---

① 〔英〕弗雷德里希·冯·哈耶克. 自由秩序原理:上 [M]. 邓正来,译. 北京:生活·读书·新知三联书店,1997:104、104.
② 〔英〕弗雷德里希·冯·哈耶克. 自由秩序原理:上 [M]. 邓正来,译. 北京:生活·读书·新知三联书店,1997:51、296.
③ 〔美〕摩狄曼·J. 阿德勒. 六大观念 [M]. 陈珠泉,杨建国,译. 北京:团结出版社,1989:164.
④ 〔美〕摩狄曼·J. 阿德勒. 六大观念 [M]. 陈珠泉,杨建国,译. 北京:团结出版社,1989:164-165.

英国经济学家 R. H. 托尼为了推翻"天赋平等论",引用"精神缺陷研究委员会(Mental Deficiency Committee)"的研究报告指出,精神心理学的发展能测算出人们在天赋资质上的差异程度。所以,从"天赋平等"所引申出来的所谓"人人平等"并不是对事实的反映,而只是一种伦理观。基于此,托尼重新审视美国独立战争和法国大革命时的"平等"信条,认为,"美国宣布'人人平等'是不言而喻的真理时,他们考虑得更多的是新国家的经济与政治同旧世界的关系问题或地位问题,而不是新国家居民的种族关系的性质。"法国宣称"平等","并不是宣告所有人具有同样的智力与道德水平,正如并不是宣告每个人具有同样的身高和体重,只是表示每个国民不再受到过时的财产权限和荒谬的法律歧视的摧残。"① 所以,托尼旨在推翻"人天赋平等"这个理论传统前提,从而证明"人生而不平等"。托尼还由此得出结论称,所谓"平等"是指人的精神或心理之间的关系以及基于这种关系之上的行为,而不是生理的现象。因此,各项社会制度"应该是用来加强使人类联合起来的普遍的人性,而不应该去强调由于人为的划分而产生的阶级差异"。② 托尼的观点显然是有悖历史事实的:正如前面所分析,美国《独立宣言》许诺的"人人生而平等"是指人人平等地享有"生存权、自由权和追求幸福的权利"等"不可让与的权利",还包括创建政府、授予政府正当权力及更换、废除和推翻政府等政治权利,而不是如托尼说的只是"新国家的经济与政治同旧世界的关系问题或地位问题"。法国《人权宣言》许诺的"人们生来且不可动摇平等权利"包括"自由、财产、安全及反抗压迫",而不是如托尼说的"只是表示每个国民的生活不再受到过时的财产权限和荒谬的法律差异的摧残"。而所谓"平等"是指人的"精神或心理之间的关系,以及基于这种关系之上的行为,而不是生理的现象",显然也是不符合"平等"命题的本质的。"平等"命题考察的主要是人的社会关系,尤其是以经济关系为内核的生产关系的尺度问题,而不是什么"精神或心理之间的关系"。这种脱离现实物质条件的精神分析,可以随心所欲地得出任何结论。而所谓社会制度应该"加强人性"、淡化"阶级差异"的观点,更是背离唯物主义的经济分析、阶级分析,走上了唯心主义的抽象"人性论"。

---

① 转引自:余意. 托尼政治哲学研究 [D]. 湖南师范大学博士论文,2003:12.
② 转引自:余意. 托尼政治哲学研究 [D]. 湖南师范大学博士论文,2003:12.

美国学者道尔顿·康利（Dalton Conley）更是用人的基因差异来论证"不平等来自遗传"。他认为："如果用基因来解释任何社会现象，结果都将是不平等现象的'自然化'（naturalizes）。换句话说，人们可能会相信，一定程度上受到遗传因素影响的智商、身高等性状（trait）都是由先天决定的且不可改变。假如这些所谓的人与人之间'天生的'差异导致了诸如教育水平或收入方面的差异或不平等，此类不平等现象可能也会被宣称是先天决定、不可改变的，原本应当需要政治干预的不平等现象反倒是被'自然化'或是合理化了。"① 也就是说，康利提出了一个观点，即后天的不平等是由先天的基因差异造成的。他还认同《钟形曲线：美国社会中的智力与阶层结构》一书的作者理查德·赫恩斯坦（Richard J. Herrnstein）和查尔斯·默里（Charles Murray）的观点："社会经济的阶级划分主要取决于基因而非社会进程，所以不受政策的影响"，这就是"遗传分层"（genetic stratification）。也就是说，"基因已经从根源上造成了差异，与其徒劳地去研究让不同社会背景的孩子享有均等人生机会的政策，还不如趁早放弃，想想采取何种政策能防止基因日益低劣的底层人的骚动"②。康利还进一步指出，基因优势可能被社会上层利用造成更大的不平等："一旦基因型信息更容易获得，有些人就去会利用它。按照大多数医疗技术的模式，首先和最常使用这些数据的就是地位高的人，从而导致遗传选型婚配带来的社会分层。即使分数的预测力较低，对它们的选择也可能存在阶级差异，并导致对不平等的二次效应。"③ 甚至，还可能造成不平等的代际传递和累积："在编辑基因（甚至胚胎的遗传选择）的情况下，父亲可以将他所拥有的任何形式的经济、人力或社会资本转化为自然资本，而且不仅是给他的孩子，也会传给他孩子的孩子。社会和自然不平等之间的堤坝将被完全破坏。"④ 这些观点，包含了一个理论假设，就是人的不平等是由于基因差别决定的。这

---

① 〔美〕道尔顿·康利，詹森·弗莱彻. 基因：不平等的遗传［M］. 王磊，译. 北京：中信出版社，2018：4.
② 〔美〕道尔顿·康利，詹森·弗莱彻. 基因：不平等的遗传［M］. 王磊，译. 北京：中信出版社，2018：21.
③ 〔美〕道尔顿·康利，詹森·弗莱彻. 基因：不平等的遗传［M］. 王磊，译. 北京：中信出版社，2018：209.
④ 〔美〕道尔顿·康利，詹森·弗莱彻. 基因：不平等的遗传［M］. 王磊，译. 北京：中信出版社，2018：220.

种用自然科学技术知识论证社会科学问题的披着"科学"外衣的方法，实际上是很不科学的。因为，"平等"命题首先涉及的是人的社会关系、特别是经济关系的比较问题，而不是身高、体重、智商等生物因素的比较，更不是基因等先天因素的衡量。其次，从人的智商上看，尽管有极少数的"超常"和"低常"儿童，但多数人智商并没有质的区别。由于"平等"问题探讨的是社会大众一般问题，所以极少数特例不足以说明普遍问题。再次，造成社会不平等的深刻根源，是经济关系和经济地位的不平等造成的人的政治权利的不平等、发展机会的不平等和获取发展资源的不平等。因此，"平等""不平等"问题说到底是经济关系平等与否的问题，而不是生理特征是否平等。最后，即使生理特征的差异可能对人的发展带来影响，一方面要通过经济关系、经济地位、经济活动来起作用，另一方面相对于经济关系、经济地位的作用，基因等生理因素的作用是微乎其微的。譬如说，即使先天基因再好、智商再高，如果生在贫困的家庭里无法受到良好的教育，也不会有很好的发展机会，因此仍然会落到经济关系的底端和经济地位的底层而处于不平等地位。可见，从所谓基因等天资禀赋差异论证"人人生而不平等"，与从"能力"等生理因素差异论证"不平等"的合理性一样，同样是站不住脚的。

第四，强调人与人之间的"不平等"同样适用于国与国之间。一些理论家不仅认为人与人之间的不平等理所当然，而且进而认为国家与国家之间的不平等也天经地义。譬如，哈耶克就认为，"当下的西方人在财富方面要远远富足于非西方的人，这是一个事实；虽说这个事实在某种意义上讲乃是资本更大积累的结果，但是细究起来，其主要原因却是西方人以一种更为有效的方式运用了知识。毋庸置疑的是，如果西方国家不给出如此之强的领先示范，那么那些正在力图达致西方国家当下生活水准的较贫穷的或'不发达'的国家的前景就不容乐观。再者，如果在现代文明兴起的过程中，有一个世界性的权威机构不许某些地区领先其他地区太多并确使每一发展阶段上的物质利益能平均分配给世界各国，那么世界的发展前景显然会因为如此的安排而比实际发展进程糟得多。"因此，"如果从国际层面来看，甚至国与国之间在财富方面的巨大不平等，都可能对所有国家的进步产生重大助益，那么我们对于一个国家内部的群体或阶层间的不平等，会有助于所有群体或阶层的进步这一点还能有什么疑问呢？"①这就把"人生而不平等论"扩大为"国家不平等合理论"。事实上，西方资本主义国家今日的发达很大程度上是建立在昨日殖民其他国家的基础上的。殖民不仅实现了西方发达国家的富裕、发达，而且造成了发展中国家今天的贫困、落后。所以这种国与国之间的不平等本身就是通过劫掠、战争、屠杀实现的，是经过"血"与"火"的炼狱，才堆积起西方少数发达国家的巨额财富和广大国家的贫困、落后，筑起不可逾越的不平等堤坝的。而"二战"以后形成的不平等的国际政治、经济秩序，更是把广大发展中国家置于原材料供应和商品倾销地的产业链下端，形成了难以改变的"中心—边陲"结构，由此不断强化了长期形成的国家间不平等关系，使国与国之间的贫富差距、发展差距不断拉大。

总之，不论是从"平等至上"到"自由至上"、从"政治权利平等"到"法律面前平等"的蜕变，还是从"实质平等"到"抽象平等"、从"人生而平等"到"人生而不平等"观的蜕变，都说明资产阶级的平等理论与他们的前辈——启蒙思想家相比，与革命时期的资产阶级相比，已经出现了巨大倒退。而在马克思主义经典作家已经对"平等"问题作了科学揭示之后，这些理论家还要抛出各种蜕变甚至反动的平等理论，只能说明资产阶级思想家阶级立场的保守和历史观的反动。

二、研究方法的倒退

纵观人类思想史，哲学社会科学的研究方法经历了从伦理学思维到法学思维再到政治经济学思维的发展过程。这是理论思维范式从唯心到唯物、从思辨到实证、从抽象到具体、从粗陋到科学的发展过程，也是哲学社会科学研究方法进步、科学化的表现。"平等"命题作为哲学社会科学的一个重要问题，其研究方法的变化也大致反映了这一进步过程。譬如，古希腊、古罗马的理论主要从"善"哲学或"正义"伦理来论证"平等"，中世纪主要从宗教伦理论证"平等"——早期资产阶级思想家主要从"法权"原则论证"平等"——马克思主义经典作家坚持"平等"命题的政治经济学分析方法。"平等"研究的方法从伦理学到法学再到政治经济学的这种转换，是平等理论逐步科学化的过程，也从一个侧面反

---

① 〔英〕弗雷德里希·冯·哈耶克. 自由秩序原理：上 [M]. 邓正来，译. 北京：生活·读书·新知三联书店，1997：52、54.

映了哲学社会科学研究方法的进步。然而，随着资本主义制度的建立和资产阶级思想理论逐步趋于保守，西方平等理论研究又出现了回流和倒退，即从经济学方法倒退为法学思维，甚至倒退为伦理学思维。这种回流和倒退还表现为"平等"研究从"人权论"退回到"人性论"、从物质关系论退回到精神关系论。

1. 从经济学方法到伦理学方法的逆转

平等理论研究从伦理学方法到法学方法再到政治经济学方法，是研究方法的进步和科学化的过程。而从政治经济学方法到法学方法再到伦理学方法的嬗变，则一定程度上反映了西方科学研究方法上的倒退。资本主义制度建立以来，西方平等理论研究的这种逆流和倒退是比较明显的。

（1）从伦理学思维到法学思维是研究方法的进步。大致说来，西方奴隶社会、封建社会时期占主导地位的哲学社会科学研究方法是伦理学思维，或者说是伦理学研究方法，平等理论的研究也是如此。古希腊时期，思想家们多用"正义""至善"等伦理学范畴论证哲学、政治问题，因此尽管以政治学发达著称，但这种"政治学"更多的是一种政治伦理学。如柏拉图就赋予了"正义"很高的价值，认为"正义，比金子的价值更高"；"正义是至善之一，是世上最好的东西之一"；并说，"失手杀人其罪尚小，混淆美丑、善恶、正义与不正义，欺世惑众，其罪大矣"。① 亚里士多德也认为，"世上一切学问和技术，其终极（目的）各有一善；政治学术本是一切学术中最重要的学术，其终极（目的）正是为大家所最重视的善德，也就是人间至善。政治学上的善就是'正义'……"② 所谓"善""至善""善德""正义"等都是一种价值，因而是伦理学思维范式。就平等理论而言，对"平等"的论证也是经过从"神的正义"转向"人的正义"后，从道义上对奴隶制度的反叛和对人文主义的呼唤。如智者派以"自然"为基础、以"人性"为依据提出的"激进平等观"，希腊化时期斯多葛派提出的"精神平等"要求，都是从人人具有相同的"理性""精神""道德价值"等，提出的"类平等"理念的，也是从道义上对人类的道德关怀，属于伦理学范畴。古罗马时

---

① 〔古希腊〕柏拉图. 理想国 [M]. 郭斌和，张竹明，译. 北京：商务印书馆，1986：16、56、179.
② 〔古希腊〕亚里士多德. 政治学 [M]. 吴寿彭，译. 北京：商务印书馆，2001：148.

期的西塞罗以"自然法"概念为基础提出了人类"自然平等"的观点,也是强调所有人对"光荣"和"耻辱"、"善"与"恶"具有相同的判断,因而得出"人人平等"结论的,因此更多的也是一种道义要求、伦理学思维。可见,不管是斯多葛派的"精神平等"还是西塞罗的"自然平等",都是从道义上要求人的"类平等"或"人人平等",是从道义上对极端不平等的奴隶制度的伦理谴责,和对下层劳动人民的道义同情,因而属于"道义平等观",是伦理学的思维方法。

在中世纪里,人们奉行的是神学世界观,宗教伦理成了规制社会的基本依据。基督教主要从精神层面强调"上帝选民的平等",认为上帝是"至善""至美""至真"的。每个信徒从上帝那里得到的"爱""善""启示"和"拯救"是"完全平等"的,绝不会因为信徒的社会地位和财产的差异而有任何差别,即"上帝面前人人平等"。"至善""至美""爱""善"等都是一些伦理学范畴。阿奎那也认为,"基督教是正义的本原和始因:'神的正义通过信仰耶稣基督而给予一切信徒。'"① 根据基督教正义原则,人是平等的。"'肉体是一个奴隶,并且受一个主人的支配,但精神却是自由的。'……固然,关于肉体的外在的活动方面,人必须对人服从:但即使在这里,即在与肉体的本性有关的事情上,他除应对上帝服从外,并不一定要对人服从,因为所有的人在天地间都是平等的。"② 这就是"上帝面前人人平等"的含义。阿奎那还强调,"幸福是人的最完善的境界,同时也是所有的人都想达到的善的顶峰。"因此,"幸福才被称为至善","美德的酬报是使人幸福。"③ 所谓"正义""至善""美德"等,都是伦理学概念。可见,从古希腊到中世纪,占主导地位的都是伦理学思维、伦理学方法。

伦理学思维、伦理学方法主要是从道义上论证社会问题,就其本身而言属于一种演绎思辨或教义原则的推导,具有很大的主观性。一方面,一个人或者一个阶级认为是"道德的",另一个人或另一个阶级未必也认为道德。譬如说,奴隶主残酷压迫奴隶甚至可以把奴隶看作"会说话

---

① 〔意〕托马斯·阿奎那. 阿奎那政治著作选 [M]. 马清槐,译. 北京:商务印书馆,1963:147.

② 〔意〕托马斯·阿奎那. 阿奎那政治著作选 [M]. 马清槐,译. 北京:商务印书馆,1963:147.

③ 〔意〕托马斯·阿奎那. 阿奎那政治著作选 [M]. 马清槐,译. 北京:商务印书馆,1963:67、66、66.

的工具"任意处置,这在奴隶主看来完全是"道德的",在奴隶看来、在今天看来却是不道德的。另一方面,伦理学方法的主观性决定了可以把不同的尺度看作是道德的。如柏拉图认为"正义就是给每个人以适如其分的报答",① 也就是说认为"合乎比例的不平等"和"适如其分"属于"至善",是道德的。但斯多葛派则认为,包括奴隶和奴隶主之间的所有人的平等才是符合"正义"的,才是道德的。而伦理学思维、伦理学方法就其适用性来讲,它对社会具有很弱的约束力,或者说对一些人有约束力而对另一些人未必有约束力,对一个阶级有约束力对其他阶级未必有约束力,在一定时间有约束力在其他时间未必有约束力。譬如说斯多葛派所说的所有人的"精神平等"、西塞罗所主张的所有人的"自然平等"要求,在当时的社会是不会被认可的,尤其是作为统治阶级的奴隶主更是不会认同的,因此就很难成为整个社会的道德规范,更谈不上真正实现平等了。这就是为什么马克思、恩格斯说,"道德就是'行动上的软弱无力'"。② 伦理学思维、伦理学方法的这种局限决定了,它必然被更为精确、更为具体、更具规制力的研究方法所扬弃。法学方法就是这样一种方法。正如法国哲学家爱尔维修所指出,"如果不与政治和立法混合起来,则道德不过是一个无关重要的旁学罢了。"③

法学方法是历史发展到资本主义时代才成为社会的主导的思维方式的。法学思维的核心概念是"权利",而以"人生而平等"理念为内核的"权利"概念是和"专制"相对立的。因此,在以"专制"为特征的奴隶、封建社会是不可能有一般的、公认的"权利"概念的,法学方法也不可能成为社会的一般的思维方法。尽管古罗马时期的西塞罗不仅提出了"权利"概念,而且提出了"权利平等"的理念,甚至实现了"平等"研究从单纯的伦理观念向法权观念、从伦理学方法向法学方法的转换,因此成为"平等"研究的古代政治学说和近代政治学说的分界线,但这种"平等权利"的概念是从"自然法"中推导出的抽象概念,不是建立在必然产生"权利"概念的近代生产方式基础上的。它在专制经济

---

① 〔古希腊〕柏拉图. 理想国 [M]. 郭斌和, 张竹明, 译. 北京: 商务印书馆, 1986: 7.
② 马克思, 恩格斯. 神圣家族 [M]. 马克思, 恩格斯. 马克思恩格斯全集: 第2卷. 北京: 人民出版社, 1957: 255.
③ 〔法〕爱尔维修. 论精神 [M]. 杨波恺, 译. 上海: 上海人民出版社, 2019. 44.

的奴隶制经济基础上是不可能成为社会的一般观念的,因此"权利"概念连同法学思维也不可能是近代资本主义生产关系意义上的概念和思维。正因如此,"权利"概念连同法学思维的这种萌芽必然随着封建专制制度的建立而归于沉寂。"权利"概念连同法学思维只有在以自由商品经济为基础的资本主义社会才会被"重新发现出来"并成为社会主导的和一般的观念和理论思维方式。

正如恩格斯所分析,在封建制度内部发展壮大的新兴资产阶级一开始还没有摆脱旧的"神学世界观"的束缚。他们随着经济力量的增强而争取相应政治地位的斗争,在开始时都是在宗教的幌子下,以宗教改革的名义进行的。但是,这种情况是不可能持续很久的。"到十七世纪时宗教的旗帜最后一次在英国飘扬,过了不到五十年,新的世界观就不带任何掩饰地在法国出现了,这就是法学世界观,它应当成为资产阶级的经典世界观。"① 而"法学世界观"是"神学世界观"的世俗化:代替教条和神权的是"人权",代替教会的是国家。以前,经济关系和社会关系是由教会批准的,因此曾被认为是教会和教条所创造的,而现在这些关系则被认为是以"权力"为根据并由国家创造的。由于商品经济已经达到全社会的规模,充分发展的商品交换产生了复杂的契约关系,这就要求只能由社会提供的公认的规章,由国家规定法律准则。于是,人们以为,这些法律准则不是从经济事实中产生的,而是由国家正式规定的。也就是说,是由法律体现的国家权力,即法权。其次,自由商品经济必然产生"平等"要求,而这必须得到法律的认可和保护才有可能,这也促使"平等"成为一种"法权"要求,促进了"法学世界观"的形成。然而,当资本主义的经济关系在经济上已经持续发展的时候,政治上还受到封建等级制度限制。而要把商品经济的平等要求变成现实的法律规定,资产阶级必须变成统治阶级从而获得立法权才有可能,"因此法律面前的平等变成了资产阶级的决战口号"。"这个新的上升的阶级反对封建主和当时保护他们的君主专制的斗争,像一切阶级斗争那样,应当是政治斗争,是争取占有国家的斗争,应当为了法权要求而进行"。——

---

① 恩格斯. 法学家的社会主义 [M]. 马克思,恩格斯. 马克思恩格斯全集: 第21卷. 北京: 人民出版社, 1965: 546.

"就是这一事实，促进了法学世界观的确立"①，促成了"法权平等观"的确立，也使法学思维成为资本主义的基本思维，使法学方法成为一种基本的研究范式。

从"宗教世界观"到"法学世界观"，从伦理学思维、伦理学方法到法学思维、法学方法，无疑是一种进步和发展。首先，伦理学思维和方法把伦理原则笼统地、不加区别地适用于一切人，不知道道德始终是阶级的道德，一个阶级的道德信条未必是其他阶级的道德规则。法学思维和法学方法承认阶级分化和利益分化，强调法律的阶级利益保护，因而在一定程度上认识到了阶级对立的现实和社会的本质。可见与伦理思维和伦理方法相比，法学思维和法学方法不仅更具分析力、解释力，而且更具指向性、精确性。其次，伦理学思维和方法往往停留在抽象的道义原则的推导，完全脱离现实经济社会关系；法学思维和方法则把"权利"作为核心范畴，坚持权利的平等保护，接近科学研究的经济关系分析。因此，与伦理学思维和方法停留在抽象的哲学太空不同，法学思维和方法回到了现实的人间；与伦理学思维和方法停留在形而上的逻辑论证不同，法学思维和方法坚持实证研究和实证分析。再次，伦理学思维和方法往往停留在一般道德呼吁和伦理劝诫，因而对社会只是一种绵软的精神压力，很难对社会起到规制作用；法学思维和方法坚持开动法律的国家机器，以法律强力维护特定阶级的利益，因而具有强制性和不可触犯性，有很强的社会规制力量。最后，伦理学思维和方法总是企图把一定的教义变为适用于一切时代、一切社会的"永恒真理""最高原则"，这种"混沌"的思维说明它没有认识到历史发展的一般规律因而它就说明不了历史，它没有认识到社会的实质因而它就解释不了社会，它没有认识到阶级的本质因而它就改变不了阶级，它没有认识到利益分化因而它就只能无视利益。法学思维和方法则以无比透彻的逻辑和无比清晰的头脑，很清楚地知道为谁的利益服务，知道维护什么社会制度。它把本阶级的意志变成国家意志，它把本阶级的利益变为国家利益，它把本阶级的观念变成全社会的观念。正是由于这种逻辑的透彻和头脑的清晰，它能认清国家的本质、利益关系、社会运行的机理，因此更能揭示经济社会的实质。总之，法学思维和方法是比伦理学思维和方法更科

---

① 恩格斯. 法学家的社会主义 [M]. 马克思，恩格斯. 马克思恩格斯全集：第21卷. 北京：人民出版社，1965：546.

学的研究方法,从伦理学思维和方法过渡到法学思维和方法是社会科学研究方法的重大进步。

(2) 伦理学方法和法学方法已被马克思主义政治经济学方法所扬弃和超越。研究方法从伦理学发展到法学,就使理论研究从道德的太空回到了人的世界。但法学思维还没有踩到地上,还悬浮在空中,只有政治经济学才踩在现实的经济土壤上。人类的一切经济社会生活都是在这里发生的,人与人的经济社会关系都是在这里形成的,衡量人与人的平等与否的尺度都是在这里确立的。因此,从伦理学思维和方法到法学思维和方法是一种进步,但并没有达到科学阶段,只有发展为政治经济学思维和方法才实现了研究方法的科学化。而这是由马克思、恩格斯等经典思想家完成的。

马克思、恩格斯为什么不赞成伦理学思维和方法呢?正如恩格斯所指出,"如果说,在真理和谬误的问题上我们没有什么前进,那么在善和恶的问题上就更没有前进了。这一对立完全是在道德领域中,也就是在属于人类历史的领域中运动,在这里播下的最后的终极的真理恰恰是最稀少的。善恶观念从一个民族到另一个民族、从一个时代到另一个时代变更得这样厉害,以致它们常常是互相直接矛盾的。""因此,我们拒绝想把任何道德教条当做永恒的、终极的、从此不变的伦理规律强加给我们的一切无理要求……相反,我们断定,一切以往的道德论归根到底都是当时的社会经济状况的产物。而社会直到现在是在阶级对立中运动的,所以道德始终是阶级的道德;它或者为统治阶级的统治和利益辩护,或者当被压迫阶级变得足够强大时,代表被压迫者对这个统治的反抗和他们的未来利益。……但是我们还没有越出阶级的道德。只有在不仅消灭了阶级对立,而且在实际生活中也忘却了这种对立的社会发展阶段上,超越阶级对立和超越对这种对立的回忆的、真正人的道德才成为可能。"① 也就是说,伦理学思维和方法总是诉诸"善""正义""公正"等道德范畴,但是这些道德范畴在不同的民族、不同的时代、不同的阶级那里是完全不同的。同时,道德始终是阶级的道德,一定社会中主导的道德原则往往是占统治地位的阶级的道德观念。这种道德观念往往是维护落后的、失去了历史合理性的统治阶级的利益的道德信条,因此这

---

① 恩格斯. 反杜林论 [M]. 马克思,恩格斯. 马克思恩格斯文集:第9卷.北京:人民出版社,2009:98、99-100.

种道德观念往往是保守的,甚至是反动的。既然不同民族有不同的道德观念,不同阶级有不同的道德信条,不同时代有不同的道德伦理,既然道德观念本身具有这么大的不确定性,又怎能把道德作为观察社会、分析社会、研究社会的基本工具呢?所以恩格斯说,我们驳斥一切把任何道德教条当成永恒真理、当成不变的道德规律的企图,而是认为任何道德、任何道德教条都是社会经济基础的反映。既然道德原则本身不过是经济基础的反映,因此研究社会问题就不能采用伦理学方法,而必须采用政治经济学方法。所以恩格斯指出:"'正义'、'人道'、'自由'、'平等'、'博爱'、'独立'……这些或多或少属于道德范畴的字眼……固然很好听,但在历史和政治问题上却什么也证明不了。'正义'、'人道'、'自由'等等可以一千次地提出这种或那种要求,但是,如果某种事情无法实现,那它实际上就不会发生,因此无论如何它只能是一种'虚无缥缈的幻想'。"① 也就是说,道德范畴和道德方法在历史和政治问题上什么也证明不了。而所谓"某种事情无法实现"中的"某些事情",是指生产方式、经济关系的变革。也就是说,道德始终是经济关系的反映,如果没有经济关系、生产方式的变革,"好听"的道德范畴、道德原则就不会变成现实,只能是虚无缥缈的幻想。而要揭示经济关系、生产方式的变革规律,只能通过政治经济学。

那么,如何认识法学思维和方法呢?恩格斯指出:"在马克思的理论研究中,对法权(它始终只是某一特定社会的经济条件的反映)的考察是完全次要的;相反地,对特定时代的一定制度、占有方式、社会阶级产生的历史正当性的探讨占着首要地位。"② 为什么呢?因为,马克思认为,法权关系是由经济关系所决定的。他指出:"难道经济关系是由法的概念来调节,而不是相反,从经济关系中产生出法的关系吗?"③ 在马克思、恩格斯看来,法律作为上层建筑,从来都是经济基础的反映;法律作为占统治地位的阶级的意志的反映,从来都是维护作为统治阶级的利益的。既然法律的性质是由经济基础的性质所决定,那么,法律关系就

---

① 恩格斯. 民主的泛斯拉夫主义 [M]. 马克思,恩格斯. 马克思恩格斯全集:第 6 卷. 北京:人民出版社,1961:325.
② 恩格斯. 法学家的社会主义 [M]. 马克思,恩格斯. 马克思恩格斯全集:第 21 卷. 北京:人民出版社,1965:557.
③ 马克思. 哥达纲领批判 [M]. 马克思,恩格斯. 马克思恩格斯文集:第 3 卷. 北京:人民出版社,2009:432.

应当由经济关系来说明。既然法律是统治阶级利益的反映，那么，法律的本质就应该从它反映的利益关系中得到说明。正因如此，马克思一针见血地指出，法律是自私自利的，"法的利益只有当它是利益的法时才能说话"；"凡是在法曾给私人利益制定法律的地方，它都让私人利益给法制定法律"①。

"法的利益"从来反映的都是私人利益，而这里的"私人利益"并不是一般的私人利益，而是统治阶级的私人利益，因为只有统治阶级才能把自己的利益变为法的利益从而变为国家的利益，只有统治阶级才能把自己的意志变为法的意志从而变为国家的意志。马克思已经证明："人们的一切法律、政治、哲学、宗教等等观念归根结底都是从他们的经济生活条件、从他们的生产方式和产品交换方式中引导出来的。"② 既然如此，把"平等"归结为"法权平等"进而归结为"法律面前的平等"，那就是无视经济关系对法律关系的决定作用，把"平等"变成了一种无法实现的抽象原则。也就是恩格斯说的："平等原则由于被限制为仅仅在'法律上的平等'而一笔勾消了，法律上的平等就是在富人和穷人不平等的前提下的平等，即限制在目前主要的不平等的范围内的平等，简括地说，就是简直把不平等叫做平等。"③ 而企望法律保障的"法权平等""这种把权利归结为纯粹意志的法律上的错觉，在所有制关系进一步发展的情况下，必然会造成这样的现象：某人在法律上可以对某物享有权利，但实际上并不拥有某物"④。所以，从法律上论证人的平等，或者主张"法律面前的平等"，其结果就是，"正如基督徒在天国一律平等，而在人世不平等一样，人民的单个成员在他们的政治世界的天国是平等的，而在人世的存在中，在他们的社会生活中却不平等"⑤。也就是说，从法律上论证平等或者"法律面前的平等"只能说明人在抽象的法律原则上

---

① 马克思. 第六届莱茵省议会的辩论（第三篇论文）·关于林木盗窃法的辩论 [M]. 马克思，恩格斯. 马克思恩格斯全集：第 1 卷.北京：人民出版社，1956：178、179.
② 恩格斯. 法学家的社会主义 [M]. 马克思，恩格斯. 马克思恩格斯全集：第 21 卷.北京：人民出版社，1965：548.
③ 恩格斯. 给"北极星报"编辑部的第三封信 [M]. 马克思，恩格斯. 马克思恩格斯全集：第 2 卷.北京：人民出版社，1957：648.
④ 马克思，恩格斯. 德意志意识形态 [M]. 马克思，恩格斯. 马克思恩格斯文集：第 1 卷.北京：人民出版社，2009：585.
⑤ 马克思. 黑格尔法哲学批判 [M]. 马克思，恩格斯. 马克思恩格斯全集：第 1 卷.北京：人民出版社，1956：344.

是平等的，但在现实经济关系、社会生活中却是不平等的。而决定人们平等与否的根本原因是经济关系和经济地位，而不是由法律来"规定"的。所以马克思指出，"'合理调整'财产（的）正是那些在冷酷的必然性面前不得不把一切正义'措施'化为灰烬的'经济规律'"①，"世界上的一切'法律和行政规范'对它都无能为力，就像对乘法表或水的化合成分无能为力一样。"② 既然如此，研究平等问题，也包括其他社会问题，就不应该采用法学思维和方法，而应该坚持政治经济学的分析方法。

为什么"平等"研究要坚持政治经济学研究方法呢？启蒙思想家洛克指出，"欺骗、背信弃义、自私自利造成了财产不平等，财产不平等造成人类的不幸，同时，一方面把一切苦难和财富堆集在一起，另一方面把一切灾难和贫穷堆集在一起"③。马克思也指出，"市民社会是个人私利的战场，是一切人反对一切人的战场"④。而"劳动者在经济上受劳动资料即生活源泉的垄断者的支配，是一切形式的奴役即一切社会贫困、精神屈辱和政治依附的基础"⑤。这就说明，财产不平等是一切不平等的经济基础，劳动者受生产资料所有者支配是人类一切不平等的根源。因此，研究"平等"问题，就不能不对一定社会的所有制关系、经济关系、生产关系等进行政治经济学的分析，研究造成不平等的根源，找出实现平等的路径，也就是要坚持政治经济学方法。与此相对应，"平等"问题的研究也不能诉诸道德，用伦理学方法，因为，"你们认为公道和公平的东西，与问题毫无关系。问题就在于：在一定的生产制度下所必需的和不可避免的东西是什么？"⑥ 也就是说，如果从伦理学上来考察，所

---

① 马克思. 道德化的批评和批评化的道德 [M]. 马克思, 恩格斯. 马克思恩格斯全集：第4卷. 北京：人民出版社，1958：351.
② 恩格斯. 反杜林论 [M]. 马克思, 恩格斯. 马克思恩格斯文集：第9卷. 北京：人民出版社，2009：321.
③ 马克思, 恩格斯. 德意志意识形态 [M]. 马克思, 恩格斯. 马克思恩格斯全集：第3卷. 北京：人民出版社，1960：618.
④ 马克思. 黑格尔法哲学批判 [M]. 马克思, 恩格斯. 马克思恩格斯全集：第1卷. 北京：人民出版社，1956：295.
⑤ 马克思. 临时协会章程 [M]. 马克思, 恩格斯. 马克思恩格斯全集：第16卷. 北京：人民出版社，1964：15.
⑥ 马克思. 工资、价格和利润 [M]. 马克思, 恩格斯. 马克思恩格斯文集：第3卷. 北京：人民出版社，2009：56.

谓"平等""公道""公平"都是主观的道德原则，它没有触及社会制度、生产方式。而要揭示"平等"的本质，就要用政治经济学方法分析一定生产方式中人与人的具体的经济关系。同样，"平等"问题的研究也不能诉诸法学，用法学思维或方法，因为，"平等的要求也好，十足劳动收入的要求也好，当需要从法学上来具体表述它们的时候，都会陷入无法解决的矛盾，而且问题的实质，即生产方式的改造，则多少没有被触及"①。也就是说，从法学的角度来研究，只能把"平等"归结为"法权平等"的抽象原则。然而，由于法权关系是由经济关系所决定的，所以，没有经济关系的平等，所谓"法权平等"是不可能的，也就是必然"陷入无法解决的矛盾"。即使从法律上规定了"权利平等"，那也只能停留在抽象的原则上，没有任何实际意义。而真要实现"平等"，就必须变革不平等的经济关系，也就是要进行"生产方式的改造"。这就不能用法学方法，而必须用政治经济学方法才能看清问题的症结和理路。正因如此，恩格斯指出："我们不应当应用道德学或法学，也不应当诉诸任何人道、正义甚至慈悲之类的温情。在道德上是公平的甚至在法律上是公平的，而从社会上来看很可能是很不公平的。社会的公平或不公平，只能用一种科学来断定，那就是研究生产和交换的物质事实的科学——政治经济学。"②"诉诸道德和法的做法，在科学上丝毫不能把我们推向前进；道义上的愤怒，无论多么入情入理，经济科学总不能把它看做证据，而只能看做象征。相反，经济科学的任务在于：证明现在开始显露出来的社会弊病是现存生产方式的必然结果，同时也是这一生产方式快要瓦解的征兆，并且从正在瓦解的经济运动形式内部发现未来的、能够消除这些弊病的、新的生产组织和交换组织的因素。"③ 这就是说，研究"平等"问题，既不能用伦理学的方法，也不能用法学的方法，而只能用"研究生产和交换的物质事实的科学"——政治经济学的方法。

可见，马克思主义经典作家坚持的政治经济学方法是对伦理学方法

---

① 恩格斯.法学家的社会主义[M].马克思，恩格斯.马克思恩格斯全集：第21卷.北京：人民出版社，1965：547.
② 恩格斯.做一天公平的工作，得一天公平的工资[M].马克思，恩格斯.马克思恩格斯全集：第19卷.北京：人民出版社，1963：273.
③ 恩格斯.反杜林论[M].马克思，恩格斯.马克思恩格斯文集：第9卷.北京：人民出版社，2009：156.

和法学方法的扬弃和超越，从伦理学方法到法学方法再到政治经济学方法，是哲学社会科学方法的不断进步，是从不科学逐步走向科学的过程。马克思正是运用政治经济学方法分析"平等"问题，才科学揭示了"平等"命题的实质和实现科学意义上的"平等"的一般路径；正是用政治经济学方法分析资本主义制度，才发现了资本主义剥削的秘密和资本主义不可调和的内在矛盾，以及在其矛盾运动中必然被新的、更高社会形态所取代的历史趋势；正是用政治经济学方法分析人类历史和人类社会，才发现了人类社会发展的一般规律，并创立了唯物主义历史观。因此，政治经济学方法，是哲学社会科学研究的根本方法，也是研究平等问题的科学方法。

（3）西方平等理论又退回到了伦理学思维方法。正如上文所分析，从伦理学方法到法学方法再到政治经济学方法，是平等理论研究进步和科学化的过程。然而，西方平等理论并没有坚持马克思主义的政治经济学方法，而是仍然固守法学方法，把"人人生而平等"的权利平等变成了"法律面前的平等"这样抽象的法学原则，甚至还倒退一步，又从法学思维和方法倒退到伦理学思维和方法。这可以从一些理论家的平等理论看清这种蜕化的轨迹。

18至19世纪英国政治学家威廉·葛德文就是用伦理学思维和方法阐述其平等观的。他在论证"平等"时，把其《政治正义论》一书界定为"伦理学的一个部门"，坚持"以道德为根源来引伸出它的基本定理"，而且认为，"如果我们用正义这一名词来表示一切道德义务，就会使这些定理更加清楚些"①。因此，他的"平等"理念的阐发就是围绕"正义"这一伦理学范畴展开的。首先，葛德文认为，"一个人对于另一个人的行为的真正标准是正义"。而他"对于正义的理解是：在同每一个人的幸福有关的事情上，公平地对待他，衡量这种对待的唯一标准是考虑受者的特性和施者的能力。所以，正义的原则，引用一句名言来说，就是：'一视同仁'"②。所谓"一视同仁"也就是平等待人，这就引出了"平等"的概念。葛德文还认为，"在一切有关道德问题的研究中，

---

① 〔英〕威廉·葛德文. 政治正义论：第一卷 [M]. 何慕李, 译. 北京：商务印书馆，1980：84.
② 〔英〕威廉·葛德文. 政治正义论：第一卷 [M]. 何慕李, 译. 北京：商务印书馆，1980：概说11、84-85.

正义是可以作为推理的原则的。……用道德上的正义作为研究政治真理的标准是恰当的。"① 而葛德文的"平等"观念也正是这样完全不顾经济事实而从抽象的"正义原则""推导"出来的。例如他认为,"正义原则,是从人类平等的假定出发的,这种平等或者是肉体上的或者是精神上的。肉体上的平等,可以认为和体力有关或者是和思维的能力有关。"而"精神上的平等是:把一个不变的正义法则应用到一切情况的正当作法"②。结论是,"的确有一种同我们所描述过的肉体上的不平等并存的精神上的不平等。……我们应该竭力给一切人提供同样的机会和同样的鼓励,使正义成为共同的关注和共同的选择"③。可见,葛德文是把"平等"作为一个道德问题、用"正义"等伦理学范畴进行逻辑推导的,也就是采用了伦理学思维和方法。

类似地,19世纪法国哲学家皮埃尔·勒鲁也认为,"我们今天所确认的正义和理智的唯一原则乃是平等。"因此,"平等是一种原则,一种信条"。④ 这里说的"原则"当然是符合"正义"原则的伦理原则,"信条"当然是道德信条。19 至 20 世纪的英国思想家霍布豪斯也认为,"普泛的说,公道是公善所必需的一种平等,可是此种平等一面形成法规适用上的平正性,他面又是法规在伦理上所依据的公善之一些构成要素。"⑤ 也就是说,"平等"是"公道""公善"的基本"构成要素"。又说:"社会之所有份子,只凭其为份子之资格,与公善享有平等之请求权,若他们的权利或义务有任何差别时,此差别本身必为公善之所需。"⑥ 意即社会所有成员都有"公善"所规定的"平等权利";如果有所差别只能是为了社会"公善"的需要。总之,"合理之善者,乃一切人们按其社会人格的能量大小,而比例分享之善也。此义是公善中比例

---

① 〔英〕威廉·葛德文.政治正义论:第一卷[M].何慕李,译.北京:商务印书馆,1980:92.
② 〔英〕威廉·葛德文.政治正义论:第一卷[M].何慕李,译.北京:商务印书馆,1980:97、98.
③ 〔英〕威廉·葛德文.政治正义论:第一卷[M].何慕李,译.北京:商务印书馆,1980:99-100.
④ 〔法〕皮埃尔·勒鲁.论平等[M].王允道,译.北京:商务印书馆,1988:60、19.
⑤ 〔英〕霍布豪斯.社会正义论[M].胡泽,译.上海:上海社会科学院出版社,2016:130.
⑥ 〔英〕霍布豪斯.社会正义论[M].胡泽,译.上海:上海社会科学院出版社,2016:132.

平等的原则,是社会正义的宰制概念"①。就是说,合理的"善"就是按"人格""能量"大小成比例地分享"善",即"比例平等"原则才是符合"社会正义"的。所谓"善""公善""公道""正义"都是伦理学范畴,可见勒鲁、霍布豪斯都是用伦理学方法论证平等的。

当代西方平等理论研究更是把伦理学方法当成了一种基本范式。罗尔斯就是把"平等"放在"公平的正义"理论框架下进行阐释的。他认为,"正义是社会制度的首要价值,正像真理是思想体系的首要价值一样"②。他所谓"作为公平的正义"的"两个正义原则"是,"第一个原则要求平等地分配基本的权利和义务;第二个原则则认为社会和经济的不平等只要其结果能给每一个人,尤其是那些最少受惠的社会成员带来补偿利益,它们就是正义的"③。也就是说,只有达到了"基本权利和义务的平等"或者说"不平等必须使最少受惠的社会成员受益"才是"正义"的。而既然"正义是社会的首要价值",那么"平等"就是这"首要价值"的题中应有之义,或者说也是把"平等"当作社会价值来追求。可见,他是把"平等"归入"正义"这一伦理学范畴进行研究的。首先,罗尔斯认为,"良心的平等自由问题……是我们所考虑的正义判断中的一个基本点"。而"良心的平等自由似乎是原初状态中人能接受的唯一原则"④。所谓"良心",也属于伦理学范畴,也就是道德的内心戒律。其次,罗尔斯认为,"平等的基础,即对人的特征的讨论……人们只应当受到合乎正义原则的对待"⑤。他进一步把"平等概念"区分为"三种水准":首先是作为公共规则体系的制度的管理。在这里平等基本上是作为规则性的正义;"平等"的第二种应用是在制度的实质结构方面的应用,即平等的意义是由正义原则规定的,这些正义原则要求每个人都有其平等的基本权利;在"平等"应用的第三种水准上,平等的正义的

---

① 〔英〕霍布豪斯. 社会正义论 [M]. 胡泽,译. 上海:上海社会科学院出版社,2016:145.

② 〔美〕约翰·罗尔斯. 正义论 [M]. 何怀宏,何包钢,廖申白,译. 北京:中国社会科学出版社,1988:3.

③ 〔美〕约翰·罗尔斯. 正义论 [M]. 何怀宏,何包钢,廖申白,译. 北京:中国社会科学出版社,1988:14.

④ 〔美〕约翰·罗尔斯. 正义论 [M]. 何怀宏,何包钢,廖申白,译. 北京:中国社会科学出版社,1988:204.

⑤ 〔美〕约翰·罗尔斯. 正义论 [M]. 何怀宏,何包钢,廖申白,译. 北京:中国社会科学出版社,1988:506.

权利仅仅属于道德的人。而所谓"道德的人"有两个特点：第一是有能力获得一种关于他们的善的观念；第二是有能力获得一种正义感或正义原则的欲望。① 所谓"正义""正义原则""道德的人""善的观念""正义感"等，显然都是伦理学范畴，因此这一解读是对"平等"内涵的伦理学界定。最后，"基本平等被认为是在受尊重方面的平等"②。罗尔斯认为，在"某些善的分配中被实行的平等"和"应用于尊重的平等"这两种平等中，"受尊重的平等"是根本性的，"它属于作为道德的人的人们"③。"善"显然是伦理学概念，而所谓"尊重"也就是伦理学的道德劝诫，所以属于"道德的人"。总之，正如罗尔斯所指出，"一种正义观念仅仅是一种道德观的一部分"④。可见，罗尔斯的平等理论完全是建立在伦理学方法论基础上的。

类似地，凯·尼尔森也从"正义"概念出发，提出了"激进平等主义的正义原则"，用伦理学方法对"平等"进行了界说。尼尔森认为，"正义应当与平等密切联系，平等不是自由的道德敌人"⑤。首先，尼尔森认为，"平等的社会环境如果是合理的、可能的，那么它是一种内在的善，可以通过人们之间公平的关系获得，至少是平等应得的人之间的内在价值取向。对我来讲，平等是一种内在的善，尽管确实不是唯一的内在善。""平等也是一个非常重要的工具性的善"⑥。即使认为"平等是一种权利"，为了这些权利得到落实而制定的规则也是宣称"我们都被作为道德平等的人而被对待"。⑦ "善""价值取向""道德平等"，都是伦理学概念，因此遵循的是伦理学论证程式。其次，尼尔森提出了"道德

---

① 〔美〕约翰·罗尔斯. 正义论［M］. 何怀宏，何包钢，廖申白，译. 北京：中国社会科学出版社，1988：507.
② 〔美〕约翰·罗尔斯. 正义论［M］. 何怀宏，何包钢，廖申白，译. 北京：中国社会科学出版社，1988：509.
③ 〔美〕约翰·罗尔斯. 正义论［M］. 何怀宏，何包钢，廖申白，译. 北京：中国社会科学出版社，1988：513-514.
④ 〔美〕约翰·罗尔斯. 正义论［M］. 何怀宏，何包钢，廖申白，译. 北京：中国社会科学出版社，1988：514.
⑤ 〔加〕凯·尼尔森. 平等与自由：捍卫激进平等主义［M］. 傅强，译. 北京：中国人民大学出版社，2016：3.
⑥ 〔加〕凯·尼尔森. 平等与自由：捍卫激进平等主义［M］. 傅强，译. 北京：中国人民大学出版社，2016：8.
⑦ 〔加〕凯·尼尔森. 平等与自由：捍卫激进平等主义［M］. 傅强，译. 北京：中国人民大学出版社，2016：9.

平等"的概念。他认为,"如果没有大体上平等的条件,那么人们之间的道德条件平等就不可能被稳定维持。……如果我们想要一个道德平等的世界,那么我们也需要一个这样的世界,在其中人们彼此坚持大体上的条件平等"①。可见,尼尔森致力于构建"一个道德平等的世界",力图"在概念和道德的地图上定位社会正义的位置"②。最后,尼尔森提出了"激进平等主义的正义原则"。其中,第一条原则是:"每个人都应有平等权利享有由平等的基本自由和平等的机会(……)所构成的最广泛的整体体系,这一体系与人人受到同等对待相容",并认为,"这一原则表达了对于获得和/或维系平等的道德自治和平等自尊的承诺"③。尼尔森"平等主义的两个正义原则"是针对罗尔斯的"作为公平的两个正义原则"提出来的。他认为,他的原则与罗尔斯的原则都强调"我们视我们自己为'平等的一群人'",强调人们"平等的道德自主"。但他的原则的优点在于,它比罗尔斯的原则更清楚地阐述了"平等的自由"这个承诺中所包含的东西。④ 可见,和罗尔斯一样,尼尔森也是用伦理学方法构建其平等理论的。其他如罗纳德·德沃金也认为,对"平等的关切是政治社会至上的美德"⑤ 等。

从伦理学上论证"平等",只能把"平等"理解为一种脱离现实经济关系、脱离生产方式的、抽象的伦理原则,成为毫无约束力的道德教条,成为虚无缥缈的价值范畴,从而陷入唯心主义的世界观和方法论。这种把"平等"看作"价值原则"的伦理学方法,不仅相对于把"平等"看作"经济关系"的政治经济学方法是一种倒退,而且相对于把"平等"看作"法权""人权"的法学方法也是一种退步。这种倒退,不仅反映了取得统治地位的资产阶级理论观点和思想观念走向了保守,而且反映了其阶级立场和历史观走向了反动。

---

① 〔加〕凯·尼尔森. 平等与自由:捍卫激进平等主义 [M]. 傅强,译. 北京:中国人民大学出版社,2016:10.
② 〔加〕凯·尼尔森. 平等与自由:捍卫激进平等主义 [M]. 傅强,译. 北京:中国人民大学出版社,2016:50.
③ 〔加〕凯·尼尔森. 平等与自由:捍卫激进平等主义 [M]. 傅强,译. 北京:中国人民大学出版社,2016:51、293.
④ 〔加〕凯·尼尔森. 平等与自由:捍卫激进平等主义 [M]. 傅强,译. 北京:中国人民大学出版社,2016:52.
⑤ 〔美〕罗纳德·德沃金. 至上的美德:平等的理论与实践 [M]. 冯克利,译. 南京:江苏人民出版社,2008:导论1.

2. 从"人权论"到"人性论"的逆转

资产阶级革命时期，思想家坚持"人权论"。"人权"，是包括人身权利、财产权利、政治权利的实质性的法权。现代西方平等理论则多从人的生理特征、精神需要、道德伦理上论证"平等"，滑向了抽象的"人性论"。

（1）革命时期，资产阶级把"平等"作为"与生俱来""不可剥夺"的"人权"来要求。15世纪，随着新航路的开辟和国际贸易的扩展，在封建社会胎胞里形成的新兴资产阶级的经济力量实现了巨大增长。但它还依然遭受封建专制、封建特权的统治，没有贸易的自由，没有占有私有财产的平等权利，更没有平等的政治地位、政治权利。为了争得自身的政治、经济、社会权益，就不得不对封建主义进行革命，包括为革命提供理论依据的思想革命。而革命的内容就是争得与封建特权等级的平等地位、贸易的自由和个人财产的法律保护，因此，"自由""平等""财产权"就成了资产阶级的革命箴言和号召下层劳动者的旗帜。由于革命时期的资产阶级的这些要求，确实也代表了下层劳动人民的利益诉求，因此"自由""平等""财产权"等也被宣布为一般的、普遍的"人权"。这样，以"平等权利"为核心内容的"人权"要求，就成了资产阶级平等观的理论基石。把"平等"作为与生俱来的、不可剥夺的"人权"来论证，也成了资产阶级思想家的基本研究方法和理论范式。

启蒙思想家一般都是把"平等"作为人生来就具有的权利即"人权"来阐发的。如洛克就认为，"人类天生都是自由、平等和独立的，如不得本人的同意，不能把任何人置于这种状态之外，使之受制于另一个人的政治权力。任何人放弃其自然自由并受制于公民社会的种种限制的唯一的方法，是同其他人协议联合组成为一个共同体，以谋他们彼此间的舒适、安全和和平的生活，以便安稳地享受他们的财产并且有更大的保障来防止共同体以外任何人的侵犯"[①]。可见，在洛克看来，"平等"是人与生俱来的平等权利，是不可剥夺的"人权"。作为"自然人权"是不应当受制于其他任何人的，唯一的制约是为了谋取人身、财产安全而进入社会和国家状态所作的权利让渡和相应的限制。进入社会和国家

[①] 〔英〕洛克. 政府论：下篇[M]. 叶启芳，瞿菊农，译. 北京：商务印书馆，1964：59.

状态是为了使"人权"得到法律保护,因此"人权"也就表现为"法权"。即"每一个个人和其他最微贱的人都平等地受制于那些他自己作为立法机关的一部分所订定的法律";"社会成了仲裁人,用明确不变的法规来公正地和同等地对待一切当事人"。① 这样,"平等"不仅是"人权"的核心内容,而且是表现为法律平等保护的"平等权利"或"平等法权"。总之,启蒙思想家们一般都坚持"平等"命题的"人权论"。

启蒙思想家所代表的资产阶级平等观念和人权方法,在革命宣言和法律条文中得到确认和确定。如美国《独立宣言》宣布,"人人生而平等"地享有的"不可转让的权利"包括"生存权、自由权和追求幸福的权利"。② 强调,为了保障这些权利,人类才建立政府,而政府的权力是经被治者授予的。可见,这里把"平等的生存权、自由权、幸福权"看作"人人生而具有""不可让与"的基本"人权"。法国《人权宣言》则把"自由、财产、安全、反抗压迫"宣布为"人生来且不可侵犯的平等权利",即平等"人权"。因此都是从"人权"的视角阐发"平等权利"的。《法兰西共和国宪法》规定:"它的原则是自由、平等、博爱,它的基础是家庭、劳动、财产和社会秩序。"③ 明确,"这些权利等等(自然的和不可剥夺的权利)是:平等、自由、安全、财产"④。《英国宪法》规定公民平等享有出版自由、集会的权利、结社的权利等。所以,资本主义宪法一再重复着一个原则:平等的"人权"不受侵犯、不可剥夺,对"人民的权利"和"自由"(例如,结社权、选举权、出版自由、教学自由等等)的平等保护。可见,都是把"平等"作为"人权"来保护的,坚持了"平等"命题的"人权论"。

(2) 当代西方多把"人性"作为"平等"甚至"不平等"的立论依据。启蒙思想家们一般都是以"自然法"为依据,从人的自然因素、生理特征上论证人与人的"平等"。如霍布斯就认为,"自然使人在身心两方面的能力都十分相等","至于智力……人与人之间更加平等"。"由

---

① 〔英〕洛克. 政府论: 下篇 [M]. 叶启芳, 瞿菊农, 译. 北京: 商务印书馆, 1964: 59、53.

② 美国独立宣言 [C]. 王德禄, 编. 人权宣言. 北京: 求实出版社, 1989: 9.

③ 马克思. 1848年11月4日通过的法兰西共和国宪法 [M]. 马克思, 恩格斯. 马克思恩格斯全集: 第7卷. 北京: 人民出版社, 1959: 578.

④ 马克思. 论犹太人问题 [M]. 马克思, 恩格斯. 马克思恩格斯文集: 第1卷. 北京: 人民出版社, 2009: 40.

这种能力上的平等出发，就产生了达到目的的希望的平等。"因此，"所有的人都是平等的，根本没有谁比较好的问题存在"①。洛克也认为，"人类确实具有一种'天赋的自由'。这是由于一切具有同样的共同天性、能力和力量的人从本性上说都是生而平等的，都应当享受共同的权利和特权"②。卢梭尽管承认人类存在"自然的或生理上的不平等"，"它是基于自然，由年龄、健康、体力以及智慧或心灵的性质的不同而产生的"，但他同时认为，这些"自然状态中的差别"远远小于"社会状态中的差别"，"自然的不平等"是"由于人为的不平等而加深了"。③ 可见，这些思想家尽管是从人的身体、体力、能力、才智等自然因素和生理特征论证人的"平等"，但这是以"自然法"为依据推导出的具有物质内容的结论，具有朴素的唯物主义特征，而不是剥离了人的一切自然关系、社会关系的抽象"人性论"。相反，这些思想家借用人的自然因素只是为了证明人人具有生而平等的"人权"，因而坚持的是"人权论"。而且这些思想家都是着眼于人的生理特征的等同性论证人的"平等"，而不是像后来的理论家以人的生理特征的差别为依据论证人的"不平等"，从而陷入了抽象的"人性论"。

当代西方理论家的平等理论多是建立在"人性论"基础上的。美国教育家摩狄曼·J.阿德勒说："我们的人性是如何证明我们有权拥有的这些平等的呢？""这个问题的回答是：作为人，我们都是平等的——平等的人并且具有平等的人性。在人性上，没有一个人比另一个多或少。一个人所赋有的尊严不同于事物的属性，它在程度上是没有差异的。"④ 可见，阿德勒把"人性"作为论证"人人平等"的依据。为了证明"人性平等"，他还引入了"物种的特性"（species‐specific）概念，以提供"生物学事实根据"。其观点是，"我们说全人类在他们共同的人性方面是

---

① 〔英〕托马斯·霍布斯. 利维坦［M］. 黎思复，黎廷弼，译. 北京：商务印书馆，1985：92、93、117.
② 〔英〕洛克. 政府论：上篇［M］. 瞿菊农，叶启芳，译. 北京：商务印书馆，1982：57.
③ 〔法〕卢梭. 论人类不平等的起源和基础［M］. 李常山，译. 北京：商务印书馆，1962：70、107.
④ 〔美〕摩狄曼·J.阿德勒. 六大观念［M］. 陈珠泉，杨建国，译. 北京：团结出版社，1989：170、170–171.

平等的，这也就是说，所有的人都具有一些同样的物种特性"①。也就是说，从"人性"上，从作为"人"的"物种"上看，是"人人生而平等"的。然而，"一个人生来和另一个人在种类上是平等的，两个人平等地具有相同的物种特性。但他也可能生来和另一个人在程度上是不平等的，两人在出生之时所拥有的、由遗传关系决定的性质或能力有多有少，程度高低不同。除此之外，在后天获得的造诣方面和在由遗传决定的天资方面，一个人也可能优于或者劣于另一个人"②。因此，人类平等可以区分为"种的平等"（specific equality）和"个别平等"（individual equality）或"个别不平等"（individual inequality）。前者是指所有人都拥有的种类上的个人平等；后者是指人类在其他方面的个人平等或个人不平等，包括天生资质的程度平等或不平等以及后天造诣的程度平等或不平等。③ 可见，在阿德勒的平等理论中，所谓"人性"是"人"区别于其他动物的"物种特性"。正因为所有人都具有这种"物种特性"，所以"人人平等"，即"种的平等"。在这里，没有社会关系的比较，没有经济关系、生产关系的分析，"人"是"物种"意义上的"人"；"人"与"人"之所以是"平等"的，仅仅是因为"人"是"人"。这种从抽象的"人性论"出发的"平等理论"，除了无谓的同义反复外，没有任何实质意义。

美国哲学家罗纳德·德沃金的"人格平等理论"也是建立在"人性论"上的。他强调政府应消除或降低人的"人格资源上的差异"即因健康、体格、技能等个人"能力"造成的不平等，而不应减小或弥补性格、信念、偏好、动机、嗜好、抱负等"人格差异"本身。其结论是，"我们所追求的平等是人格和非人格资源本身的平等，而不是人们用这些资源实现福利的能力的平等"④。所以，德沃金所谓的"人格平等"，就是"性格、信念、偏好、动机、嗜好、抱负"等抽象人性特征的平等。

---

① 〔美〕摩狄曼·J. 阿德勒. 六大观念 [M]. 陈珠泉，杨建国，译. 北京：团结出版社，1989：171.
② 〔美〕摩狄曼·J. 阿德勒. 六大观念 [M]. 陈珠泉，杨建国，译. 北京：团结出版社，1989：173.
③ 〔美〕摩狄曼·J. 阿德勒. 六大观念 [M]. 陈珠泉，杨建国，译. 北京：团结出版社，1989：173.
④ 〔美〕罗纳德·德沃金. 至上的美德：平等的理论与实践 [M]. 冯克利，译. 南京：江苏人民出版社，2008：320.

这些人性特征是完全脱离现实社会经济生活和生产方式的个性特征，是纯粹"人性"的概念推导。

与从"人性"上论证"人人平等"不同，更有理论家从"人性"上论证"人人不平等"。如英国经济学家哈耶克认为，"人性有着无限的多样性——个人的能力及潜力存在着广泛的差异——乃是人类最具独特性的事实之一"①。他还引用了别人的论述指出，"以变异性或多样化（variability）为基石的生物学，赋予了每一个个人以一系列独特的属性，正是这些特性使个人拥有了他以其他方式不可能获得的一种独特的品格或尊严（dignity）。……如果忽视人与人之间差异的重要性，那么自由的重要性就会丧失，个人价值的理念也就更不重要了"②。基于此，哈耶克认为，"个人生来就极为不同，或者说，人人生而不同"。③ 可见，在哈耶克看来，人的能力、潜力、生理差异等"人性"因素的差异，决定了"人人生而不平等"而不是"人人生而平等"。从人的"个人偏好""个人运气"不同来论证"不平等"天经地义的其他观点，都是坚持了类似的"人性论"逻辑。这些"人性论"不懂得所谓"平等"命题是人的社会关系的比较，根本不是人的生理特征、人格特质、精神品性的衡量。因此，这种抽象"人性论"背离了"平等"命题的实质。

（3）从"人权论"到"人性论"的转向，不仅是立场、观点的倒退，而且是方法论的蜕变。马克思、恩格斯等经典作家主张"平等"研究上的政治经济学方法，要求对人的经济关系、社会关系、生产方式进行分析，从中找出造成不平等的经济根源和实现平等的途径，可以称为"平等"研究上的"经济关系论"。大革命时期的资产阶级思想家把"平等"作为"人权""法权"来要求，坚持法学方法，是"平等"命题上的"人权论"。后来的西方理论家从"人性"上论证人的"平等"或"不平等"，是"平等"命题上的"人性论"。"平等"研究从"经济关系论"到"人权论"，剥离了"平等"问题的经济关系、经济基础，变成了纯粹的法权原则的推导，使平等理论一定程度上失去了科学性。而

---

① 〔英〕弗雷德里希·冯·哈耶克.自由秩序原理：上 [M].邓正来，译.北京：生活·读书·新知三联书店，1997：103.
② 〔英〕弗雷德里希·冯·哈耶克.自由秩序原理：上 [M].邓正来，译.北京：生活·读书·新知三联书店，1997：103-104.
③ 〔英〕弗雷德里希·冯·哈耶克.自由秩序原理：上 [M].邓正来，译.北京：生活·读书·新知三联书店，1997：104.

从"人权论"到"人性论",不仅没有了经济关系、经济基础的分析,而且完全蜕变成没有社会关系的纯粹个人生理特征、心理品质、精神特质等主观因素的分析,完全背离了"平等"的社会关系比较的本质,因此是又一次倒退。相对于"人权论","人性论"的倒退可以从以下几个方面得到说明。

第一,"人权论"是权利主张,"人性论"变成了道义诉求。资产阶级革命时期的理论家把"平等"作为不可剥夺的"人权"来要求,这种"人权"要求得到法律的保护,表现为"法权"。而不论是"人权"还是"法权",都是"权利"主张。这种"权利"主张作为明确的、不可辩驳的要求,写进了资产阶级的革命宣言和宪法条文。如美国《独立宣言》宣布,"人人生而平等"地享有"若干不可转让的权利",包括"生存权、自由权和追求幸福的权利"①。而且明确人民有权建立政府、对政府授权,也有权推翻、更换、废除专制政府。法国《人权宣言》也宣布,"人们生来而且始终自由平等"地享有"自然的和不可动摇的权利",包括"自由、财产、安全及反抗压迫"。而且规定,所有公民都可平等地担任一切官职、公职和职务。可见,资产阶级革命时期所坚持的"人人生而平等的权利",不仅包括平等的政治权利,而且包括平等的经济权利、社会权利。

而"平等"命题上的"人性论"不是把"平等"作为"权利",而是作为"人性"要求。如阿德勒把"平等"归结为"人性的平等",认为人人都是"平等的人并且具有平等的人性"。而且把"人性"归结为"人"区别于其他动物的"物种特性",得出了"人人平等"即"种的平等"的结论。这种"人性""物种特性",都是一些没有现实经济关系、社会关系的纯粹生物意义上的"人"的概念,甚至不是"人"与"人"的比较,是"人"与动物的比较,完全背离了"平等"命题的实质。至于罗纳德·德沃金把"平等"归结为"性格、信念、偏好、动机、嗜好、抱负"等精神层面的"人格平等",也是完全把"人"作为个体的人,作为脱离了一切社会关系、生产关系,甚至超越了历史时代的人,纯粹从人的精神层面进行抽象的概念推导和逻辑推理,完全没有任何现实社会基础。这样推导出的抽象"平等"结论可以适用于一切时

---

① 美国独立宣言[C]. 王德禄,编. 人权宣言. 北京:求实出版社,1989:9.

代的一切人。而正因为它适用于一切时代的一切人，也就不适用于任何时代的任何现实的人，只存在于虚构的理论和理论的虚构中。可见，与实实在在"权利平等"的"人权论"相比，抽象、虚空的"人性论"不仅是观点、立场上的倒退，也是研究方法的倒退。

第二，"人权论"为"平等"寻求依据，"人性论"却为"不平等"进行辩护。革命时期的思想家一般从自然因素、从人的生理特征的相似性论证"平等"合乎"自然法"，因而具有合理性。如洛克也认为，"一切具有同样的共同天性、能力和力量的人从本性上说都是生而平等的，都应当享受共同的权利和特权"①。马布利认为，"我也很难理解力量的不平等是怎样促成平等的消灭的。难道自然界创造了百手人来征服自己的同类吗？"② 卢梭也认为，"人们尽可以在力量上和才智上不平等，但是由于约定并且根据权利，他们却是人人平等的。"③ 可见，启蒙思想家的"人权论"多是从人"身心两方面的能力相等"来论证人是"生而平等"的。即使承认人力量上和才智上的差异，也是为了证明人"平等"而不是"不平等"。

然而，资产阶级取得统治地位后，思想上开始走向保守，因此开始强调人与人的"不平等"。尽管他们也是惯用"人性论"，但主要从人的能力、智力、偏好的不同，来论证"不平等"的合理性。如哈耶克就认为，人的能力、潜力、生理等"人性"因素都存在差异，因此"人人生而不同"。④可见，同样是从人的生理特征出发，革命时期的"人权论"得出的是"人人生而平等"，但当代的"人性论"得出的却是人与人"生而不平等"的结论。这显然是为了说明现实经济社会不平等的合理性和合法性，为资本主义社会的不平等辩护，为维护资产阶级利益和资本主义制度服务。这说明，与其前辈相比，资产阶级的阶级立场已经发生了改变。他们从先进生产力代表变成了生产力发展的障碍，从社会发展方向的代表变成了阻碍社会进步的势力。这种阶级立场的倒退，表现在"平等"理论上，必然是思想观点和研究方法的倒退。

---

① 〔英〕洛克．政府论：上篇［M］．瞿菊农，叶启芳，译．北京：商务印书馆，1982：57．
② 〔法〕马布利．马布利选集［M］．何清新，译．北京：商务印书馆，1960：46．
③ 〔法〕卢梭．社会契约论［M］．何兆武，译．北京：商务印书馆，2003：30．
④ 〔英〕弗雷德里希·冯·哈耶克．自由秩序原理：上［M］．邓正来，译．北京：生活·读书·新知三联书店，1997：104．

第三，"人权论"是社会关系的衡量，"人性论"仅是个体精神特质的比较。资产阶级革命时期所要求的人人平等享有的"人权""法权"是"不可让与的权利"，是"人们生来且不可动摇的平等权利"。这些权利包括"生存权、自由权和追求幸福的权利"，或者"自由、财产、安全及反抗压迫的权利"等。作为政治权利，还包括创建政府、授予政府权力的权利和更换、废除和推翻政府的权利以及平等担任官职和公职的权利。而不论是生存权、自由权、追求幸福的权利还是自由、财产、安全及反抗压迫的权利，不论是对政府的创制、授权、更换、废除权利还是平等担任官职、公职的权利，都是在现实经济生活、社会生活、政治生活中实现的权利，都是人们经济、社会、政治关系的衡量和比较。换句话说，都是把"人"看作彼此相关的群体，考察人现实的政治关系、社会关系、政治关系，是人们社会关系的衡量，因此是实质的平等权利。可见，"人权论"是社会关系的衡量与比较。

然而，"人性论"不论是主张"肉体上的平等"还是"精神上的平等"，不论是"种的平等"还是"个别不平等"，不论是人的感觉、快乐、痛苦、天赋、理智和比较、判断、推理能力的平等还是性格、信念、偏好、动机、嗜好、抱负的平等，不论是健康、体格、技能的不平等还是能力、智力、偏好、运气的不同，都是把"人"作为个体的存在，作为不与人发生任何经济关系、社会关系、政治关系的完全封闭的、自我存在的"个人"而建构其平等理论的。同时，感觉、快乐、痛苦、天赋、理智、性格、信念、偏好、动机、嗜好、抱负等都是纯粹的心理特征或精神特质，就算理性思维能力或体力、智力等，也是个体生理特征。这些生理特征、心理品质、精神特质，不仅是脱离了物质事实的纯粹精神存在，而且完全抛开了经济社会关系。正因为抛开了经济社会关系的"羁绊"，因此可以随心所欲地得出任何想要的结论。也正因为这些平等结论是"随心所欲"的，是不说明现实经济社会关系的，因此它就不是科学的。它本想说明任何时代的"平等"问题，结果却不能说明任何平等问题；它本想归纳出超越一切历史时代的、永恒的、"普世的"真理，结果却总是一些不值一提的谬见。因而，它就不能深刻揭示"平等"问题的实质，也就不可能对"平等"问题作出科学回答。所以，与"生产关系论"和"人权论"相比，"人性论"是研究方法的倒退。

3. 从物质关系到精神关系论的逆转

"平等"命题是人的社会关系的衡量与比较，因此是关于经济关系、经济地位、生产关系、生产方式等物质内容的研究。资产阶级革命时期关于"人权平等""法权平等"等平等观念，涉及了社会关系等物质内容、物质关系。然而，西方平等理论在演变中，特别是在当代，却转向了"精神平等""人格平等""道德平等"观，更多的是从人的"能力""智力""性格""偏好"等身心素质和精神特质上研究平等问题。也就是说，把"平等"命题的物质内容置换成了精神因素。这也是研究方法的一种倒退。

（1）资产阶级革命时期的"人权平等""权利平等""法权平等"观等属于物质层面的社会关系的平等，而当代西方"精神平等""人格平等""道德平等"观等却是精神层面的伦理关系的平等。不论是启蒙思想家还是革命时期的宣言、法律条文，都把"平等"作为基本权利来要求，即"权利平等"。这种"平等权利"要受到法律的平等保护，也就是"法权平等"。而这些"平等权利"被宣布为"人生而具有"、不可剥夺的权利，即"人权平等"。当然，根据法律规定，这些"人权"除了"平等"外，还有"自由""财产""安全"等。在《美国独立宣言》中，"生存权""自由权""幸福权"被宣布为"人人生而平等""不可让与"的"权利"。创建政府的目的，是为了保障这些权利，也就是法律的平等保护。法国《人权宣言》也宣布，法律平等保护的"自然的和不可剥夺的权利"包括"自由""财产""安全"等。可见，资产阶级革命时期的平等观包括"自由""平等""财产""安全""独立""和平"等内容，包括"生存权""自由权""幸福权"等方面。这些权利不仅涉及政治生活，而且涉及经济生活、社会生活，因此是经济关系、社会关系、政治关系在平等理论中的体现。而这些关系，都是客观的物质利益关系，也是与社会生活紧密联系在一起的。尽管由于历史和阶级立场的局限，这些平等观有很多偏颇，甚至谬误，但总的说来，它们在一定程度上反映了"平等"是社会关系的衡量这一"平等"命题的实质。

然而，资本主义制度确立以来，平等理论出现了从"物质"向"精神"的转向，很少再触及经济关系、社会关系、政治关系等物质内容，逐步"脱实向虚"。如威廉·葛德文就坚持"精神平等观"，认为有一种同"肉体上的平等"并存的"精神上的平等"。这种"精神的平等"就是人的感觉、快乐、痛苦、天赋、理智和比较、判断、推理能力的平等。

罗伯特·威廉·福格尔也强调"精神平等"。他认为,"目前,精神(或非物质)上的不平等相当于甚至可以说是大于物质上的不平等。"① 而对"精神平等"的追求与其说是与货币收入有关,倒不如说是与精神资产的获取有关。此外,凯·尼尔森则坚持"道德平等观",强调"人们必须作为具有平等价值的道德人而被对待"②;罗纳德·德沃金坚持"人格平等",强调消除或降低人与人之间在人格资源上的差异③;罗尔斯主张,"基本平等被认为是在受尊重方面的平等"④,即"作为道德人"的"尊重的平等";阿德勒也认为,"全人类的平等是指他们都平等地具有做人的尊严"⑤。"平等地具有做人的尊严"也就是即"尊严的平等"。

毫无疑问,无论是"精神平等"还是"道德平等",无论是"人格平等"还是"尊严平等",都不是从社会物质生活层面,不是从人的现实经济关系、社会关系、政治关系上所作的考察,而是从精神层面、道德层面,甚至是从个人的人格特征、心理需要等主观因素上所作的纯粹理论假设和抽象逻辑推导。由于完全脱离了现实物质关系、经济利益,这种纯粹理论假设和抽象的概念、原则推导就可以任意编排,可以得出任何结论。正因如此,这些平等理论除了得到一堆"新奇"的概念外,什么也得不到;正因如此,这些平等理论除了文字游戏,对现实生活什么也说明不了。

(2)革命时期的"平等""自由""安全""财产"等"人权"要求属于经济社会关系的内容,当代西方平等理论关于"体力""能力""智力""潜能"等身心素质和"性格""偏好""信念""抱负"等精神特质等立论依据是主观或精神因素。具体说来,关于"人权",大革命时期的资本主义宪法一再重复着一个原则:平等的"人权"不受侵犯、不可剥夺,对"人民的权利"(如结社权、选举权)和"自由"(如出版

---

① 〔美〕罗伯特·威廉·福格尔. 第四次大觉醒及平等主义的未来 [M]. 王中华,刘红,译. 北京:首都经济贸易大学出版社,2003:1.
② 〔加〕凯·尼尔森. 平等与自由 捍卫激进平等主义 [M]. 傅强,译. 北京:中国人民大学出版社,2016:6.
③ 〔美〕罗纳德·德沃金. 至上的美德:平等的理论与实践 [M]. 冯克利,译. 南京:江苏人民出版社,2008:320.
④ 〔美〕约翰·罗尔斯. 正义论 [M]. 何怀宏,何包钢,廖申白,译. 北京:中国社会科学出版社,1988:509.
⑤ 〔美〕摩狄曼·J. 阿德勒. 六大观念 [M]. 陈珠泉,杨建国,译. 北京:团结出版社,1989:171.

自由、教学自由）平等保护。所谓"结社权"是社会权利，"选举权"是政治权利，而所谓"出版自由""教学自由"都是言论自由，也属于社会自由。可见，这些"人权"都涉及人们的社会关系或政治关系。而就"人权"的具体内容来讲，所谓"平等"，按法国《人权宣言》说法就是，"在权利方面，人们生来是而且始终是自由平等的"。"独立"，不仅是经济的独立，也是政治的独立，都属于社会关系的平等。所谓"自由"：即"人身自由的权利，别人没有权力加以支配，只能由他自己自由处理"①。而"人身自由"就是不被干涉、不被支配、不被强制、不被压迫等，也涉及经济、社会、政治等各方面的社会关系。所谓"安全"，既包括人身安全，也包括财产安全，这些安全都是政府和法律要保障的。可见，不论是人身安全，还是财产安全，都是人们社会生活的重要内容。所谓"财产"，不仅包括私人财产保护权，随意处置个人财产的权利，而且包括经营权、贸易权等等。可见，都是经济关系的内容。总之，各项"人权"一般都涉及经济关系、社会关系、政治关系，都是人们现实物质生活的反映，是人的社会关系的内容。

而当代西方平等理论从身心素质和精神特质来论证"平等"，显然是从主观因素、精神层面阐发的。譬如说，所谓"体力""健康""体格"，不过是个人的身体条件；所谓"能力""技能""潜能"，都是个人的身心发展状况；所谓"智力""智商""理性思维能力"，不过是个人的精神能力；所谓"性格""个性""性情"，不过是个人的心理特征；所谓"偏好""嗜好""爱好"，不过是个人的主观选择倾向；所谓"动机""抱负""信念"，不过是个人的人生靶向；所谓"感觉""快乐""痛苦"，不过是个人的生活体味。可见，这些平等理论都是把脱离现实社会关系的"个人"作为理论基点，从人的主观能力、主观意志、主观愿望、主观倾向、主观感受上分析"平等"。这就完全忽视了人们在现实生活中的经济地位、经济关系、社会关系、生产关系，一句话，忽略了人的全部物质生活，成了完全从主观到主观、从概念到概念、从原则到原则、从假设到假设、从臆测到臆测的文字推导游戏。这种平等理论不懂得，人的这些主观特征、精神特质都是现实经济社会生活、经济社会关系等物质生活的反映。处于不同经济地位、经济关系中的人，如亿

---

① 〔英〕洛克.政府论：下篇［M］.叶启芳，瞿菊农，译.北京：商务印书馆，1964：116－117.

万富翁和穷困潦倒者，其个人能力的形成、性格特征、对人生的态度、对未来的信心等完全是不同的。这种平等理论完全剥离掉物质生活内容和经济社会关系，把"人"看作孤立的"单子"，完全背离了"平等"命题的社会关系本质，抽掉了其物质基础，把平等理论变成了纯粹主观和精神上的东西。正因如此，它不能说明作为物质生活观照的"平等"问题，更不能说明产生"平等"问题的物质生活本身。相比于革命时期"平等"研究对经济社会关系的触及，不能不说是一种倒退。

（3）革命时期平等理论的"人权论"有朴素唯物主义的因素，当代西方平等理论的"人性论"属于唯心主义。大革命时期的思想家往往以"自然法"为依据来论证"人权"，即"人人权利平等"。在他们看来，自然法则是关于自然的一般法则和永恒法则。人类社会只有依据"自然法"构建，才是正义的。而"自然法则"中的一条重要法则，就是"人人生而平等"。为了论证"人人生而平等"的不可辩驳性，思想家们往往从人的自然因素的相似或等同性来论证"人人平等"。如霍布斯认为，"自然使人在身心两方面的能力都十分相等"[1]；洛克认为，"一切具有同样的共同天性、能力和力量的人从本性上说都是生而平等的"[2]；马布利认为，"难道自然界不是给所有的人以同样的器官、同样的需要和同样的理性吗？"[3] 所谓"自然""天赋"，都是指"自然法则"。由于人在身心两方面的能力都十分相等，人具有共同的天性、能力、力量和同样的器官、需要、理性，那么根据"自然法则"，人人就是平等的。可见，这些思想家把人与人的平等归结为天性、能力、力量、器官、需要、理性等人的身心的具体的、某一方面的物质内容，这些身心方面的特征都是客观的现实存在。因此，这种平等理论具有朴素唯物主义的特征。

然而，当代西方平等理论从精神上论证人的平等，提出了"精神平等""人格平等""尊严平等""道德平等"等理念，或者从人的精神品质来论证人的"平等"或"不平等"，如人的感觉、快乐、痛苦、天赋、理智、性格、信念、偏好、动机、嗜好、抱负等。这显然是从精神上承

---

[1] 〔英〕托马斯·霍布斯. 利维坦 [M]. 黎思复，黎廷弼，译. 北京：商务印书馆，1985：92.

[2] 〔英〕洛克：政府论：上篇 [M]. 瞿菊农，叶启芳，译. 北京：商务印书馆，1982：57.

[3] 〔法〕马布利. 马布利选集 [M]. 何清新，译. 北京：商务印书馆，1960：43.

认人的"平等",或者从人的精神特质上论证"平等",有的则以这些精神品质的差别为依据论证"不平等"的必然性。即使是对不属于精神特征的能力、体力、智力等生理特征的引证,也多是从个体的"人"的出发,不是作为"社会关系的总和"的"人"来立论的。而不论是从精神上承认"平等",从人的精神特质论证"平等",或从人的生理特征来论证"平等"或"不平等",都是把"人"作为一个孤立的抽象概念使用的。这样的平等理论就成了完全没有物质前提,没有经济关系、社会关系、生产关系内容的概念推导和逻辑推理,因而陷入了唯心主义的泥潭。在这种平等理论中,"人"不是社会的人,而是主观臆想的人,是抽象的人、概念的人;"平等"不是人的平等,而是人的某一生理或精神因素的平等,是从精神上承认抽象的"人"的平等,是概念的平等、范畴的平等、意念的平等。因此,这样的平等理论除了逻辑学意义,没有任何现实意义;除了玩弄"平等"概念,不能说明任何"平等"问题。在马克思主义的唯物史观已科学揭示了人类社会发展的一般规律、为正确分析人类社会已提供了科学研究方法论的今天,西方"平等"理论研究依然固守、甚至不断滑向唯心史观,不能不说是社会科学研究方法的重大倒退。

蒲鲁东指出:"地位平等,在所有人听来,这是一个可怕的教条,在穷人的病榻边是一个令人得到安慰的真理,在解剖学家的解剖刀之下是一个可怖的事实;搬到政治、民法和工业的范围内,地位平等只是一种欺人的不可能的事、一块真正的诱饵、一句恶魔的谎话。"① 就是说,由于近代思想家的启蒙,"平等"已经成了人人知晓的"教条",但这个"教条"又是"可怕的教条"。而之所以"可怕",是因为在从没有打算与劳动阶级平等的统治阶级看来,"平等"是历史遗留下来的思想负累;在从没有享受过"平等"的劳动阶级看来,"平等"是对现实的最大讽刺。所以,"平等"最多是对病榻上的穷人的心理安慰。尽管在解剖学家的解剖刀下每个人都有相同的生理结构,因而"人人生而平等"应该成为事实。但是这一"平等事实"却是"可怖的",因为一切历史真实、社会现实和应该具有的"平等"都是相矛盾的。所以,在资本主义的

---

① 〔法〕蒲鲁东. 什么是所有权 [M]. 孙署冰,译. 北京:商务印书馆,1963:100.

"政治、民法和工业的范围内","平等只是一种欺人的不可能的事、一块真正的诱饵、一句恶魔的谎话"。而之所以出现这种现实与理论的悖论、应然与实然的矛盾、事实与原则的背离,一方面是由于私有制的存在,另一方面是由于平等理论自身的谬误。

要对"平等"命题有一个正确认识,必须把平等理论置于科学的基础上。正如英国政治哲学家亚历克斯·卡利尼克斯所指出,"我比20岁的时候更加坚信,马克思主义是最好的理解社会的方式"[①]。而就平等理论而言,到目前为止,马克思主义平等论是理解"平等"问题的最科学理论,是研究"平等"命题的最科学方法。没有马克思主义平等理论的指导,"平等"问题研究注定还要在黑暗中爬行。

[①] 贾敏,顾晓路. 专访英国左翼学者卡利尼科斯:马克思主义在今天依然成立 [R/OL]. http://wcm.pku.edu.cn/2015kyhw/22237.htm.

主要参考文献

一、马克思主义文献

1.《马克思恩格斯全集》第 1 卷，人民出版社 1956 年版。
2.《马克思恩格斯全集》第 2 卷，人民出版社 1957 年版。
3.《马克思恩格斯全集》第 3 卷，人民出版社 1960 年版。
4.《马克思恩格斯全集》第 4 卷，人民出版社 1958 年版。
5.《马克思恩格斯全集》第 5 卷，人民出版社 1958 年版
6.《马克思恩格斯全集》第 6 卷，人民出版社 1961 年版。
7.《马克思恩格斯全集》第 7 卷，人民出版社 1959 年版。
8.《马克思恩格斯全集》第 16 卷，人民出版社 1964 年版。
9.《马克思恩格斯全集》第 18 卷，人民出版社 1964 年版。
10.《马克思恩格斯全集》第 19 卷，人民出版社 1963 年版。
11.《马克思恩格斯全集》第 20 卷，人民出版社 1971 年版。
12.《马克思恩格斯全集》第 21 卷，人民出版社 1965 年版。
13.《马克思恩格斯全集》第 22 卷，人民出版社 1965 年版。
14.《马克思恩格斯全集》第 23 卷，人民出版社 1972 年版。
15.《马克思恩格斯全集》第 32 卷，人民出版社 1974 年版。
16.《马克思恩格斯全集》第 37 卷，人民出版社 1971 年版。
17.《马克思恩格斯全集》第 42 卷，人民出版社 1979 年版。
18.《马克思恩格斯全集》第 44 卷，人民出版社 1982 年版。
19.《马克思恩格斯全集》第 45 卷，人民出版社 1985 年版。
20.《马克思恩格斯全集》第 46 卷（上），人民出版社 1979 年版。
21.《马克思恩格斯全集》第 46 卷（下），人民出版社 1980 年版。
22.《马克思恩格斯全集》第 49 卷，人民出版社 1982 年版。

23.《马克思恩格斯文集》第 1、2、3、4、5、7、9、10 卷，人民出版社 2009 年版。

24.《列宁全集》第 12 卷，人民出版社 1987 年版。

25.《列宁全集》第 13 卷，人民出版社 1987 年版。

26.《列宁全集》第 26 卷，人民出版社 1988 年版。

27.《列宁全集》第 27 卷，人民出版社 1990 年版。

28.《列宁全集》第 29 卷，人民出版社 1985 年版。

29.《列宁全集》第 30 卷，人民出版社 1985 年版。

30.《列宁全集》第 31 卷，人民出版社 1985 年版。

31.《列宁全集》第 32 卷，人民出版社 1985 年版。

32.《列宁全集》第 33 卷，人民出版社 1985 年版。

33.《列宁全集》第 34 卷，人民出版社 1985 年版。

34.《列宁全集》第 35 卷，人民出版社 1985 年版。

35.《列宁全集》第 36 卷，人民出版社 1985 年版。

36.《列宁全集》第 37 卷，人民出版社 1986 年版。

37.《列宁全集》第 38 卷，人民出版社 1986 年版。

38.《列宁全集》第 39 卷，人民出版社 1986 年版。

39.《列宁全集》第 41 卷，人民出版社 1986 年版。

40.《列宁全集》第 42 卷，人民出版社 1987 年版。

41.《列宁全集》第 43 卷，人民出版社 1987 年版。

42.《列宁专题文集（论社会主义）》，人民出版社 2009 年版。

43.《列宁专题文集（论资本主义）》，人民出版社 2009 年版。

44.《列宁专题文集（论无产阶级政党)》，人民出版社 2009 年版。

45.《斯大林全集》第 13 卷，人民出版社 1956 年版。

46.《斯大林选集》（下），人民出版社 1979 年版。

47.《毛泽东选集》第 2、3、4 卷，人民出版社 1991 年版。

48.《毛泽东选集》第 5 卷，人民出版社 1977 年版。

49.《毛泽东文集》第五、六、七、八卷，人民出版社 1999 年版。

50.《建国以来毛泽东文稿》第六册，中央文献出版社 1992 年版。

51.《邓小平文选》第 3 卷，人民出版社 1993 年版。

52.《邓小平年谱》（下），中央文献出版社 2004 年版。

53.《江泽民文选》第 2、3 卷，人民出版社 2006 年版。

54.《习近平谈治国理政》，外文出版社 2014 年版。

55.《习近平总书记系列重要讲话读本》（2016 版），学习出版社、人民出版社 2016 年版。

56. 中共中央文献研究室：《三中全会以来重要文献选编》（下），人民出版社 1982 年版。

57. 中共中央文献研究室：《十二大以来重要文献选编》（上），人民出版社 1986 年版。

58. 中共中央文献研究室：《十二大以来重要文献选编》（下），人民出版社 1988 年版。

59. 中共中央文献研究室：《十三大以来重要文献选编》（上），人民出版社 1991 年版。

60. 中共中央文献研究室：《十六大以来重要文献选编》（中），中央文献出版社 2006 年版。

61. 中共中央文献研究室：《十八大以来重要文献选编》（上），中央文献出版社 2014 年版。

62. 中共中央党校党史教研室：《中共党史参考资料》（八），人民出版社 1979 年版。

63. 中央编译局：《苏联共产党决议汇编》（第一分册），人民出版社 1964 年版。

二、国内著作

64. 艾众、李唤：《建国以来哲学问题讨论综述》，吉林人民出版社 1983 年版。

65. 安哲：《平等观念和平均主义》，安徽人民出版社 1960 年版。

66. 北京大学西语系资料组：《从文艺复兴到十九世纪资产阶级文学艺术家有关人道主义人性论言论选辑》，商务印书馆 1971 年版。

67. 薄一波：《若干重大决策与事件的回顾》（上、下），中共中央党校出版社 1991、1993 年版。

68. 曹锦清：《平等论》，华东化工学院出版社 1988 年版。

69. 陈文通：《当前中国重大经济问题探索》，中国农业出版社 2000 年版。

70. 傅武光：《孔孟老庄思想的平等精神》，（台北）文津出版社

1968 年版。

71. 高懿德：《人类中心主义批判与物种平等主义导论》，内蒙古人民出版社 2009 年版。

72. 郭步陶：《人格平等论》，出版社不详 1935 年版。

73. 何怀宏：《平等》，生活·读书·新知三联书店 2017 年版。

74. 李步楼、王凤鹤、张厚玖：《社会主义与"自由平等博爱"》，湖北人民出版社 1987 年版。

75. 李秋零：《康德著作全集》（第 6 卷），中国人民大学出版社 2007 年版。

76. 梁树发：《社会与社会建设》，人民出版社 2007 年版。

77. 骆耕漠：《马克思论三种社会经济关系的演变》，中国财政经济出版社 1998 年版。

78. 陆学艺：《当代中国社会阶层研究报告》，社会科学文献出版社，2002 年版。

79. 孟祥仲：《平等与效率思想发展研究——经济思想史视角》，山东人民出版社 2009 年版。

80. 毛德操：《论平等——观察与思辨》，浙江大学出版社 2012 年版。

81. 欧顺军：《伦理视阈下的佛教平等观》，湖南师范大学出版社 2012 年版。

82. 荣兆梓等：《劳动平等论：完善社会主义基本经济制度研究》，社会科学文献出版社 2013 年版。

83. 石仲泉：《毛泽东的艰辛开拓》（增订本），中共党史出版社 1992 年版。

84. 石仲泉：《毛泽东的艰辛开拓》（新增订本），中共党史出版社 1996 年版。

85. 王德禄等：《人权宣言》，求实出版社 1989 年版。

86. 王利耀、余秉颐：《宗教平等思想及其社会功能研究》，安徽大学出版社 2006 年版。

87. 文秉模：《欧洲哲学发展史》，重庆出版社 1984 年版。

88. 吴忠民：《社会公正论》，山东人民出版社 2004 年版。

89. 萧贵毓等：《社会主义思想史纲》，中央党校出版社 1998 年版。

90. 徐大同：《西方政治思想史》，天津教育出版社 2000 年版。

91. 姚大志：《平等》，中国社会科学出版社 2017 年版。

92. 叶秀山、王树人：《西方哲学史》（第 2 卷），江苏人民出版社 2005 年版。

93. 袁贵仁：《马克思的人学思想》，北京师范大学出版社 1996 年版。

94. 张正海：《平等论》，五洲传播出版社 2012 年版。

95. 赵中社：《平等与效率——艰难的抉择》，陕西人民出版社 1989 年版。

96. 赵剑英等：《国外马克思主义基本问题》，社会科学文献出版社 2006 年版。

97. 周仲秋：《平等观念的历程》，海南出版社 2002 年版。

98. 张问敏等：《中国经济大论战》，经济管理出版社 1996 年版。

99. 张问敏等：《中国经济大论战》（第 2 辑），经济管理出版社 1997 年版。

100. 张问敏等：《中国经济大论战》（第 3 辑），经济管理出版社 1998 年版。

101. 宋光茂等：《中国经济大论战》（第 4 辑），经济管理出版社 1999 年版。

102. 郑红亮等：《中国经济大论战》（第 5 辑），经济管理出版社 2000 版。

103. 王利民等：《中国经济大论战》（第 6 辑），经济管理出版社 2001 年版。

104. 詹小洪等：《中国经济大论战》（第 7 辑），经济管理出版社 2002 年版。

105. 张问敏等：《中国经济大论战》（第 8 辑），经济管理出版社 2003 年版。

106. 郑红亮等：《中国经济大论战》（第 9 辑），经济管理出版社 2004 年版。

107. 张问敏等：《中国经济大论战》（第 10 辑），经济管理出版社 2005 年版。

三、国外著作

108. 〔古希腊〕柏拉图:《理想国》(郭斌和等译),商务印书馆1986年版。

109. 〔古希腊〕柏拉图:《法律篇》(张智仁、何勤华译),商务印书馆2001年版。

110. 〔古希腊〕亚里士多德:《政治学》(吴寿彭译),商务印书馆1965年版。

111. 〔古希腊〕亚里士多德:《尼格马科伦理学》(苗力田译),中国社会科学出版社1990年版。

112. 〔古希腊〕修昔底德:《伯罗奔尼撒战争史》(谢德风译),商务印书馆1960年版。

113. 〔古罗马〕西塞罗:《国家篇 法律篇》(沈叔平、苏力译),商务印书馆1999年版。

114. 〔古罗马〕爱比克泰德:《爱比克泰德论说集》(王文华译),商务印书馆2009年版。

115. 〔古罗马〕查士丁尼:《法学总论》(张企泰译),商务印书馆1989年版。

116. 〔古罗马〕马可·奥勒留:《沉思录》(何怀宏译),中国社会科学出版社1989年版。

117. 〔古罗马〕西塞罗:《论老年 论友谊 论责任》(徐奕春译),商务印书馆1998年版。

118. 〔意〕托马斯·阿奎那:《阿奎那政治著作选》(马清槐译),商务印书馆1963年版。

119. 〔荷兰〕斯宾诺莎:《伦理学》(贺麟译),商务印书馆1983年版。

120. 〔英〕托马斯·莫尔:《乌托邦》(戴镏龄译),商务印书馆1982年版。

121. 〔意〕康帕内拉:《太阳城》(陈大维等译),商务印书馆1980年版。

122. 〔法〕摩莱里:《自然法典》(黄建华等译),商务印书馆1982年版。

123. 〔法〕马布利:《马布利选集》(何清新译),商务印书馆 1960、2009 年版。

124. 〔英〕霍布斯:《利维坦》(黎思复等译),商务印书馆 1985 年版。

125. 〔英〕洛克:《政府论》(上、下篇)(瞿菊农,叶启芳译),商务印书馆 1982 年版。

126. 〔法〕孟德斯鸠:《论法的精神》(上、下册)(张雁深译),商务印书馆 1961 年版。

127. 〔法〕卢梭:《论人类不平等的起源和基础》(李常山译),商务印书馆 1962 年版。

128. 〔法〕卢梭:《社会契约论》(何兆武译),商务印书馆 2003 年版。

129. 〔美〕潘恩:《潘恩选集》(马清槐等译),商务印书馆 1981 年版。

130. 〔法〕菲·邦纳罗蒂:《为平等而密谋——又称巴贝夫密谋》(上、下卷)(陈叔平等译),商务印书馆 1989 年版。

131. 〔法〕G. 韦耶德、C. 韦耶德:《巴贝夫文选》(梅溪译),商务印书馆 1962 年版。

132. 〔法〕圣西门:《圣西门选集》(第一卷、第二卷、第三卷)(王燕生、董果良、赵明远等译),商务印书馆 1979、1982、1985 年版。

133. 〔法〕傅立叶:《傅立叶选集》(第一卷、第二卷、第三卷)(赵俊欣译),商务印书馆 1979、1981、1982 年版。

134. 〔英〕罗伯特·欧文:《欧文选集》(第一卷、第二卷、第三卷)(柯象峰等、马清槐等译),商务印书馆 1979、1981、1984 年版。

135. 〔法〕蒲鲁东:《什么是所有权》(孙署冰译),商务印书馆 1963 年版。

136. 〔法〕蒲鲁东:《贫困的哲学》(上、下)(余叔通等译),商务印书馆 2010 年版。

137. 〔德〕E. 杜林:《哲学教程》(郭官义等译),商务印书馆 1991 年版。

138. 〔德〕康德:《法的形而上学原理——权利的科学》(沈叔平译),商务印书馆 1991 年版。

139. 〔德〕康德：《道德形而上学原理》（苗力田译），上海人民出版社 1986 年版。

140. 〔德〕康德：《历史理性批判文集》（何兆武译），商务印书馆 1990 年版。

141. 〔德〕黑格尔：《法哲学原理》（范扬、张企泰译），商务印书馆 1961 年版。

142. 〔德〕黑格尔：《小逻辑》（贺麟译），商务印书馆 1980 年版。

143. 〔美〕阿瑟·奥肯：《平等与效率》（王奔洲等译），华夏出版社 1987 年版。

144. 〔美〕奥尔多·利奥波德：《沙乡年鉴》（侯文蕙译），吉林人民出版社 2000 年版。

145. 〔美〕安格斯·迪顿：《逃离不平等：健康财富及不平等的起源》（崔传刚译），中信出版社 2014 年版。

146. 〔美〕安东尼·阿特金森：《不平等我们能做什么》（王海昉等译），中信出版集团 2016 年版。

147. 〔美〕彼彻姆：《哲学的伦理学》（雷克勒等译），中国社会科学出版社 1990 年版。

148. 〔美〕保罗·A. 萨缪尔森、威廉·D. 诺德豪斯：《经济学》（第 14 版）（胡代光，余斌等译），北京经济学院出版社 1996 年版。

149. 〔美〕道尔顿·康利，詹森·弗莱彻：《基因：不平等的遗传》（王磊译），中信出版社 2018 年版。

150. 〔美〕E. 博登海默：《法理学——法哲学及其方法》（邓正来译），中国政法大学出版社 2004 年版。

151. 〔美〕范伯格：《自由、权利和社会正义》（王守昌等译），贵州人民出版社 1998 年版。

152. 〔美〕亨利·大卫·梭罗：《瓦尔登湖》（王家湘译），北京十月文艺出版社 2010 年版。

153. 〔美〕罗纳德·德沃金：《至上的美德：平等的理论与实践》（冯克利译），江苏人民出版社 2008 年版。

154. 〔美〕罗伯特·诺齐克：《无政府、国家与乌托邦》（何怀宏等译），中国社会科学出版社 1991 年版。

155. 〔美〕罗伯特·威廉·福格尔：《第四次大觉醒及平等主义的

未来》(王中华、刘红译),首都经济贸易大学出版社 2003 年版。

156. 〔美〕摩狄曼·J. 阿德勒:《六大观念》(陈珠泉、杨建国译),团结出版社 1989 年版。

157. 〔美〕米尔顿·弗里德曼、罗斯·弗里德曼:《自由选择——个人声明》(胡骑等译),商务印书馆 1982 年 1 版。

158. 〔美〕尼克森:《新世界》(丁连财译),(台北)时报文化出版企业有限公司 1992 年版。

159. 〔美〕萨托利:《民主新论》(冯克利、阎克文译,东方出版社 1993 年版。

160. 〔美〕斯蒂格利茨:《不平等的代价》(张子源译),机械工业出版社 2017 年版。

161. 〔美〕亚历克斯·卡利尼克斯:《平等》(徐朝友译),江苏人民出版社 2003 年版。

162. 〔美〕约翰·罗尔斯:《正义论》(何怀宏等译),中国社会科学出版社 1988 年版。

163. 〔美〕约翰·罗尔斯:《作为公平的正义——正义新论》(姚大志译),上海三联书店 2002 年版。

164. 〔美〕约翰·E. 罗默:《在自由中丧失:马克思主义经济哲学导论》(段中桥译),经济科学出版社 2003 年版。

165. 〔美〕詹姆斯·布坎南:《自由、市场和国家》(吴良健、桑伍等译),北京经济学院出版社 1988 年版。

166. 〔英〕伯林:《自由论》(胡传胜译),译林出版社 2003 年版。

167. 〔英〕弗里德里希·冯·哈耶克:《经济、科学与政治——哈耶克思想精粹》(冯克利译),江苏人民出版社 2000 年版。

168. 〔英〕弗雷德里希·奥古斯特·哈耶克:《通往奴役之路》(王明毅等译),中国社会科学出版社 1997 年版。

169. 〔英〕弗雷德里希·冯·哈耶克:《自由秩序原理》(上)(邓正来译),生活·读书·新知三联书店 1997 年版。

170. 〔英〕冯·哈耶克:《法律、立法与自由》(第一、二、三卷)(邓正来等译),中国大百科全书出版社 2000 年版。

171. 〔英〕G. A. 科恩:《拯救正义与平等》(陈伟译),复旦大学出版社 2014 年版。

172. 〔英〕G. A. 柯亨：《自我所有、自由和平等》（李朝晖译），东方出版社 2008 年版。

173. 〔英〕G. A. 柯亨：《马克思与诺奇克之间》（吕增奎编），江苏人民出版社 2008 年版。

174. 〔英〕H. L. A. 哈特．法律的概念［M］（张文显等译），中国大百科全书出版社 1996 年版。

175. 〔英〕霍布豪斯：《社会正义论》（胡泽译），上海社会科学院出版社 2016 年版。

176. 〔英〕霍布豪斯：《自由主义》（朱曾汶译），商务印书馆 1996 年版。

177. 〔英〕梅因：《古代法》（沈景一译），商务印书馆 1959 年版。

178. 〔英〕莫尔顿：《人民的英国史》（谢琏造译），三联书店 1962 年版。

179. 〔英〕约翰·密尔：《论自由》（许宝骙译），商务印书馆 1959 年版。

180. 〔英〕詹姆斯·斯蒂芬：《自由·平等·博爱》（冯克利、杨日鹏译），江西人民出版社 2016 年版。

181. 〔法〕爱尔维修：《论精神》（杨伯凯译），商务印书馆 2019 年版。

182. 〔法〕皮埃尔·勒鲁：《论平等》（王允道译），商务印书馆 1988 年版。

183. 〔法〕托马斯·皮凯蒂：《不平等经济学》（赵永升译），中国人民大学出版社 2016 年版。

184. 〔法〕托马斯·皮凯蒂：《21 世纪资本论》（巴曙松等译），中信出版社 2014 年版。

185. 〔法〕萨特：《存在与虚无》（陈宣良等译），三联书店 1987 年版。

186. 〔德〕色诺芬：《回忆苏格拉底》（吴永泉译），商务印书馆 1984 年版。

187. 〔德〕海德格尔：《存在与时间》（陈映嘉等译），三联书店 1987 年版。

188. 〔意〕威廉·葛德文：《政治正义论》（第一、二、三卷）（何慕李译），商务印书馆 1980。

189. 〔意〕萨尔沃·马斯泰罗内：《欧洲民主史——从孟德斯鸠到凯尔森》，社会科学文献出版社 1990。

190. 〔苏〕涅尔谢相茨：《古希腊政治学》，商务印书馆 1991 年版。

191. 〔加〕凯·尼尔森：《平等与自由：捍卫激进平等主义》（傅强译），中国人民大学出版社 2016 年版。

192. 〔印〕阿玛蒂亚·森：《论经济不平等》（增订版）（王利文、于占杰译），中国人民大学出版社 2015 年版。

193. 〔印〕阿玛蒂亚·森：《再论不平等》（王利文、于占杰译），中国人民大学出版社 2016 年版。

194.《资产阶级政治家关于人权、自由、平等、博爱言论选录》，世界知识出版社 1963 年版。

四、参考论文

B

195. 〔英〕伯林：《两种自由概念》（郑永年译），载《现代外国哲学社会科学文摘》1987 年第 7 期。

C

196. 曹锦清、陈中亚：《论近现代社会的两大价值目标：自由与平等——兼论社会主义市场经济的价值目标》，载《华东理工大学学报》1994 年第 2—3 期。

197. 曹思源：《要机会均等不求结果均等——市场经济条件下的平等观》，载《经济管理》1993 年第 10 期。

198. 曹光洲、陈其斌：《论法定权利平等与保障权利实现条件的不平等》，载《发展》1999 年第 12 期。

199. 成保良：《社会主义社会概念和社会主义初级阶段地位之我见》，载《经济学家》2001 年第 2 期。

200. 程选：《〈物权法〉：正义、道德、公平》，载《中国投资》2007 年第 4 期。

201. 车洪波：《平等观的历史考察——对平等何以成为可能的追问》，载《学习与探索》1999 年第 4 期。

D

202. 邓莉：《基于市场经济的收入分配公平问题》，载《经营管理者》2010年第23期。

203. 段忠桥：《马克思认为"与生产方式相适应，相一致就是正义的"吗？——对中央编译局〈资本论〉第3卷一段译文的质疑与重译》，载《马克思主义与现实》2010年第6期。

204. 段忠桥：《正义在马克思的论著中是价值判断而不是事实判断——答李其庆译审》，载《江海学刊》2011年第5期。

205. 段忠桥：《马克思和恩格斯的公平观》，载《哲学研究》2000年第8期。

G

206. 高鸿业：《私有化与提高我国国有大中型企业的经济效益》，载《高校理论战线》1994年第5期。

207. 高放：《社会主义是不是一个独立的社会形态？》，载《中共天津市委党校学报》2004年第4期。

208. 高尚全：《社会再分配是实现社会公平的重要环节》，载《中国经济时报》2005年12月16日。

209. 宫希魁：《初次分配就要重视公平》，载《中国经济时报》2005年11月8日。

210. 郭庆旺、赵志耘：《论税收与收入分配公平》，载《财经问题研究》1994年第12期。

211. 郭霖：《平等与物权保护是市场经济的根本》，载《税收与社会》2002年第3期。

212. 郭新年、辛元：《平均主义与毛泽东的理想——传统经济平均主义盛行的原因分析》，载《延安大学学报》（社会科学版）1995年第2期。

H

213. 何建华：《马克思的公平正义观与社会主义实践》，载《浙江社会科学》2007年第6期。

214. 黄家驹：《试论过渡时期和社会主义社会的性质》，载《学术研究》1979年第4期。

215. 黄稻：《社会主义法治的权利平等性》，载《光明日报》2002年11月19日。

216. 侯惠勤、辛向阳：《国际金融危机中马克思主义的复兴》，载《红旗文稿》2010年第12期。

J

217. 简定宇：《社会主义价值目标：自由、平等、博爱》，载《今日中国论坛》2008年第1期。

218. 蒋碧昆、喻特厚、孙光才：《论法律面前人人平等》，载《华中师院学报》（社科版）1979年第3期。

219. 江平：《真正的公平是机会平等》，载《21世纪经济报道》，2006年7月17日第029版。

220. 姜涌：《马克思劳动平等是人类平等理性的诉求》，载《山东社会科学》2009年第6期。

221. 姜迎春：《公平：马克思主义经济伦理的核心价值及其实现》，载《南京大学学报》（哲学人文科学社会科学版）2003年第3期。

222. 蒋永甫：《社会主义市场经济与社会平等》，载《广西大学学报（哲学社会科学版）》1998年第5期。

223. 金碚：《以公平促进效率 以效率实现公平》，载《经济研究》1986年第7期。

224. 金重：《对斯大林宣布"基本实现"社会主义的反思》，载《北京大学学报（哲学社会科学版）》1989年第3期。

225. 景天魁：《底线公平：必须做到的公平》，载《同舟共进》2007年第1期。

226. 景天魁：《社会保障：公平社会的基础》，载《中国社会科学院研究生院学报》2006年第6期。

L

227. 劳凯声：《教育机会平等：实践反思与价值追求》，载《北京师范大学学报（社会科学版）》2011年第2期。

228. 李步云：《坚持公民在法律上一律平等》，载《人民日报》1978年12月6日。

229. 李海庆：《人民在自己的法律面前人人平等》，载《上海解放日报》1979年1月16日。

230. 李晶：《社会转型背景下推进我国教育机会平等的路径选择》，载《西安文理学院学报（社会科学版）》2011 年第 3 期。

231. 李济广：《马克思主义"公平"观的本来思想》，载《东岳论丛》2011 年第 6 期。

232. 李其庆：《关于马克思〈资本论〉第 3 卷一段论述的理解与翻译——对段忠桥教授质疑的回应》，载《马克思主义与现实》2011 年第 1 期。

233. 李松玉、张翠：《平等：制度的价值诉求——浅析制度的平等内蕴》，载《辽宁师范大学学报（社会科学版）》2007 年第 4 期。

234. 李康祥：《论市场经济条件下的分配公平问题》，载《长沙铁道学院学报（社会科学版）》2002 年第 4 期。

235. 李书巧：《浅析马克思的平等观》，载《创新》2011 年第 5 期。

236. 李溯：《法律保障下的平等——浅谈财富平等和分配平等》，载《法制与社会》200 年第 3 期（上）。

237. 厉以宁：《通过三次分配解决收入分配难题》，载《证券日报》2010 年 6 月 26 日。

238. 林进平：《历史唯物主义视野中的正义观——兼谈马克思何以拒斥、批判正义》，载《学术研究》2005 年第 7 期。

239. 林进平：《马克思博士论文中的正义思想探析》，载《华南师范大学学报（社会科学版）》2007 年第 2 期。

240. 林森、单莉莉：《教育机会平等与低收入阶层代际延续关系分析》，载《湖湘论坛》2010 年第 5 期。

241. 刘国光：《把"效率优先"放到该讲的地力去》，载《经济参考报》2005 年 10 月 15 日。

242. 刘吉：《论公平》，载《经济观察报》2008 年 3 月 31 日。

243. 刘健：《基于社会公平的公共政策研究》，中共中央党校博士论文 2008 年。

244. 卢周来：《超越机会平等》，载《中国经营报》2008 年 4 月 21 日。

245. 骆耕漠：《论社会主义社会的独立形态和过渡性》，载《江汉论坛》1980 年第 1 期。

M

246. 马德普：《社会主义平等是权利平等吗?》，载《中州学刊》

1987 年第 6 期。

247. 梅萍：《和谐社会权利平等的伦理思考》，载《江淮论坛》2008 年第 1 期。

248. 苗贵山：《马克思、恩格斯对正义的审视》，载《太原理工大学学报（社会科学版）》2006 年第 1 期。

P

249. 潘念之、齐乃宽：《关于"法律面前人人平等"的问题》，载《社会科学》（上海）1980 年第 1 期。

250. 彭学诗：《毛泽东的过渡时期理论探析》，载《党校科研信息》1990 年第 15 期。

251. 彭赟：《市场交换是一切平等和自由的现实基础——市场经济人学（四）》，载《岭南学刊》1997 年第 4 期。

Q

252. 秦宣：《平等与效率：社会主义的两大价值目标》，载《文史哲》2006 年第 1 期。

253. 邱敦红：《谈谈社会主义的平等与不平等》，载《马克思主义与现实》1992 年第 1 期。

254. 邱海平：《马克思主义关于共同富裕的理论及其现实意义》，载《思想理论教育导刊》2016 年第 7 期。

S

255.《世界人权宣言》，载《人权》2008 年第 5 期。

256. 石仲泉：《毛泽东对社会主义发展阶段理论的贡献和失误》，载《中共党史研究》1988 年第 1 期。

257. 苏绍智、冯兰瑞：《无产阶级取得政权后的社会发展阶段问题》，载《经济研究》1979 年第 5 期。

258. 孙立平：《主人，你的位置在哪里？》，载《中国青年》1994 年第 4 期。

259. 孙松滨：《让人民生活得更有尊严——公平正义比太阳还要有光辉》，载《边疆经济与文化》2010 年第 6 期。

T

260. 唐义森：《简论机会平等与教育公正》，载《当代教育论坛》

2008 年第 1 期。

261. 汤在新：《社会主义和商品经济——澄清对马克思有关论述的误解》，载《当代经济研究》1994 年第 5 期。

262. 汤剑波：《如何考察平等和不平等——阿玛蒂亚··森的能力平等观》，载《前沿》2002 年第 7 期。

263. 腾建恒：《教育机会平等与收入差距的关系》，载《天府新论》2006 年第 6 期。

264. 涂良川等：《论马克思的正义观》，载《兰州学刊》2007 年第 1 期。

265. 涂良川：《论马克思的正义观》，东北师范大学博士论文 2009 年。

W

266. 万俊人：《社会公正为何如此重要》，载《天津社会科学》2009 第 5 期。

267. 万斌、陈业欣：《公平概念的历史发展及当代意义》，载《浙江社会科学》2000 年第 4 期。

268. 王海明：《平等问题的哲学思考》，载《南通大学学报（社会科学版）》2011 年第 1 期。

269. 王海明、孙英：《社会公正论》，载《中国人民大学学报》2000 年第 1 期。

270. 王海明：《平等新论》，载《中国社会科学》1998 年第 5 期。

271. 汪晖：《再问"什么的平等"？（下）——齐物平等与"跨体系社会"》，载《文化纵横》2011 年第 6 期。

272. 王立行：《权利平等：实现和谐社会的关键》，载《山东社会科学》2006 年第 3 期。

273. 王南湜：《探求公平与效率的具体关系》，载《哲学研究》1994 年第 6 期。

274. 王伟光：《在效率优先的前提下，更好地兼顾公平，构建社会主义和谐社会》，载《学习时报》2005 年 8 月 15 日。

275. 王小鲁、樊纲：《中国收入差距的走势和影响因素分析》，载《经济研究》2005 年第 10 期。

276. 王晓升：《公平与效率关系之我见》，载《哲学研究》1994 年第 5 期。

277. 王一多：《政治权利平等是公民社会权利平等的前提条件》，载《西南民族大学学报（人文社会科学版）》2010 年第 11 期。

278. 张维达、宋冬林：《社会主义市场经济条件下的市场公平与社会公平》，载《经济研究》1995 年第 8 期。

279. 卫兴华：《我对马克思主义"过渡时期"理论的理解》，载《教学与研究》1980 年第 1 期。

280. 卫兴华、张宇《构建效率与公平相统一的收入分配体制研究》，载《现代财经》2008 第 3 期。

281. 温美琴：《税收杠杆：促进个人收入分配公平的利器》，载《江苏商论》2005 年第 3 期。

282. 文正邦、倪福田：《论社会主义平等》，载《四川大学学报（哲学社会科学版）》1988 年第 2 期。

283. 吴树青：《怎样理解马克思、列宁关于"过渡时期"的科学观点》，载《教学与研究》1979 年第 3 期。

284. 吴树青：《坚持以公有制为主体——分清社会主义公有制为主体、多种经济成分共同发展同私有化的界限》，载《人民日报》1996 年 9 月 12 日。

285. 吴向宏：《关于"公平"与"效率"的无稽之谈》，载《科技咨询导报》2006 年第 1 期。

286. 吴育林：《论市场经济的自由与平等价值》，载《社会科学家》2006 年第 4 期。

287. 吴忠民：《马克思恩格斯公正思想初探》，载《马克思主义研究》2001 年第 4 期。

288. 吴忠民：《平等的价值与平等的神话》，载《中国商报》2003 年 11 月 18 日。

289. 吴忠民：《社会公正研究述评》，《人民日报》2003 年 5 月 23 日。

290. 吴忠民：《中国现阶段机会平等问题》，载《科技导报》2000 年第 9 期。

291. 吴忠民：《关于社会公正的理解》，载《基础教育》2015 年第 3 期。

X

292. 解学智：《政府与分配公平的实现》，载《中央财经大学学报》2005 年第 6 期。

293. 徐崇温：《"自由、平等、人权是人类共同的普世价值"辨析》，载《学习论坛》2010 第 7 期。

294. 薛汉伟：《列宁关于过渡时期和社会主义阶段划分的理论》，载《马克思主义研究》1986 年第 2 期。

Y

295. 闫国智、徐显明：《权利平等是我国公民平等权的根本内容——兼评"实施法律平等说"》，载《中国法学》1993 年第 4 期。

296. 严钟奎：《我国现阶段究竟是过渡时期还是社会主义——与黄家驹同志商榷》，载《学术研究》1979 年第 5 期。

297. 杨家志：《社会主义初级阶段与新民主主义发展模式的复归》，载《中南财经大学学报》1994 年第 5 期。

298. 姚大志：《反运气平等主义》，载《求实学刊》2016 年第 3 期。

299. 姚海明等：《重新解读马克思公平观》，载《内蒙古社会科学（汉文版）》2005 年第 4 期。

300. 俞德鹏：《社会主义市场经济与机会平等、权利平等》，载《北京社会科学》1996 年第 2 期。

301. 俞德鹏：《社会主义平等原则的内涵是机会平等》，载《社会主义研究》2001 年第 6 期。

302. 于光远：《从"阶段风波"到"社会主义初级阶段"》，载《炎黄春秋》2008 年第 8 期。

303. 俞可平：《社会公平和善治是建设和谐社会的基石》，载《理论与当代》2005 年第 4 期。

304. 余学本：《马克思和列宁讲的"过渡时期"指的是什么》，载《教学与研究》1979 年第 3 期。

305. 袁贵仁：《论马克思主义的公正观》，载《求索》1992 年第 4 期。

Z

306. 张启华：《毛泽东对于中国处于社会主义何种阶段的认识》，载

《高校理论战线》1996年第1期。

307. 张维达：《推动第三次分配　促进社会公平发展》，载《求实》2006年第3期。

308. 张维达、宋冬林：《社会主义市场经济条件下的市场公平与社会公平》，载《经济研究》1995年第8期。

309. 张宇：《马克思的公平理论与社会主义市场经济中的公平原则》，载《教学与研究》2006年第2期。

310. 赵登峰、冒佩华：《收入分配不平等的深层思考——基于市场经济本质机理的分析》，载《经济研究导刊》2008年第8期。

311. 赵文洪：《浅析中世纪西欧不平等与奴役的观念》，载《史学理论研究》2004年第4期。

312. 赵玉华：《再分配公平与社会公平问题探析——基于再分配公平双重内涵的分析》，载《理论探索》2009年第2期。

313. 赵振华：《马克思、恩格斯的公平思想及其启示》，载《经济经纬》2007年第3期。

314. 郑承军：《知识青年上山下乡运动的历史评价》，载《同舟共进》1996年第6期。

315. 智效和：《关于"社会主义初级阶段属于过渡时期"的观点述评》，载《理论学刊》2003年第3期。

316. 周为民：《收入差距：怎么看，怎么办?》，《学习时报》2005年12月26日。

317. 周文华：《机会平等才是真正的平等》，载《五邑大学学报（社会科学版）》2005年第4期。

318. 周新城：《论恩格斯对马克思主义公平观的科学阐述》，载《马克思主义研究》2006年第4期。

319. 周新城：《马克思恩格斯公平思想研究》，载《红旗文稿》2005年第14期。

320. 周玉华：《建立公平、效益的社会保障制度》，载《华东交通大学学报》1996年10月增刊。

321. 周仲秋：《马克思恩格斯为何拒绝将平等作为理论范畴使用》，载《求索》2004年第2期。

322. 周仲秋：《马克思恩格斯平等思想研究》，载《政治学研究》

2004 年第 1 期。

323. 朱必祥:《个人收入不平等的经济学观点述评》,载《南京理工大学学报(社会科学版)》2007 年第 5 期。

324. 朱述先:《也谈无产阶级取得政权后的社会发展阶段问题——与苏绍智、冯兰瑞同志商榷》,载《经济研究》1979 年第 8 期。

五、外文文献

325. Karl Marx and Frederick Engels, *Marx/Engels Collected Work* (*MECW*), Progress Publishers of the Soviet Union in collaboration, Lawrence & Wishart (London) and International Publishers (New York), 2005.

326. Karl Marx and Frederick Engels, *Communist manifesto*, Published Online by Socialist Labor Party of America, www. slp. org, November 2006.

327. Karl Marx, *Critique of the Gotha Program*, from Marx/Engels Selected Works, Volume Three, p. 11 – 12, Progress Publishers, Moscow, 1970.

328. Karl Marx, *The Poverty of Philosophy* (*Answer to the Philosophy of Poverty*), Progress Publishers, 1955.

329. Frederick Engels, *Socialism: Utopian and Scientific*, translated by Edward Aveling D. Sc. , Fellow of University College, London, New York Labor News Company, 1901.

330. Frederick Engels, *Anti-Dühring*, by Andy Blunden, from *Marx and Engels on Ireland*, Progress Publishers, Moscow 1971.

331. R. H. Tawney. *Equality* [M]. London: George Allen & Unwin Ltd, 1931.